JOHANN MATTHESON
Critica Musica

Laaber-Reprint
Band 4/2

JOHANN MATTHESON

CRITICA MUSICA

Laaber

Bibliografische Information Der Deutschen Bibliothek

Die Deutsche Bibliothek verzeichnet diese Publikation
in der Deutschen Nationalbibliografie;
detaillierte bibliografische Daten sind im Internet über
<http://dnb.ddb.de/> abrufbar

Reprint der Ausgabe Hamburg 1722–1725
Einführung von Sven Hiemke: © 2003 by Laaber-Verlag, Laaber
Printed in Germany / Imprimé en Allemagne
Gesamtherstellung: WB-Druck, Rieden im Allgäu
ISBN 3-89007-559-2 (Zweiter Band)
ISBN 3-89007-386-7 (Gesamtwerk)

CRITICÆ MUSICÆ
Tomus Secundus.
d. i.
Zweyter Band
der Grund = richtigen
Untersuch =
und
Beurtheilung
vieler, theils guten, theils bösen, Meynungen,
Argumenten, und Einwürffe, so in alten und neuen,
gedruckten und ungedruckten

Musicalischen Schrifften
befindlich:
zur Außräutung grober Irrthümer, und zur Beförderung bessern Wachsthums der reinen Harmonischen
Wissenschafft, in verschiedene Theile verfasset,
und Stückweise herausgegeben
von
Mattheson.
Dreyzehntes Stück.

Non Criticos verborum, sed rerum, amo. *Giov. in Germ. Prin.*

HAMBURG, gedruckt und zu bekommen bey seel. Thomas von
Wierings Erben, bey der Börse im güldnen A, B, C. 1725.

COnficit ad normam sensûs, rationis & artis,
  Quæ *Matthesonius Musica scripta* facit;
Exigit ad normam, quæ *scripta recenset*, eamdem:
  Sic docte scribit, iudicat atque docet.
Quumque *tomum Critice primum* placuisse peritis
  Cum *reliquis libris* consona fama canat;
Alter iure suo, quem scripsit acumine eodem
  Quo *primum*, celebrem tollet ad astra virum.

      Clarissimo & Doctissimo
       Criticæ Musicæ
        auctori

         P.

   Jo. LUDOLPH: BÜNEMANN.
    Reg. Biblioth. & Gymn. Mind.
       Rector.

NOn, ejus generis Critice quæ, prodiit ulla,
  Accurata simul facta labore gravi:
Condidit hanc *Matthesonius* qui Musicus arte,
  Semper erunt studiis dedita corda suis.
Bavaricum Lyncem lustrans errare sub umbris,
  Emungit lumen sidereoque micat:
Hoc Tomus Autoris primus commonstrat amanti,
  Non carpit Canones idque coronat opus.
Jam præcedentem sequitur scriptus Tomus alter,
  Quæsitaque mora prodit opus citius;
O Lector! cupide tu nunc impende laborem,
  Nam docta scriptus dexteritate liber.

Mindæ VIII. Kal. Oct.   CONR. ANT. HEINERTUS
cIɔ. Iɔcc. XXIV.   Gymn. Mind. Cantor.

1.

Was treibet mich zu tichten an?
    Und was erreget meine Sinnen?
Bist du es / Weltberühmter Mann?
    Bist du es / Preiß der Pierinnen?
Des Kunst und seltne Trefflichkeit
    Aus diesem Winckel Teutscher Erden/
    Damit du mögst bewundert werden/
Mich reitzet so viel Meilen weit/
    Nach deinem Hamburg hinzuschwingen/
    Und dich auch einmahl zu besingen.

2.

So weit geht der Gedancken Flug:
    Was aber gleichet deinen Schrifften?
Die gantze Welt spricht: daß ihr Druck
    Dir muß ein ewig Denckmahl stifften.
Der Teutschen und der Britten Land/
    Der Dähnen Reich / der kalte Norden
    Sind voll von deinem Lobe worden/
Wem ist nicht Mattheson bekannt/
    Durch den zu jedermanns Vergnügen
    Der Musen Thon-Kunst ist gestiegen.

3.

Was sonst den Griechen eigen war/
    Und Rom von Jhnen hat gelernet/
Wird da / wo ehmahls ein Barbar/
    Von aller Wissenschafft entfernet/
Ein wildes Thier-Geheul geliebt/
    Wo vor die Barden / wie Harpyen/
    Beym klingen ihrer Waffen schrien/
Von Virtuosen ausgeübt:
    Da höret man den Klang der Sayten
    Sich lieblich durch die Lufft ausbreiten.

4.

Was Kayser und ein Händel setzt
    In so viel hundert Meister-Stücken/
Wodurch uns Telemann ergötzt
    Wenn Er will das Gehör entzücken/

Das legest du/ zum Unterricht/
    In wohlgegründten Sätz und Schlüssen/
    So dir aus deiner Feder fliessen/
Vollkomner Mann/ ans Tagelicht:
    Das weißt du aber auch zu lehren
    Die/ welche dich selbst können hören.

5.

Der gantze Pindus saget Danck/
    Daß der Utremifasolitten/
Und alter Mönche Lieder-Zwang
    Durch deine Wissenschafft bestritten;
Du bist ein grosser Musicus,
    Das wäre Ruhms genung gewesen;
    Allein wie du gelehrt/ belesen/
Was du für ein Philosophus,
    Das hat man/ in den letztern Jahren/
    Durch deine Criticam erfahren.

6.

Dis rühmte nechst Euterpens Mund
    Terpsichore mit Melpomenen/
Als jede frische Lorbern wund/
    Dein Ehren-Haupt damit zu krönen;
Jedoch indem Sie drum bemüht/
    Kommt Clio zu dem gantzen Hauffen
    Mit schnellen Füssen hingelauffen/
Und schreit: Ihr Schwestern ach verzieht!
    Daß ich Ihn mag mit Euch verehren/
    Und seiner Lorbern-Pracht vermehren.

7.

Burnet, den England hochgeschätzt/
    Ist nun durch Ihn in Teutschen Händen/
Wie glücklich Er Ihn übersetzt
    Rühmt das Gerücht an allen Enden:
Worüber mancher lange Zeit
    Muß gantze Tag und Nächte sitzen/
    Ist Ihm/ wenn er den Kiel will spitzen/
Nur eine Lust der Einsamkeit/

Wie unvergleichlich ist mein Fügen/
Ein Antheil auch an Ihm zu kriegen.

8.

Drauff regte sich der Helicon
　Bey solchen unverhofften Dingen/
Man hörte nichts/ als Mattheson,
　Durch seine Götter-Hayne dringen:
Die Tichter fingen Lieder an;
　Allein Apoll. hieß Sie schweigen/
　Und sprach: Ob ich gleich eur Bezeugen/
Und was ihr reimt/ nicht schelten kan/
　So werdet Ihr wohl selbst verstehen/
　Daß Ihn nur Hamburg kan erhöhen.

9.

So bald ich diesen Schluß vernahm/
　Fiel mir die Feder aus den Händen/
Judem mir in die Sinnen kam:
　Du fängst was an/ und kansts nicht enden.
Wo Brocks/ wo Richey Lieder ticht/
　Wo so viel Flacci und Maronen
　In einer Stadt beysammen wohnen/
Vergessen wir der grösten Pflicht/
　Und müssen/ durch verschämtes Schweigen/
　Der Reime schlechte Kunst bezeugen.

10.

Mein Elis ist nicht/ was er war/
　Es tadelt Tichten und Gesänge:
Drum kommt auch seiner Musen Schaar
　Je mehr und mehr in das Gedrenge;
Wär Hamburg meine Vater-Stadt
　So würde mich/ bey so viel Meistern/
　Ein beßrer Tichter-Trieb begeistern/
So würd' ich endlich in der That
　Mich auf des Pindus Gipffel schwingen/
　Und meinen Mattheson besingen.

Dieses setzte aus schuldigstem Respect
Seinem Freunde zu Ehren

Gottfried Ephraim Scheibel. Wr. Sil.

Matthesonius.

ἀναγραμματισθείς:

Thus: Meta soni.

Musicæ prudens melioris autor,
Aera discernens rutilis lupinis,
Vitra dignoscens adamante vero,
   Luce tenebras.

Quam Tuis laudem meritis parabo?
Gloriam vires tenuant minores:
Non faces solem poterunt micantes
   Irradiare.

Major affulget Tibi laus tacendo,
Quam leves linguam sonitus movendo;
Non Alexandrum, nisi solus olim
   Pinxit Apelles.

Quis Tibi, illustris Matheson, Tibi quis
Lumen ostendet, micet inter omnes
Cum Tuum sidus, velut inter ignes
   Luna minores?

Quando mucosis homo tollit altas
Naribus cristas, reprimis stuporem,
Et manu emungis sapiente { nares / luces }
   Sordibus unctas.

Non tamen victo quatiente calce
Immines hosti; lupus ut tremendus,
Et fremens ursus, fera destituta
   Nobilitate.

Æmulans magnos animos leonum,
Mittis iram, si jacet hostis atrox;
Nam capit motus faciles ovantis
   Mens generosa.

Mordicus porro tueare jura
Muſicæ vera: paleas movere
Frugibus puris, & amara lætis
  Critica pergat.

Frendeant dentes Zoili minaces,
Pollicem vertant, niveum labori
Denegent torvi lapidem polito:
  Critica pergat.

Ponderet juſta trutinanda lance,
Abroget docta reſecanda falce,
Thus Deo libans, homini *ſoni* exſtans
  Meta ſequenda.

Magdeburgi,
prid: Id: Novembr.
cIɔ Iɔcc XXIV.

    Scribebat famigeratiſſimi nominis
    Mattheſoniani admirator

    SinGuLaris.

Horat: Sat: 9. *Lib. I. Serm:*

— — — Nil ſine magno
Vita labore dedit mortalibus.

  ** ** **

Schwer iſts/ der Tugend Freund/ den Laſtern feind/ zu ſeyn/
Will man/ was löblich iſt/ und lieblich lautet/ fördern/
So ſchlieſſet uns ein Schwarm von Dieben/ Räubern/ Mördern/
 Der unſre Ehre ſtiehlt/ in Theons Lippen ein.

 Bald ſtöſſet hier ein Sturm auf Maſt und Seegel loß/
Bald heulet da ein Nord/ bald thürmen ſich die Wellen/
Dort ſucht ſich die Gewalt ſehr liſtig zu verſtellen/
 Es legt der Löwe ſich den Füchſen in den Schooß.

 So offt die Tugend ſich aus Staub und Moder ſchwingt/
Wann Sie nach Adlers Art zur lohen Sonne ſteiget/
Und andern auch die Bahn/ dahin zu kommen/ zeiget/
 So wird Sie hie und da von Hinderniß umringt.

             * Man

* Man neidet ihren Glantz / weil Sie noch unverletzt /
So bald Sie aber sich den Augen nur entzogen /
Hat den bestürtzten Neid die Mißgunst selbst bewogen
   Zu suchen / was Er sonst kaum sehens-werth geschätzt.
  O grause Tyranney / die unser Leben drückt /
Die uns recht sauern Schweiß aus Marck und Adern presset /
Und wenig gute Zeit bey unsrer Arbeit lässet /
   O Last / die alle Lust und Lieblichkeit erstickt!
  Wie mancher wird dadurch verwirrt und abgeschreckt /
Der Tugend seltnen Schatz bekümmert zu ergraben?
Kan wohl ein solcher Weg des Wandrers Hertze laben /
   Der Schlangen / Scorpion / und Basilisken heckt?
  Du / grosser Mattheson! schlägst alles in den Wind /
Will man gleich deinen Fuß auf Ehren-Wegen hindern /
So kan man deinen Fleiß und Trieb doch nicht vermindern /
   Dein Adlers Angesicht macht keine Sonne blind;
  Bellt hier ein geyffernder und Unmuths-voller Hund /
Will da ein Schlangen Mund in duncklen Hölen zischen /
Ja will ein grimmer Feind Gifft unter Zucker mischen /
   So macht Er doch dadurch nur seine Thorheit kund.
  Apollo nimmt dich schon mit zu den Sternen auf /
Du aber selber wirst in Grund-gelehrten Schrifften
Dir bey der Affter-Welt ein ewig Denckmahl stifften /
   Das fester noch als Ertzt / dem aller Zeiten Lauff /
  Dem Schimmel / Wetter / Sturm / dem starcker Regen weicht /
Das weder Feind / noch Neid / mit seinem Zahn zerreibet /
Das länger / als dein Feind / und Feindes Nahme / bleibet /
   Das auf der Erde schön biß an den Himmel reicht.

So gratulirte dem Herrn Autori zur Eröffnung
nachgesetzten Wercks desselben ergebenster Diener

Simon Conrad Lippe,
Organist bey der Haupt-Kirche zu St. Johannis in Magdeburg.

):( ):(

---

  * *Hor: Lib. III. Oda. XXIV.*
    Virtutem incolumem odimus
    Sublatam ex oculis quaerimus invidi.

Musica quid plaudis? toties cur aëra laſſas?
Quidni moeſta taces ſolitis obtecta tenebris?
Quæ portenta ſonas priſcis haud cognita ſeclis?
Cum ſtridor durus miſerans ſua ſibula tardis
Auribus objecit, varios nec flectere cantus
Nec juſtis errare modis tua fiſtula novit,
Garrula nec chordis bene reſpondere ſonoris.
Quæ tibi fata favent! certa nunc lege triumphas,
Subjicis ac animos omnes. Non te tua fallet
Buccina, quæ laudes ſimul & metitur, & ultra
Terrarum penetrat fines, ac ſe vaga celſas
Evehit ad ſedes, auris ſublata ſecundis.
Hic TELEMANNUS adeſt: dociles ibi perculit aures
KEISERIQUE melos: mox Te, celebris MATHESONI,
Mens ſuspenſa gemit: jam fiſtula lenta quieſcet.
At majora vocant, alta quibus emines arte:
Non contentus enim fidibus cantare ſuperbis,
Et tenſos tremulo ſuſpendere in aëre motus,
Omnia perluſtrans cautus, penetralia pandis
Menſuræ tenuis ſonitus qua diſcrepat omnis
Et juſtos complet numeros, ut conſona grate
Se ferat, & ſcite moduletur cantio discors.
Hinc Te fama vehet dia qua luce refulgent
Orbes ſiderei, nec Te Tua buccina fallet.

                    Feſtinanter & invito fere Apolline
                    cecinit Mattheſoniani nominis
                          obſervantiſſimus

L. F. Hudemannus
        Hamburg. Gymn. civis.

- - - - Liberius si
Dixero quid, si forte jocosius, hoc mihi juris
Cum venia dabis - - - - - HOR.

Vorbericht.

David Pareus hat pflegen zu sagen: der Teufel hat die Critic erfunden! vielleicht daß auch mancher Babys und Melorapta * bey dieser Arbeit eben so gedenket, und dem Verfasser alles Unglück an den Hals fluchet. Denn niemand will gerne seine Fehler erkennen, obs ihm gleich heilsam wäre. Aber der Fluch hat diese Weise, wo er zum Maul ausfähret, da kreucht er zur Nase wieder hinein, damit er nicht weit wandern dürffe. Wenn ich nur erzehlen sollte, welche Hindernisse diesem Werke in den Weg geleget worden, man würde sich höchlich darüber

---

* Μελοράπται: Melorum consarcinatores potius quam Melopoei, qui dictionem atque sententiam adeo non nauci faciunt, ut servire eam cogant intolerabili facinore famulæ suæ, Symphoniurgiæ. DON. de Præst. vet. Mus. p. 89. 90.

über verwundern. Ich kehre mich aber an nichts, sondern komme hiemit meinem Versprechen nach, und liefre den andern Band meiner musicalischen Critic, als das zwölffte öffentliche Werk dieser Art, womit ich denn schon längst erschienen wäre, wenn mich nicht Meister Vitruvius nun zum drittenmal in die Bau=Schule geführet, und so eben erst beurlaubet hätte.

Wegen der neuen Zeitungen, muß erinnern, daß ich gebeten worden, keine mehr zu schreiben, maſſen einige Perſonen, wenn ſie ſchon etwas vornehmen, ſo ihnen unanſtändig iſt, doch nicht gerne haben wollen, daß mans in die Welt hineinbriefe: ungeachtet ſie ſonſt gar keine Scheu tragen, ihre Verrichtungen ganzen Verſamlungen bloß zu ſtellen, und ſich groß damit zu halten. Dieſes überredet mich, daß eine Schrifft mehr Nachdenken verurſachen müſſe, als die That ſelbſt; wenn ſie nur nicht beſchrieben wird. Unachtſame Augen und Ohren wilder Zuſchauer ſind nicht fähig, einen ſolchen daurhafften Eindruck bey gegenwärtigen, und bald vorüberrauſchenden Dingen zu empfangen, als bey einer immerwährenden Schrifft und Durchleſung der vergangenen Fälle. Warum ſollte man ſonſt ſo gerne eine Sache thun, und ſie doch ſo ungern beſchreiben laſſen? Dieſe Anmerkung verdient wohl ein weiteres Nachſinnen, als der Raum hie vergönnet.

Es geht uns auch offtmals eine Erzehlung näher an, als nöthig und dienlich iſt. Man ergetzet oder erboſet ſich nicht ſelten, ohne gnugſame Urſache, über eine Nachricht, mit welcher der Verfaſſer doch lauter guts
und

und erbauliches im Sinn hat. Aber da heißt es: Optime cogitata pessime cadunt. Wohlgemeynet, übelgerathen. Nun mögten zwar viele an fremden Orten ihr Vergnügen daran finden, wenn man ihnen dann und wann von den hiesigen Opern, und andern musicalischen Vorfällen, das merkwürdigste aufzeichnete: denn die auswärtige Leute sind darin nicht so rachgierig und partheyisch, als wir; dadurch ihnen zwar mancher Verdruß, aber auch manche schalkhaffte Lust ersparet wird. Fürs erste will ich in diesem Stücke so behutsam gehen, als müglich ist, ob ich mir gleich die Hände nicht binden lasse. Ich hätte Materien genug, schöne Anecdotes theatrales, oder eine geheime Opern-Historie zu schreiben; allein, es mag noch eine Weile anstehen: zumal da der Haupt-Zweck dieses Werks mehr dahin gehet, gute Musicos, als gute Satyren, zu machen; ob gleich auch diese nicht ohne Nutzen, und dem grössesten Hauffen angenehm, seyn würden. Wir leben in einer Zeit, da es heißt: Difficile est satyram non scribere. Bey jüngster Lesung des Senecæ ist mir sonst eingefallen, daß es nicht übel gethan seyn würde, dereinst Musicam moralem zu schreiben, etwa auf den Schlag, wie dazu in der Vorrede des brauchbaren Virtuosen, ꝛc. in Præfatione Veritophili der Anfang gemacht worden. Kömt Zeit, kömt Rath.

Es ist die vorhabende Materie, gleich dem Champagne-Wein, zwar edel und niedlich, aber, quoad cultores, von keinem weiten Begriff, sondern ziemlich eingeschrenckt, und kann man itziger Zeit keinen grossen Absatz davon

Vorbericht.

davon vermuthen: deswegen auch via subscriptionis ergriffen worden. Ich bin mit einer gar mäſſigen Anzahl recht muſicaliſch-geſinnter Leſer gerne zu frieden: maſſen leicht zu erachten, daß mancher, nach Beſchaffenheit ſeines Amts oder ſeiner Handthierung, eben kein ſonderliches plaiſir an ſolchen Schrifften findet, die er nicht verſtehet. Denn das alte Sprichwort in hominem incultum, *Muſicam ignorat*, iſt faſt aus der Mode gekommen. Und ob es gleich Perſonen allerley Würden und Gattung obzuliegen ſcheinet, den ſingenden und klingenden Gottesdienſt, auch was zu deſſen ſtetiger Ausbeſſerung gehöret, (als da ſind die vorzuſchlagenden Mittel und Wege denſelben vernünfftiger, verſtändiger und NB. verſtändlicher zu machen) allerdings mit Luſt zu befördern, und die, welche ſich darum bemühen, anzufriſchen: ſo fehlet doch hieran ein langes und breites. Nur gar zu viele führen, mit dem ſogenannten Principe rei literariæ und Hunde-Gönner, dem Juſto Lipſio, zum beſtändigen Feld-Geſchrey: Sperno Muſicam! * vielleicht ſind einige unter dieſen begieriger als andre, meine Schrifften zu leſen, ob ſie ſichs gleich nicht merken laſſen, und wenden mir alſo mehr Geld, als Gunſt zu.

Bin

---

* Daß ich dieſem groſſen Mann, deſſen Andenken bey den Gelehrten in hohen Ehren iſt, nicht zu nahe thue, kan ein jeder aus ſeinen eignen notis ad Lib. I. Politicor. in fine erſehen, alwo er, nach Anführung verſchiedener Wiſſenſchafften, und einem Fürſten anſtändigen Künſte, ſo ſchreibt: Hæc præcipua in inſtitutione ſunt, a quâ molliores illas artes, Muſicen & Poeſin, ſperno, aut certe non exigo. Nun frage doch der Herr v. S. quis ſperneret nobiliſſimam artem? damit es aber ja nachdrücklich in die Augen falle, ſtehen noch in margine dieſe Worte dabey: Muſicâ remota. d. i. weg, mit der Muſic! Was hingegen dieſer

Vorbericht.

Bin ich nicht gelehrt genug dazu, die Wichtigkeit des musicalischen Studii darzuthun, noch von sattsamen Ansehen in der Welt, solches den Leuten anzupreisen und angenehm zu machen; (wie ich denn mein Unvermögen wohl erkenne) ey! so fange imer ein gelehrterer und ansehnlicherer an, dieses Werk zu treiben, ich will gerne passen. Mich deucht auch, es würde rechtschaffenen Gelehrten besser anstehen, ein ewig-währendes Wesen, daran GOtt so viel Wohlgefallen bewiesen; das selbst die Engel treiben; in welchem unsre seelige Paradieses-Lust bestehen soll; darin so viel Göttliches, so viel geheimes und unermeßliches verborgen liegt, auszuforschen und menschmüglich zu ergründen: als etwa zu disputiren, wie viel Stunden die Comedie des Terentii, Heautontimorumenon, gewähret, oder ob Menalcas mehr, als die Königinn Christina, gelobet worden, und was dergleichen unzehliche Lappereyen mehr sind, darüber sich offt Gelehrt-seyn-wollende Leute bis auf den Tod zanken. Sonst

Verächter für Liebe zu seinen stinkenden Hunden getragen, meldet uns dessen Lebens-Beschreibung folgender Gestalt: Amavit a puero canum omne genus & Louanii tres fere aluit, gradu quodam magnitudinis discretos: Saphyrum catellum, gente batavum: Mopsulum catulum, domo Antverpia (der Hund war von gutem Hause) & Mopsum canem, gente Scotum. Hos & in tabula depingi jusserat & notas ac carmen cuique, non minus ingeniose, quam lepide, subscripserat &c. Wenn GOtt Leben und Gesundheit gibt, bin ich darauf bedacht, den dritten Tomum meiner Critic den Herrn Gelehrten gäntzlich zu widmen, und die jenigen Principes unter ihnen, die so anzüglich von der Music geschrieben haben, aus GOttes Wort, aus der gesunden Vernunfft, und aus gescheutern Autoribus, eruditione clarissimis, nach der Reihe zu widerlegen. Erasmus Roterodamus soll den Vortanz haben: dabey sich die Leser manchmal wundern werden, was für curieuse, ihnen allen zu wissen höchstnöthige, Sachen dabey vorkommen, die dem tausenden, bey Durchlesung eines solches Scribenten, nicht empfindlich sind, weil er mit einer gantz andern Absicht lieset, als ich.

Vorbericht.

Sonst hat es die Meynung mit diesem Werke gar nicht, dem geringsten Menschen, an seiner Person und Ehren, zu nahe zu treten, er sey auch wer er wolle: sondern nur würkliche realia, keine personalia, zu untersuchen, und immer bessere Mittel anzuzeigen, dadurch die musicalische Wissenschafft bey Gelehrten und Ungelehrten empor kommen möge. Kaiser Otto II. hat pflegen zu sagen: Pacem cum hominibus, cum vitiis bellum. So verstehe ich es auch, nach meiner Art, und bezeuge hiemit öffentlich einmal für allemal, daß ich für alle brave und ehrliche Leute die gehörige Hochachtung hege, ungeachtet die Grossen so wohl, als die Kleinen, irren können: wie denn bekannt ist, daß Homerus selbst bisweilen geschlafen hat. Grosse Leute fehlen auch, sie wägen weniger denn nichts. Fromm Mann, nimm dichs nicht an; ein ander stecke es so warm zu sich, als ers dulden kan. Non cadendi, sed resurgendi exempla proponuntur. Non erunt exempla imitationis, sed consolationis. Sollte etwa ein kleiner merken, daß es einem Grossen gelte, der schlage in sich und denke: Ruina majoris cautela minoris. Das ist wohl erlaubt; aber weiter keine Anmassung.

MAT-

MATTHESONII CRITICA MUSICA.
Pars V.
Des fragenden Componisten
Erstes Verhör
über eine gewisse Passion. *

Quisquis hæc legit, ubi pariter certus est, pergat mecum; ubi pariter hæsitat, quærat mecum; ubi errorem suum cognoscit, redeat ad me; ubi meum, revocet me. S. AUGUST. L. I. de Trinit. c. 3.

Angreiffen! Angreiffen! So heißt das Wort/ welches die argwöhnische Einfalt beständig im Munde führet. Das muß ich fast immer hören. Bald ist der eine hie/ der andre dort/ von mir angegriffen; welchen ich doch manchesmal kaum meiner Gegenwehr/ geschweige denn meines Angriffs/ werth achten würde. Sie lassen sichs recht sauer werden/ ein Wort zu ihrer Beleidigung anzutreffen/ und legen jede Zeile auf die Wag=Schale ihres bösen Gewissens/ nur damit sie die Einbildung bekommen/ ich habe sie angegriffen/ oder attaquirt (denn so klingt es ihnen besser): es werde ihrer in meinen Schrifften gedacht/ wie des Pilati im Credo. Täglich fechten sie meine Worte an. Alle ihre Gedanken

Dreyzehntes Stück A sind/

---

* Weil man an vielen Orten nicht weiß, was eine Passion in diesem Verstande sey, so habe für nöthig erachtet zu sagen, daß es die Geschichte vom Leiden Christi bedeute, welche, auf oratorische Art, musicalisch vorgestellet wird.

sind / daß sie mir übels thun. (Und thun mir doch unwissend lauter Gutes.) Sie halten zu Hauf und lauren/ und haben Acht auf meine Fersen/ wie sie meine Seele erhaschen. Was sie böses thun/ das ist lange schon vergeben. Dabey ist alles von aussen so abscheulich-Engel-rein/ sie brennen sich gantz weiß/ haben nie kein Wasser betrübt / es bey Leibe um mich nicht verdient / protestiren feyerlichst dagegen / wie das Weib/ das die Bürste gestolen hatte/ und wollen es gar dem lieben GOtt befehlen: als ob ihnen/ ohne seinem Willen/ ein Haar gekrümmet werden könte. Derselbe ist mein Zeuge / daß ich niemand angreiffe/ wenn ich Mängel und Sitten bey den Musicis ungescheuet untersuche: der wird auch Herzen und Nieren prüfen/ wer es von uns/ zu seiner Ehre/ am besten und aufrichtigsten meyne. Nach meinem Tode wird mans vielleicht erst erfahren/ ob ich/ wie andre/ meinen Nutzen dem gemeinen Besten vorgezogen habe.

Der seine Unwissenheit wissen mögte/ dürffte wohl der allerweiseste seyn. (**) Man findet heutiges Tages eine Art Leute/ welche sich einbilden/ alle Gelehrsamkeit recht gefressen zu haben/ und wissen doch nicht/ daß eine einige Wissenschafft allein ein Meer sey / welches von unserm Verstande nicht ausgeschöpfet werden mag. Diese Rehabeams-Brut wähnet / ihre kleinesten Finger seyn dicker/ als Salomons Lenden. Derselben muß/ aus brüderlicher Liebe/ die Wahrheit unverholen/ und so/ gesagt werden/ daß es Hände und Füsse habe: absonderlich / wenn durch ihr Betragen GOtt und seinem Dienst zu nahe geschicht. Es ist wahrlich kein geringes Liebes-Werck / dergleichen Vorstellungen überhaupt und auf das glimpflichste zu thun: daher sie auch von niemand übel ausgeleget werden sollten. Domi talpæ: ein jeder ist zu seinen eignen Fehlern blind: ein thörichter hält am meisten von sich selbst. Wir irren alle mannigfältig/ und keiner unter uns lebet ohne Mängel. Viele Gebrechen sind auch so beschaffen/ daß sie fast nicht gemerkt/ und doch öffentlich begangen werden. Auf diese mit Fingern zu zeigen/ und solche auch wiederum öffentlich anzudeuten/ ist eines jeden Schuldigkeit/ der sie siehet und beobachtet / anbey Gelegenheit hat/ öffentlich davon zu handeln. Inzwischen bleiben uns die Personen ja so lieb und werth/ als unsre eigne/ die eben so wenig/ als andre/ ohne Mangel ist. Wenn ich gleich hundert Subjecta, nach oder miteinander/ vor mir nähme/ und zum Augenmerk meiner Erinnerungen setzte / so wollte ich ihnen allen/ dem ungeachtet/ nach wie vor / die grössesten Liebes-Dienste und Freundschaffts-Bezeugungen thätlich spüren lassen/ dafern sie der Wahrheit Raum gäben/ und mir nicht Stank für Dank brächten. Doch soll mich auch die-

---

(**) Quam bellum est, confiteri potius nescire quod nescias, quam ista effutientem nauseare, atque ipsum sibi displicere. Cic. de Natura Deor. L. 1.

dieses nicht abschrecken; sondern ich will der Undankbaren Grobheit zu verschmerzen beflissen seyn/wie Joseph und Moses.

Aber/ wenn ich gleichwol empfindlich angegriffen werde/ ihr lieben Herren/ so verdenkt michs nicht/ daß ich mich meiner Haut wehre/ und zwar tüchtig: damit sich nicht mein Feind rühme/ er sey mein mächtig worden. Ich weiß/ daß ein gewisser Mann/ bey Gelegenheit des ersten Bandes der Critic/ gesagt hat: Wer bey Ehren bleiben wolle/ müsse mich ungeschoren lassen. Ich aber sage: Wer Ehre hat/ dem werde ich sie nicht nehmen können; at ille,
Qui me commôrit, (melius non tangere clamo)
Flebit, & insignis tota cantabitur urbe.

Wer Schnecken essen will/ pflegten die Griechen zu sprechen/ der muß sich recht daran ersättigen; sonst werden sie ihm nur schlecht bekommen. a) Das will so viel sagen: Man soll sich eines Dinges/ absonderlich eine Gegenwehr und Critic/ gründlich und recht unterwinden; oder es lieber gar bleiben lassen. Melanchthonis leise Tritte gefielen Luthero nicht. Wer auch weiß/ welche Grosmuth dazu gehöret/ Werke der Liebe gegen Undankbare zu üben/ der wird zugleich wissen/ daß animus offendendi weit von solchem entfernet sey/ der die alleredelsten/unschätzbarsten Stunden seines Lebens dahin anwendet/ unwissende und irrende/ nach der von GOtt verliehenen Gabe/ in einer zu dessen Dienst gereichenden/ herrlichen Wissenschafft/ und in den dazu gehörigen Sitten/ treulich/ aufrichtig/ frey/herzlich und ungescheut zu unterrichten/um dadurch seinem rechtmässigen Beruff ein Genüge zu leisten: es mag der eine sauer/ der andre süß dazu sehen.

Ich weiß z. E. gar wohl/ daß es eine piece, die vor 20 biß 30 Jahren gemacht worden/ nach unsrem damaligen Erkenntniß/ recht schön gewesen/ nun aber es ein leichtes seyn kann/ verschiedene Dinge daran auszusetzen. Es wäre was niederträchtiges/ ja kindisches und thörichtes/ hierüber zu critisiren/ wenn man sonst keine Absicht hätte/ als ein blosses Splitter-richten. Beyläuffig zwar könte es doch dienen/uns zu überführen/wie mißlich es um denjenigen Ruf und grossen Namen stehe/ welche man durch flüchtige practische Werke etwa zu erlangen gedenket: ingleichen sich zu erinnern/daß die alten Fehler noch täglich bey uns vorfallen/ob wir es gleich nicht meynen. Aber ich bin nicht gesinnet/die ehmaligen Bestrebungen des einen oder andern eigentlich zu tadeln/ vielweniger aus den anzuführenden Stellen den allergeringsten Vorwurff zu ziehen: zumal dieselbe/ wie gesagt/ zu ihrer Zeit allen Beyfall verdienet haben/ auch denselben noch/in gewissem Verstande/verdienen; sondern ich nehme mir nur vor/

mit

---

a) Δεῖ τὰς χελώνας ἢ φαγεῖν, ἢ μὴ φαγεῖν. Oportet testudines aut insigniter edere, aut prorsus non edere.

mit einigem Nachdruck zu zeigen / daß unsre Künste auf schwachen Pfeilern ruhen / daß ein Tag den andern lehren sollte / so doch nicht geschicht / und daß man eben aus den Fehl-Tritten grosser Leute am allerklügsten werden / einfolglich mit der Zeit stärckere Gründe und bessere Principia suchen und finden müsse. Das ist mein Zweck / nechst der Ehre Gottes.

Ein solches Vornehmen kann und soll niemand / der itzund weiser geworden / zum Schimpf gereichen; vielmehr wird es jedem eine Ehre seyn / falls er sein plus ultra tapffer getrieben hat. Sollte wohl ein grosser Doctor (qui docti nomen & omen habet) übel deuten / wenn man sagte / er habe doch in seinen Studenten-Jahren ein paarmal wieder die Syntactischen Reguln angestossen? Wäre ja ein Schein der Anzüglichkeit darunter / so würde er nur drüber lachen: und wenn ein grosser Nutz daraus erwachsen könte / müste er im Gewissen verbunden seyn / der Wahrheit Raum zu geben / sie gut zu heissen / und zu loben.

Es sollen demnach diese Fragen und Antworten insonderheit auch dazu nutzen / daß ein angehender Componist / dem scientia melodica, und was derselben anhängig (wie den meisten) ein Böhmisches Dorff ist / gewisser massen einen kleinen Vorschmack davon / und eine geringe Anleitung dazu / bekomme / nachdem unser vorhabendes thema Gelegenheit gibt / sich darüber in einigen Stücken herauszulassen. Ob wir nun solches thema vom Directore im Mond / oder vom Groß-Capellmeister in der Sonnen borgen / das kan niemand irren / so lange wir genau bey der Wahrheit und Billigkeit bleiben / das garstige præjudicium autoritatis bestreiten / niemand nennen noch beschimpfen; sondern vielmehr durchaus mit aller Vernunfft und ungezwungenen Höfflichkeit verfahren. Welches dann in solchem Grad geschehen soll / als wenn es mein eignes Machwerck und meine eigne Auffführung beträffe / darüber ein Collegium criticum gehalten würde. Wem beliebt / der mag es dafür annehmen: ich bin des gerne zu frieden. Denn ich wünsche auch mit meinen eignen Fehlern / die wie der Sand am Meer sind / der Welt Nutzen zu schaffen / und gebe dadurch sattsam zu verstehen / daß ich keinem Menschen etwas auf diese Weise thue / so ich mir nicht selbst thun / oder mit eben dem Glimpf gethan wissen wollte.

Meine Blätter sind den Spiegeln gleich. Es gibt deren auch / die nur einen Dreyer gelten / und darin man doch sein Gesicht ziemlich deutlich beschauen kann. Ich habe meine Figur mehr als einmal selber darin betrachtet / und gar wohl bemercket / wo es mir sitzet. Wer sich inzwischen einer besondern Heslichkeit bewust ist / dafür nicht allein andern Leuten / sondern wohl gar ihm selber grauen mögte / der darff nur nicht hineingucken. Es zwingt ihn kein Mensch dazu. Treibt ihn aber der leidige Vorwitz so weit / daß er seine leibeigne / vielleicht unangenehme Gestalt mit aller Gewalt darin suchen und finden will /

des fragenden Componisten I. Verhör.

will/ist dabey so unbedachtsam/ daß er solchen Anblick dem unschuldigen Spiegel beymisset/ und sich daran zu rächen gedencket: der lasse sich rathen/ und ziehe zuvor eiserne Handschu an / ehe er mit der Faust ins Glaß hineinschlägt; sonst wird er sich eben so erbärmlich verwunden/ als jener gute Cornute/ der seine reparation d'honneur auch an dergleichen polirtem Haus-Geräthe suchen wollte/ weil es seiner Frauen von einem guten Freunde geschenket worden; aber eine lahme Hand davon zum Lohn trug. Genug hievon? Nun wohlan! mein lieber Melophile, laß deine Fragen getrost hören. Vielleicht hast du deren mehr/ als ich beantworten kann; doch will ich mein Bestes thun. Dein Vorhaben/ wie ich merke/ ist/ ein Oratorio zu setzen: Frage her/ ohne weitern Umschweiff.

I.

Meloph. Ist es wohlgethan / diejenigen Worte/ welche bereits von einem Weltberühmten Mann in die Music gebracht worden / abermal von neuem zu componiren?

Resp. Absicht / Zeit und Veranlassung geben hier den Ausschlag. Bey dem ersten dieser drey Dinge fällt viel zu erinnern vor; die beyden andern aber können desto kürzer abgefertiget werden. Wenn meine Absicht demnach dahin gehet/ einen so genannten Weltberühmten Mann bloßzustellen/ über sein Versehen zu stolziren/ und mir dabey einzubilden/ ich könne es unfehlbar weit besser machen: so stehet mein Verfahren durchaus nicht zu billigen. Ist die Absicht aber nicht auf eigene/ sondern GOttes Ehre / der Zuhörer Erbauung und Beförderung der Wissenschafft / auch auf meines Nechsten würklichen Vortheil und Frommen gerichtet: so muß man dergleichen Unternehmen auf alle Weise loben. Denn / was ich einst von einem solchen Weltberühmten Mann gehöret habe/ da derselbe vorgab: Wenn er ein Ding componire/ und jemand mache es anders / so müsse dieses letztern Arbeit nohtwendig unrecht seyn/ solches hat mir noch nie in den Kopf gewollt/ und wenn es auch ein musicalischer Pabst persönlich selbst behaupten wollte. Denn erstlich ist die Music / so wohl an Melodie/ als an der von ihr dependirende Harmonie/ reich genug/ daß man leicht eine Veränderung treffen kann/ ohne in der Haupt-Sache anzustossen: alsdenn mögen zween/ ja mehr/ Componisten einen Text/ auf gar verschiedene Arten/ setzen/ und doch alle gewisser massen Recht haben. Fürs andre kan vielen Worten ein Affect/ ein Nachdruck beywohnen/ der dem ersten Componisten entwischet / seinen Nachfolgern aber hiernechst offenbar worden. Wie denn bekannt/ daß offt ein einiger kleiner Antrag mehr/ als eine emphasin, haben könne. Drittens beweisen ja die zu Tage liegende Exempel vieler trefflichen Leute/ daß sie ihre ehmalige Arbeit gar offt ganz verändern: es sey nun die delicatesse, oder eine bessere Erfahrung/ Schuld daran. Ehe ich aber weiter gehe/ muß hier/ wegen des in der Melodie steckenden Reichthums und ungemeinen Vorzugs/ davon so eben gedacht worden / eine kleine disgression einfliessen. * * * * * *

„Mancher steht in den Gedanken / ob wären bereits alle Gänge in der
„Melodie vorgewesen/ und dermassen abgenutzet worden / daß fernerhin nichts
„neues aus diesem (doch unerschöpflichen) Brunnen zu holen sey: müsse
„man derowegen seine Zuflucht zur Harmonie nehmen / und daraus Verände-
„rungen hervorbringen.

„Zu geschweigen nun / daß bey diesem Satz nicht nachgedacht wird/
„woher denn die liebe Harmonie entspringe / und ob sie sonst aus irgend einer
„Wurzel/ als aus der Melodie/ hervorwachsen könne? welches auf eine hand-
„greiffliche petitionem principii loßginge; so ist es zwar an dem/ daß gewis-
„se loci communes in melodica eben so gäng und gebe sind/ als Curant-Geld/
„welches doch auf so verschiedene Art angewendet werden kann / daß es unbe-
„greifflich ist. Eigentlich aber ist es mit diesen locis nicht anders beschaffen/
„als mit den Redens-Arten der Sprachen / welche / ob sie gleich von je her be-
„kannt sind/ und immerhin im Gebrauch bleiben/ dennoch / durch unendliche
„Wege/ allemal einen neuen Verstand/ eine neue Versetzung/ eine neue Form
„und eine neue Wirkung bekommen/ einfolglich jederzeit ganz neue Meinungen
„und Gedanken auszudrücken geschickt sind. Diese erwehnten loci commu-
„nes sind auch in der Melodie so unentbehrlich / daß sich derjenige würklich zum
„Spott und unverständlich machen würde/ der dieselbe etwa ausmerzen/ oder
„mit angenommenem Fleiß vermeiden wollte. Doch ist hiemit nicht gesagt/ daß
„man lauter bekannte modulos, und sonsten nichts/ vorbringen möge. Denn
„es ist ein leichtes/ nicht nur ex Praxi musica, sondern ex Mathesi, & quidem
„per artem combinatoriam, unwidersprechlich zu erweisen / daß die potesta-
„tes sonorum, nudè genommen/ die flexiones vocum, die ecphoneses inter-
„vallorum, aus welchen die Melodien verfertiget werden / unendlich und un-
„zehlich sind. a) Von der Harmonie/ wenn wir sie absonderlich betrachten/
„kann dieses hergegen nimmermehr dargethan werden: massen die Anzahl der
„ihr gewidmeten sonorum, gegen den melodischen gerechnet/ nur etwa den vier-
„ten Theil austrägt / und bey weitem in keinen Vergleich kommen kan. Ich
„rede hier de unico concentu, in Gegenhaltung unicæ melodiæ, und nehme
„die Sachen deswegen in ihrer äusersten Einfalt/ damit sie desto begreifflicher
„werden/ und die Wahrheits-Gründe desto heller scheinen mögen. Erweget
„man solchemnach die beständige Leyer der triados, so sind es ja eigentlich nur
„drey

---

a) Vocis mutationes totidem sunt, quot animorum, qui maxime voce commoventur. Cic. de Orat.

des fragenden Componisten I. Verhör. 7

„drey wesentliche Klänge/daraus unsere harmonia composita bestehet/die mehr
„nicht/als sechsmal; dahingegen die zwölff zur Melodie gehörigen 479001600
„mal versetzet werden können. Hiezu kommen hernach die/ mit den Gel=
„tungen der Noten/ mit den Puncten/Pausen/Tact=Arten/ Mouvemens, mit
„der verschiedenen Höhe und Tiefe/ mit den mancherley Instrumenten/ Stim=
„men/ ja endlich selbst mit der gewöhnlichen Harmonie zu verursachende/ un=
„endliche und unglaubliche/ unerhörte Veränderungen/ deren Menge kein
„Mensch je gezehlet hat/ auch niemand weder zehlen wird/ noch zehlen kan.

„Uberdis stecket das bisgen concentûs selbst/ bekannter massen/ in
„der Melodie/ als in Harmonia simplici, und wird von solcher bloß entlehnet/
„damit ein Gewebe daraus werde: so/ daß auch alles/ was man dieserwegen
„in favorem harmoniæ compositæ sagen kann/ der Melodie eigenthümlich zu=
„gehöret/ und ihren Reichthum nur/ je länger je mehr/ darleget. Wollte man
„noch einwenden/ ein jeder der angeführten 12 Klänge litte eine zweyfache Har=
„monie/ und würde also dadurch numerus variationum nothwendig zweymal
„so groß; so ist solches freylich wahr/ doch kan dabey nicht geläugnet werden/
„daß dieser ganze Vortheil/ eben wie alle andre/ ex progressu de sono in so=
„num, i. e. ex Melodia ipsa herrühre/ seinen Grund darin habe/ ihr zu gute
„komme/ und ohne dieselbe impraticable, ja gar nichts/ sey. Denn eine aus=
„geführte Harmonie von 100 zusammengehenden Stimmen ist nichts anders/
„als ein Satz von 100 zusammenstimmenden Melodien.

„Mr. Rameau, Organist an der Dom=Kirche zu Clermont in Au=
„vergne/ vernünfftelt über dieser Materie/in seinem Traité d'Harmonie c. 19.
„p. 138, also: Il semble d'abord, que l'harmonie provienne de la melodie,
„en ce que la melodie que chaque voix produit, devient harmonie par
„leur union b) mais il a fallu determiner auparavant une *route* à cha-
„cune de ces voix, pour qu'elles pussent s'accorder ensemble. c). Die=
„se route nun/ oder dieser Weg/ meynet er/ werde aus den Regeln der Harmo=
„nie gesucht/ das ist zu sagen: er werde so eingerichtet/ daß eine Harmonie oder
„Uebereinstimmung daraus erfolge. Weil der Autor nun kurz darauf/ im Ge=

„gen=

---

b) So denke ich, und gönne dabey einem jedem, anders zu denken, zu schreiben und zu thun. Wir sagen, sehen und hören, daß eine Terz und Quint zu ihrem Grund=Ton, sie quis sic, einen Concent oder eine Harmonie machen: so müssen ja zuvor eine Terz und Quint melodice abgemessen und festgesetzet seyn, weil dieselbe sonst nichts machen könnten.

c) Verto: Es scheinet anfänglich, als ob die Harmonie aus der Melodie entspringe: sintemal die von einer jeden Stimme hervorgebrachte Melodie, durch die Verei=nigung, zur Harmonie wird: aber man hat doch erst einer jeden Stimme ihren Weg anweisen müssen, damit sie zusammen klingen mögten.

„gentheil/ gestehet/ daß sich die intervalla harmoniæ, so aus der Eintheilung
„der Säite entspringen/ gar nicht zur Melodie schicken: so muß ich schlies-
„sen/ daß er keine Melodien/ sondern nur bloße Harmonien/ die nichts melo-
„diöses an sich haben/verfertigen wollen. Und das hat er gute Macht: in solchem
„Fall entspringt die Harmonie nicht aus der Melodie; aber diese auch wieder-
„um nimmermehr aus jener.   Was er von den zur Melodie ungeschickten in-
„tervallis sagt/ (so gleichfals einer guten Erklärung bedarff) lautet so: La
„premiere, la seconde & la troisieme division de cette corde, d'où pro-
„vient toute l'harmonie, ne nous fournissent pas des sons convenables à
„la melodie: puisqu'un chant composé de tierces, de quartes, de quintes,
„de sixtes & d'octaves ne seroit point encore parfait. d) Und da liegt
„das erste Argument/ von der route, oder von dem Gange/ so die Stimmen
„halten/ durch des Verfassers eignen Wiederspruch/ glatt übern Hauffen:
„denn wo/ nach seinem Satze/ die intervalla harmoniæ ungeschickt zur Melo-
„die sind/ (wie es denn auf gewisse Weise wahr ist): da kann die Melodie ja
„unmüglich aus der Harmonie entspringen. Und dem ungeachtet darff er keck-
„lich schliessen: l'harmonie est engendrée la premiere, d. i. Die Harmonie
„ist die erstgeborne.

„Es kann wahr seyn/ wenn die Natur zur Mutter/und die Kunst zum Va-
„ter/ gemacht wird. In jener aber ist schon die Melodie gegründet. Es kann
„auch wahr seyn/ nachdem man seine Säite eintheilet; vieleicht theilt sie die
„Natur anders vor sich/ als wenn sie mit der Kunst vereiniget ist. Und da hat
„doch die Natur/ obgleich einfältig/ den Vorzug. Ich folge der letztgenannten/
„und verfahre erst mit meiner Säite Schrittweise; hernach durch Sprünge/
„als Terzien/Quinten ꝛc. da läge denn das zweyte Argument/ a divisione chor-
„dæ, auch danieder: weil derselben Eintheilung willkührlich seyn mag/und gar
„nicht unumgänglich zu erst durch Sprünge gemacht werden darff/ sondern
„vielmehr/ natürlicher Weise/ gradatim geschiehet/ zumal wenn eine angeneh-
„me Melodie erfolgen soll.   Wollen die Trompeter Lerm/ und zu Pferde/ bla-
„sen/ so klinget es wild/grob/ ungestüm/ frech; ob gleich per intervalla harmo-
„niæ consecutiva der Weg genommen wird.   Soll es aber sittsam/ fein/
„sanffte/ lieblich und angenehm lauten/ so wird per gradus melodiæ verfahren.

Es

---

d) Die erste, andre und dritte Eintheilungen der Säite (auf dem Monochordo) aus welchen alle Harmonie entspringet, geben uns keine, zur Melodie bequeme, intervalla
an die Hand: massen ein Gesang, der aus lauter Terzien, Quarten, Quinten,
Sexten und Octaven bestehet, noch nicht vollkommen seyn kann. Ich füge hinzu:
laß kluge Sänger alle diese Sprünge, auch so gar die Terzien, als die kleinsten,
nach Befinden, an einander hängen müssen: denn die Natur hat einen Abscheu vor
dem Vacuo. Daher ist auch die Regel von den verdeckten Quinten und Octaven
entstanden.

„Es heisset ferner bey unserm Rameau: c'est l'harmonie qui nous
„guide. d. i. Die Harmonie führet uns an. In solchen polyphoniis, wo
„keine Stimme was voraus haben soll/ mögte man den Satz zustehen. Ich
„bin kein Liebhaber davon. Aber in Dingen/ wo diese oder jene Stimme/ zu
„ihrer Zeit/ hervorraget/ oder wo ein gewisses thema geführet wird/ (z. E. in
„Fugen und Nachahmungen/ die fast alles ausmachen/) da müssen sich gewiß
„diese harmonische Cameraden und Trabanten nach ihrem Duci, d. i. nach
„der Haupt-Melodie richten/und heißt es allemal: c'est la Melodie qui nous
„guide. d. i. Die Melodie leitet uns. Ach! wenn uns die blosse Harmo-
„nie anführet/ so gerathen wir wahrlich auf lauter Irrwege. Ein jeder gescheu-
„ter Componist (derer doch nur wenig sind) wird es in seinem Herzen gestehen
„müssen/ wenn ers gleich mit dem Munde und mit der Feder tausendmal wie-
„dersprechen sollte.

„Ich rufe Rameau hierüber selbst zum Zeugen an/ der sagt p. 138. On
„commence par enseigner la maniere de faire un chant (*où sont les Regles?*)
„& supposé que l'on y fasse quelque progres, les idées qu'on peut en avoir
„s'evanouissent, dès qu'il s'agit d'y joindre une autre partie, on n'est
„plus le maitre du chant, & pendant que l'on s'exerce à chercher la route
„que doit tenir une partie par rapport à l'autre, on perd souvent de
„veuë celle que l'on s'etoit proposée, ou du moins on est obligé de la chan-
„ger; sinon, la contrainte où nous tient cette premiere partie, ne nous
„permet pas toujours de donner aux autres un chant aussi parfait, qu'on
„pourroit le souhaiter. e.) Da wird ein jeder gestehen müssen/ daß es bes-
„ser sey/ eine gute Melodie in der Haupt-Stimme zu behalten/ als dieselbe in
„allen zu verderben. Und in solcher Noth führt gewißlich denjenigen die Har-
„monie sehr übel an/ der sich von ihr leiten läßt/ und seine Melodien alle mitein-
„ander darüber zerstümmelt und verdirbet. Da siehet man/ was für hesliche
„gebrechliche Kinder gebohren werden/ wo die Harmonie freistet.

„Merkwürdig ist es/daß Mr. Rameau, der das Vorrecht der Harmo-
„nie/ und ihre Erst-Geburt/ mit zween so bündigen Schlüssen/ wie wir gesehen/
„behaupten/ und die Melodie aus den Regeln der Harmonie herleiten will/ in-
„dem

---

e) Man lehret uns anfänglich eine Melodie machen (das wäre sehr gut; aber wo
sind die Regeln?) und ich setze den Fall, es geriethe solches einiger massen, so verschwinden doch die guten Gedanken bald wieder, wenn wir noch eine zweyte Stimme dazu setzen wollen. Da hat man die Melodie nicht mehr in seiner Gewalt:
denn, indem der Weg gesucht wird, welchen die eine Stimme, in Ansehung der andern gehen soll, verliehrt sich offt die vorgesetzte Melodie, oder man ist genöthigt, sie
wenigstens zu verändern; widrigenfalls vergönnt uns die erste Stimme nicht,
daß wir der andern, nach Wunsch, ihr Recht thun.

,,dem er noch / über obiges, p. 138. ausdrücklich sagt: L'ordre de la Melodie
,,est dicté par les regles de l'Harmonie. d. i. die Ordnung der Melodie
,,wird durch die Regeln der Harmonie eingeführet; dennoch p. 142 gleich
,,darauf gestehen muß: Es sey schier unmüglich / gewisse Regeln von der
,,Melodie zu geben. Was schreibt ihr denn die Harmonie für? wo bleiben
,,die dictata Harmoniæ? was für Ordnung führen dieselbe ein? die Regeln
,,der Harmonie sollen uns die Einrichtung der Melodie lehren / und es ist fast
,,unmüglich denselben eine Richtschnur zu setzen/ wie reimt sich das zusammen?
,,Es ist ja falsch/und wiederspricht sich allenthalben. Mit mehrerm Recht läßt
,,sich beweisen: daß die Harmonie alle ihre Regeln aus der Melodie ziehet:
,,denn eine gute Melodie fasset allemal die Harmonie schon consecutive in sich/
,,wie aus Millionen Exempeln zu sehen und zu hören ist. Und also ist die Har-
,,monie aus der Melodie genommen. Natur / Alterthum und tägliche Er-
,,fahrung bekräfftigen es; wenn auch alle Componisten vom unrechten Ende
,,anfangen/ und die Pferde hinter den Wagen spannen sollten.

,,Rameau sagt ferner: Nous laisserons aux heureux genies le plai-
,,sir de se distinguer dans ce Genre (de la Melodie) *dont depend presque*
,,*toute la force des sentimens.* f.) Das sind starke Worte / die fast aller
,,harmonischen Schönheit die Schminke abwischen. Wenn nun gleich die
,,Vollstimmigkeit eher / als die blosse Melodie in der Welt gewesen / und die
,,Harmonie 1000 Jahr älter wäre/ als der einfache Gesang (quod credat Ju-
,,dæus Apella) so werde ich doch / mit Erlaubniß / mehr auf diesen / als auf
,,jene halten: eben deswegen unter andern/weil der gute Rameau, vielleicht wie-
,,der seinen Willen/ darin die rechte/ reine Wahrheit schreibt/ daß auf die Me-
,,lodie fast der ganze Nachdruck aller in der Music vorzustellenden Gedanken
,,und Empfindungen ankömt. Wie könte auch ein vernünfftiger Franzose an-
,,ders sprechen?

,,Er gehet noch weiter/und nennt zuletzt die Kunst/eine schöne Melodie
,,zu machen/ le dernier degré de perfection, *sans lequella plus belle Har-*
,,*monie devient quelques fois insipide.* Teutsch: Die äuserste und höch-
,,ste Stuffe der Vollkommenheit/ ohne welcher die allerschönste Harmonie
,,bisweilen abgeschmackt herauskomt. Das ist ein guter Gegner! Ich
,,meyne/ da sey Vorzug der Melodie! noch mehr: & par lequel on est tou-
,,jours en etat de surpasser les autres. d. i. Man befindet sich dadurch alle-
,,mal im Stande/ andre zu übertreffen. Das ist mir genug. Die Harmonie
,,hat freylich grosse Verdienste/doch nur für Kenner. Derer sind gar wenig. Und
,,da

---

f) Wir wollen den glücklichern Köpfen die Freude überlassen, sich durch schöne Melodien hervorzuthun, als worauf fast alle Krafft der Ausdrückungen ankömt.

„da die Music ohne dem schon nicht die meisten Anhänger hat/ warum wollen „wir diese mit Fleiß noch dünner machen/und alles auf etliche Leit-Hämmel an- „kommen lassen/ denen die übrigen blindlings nachfolgen? Sie werden uns „doch auf die Länge nicht Stand halten/ und denn liegen unsre Stützen übern „Hauffen/ da sitzen wir. Experto crede Ruperto. Was Bestand haben „will/ muß in GOtt/ in der Vernunfft und Wahrheit gegründet seyn.

„Die Melodie mag von einigen für die Mutter/ von andern für die „Tochter/gehalten werden: darum will ich mich nicht zanken. Im letzten und „ärgsten Fall würde ich dennoch singen können: O matre pulchrâ filia pul- „chrior! Wer sie besitzt/der führt die Braut heim/und meiner unmaßgeblichen „Meynung nach (jedem die seine deswegen unbenommen) ist dieses der „Haupt-Punct/ bey dem der gegenseitige Rameau selbst gestehet/ daß es fast „unmüglich falle (ihm ohne zweifel) Regeln davon zu geben: parce que le „gout en est toujours le premier moteur. d. i. weil der Geschmack allezeit „das primum mobile dabey ist. Wir wollen/ bey einer andern Gelegenheit „sehen/ ob dem würklich also sey/ und ob nicht der gout selbst seine Regeln und „gewiesene Wege haben könne? Viele/ ja die meisten Leute/ meynen/ was noch „von keinem geleistet worden/das sey deswegen unmüglich. Solche Folge sehe „ich nicht. Mein lieber Melophile, halt mir diese Ausschweiffung zu gute. „Nun will ich weiter fortfahren/ und deinem Begehren ein Genüge leisten.

* * * * * *

Was die Zeit betrifft/so ist bekannt/ daß musicalische Sachen ein rechtes Mücken-Leben haben/und viel eher veralten und erkalten/ als andre. Wenn eine Composition einige Monath/ will nicht sagen/ Jahre/ auf sich hat (denn es gibt auch der Compositionen etliche/ aber wenige/ longævas) werden indessen viele Umstände eine fremde Gestalt gewonnen haben/ welche dannenhero eine merkliche Aenderung in den Zierrathen erheischen. Gründliche Lehr-Sätze (ob man sie gleich noch nicht angenommen hat) bleiben dennoch/ wie ein gutes gepechtes Schiff/ und wie ein Beutel voll Reise-Gold; nur muß man immer dem Strom folgen. Dahero kömt niemand diese Entschuldigung der Zeit zu statten/ der eines berühmten Mannes Composition ändern will/ da die Arbeit noch neu/ und von der Art ist/daß sie so bald nicht veralten kan; sondern ein solcher ladet sich den Vorwurff einer unartigen suffisance auf/ wenn er zu hitzig verfährt. Ich wollte gerne 20 biß 30 Jahre warten/ wenn mich sonst nichts triebe. Denn berühmter und wohlverdienter Leute Arbeit muß man in Ehren halten; ob gleich bisweilen etwas in die Queer kömt/ das in die Länge sollte seyn.

Die Veranlassung/ als der dritte Punct/ kan/ meines Begriffs/ auf dreyerley Weise geschehen. Erstlich/ wenn ich ein paar Exempel/ an dergleichen

chen Sachen/ vor mir finde/ von guten Leuten/ die eben das gethan haben. Was dem einen recht/ ist dem andern billig. Zweytens könte jemand würklich willens seyn/ die alte oder erste Composition aufzuführen; fünde aber/ daß viele Sätze/ bey genauer Untersuchung/ schnurstracks contra sana principia melodica gesetzt wären. Bey solcher Bewandniß thäte man viel besser/ die Worte insgesamt ganz neu zu componiren/ als nur hin und wieder die vorige Music zu ändern/ zu bessern/ zu lappen und zu flicken: welches durchaus nicht erlaubet ist/ und wieder alle Billigkeit läufft/ obs gleich mancher so treibt. Drittens mögte leicht ein vornehmer Herr dergleichen neue Composition von einem und andern/ Bitt- oder gar Befehls-Weise/ verlangen; da denn derjenige wohl Auslachens werth wäre/ der sich nur den geringsten Zweifel darüber machte. Frag weiter/ Melophile!

II.

Meloph. Ist es gut/ eine prächtige Kirchen-Music mit einem kurzen recitativo anzufangen? z. E. Da nahm Pilatus JEsum und geisselt ihn.

Resp. Das gehet zwar die Poeten mehr/ als die Musicos, an. Dennoch/ wenn ein Componist dergleichen Beschaffenheit antrifft/ so wird er sothanen Eingang nothwendig sehr trocken und nackt befinden müssen: hat dannenhero gar wohl Macht/ ohne Beleydigung des Poeten/ etwan einen Versicul aus den gewöhnlichen Kirchen-Gesängen/ oder sonst etwas/ das zu den besagten Worten einigermassen vorbereitet/ al ripieno, zum Anfang zu setzen. Denn ob gleich eine Instrumental-Symphonie gemeiniglich vorhergehet/ so deucht mich doch solche hiezu nicht genug zu seyn. . . . . Ich sehe/ Melophile, daß du bey dieser ertheilten Freyheit besorget und verwirret bist/ indem du nicht weist/ was füglich/ in gegenwärtigem Fall/ zu nehmen sey. Schlage das Lieder-Buch auf/ wehle dir z. E. den ersten Vers des Chorals: **Christus der uns seelig macht** rc. derselbe enthält gleich eine kurze Erzehlung dessen/ was mit unserm liebsten Heyland (den wir alle wehlen sollten) biß auf seine Geisselung/ vorgefallen ist/ und die letzten Worte dieser Strophe: **Wie denn die Schrifft saget**/ scheinen auf den erwehnten Recitativ des Evangelisten gleichsam mit Fingern zu deuten.

III.

Meloph. Findet auch wohl/ bey solcher Gelegenheit/ eine lange Symphonie statt?

Resp. Der Meynung bin ich gar nicht: ungeachtet verschiedene gute Com-

Componisten/ weil ihnen in der Instrumental-Music etwas sonderliches beywohnet/ in lange Symphonien oder Sonaten dermassen verliebt zu seyn scheinen/ daß sie ihr exordium bald grösser machen/ als den ganzen Sermon. Es mag noch so artig und vollstimmig herauskommen/ so denke du doch nur sicherlich mit dem Horatio: Nunc non erat his locus. Eine Symphonie von 24 gewöhnlichen Tacten ist allemal lang genug/ zu einer solchen Music/ die an ihr selbst nicht kurz seyn kann. Wiewohl ich hiemit keinem Menschen einige Schranken setzen will: denn ich entdecke nur meine unmaßgebliche Gedanken hierüber/ und bin gewiß/ daß man auch des schönsten zu viel thun könne. Der glänzende Patron Phœbus selbst will es offt mit seinem Feuer so arg machen/ daß man lieber die kühle und blasse Cynthia dafür hätte.

IV.

M. Darff der Anfangs-Choral wohl eine Fuge seyn?

R. Aller Anfang in der ganzen Natur ist uni und simple, schlecht und einfältig: warum will man denn diesem natürlichen Grund-Satze eben in der Music absagen/ und gleich mit einer bunten/ gekräuselten Figur aufgezogen kommen? Sit quod vis *simplex* duntaxat & *unum*. Diese Horatianische Regel hat nirgend eine bessere Anwendung/ als eben im Anfange eines Werks/ es sey musicalisch oder poetisch. Ich habe aus der Arte poetica dieses Autoris sehr viele melopoetische/ absonderlich aber solche/ Anmerkungen gezogen/ die scientiam melodicam betreffen. Thue desgleichen. Bey unserm eigentlich vorhabenden Choral würde sich zudem weder der Text: Christus der uns seelig macht ꝛc. noch die Sang-Weise/ zu einer Fuge recht schicken. Denn ob man gleich die letztere mit grossem Zwange dahinbringen mögte/ so sind doch die Worte nur eine blosse Erzehlung/ welche erst in der vierten Zeile gewissermassen ihren Verstand bekömt/ und also zu einem themate Fugæ viel zu lang ist. Derowegen darff man hier nur mit der schlechten Choral-Melodie verfahren; kann aber doch dieselbe/ (1.) durch eine geschickte Abwechselung der Stimmen/ (2.) durch ein gutes vollstimmiges accompagnement, und insonderheit (3.) durch die Gänge im Baß/ so einrichten/ daß ihr vulgaires Wesen dadurch ziemlich bedecket/ die Andacht aber vermehret und gereitzet werde.

V.

M. Muß oder kann auf dem Worte/ geisselt/ mit Fug und Recht/ ein passagio gemacht werden?

R. Es ist überall nicht nöthig. In einer Aria/ wo etwan über die Geisselung eine besondere Betrachtung angestellet würde/ dürffte es sich endlich wohl schicken/ ein melisma, oder neuma g) anzubringen; aber in einem Recitativ/wo die Sache nur schlechterdings erzehlet/ und gleichsam redend vorgetragen wird/scheinet es/teutsch gesagt/albern und abgeschmackt herauszukommen. Pour les mots il y auroit de la puerilité & de la contrainte, à vouloir les exprimer tous à part. Je dis même certains mots distinguez dans toutes les langues, & auxquels les Musiciens ont egard d'ordinaire. Ce seroit une petitesse que de n'oser passer *Fluvius & Fulgur* sans y mettre des roulemens. h) Ich wollte/ daß gewisse Leute/ die den Franzosen sonst sehr zugethan sind/derselben guten Geschmack/in einigen Sachen/ nur recht kenneten / absonderlich in dem Punct/ da diese Nation eine schöne/fliessende/ ungekünstelte / blosse Melodie aller krausen Harmonie/so natürlich als billig / weit/ weit vorziehet.

VI.

M. Was steckt denn in meiner vorhabenden/ ersten Aria für eine Gemüths-Bewegung? denn darnach muß man wohl vor allen Dingen fragen: Sie bestehet in folgenden Worten:

„Unsre Bosheit / ohne Zahl/
„Fühlt der Heiland / der Gerechte/
„Mehr / als selbst der frechen Knechte
„Peitschen-Streich und Geissel-Quaal.
„Klag'/ o Mensch/ weil dus verschuldet/
„Daß GOtt selbst die Geissel duldet.

Unsre ꝛc.

R. Die

---

g) Neuma, νεῦμα (a νεῦμαι, aut νέομαι, eo, redeo, nato, propterea quod eant, redeant iterum, natentque undulentue quasi soni) cantûs artificialis species, qua syllabæ prolixo ac vario tractu flectuntur ac circumaguntur (musici coloraturas vocant) & hoc cum primis in voce Halleluja, ad notandam cælicolarum æternam ac ineffabilem jucunditatem. Gregorius Halleluja cum neumatibus, græco sine dubio ritu, instituit. V. Gregor. L. 7. Epist. 64. & ex illo Casp. Calvör de musica p. 38.

h) Hist. de la mus. T. IV. p. 61. Auf Teutsch mögte es etwan so gegeben werden: Was die Wörter betrifft, so würde es kindisch und gezwungen stehen, wenn man dieselbe alle besonders ausdrückte. Ich begreiffe hierunter auch solche Wörter, die in allen Sprachen hervorragen, und bey den Componisten gemeiniglich in Betracht gezogen werden. Es würde ja eine Niederträchtigkeit seyn, wenn einer z. E. *Fluvius* & *Fulgur* nicht ohne Coloraturen vorbeygehen lassen dürffte.

R. Die Erwegung / daß dem Heilande unsre Sünden mehr Quaal verursachen / als die Geisselung/ ziehet / natürlicher Weise/ nichts anders nach sich/denn Reu und Leid. Darin beruhet der Affect obiger Worte. Daß sie aber recht musicalisch seyn sollten/kann ich aus vielen Ursachen/nicht sagen: obgleich ein ehmals grosser/ sinnreicher Poet derselben Verfasser ist. Es verstund zwar derselbe so viel von der Music / daß er auf dem Clavier ziemlich accompagniren kunte; allein/das macht die Sache nicht aus: Musicam modulatoriam, die Sing-Kunst/ eigentlich genommen/ muß ein Poete vor allen Dingen practice verstehen/und dabey einige theoriam compositionis besitzen. Man merke sich das Wort/ verstehen. Denn es singen viele Sänger / die doch die Singekunst nicht gründlich verstehen. Die wenigsten/ auch unter den besten Vocalisten/wissen/oder verlangen einmal zu wissen/ was sie singen. Wenn nur die Noten getroffen werden ; wenn sie nur recht pausiren/ wenn sie nur eine galante Manier anbringen / sie schicke sich / oder schicke sich nicht: so hat man von Glück zu sagen/und jederman denkt/es habe alles seine völlige Richtigkeit. Ob es empfunden werde / was gesungen wird / ob das Herz mit dem Munde übereinstimme / darnach frägt so leicht niemand. Wie kann ich denn andre bewegen/ wenn mich die Worte/ so ich daher singe/ selbst nicht rühren/ ja wenn ich sie nicht einmal verstehe. Ich könnte Exempel anführen/da ein grobes quid pro quo in allen Kirchen hat herhalten müssen;allein ich schone der Personen. Indessen wird niemand ein Ding klüglich verrichten / das er nicht verstehet. 1) In obigen Versen/ zumal in den vier ersten Zeilen/ ist wenig Anmuth. Und obgleich sechs Abschnitte vorhanden/kann doch kein Verstand daraus geschöpfet werden/ehe dieselbe alle sechs zu Ende gebracht worden. Nun ist aber hiemit nicht gesagt/ wie mancher wohl meynet/ daß gleich die erste/und hernach eine jede Zeile in Versen ihren eignen Sensum für sich haben müsse. Das ist gar nicht nöthig / läßt sich auch unmüglich allemal thun / und der Componist hat Mittel genug / was hierunter abgehet/ zu ersetzen/ indem er/ nach einmaligen/ völligem Vortrage der Worte / hernach so viele Absätze und Wiederholungen machen kann/ als ihn selbst gut dünket. Aber die Lieblichkeit fehlet/ wenn der Verstand so weit hinausgesetzet wird/wie hier. Pour la *douceur* des vers il est essentiel , que le Poete en croye beaucoup le Musicien. Mille mots *excellens* dans la Poésie qui se recite, deviennent *insupportables* dans celle qui se chante, & ça a été par cet endroit, que RACINE , LA FONTAINE &c. ont echoué à cette derniere , & que si *peu de gens* y ont reüssi.

---

1) Nemo sapienter quicquam facit, quod non intelligit. Cassiodor.

reüſſi. k) Dieſe Gedanken kommen gänzlich mit den meinigen/ im Vorbericht zur Parellele/überein. Von Racine ſagt der angeführte Autor, an einem andern Ort/noch dieſes: RACINE ſe pique de termes forts & de rimes riches, au lieu de viſer à une douceur coulante, dont le Muſicien a beſoin. l) Und von der Beſchaffenheit muſicaliſcher Verſe überhaupt iſt dieſes ſein Ausſpruch. Le tour aisé & coulant eſt le fonds des bonnes paroles chantantes. m) Doch damit wir wieder in die Gleiſe fahren/ und die in obiger Aria enthaltene Gemüths-Bewegung der Reue genauer einſehen/ ſo wird dieſelbe/ als eine Niederſchlagung des Gemüths/ als eine traurige Empfindung unſrer eignen Schwachheit/ mit gewiſſer Neigung zum Guten und zur Beſſerung/ beſchrieben. Dieſe Paſſion äuſert ſich erſt am meiſten in den beyden mittlern Zeilen: Klag/ o Menſch! welche alſo mit gröſſrer Wehmuth vorgetragen werden müſſen/ als das Da Capo: weil dieſes nur die bloſſe propoſition in ſich faßt; jene aber die würkliche Anwendung enthalten. Das accompagnement von Queer-Flöten und Violdagamben (wo es zu haben) iſt hierzu ſehr geſchickt. Im erſten Theil muß die Melodie gar modeſt; im andern aber etwas kläglich eingerichtet werden. U. ſ. w.

VII.

M. Ich mögte gerne wiſſen/ ob man bey dem Worte: der Gerechte/ wohl abbrechen/und eine lange Pauſe ſetzen/imgleichen/ob ein ſolches Verfahren bey dem Worte: Knechte/ Statt finden könne?

R. Bey dem erſten ſtehet zwar ein comma, welches manchen verleiten dürffte; aber alle commata erfordern eben in der Melodie/ohne Unterſcheid/keinen Einhalt. Man beſehe hievon T. I. Cr. Muſ. p. 102. Es ſind gar einige commata, als bey Ja/ ja/ Nein/ nein/ und dergleichen/die mit allem Fleiß überhüpft werden müſſen/ um den Eifer deſto beſſer auszudrücken/ ſo wie es im Reden

---

k) Hiſt. de la Muſ. T. III. p. 204. Zu Teutſch alſo: Die Annehmlichkeit der Verſe betreffend, ſo iſt es hauptſächlich nöthig, daß der Poet ſich hierin fleiſſig von dem Componiſten rathen laſſe; denn, wir haben 1000 Wörter in der Poeſie, die vortrefflich ſind, wenn ſie geleſen werden, und doch was unerträgliches bey ſich führen, ſo bald man ſie ſingen will. Racine, La Fontaine, (das ſind groſſe Lichter) und andre ſind bey der muſicaliſchen Poeſie zu kurz kommen, als worin es auch nur gar wenigen geglücket iſt.

l) Racine gibt ſich groſſe Mühe nachdrückliche Wörter und hohe Reimen zu finden; da er doch vielmehr auf eine flieſſende Anmuth ſehen ſollte, als warum es dem Componiſten am meiſten zu thun iſt. Hiſt. de la Muſ. T. III. p. 123.

m) Die leichte und flieſſende Art iſt der Grund aller zum Singen beſtimmten Poeſie Ibid. p. 160. 161. Bey einem gewiſſen Autore werden diejenigen, ſo dieſes nicht in Acht nehmen, majeſtätiſche Wort-Könige betitelt.

des fragenden Componisten I. Verhör.

Reden gehalten wird. Ein gewisser Freund macht deswegen einen Unterscheid / inter comma grammaticum , & comma rhetoricum ; aber derselbe will mir noch lange kein Genügen leisten : sintemal alle commata eigentlich ad Rhetoricam gehören. Eine Rede theilet sich entweder in Wörter / Sylben und Buchstaben / nach den grammatischen Gesetzen ; oder aber in *periodos , cola , commata* , nach den Regeln der Redner. n) So schreibt Puteanus von der Sache / und der Mann wuste sehr wohl darum. Am besten ist es / daß wir die bekannte distinctionem inter comma ὁλόκληρον i. e. perfectum , & comma κρεμάμενον i. e. pendulum , mit den rhetoricis einführen. So denke ich es g. G. in meinem vollkommenen Capellmeister dereinst zu machen / davon schon mehr / als der blosse Entwurff / fertig ist / und worin scientia melodica eine ansehnliche Stelle bekleiden soll / wenn GOtt Leben / Musse und Gesundheit gibt. o) Aus nur-erwehnter distinction fliesset inzwischen dieses sanum principium melodicum : daß ein comma *perfectum* seinen förmlichen Einhalt haben müsse : quia absolvit aliquem mentis conceptum ; ein comma *pendulum* aber höchstens nur mit einer kleinen Zwischen-Pause / z. E. mit einem Suspir / bemerket werden dürffe : quia verbo concludente eget. Dieses dienet zur Antwort auf den ersten Theil der Frage. Bey dem andern / da das Wort / Knechte / aufs Tapet kömt / ist auch nicht einmal der Schatten einer Entschuldigung zu finden / warum daselbst abgebrochen werden sollte : denn es ist der genitivus , dem sein nominativus , falls er nicht vorhergegangen / unzertrennlich folgen muß. Bin ich aber einmal / bis an den Punct / unverrückt fortgefahren / und habe den ganzen Begriff / mittelst einer Cadenz / dargethan : so hindert mich hernach weiter nichts / mit den Worten so abzuwechseln / daß sie dem Zuhörer einen noch

C Deut-

---

n) Dividitur Oratio vel in Verba, Sillabas, Litteras, grammatica quadam lege ; vel in Periodos , cola , commata , e Rhetorum præceptis. Eryc. Putean. de Distinct. Syntagm. Cap. 2.

o) Der Herr Capellmeister Neidhardt zu Königsberg meynet, in seiner jüngsten Sectione Canonis, darin er sonst ziemlich Räzelmässig redet, ich werde in dem sogenannten vollkommenen Capellmeister die gelehrten Musicos (ubi sunt ?) sowohl, als die Ungelehrten, vergnügen : zum Zeichen, daß die ersten bisher mit mir noch nicht zu Frieden seyn müssen, inque his forsan Dominus Autor. Recte autem Cajus Lucilius olim dixit, neq; se ab indoctissimis, neq; doctissimis, legi velle, quod illi nihil intelligerent, hi plus fortasse, quam ipse. Tu, Lector, qui me plus sapis, indulge. Ich habe von keinen Mathematicis , sondern von kleinen Organisten, für 2 Gyl. Dank gefordert, daß ihnen Herrn Capellmeister Bümlers Temperatur mitgetheilet. Wer eine bessere hat , der lasse sich immer ein paar hundert Thaler dafür geben. Ich kann solches wohl leiden, und will über dergleichen Sachen nicht angewackelt seyn.

deutlichern Eindruck machen mögen. Dann auch dieser Fehler ist bey solcher Anhäuffung der Wörter vermacht/ daß der Zuhörer keinen rechten Begriff davon haben kann; es sey denn/ daß der Componist dieselbe offt wiederhole/ und etwas aus der verwirrten construction herausbringe. Solches kan nun/ unter andern/ am füglichsten geschehen/wenn man z. E. den Vortrag also invertirt: Unsre Bosheit fühlt er mehr / mehr / als selbst die Geissel-Quaal. Oder: der Heiland/der Gerechte/mit zwischen-gesetzten/zum Nachdenken reitzenden Pausen. Eben also darff ich es auch mit den andern Worten machen/ da z. E. die expression: GOtt selbst / selbst GOtt! dergleichen Nachdruck an die Hand gibt. Diese Figur mögte man nicht unrecht analysin melopoëticam nennen/so lange/biß ein beßrer Name dazu erfunden würde. Denn ob sie gleich von einigen gescheuten Componisten(wiewohl meist von Teutschen)fleissig gebraucht wird/ wüste ich mich doch nicht zu besinnen/ daß jemals etwas davon geschrieben/oder nur eine Benennung derselben wäre vorgebracht worden. So gar weit sind wir noch a forma artis entfernet/und arbeiten immer/ auf gutes Gottberath/ auf gute natürliche Einfälle/ loß.

VIII.

M. Wenn wir es aber bey grossen / weltberühmten Meistern/ die jedermann lobet/und loben muß/würklich also antreffen/daß die funffte und siebende meiner bisherigen Fragen/durch ihre eigenhändige Sätze/ bejahet und bekräfftiget werden/ was ist da zu thun?

R. Nullius addictus jurare in verba Magistri weiß ich keinen bessern Rath / als daß man seine Zuflucht zur gesunden Vernunfft nehme / und das Vorurtheil fahren lasse/ als könnten grosse Leute gar nicht fehlen. Es ist keiner so groß/ dem man nicht Schnitzer zeigen kan; nicht nur etwa solche / die er vor 30 Jahren begangen/ sondern wohl gar vor 30 Tagen/ oder Stunden. Es ist auch keiner so groß / der nicht einen grössern über sich hätte. Ob ich nun gleich sehr viel von dem Beyfall des meisten Haufens halte: deñ der gemeine Mann ist offt klüger als andere/weil er so klug ist /als es die Noth erfordert: a) so muß doch die vornehmste Absicht unsers Bestrebens nicht seyn / daß uns dieser Haufe nur loben und rühmen soll; sondern daß derselbe erbauet/ gerühret und gebessert werde. Das ist die ganze Sache. Darum wollte ich / wenn recht schöne Musiken gemacht würden/ daß man die Verfasser alle (nicht etliche derselben) lieber gar so lange verschwiege/ bis sie durchgehends einen unpartheyischen Beyfall gewonnen/ als daß man ihnen blindlings deswegen eine Lob-Rede hielte/ weil es dieser oder jener gerne siehet. Wüste ich/ daß mein Name den geringsten Zuhörer praeoccupirte (welches wohl fürs erste eben keine Noth haben wird)

---

a) Vulgus interdum plus sapit, quia quantum opus est, sapit. Lactant. L. III. cap. 5.

des fragenden Componisten I. Verhör.

wird) so sollte er nimmer auf meinen Sachen zu lesen seyn; denn es wächst unfehlbar eine Partheylichkeit daraus/ die dem einen zum Vortheil gereichen muß/ ob er gleich voller Mängel steckt; dem andern aber Schaden bringet/wenn ers auch noch so wohl träffe. St. Evremont sagte zu seiner Zeit/ man denke in den Opern ungleich mehr an Lully, als an sein Werk/ oder dessen rechte Absicht. Und er sagte was kluges. Wenns endlich noch bey Opern/und andern nützlichzeitvertreibenden Dingen/ bliebe; aber bey geistlichen Materien/ die der höchsten/ heiligsten Andacht gewürdigt werden sollten/ kan man leicht erachten/ wie unverantwortlich in diesem Stück verfahren wird. Davon zu einer andern Zeit. So leiden auch Künste und Wissenschafften überhaupt ein grosses darunter/ wenn die laudes gar zu häuffig/ und gezwungener Weise/ auf ein oder anders Subjectum allein fallen/ ja offt propriæ sind: Denn zu geschweigen/daß der Gelobte selbst davon wenig Ehre haben kan/ bey klugen Leuten/ die das axioma wissen: daß ein bescheidenes Lob das grösseste sey; b) so wird ein stolzer Geist nur dadurch immer aufgeblasener/ und meynet/ er habe die Vollkommenheit schon einige Feldweges zurück geleget/ es werde/ 10 Jahr jenseit des jüngsten Tages/ seiner in allen Ehren noch gedacht werden. Davon aber schreibet Erasmus Francisci, und aus ihm A. M. Schupp/ im Vorbericht des Sabbathschänders also: „Wer in diesem Leben das elende Stückwerk seines Wissens „unvergleichlich oder vollkommen zu machen hoffet/ der ist ein unvergleichlicher/ „und vollkommener Thor." Hiernechst so weiß man auch wohl/ daß alles nüchterne Lob von unwissenden/ und der Sache Unkündigen/herrühret. Denn es gehört viel Verstand dazu/ einen recht/ ohne Ubermaß/ mit Wahrheit/ und noch dazu artig/ zu loben. Drittens werden andre/ die sonst noch gerne etwas weiter forscheten/ darüber schier abgeschreckt/ wenn sie sehen/ daß ihr Bestreben so gar umsonst ist/ massen auch die muthigsten Thiere ihrer Tapferkeit vergessen/ wenn sie eingesperret leben müssen. c) In diesem Verstande hat jener grosse Weltweise gar recht geschrieben: daß nichts die Kunst der Wohlredenheit/ und ein jedes/ den Ohren gewidmetes, studium so sehr in Verfall bringe/ als das Lob des Volks. d) Und ein andrer/ auch weltberühmter/grosser Mann * stimmet jenem/ mit diesen merkwürdigen Worten/bey: Man sey nur versichert/ daß es eben derjenige am schlimmsten mache/ der am

mei-

---

b) Cumulatius laudant, qui modestius.

c) Etiam fera animalia, si clausa teneas, virtutis obliviscuntur.   Tacit. IV. Histor.

d) Nihil æque & eloquentiam, & omne aliud studium, auribus deditum, vitiavit, quam popularis assensio.   Seneca, Epist. 103.

* Aut maximus ipse, aut inter maximos seculi sui viros, sagt Faber im Thesauro von ihm, mit dem Zusatz, videtur plane abusus panegyrici nomine.

meisten gelobet wird. e) Der Griechische Virtuose/ Hippomachus,/ gab seinem Schüler mit dem Stabe eines über das Hör=Haus/ weil er falsch gespielet hatte/ und doch von den Zuhörern gelobet ward. Du hast es unrecht gemacht/ sprach er/ sonst würden dich diese nicht rühmen. f) Ein grosmüthiges Herz vergnügt sich auch und freuet sich/ Lob zu verdienen/ nicht anzuhören. g) So viel/ mein lieber Melophile, ist mir/ bey deiner Frage/ von grossen/ weltberühmten Leuten/ die jederman lobt/ und loben muß/ diesesmal eingefallen. Welches ich jedoch alles mit Unterschied verstanden/ und auf niemand ins besondere gedeutet haben will: ausser/ was ich mir selbst/ wenn mich etwa jemand unverschämt loben würde (wie wohl eher zu meinem Verdruß geschehen/ h) nützliches daraus ziehen mögte. Ich halte denjenigen für meinen Freund/ der mich mit Lob=Sprüchen nicht überhäuffet. i) Es fällt mir/ insonderheit bey den Poetischen Flosculis, Cromweils kluges Wort ein/ so er einst/ beym Zuruf des Volks sagte/ und p. 95. meiner Burnetischen Ubersetzung zu lesen ist. Ich habe zwar geschehen lassen/ daß ein Paar/viel zu hohe/Erhebungen meiner Wenigkeit diesem Werke vorgesetzet sind; allein mehr/ um den Verfassern/ als mir selbst/ justice, und vieleicht meinen Neidern weh/zu thun: denn wie ich dergleichen ohne Einbildung empfange/ so kan ich sie auch ohne Scham=Röthe ansehen/ und kenne das nimium schon daran. Es ist just/ als ob sie mich gar nicht angingen/ ungeachtet ich den Autoribus, wegen ihrer gar zu guten Meynung/verbunden bin. Es liegen noch wohl ein halb Dutzend da. Denn es wird hiemit auch nicht verlangt/ daß man überall keine Hochachtung für diesen oder jenen wackern Mann hegen dürffe/ welchen GOtt/ in seinem Stande/ mit herrlichen Gaben/ vor andern/ ausgerüstet und geschmücket hat/ nein! wir mögen gar wohl an der Creatur unser Wohlgefallen haben/ und uns gebührlich nach Ruhm und Ehre umsehen; aber diese Hochachtung/ dieses Wohlgefallen/ dieses Bestreben muß in solchem Grad erhalten werden/daß dem ewigen Geber guter Gaben dadurch nicht zu nahe geschehe/ sondern daß ihm immer der grösseste Preis

e) Scito, eum pessime dicere, qui laudabitur maxime. Plin. jun. L. 2. Epist. 14.
f) Pe-peram cecinisti, nam alioquin hi tibi non applauderent. Aelian. Var. Hist. L. XIV. cap. 8. Mihi certe omnes applaudentes nec habiturus sum nec opto, acquiescam si bonorum consensum meruerim.
g) Un generoso cor s'appage e gode
Di meritar, non d'ascoltar la lode.
h) Que j'aime vos reflexions,
Dit un flatteur en ma presence:
Sur tout quel choix d'expressions!
Maudit soit le fat qui m'encense,
Tes eloges mal fagottés
Sont pour moi contreveritez.
i) Hoc ipsum amantis est, non onerare laudibus. Plin. cit. Lib. I. Epist. 14.

des fragenden Componisten I. Verhör.

Preis/in allem unsern Thun und Lassen/herzlich beygeleget/ und das Gemüth des Zuhörers/ auf alle Weise/ dahin gelenket/ nicht aber durch adulationes palmares davon abgeführet/ oder auch zu schädlichen Vor-Urtheilen in der Wissenschafft verleitet werde. Hievon wäre noch viel zu sagen/und Exempel anzuführen; allein der Raum leidet keine grössere Ausschweiffung.

IX.

M. (Das wäre bald eine kleine Predigt geworden/ darüber man sagen mögte: Du/ und Aaron/machts zu viel.) Der Herr berichte mir doch nur/ ob es recht/ im Recitativ/ die Worte: Krieges-Knechte/ flochten eine Krone rc. durch eine Pause von einander zu reissen?

R. Keinesweges. Ungeachtet diese Fehler so häuffig aufstossen/ als Steine auf den Gassen; aber darum sind sie doch desto weniger zu entschuldigen/ und sollten desto eher ausgebessert werden/ weil sie jedermann in die Augen fallen. Es gereichet der ganzen Teutschen Nation zum Schimpf/ wenn Ausländer/ die ohne dem mit scharffen Censuren nicht feyren/ in unsern gedruckten Werken solche unerträgliche Dinge/ wieder den Verstand/ antreffen/daß einem dabey übel ums Herze werden mögte. In Strickers Italiänischen Cantaten kann man/ gleich auf der ersten Seite/ ein Exempel finden/ dem wenige übergehen werden: Qual pensier tormentoso d'ogni mia speme il bel seren imbruna, e a turbarmi il riposo (Cadenz und drey viertel Pausen/ vielleicht wegen des Wortes riposo) gravi timor, fieri sospetti aduna. Und dergleichen auf allen Blättern. Sagst du/ mein lieber Melophile, Stricker sey keine stella primæ magnitudinis gewesen? Ich will dir den Mutium Scævolam vorhalten: du weist wer ihn componirt hat. Da findest du eine schöne Melodie/ vielleicht von einer fremden Feder/ auf welcher die damals unter Händen gewesene Worte sich etwa nicht anders haben passen wollen/ als daß man das adjectivum von seinem Substantivo, mittelst einer merklichen Pause/ und mit Zuthuung einer förmlichen Cadenz/ hat absondern müssen. Care gioie sind die Wörter/ welchen dieses Unrecht wiederfahren/ in einer Aria/ die mit dem Worte Spero anfängt. Denke weiter nach. Ich schone/ wie gesagt/ der Personen; sonst sollte es an keinen Exempeln bey allen fehlen.

X.

M. Sey gegrüsset, kann das dreymal wiederholet werden/ ehe und bevor die Worte: Juden König, dazu kommen.

R. Nein. Denn ob gleich ein Coma dazwischen stehet/ ist es doch nur ein coma pendulum: weil ich noch nicht weiß/ wer es sey/ der gegrüsset werde/ und in welcher Würde man ihn grüsse. Ein jeder unter uns kan es zwar leicht nachdenken; aber davon ist die Frage allhier nicht. Eine kleine Pause lässet sich wohl dazwischen setzen/ doch lassen sich die Worte nicht eher wiederholen/ biß die übrigen dazu gekommen sind.

XI.

M. Ist denn auch ein Affect in diesem Gruß? und welcher mag es wohl seyn?

R. Spott/ Hohn/ Gelächter/ mocquerie &c. Derohalben muß der Satz ja mit keiner recht-ernsthafften modulation ausgedrucket werden. Wer hierin fehlt/ handelt wieder den vornehmsten Punct/ darauf scientia melodica zielet/ nehmlich wieder den Affect. Und doch werden wir an gegenseitigen Exempeln keinen Mangel haben. Ich würde hiebey zwey kurze themata einführen/ deren eines die Worte: Sey gegrüsset/ mit einer angenommenen Ernsthafftigkeit/ das andre aber die Worte: Lieber Juden=König/ mit kleinen spöttischen Sprüngen/ enthalten sollte. Diese wollte ich erst einmal irregulariter durchführen/ und hiernechst eine sogenannte analysin einfliessen lassen/ etwa also: Lieber König/ sey gegrüsset/ lieber Juden=König. Welches/ hurtig und Octavenweiß gesungen/ spöttisch genug ausfallen/ und nach seiner Art eine Schönheit abgeben/ würde.

XII.

M. Nun verlangte ich wohl zu wissen/ was der Affect in folgender Aria sey/ die also lautet:

„Schauet/ mein JEsus ist Rosen zu gleichen/
„Welche den Purpur mit Dornen umhülln:
„Seine Holdseeligkeit trotzet den Sträuchen/
„Welche die Felder um Jericho fülln:
„Sollen denn heilen die Wunden der Sünden/
„Müssen uns einzig die Blätter verbinden.

R. Lauter Liebe und Vergnügen an der unendlich-holdseeligen/ ob wohl beschimpften/ Gestalt des Heilandes/ nebst einem sehnlichen Verlangen nach der heilsamen Frucht seiner Marter. Es delectiret sich die Seele an der Schönheit ihres Erlösers und Seeligmachers/ wie sich die Augen an einem Rosen-Feide ergetzen. Delectatio quasi pondus est animæ: delectatio ergo ordinat animam. k) Es ist derohalben diese Seelen-Vergnügung in aller Gelassenheit auszudrucken/ auf daß die Zuhörer selbige mitempfinden. Zu beßrer Aufmunterung kann mit dem Worte: Schauet/ hin und wieder eine geschickte Wiederholung vorgenommen/ auch sonst die Melodie auf das lieblichste/

---

k) St. Augustinus de Musica Lib. VI.

lichste / etwan mit concertirenden Hautbois und Bassons / vergesellschafftet werden.

XIII.

M. Es hat aber mein Vorgänger aus dieser Aria ein Duett gemacht. Ich mögte gerne gründlich wissen / ob sie sich dazu schickte?

R. Zwar finden wir kein Herren-Gebot/ das uns hindern sollte/ ein Duett aus besagter Aria zu machen / und mag wohl der erste Componist Ursache gehabt haben/ entweder wegen der Personen/ die seine Arbeit gesungen/ oder wegen andrer Umstände/also zu verfahren. Allein sonst deucht mich nicht/daß sich die Worte sonderlich zum Duett schicken ; es wäre denn / daß man die beyden letzten Zeilen / wegen des numeri pluralis, dazu bequem erachtete : welche doch/ aus eben derselben raison,so wohl einen ganzen Chor/als ein bicinium abgeben könten. Dahingegen der Anfang in singulari verfasset ist / und viele anredet.

XIV.

M. Ich habe bemerket / daß in der alten Composition / ehe noch der Sensus absolvirt worden / die Worte also auf einander folgen: Welche die Felder/ welche die Felder/ die Felder ꝛc. Ist dieses erlaubet?

R. Nein : denn es läufft wieder die nothwendigste Regel der Melodicæ , welche keine incisiones leidet/ wo noch kein Begriff des Vortrages zu machen ist. Man erlaubet eher/ commata zu überhüpfen/ wo sie mit Recht stehen ; als commata zu machen/wo keine seyn sollen. Und dieser letzte Fehler stößt uns täglich auf: weil wir der concertirenden Harmonie gewogener sind/ als dem Wort-Verstande/ und einer demselben gleichförmigen Melodie. Hinc illæ lachrymæ!

XV.

M. Mein Vorgänger hat den kleinen Chor : Kreuzige/ kreuzige/ fein langsam und kläglich gesetzet/ ist daran nicht klug gehandelt?

R. Du meynest gewiß / mein lieber Melophile, weil das kreuzigen eben keine Sache ist/ die so geschwind von statten gehet/ oder/ weil es kläglich anzusehen ist / daß sich deswegen dieser Chor nach solchen Umständen richten müsse ; denn man sagt auch im Sprüchwort : Hangen ist kein Jagen. Aber die Juden hatten hiebey ganz andre Gedanken. Sie wünschten nichts hefftiger/ als JEsum nur fein bald ans Kreuz/und ihre Lust an seinem Leiden/zu sehen. Darum machten sie ein solches verwirrtes/ verwegenes/ wüstes Geschrey/ welches nicht füglicher/als durch eine geschwinde/ eifrige Fuge vorgestellet werden kann : und ist gewiß diese Gelegenheit eine der besten / da sich die Fuge wohl schicket.

Denn

Denn wir müssen das Geschrey nach der Juden Sinn; nicht nach unserm Begriff/ vorstellen und auslegen.

XVI.

M. Pilatus sagt: denn ich finde / hält damit inne und pausirt: hernach wiederholt er die Worte noch einmal: denn ich finde - - - und setzt endlich den Rest dazu. Ist dieses/ wenn autoritas vorhanden/ nicht zu entschuldigen?

R. Auf keine andre Weise/ als wenn man supponiren wollte/ Pilatus hätte gestottert/ oder / es wäre ihm eben etwas in den Hals gekommen/ dadurch er verhindert worden/ weiter zu reden. Diese Dinge aber sind nicht musicalisch: und also ist obiger Fehler eben so grob / wenn du ihn begehen würdest/ als der in der XIV. Frage enthaltene Schnitzer. Ich sage billig: wenn du ihn begehen würdest/ denn wenn Zween ein Ding thun/ so ist es darum nicht gleich einerley. Grossen Leuten sieht man viele Fehler nach/ wegen ihrer andern Verdienste. Dieses nachsehen heisset ein Vernünfftiger schon gut; nicht aber das nachmachen.

XVII.

M. Nun kömt ein Chor: Wir haben ein Gesetze/ und nach dem Gesetze soll er sterben: denn er hat sich selbst zum Gottes-Sohn gemacht. Da mögte ich gerne wissen / ob es artig sey / alle Stimmen zugleich einplatzen zu lassen?

R. An einem andern Ort / wo etwan nur ein allgemeines kurzes/ Geschrey ausgedrückt werden sollte / oder wo man die Sache unanimiter, prævia deliberatione, behandelte / liesse es sich wohl thun. Hier aber ist eine rechte förmliche ratiocinatio, ja schier ein ordentlicher Syllogismus, von dem nicht glaublich ist / daß ihn der ganze Hauffe / stante pede, uno ore, hervorgebracht haben wird. Darum erachte ich es viel deutlicher und vernünfftiger/ wenn bey jedem Satze oder commate eine Stimme allein vorhergehet/ und sodann der ganze Chor/ mit eben denselben Worten/ nachsinget. Solche Anmerkung kan an vielen Orten Statt finden/ und wen man sie beobachtet/ eine Wirkung thun/ die nicht nur/ in diesem Stück/ frey von Fehlern seyn; sondern gewisser massen eine Schönheit mit sich führen wird: zumal wenn man in sothanen Abwechselungen einige exaggerationes anbringen kann. Z. E. die Wiederholung der Worte: zum Gottes-Sohn! als eine Verwunderung/ u. d. g.

XVIII.

M. Wenn Pilatus spricht: Redest du nicht mit mir? weist du nicht, daß ich Macht habe, dich zu kreuzigen, und Macht habe dich loß zu geben? Ist auch in diesen Worten ein besondrer Affect/ oder dürffen sie nur / gewöhnlicher massen / mit einem gleichgültigen Arioso abgefertiget werden.

R. Es steckt freylich eine eigene Gemüths-Bewegung in den angeführten Worten / nehmlich ein grosser Hochmuth: dannenhero müssen sie nicht überhin angesehen; sondern mit einer gar stolzen Art ausgedrücket werden. Sonst wird gegen die vornehmste Absicht 1) der Melodicæ gehandelt.

XIX.

M. Ich finde bey dem vorigen Verfasser diese Wort-Folge: Weist du nicht / weist du nicht / daß ich Macht habe/ weist du nicht / daß ich Macht ha . . . . be/ dich zu kreu . . . . . zigen? ist hierinn etwas anstößiges?

R. Freylich/ du einfältiger Frager/ das anstößige hierinn ist zweyerley. Erstlich das Stottern/ und die Unterbrechung des Sensûs, davon schon Quæst. XVI. geredet worden; und fürs andre die übel-angebrachten melismata, oder passagi lunghi, auf dem Worte: habe/ das gar nichts auf sich hat / und auf dem Worte: kreuzigen/ darüber Pilatus keine reflexion, sondern nur über seine Macht und Gewalt/ anstellen wollte. Der Lauff oder die Coloratur auf dem habe enthält was abgeschmacktes; der aber auf dem kreuzigen was kindisches / welches man bey einem grossen Statthalter nicht vermuthen kann/ auch wieder die richterliche Ernsthafftigkeit läufft. In Opern mögte dieser Ubelstand beyläuffig auch wohl abgeschaffet werden/ da man selten die Caracteres unterscheidet; sondern einem heroischen Könige eben solche ha ha ha ha in den Mund leget / als einem jungen Liebhaber und mühsamen Ständgenbringer.

XX.

M. Die Worte Pilati sind/ nach meinem Begriff/ eine Frage: ist es denn recht/ eine förmliche Cadenz (*totalem nempe, non desiderantem*) darauf anzubringen?

R. Es gibt zwar viele figurliche/ uneigentliche Fragen/ die sich selbst beantworten/ und also nicht unumgänglich erfordern/ daß man die Melodie ihrent-

---

1) Die vornehmste Absicht bey der Melodie ist der Affect; die nohtwendigste aber bestehet in den incisionibus. Ohne dieser hat die Melodie keinen Verstand: ohne jener keine Krafft.

rentwegen in suspenso lasse. Solche werden in der Rede-Kunst den figuris sententiæ beygezehlet/ cum quærimus aut sciscitamur sine responsione nostra. Alhier aber redet Pilatus proprie zu JEsu/ und will durchaus eine Antwort haben; bekömt sie auch endlich/ und zwar negative & conditionate. Welches klärlich darthut/ daß die Worte: dich loß zu lassen? keinen förmlichen Schluß; sondern einen Auffschub und Anstand erheischen/ wie solcher bey Fragen gewöhnlich/ und auf vielerley Art zu geben/ ist.

XXI.

M. Das Accompagnement/ **du hättest keine Macht über mich ꝛc.** kann ich ja wohl mit der Sing-Stimme allein anfangen?

R. Ich hielte es besser/ ob dignitatem personæ loquentis, daß die Instrumente ein Paar Tacte vorhergingen: denn es würde auch dadurch Christi Antwort von Pilati Frage desto deutlicher zu unterscheiden seyn.

XXII.

M. Mir kommen die Worte: **von oben herab**, sehr musicalisch vor: ich werde zu solchen ein Paar Pausen setzen/ und sie (nachdem man sich darüber verwundert hat) wiederholen/ ehe noch das Wort/ **gegeben**, dazu kömt. Thue ich hieran nicht wohl?

R. Meiner Meinung nach/ gar nicht. Wenn es ohne Zwang geschicht/ können die Worte/ von oben herab/ schon descendendo angebracht werden. Sed leviculum sane est. Solches ist lange nicht von der Wichtigkeit/ daß man darüber dem Verstande zu nahe thue/ und das verbum concludens im Stiche lasse.

XXIII.

M. Sage mir doch der Herr/ was steckt für eine Gemüths-Neigung in der folgenden Aria:

„Durch dein Gefängniß/ GOttes Sohn/
„Muß uns die Freyheit kommen.
„Dein Kerker ist der Gnaden-Thron/
„Die Freystatt aller Frommen:
„Denn/ gingst du nicht die Knechtschafft ein/
„Müst unsre Knechtschafft ewig seyn.

R. Hier

R. Hier ist nicht lange zu suchen. Der Haupt-Affect ist Freude und Trost über die/ durch Christum erlangte/ ewige Freyheit. Mancher würde ein klägliches Violin-Solo daraus machen/ und bey dem Worte/ Gefängniß/ sonderliche/ traurige Fälle anbringen; hernach aber bey dem Worte/ Freyheit/ einen andern rhythmum ergreiffen/ und Wunder denken/ wie schön er sich herausgewickelt. Allein solche unzeitige Einfälle sind verborum potiùs quàm sensuum imitationes, und gehören unter die kindischen Schönheiten/ die doch auch öffters (welch Wunder!) von alten Leuten bewundert werden.

XXIV.

M. Ich weiß ein Exempel hievon/ da ein lustiger Satz anfängt mit den Worten: **Muß uns die Freyheit, muß uns die Frey- . . . . heit kommen.** Das kann doch wohl recht seyn/ weil es von der Freyheit handelt. **Nicht wahr?**

R. Nein. Diese Freyheit erstreckt sich nicht so weit/ daß man wieder die gesunde Vernunfft handeln möge. Wenn ich obigen Vortrag thäte/ und bey dem ersten Abschnitt einen Tact pausirte/ hernach das neuma noch dazu machte/ so dürffte mancher fragen: **Was soll da endlich kommen?**

XXV.

M. So wird dieses auch wohl nicht recht seyn: **die Freystatt, die Frey . . . . statt, die Freystatt, die Frey . . . . statt aller Frommen?**

R. Eben so wenig: denn das heißt den nominativum vom genitivo, durch eine grosse Klufft/ absondern. vid. T. 1. huj. Crit. p. 218.

XXVI.

M. **Was hält denn der Herr von dieser Art zu singen: denn, gingst du nicht die Knechtschafft ein, die Knechtschafft ein?**

R. O! das ist trefflich/ und kömt mir fast so albern vor/ als wenn die Kinder spielen: Lange/ lange Rege/ Botter/ Botter-Flege ꝛc. oder das alte Orpheus Lied: de Mann het sine Fro verlahrn/ up dem wieden Felde/ wol up dem wieden Felde/ ja Felde.

XXVII.

M. Weil wir oben von Duetten geredet haben/ so bin ich begierig zu wissen/ ob nicht die vorhabende Worte zu einem bicinio dienen mögten?

R. Das war getroffen. Es schicken sich obige Worte sehr wohl dazu/ nicht nur wegen des numeri pluralis, der darinn herrschet; sondern hauptsächlich propter antitheses, welche gute Gelegenheit geben/ zwey subjecta opposita ein- und durchzuführen. Z. E. Gefängniß/ Freyheit/ Kerker/ Freystadt. Doch darff man dabey weder den Tact/ noch das mouvement ändern: weil solches nirgend eine gute Wirkung thut/ als nur an solchem Ort/ wo das metrum der Verse eben dergleichen Beschaffenheit hat/ oder auch bey einer Gelegenheit/ da wiedrige passiones auf einander folgen. Hier ist nur ein einziger Affect; obgleich verschiedene Worte.

XXVIII.

M. Ich finde bey meinem Vorgänger/ daß JEsus und Pilatus einerley Accompagnement haben/ und wollte gerne wissen/ ob was dawieder einzuwenden wäre?

R. Es sollte billig nicht seyn. Man kan wohl den Pilatum obligat machen; doch ohne andre Instrumente/ als den Baß/ oder das Fundament/ dabey zu gebrauchen. Hergegen/ wenn man Christi Worten eine ernsthaffte/ majestätische Symphonie zugibt/ wird der Unterschied besser vernommen/ wie schon oben/ bey Beantwortung der XXI. Frage/ erinnert worden.

XXIX.

M. Ich mögte gerne einen Canonem anbringen: schickt sich denn der folgende Chor wohl dazu: Lässest du diesen loß, so bist du des Kaisers Freund nicht. Denn wer sich zum Könige machet, der ist wieder den Kaiser?

R. Wenn man arg will / kan es wohl angehen. Denn der Canon soll doch mit einem Syllogismo verglichen werden. Es stehet zu versuchen; aber von einem wahren Melophilo hätte ich mich der Frage nie versehen. Verfertige immer/ wenns ja ein Canon seyn soll/ denselben in hypodiapente: er sieht doch einer Fuge noch ähnlicher/ als der in unisono. Doch
hüte

hüte dich für wassersüchtigen Modulationen / und mache dir nur / nach allem Federkäuen und saurem Fleiß / keine Rechnung / daß dir die Mühe belohnet werde:

Responsura tuo nunquam est par fama labori.

Unter 2000 Zuhörern wird kaum einer seyn / der die Finesse merke; er wäre denn vorher gewarnet worden. Mittlerweile / mein ehrlicher Melophile, da du mit dieser Arbeit beschäfftiget bist / will ich mir eine andre vornehmen. Fahre wohl! biß Wiedersehen.

Zeitungen
von musicalischen Sachen und Personen.

London/ vom 27 Oct. A. St. 1724. * Wir vernehmen/ daß sich bey nahe hundert ansehnl. Herren und Kauffleute dieser Stadt zusammengethan/ und eine musicalische Geselschafft errichtet haben: deren ein Theil aus Kunst-Genossen/ der andre aber aus Zuhörern bestehet. Sie kömmt die Woche einmal zusammen / und zwar auf St. Pauli Kirchhofe / in dem Hause/ wo das Königliche Wapen aushängt. Die Eröfnung dieses Concerts geschah in voriger Woche/ mittelst einer vortrefflichen execution, zum völligen Vergnügen aller Mit-Glieder. Der Herr Young / ein berühmter Musicus in der Königlichen Capelle / auf gedachtem Kirchhofe wohnhafft / ist der President bey erwehnter Societät. Da nun die Music unstreitig / nicht nur der unschuldigste und angenehmste Zeit-Vertreib / sondern auch / eine entzückende Gemüths-Ergetzung ist / wenn der Geist von vielen Geschäfften / oder über ernsthafftern Studien / müde geworden: so wird diese edle Wissenschafft/ durch gegenwärtige Einrichtung nur desto besser blühen / und jedermann das sinnreiche Unterfangen billig loben müssen.

Ein anders aus London/ vom 29 Oct. A. St. 1724. Die allerneuste / von dem Weltberühmten Herrn Capellmeister Händel verfertigte Opera heisset: Tamerlanes, und soll den 11 Nov. auf dem hiesigen Heumarktischen Schau-Platz zum ersten mal vorgestellet werden.

Wolf-

---

* Aus der gedruckten Engländischen Gazette, genannt: the St. James's Evening Post, No, 1472.

Wolffenbüttel/vom 6 Nov. Der Herr Cantor Bokemeyer/ so an hiesiger Fürstlichen Schule stehet / hat vor / ein Werck von ganz neuer Erfindung/ für die tyrones Musices, heraus zu geben / so vermuthlich Beyfall erhalten dürffte. Es bestehet in vier Theilen / und mehr in praxi, als theoria. Der erste Theil begreifft alle Tact-Arten / nebst den Veränderungen in denselben durch die rhythmos, und ist eine Uebung der scalæ musicæ in zwo Stimmen / zur höchsten Vollenkommenheit. Die Knaben finden bey jeglichem Exempel was neues zu lernen/und werden Stuffen-Weise immer fertiger in der Leiter: weil alles / wie Zahlen / aus einander gehet. Wenn dieser erste cursus mit gehörigem Fleisse / vollendet ist / so hat man einen Lebenslang-unbeweglichen Grund im Tacte / und dabey eine grosse Festigkeit in der Stimme/geleget. Denn die Lernenden kennen hiemit alle Noten und Pausen/ nebst ihren Veränderungen und Geltungen im Tacte / und bekommen eine geschliffene Kehle. Im andern Theil wird das Kunst-Stück der Intervallen/ durch einen musicalischen Circul / abgehandelt / und durch allerley Verkehrung derselben ein so fester Grund zum Treffen geleget / daß man hiernechst allemal einen Begriff von jeglichem intervallo mit sich herum trägt. Es kommen alle intervalla, so im Singen müglichst angebracht werden können/ darin vor/ und zwar jegliches intervallum durch alle Tone eingeführt. Der dritte Theil leget eine vollkommene Wissenschafft der musicalischen Figuren dar/ welche nicht allein einzeln auf der scala musica ausgeführet / sondern auch untereinander auf mancherley Weise combinirt sind. Es wird dadurch ein guter Grund zu geschickten Passagien geleget / von welchen auch sehr viel auserlesene Exempel/ nebst untergelegten Texte/ angefüget sind/ daß also der Hals recht geläuffig wird. Endlich beschleußt der vierte Theil / so aus canonibus und feinen Arien bestehet/ das ganze Werck. Nachdem solches mit den Knaben dextre geübet worden / sind sie fähig mit Nutzen zu ganzen musicalischen Stücken angeführet zu werden.

Paris. Ein zwar nicht so gar neues / ** doch sehr seltenes Beyspiel grosser Freygebigkeit gegen tüchtige Virtuosen haben wir allhie an den Herzog von Chartres: welcher dem Herrn Forcroy / einem berühmten Violdagambisten/ hunderttausend Pfund in so weit geschenket / daß er davon Zeit Lebens die Leib-Renten geniessen soll.

Merseburg. Es sind dem Herrn Georg Friedrich Kauffmann/ Directori der hiesigen Fürstl. Kirchen-Music/ in etlichen Jahren unterschiedene

---

** Gazette d'Amsterdam XXXV. 30 Avril, 1723. Article de Paris, Avril. 23.

des fragenden Componisten I. Verhör

dene Sachen des Autoris Crit. Mus. zu Händen gekommen/ in welchen er verspüret/ daß dieser sehnlich wünsche/ es mögten sich mehr Musici ermuntern/ und ihr unvergleichliches studium in Aufnehmen zu bringen / mit Hand anlegen. Nachdem nun wohlgedachter Herr Director vor einiger Zeit ein Paar erwachsene Scholaren in sothanem studio zu unterrichten gehabt/ und sich bey solcher Gelegenheit zwar wohl nach etwas rechtes von schrifftlichen Anweisungen umgesehen; aber nichts finden können: hat er sich die Mühe selber gegeben/ etwas aufzusetzen/ und nach der Zeit aufs neue auszuarbeiten/ daß ein ziemlich Werk daraus geworden ist/ welches er der Welt mitzutheilen gesonnen/ wofern sich ein guter Verleger finden sollte. Zu welchem Ende der völlige/ förmliche Titel allhier erscheinet:

INTRODUZZIONE ALLA MUSICA
ANTICA ET MODERNA

das ist:

Eine ausführliche Einleitung zur alten und neuen Wissenschafft der edlen

MUSIC

in welcher nicht nur

I. Die/ einem jedem Musico zu wissen nöthigsten Stücke so wohl in Theoria als Praxi,

nach ihrem Ursprung/ Fortsetzung und Verbesserung/ auf das deutlichste beschrieben/ und dem heutigen galanten Gebrauch nach appliciret/

sondern auch

II. Hauptsächlich die General- und Special-Reguln der Composition

im alten und neuen Stylo

auf das fleissigste angewiesen;

mit den aller=modulandesten 2. 3. 4. und mehr stimmigen Exemplis illustriret/

Mit

Mit Fugen und gedoppelten Contrapunctis gezieret/ und denen anfangenden Componisten die kürtzesten und richtigsten Wege zu diesem unvergleichlichen Studio gebähnet werden.

Da denn besonders zu mercken: daß man das gute und annoch brauchbahre aus der Antiquität behalten/ das unnütze und überflüssige abgesondert/ das neue aber gesichtet/ das beste davon recommandiret/ und das übrige eines jeden seiner Libertät überlassen hat.

Alles zur Ehre GOttes/ dem Publico zum besten entworffen/ und mit einem nöthigen Register begleitet

von

George Friedrich Kauffmann,

Fürstl. Sächsis. Merseburgischen Directore der Kirchen-Music.

CRITICA MUSICA
Pars V.
Des fragenden Componisten
Zweytes Verhör.

Ego porro ne invenisse quidem credo eum, qui non judicavit. *Quintilian.*

Daß diese Gedanken des berühmten Redners vielmal eintreffen / lehret uns die tägliche Erfahrung. Denn/ wenn mancher Erfindungs-loser Componiste etwa eines andern Melodie zu seinem Zweck gebrauchen will/und solche Worte darunter legt/die sich gar nicht dazu schicken / so gibt er durch sein schlechtes judicium schon gnugsam zu verstehen/ daß er ein plagiarius, und die Blume nicht in seinem Garten gewachsen/ sey. Die scharffe Urtheils-Krafft ist eine viel nöthigere Eigenschafft / als die Gabe der Erfindung. Wer jene nicht besitzet / noch sehen lässet / dem zieht man auch gemeiniglich diese in Zweifel. Demjenigen aber/ der sich mit fremden Federn schmücken will/ ist das judicium so unentbehrlich/ als einem Lügner das Gedächtniß. In dieser Betrachtung/ mein lieber Melophile, wollte ich gerne ein wenig weiter fortfahren / und dir zeigen/ daß die Sache mit zwo Handhaben versehen sey/ einfolglich gut und böse gebraucht werden könne/ nachdem man sie angreifft; allein ich merke/ es brennet dir etwas auf dem Herzen/ und willst mir gerne das ganze exordium schenken. Bey unsrer vorigen Zusammenkunfft nahmest du dir vor / ein grosses Kunst-Stück zu verfertigen. Laß sehen/ was daraus geworden.

XXX.

Meloph. Was meynet der Herr / ich habe den Canonem auf zweyerley Art / und mit zweyerley Worten angebracht. Einmal post duo tempora ; das andremal aber post dimidium. Was werden sie davon sagen?

Resp. O! die ganze Börse wird voll davon seyn. Vor dem Rath-Hause/ und in Hrn. Stekelmanns Bude wird von nichts anders geredet werden/ als von diesem Kunst-Stücke.

XXXI.

Meloph. (Das war spöttisch!) Aber hier finde ich was. Es ist ein Chor/ der heißt: Weg, weg mit dem, kreuzige ihn ꝛc. Habe ich diesen nicht wohl ausgedrückt?

Resp. Du bildest dir gewiß ein/ daß zwo verschiedene Affecten darin herrschen/ denn ich sehe/ dein erster Satz: Weg/ weg ꝛc. ist hurtig; und der andre: kreuzige ihn/ ist langsam und traurig gerathen. Aber/ mein ehrlicher Mann/ weit gefehlet! Es ist dir schon oben gesagt worden/ daß die Leute und ihr Caractere betrachtet werden müssen/ in deren Munde die Worte sind/ nehmlich: die Hohen-Priester und Schrifft-Gelehrten der Juden. Diese machten sich eine Lust daraus/ JEsum gekreuziget zu sehen/ und schrien deswegen verwirret unter einander/ mit äuserster Verwegenheit und Hefftigkeit/ welche Leidenschafften so wenig verschieden sind / daß man sie am bequemsten durch eine Doppel-Fuge ausdrücken kann. Siehe! hier ist also abermal eine Stelle/ da die Fuge ihr Recht behauptet. Das ist eine von den nonnullis hypothesibus (sed oppido perpaucis) quæ fugas flagitare videntur, derer Donius gedenket. Nim zum ersten themate die Worte: Weg/ weg ꝛc. zum andern das Wort: kreuzige/ mit einem melismate; zum dritten mache auf eben diese Worte gewisse Bindungen; zum vierten setze Pausen zwischen dem weg/ weg! so kannst du gemächlich vier themata anbringen. Ich weiß gewiß/ eine solche Fuga doppia wird / bey dieser Gelegenheit / eine weit bessere Wirkung thun/ als 10 Canones. Merke auch/ daß zwar in diesen wenigen Worten zwo propositiones stecken; aber nur eine einzige Gemüths-Bewegung/ nehmlich: die rasende Wut. Jenen zu Gefallen kann man verschiedene subjecta einführen; diese aber erfordert/ daß sie alle zu einem Ende mitarbeiten.

XXXII.

Meloph. Die folgende Aria hat keinen andern Affect/ als den Zorn/ das weiß ich wohl. Und da will ich gleich auf dem Worte krachen mit einem fürchterlichen passagio loßbrechen: werden sie das nicht gut heissen/ mon Maitre?

Resp. Erst wollte ich dich gebeten haben/ mein guter Melophile, daß du mir diese drey Zeilen / ohne dazwischenkommende Coloraturen/ ordentlich/
doch

doch mit gehöriger Lebhafftigkeit/hinsetztest: damit man wissen könne/ was die Worte sagen wollen:

„Erschüttere mit Krachen!
„Sperr' auf den Flammen-Rachen/
„O Abgrund/ auf dis Wort.

Hernach kanst du so viel mit dem Krachen/ mit dem Rachen/ und mit dem Abgrund handthieren/ wie dir beliebet. Denn/ ob gleich nichts leichter ist/ als solche rasende Arien (wenn sie diesen Arien-Namen verdienen) mit vielem Gerassel und Geprassel/ zu Wege zu bringen: so wird es doch von manchem für etwas künstliches gehalten/ allerhand viehische/ gresliche und abscheuliche Dinge/ in der Music nachzuahmen. * Und man kan die Liebhaber auch endlich dabey lassen/ wenn nur das: ne quid nimis, dein Wahl-Spruch bleibt. Die Worte liessen sich sonst geschickt invertiren/ oder analysiren: ja/ es ist fast nöthig/ dergleichen alhie vorzunehmen/ weil alles auf den Schluß ankömt/ da es heißt: Auf dis Wort/nehmlich/auf das vorhergehende Geschrey: kreuzige ihn. Beyläufig zu erinnern/ hat der Poet hierinn nicht bemerket/ daß eine Aria keine propositionem reflexivam haben müsse. Denn/ man beliebe nur zu erwegen/ ob nicht bey vielen (will nicht sagen den meisten) Zuhörern/ ehe die ganze Aria/ mit dem Da Capo, zu Ende gesungen/ das Wort quæstionis längst vergessen seyn wird? Solchem Uebel einigermassen abzuhelffen/muß der Componist obgedachte inversionem vornehmen/ dadurch endlich der Zuhörer zum Nachdenken gebracht werden mag.

XXXIII.

Meloph. Der Rest dieser Aria scheinet eine andre Gemüths-Bewegung zu haben/ in den Worten:

„Bedenke doch/ o Sünder-Orden/
„Daß du den willst am Kreuz ermorden/
„Der dich befreyt von Satans Mord.

Darum will ich einen andern Tact dazu nehmen/ auch keine Instrumente mit/ übrigens aber alles ganz langsam/ gehen lassen. Ist das nicht recht?

Resp. Die Gemüths-Bewegung ist bey diesen Worten eben dieselbe/ als bey den vorigen. Sie ist aber nicht so hefftig; sondern es mässiget sich der Zorn/ mittelst einer nachdrücklichen Vorstellung und Anwendung/ aus welchen

---

* Imitatione affettata e mimica delle parole, pratticata, si può dir, da tutti. DON. delle Melodie p. III.

chen eine grosse/ Himmelschreyende Sünde und Ungerechtigkeit erhellet. Diese nun auszubrücken/ darff ich weder den Tact ändern/ noch die Instrumente unumgänglich pausiren lassen/ sondern es kann alles durch ein kleines beygefügtes Wörtlein/ als z. E. moderato, oder dergleichen/ in ein etwas-langsames Mouvement gebracht/ auch dabey/ an statt der starken Violini all' unisono, ein Oboe solo, eingeführt werden.

XXXIV.

Meloph. Wenn ich gleichwol die Worte: **Bedenke doch** ——— ——— mit einer Pause begleite/ und hernach wiederhole/ wird solches auch zu tadeln seyn?

Resp. An und für sich selbst erwecket die Pause ein Nachsinnen; aber zuvor muß doch gleichwol gesagt werden/ worauf man denken und sinnen soll. Derowegen bringe den Sensum erst einmal zum Stande: hernach invertire/ wiederhole und brich ab/so viel du willst/und so viel ohne Zwang geschehen kann.

XXXV.

Meloph. **Da kömt wieder ein Chor: Wir haben keinen König, denn den Kaiser. Ich wollte wohl eine Fuge daraus machen. Steckt auch in demselben ein Affect.**

Resp. Ein grosser. Er heißt: Die Ungedult. Zur Fuge schickt er sich aber desto weniger/ weil dieselbe zu viel Wiederholungen erfordern/ und der Ungedult also einigermassen im Wege stehen/ würde. Es ist hier auch kein wüstes/ rasendes Geschrey/ als wie bey dem: **Kreuzige**; sondern nur ein ungedultiger Wiederspruch/ der zufälliger und heuchlerischer Weise ein Compliment für Tiberium in sich hält. Das läßt sich/ der Natur zu Folge/ wohl ein paarmal/ doch nicht öffter/ hören. An jenem Orte ist auch eine hefftige Begierde; hier aber ein störrischer Abschlag. Da gibts Unterschied.

XXXVI.

Meloph. **Daß er getreu . . . . ziget würde.** Ist dieses gut in dem Recitativ des Evangelisten/ durch klägliche und dissonirende intervalla?

Resp. Nein. Es ist abgeschmackt und von eben der Art/ als das in der V. Frage beantwortete Geisseln. Denn ob mans einem gleich in der Fuge zu gute halten kann/ ein hitziges melisma auf das kreuzigen anzubringen; so gehet doch solches bey dem erzehlenden Evangelisten/ und zwar mit solcher wehmüthigen Art/ keinesweges an. Der stylus narrativus muß von dem repræsentativo unterschieden seyn.

XXXVII.

XXXVII.

Meloph. Nun kommen recht artige Gedancken in der folgenden Aria. Die Worte stehen mir trefflich an/ und lauten so:
„Getrost/ mein Herz! hier kannst du Gnad' umfassen/
„Dein JEsus will die Sünder nicht verlassen/
„Und sollt' es auch am Kreuze seyn.
„Wenn du denn nicht die Hülffe kanst erfragen/
„So warte nur: wenn dich das Kreuz wird tragen/
„Stellt er sich in der Mitten ein.

Ich weiß aber nicht/ was für eine Gemüths-Bewegung daraus zu machen sey/ ob ich schon lange darauf gesonnen habe. Bitte dannenhero mir hierin etwas Licht zu geben/ und zu melden/ nicht nur / welcher Affect in diesen Worten herrschet; sondern auch/ auf was Art und Weise man denselben entdecken möge?

Resp. Bey der sechsten Frage ist schon hiezu Anlaß gegeben; solches aber vielleicht nicht bemerket worden. Es werden daselbst propositio & applicatio, Protasis & Apodosis, gegeneinander gehalten: so wie/ bey den alten Tragicis, Strophe & Antistrophe gebräuchlich waren. Eine gute Aria hat allemal diese beyden Stücke/ oder sollte sie doch billig haben: welches einen/ bisher noch wenig bemerkten/ Grund-Satz musicalischer Poesie abgeben kann. Der Componist aber darff/ bey so bewandten Umständen / wo der rechte Endzweck in dem Vortrage nicht zu finden ist/ nur auf die Anwendung sehen/ und die emphasin, oder dasjenige Wort/ darin suchen/ auf welches der grösseste Nachdruck fällt/ so wird ihm der Affect gleich in die Augen leuchten. Nun wird ja wohl hier nicht nöthig seyn/ mein armer Melophile, dir zu sagen/ wie weit die propositio gehe/ und wo die applicatio anhebe. Du siehest in der letztgenannten/ daß alles auf dem imperativo: Warte nur/ beruhet/ welcher die emphasin, und auch zugleich die Gemüths-Bewegung hiebey enthält. Rathe zu! wie heisset diese Leidenschafft/ dabey man warten muß? Erinnerst du dich nicht/ daß wir in der Kirche singen: Die Hoffnung wartet der rechten Zeit? Diese Hoffnung auf Christi unausbleibliche Hülffe/ mitten im Kreuz/ ist eine sehr grosse Passion. Sie ist zusammengefüget von Herzhafftigkeit/ Verlangen und gemässigter Freude; hat aber mehr von den beyden ersten / als von der dritten. Sie ist auch mit ein wenig Furcht vermenget. Siehe nun/ ob hierin nicht Materie gnug zu finden? die Herzhafftigkeit darff gar kein starckes accompagnement haben/ denn die wahre Courage muß sich solo weisen: wie man denn im Kreuz auch gemeiniglich wenig Gesellschafft/ und einen schlechten Comitat/ findet. Was dergleichen Gedancken mehr seyn mögen/ zu geschweigen. Die

Bäße können bey dieser Aria mit den Fingern/ auf Lauten-Art/ geknippen werden/ (Ital. gli Baſſi pizzicati) um dadurch ein wenig Furcht auszudrücken. Das Verlangen mögte/ durch eine sehnliche Wiederholung der Worte: Getroſt/ mein Herz/ warte nur/ warte nur/ vorzustellen seyn/ und endlich die gemäſſigte Freude/ durch ein etwas lebhafftes mouvement. Alsdenn käme/ meines Erachtens/ eine rechte edle Monodie heraus/ in welcher τὸ μέλος allein regierte. * Ach! mögte ich dieſen Piaſten einſt zum Souverain machen/ ich wollte mir mehr damit wiſſen/ als der ehmalige Graf Warwick / mit ſeinem Make-King, verdienet hat.

XXXVIII.

Meloph. Was der Herr da ſagt/ geht mir/ als einem wahren Melophilo, zu Herzen/ und beklage ich recht inniglich/ daß es Componiſten unter uns gibt/ die gewißlich nach 30 Jahren keine Red und Antwort geben würden/ wenn man sie/ des Affects halber/ befragen ſollte. Damit ich aber weiter gehe/ belieben Sie mir doch zu sagen/ ob ich/ den guten Regeln der Melodie zu Folge/ die Worte in der application nicht so zertheilen darff: **Wenn du denn nicht** ——— hernach eine Pauſe; und darauf: **Wenn du denn nicht die Hülffe ꝛc. ?**

Resp. Es bedarff des Fragens nicht/ weil ich dir einmal gesagt habe/ daß man kein comma machen müſſe/ wo keines hingehöret. Derowegen verſchone mich nur inskünfftige mit dergleichen/ und laß dich keine Autorität hierin irre machen/ dafern du eines vernünfftigen Componiſten Namen haben willſt. Sey ſo curieux, und beſiehe was Galil. a Galilæis hievon hält; Es iſt bereits p. 48. T. I. dieſer Critic angeführet worden.

XXXIX.

Meloph. Die Ueberſchrifft/ ſo Pilatus auf das Kreuz ſetzte/ macht mir neue Händel. Ich finde sie/ bey meinem Vorgänger/ in Noten also: **JEſus von Nazareth** ——— **JEſus von Nazareth** ——— **von Nazareth, der Juden König, JEſus von Nazareth, der Juden König.** Ob einer so lieſet / oder das gelesene erzehlet/ mögte gerne wiſſen?

Resp. Man denket wohl ungefehr auf diesen Schlag/ wenn man eine wichti-

---

* Erinnere dich hiebey der Worte Lippii, die bereits Tomo I. huj. Crit. p. 75. angeführet worden, und der bloſſen Melodie den Vorzug geben: wie nehmlich dieſelbe, mit ihrer edlen Einfalt, Deutlichkeit und Vernehmlichkeit, die Herzen dergeſtalt bewegen könne, daß auch offt nuda illa melodia alles harmoniſche Kunſt-Werk übertrifft. Gedenke auch an Rameau, deſſen Meynnng gleich Anfangs dieſes Tomi berühret worden. Lectio lecta placet, docies repetita placebit.

des fragenden Componisten II. Verhör

wichtige Sache aufschreibet/ oder zu Papier bringt. Aber kein Mensch lieset also; vielweniger wird einer das gelesene so erzehlen. Ich erinnere mich zwar/ daß der Schulmeister es also zu machen pflegte/ wenn er uns etwas in die Feder dictirte: und bey dergleichen Umständen verfahre ich selbst auf gleiche Weise. Da es denn deswegen in solcher Form geschehen muß/ damit ein jeder Schüler die Worte deutlich hören/ und einer/ der langsam schreibt/ auch mit fortkommen möge. Aber hier ist dieser Umstand nicht/ und also ganz nicht natürlich/ so viele Unterbrechungen/ Absätze und Wiederholungen zu machen. Daß die Gottesfurcht aus der Welt/ und nur bey Interessenten/ oder gemeinen Leuten/ eine Gewohnheit davon übrig sey/ weiß ich leider wohl; aber/ daß der Verstand und die Verständlichkeit ihren Abschied auch nehmen/ habe erst neulich gemerket.

XL.

Meloph. Ich begreiffe es zu meinem Verdruß. Aber inzwischen wird es doch recht seyn/ wenn man besagte Worte der Ueberschrifft/ nach dem Tact/ oder wie die Componisten sprechen/ obligato, singet?

Resp. Ganz und gar nicht. Sie müssen nicht einmal durch den gewöhnlichen Recitativ-Styl/ sondern mit einem merklichen Unterschied von demselben/ per Monotoniam, ausgedruckt werden. Denn/ ob zwar der Evangelist nicht würcklich lieset/ so erzehlet er doch die gelesenen Worte/ als ob er sie läse.

XLI.

Meloph. Hat es denn etwa mit dem folgenden Chor: **Schreibe nicht der Juden König** rc. auch die Beschaffenheit/ daß er nicht füglich mit allen Stimmen zugleich angefangen werden könne?

Resp. Es hat freylich eben die Bewandniß mit diesem Chor/ als mit dem obigen/ in der XVII. Frage. Eine ordentliche Schluß-Rede kann unmüglich von vielen Personen zugleich hervorgebracht werden. Es ist gar nicht glaublich/ noch natürlich/ daß sie zusammen eintreffen sollten. Ein anders ist es in poetischen Sachen; ein anders in ungebundener/ historischer Rede. Dort mag ich eine Verabredung erdichten; hier nicht.

XLII.

Meloph. Wenn nun Pilatus hierauf antwortet/ kann es wohl mit einer ernsthafften/ langsamen Art/ folgender Gestalt/ geschehen? **Was ich geschrieben habe, —— Was ich geschrieben habe, —— das hab ich geschrieben, —— das hab ich geschrieben. Was ich geschrieben habe, —— was ich geschrieben habe, —— was ich geschrieben habe, —— das habe ich geschrieben, —— das hab ich geschrieben.**

Resp. Behüte GOtt vor solchen häuffigen Wiederholungen! der erste Satz ist fünffmal/ der andre viermal wiederholet. Wer die Leute mit Unmuth von sich weiset/ wie hier Pilatus/ der wird so nicht reden. Etwan einmal oder zweymal mag er seinen Ausspruch wiederholen; mehr nicht. Es lassen sich auch solche eigensinnige Worte nicht wohl unterbrechen; sondern der menschliche/ Fürstliche Hochmuth stößt sie gern auf einmal heraus. Zu unsern Zeiten wird der stolze Beelzubub gar stumm: und ist nichts weniger als redseelig. * * So gehts/ wenn man den Affect nicht einsiehet.

XLIII.

Meloph. Bisher haben wir viel mit dem Affect/und den distinctionibus, zu thun gehabt. Nun werde ich auch einmal/ mit Erlaubniß/ die prosodiam hervorlangen/ und fragen/ ob es recht sey/ die numeralia: **vier und eins, in den Worten: Und machten vier Theil, einem jeglichen Krieges Knechte ein Theil,** kurz zu setzen?

Resp. Es sind zwar hier keine Verse; sondern nur eine übersetzte prosa sacra: und ich wollte/ die Wahrheit zu sagen/ daß man sie so wenig/als müglich zur Music gebrauchte: a) es wäre denn zu einer Fuge/ wo sie besser Dienste thut/als die Poesie; dennoch müssen auch in derselben prosa, die dem Recitativ gleichfalls sehr günstig ist/ die Worte ihren rechten Accent/ oder ihre rechte Quantität behalten. Wie gröblich wieder diese niedrigste Absicht der Melodicæ offt angestoßen wird/ mag ich nicht sagen. b) Mancher weiß auch kaum den Unterscheid inter articulum & numerale; so elend ist es um die erste Staffel der Gelehrsamkeit bey Musicis beschaffen/ und wollen sich doch nicht weisen lassen: wodurch sie niemand/ als sich/ und ihrem Metier, schaden/ weil dieses solchergestalt bey Gelehrten gänzlich in Verachtung geräth. An und für sich selbst mögen nun wohl die numeralia, wie fast alle einsylbichte Wörter im Teutschen/ ancipitia seyn/ so/ daß man sie/ dem innerlichen Gehalt nach/kurz oder lang setzen kann. Der vorhabende Fall aber siehet sie nicht nach dem

---

a) Non dico, nunc omnes fere ejusmodi sacras cantiones prosa oratione constare; ac propterea præcipuam lepôris & gratiæ partem, quæ in vincto numeris sermone tantopere placet, amittere. DON. de Præst. Vet. Mus. p. 89.

b) Distorquenda plerumque est omnis recta emendataque pronunciatio: confundendæ accentuum leges: longa tempora corripienda: producenda breviora, ac barbaris quibusdam inconcinnisque parelcysmis (a παρελκύω remoror, ich zögere, halte auf, mache ein Comma, wo keines ist ꝛc.) syllabarum distorsionibus, (qualia sunt Psalmodiarum neumata, gressus,) vocabula distrahenda sunt. *id. ibid. p. sq.*

dem Accent/ sondern nach der rhetorischen emphasi, an: welcher zu Folge dieselbe
alhie beyde lang seyn müssen.

XLIV.

Meloph. Ich habe die nechste Aria von hinten und von vorne betrachtet; finde aber auf keinerley Weise/ daß eine besondere Leidenschafft
darin stecket:

„Du must den Rock verliehrn/
„Daß wir ihn mögten führn
„Zum Deckel unsrer Sünden-Schuld.
„Wir müsten ewig Blösse leiden/
„Würd' uns nicht dein Verdienst bekleiden/
„Mit mehr als väterlicher Huld.

Sagen sie mir doch/ mein hochgeehrter Herr/ was ist damit anzufangen?

Resp. Es hat zwar diese Aria/ im ersten Anblick/ wenig/ das einen
Componisten aufmuntert. Denn ein Rock/ die Blösse/ das Bekleiden ꝛc. sind an
sich selbst gar nicht musicalisch. So finden sich auch die propositiones mit den
applicationibus dergestallt vermischet/ daß sie schier Maus wie Mutter sind.
Aber/ mein guter Melophile/ betrachte doch nur/ wenn du nackend wärest/ und
es zöhe ein armer Gast oder Fremdling/ den du noch dazu beleidiget hättest/ sein
Kleid aus/ dich zu bedecken/ was würdest du für eine Empfindung davon haben?
Es sind wenig Dinge/ die schwerer auf einem edelmüthigen Herzen liegen/ als
wenn man seine Dankbarkeit nicht genug bezeugen kan. Daher entstehet in uns
eine Begierde/ unserm Wohlthäter seine erwiesene Barmherzigkeit zu vergelten.
Kurz! Dankbegierde ist die Gemüths-Bewegung in obigen Worten. Sie
ist von Liebe/ Freundschafft und Erkänntlichkeit zusammen gesetzet. Weil
wir nun GOtt/ für seine hohe Wohlthaten/ nichts wieder geben können/ als ein
lobendes Herz/ so folget/ daß ich meine Augen an diesem Ort auf nichtes an-
ders/ als auf ein herzliches Loben und Danken/ richten müsse. Dazu kann absonderlich ein artiges Accompagnement behülfflich seyn/ und durch die Sing-
Stimme eine Begierde ausgedrücket werden.

XLV.

Meloph. Jtzt will ich doch weisen/ daß ich was verstehe. Da
sollen die vier Krieges-Knechte über das Zertheilen des Rocks einen
tüch-

tüchtigen contrapunto fugato machen: darin will ich alle Noten so zertheilen und syncopiren / daß sich jedermann verwundern soll. Was hat mein Herr hierauf zu sagen?

Resp. Bone vir, curasti probe! Sieh dich ein wenig um/ lieber Melophile; sey nicht so hitzig mit Contrapuncten/Fugen und Syncopationen. Gedenke des bereits angeführten Donii, welcher sagt: hypotheses oppido perpaucas dari, quæ Fugas flagitant. Hier sind vier liederliche Kerl / vier Krieges-Knechte: die rathschlagen über den Rock / und entschliessen sich einmüthiglich/ ihn NB. nicht zu zertheilen. Was nun diese lose Buben noch gantz lassen müssen / das wolltest du gerne mit deinen syncopirten Noten / mit deinen Rückungen und Bindungen/ als zerrissen / zerzerret und zerhacket/ vorstellen. Denke doch/ ob es vernünfftig sey? Mache lieber einen gewöhnlichen / unzertheilten Recitativ mit vieren daraus/ das wird natürlicher herauskommen/ als die gespaltene und getrennte Figuren. Es ist ja nur eine gemeine Rede; die Knechte wollen um den Rock losen; halte sie mit vielen Pausen und Wiederholungen nicht auf. Schlecht weg! Imitationes verborum sunt scurriles, nisi sensui conveniunt. Das heißt: Es ist garstig und leichtfertig / auf den Wörtern eine Nachahmung anzustellen/ falls diese nicht den Verstand der Sache in sich hält. Wenn/ z. E. in einer Aria die Worte: *non m'ingannar,* auf lauter betrieglich-formirte intervalla gerichtet werden/ ist solches dem Verstand gantz entgegen.

XLVI.

Meloph. Der Evangelist hat hier einen Versicul aus dem 22 Psalm angeführet: Sie haben meine Kleider unter sich getheilet 2c. dazu muß wohl ein Accompagnement kommen/ weil es eine Schrifft- und Prophetische Stelle ist. Nicht wahr?

Resp. Ich sehe dessen keine Nothwendigkeit. Angeführte Worte eines Propheten sollten billig von denen unterschieden werden / die Gottes Sohn persönlich selbst spricht. Also mögte ich lieber zu diesen mein Accompagnement sparen / und den locum citatum mit einem Arioso / ohne Instrumenten/ vorstellig machen. Doch darff man sich hieran eben nicht binden. Ich sage nur/ was meine unvorgreiffliche Meynung ist/ und was mir vernünfftig vorkömt.

XLVII.

Meloph. Die folgende Aria hat was sonderliches. Ich werde ein Duett daraus machen / darin beyde Stimmen die Frage nach einander

des fragenden Componisten II. Verhör.

vorbringen/ und denn auch beyde zugleich beantworten sollen: Wird das nicht was neues seyn?

„Welche sind des Heilands Erben?
„Lauter böse Krieges-Knecht.
„Muß er denn nur dafür sterben?
„Nein / dem menschlichen Geschlecht/
„Das so bösen Buben gleichet/
„Hat er sich selbst zur Erbschafft hingereichet.

Resp. Es wäre freylich was neues; aber nichts gutes. Ich merke wohl/ du willst die Stimmen canonice, nach Steffanischer Art / mit einander certiren lassen; aber mein guter Freund/ solches kömt hier gar nicht wohl zu Passe. Dergleichen Duett hat/ nach der harmonischen Figur/ seine Tugenden/ und kann in Gegen-Sätzen/ oder bey verschiedenen Expressionen/ sehr wohl genützet werden. Allein/ bey Fragen und Antworten schickt sich dieselbe Art ganz und gar nicht. Mache einen Chor daraus/ der wie ein responsorium, oder eine antiphona moderna, eingerichtet sey. Laß die eine Stimme allein anheben/ und den ganzen Chor antworten. Damit kann gar artig abgewechselt werden/ wenn man den Affect wohl einnimt/ der hier eine heimliche Freude über die Erbschafft JEsu ist. Das Vergnügen/ so du über deine neu-vermeynte Erfindung hattest / ist Ursache gewesen/ daß du nach diesem Haupt-Articul gar nicht einmal gefraget hast. So übereilet man sich offt aus überflüssiger Weisheit. Ich muß bey dieser Gelegenheit meine wenige Gedanken von Duetten kürzlich entdecken. In einem rechten concertirenden Duett sollten die Worte billig so eingerichtet seyn / daß sie entweder zwo streitige Meynungen / oder auch eine solche Vereinigung der Gedanken enthielten / die durch verschiedene Ausdrückungen an den Tag geleget werden könnten. Sonst / wenn zwo Personen durchgehends nur einerley Worte führen/ kann gar wenig Anlaß genommen werden/ mit der Harmonie concertirend zu verfahren; es wäre denn/ daß man sie fein canonisch hinter-einander herschlentern liesse/ oder die Französische liedermässige Art à deux der Italiänischen vorzöhe. Weil nun bey Fragen und Antworten obige Umstände nicht vorhanden/so schicken sich solche nicht wohl zu dergleichen concertirenden Duetten. Zwar hat man auch eine gewisse Art zweystimmiger Gesetze / die bloß in Fragen und Antworten bestehen; aber davon ist die Rede itzo nicht. Dieselben brauchen keiner sonderlichen harmonischen Verwickelung/ sondern gehen ganz schlecht und natürlich einher. Als z. E. der eine frägt: Morirai? so antwortet der andre: non morirò, frägt darauf weiset: m'amerai? und der erste versetzet: dir lò non sò, u. s. f. Wir hatten in der Opera: La forza della Virtù, ein solches Duett, darin die eine Person nur zwey Worte sagte. Clotilde sang: Ach! redet ihr Lippen/ antwortet! Fernando frug aus Schaam: Und was? Das that eine treffliche Würkung/ und bewegte/ mit Zuthuung einer zärtlichen Action/ das gantze Volkreiche Parterre. Die concertirende Duette sind zwar künstlicher/ und erfordern mehr Fleiß; aber die letzt-beschriebene sind viel naiver/ natürlicher und rührender. So/daß man auch hieraus den Vorzug des simplen/ melodiösen Wesens abnehmen kann/auf welches ich unaufhörlich dringen werde: weil daran der grösseste Mangel/ und doch das meiste gelegen ist. Wo aber keine Fragen und Antworten sind/ und einer will diese Art aus Faulheit/ aus Unvermögen/oder auch aus Unverstand/ gebrauchen/in Meynung/albern und einfältig sey einerley; der wird gewiß seine Niederträchtigkeit und den Abgang der Erfindung bloß geben.

XLVIII.

Meloph. Es verdrießt mich nur um die Zeile: das so bösen Buben glei : : : : : : : : : : chet, auf welches Wort ich/ mit beyden Stimmen/einen langen Lauff zu machen gedachte: weil selbiges einen schönen diphtongum hat. Kann ich sothanes melisma nicht beybehalten?

Resp. O ja/ warum nicht? Das Wort gleichet hat nicht nur einen guten Laut/sondern eine wichtige Bedeutung/ hinter sich. Allenfals/wenn jemand was darauf zu sagen haben mögte/ kannst du zur Entschuldigung dieses nehmen: weil das menschliche Geschlecht den bösen Buben gleiche/ so habe man solches Wort nothwendig mit einem Lauff/in beyden Stimmen zugleich/ ausdrücken wollen und sollen. Bürge will ich dir seyn/ daß es gut klingen werde.

XLIX.

Meloph. Hier wollte ich nun gerne den ersten Theil der Passion schliessen. Aber denn müste ich wieder/ mit einem kahlen Recitativ/den andern Theil anfangen: Wie ist da zu rathen?

Resp. Nim wiederum einen Choral/ der sich zum Kreutz Christi schicket/ und setze ihn an statt des Einganges.

L.

Meloph. So habe ich es Anfangs gemacht/ und zwar mit dem blossen Kirchen-Gesange. Nun mögte ich doch wohl einen andern Weg neh=

des fragenden Componisten II. Verhör.

nehmen. **Was deucht dem Herrn von einem** Contrapunto alla dodecima?

Resp. Das steiget hoch! In GOttes Namen/ probire deine Kunst; mach es aber nicht zu bunt. Laß den Canto fermo in den Sing-Stimmen/ und den Contrapunct in den Instrumenten/ herrschen / so hindert er dem Verstande der Worte nicht so sehr. Bringe feine Zwischen-Sätze dabey an / und sorge so viel/ als müglich/ daß man den Zwang nicht merke. Mehr kann ich nicht sagen ; aber wohl zeigen/ hören lassen/ und vor Augen legen.

LI.

Meloph. Wie halte ichs denn mit der Aria/ die nun kömmt/ und welche Gemüths-Bewegung steckt darin?

„JEsu / wornach dürstet dich?
„Da du ja die Matten tränkest;
„Himmel! ich besinne mich/
„Daß du meiner Angst gedenkest/
„Und nach Trost / in meiner Noth/
„Durstig bist / biß an den Tod.

Resp. Es ist recht was schönes daraus zu machen / wenn man die Worte exaggeriren/ und seine Gedanken in der proposition auf Mitleid/ in der application aber auf Verwunderung / richten will. Ein Accompagnement col Oboe d'Amore e Viole di Gambe schickte sich hiebey nicht übel; doch müste der Ton dazu ausgesucht werden. Erst bringe die Worte in gute Ordnung / hernach wird sich in der Haupt-Melodie selbst leicht ein kleines thema zu den Instrumenten/die vorhergehen sollen/angeben. Ich halte diesen Weg für weit richtiger/ als wenn man erst auf das Accompagnement / und hernach auf die Haupt-Melodie bedacht ist: zumal wenn jenes eben nichts hervorragendes haben soll / wie es hier denn nicht nöthig ist / massen die Affecten mehr Lieblichkeit/als Krafft und Stärcke/ erfordern.

LII.

Meloph. Um doch diese douceur ein wenig abzusetzen / wäre ich wohl gesinnet/ auf das Wort: Matten, eine kleine Coloratur/ etwa nur von vier langsamen Tacten/ zu setzen. Geht das nicht an?

Resp. Vor allen Dingen! Ihr Leute meynet/ es könne keine Aria bestehen/ es müsse denn ein Passagio darin seyn. Geht doch bey weisen Franzosen joſen in die Schule/ und äffet ihnen auch etwas nach/ das gut iſt; da ihr, den Italiänern ſo viel böſes und ungereimtes ablernet. Das Wort Matten hat ein a. Gar recht! da muß eine Coloratur ſeyn. Klingen wird es. Aber bedenke doch/ ob ein Menſch/ der von Durſt (er ſey geiſtlich oder leiblich) matt iſt/ wohl zu dergleichen Ausſchweiffungen geſchickt ſey? Willſt du ja was belebtes haben/ ſo bringe es lieber in die Mittel-Parthey; laß dieſelbe durchgehends in gelinder Bewegung ſeyn/ um dadurch die innerliche/ matte Unruhe des durſtigen JEſu/ einigermaſſen auszudrücken: das wird eine gute Harmonie geben/ und der Melodie keinen Schaden bringen/ wenn beſagte Mittel-Stimmen ſanffte auf Violdigamben oder Braccien geſtrichen werden.

LIII.

Meloph. Weil bey der nechſten Aria die Gröſſe des Werks der Erlöſung in Betrachtung kömt/ ſo werde ich ja recht und wohl daran thun/ ſolche durch groſſe intervalla auszudrücken/ und zwar ohne Accompagnement?

„O/ Groſſes Werk!
„Im Paradieß ſchon angefangen;
„O/ Rieſen-Stärk!
„Die JEſum läßt den Sieg erlangen:
„Daß/ nach dem Streit/ in Sieges-Pracht/
„Er ſprechen kann: Es iſt vollbracht.

Der Affect iſt hier eine/ mit Hochachtung verbundene/ Freude/ über die unbegreiffliche Wohlthat GOttes/ und den ſchönen Sieg Chriſti. Nun kann ich zwar wohl das Vorhaben/ mit den weiten und groſſen intervallis, nicht tadeln; allein/ die Haupt-Sache wird doch nicht darauf/ ſondern vielmehr auf ein majeſtätiſches Accompagnement ankommen/ dabey die Sing-Stimme ihre Modulation wohl etwas freudig einrichten/ auch hin und wieder einige Melismos anbringen kann. Doch darff dieſes nicht mit vielen krummen Sprüngen geſchehen: wie gemeine Componiſten ihre Freude ſonſt auszudrücken pflegen/ und den Bauren nichts nachgeben wollen/ die da/ ohne Tanzen und Springen/ nicht glauben/ daß ſie luſtig ſind. Die Freude/ inſonderheit über Geiſtliche Güter/ iſt/ nach meinem Begriff/ nichts unruhiges; ſondern vielmehr eine friedliche/ ſtille Empfindung/ und Ruhe der gar zu hefftigen Begierden; darum auch die H. Schrifft Friede und Freude gerne zuſammen ſetzet. Ein anders iſt exultatio; ein anders gaudium. Der Schluß dieſer Aria muß
auch

Des fragenden Componisten II. Verhör.

auch mit den vorhergegangenen Worten Christi eine Gemeinschafft/ und mehr Ernsthafftigkeit haben/ als das übrige.

LIV.

Meloph. Es ist wohl in diesem ganzen Werke keine bessere Gelegenheit/ eine musicalische Schilderey zu machen/ als die nun kömt:

„Bebet/ ihr Berge! zerberstet/ ihr Hügel!
„Sonne/ verhülle den brennenden Spiegel!
„Himmel und Erde/ vergehet ihr nicht?
„Schmelzet/ ihr Felsen/ von ängstigem Zittern!
„Lasset/ ihr Wellen/ die Tieffen erschüttern!
„Weil ißt dem Heiland das Herze zerbricht.

Da werde ich mit den Instrumenten ein Zittern und Beben anstellen/ daß es nur eine Lust seyn wird. Zerbersten ist auch ein schönes Wort; Himmel und Erde desgleichen: da kann der eine hoch/ und die andre tieff gesetzet werden. Die Wellen/ das Erschüttern/ das Schmelzen/ sind lauter herrliche Ausdrückungen. Soll ich nicht mit drey-geschwänzten Noten darauf loß arbeiten?

Resp. Immerhin. Ich habe nichts auf die Worte zu sagen: denn/ das Schrecken und Entsetzen stellen sie ziemlich vor. Wie weit solche aber musicalisch sind/ oder heissen können/ laß ich diesesmal unausgemacht. Nichts ist leichter/ als etliche Millionen unschuldige Noten / die brav in einem Ton gehen/ darüber zu verschreiben. Binde dich aber nicht so sehr an die Worte / daß du dir ein Gewissen machen solltest/ die Erde etwan einen Ton höher/ als den Himmel/ zu setzen: denn es kann gar wohl geschehen/ daß man/ im Schrecken/ der Erde mit erhabnerm Klange zuruffe/ als dem Himmel. Insonderheit laß dir die letzte Zeile dahin befohlen seyn/ daß du sie mit mehrer Bescheidenheit herausbringest/ als die übrigen: denn sie enthält die klägliche Ursache des Entsetzens der ganzen Natur.

LV.

Meloph. Mich deucht/ es steckt auch ein andrer Affect in besagter letzten Zeile. Habe ich Recht?

Resp. Nein. Es ist und bleibt dieselbe Gemüths-Bewegung. Nur verdienet die besagte Ursache derselben/ daß man solche mit einer wehmüthigern Art/ als den Schrecken selbst/ behandele. Eine einzige Gemüths-Bewegung kann ja wohl zwo verschiedene Wirkungen haben/ und wenn das Entsetzen vorbey/ folgt gemeiniglich die Wehmuth darauf. Hier empfindet man diese gäntzliche Veränderung eben nicht/weil keine Betrachtung darüber angestellet wird; sondern der Umstand nur eine blosse Ursache der Leidenschafft in sich fasset.

LVI.

Meloph. Kann ich/ wegen der Wellen/ nach gemachtem Passagio, wohl eine Pause setzen/ damit der Sänger Lufft schöpffe?

Resp. Ich habe dir schon mehrmalen gesagt/ daß/ wo kein comma ist/ auch keine Pause Statt finde. Mache dein Melisma zum erstenmal nicht so lang/ daß der Sänger Athems bedarff. Wenn aber den Sensus einmal vollkommen gehöret worden/ alsdenn kanst du dir mehr Freyheit nehmen.

LVII.

Meloph. Die nechste Aria enthält eine Frage und Antwort/ daraus hat ein guter Freund abermal ein Duett/ auf die concertirende Art/ gemacht: soll ich ihm hierin nachfolgen? So lauten die Worte:

„War das Wasser denn zu schlecht
„Unsre Sünden = Schuld zu baden?
„Mensche/ ja/ für deinen Schaden
„War nur Göttlichs Blut gerecht.
„So solln/ weil ich leb' auf Erden/
„Aus den Augen Quellen werden/
„Die von Blut und Thränen roth.

Resp. Es muß fast nothwendig ein Duett seyn; aber kein solches concertirendes/ da beyde Stimmen imitando, oder Fugen=Weise/ verfahren. Sondern wenn eine Person die Frage deutlich hervorgebracht hat/ so kann die andre füglich allein darauf antworten. Sonst gibt es nur Verwirrung/ und hindert die so nöthige Deutlichkeit des Vortrages. Die Frage darff hier auch nicht unumgänglich proprie, sondern kann gar wohl figürlich/ genommen werden: denn es wird damit im Grunde nichts anders gesagt/ als: das Wasser sey würklich zu schlecht gewesen. In der Antwort dürffte unsre so genannte Analysis keine üble Wirkung haben. Z. E. Mensche/ ja/ es war zu schlecht ꝛc. Der Affect hiebey ist eine wehmüthige Liebe; die aber/ wegen Betrachtung des Göttlichen/ kostbaren Bluts/ gar wohl ein reiches/ vollstimmiges Accompagnement/ in contrapuncto æquali, leiden kann.

LVIII.

LVIII.

Meloph. Da begreiffe ich nun wohl/ daß dieses Accompagnement/ wegen seiner Vollstimmigkeit/ die grosse Krafft des Göttlichen Bluts/ und der contrapunctus æqualis dabey zugleich das ungeschminkte/ andächtige Wesen einigermassen vorstellen sollen. Aber ist das Wörtlein **schlecht** wohl geschickt zu einem melismate?

Resp. Denk selber nach / ob schlechte Sachen was krauses zulassen? Ich sollte nicht in den Gedanken stehen/ und wundre mich nie satt/ daß jemals in eines vernünfftigen Menschen Sinn gekommen seyn mag / eine bunte / künstliche Figur auf dergleichen Worte anzubringen / die doch im ersten Anblick gerade auf das Gegentheil führen sollten. Allein so ist die Passagien-Sucht dermassen/ nebst andern bösen Zufällen/ bey uns Mode geworden/ daß der Geschmack gemeiner Zuhörer fast nichts mehr davon weiß: zumal / da uns die untüchtigen Italiäner hierinn gewaltig vorgehen. Welches denn auch ihren klugen Landsmann/ den verdeckten Verfasser des Büchleins: Il Teatro alla moda (so zu seiner Zeit recensiret werden soll) dazu veranlasset/ daß er p. 18. per ironiam diese Regel stellet: "Es "soll der galante Componist wohl acht haben / wenn entweder nomina "propria, oder appellativa, als: Vater/ Reich/ Liebste/ Herrschafft/ "Sandbanck / Schönheit/ Athem / Herz ꝛc. oder auch: nein / ohne/ "schon/ und andre adverbia, vorkommen/ daß er bey Leibe ja auf selbigen "sehr lange Coloraturen mache. Z. E. Vaaaa ꝛ ꝛ ꝛ ꝛ Reieieiei ꝛ ꝛ ꝛ ꝛ "Lieieieie ꝛ ꝛ ꝛ ꝛ Herrschaaaa ꝛ ꝛ ꝛ ꝛ Aaaa ꝛ ꝛ ꝛ ꝛ Saaaa ꝛ ꝛ ꝛ ꝛ "Schöööö ꝛ ꝛ ꝛ ꝛ Heeeee ꝛ ꝛ ꝛ ꝛ Neieieiei ꝛ ꝛ ꝛ ꝛ oooo ꝛ ꝛ ꝛ ꝛ "schoooo ꝛ ꝛ ꝛ ꝛ ꝛc. Und zwar soll es darum also gemacht werden/ da= "mit er sich je länger je mehr von dem stylo antiquo entferne / als welcher "niemals den geringsten Lauff bey dergleichen nominibus und adverbiis; "sondern nur auf solche Wörter / die eine Leidenschafft oder Bewegung "bedeuten/ angebracht hat: z. E. Plage/ Schmerz/ Gesang/ fliegen/ "fallen/ u. s. w." Hat man Lust/ diesem gescheuten Italiäner einen klu= gen Franzosen zur Seite zu setzen/ so wird sich niemand besser dazu schi= cken/ als der Autor anonymus Tomi II. *de l' Histoire de la Musique,* * welcher die doubles und passages, p. 23. & 24. also durch die Hechel zie= het:

---
* Daß diese musicalische Critici ihren Namen vertuschen, dazu haben sie desto grössere Ursache, je rachgieriger das Heer der Unwissenden und eingebildeten Meister

het: „In den roulemens, sagt er / bestehet nur eine mittelmäßige / und
„sehr gemeine musicalische Schönheit: zum Beweis dessen bestreuen und
„bespicken die einfältigsten Componisten ihre Sätze damit hinten und vorn.
„Lully (allemal Lully) bediente sich solcher Zierrathen etwa aufs höchste
„drey oder viermal in einer Opera / und bewies damit / daß er den öfftern
„Gebrauch derselben nicht so gar vortheilhafft oder nothwendig hielte. Wenn
„er auch / einem oder anderm zu Gefallen / eine double anbringen muste/
„ließ er solche durch seinen Schwieger-Vater / Mr. Lambert / verferti-
„gen; hergegen machte er selbst manche Italiänische Aria / ohne die gering-
„ste Coloratur. Es geht den Componisten / die Liebhaber von solchen
„Dingen sind / wie den bösen Köchen / die ihrem Unvermögen mit einer
„Menge Saltz und Pfeffer abhelffen wollen. Ein guter Geschmack wird
„dergleichen falscher Anwürzungen bald müde / als womit sich nur die an-
„gehende und verdorbene Componisten zu körnen pflegen." Und p. 45.
schreibt er / man müsse sich dergleichen passagien mit eben solcher Behutsamkeit bedienen / als Voiture bey den neuen Wörtern erfordere / nehmlich:
die Woche nur dreymal. Es ist hiemit nicht verboten / neumata oder
melismata zu machen / als womit sich ein künstlicher Sänger trefflicher/ als
der Componist / distinguiren kann ; sondern die Wörter / so wohl dem
Klange/als dem Verstande nach / dazu auszusuchen / und sparsam damit
umzugehen.

LIX.

in der Welt ist. Der erste Tomus von besagter Hist. de la Mus. ist Ao. 1715.
zu Paris, mit einer Zuschrifft an den Hertzog von Orleans, und Unterschrei-
bung des Namens, Bonnet, gedruckt; hernach aber 1721 in Amsterdam wieder aufgeleget, und so wohl die Dedication, als der Name des Verfassers,
weggelaßen; hingegen sind noch 3 Tomi hinzugefüget worden, deren erster 10
Jahr älter, als Bonnets Werk, ist : indem derselbe Ao. 1705. zum erstenmal ans Licht getreten, wie solches in der andern Auflage, p. 4. der Vorrede, deutlich berichtet wird. Solchem nach kann das opus anonymum, samt
seiner Fortsetzung, nicht die geringste Gemeinschafft, weder wegen des Verfassers, noch wegen der Materien, mit des Bonnets Arbeit haben ; sondern der sogenannte zweyte Tomus ist nur eine Wiederlegung der bekannten
Parallele (vid. T. I. Crit. Mus.) und starke Angreiffung des Abts Raguenet,
darinn übrigens nicht so viel von einer eigentlichen Musicalischen Historie,
sano sensu, enthalten, als im Eulen-Spiegel. Unser Anwald, der 1712.
geschrieben worden, ist wieder ein andrer Autor, und vermuthlich Vieuville.
Der ungenannte aber, wenn man die Partheylichkeit ausnimmt, raisonnirt
besser, als einer, den ich jemals von dergleichen Dingen gelesen habe.

LIX.

Meloph. Für deinen Scha ⸺ ⸺ den, mit einer Cadenz / und zwo viertel-Pausen. Hernach noch einmal: Mensche, ja, für deinen Schaden. Denn noch eine viertel-Pause / und zuletzt endlich: **War nur Göttlichs Blut gerecht.** Ist das erlaubt?

Resp. Ey! wie wollte es erlaubt seyn. Frage mich doch nicht mehr um solche handgreiffliche Dinge / die jedem in die Augen fallen / und die auch ein Kind / das nur recht lesen kann / aufzulösen geschickt ist.

LX.

Meloph. Wohlan! ich will mir dieses gesagt seyn lassen / und alles anstössige solcher Art vorbeyschlagen / in der Versicherung / daß es unstreitig falsch sey / und keines weitern Fragens bedürffe. Was mache ich aber mit diesen Worten / und welche Gemüths-Regung wird man darin wahrnehmen?

„Ich gehe mit ins Grab!
„Was frag' ich nach dem Himmel!
„Nach allem Welt-Getümmel!
„Weil JEsus scheidet ab.
„Ich gehe mit ins Grab.

Resp. Wer ein Duett daraus machen will / muß seine Haupt-Absicht auf die verschiedene expressiones richten / die er aus diesen Worten ziehen kann: ungeachtet sie nicht offenbar darin zu sehen sind. Thut er das nicht / so handelt er unrecht. Diese Ausdrückungen aber stecken in den dreyen ersten Wörtern / da der eine z. E. singen mögte: Ich geh / und der andre erwiederte: Ich gehe mit. Solchergestalt kann es ein völlig-concertirendes Duett abgeben: zumal / wenn man noch überdem die eine Stimme fragen ließ: Ins Grab? und die andre bejahend antwortete: Ins Grab. Auf solche Weise / sage ich / und sonst auf keine / könte ein artiges fugirtes Duett daraus werden; worauf jedoch der Poet wohl schwerlich gedacht haben wird. Der Affect ist hier doppelt oder zweyfach. In der ersten Zeile muß man die Sehnsucht nach

JEsu / auch im Grabe selbst / auszudrücken; in den andern aber eine spröde Verachtung des Irrdischen / mittelst einer Veränderung des mouvemens ꝛc. an den Tag zu legen wissen.

LXI.

Meloph. Kann ich wohl so setzen: nach allem Welt ⸱ ⸱ ⸱ ⸱ ⸱ ⸱ ⸱ ⸱ ⸱ , was frag ich nach dem Himmel, nach allem Welt ⸱ ⸱ ⸱ ⸱ ⸱ ⸱ ⸱ ⸱ Getümmel? Es gibt Exempel.

Resp. Das ist noch wunderlicher / als ich es jemals gesehen habe. Ein compositum mittelst einer Pause / nach vollbrachtem Lauff / von einander zu reissen / und hernach noch ein passagio zum zweytenmal auf desselben erste Helffte zu machen; welche doch / ohne die andere / gar nicht verstanden werden mag. Wiewohl / man kann nichts so toll gedenken / das nicht noch toller geschehen sollte. Ich erinnere mich hiebey jenes gelehrten Engländischen Musici, Thomæ Morlæi, welcher eines Componisten erwehnet / der das Wort Angelo ------ rum mittelst einer Pause von 8 Tacten getrennet haben soll.

LXII.

Meloph. Schickt sich denn wohl ein Ritornello nach der besagten Aria / weil dieselbe doch ohne Instrumenten ist?

Resp. Die Ritornelli, durch die Banck genommen, sind ziemlich / wo nicht gänzlich / aus der Mode gekommen, nachdem man heutiges Tages die meisten Arien mit Instrumenten durch und durch begleitet. Meine Gnade haben diese Ritornelli gar nicht / und ist deswegen in dem andern Theil der Niedtischen Handleitung a) p. 104. meine Meynung längst eröffnet worden. Bey dieser vorhabenden Aria schickt sich / allem An-

---

a) Weil ich vernommen, daß einige meiner Leser in dem Wahn stehen, ich hätte zu des Niedts dritten und letzten Theil, worin etwas liederlich vom Canone geredet wird, eine Vorrede gemacht, und dadurch dessen Einfalt gleichsam gut geheissen: so dienet zur Nachricht, daß ich gar keine Hand daran gehabt habe, sondern daß alles, was in solchem Werklein stehet, von Wort zu Wort in dem, aus Copenhagen an den Verleger übersandten, Manuscripte gefun-

Ansehen nach / ein solches Ritornello weniger / als sonst irgendwo: weil die Anfangs=Worte auch zum Schluß gebraucht werden: Ich gehe mit ins Grab; und weil es eine grössere Sehnsucht ausdrückt/ wenn/ nach dem Worte Grab/ gar nichts weiter vernommen wird/ indem es doch ultima rerum ist. Es wäre denn / daß man nachläuten lassen wollte; welches aber mehr eines Küsters/ als eines Musici/ Arbeit ist.

LXIII.

Meloph. Nun komme ich endlich/ mit dem letzten Chor/ auch zu der letzten Frage in diesem Passions=Wercke. b) Jener bestehet in folgenden Worten:

„Schlafe wohl / nach deinem Leiden/
„Ruhe sanfft / nach hartem Streit.
„Weil dein Tod uns Himmels=Freuden/
„Weil dein Kampf uns Sieg bereit't

Kann ich wohl einen Contrapunct daraus machen? Es hat doch ein jewisser Mann gesagt / er hätte nie einen von mir gesehen.

Resp. Immer Contrapuncte! Nach solchem Zeuge frägst du mehr / als nach dem Affect/ und andern/ ad Melodicam gehörigen/ Umständen. Mich wundert nur / daß du auch nicht frägst / ob auf dem Worte Schlafe kein passagio anzubringen sey / weil es doch einen schönen vocalem hat / und gut lauten würde? Zuerst stelle dir vor / daß die

---

gefunden worden. Es ist aber solchem Opere posthumo eine andre Schrifft angehänget, nehmlich, des Veritophili Gründe der Kirchen=Music; zu selbigen habe ich eine Vorrede gesetzet, welche vielleicht Ursache des Irrthums gewesen seyn mag. Denn, was ich sonst vom Niedt und seinen editis halte, kan man sattsam aus der oben=angeführten Anklage des zweyten Theils seiner Handleitung wahrnehmen: massen ich nicht nur eine kleine Vorrede, sondern auch durch und durch viele Anmerkungen dazu gemacht habe.

b) In Franckreich muß es um eine Passions=Music was rares seyn: denn in der Histoire de la Musique, Tome IV. p. 87. wird mit einiger Verwunderung gesagt: je connois des Eglises, entre autres une Paroisse de cette Ville, où le Vendredi Saint on chante en Musique la Passion.

Gemüths-Bewegung bey diesen Worten lauter Liebe und Dank seyn müsse. Hernach richte deine Melodie fein sanfft / fliessend und lieblich ein. Und wenn du ja einen Contrapunct machen willst / so nim einen all' ottava: denn der alla decima gibt keine so gute Melodien / und alla dodecima ist schon einer vorgewesen. Vor allen Dingen aber nim einen Canto fermo, einen Choral / dabey zu Hülffe / der sich zu den obigen Worten schicket. Z. E. O JEsu dessen Schmerzen / mir all mein Heil erworben / komm / ruh in meinem Herzen ꝛc. Das sind expressiones, die sich desto besser anbringen lassen / weil doch in den vorhabenden Poetischen Worten der Name dessen / dem man eine sanffte Ruhe wünschet / nicht zu finden ist. Beyläuffig zu erinnern / ist dis abermal ein schon berührter Uebelstand in den Worten einer Aria / welche ausdrücklich dasjenige sagen muß / was man begreiffen soll; nicht aber imperativa häuffen / und den vocativum gar auslassen. Diese beyde Texte nun flechte / durch einen geschickten / melodiösen Contrapunct / so in einander / daß sie fein deutlich vernommen werden können: begleite sie mit lauter Sordinen (das ist: mit gedämpften Violinen und Violoncellen) mit Queerflöten und sanfft-blasenden Bassons / so wird das letzte vielleicht das beste werden.

Wenn du nun / mein lieber Melophile, alle diese Sachen wohl in Acht nimst / must du deswegen nicht denken / du habest recht was schönes und vollenkommenes hervorgebracht: sintemal (ausgenommen was Quæst. VII. XI. XII. XVII. XXI. XXXI. XXXII. XXXVII. XLVII. LI. und LII. beyläuffig eingestreuet worden) die meisten Anmerkungen nur auf die Vermeydung der Fehl-Tritte gerichtet sind. Also ist noch ein grosses Stück / nehmlich die beauté, rückständig / und magst du wohl mit dem Horatio sprechen:

    - - - - - - - - - - - vitavi denique culpam;
    Laudem non merui.

Es ist nicht genug das Böse zu fliehen; man muß auch was gutes / nachdrückliches und schönes hervorbringen. Mit der Reinlichkeit und Richtigkeit in der Composition ist es nicht alles ausgemacht. Wiewohl / wenn ein Haus brauchbar seyn soll / ist die Reinigung desselben kein geringes / und muß allerdings vorhergehen / ehe man die Meubles zur Hand nimt: denn / sollten diese auch noch so schlecht ausfallen / ist doch die Nettigkeit zu loben. Wer aber zuvor allerhand schöne Tapeten nebst anderm schimmernden

den Haus = Geräthe hineinbringen / und hernach erst auskehren will / der fängt vom unrechten Ende an. Zu unserm melopoetischen Haus = Geräthe aber gehöret mehr / als mancher meynet / und ist nicht genug / daß alles hübsch versilbert oder vergüldet sey ; es muß eine edle Einfalt haben; mehr schlecht und glatt/ als bunt und kraus seyn; am rechten Orte stehen; mit einander correspondiren; in Summa allezeit mehr auf die bewegliche Melodie/ als auf die derselben unterthänige/ künstliche Harmonie/ gerichtet seyn. Le simple chant, ou le sujet, lorsqu'il est excellent, est au dessus du melange des parties : elles en dependent ; elles en naissent ; elles le suivent ; elles en tirent leur merite , & leur prix n'est communement que de varier, d'egayer la Musique, de lui donner de la magnificence & de l'eclat. *Hist. de la Mus. T. IV. p. 243.* „Der bloße Gesang / oder „die Haupt = Stimme / welche die Melodie führet / ist von grösser Wich= „tigkeit / wenn er vortrefflich eingerichtet ist / als alle Vermischung vieler „Partheyen oder Stimmen der Harmonie : diese sind jenem unterwürffig; „sie entspringen daraus ; sie folgen ihm ; sie empfangen ihre Güte daher/ „und alles was sie thun können / ist gemeiniglich nur dieses / daß sie die „Music mit Veränderung und Munterkeit versehen / anbey derselben was „prächtiges und ansehnliches beylegen.„ Und da kommen wir abermal auf das obige thema, von dem ich nimmer abweichen werde/ biß ich sehe/ daß meine Vorstellungen einige Wirkungen haben. a) Ich wüste aber vor der Hand kein besser Mittel / die rechten wesentlichen Schönheiten der Melodie meinen Lesern vor Augen zu legen / als daß man ein/ nach allen Regeln dieser Wissenschafft/ glücklich=verfertigtes Werk zur Hand nähme/ aus selbigem / entweder auf diese fragende / oder eine andre gefällige Art/ alle merkwürdige Stellen herauszöhe/beschriebe/und solche/mit den beygefügten Gründen / zur Nachahmung vorschlüge. A propos von melodischen

Grün=

---

a) Der so offt angeführte Donius hat hievon sehr schön und gründlich geschrieben, in seinem *Discorso sopra la perfettione delle Melodie* , welches Werk mir neulich erst aus der Winklerischen Bibliothek zugefallen ist. Unter andern führet er aus dem Plutarcho diesen Satz an : Dal Progresso de suoni si conosce la Serie Harmonica, i. e. aus den Schritten der Klänge , (die der Melodie eigen sind) erkennet man die Ordnung der Harmonie. Ἐκ τῆς μὲν καλᾶ τῶν φθόγγων πορείας τὸ ἡρμοσμένον γνωρίζεται. Eine schöne Vergleichung macht er auch daselbst p. 24. mit der Mahlerey , darinn es viel schwerer , schätzbarer und beweglicher ist , eine einzige nackte Positur wohl zu entwerffen , als eine gantze Historie von vielen Figuren vorzustellen : denn in diesen untersucht man alle proportiones nicht so genau , als wohl in einem einzigen Bilde.

Gründen und Regeln / deren Unmuglichkeit so viele tieffsinnige Autores vorgeben / und davon wir zu Anfang dieses fragenden Componisten schon etwas berühret haben / so muß ich hiebey zu erkennen geben / daß ich der Sache nachgedacht / und seit der Zeit / da das vorige Stück gedruckt worden / einen kleinen Versuch gemacht / auch / bey Gelegenheit eines noch vorwährenden Collegii melodici, darin ich ein unwürdiger docens bin / solchen Fortgang damit gemacht habe / daß bereits etliche 30 solcher Regeln / und für unmüglich-gehaltene Grund-Sätze / de formanda Melodia, zum Vorschein gekommen sind: welche / wenn sie die gehörige Erläuterung durch Umstände / Exempel und Anwendung / bekommen / schon ein kleines Buch füllen / und ziemliches Licht in dieser / sonst so dunklen / Sache geben können. Meine Auditores wissen wohl / daß ich die lautere Wahrheit sage / und mit keiner Aufschneiderey umgehe; aber dem ungeachtet / will ich noch eine Zeitlang mit der Eröffnung hinter dem Berge halten / die Sachen täglich reiffer werden lassen / und alles / was ich hierin noch ferner samlen werde / auf den vollkommenen Capellmeister sparen. Sollte inzwischen ein andrer dergleichen Meditationes auch angestellet haben / (als welches leicht müglich seyn kann) so will ich ihm gerne den Vorzug gönnen / wenn er nur so gut seyn / und uns eine / nach solchen principiis verfertigte / zu einer rechten Untersuchung / auch obiger Absicht / bequeme piece, mit Vorbehalt seiner Regeln / mittheilen will. Wenn gleich die harmonischen Fehler darin ein Drittel ausmachen sollten / halte ich sie doch für schön / dafern nur die melodischen Reitzungen zwey Drittel betragen. Alsdenn könnte solche Untersuchung / zu vieler tausend Leute Nutzen / bey erster Gelegenheit geschehen. Sine me & inquirere, non est quod verearis, verum audies. *Sen. ad Lucil.* Ich bin und bleibe immer der Meynung / doch mit Unterwerffung: daß Exempel bessern Unterricht geben / wenn man Regeln daraus ziehet; als Regeln thun können / nach welchen man Exempel machen wollte.

Zeitungen
von musicalischen Personen und Sachen.

Naumburg. Der berühmte Capellmeister/ Herr Johann Theile/ ist am St. Johannis Tage Ao. 1724. hieselbst zur Erden bestattet worden/ nachdem er sein Alter biß ins 79ste Jahr gebracht. Er wurde Ao. 1646 den 29. Julii alhie zu Naumburg gebohren; legte den Grund zu seinen Studiis, insonderheit zur Music/ in Magdeburg/ bey dem damaligen Stadt=Cantore, Schefflern; zog darauf nach Halle und Leipzig auf die Hohe Schulen daselbst/ und endlich zum Sächsis. Capellmeister Schütze/ der sich damals zu Weissenfels aufhielt/ und unserm Theile die reinen grundmässigen Säze in der Composition beybrachte. Hiernechst begab sich der letzt-benannte nach Stettin/ und unterrichtete daselbst Organisten und Musicos; desgleichen er auch zu Lübeck vornahm/ und unter andern des bekannten Buxtehuden/ des Organisten Haße/ des Raths Musici Zachauens/ und andrer informator ward. Ao. 1673. wurde er zum Capellmeister nach Gottorff berufen; wie aber der Krieg die Musen von dannen fortjug/ kam er nach Hamburg/ und hielt sich daselbst mit Lehren biß 1685. auf/ da er nach Wolffenbüttel vocirt wurde/ und als Capellmeister etliche Jahre blieb; hernach aber beym Herzog Christiano II. in Merseburg Dienste nahm/ auch selbige biß auf des Herzogs Tod verwaltete. Ao. 1695. hat er für eine Messe/ so in der Kaiserlichen Hof=Capell ist musicirt worden/ durch den damaligen Herrn Schmelzer/ 100 Reichsthaler bekommen. Es hat ihn auch die Gottseel. Königinn von Preußen Ao. 1701. reichlich beschenkt; insonderheit aber der Kaiser Leopold, der den Contrapunct wohl verstund/ viel von seinen Sachen gehalten. Hochbesagte Königinn versprach ihm auch die Capellmeister=Charge in Berlin; kam aber nicht lebendig von Hannover zurück. In seinem Alter hat er bey seinem Sohne/ einem Organisten in Naumburg/ ganz vergnügt und ruhig gelebet/ allwo er auch sanfft und seelig gestorben. Er ließ Ao. 1708. einen Catalogum seiner auserlesensten Kirchen=Sachen zu Merseburg drucken / worinn 23. ganze Meſſen / 8. Magnificat, 12. Pſalmen ꝛc. verzeichnet werden / die alle a 4. biß 11. vocal-real-Stimmen / ohne und mit Jnſtrumenten / in lauter doppelten Contrapuncten ausgearbeitet ſind. Er war ein beſonders frommer/redlicher Mann / und verſtund die harmoniſchen Künſte aus dem Grunde.

Venedig. Nunmehro ſind die drey erſten Tomi der Juſtinianiſch-Marcelliſchen Pſalmen heraus / und führen dieſen Titel: Eſtro Poetico - Armonico. Parafraſi ſopra li primi venticinque Salmi. Poeſia di Girolamo Aſcanio Giuſtiniani, Muſica di Benedetto Marcello, Patrici Veneti. Tomo I. II. & III. 1724. Es begreiffen dieſelbe 18. Davidiſche Pſalmen / und ſollen deren noch 32. in fünff andern Tomis folgen: daß alſo der Bände 8 / und der Pſalmen 50. werden. Das Werk iſt ſehr weitläufftig / auf ſchönem Papier / in Groß-Folio / mit grober und reiner Schrifft / von Dominico Loviſa gedruckt / auch bißher mit dreyen wohlgeſtochenen Kupfern / vor jedem Tomo eines / gezieret: deren erſtes Davids Chor / das andre deſſen Flucht / das dritte aber ſeine Straffen / vorſtellet. Die Guß-Noten erkennen für ihren Verfertiger Fortuniano Roſati. Es werden annoch auf die 4. letzten / ſo wie auf die 4. erſten Tomos geſchehen / Subſcriptiones angenommen. Die vornehmen Herrn Autores haben jeden Tomum mit einer gelehrten Vorrede verſehen / in deren erſten der Herr Marcello abſonderlich auf die Sing-Art der alten Griechen anträgt / und eine Nachahmung derſelben/ ja ſo gar der Ebräer / affectirt / in ſo fern ſolche ſich mit dem heutigen Styl vereinigen laſſen will. Wobey er jedoch gar klüglich ſagt: es würde nicht nur ſchwer / ſondern gefährlich ſeyn / ſich gar zu ſehr an die uralte / einfältige / ob wohl zu ihren Zeiten glückliche / Sang-Weiſen zu binden. Es betriege ſich aber mancher in der Meynung / als ſey die Simplicität der alten Muſic eine Unvollkommenheit derſelben geweſen. Zwar hätten zu unſern Zeiten die Menge der Stimmen / die Ausarbeitung vieler Thematum, das Gewebe der Con- und Diſſonanzen dem Dinge ein reicheres und prächtigeres Anſehen gegeben: es verurſache auch die
Mu-

Music ißo mehr Lerm und Geräusch / als vor Alters; aber sie bewege doch so nicht / weil man es gar zu bunt mache. Die alte Music möge so schlecht gewesen seyn/ als sie wolle / so wären doch dabey die Worte nicht geradbrecht / noch der Verstand zerrüttet/worden. Man hätte sich keiner überflüssigen Wiederholungen / vielweniger eiteler / unnützer Passagien und Coloraturen/bedienet. Die Bewegung unsers Gemüths werde viel eher durch die Krafft der Melodie / als durch eine rauschende Harmonie / verursacht. Si sente, sagt er / l'animo nostro internamente commuoversi piu tosto per opera della MELODIA, che dello strepitoso CONCERTO. Darauf handelt der Hr. Marcello sowohl von dem Endzweck / als auch von dem Misbrauch/der Music. Jener soll seyn eine ehrliche/ ruhige Ergetzlichkeit; die ordentliche Einrichtung unsrer Sitten; die Erweckung zur Tapferkeit / und endlich die Einflössung rechtschaffener Gottesfurcht. Der Raum leidet es alhier nicht / die übrigen schönen / mit bewährten Autoribus gnugsam erhärteten / Vorträge des Herrn Marcello anzuführen. Nach der Vorrede erscheinen ein Paar Briefe / welche von den Verfassern/ mit berühmten Criticis, über dieser Arbeit gewechselt worden: worin dieselbe ihnen trefflichen Beyfall / und den Titel der Excellenz geben/ wie solcher den Venetianischen Patriciis zukömt. Der Abt Lazzarini in Padua/ und der grosse Römische Componist/ Francesco Gasparini, (ehmaliger Lehr-Herr des Marcello) sind gleichsam die Censores Tomi I. Und auf sothane præmittenda folgt die Parafrasi poetica der 8. ersten Psalmen / ohne Reime / in Biblischer Ordnung/ mit nebenstehender Lateinischen Uebersetzung/ auf diese Weise:

V. I. Beato l' Uom, che dietro à rei consigli De' scellerati non andò giammai, E che non fermò 'l piede Sù quelle torte vie dove san gli empj Della lor vita il corso. E molto meno in catedra s'assise Di Pestilenza, ad infettare altrui Con corrotte dottrine e pravi essempli.	V. I. Beatus vir, qui non abiit in consilio impiorum, & in via peccatorum non stetit,& in cathedra pestilentiæ non sedit.

Wenn hiemit 5 Bogen angefüllet worden / tritt des Componisten Partitur in 33. Bogen auf: da denn der erste Psalm Alto
e Basso; der andre auch so; der dritte Canto e Alto; der vierte desgleichen; der fünffte wieder Alto e Basso; der sechste ebenfals; der siebende Canto e Basso; der achte aber Alto solo gesetzet. Alles ohne Instrumente/ ausser dem General- oder dem Grund-
Baß: denn diesen will der Autor, mit allerhand Instrumenten/ auf
das stärkeste besetzet wissen. Daß er aber meistens nur solche bicinia
gemacht/ solches/ sagt der Herr Marcello, sey deswegen geschehen / damit die Affecten und Worte desto mehr Vernehmlichkeit und Nachdruck bekämen; welche sonst / bey der Stimmen
Menge/ viel Abbruch leiden müsten. Inzwischen / daß es doch
auch nicht so gar bloß laute / soll man diese wenigen Stimmen/
je mehr je besser/ per unisonum, verstärken: wie er denn / zu
solchem Ende / mit dem solo und tutti immer fleissig abwechselt.
Sonderbare Ursachen führt er an / warum er mehr Alti, als So-
prani gebraucht / und sagt es sey erstlich darum: weil die Soprani, als gar zu zärtliche / scharffe und hohe Stimmen / weder
bey den Ebräern / noch andern alten Nationen / Statt gefunden.
Fürs andre: weil Pythagoras verboten / die quadruplam zu
überschreiten / und drittens: weil bey solcher Ueberschreitung die
Stimmen dem Gehör / mit ihrer subtilen / schreyenden Art/
leicht beschwerlich fallen. Es sey zwar an dem / daß Guido das
fünffte tetrachordum hinzugethan / und die heutige Manier zu
componiren sich nicht allemal nach den Pythagorischen Gesetzen
richten könne; allein es sey doch immer besser / wenn man sich in
den Schrancken des letzten tetrachordi halte / und das $\overline{\overline{g}}$ nicht
übersteige. a) Was die execution oder Aufführung dieser Psal-
men betrifft / soll dieselbe / wie der Autor sagt / punctuel seyn/
ohne

---

a) Wie doch die Gedanken der Menschen so verschieden sind! Donius, sonst auch ein
grosser Liebhaber des Alterthums, ist den Sopran-Stimmen sehr gewogen;
den Aelten aber gram. Ammetterei i Soprani, sagt er, per eccellenti che
fussero; mà non mai i Contralti: per non esser tal voce così naturale à gl'huomini,
e per aver troppo del femminile: essendo costoro veramente γυναικόφωνοι.
Discorso sopra la perfettione delle Melodie.

ohne selbstgewachsenen Zierrathen / absonderlich in den Concert-Stimmen / und habe man zu bedenken / daß heilige Sachen / vor dem Angesichte GOttes / gesungen werden / welche vielmehr mit grosser Herzens-Bewegung und Andacht / als mit wilden Künste-leyen der Kehle / herausgebracht werden müssen. Also fordre er von den Sängern nur dieses / daß sie fest in der Music und im Tact verwahret seyn / eine nette Manier / deutliche/ vernehmliche Aussprache / und einen reinen Ton haben: ingleichen/ daß die In-strumente wohl miteinander übereinstimmen / und die Bäße / so viel müglich / stark besetzet werden; doch nach proportion. Die Ein-richtung dieser Composition selbst betreffend / ist selbige verschiede-nen / vermischten und abgewechselten Styls / doch meist des madri-galesci. Z. E. der erste Vers hat Moteten-Art / in ungebun-denen Imitationen. Der andre ein arioso moderno auf Canta-ten-Art / mit einer Stimme allein / worauf unvermuthet ein largo mit allen Stimmen / Contrapuncts-Weise / einfällt. Der dritte wird mit einem lento, als eine gewöhnliche Aria / in schöner Melodie / mit einem etwas gebrochenem Baße / solo abgefertiget. Der vierte enthält ein tutti e largo Fugen-Weis / in längerm und gebunderem themate, doch gänzlich ohne Beobachtung der sonst gewöhnlichen repercussion, vielmehr mit grosser Freyheit des Ambitûs. Darauf folget ein Duett ohne Absatz / mit zwo Stim-men allein / und hernach ein tutti mit Bindungen / in contrapun-to. So dann ein Paar Worte in stylo recitativo. Denn ein Basso solo mit majestätischen Intervallen / ohne sonderlichen Schmuck: aber sehr deutlich und nachdrücklich. Hernach wird der Modus plötzlich aus dem G ins A verändert/ ein imitirendes Tutti im Tripel eingeführet: wiederum eine Zeile recitativ und endlich ein doppelter contrapunto alla diritta, sopra un Canto fermo, tutti, mit einem ganz abrupten Schluß / der sich zu den Worten trefflich schickt / zum Final angebracht. Das wäre so die kurze Anatomie eines Psalms / aus welcher man ungefehr von der Beschaffenheit der übrigen schliessen kann/ die doch noch mit weit an-dern Abwechselungen versehen sind.

Der zweyte Tomus hat eine kurze Vorrede/ und berichtet/ daß der neunte Psalm mit einer intonation anfange/ die bey den Spanischen Juden gebräuchlich sey. Das ist zu sagen/ der Componist nimt ein membrum solcher intonation, und macht ein thema daraus. Er spricht/ diese intonationes wären sehr alt und gemein; ob gleich die Ebräer gar keine geschriebene Noten oder Musicalien hätten/ sondern alle ihre Gesänge per traditionem fortsetzten. Darauf erzehlet der Herr Marcello/ wie die Jüdische Nation vor Alters der Music ergeben gewesen/ und führt Mosis/ Davids/ und Salomons Exempel an. Schließt daraus/ es sey gar wohl müglich/ daß dergleichen intonationes noch von solchen Zeiten herstammen; daher man sie denn/ aus dem Munde der singenden Juden/ aufgefangen und nachgeschrieben habe. Auch gebe es unter den heutigen Ebräern gewisse/ genaue Manieren zu singen/ anders bey den Spanischen/ anders bey den Teutschen/ dieselbe habe der Hr. Marcello auch gesammlet/ notirt/ und bisweilen angebracht/ um dem Alterthum/ und dem Jüdischen Styl/ nahe zu kommen. Nach der Vorrede folgen ein Paar Lob-Briefe an den Componisten/ von zween weltberühmten Musicis, dem Antonio Bononcini aus Modena/ und dem Francesco Conti aus Wien. Denn kömt die Parafrasi vom 9ten biß 14ten Psalm: darauf die Partitur derselben/ und ist der 9te mit 3 Stimmen, Alto, Tenore e Basso; der 10te mit 4 Stimmen: Canto, Alto, Tenore e Basso; der elffte mit 2 Aelten; der zwölffte mit einem Alt und einem Tenor; der 13te mit zween Bäßen; der vierzehnte aber Canto solo. Wir wollen wiederum einen Vers des Textes hiehersetzen:

Quanto di Spirto abbiam nel petto accolto
Tutto, Signor; fia che da noi si sacri
A celebrar tuo santo augusto nome,
E a raccontar à l'universo intero
Di tua possente man l'opre amirande.

Confitebor tibi, Domine, in toto corde meo: narrabo omnia mirabilia tua.

So gerne wir nun eine und andre singularia, von der Composition dieser Psalmen selbst/ anführen wollten/ so unmüglich will es uns doch schier fallen/ ohne Noten / ein rechtes Licht/ in solchem kurzen Begriff davon zu geben. Bey dem neunten Psalm ist die Ebräische intonation

des fragenden Componisten II. Verhör.

tion, mit viereckten schwarzen Choral-Noten/ welche/ eben wie die Worte/ rückwerts gelesen werden müssen/ vorgedruckt Und auch so bey andern   Das daraus genommene gravitätische thema, mit der Ueberschrifft: tutti e largo, wird von einem contrapunto figurato im Baße begleitet/ welcher sich zwar durch und durch/ aber mit grosser Freyheit und Veränderung/ hören läßt.   Ein Absatz im C dur hat an einem Orte unmittelbar eine Folge/ die im D dur anhebt: welcher licence sich der Herr Verfasser offt gebraucht.   Z. E. vom G moll immediate ins F moll zu schreiten ꝛc.   Denn kommt ein gewöhnlicher Recitativ.   Ferner ein contrapunto augmentato im Tutti, mit einem durchgehends obligaten und figurirten Baß.   Darauf ein presto im Tripel/ gleichfals mit variirten und gewisser massen obligaten Baß/ der immer in starker Bewegung ist.   Aldenn siehet man ein Largo im drey halben/ das mit 2 Stimmen allein anfängt; bald aber von dem Tutti gefolget wird/ wobey sich die enharmonischen Tone stark hören lassen.   Hiernechst eine Zeile Recitativ/ allemal ganz kurz gefaßt/ u. s. w.   Es enthält dieser 9te Psalm 16 Bogen/ und ist vortrefflich ausgearbeitet.   Aus der Ebräisch-Teutschen intonation des 10ten Psalms/ die wiederum lauter vierschrötige Noten hat/ macht unser Autor zum Beschluß desselben ein Etwas/ ein Etwas/ das wir lieber gar hersetzen/ als benennen wollen.   Le voici!

Allegro. 2/4.

E di giu-sti-zia Protettor l' Altissimo, ed è confor-to al povero innocente.

Egli propizio di rivolger degnasi sopra de l'equità guardo clemente.

Die Lateinischen Worte heissen so: Quoniam justus Dominus & justitiam dilexit : æquitatem vidit vultus ejus.   In obigem Satze

Satze sind dennoch würcklich alle intervalla intonationis, ob gleich mit veränderten rhythmo, Note vor Note/ beybehalten. Es ist sonst ein quatuor, wobey der Alt mit dem Baß/ und der Tenor mit dem Discant/ Octavenweiß einhergehen. In der ersten Cadenz hat dieses quatuor mit Fleiß keine Terz/ sondern bloß eine Quint zur Füllung; in der finali aber befindet sich weder Quint noch Terz. Man merke hiebey an/ daß unter dem General=Titel eines jeden Tomi dieses zum Symbolo gesetzet ist: Procul esto prophani. Im 14ten und letzten Psalm Tomi II. ist wiederum eine Ebräisch=Spanische intonation modernisirt/ und recht was lustiges daraus geworden/ welches der gescheute Autor ohne Zweifel/ eben so wohl als das obige/ mit gutem Bedacht so eingerichtet haben wird; ob viele ihn gleich hierin schwerlich nachahmen mögten. Der Anfang und rhythmus ist auf diesem Schlag:

Allegro. C $\frac{\frac{1}{16}}{h}$ | $\frac{\frac{1}{4}}{h}$ | $\frac{\frac{1}{16}}{c\ d\ c\ h}$ —— $\frac{\frac{1}{2}.\ \frac{1}{16}\ \frac{1}{8}}{a.\ h\ g\ a}$ | h :||: Viermal. u.s.w.

Cui l'em pio e ma-li-gno un nulla ras-sem-bra e quel
in cui re-gna il San-
  to di Di-O. &c.

Ein Kunst=verständiger wird es schon begreiffen/ und gestehen/ daß die Geistliche Freudigkeit solcher Gestalt sehr weit gehen könne. Die recension des dritten Tomi sparen wir billig biß ins folgende Stück.

London vom 10 Nov. A. St. 1724. Ihro Königl. Maj. haben allergnädigst beliebet/ nachdem dieselbe bereits/ durch dero Gevollmächtigten/ den ersten Stein zur Wiederauffbauung der Kirche St. Martins in the Fields legen lassen / dieselbe auch mit einem neuen Orgelwerk zu beschenken / und tausend Pfund Sterling zu solchem Ende auszuwerffen. Der Herr Renatus Harris aber/ ein sehr berühmter Orgel=Bauer/ ist jüngst alhier mit Tode abgegangen.

Ende des vierzehnten Stücks und fünfften Theils der musicalis. Critick.

MATTHESONII
CRITICA
MUSICA
Pars VI.

Recte Musicam & in consuetudine, & congressibus, & in vita degenda, abhibent homines, quod voluptatis sit effectrix. Hæc enim ad animi relaxationem valet : omnibusque moribus usus ejus gratus est.

ARISTOT. L. VIII. de Republ. c. 4.

Funffzehntes Stück.

Der
Musicalischen Critick
Sechster Theil.
genannt:
Die Lehr-reiche Meister-Schule.
oder:
Freundlicher Unterricht für solche, die, ohne zulänglicher musicalischen Gelehrsamkeit, den Meister spielen wollen.

Ἄτοπος εἴη, τὸ αὐτὸ μανθάνων τε καὶ κρίνων ὁ αὐτός.
ARISTOX. *Harmon. Element.* L. II.

ES sind nun über vier Jahr verstrichen/ da kam es einem gewissen guten Freunde an/ meine Schrifften etwas genauer/ als vorhin/ einzusehen/ und mir darüber eine vorwitzige Mißive von 15 Bogen/ mit der Post/ einzusenden: ob es ihm gleich sonst weder an der Zeit/ noch an der Gelegenheit/ gefehlet/ indem ich lange vorher mit demselben Herrn im Brieff-Wechsel zu stehen/ die Ehre gehabt hatte. Nun kann es wohl seyn/ daß sein Vergrösserungs-Glas nicht eher/ als Ao. 1720. den 1. Novembr. fertig geworden/ und er daher vormahls nicht im Stande gewesen/ die Mücken für Elephanphanten anzusehen. Dem sey aber wie ihm wolle / so protestirt er zwar gleich Anfangs feyerlichst/ daß er keinen Wiederleger abzugeben willens/ sondern alles seiner eignen Besserung halber (sind seine eigne Worte) gethan habe: indem einige Stellen in meinen Schrifften wären / da er insonderheit gerne informirt seyn mögte/ mit der Versicherung/ daß er alle consideration für mich hege/ und meine Sachen gar hoch œstimire. Ich will es zum Theil glauben / und dagegen ernstlich versichern/ daß ihm jedesmal/ so wie vorhin geschehen/ von mir alle Höfflichkeit und Hülffe wiederfahren soll/der ich sonst auf seine Person nichts zu sagen finde; sondern bloß die merkwürdigen Sachen behandeln/ und ihm den verlangten Unterricht/auf das gründlichste/ertheilen werde: ob vieleicht einem oder anderm Leser / so wohl als ihm/ damit gedienet seyn mögte. Schließlich schreibt er / die Antwort auf seine dubia hätte Zeit / und er stelle es mir frey/ in öffentlichen Schrifften solche zu ertheilen/ja/alles zu publiciren/ so nöthig befunden würde: auch ihm in allen Dingen die truckene Wahrheit zu sagen.

II.

Nun reimet sich diese Herausforderung so wenig mit den übrigen Umständen / und einer wahren Begierde der Besserung oder des Unterrichts/ als welcher sich gar wohl privatim hätte erhalten lassen/ daß ich zwar/ ohne weiteres Bedenken/ gleich auf dem Platz erscheinen/ und mich meiner Haut wehren/ mögen; allein/ich habe mich keinesweges übereilen/sondern der gegebenen Zeit mit Fleiß fein lange bedienen/ und andere/ nöthigere Verrichtungen/ die ich damals um den Ohren hatte/vorhergehen lassen wollen: in Hoffnung/es würde diesem Herrn Opponenten die Lust zu einer öffentlichen Abfertigung indessen vergehen/ und derselbe sich lieber ins Geheim eines bessern berichten lassen. Ich hätte auch wohl gar dazu stille gesessen; wenn nicht zu besorgen gestanden / daß der gute Mann denken mögte/mein Schweigen gebe ihm gewonnen Spiel/ und ich hätte etwa das Herz nicht / öffentlich einen Gang mit ihm zu wagen. Ich habe mich freylich erboten / einem jeden / der in bescheidenen terminis etwas wieder meine Sätze/ es sey publice oder privatim, einzuwenden findet/ Rede und Antwort zu geben: habe solches auch bisher treulich geleistet und rechtschaffen Wort gehalten. Allein diese Bescheidenheit hat mein Freund hin und wieder etwas weniges aus den Augen gesetzet/ viele Spott- und Stichel-Reden/nebst andern Anzüglichkeiten/ohne Anreitzung/auf das Papier fliessen lassen/mich ordentlich an vielen Stellen verunglimpfet (wie aus der Folge erhellen wird) ob er gleich kurzum für keinen Antagonisten/gehalten seyn will; da er doch/ diesem zuwieder / p. 94. seiner Schrifft/ mit dürren Worten / gestehet: daß er etwas in meinen Werken angreiffe und anfechte/welches andere noch unangefochten gelassen hätten. Ja/ er dräuet mich noch mit mehr Stössen/ indem er seine

der Meister-Schule I. Unterricht.

ne bisherige Anmerkungen/die 121 Seiten in quarto betragen/mit diesen Worten schliesset: **Ich habe mir vorgenommen hiemit einmal abzubrechen/und den Rest inskünfftige zu sparen. Wollen MHr.** darauf in dero drittes Orchestre, oder mir in specie, antworten/stehet alles in Dero plaisir. Das ist: Sie können es nehmen/ wie sie wollen. Es sey darum! lange geborget/ ist nicht geschenkt.

III.

So groß er nun auch thut / will ich dennoch seine ganze Schrifft / die hauptsächlich wieder den I. und II. Theil des Orchesters gerichtet seyn soll/ und in welcher alles fein verwirret/ wie ein Spanischer olio, unter einander gemenget ist / hier nicht einrücken/ noch von Wort zu Wort anziehen/ oder die groben darin enthaltene grammatischen Fehler bloß stellen / es mögte sonst das alte Sprichwort herauskommen: **Dintefaß/ geh in die Schul und lern es baß.** Alles dieses will ich/ aus Bescheidenheit und Mitleiden/ übersehen/und nur allein die Haupt-Puncte/deren etliche 30 seyn werden/ heraus suchen/ recensiren/ und durch deren Ablehnung / mit aller Gelindigkeit/ zeigen/ daß sie theils unbesonnen / theils unbillig / theils auch etwas weniges boshafft sind/ und daß viele schwache censores grosse Ursache haben/ihre Unfähigkeit geheim zu halten/nicht auf den Druck zu dringen; sondern erst was rechtes einzusammlen / ehe und bevor sie bey Verständigen/als Meister/angesehen seyn/die Composition lehren/ und solche Leute tadeln wollen/ die ihnen alle Augenblick aufzurathen geben können. Hierin soll/ fürs erste/ das cui bono meiner Bemühung bestehen: wie es denn auch sehr dienlich seyn wird/ mich über gewisse Stellen recht deutlich zu erklären. Das übrige will ich zum Hinterhalt/ und zur Nothwehre/ aufheben/ biß der gesparte und angedräute Rest erscheinen wird. Kann N. N. vier Jahr und drüber stille schweigen / wie ich gethan habe / so wird es desto besser damit von statten gehen

IV.

Die Einleitung macht mein Hr. Opponens mit einer handgreiffl. hyperbole, und berichtet/ daß er eine Zeithero mit Ernst angefangen/ musicalische Autores zu kennen: damit ich gleichwol wissen möge/ es binde ein Mann mit mir an/ der Haar auf den Zähnen habe. Nun/ welche sind denn die Autores? Es sind lauter halbe / und doch ein ganzes Collegium: nehmlich Drey. Sie heissen: Beer/ Scacchio, und Zacconi. Der erste kömt in einem schmutzigen MS. aufgezogen / daran/ bey nahe/ die Helffte fehlet. Bey dem zweyten hat er das: audi & alteram partem, eignem Geständniß nach/ nicht vermögt ins Werk zu setzen/ und vom dritten mangelt ihm sonst nichts/ als nur der ganze erste Tomus in Folio; wovon er sich aber überall nichts merken läßt.

Das heißt Autores kennen! Von Beerens MS. sagt er/es enthalte über zwey Buch Papier; sey ziemlich eng geschrieben; sehr wohl ausgearbeitet/und eines der besten/so jemals von der Composition gehandelt. Das eine ist wahr: deñ das MS. enthält/mit den leeren Blättern/ 50 Bogen/ und beweiset/ daß unser guter Freund vermeynet habe/ er besitze würklich das ganze Werk des Beeren / da es doch nur ein fragmentum ist/ an dem bey nahe ein ganzes Alphabet / und zwar die beste Materie/ fehlet: wie aus unten-folgendem Verzeichniß zu sehen/ und ihm gänzlich unbewust/ seyn wird. Denn ich habe etwa vor einem Jahr das mangelhaffte MS., ex speciali gratia selbst meines Herrn censoris, erhalten/ und kan also seine eigne Waffen wieder ihn kehren. Wofür ich grossen Dank schuldig bin/ und auch denselben hiemit öffentlich abstatte. Das andre/ daß es ziemlich compresse geschrieben / ist so wenig wahr/ daß ein jeder/ dem beliebet/ das klare Gegenspiel täglich bey mir sehen kann. Das autographum siehet aus/ als ob es mit einem Schwefel-Holz gekratzet wäre/ und sind Linien darin/ zwischen welchen ein Fuder Heu durchfahren könte: leere Plätze/ darauf sich ein Pferd tummeln mögte. Das dritte und vierte wird sich hier weisen. Ich habe zu viel Achtung für des seel. Beerens Andenken/ daß ich ihm seine Arbeit verkleinern sollte: der Leser mag selbst ein Urtheil davon fällen. Vorstellig werde ich ihm dieselbe machen müssen. Inzwischen stehet leichtlich zu erachten/daß derjenige/ wie ein Blinder von der Farbe/redet/welcher einen Autorem lobet/an dessen Werk/ laudante inscio, das vornehmste fehlet. Ich glaube auch nicht/ daß N. N. vier Blätter darin gelesen habe: eins vorn/ eins hinten/ und etwas ein Paar in der Mitten. Solches nennet er mit Ernst anfangen/ musicalische Autores zu kennen. Man nehme sich doch / vor dergleichen grossen Messern/ wohl in acht! insonderheit sehet euch vor/ ihr jungen Leute/ die ihr der Composition obliegen: euch wird man leichter/ als mir / eines auf den Ermel binden/ weil ihr keine solche Untersuchung anstellet / als sich gebühret; und doch von manchem/ der selbst nicht viel weiß/ was rechtes zu lernen gedenket. Warnung ist gut mit.

V.

Nachdem nun N. N. den Titel dieser Beerischen Schrifft (doch bey weitem nicht ganz: denn das wäre nicht galant) angeführet hat/ bricht er in diese Krafft-Worte heraus:

„Beer unterscheidet allzeit in seinen Sätzen die beyden Secten der Py-
„tagorär a) und Aristoxenianer/ b) da er die ersten Canonici,
„c) die andern Harmonici, d) oder auch die letzten Taretiner/ nen-
„net:

---

a) Pythagoräer.   b) Aristoxenier.   c) Canonicos.   d) Harmonicos.

der Meister-Schule I. Unterricht.

„net: weil Aristoxenes e) zu Tarento in Italien A. C. 620 flo-
„riret hätte. Aber ich weiß nicht/ ob ich ihm hierin soll Recht sprechen.
„Aristoxenes f) hat ja in Griechischer Sprache geschrieben g)/
„und soll A. M. 3620 gelebet haben. „

So weit mein Freund. Ist das nicht ein schöner Anfang/ und wohl gegeben?
Wie will das Ende werden? Heißt das nicht/ seinen Autorem kennen/und verstehen? Daß GOtt erbarm! Beer sagt nicht/ daß die Taretiner deswegen so
genennet worden/ weil Aristoxenus zu Tarent in Italien A. C. 620 floriret;
sondern er sagt p. 234 schlecht weg: Aristoxenus habe zu Tarent in Italien
Ao. 3620 floriret. Die Zahl (3.) ist von einer fremden/ ohne Zweifel unsers
guten chronologi, Hand/ ausgestrichen/ welcher daraus (risum teneatis!)
annum Christi 620 gemacht hat; da doch bekannt/ daß Aristoxenus zu Ale-
xandri M. Zeiten/ über 300 Jahr ante Christum natum, gelebet/ des Aristotelis Schüler gewesen/ secundum exellentiam MUSICUS, und deswegen
der Taretiner/ genennet worden ist/ weil Tarent NB. seine Vater-Stadt gewesen. Es ist ein niedliches Argument: Aristoxenus hat in Griechischer Sprache geschrieben: derowegen kann er kein Italiäner seyn/ noch zu Tarento floriret haben. Suidas beschreibt seinen Lebens-Lauff in aller Kürze/ nennet des
Aristoxeni Vater Mnesium oder Spintharum, welcher gleichfalls ein Musicus
gewesen/ und in Tarent gebohren worden. Μνσικὸς, ἀπὸ Τάραυλος τῆς Ἰτα-
λίας: Tarento, Italiæ urbe, oriundus. Das geht auf den Vater allein.
Vom Sohn aber sagte Suidas, er habe sich eine Zeitlang zu Mantinea (h) auf-
gehalten/ sey daselbst ein Philosophus geworden/ und habe sich auf die Music ge-
legt/ worin er es auch sehr hoch gebracht. Seine Lehrmeister wären gewesen:
erstlich sein eigner Vater/ hernach Lamprus Erythræus, darauf Xenophilus
der Pythagorder/ und endlich Aristoteles selbst/ dem er/ nach Suidæ Sage/ übel
nachgeredet haben soll. Dicæarchus Messenius hat zu eben der Zeit gelebet;
Aristoxeno aber werden 453 Bücher zugeschrieben/ die er/ von allerhand Wis-
senschafften/ ans Licht gestellet hat. Ein mehres kan davon Vol. III. Zarlini
gefunden werden/ it. im Thesauro Fabri, welcher/ aus dem Clemente Alexan-
drino, Cicerone und Plutarcho, verschiedenes vom Aristoxeno anführet/ in-
sonderheit/ daß er des Pythagoras Leben beschrieben hat. Es soll auch falsch
seyn/ daß er den Aristoteles gelästert. G. Hornius macht/ in seiner Historia
Philo-

---

e) Aristoxenus. f) derselbe Fehler abermal. g) Wie wohl kennt er ihn!
h) Diese uralte Arcadische Stadt, alwo Aristoxenus sein Griechisch gelernet haben könte, liegt auf der güldnen Halb-Insel/ und heißt heutiges Tages: Mandi. Epaminondas, der Music-liebende Held, hat daselbst, sechtend und siegend, sein Leben
eingebüßet. voy. le Dictionaire de Corneille.

Philoſophica, die vornehmſten nahmhafft/ qui graviſſimas & intolerandas calumnias in Ariſtotelem evomuerunt. Unter denſelben findet ſich aber kein Ariſtoxenus; beym Diogene Laertio iſt auch altum ſilentium davon / und alſo kömt es bloß auf des unbekannten Suidæ zweifelhaffte Auſſage an / welche Zwingerus, in Theatro vitæ humanæ, abſcheulich vergröſſert hat. So ſchreibt denn einer dem andern nach / und gehen nicht zur Quelle. Ich habe aber gefunden / daß ihr Zeugniß nicht übereinſtimmet. Denn Suidas ſagt: Ariſtoxenus habe den Ariſtotelem defunctum; (ἀποθανόντα) andre aber morientem, geſcholten. Das hinket/ und macht eben den Unterſchied/ als ,ener Suſannen-Brüder Eiche und Linde. Donius ſagt: Ariſtoxenus ſey der Muſicorum Ariſtoteles oder Plato geweſen. Fù l'Ariſtotele o il Platone de' Muſici. i) Was ſonſt die Art zu ſchreiben betrifft/ da man A. C. und A. M. als Annum Chriſti und Annum Mundi, ausleget/ ſo wäre gut/ einen Unterſchied in den Buchſtaben zu machen/ wenn ſie was anders bedeuten ſollen oder müßen. Ich finde im allgemeinen Hiſtoriſchen Lexico, daß vom Ariſtoxeno ſtehet/ er habe A. M. 3652/ und A. C. 332 gelebet/ Olympiade CXII. Wer ſollte/ ohne Chronologiſchem Leit-Faden/hieraus was anders ſchlieſſen/als Annum Mundi 3652 und Annum Chriſti 332? Da doch das letztere vielmehr ante Chriſtum natum heiſſen/ und dieſe literas initiales haben müſte: a. C. n. Es ſind zwar Kleinigkeiten; allein durch dieſelbe wird ein Unwiſſender gleich verführt. Man halte mir dieſe hiſtoriſche und critiſche Nachrichten zu gute.

VI.

Ferner verkehrt N. N. dem guten Beer ſeine Worte unbarmherzlich/ und ſetzet ſie folgender Geſtalt hin: Ich habe von dem Biſchöfflich-Lichtſtädtiſchen berühmten Capellmeiſter/ Caspar Prinz/ wie auch in andern Schrifften/ verſtanden / daß ſich die Quarta nicht anders, als durch die Tertiam majorem vel minorem, reſolviren laſſe. Das iſt ein falſches allegatum. Denn Beer ſchreibt p. 256 alſo: Er habe = = = verſtanden/ daß ſich die Quarta Ordinarie, entweder in Tertiam majorem, oder minorem, reſolvire. Beweiſet es auch hernach / daß es ſo am beſten ſey. Mich deucht/ das ſind ſehr verſchiedene Dinge: nicht anders, und Ordinarie.

VII.

Von den paginis 234 & 256 des Beeriſchen MSti ſpringt N. N. wieder zurück/ auf deſſen erſtes Capitel p. 16/ und gibt vor/ es handle ſolches de Doctrina Modorum; da doch die Ueberſchrifft vielmehr Doctrinam Tonorum aufweiſet: womit auch der Innhalt übereinſtimmet/ und eine ganz andre Sache darleget. Dieſes machet glauben/ unſer Freund müſſe den Unterſchied damals

---

i) Diſcorſo ſopra la perfettione delle Melodie.

mahls noch nicht gewust haben. Es ist nun zwar an dem/ daß Beer im andern Capitel/ welches den Titel / de doctrina Tonorum in specie, führet / Tonum pro Modo genommen hat; allein im ersten Capitel nicht also / sondern stricte. Ein jeder kann es gleich sehen/ der es nur mit Verstand lesen will.

VIII.

Bey der Beerischen Eintheilung der commatum unius Octavæ fällt Mr. . . . gantz unvermuthet auf meine Organisten Probe/ und hält mir vor/ daß er daselbst nur 53; bey Beeren aber 55 commata, antreffe. Ich antworte hierauf so: Einige wollen 55 haben/ andre 53. Diese scheinen mir die vernünfftigsten; aliis aliter. Hänfling setzet nur 50; Sauveur nur 43; Mersennus 32. etc. Quid tum? Kann ein jeder nicht seinen Kuchen in so viel Stücke zerschneiden/ als ihm beliebet?

IX.

Hierauf wird Beer beschuldiget/ daß derselbe wenig Authores k) musicos gelesen. Der Beweiß hievon steckt in zweyen (vel quasi) ausbündigen Argumenten. Das erste ist: weil er niemals einen Auctorem citirt; das andre: weil er deren keine hinterlassen. Jenes folget gar nicht; dieses hat noch wenigerGrund. Viele melden ihreQuellen mit Fleiß nicht/ wie die Frantzosen/ und aus den Fingern können sie es doch gleichwol nicht saugen. Viele müssen sich mit fremden Büchern behelffen/ wenn ihnen die Mittel abgehen/ selber Bibliotheken anzulegen. Und wer kann auch alle Bücher haben? Es gehet insonderheit den musicalischen Scribenten / wie ihrem Principi, dem oberwehnten Aristoxeno, von dessen Harm. Elem. Meibomius schreibt: *Quamvis enim semel atque interum, sua lingua ac romana loquens, in publicum sit productus; semper tamen, ob scientiæ sublimitatem, neglectus ab omnibus, ad Bibliothecarum angulos redire fuit coactus.* Ich / meines wenigen Orts/ mögte allemal lieber Magister sine libris seyn/ als libros sine Magistro im Hause haben. Der letzten Art gibt es so schon genug.

X.

Das übrige/ was unser Freund von Beeren noch/ biß ad p.9. seiner Anmerckungen/ vorbringt/ betrifft etwas weniges von dessen Lebens-Lauff/ und gehört nicht hieher / sondern/ mit andern Nachrichten gleichen Schlages/ in die Ehren-Pforte. Nur ist noch dieses sonderlich/ daß der Herr Recensente einen von Beer geschriebenen Roman mit dem Titel einer Romaine beleget/ und dadurch ein abermaliges Zeichen seines Wissens und Verstandes gibt / welches er

---

k) Autores wird gedultet: Auctores ist besser; aber Authores hält nicht Stich; als nur im Engländischen.

er so trefflich gern im Druck sehen mögte: darum habe ich es auch nicht wohl verschweigen können.

XI.

Vieleicht ist manchem Leser besser geholffen / wenn ich ihm / statt jener Brocken/das gantze fragmentum des Beeren/ davon hier die Rede ist/ mittelst eines richtigen Elenchi capitum, vorstellig mache / auch eines und anders dabey erinnere / damit ein jeder selber urtheile/ was daran sey:

SCHOLA PHONOLOGICA
sive
Tractatus doctrinalis, de Compositione harmonica.
d. i.
Ausführliche Lehr-Stücke/welche zu der musicalischen Composition nöthig erfordert werden. Also verfasset/daß erstlich davon in genere,hernach in specie,gehandelt/und durch klare Exempel tractirt und gelehret wird/ wie nicht allein der einfache/ sondern auch gedoppelte Contrapunct verfertiget / und sonsten in der Composition/ nach der heutigen Capell-Art / soll verfahren werden. Durch und durch mit gewissen principiis und Grund-Reguln versehen / und absonderlich den angehenden Scholaren zum Besten beschrieben und zusammen getragen

von
Johann Beern.
Hochfürstl. Sächsisch-Weissenfelsischem Concert-Meister.
(sine anno.)

Hierauf kömt eine Vorrede von 15. Seiten in folio, darinn (wiewohl meines unmaßgeblichen Erachtens, etwas wunderlich und fast gar zu viel) bewiesen wird: daß die Music sey die vortrefflichste Kunst. So lautet der Satz / samt der Ordnung der Worte ; die Folge der Capitel erscheinet in dieser Gestalt:

 Caput I. De Doctrina Tonorum in genere, p. 16. Darinn stehet/daß eine Octava 55 commata, jedoch keine tonos majores oder minores, haben soll. &c.

  II. De Doctrina Tonorum in specie, p. 18. Da kommen erst die 8 Toni Ecclesiastici an den Tag. Hernach wird gesagt/ daß es auch C moll gebe / it. daß B ein lieblicher Ton sey / und wohl

wohl melancholisch heissen könne. &c. Der Ton sey trias harmonica, und solcher Töne wären 14. &c.

Caput III. De Mediatione harmonica & arithmetica, p. 22.
IV. De Distinctione Modorum. p. 26.
V. De Ordine Modorum in genere. p. 27.
VI. De Ordine Modorum in specie. p. 29. An dieser Ordnung / sagt Beer / läge nicht viel; doch macht er eine Doctrinam duorum Capitum davon. Seine 14 Töne aber sehen so aus: D moll, G moll, A moll, E moll, C dur, F dur, G dur. (secundum Gregorium). Denn kommen H moll, B dur, C moll, F moll, E dur. Das ist ihre Zahl und ihr Rang. Davon sagt er so: Diese / wie sie allhier stehen / halte ich eigentlich für die Anzahl der eigentlichen Tonorum. Vom Cis moll, Cis dur, Dis dur, Dis moll, Fis moll, Gis moll, Fis dur, B moll, und H dur wird kein Wort gesagt.
VII. De Relatione musica, p. 35.
VIII. De Clausulis in genere, p. 44.
IX. De Clausulis in specie, p. 45. Das ist die alte Leyer / vom Ende anzufangen / und keine Melodie zu lehren: kann mans wohl zu offt sagen?
X. De Consonantiis. p. 48. Die sind: Terz / Quint / Sext / Octav / und Unisonus.
XI. De Dissonantiis p. 54. Secund / Quart / Quinta falsa, Septima, Nona.
XII. De Motu in genere p. 55. Grosse Materie! kleines Capitel! von zwo Seiten.
XIII. De Motu in specie p. 57.
XIV. De Gradu in genere p. 58.
XV. De Gradu in specie p. 60.
XVI. De Transitu in genere. ⎫
XVII. De Transitu in specie. ⎬ desunt.
XVIII. De Transitu irregulari. ⎭
XIX. De Saltu in genere. Zwölff Zeilen. p. 69.
XX. De Saltu in specie, ibid. Bey diesen Titeln sollte mancher den guten Beeren bald für einen Tanzmeister / oder Lufft-Springer / ansehen.
XXI. De Imitatione in genere, p. 71.
XXII. De Imitatione in specie, p. 73. Dieses Capitel ist nicht schlimm ausgearbeitet. Zu Ende desselben stehet: Hier folget

das XXIII. Capitel: de Figuris superficialibus p. 262. Ist doppelt numerirt:

Caput XXIII. De Figuris superficialibus p. 262. Ich dachte: wo komst du hieher/ und gehörst doch ad Modulatoriam? Sonderlich kam mir auch vor die Beerische distinction zwischen altera & alia maniera. Im Lateinischen liesse sich dieselbe hören; aber bey den Italiänern ist altera eben das/was bey den latinis alia heißt.

XXIV. De Superjectione. p. 265.
XXV. De Subsumtione, p. 266.
XXVI. De Variatione, p. 268.
XXVII. De Multiplicatione, p. 273.
XXVIII. De Ellipsi. p. 276.
XXIX. De Retardatione. p. 277. Ja wohl! de retardatione, wenn man die Leute mit dergleichen Sachen aufhält/ und das nöthige an den Nagel hängt.
XXX. De Heterolepsi. p. 278.
XXXI. De Quasi-transitu. p. 279.
XXXII. De Abruptione. p. 280. Alles dieses Zeug gehört ad modulatoriam 1) Es mag vor Alters Mode gewesen seyn/ daß die Componisten den Sängern die Manieren vorgeschrieben haben; heute macht man kein eigentliches Stück von der Composition mehr daraus: ob gleich ein Componist auch ein Sänger seyn muß. Nun müssen wir einen Sprung zurück thun/ a pag. 280. ad pag. 80. alwo sich einstellet

Cap. XXXIII. De Fugis in genere. Es wird denselben ein großmächtiges Wort-Lob beygeleget.
XXXIV. De Fugis in specie, p. 84. Was in diesem Capitel p. 89. für drey abentheurliche Gewächse in einer/ und zwar der vierten/ Zeile/ bey einem bicinio erscheinen/ mag ich Ehrenhalber nicht sagen. De mortuis bene.
XXXV. De Fugis irregularibus, p. 93.
XXXVI. De Fugis mixtis. p. 98. Da sind p. 102. abermal ein Paar garstige noli me tangere, gleichfals in einem bicinio, die/ohne dem themate Abbruch zu thun/ nicht wohl zu ändern sind. Der Wunder mögte mich offt fressen/ wenn ich sehe/

---

1) Daß jemand, dem es etwa an einem methodo docendi fehlen mögte, diesen ergreiffen sollte, dafür bin ich eben nicht bange. Doch kann gegenwärtiges Verzeichniß unmaßgeblich zu einer bessern Einrichtung vieleicht Vorschub thun.

der Meister-Schule I. Unterricht.

sehe/ daß auch die grössesten Leute diese vitia cardinalia nicht meiden können. Ich mag nicht mehr darnach suchen und stöhren.

XXXVII. De Modo Fugarum. Von Art der Fugen/ ob sie nehmlich langsam/ oder flüchtig/seyn sollen? ꝛc.

XXXVIII. Von den Contra-Fugen. Hier ist eines a quinque, da hebt der schönste an: Domine, quinque talenta, und pausirt etliche Tacte/ indes der andre eben die Worte wiederholet/ und darauf gleichfals tüchtig pausirt/ biß endlich der Tenor anfängt: tradidisti mihi, und da fehlt es in dem MS. an der Folge des Capitels.

XXXIX. Deest. Es beträgt dieser Verlust fast ein gantz Buch Papier/ nehmlich 92 Seiten in Folio, von p. 131/ biß 224. Wo nun diese Rarität/samt den 16. 17. 18. Capiteln/ geblieben ist/ weiß ich nicht. Es ist nur Schade um die quinque talenta, und um die schöne Materie vom Contrapunct. O du Contrapunct! du lieber Contrapunct!

Caput XL. De Ligaturis in genere, p. 224.
    XLI. De Ligaturis in specie, p. 226.
    XLII. De Ligatura duplicata in genere, p. 240.
    XLIII. De Ligatura duplicata in specie, 241.
    XLIV. Beweiß / daß die Quart mit keinem bessern Consonante, (soll heissen mit keiner bessern Consonanz) als der Terz/könne solvirt werden.
    XLV. Vom kurzen Styl. Zu Ende dieses Capitels stehen die Worte: *NB. sequitur XXXXVI. pag.* ───── da fehlt es wieder/und ist rein aus. Denn weiter findet sich nichts. Und also siehet man / was hieran zu thun sey. Das war ein Autor,dem wir den phonologis. Titel zu gute halten wollen.

XII.

Mit dem bekannten Cribro musico Marci Scacchii, eines ehmaligen Königl. Polnischen und Schwedischen Capellmeisters/ zu Zeiten Sigismundi III. & Uladislai IV. gehet es unserm guten Herrn nicht besser / als mit dem Beer; ob er sich gleich wünschet/ auf solche (solide) Art alle übrigen Autores, so nur jemals von der Music geschrieben/ durchzugehen. Es stünde ihm zu gönnen; uns aber würde wenig damit gedienet seyn / wenn wir keine beßre Art wüsten/ noch davon nähere Briefe aufzuweisen hätten. Mein Freund sagt: in des seel. Knüpfers Erbschafft habe er unterschiedene rare Autores gefunden/ und wolle davon ein Paar anführen. Marco Scacchio sey einer der besten. ꝛc.

XIII.

Dieses Werk scheinet von einem solchen Critico ex professo geschrieben zu seyn/ von dem *le Mentor moderne,Tome II. p. 299.* sagt: Le Critique de profession est un homme qui passe legerement sur ce que les choses ont de beau, pour ne penser qu' à ce qu' elles ont de defectueux. d. i. Derjenige/ so ein Handwerck aus dem Critisiren macht / wischet gelinde drüber hin/ wenn etwan was schönes auffstösset/ damit er nur all sein Tichten und Trachten auf das mangelhaffte richten möge. Hergegen sagt eben derselbe Autor, (oder vielmehr sagen die Autores des Engländischen Guardians/ woraus der Mentor übersetzet worden) p. 419. ej. Tomi also: Mais un grand Genie, tel que devroit etre tout Critique, scait tirer son Art de sa secheresse naturelle, & le rendre agreable & interessant. d. i. Ein grosser Geist / so wie er einem jeden Critico beywohnen sollte / weiß seiner Kunst das sonst anklebende truckene Wesen zu benehmen / und dieselbe so angenehm zu machen/ daß jedermann seine Rechnung dabey findet. Diese letzte Eigenschafft hatte der gute Scacchio gar nicht/ N. N. mag auch/ von dessen lustigen Einfällen über ein Paar arme Quinten/ sagen/ was er will. Für einen guten Practicum seiner Zeit läßt man ihn passiren; aber in der Theorie und im Stylo scribendi hat er allemal mit fremden Kälbern gepflüget / wie ihn dessen sein Gegner an vielen Orten zeihet. Angelo Berardi ist des Scacchio Scholar gewesen; seine Documenti aber übertreffen das Cribrum bey weitem.

XIV.

Nachdem nun N. N. den Titel besagten Cribri hingesetzt/ und gesagt/ daß es ein sehr sauberes Werck in folio sey/ bey nahe drey Alphabete groß. &c. so will er mir die Historie/ oder Anleitung zu dem Buche/ gütigst erzehlen / und hat doch des Antagonisten/ Pauli Syferti, eines damaligen Danziger Organistens / Anticribrationem nie mit keinem Auge gesehen : wie er selbst gestehen muß. Nun wäre es/fürs erste/eine vergebene Mühe gewesen/ mir diese Nachricht zu ertheilen/ der ich fast vor 8 Jahren beyde Wercke gelesen / und sehr genau untersuchet habe: wie aus den in meinen Schrifften hin und wieder angeführten Stellen/ absonderlich Orch. III. so An. 1717 schon fertig gewesen/ m) sattsam erhellet. Fürs andre wird niemand die Geschicht einer Streit-Schrifft erzehlen können/ der nicht die gegenseitige Vertheydigung gesehen : welches mein Herr Censor allhie / unter andern / zu seiner eignen Besserung anmercken kann/ damit er sich hinführo so bloß nicht gebe. Allein/ man siehet gleich / daß derselbe nichts gesucht/als durch die publicirung seiner Anmerkungen der Welt be-

---

m) Siehe den Schluß der andern Oeffnung des Orchestre.

bekannt zu werden: worunter ich ihm denn ißo einigermaßen dienen will. Er hätte es wohl selber in die Wege gerichtet; allein es ist so leicht nicht/musicalische Betrachtungen/ mit Verstand und ohne Verlust/unter die Presse zu bringen.

XV.

Die Italiänische Vorrede des Scacchii, deren mein Freund gedenket/ findet sich in meinem Exemplar nicht; ich habe auch andere nachgeschlagen/ absonderlich dasjenige/ so auf hiesiger Stadt-Bibliothec ist/ und befunden/ daß das ganze Cribrum in recht gut Cantor-Lattin geschrieben/ auch mit vielen germanismis und instrumentis *musicalibus* angefüllet sey. Also/ und da keine andre Auflage davon vorhanden/ als die Venetianische von 1643/ muß wohl die angegebene Italiänische Vorrede/ samt den darin angebrachten Motiven/ (daß nehmlich Syfert auf die Italiäner und den Scacchium zuerst gescholten) ungegründet seyn: zumal da ich in den genuinen Lateinischen Vorreden/ so wohl des Cribri, als der Anticribrationis, nicht die geringste Spur davon/ sondern vielmehr/von beyden Seiten/ganz andre Beweguns-Gründe angeführet/ finde. Kommen nun beyde Partheyen hierin überein/ so muß die Italiänische Vorrede/ darin von allerhand Impertinenzien geredet wird/ spuria, ficta & apocrypha seyn. Es lassen bisweilen die Buchführer zweyerley Titul drucken (welches ich an einem verstorbenen in Nürnberg mit höchstem Aergerniß erfahren habe/und seinen schändlichen Streich n) vielleicht unter erzehlen werde) also kann auch wohl eine doppelte Vorrede/ eine für die Italiäner/ die andre für die Teutschen/ gedruckt worden seyn. Daß die Italiänische aber bey des Syferts Lebens-Zeiten nicht zum Vorschein gekommen / schliesse aus dessen Stillschweigen: denn er hätte sich sonst von den darin enthaltenen Dingen wohl zu purgiren gewust. Ich will versuchen/ ob ich eine richtige und kurz-gefaßte Erzehlung dieser Streit-Schrifften mittheilen kann.

XVI.

Marcus Scacchius reiset von Warschau nach Danzig/ quasi seiner Geschäffte halber/ und kriegt daselbst/ bey einem guten Freunde o)/ die gedruckten/figurirten Psalmen des Syferts zu sehen. Weil nun dieser bey einigen Leuten (die Scacchius einfältig nennet) in keinem geringen Ruhm gestanden/ so kömt dem Sacchio eine treffliche Lust an/ zu untersuchen / ob Syfert in der That der Mann sey/ dafür man ihn hielt. Des Capellmeisters eigne Worte/ in der Vorrede ad candidum lectorem, lauten davon also: Cum apud simpliciores

---

n) Dadurch er mich mit Murschhausern gottloser Weise, zusammen gehetzet hat.
o) Vermuthlich bey dem damaligen Cantore, Caspar Förster, einem Feinde des Organisten Syferts.

ciores non mediocrem famam illum (˶Sifertum) fuisse adeptum intellexissem, mira accensus cupiditate experiri volebam, num dicta factis responderent. *Hanc ob causam* horum Psalmorum trutinam suscepi. Da ist sein eignes Geständniß und die wahre Motive. Aus dieser Ursache musten die Psalmen auf die Gold=Wage. Der arme Organist hatte niemand was in den Weg geleget/ noch weniger vom Scacchio verlanget (etwa zu seiner Erbauung) diese scharffe Untersuchung anzustellen/ und solche im Druck aller Welt bloß zu geben; sondern Syferts Ruhm war dem Capellmeister/oder dessen Freunde/ ein Dorn in den Augen: so daß sie bloß aus Scheelsucht (einer den Welschen anhängenden Leidenschafft) bewogen wurden/sich an dem Organisten/ auf eine so empfindliche Art/ zu reiben. Nechst dem hat sich Scacchius, als Königl. Capellmeister/einer gewissen autorité über den Syfert anmassen wollen/ weil dieser ehmals in des Königs Sigismundi Capelle gestanden: wiewohl solches schon so lange her/daß er darüber ein gar alter Mann geworden. So schreibt derselbe in Dedicatione Anticribrationis an den König Uladislaum IV. vom Scacchio: Causam & originem scripti sui publicati ex titulo psalmorum meorum hanc affert, quod scripserim, me in servitiis Serenissimi jam in Christo beatissime quiescentis D^{ni} Parentis S. R. M. V^{æ}. Sigismundi III. quondam fuisse. *Ideo sibi potestatem vendicat*, me jam in extrema pene ætate constitutum examinare: quasi Capellæ Magister & omnes Musici tunc temporis in Aula Regia viventes, non idonei fuissent, opera mea multa & varia ibi proposita,ad amussim Musices redigere ac appendere, jactitans hoc ipso, ac si meæ (forsan suæ) & S. R. M. hodiernorum Musicorum existimationi & famæ consuluerit. In Summa/ der Neid allein bewog Scacchium und seinen Anstiffter zu diesem unnützen Streit/ wobey der erste/ als Königl. Capellmeister/ ex officio dazu berechtiget zu seyn glaubte. Und also ging es mit dem Musicalischen Siebe darauf los. Der Titel desselben lautet so: Cribrum musicum ad triticum Siferticum, seu Examinatio succincta Psalmorum, quos non ita pridem Paulus Sifertus Dantiscanus, in æde Parochiali ibidem Organædus, in lucem edidit, in qua clare & perspicue multa explicantur, quæ summe necessaria ad artem melopoëticam esse solent, Autore Marco Scacchio, Romano, Regiæ Majestatis Poloniæ & Sueciæ Capellæ Magistro. Venetiis, apud Alexandrum Vincentium 1643. fol.

XVII.

Das Werk ist voller ungeheurer Guß=Noten/ die gar nichts sauberes an sich haben/ und es enthält 64 Bogen/ von welchen zum eigentlichen Cribro nur 40 gehören; die übrigen 24 aber einen ziemlichen Anhang ausmachen. Mich deucht/ das ist sehr unförmlich. In meinem Exemplar stehet unten auf dem

Titul-Blat geschrieben: Werner Fabricius, Possessor. Welches/dafern ich nicht irre/ ein wackrer Cantor in Leipzig/ und unsers Weltberühmten D. Jo: Alb. Fabricii Vater/ gewesen. Hiernechst/von einer andern Hand/der Name und Zusatz: nunc vero Johann Friedemann Ao. 1670. der ist mir unbekannt. Nach dem Titel folget die Zuschrifft an den damaligen Cantorem und Buchführer in Danzig/ Casper Förster/ welcher ohne Zweifel den ganzen Handel angesponnen haben mag / wie solches Syfert hin und wieder nicht undeutlich zu verstehen gibt. Scacchius aber sagt so: Non judicavi, meliorem posse inveniere tutelarem, cui iste meus censorius labor ascriberetur, quique in tali materia, ad retorquenda adversariorum tela, aptior esset. Denn Förster wollte ein theoreticus seyn: sang dabey einen starken Baß. So dann kömt die Anrede ad candidum lectorem, daraus obiges gezogen worden/ und in welcher/ unter andern gemeldet wird / daß des Scacchii Lehr-Herr und Vorweser bey der Capelle Sigismundi III. ein Römer gewesen sey / mit Namen Francisco Ancrio. (Zu verwundern ist es / wie die Italiäner/von so langen Zeiten her/ im Besitz der besten musicalischen Aemter bey den Europäischen Höfen gestanden sind/und die Einländer allenthalben weggebissen haben. Daher auch denn so manches Gezänke entsprossen / und noch entspringet.) Nachdem nun Scacchius erzehlet, wie er ein paarmal in Danzig mit dem Syfert gesprochen/ und ihm derselbe kein Genügen gethan, gehet er / ohne weitere Einleitung / auch ohne andere Theilung / als welche ihm die Psalmen an die Hand geben/ das Werk durch; treibet hie und da ein paar Quinten auf; hechelt bisweilen ziemlich grob; wirfft mit Thorheiten/ Narren und Dreck um sich: z. E. p. 52. 112. 154. &c. ob er den angegriffenen gleich offt Spottweise / mi Paule, amice honorande u. s. w. betitelt. Bisweilen läßt er ein Fleckgen theoretischer Lehre / so meistens aus dem Artusio gezogen/ als: de formatione toni, de modis, de generibus, de quarta &c. mit unterlauffen; weiset aber in vielen Stücken / daß er nicht aus dem rechten Brunnen geschöpfet/ wenn er Ptolemæus, statt Ptolemæus, Salinem, pro, Salinam, Pappius, pro, Papius, Boetius, statt Boëthius schreibet/und unter andern gar einen Autorem anführet/der Historicus heissen soll / p) welchen Fund sich auch mein Herr Censor, ohne den Erfinder zu nennen/ p. 42. seiner Anmerkungen/sehr wohl zu Nutzen gemacht hat/wie weiter unten vorkommen wird. Ueberhaupt kann einer

aus

---

p) Dieser Irrthum rührt von einem Schottländischen Geschicht-Schreiber her, der Boetius geheissen hat, und den man, zum Unterschied, Boetiu- hist. ricum zu nennen pfleget. Da haben nun ca cans und sein commentator nicht nur den Römer und Schottländer f˙ enen angesehen, sondern vermeynet, das cognomen sey ein absonderlicher Autor. ...s heist aus zween einen; und wiederum aus einem zween, machen.

aus dem Cribro nichts anders lernen/ als die alte Art des Contrapuncts/ samt einigen Regeln desselben/ welches zur curiosité und zur Historie schon gut/und mitzunehmen/ist; sonst sind es lauter Dinge/ die ein guter theoreticus viel/ viel besser wissen muß/ und die einem heutigen practico so wenig nutzen / als einem Fuhrmann das fünffte Wagen-Rad. Einmal schreibt Scacchius wegen der Quinten: mi Paule, conspicillo tibi fortassis opus est, *duas enim istas crassas Quintas* inter Tenores non potuisti videre. Und bey einer falschen Clausul so: Esne mente captus (das ist sein Favorit-Wort) quod talem Bassum in clausula finali cantilenæ formes? dieses nennet mein Herr Recensente lustige Einfälle/ und gibt es/als ein Exempel des angenehmsten Lateins/ an. Il creder è cortesia. Zuletzt hänget Scacchius seinem Cribro, wie gesagt/ 24 ganzer Bogen/ von diversis compositionis generibus, an: das sind nun Missen/ Madrigalen/ Moteten. Darauf folgen noch die so genannten Xenia Apollinea, bestehend in etlichen 40 Canonibus, als einer starken Artiglerie/ so von der damaligen ganzen Polnischen Capelle gegossen worden. Hiernechst erscheinet ein Kyrie: sodann ein Salve a 5 (schickt sich wohl zum Geschütz) darin der Discant 50 mal verändert werden kann. Je mehr man ihn aber verändert/ je toller wird er. Endlich gibt er uns auch eine Probe vom Recitativ mit zwo Stimmen / dabey einem etwas ankommen mögte q). Die Anmerkung darüber / welche das ganze Werk beschließt / nennet unser guter Freund sehr rar/ und sonderlich ad historiam musicam dienlich. Das letzte hat seine geweisete Wege; das erste aber / die vermeynte Rarität / ist so gering/ als müglich/ daß nehmlich die Erfindung des styli recitativi Ao. 1600. geschehen. Denn wir wissen/ daß solcher Styl zweyerley: ecclesiasticus & theatralis. Dieser hat (aller Griechen zu geschweigen) mit den ersten Opern in Venedig schon Ao.1485/oder kurz hernach/ das Glück gehabt/wieder hervor gesucht zu werden:wie solches Bonnet, *Hist. de la Mus. p.* 351. *seq.* auch die sonst von Opern geschrieben / als Menetrier und andere / sattsam darthun; jener aber ist so alt/ als die Kirche selbst.

XVIII.

Nun muß ich noch kürzlich von der / dem obigen Cribro, zwey Jahr nach dessen edition, entgegen-gesetzten Schrifft melden / daß ihr Titel sey: Pauli

---

q) Es ist eine jämmerliche Klage über der Geliebten Tod, in einem wunderlich-vermischten alten Recitativ. Die Ueberschrifft lautet auch so: Cantilena in stylo recitativo, at mixta. Wobey ich glauben muß, die verstorbene Schöne habe etwa 2 Galans von gleicher Zärtlichkeit und Einigkeit hinterlassen,welche ihr die letzte Ehre in einem bicinio erwiesen. Es giebt schöne melismata darin, auf dogliose, auf ô - auf celeste.

Pauli Syferti, Organistæ Gedanensis, Anticribratio musica; ad avenam Schachianam. Hoc est, ocularis demonstratio crassissimorum errorum, quos Marcus Schacchius, Autor libri, Anno 1643. Venetiis editi, quem Cribrum musicum ad triticum Syferticum baptizavit, passim in eo commisit, cum annexa Syferti r) justa defensione honoris ac bonæ famæ, adversus ampullas & fallitates Schacchianas. In usum studiosorum Musices, & defensionem innocentiæ Autoris, publicæ luci commissa. *Virtutem ama, & beabit, opprimere vis, & opprimet.* Impressa Gedani, Impensis Autoris. Dantisci, Typis Georgii Rhetii, Reipubl. & Gymnasii Typographi. Anno 1645. fol. 9 Bogen. Die Zuschrifft ist gar an den König Uladislaum IV. selbst gestellet/worin unter andern dieses Latein befindlich: Quapropter *recordans*, quod per octo annos. &c. Sonst ist es noch hin und wieder etwas eleganter/ als des Scacchii seines. Hierauf folgt eine Vorrede mit der Ueberschrifft: Lectori erudito & benevolo S. darin der Verfasser sich über die Scheltworte seines Gegners hefftig beschweret; daß er fehlen könne/ gerne gestehet; einen jeden bittet/ vor seiner Thür zu kehren/ und zu verstehen gibt: Scacchius habe mit des Forsteri Kalbe gepflüget. Ignoscas, sagt er/tenui stylo, nam ut potui feci. Aliorum auxilia hic implorare supervacaneum, & non satis tutum, visum fuit, ne tibi similis evaderem. Nach der Vorrede erscheinet ein Lateinisches carmen gratulator. signatum: I. E. R. L. L. S. und eine Teutsche Ode/ ohne Namen. Im Wercke selbst verantwortet sich Syfert Stück vor Stück/ ganz kurz/ und noch so ziemlich wohl/ gegen die Aufbürdungen des Scacchii, verbessert anbey seine eigene/ ihm angezeigte/ Fehler: welches zu loben ist. Seine Quinten p. 93. & 111. beschützet oder entschuldiget er nicht; weiset aber auch/ dem Capellmeister eben solche Geschöpffe/ von dessen eignen façon. Zuletzt siehet man einen doppelten Contrapunct a 3 auf den Todten-Gesang: Wenn mein Stündlein. &c. Und damit ist es rein aus.

XIX.

Beyläuffig fällt meinem guten Freunde eine Stelle des Scacchii in die Augen/ da es heißt: die Erfindung der Vollstimmigkeit sey erst vor 371 Jahren (biß 1720 gerechnet) in die Welt gekommen / und will er mir darüber zu Leibe/ daß ich / Orch. II. p. 271. dem Dunstan diese Erfindung/ 80 Jahr ante Aretinum, beygeleget / sagend: ich hätte solches nur bloß aus dem Prinzio geschöpffet / „da es doch ein Irrthum sey / der daher entstehe / weil „ein andrer Engländer/ Dunstafag, über 400 Jahr nach jenem/ gelebet/ und „contrapunctos simplices a 4 componirt habe; St. Dunstan aber sey ein „Hei-

---

r) Er ist ein Scholar des berühmten, ehmaligen Hamburgischen Organisten, Johann Schweling, gewesen, welchen Scacchius selbst lobet.

,,Heiliger gewesen/ dem zu London 2 Kirchen geweyhet/ eine/ St. Dunstan in the
,,West, die andere/ St. Dunstan in the Oest. (Soll heissen: East.) Dieses/
,,und was sonst von der Aretinischen Erfindung mehr zu sagen sey / wolle er
,,(mein Freund) in seiner Historia musica weiter ausführen." Ey/ so prahl!

XX.

Fürs erste muß ich doch diesem Historien-Schreiber sagen / daß er ein heisses Eisen angreiffen / und ganz gewiß die Finger daran verbrennen/werde. Fürs andre habe ich meine Nachricht von Dunstan / dem ehmaligen Erz-Bischof von Canterbury/nicht ex Prinzio, ob wohl derselbe kein Unrecht hat; sondern ex Davide Chytræo, ex Cambdeno ; aus dem Kirchen-Register von Worcester ; out of the History of England ; aus dem Matthæo Prideaux, und vor allen ex Tomo III. Histor. Sanctorum Laur. Surii, wie auch ex Centuria X. Magdeburgensium ; aus Hoffmanns Lexico universali, aus dem Thuano und andern. Ich könte hievon viel schreiben/wenn der Raum darnach wäre. Nur ein Paar Stellen anzuführen / so meldet Surius p. 360. dieses/ von unserm Dunstan : Instrumentis musici, generis , quorum Scientia non mediocriter fultus erat , non tantum se , sed & multorum animos à turbulentis mundi negotiis sæpe demulcere, & in meditationem *cœlestis harmoniæ*, tam per suavitatem verborum, quam, modo materna, modo alia lingua, musicis modulis interserebat, quàm & per *concordem concentum*, quam per eos exprimebat, concitare solebat. Da sehen wir / daß er eine Harmonie auf musicalischen Instrumenten/ einen concordem concentum zu seiner Sing-Melodie/ hervorgebracht / und sich accompagnirt habe. Die Centuriatores stimmen dem Surio bey/ und schreiben Cent. X. p. 633. also vom Dunstan : Præter linguarum autem & artium studia imprimis *Musica Instrumenta*, *magna cum felicitate*, tractare didicit. &c. Mein Freund / der nichts anders von diesem Erz-Bischofe zu sagen weiß/ als daß er canonisirt worden (gerade/ ob dürffte kein Heiliger musiciren) und ihm 2 Kirchen gebauet sind (welches die ganze Welt weiß) kan in besagten Büchern den ausführl. Lebens-Lauf dieses Mannes finden/und/ insonderheit wegen der Music / noch erfahren / daß er / durch besondere Eingebung/ die antiphonas eingeführet habe. Surius sagt p. 374. Antiphonam discit divinitus. Und die Centuriatores geben es p. 636. so : Seraphin vidit & ab Angelo Antiphonam didicit : *O rex gentium* &c. Er ist im 79 Jahr seines Alters / A. C. 988. gestorben. Ein mehrers ergibt Polyd. Vergil. L. VII. Angl. Hist. und Balæus, Centur. II. Script. Brit. cap. 38. Damit kann man eine Historiam musicam schon schmücken. Die Leute mögen in England viel gewust haben/ das den Aretinern Böhmische Dörffer gewesen:

denn

der Meister-Schule I. Unterricht.

denn es findet sich nirgends von diesen dergleichen Zeugniß / wegen glücklicher Treibung der Instrumental-Music; noch von dem übereinstimmenden Accord; noch von der Vollstimmigkeit. Und also mag Monsieur Dunstasag, den ich nicht kenne / einmal wieder herhören. Donius beweiset / s) daß die Vollstimmigkeit, in der Figural-Music mit den Orgeln / schon im siebenden Seculo auffkommen; wie vielmehr mag sie Dunstan, zu Ende des Zehnten / getrieben / und dadurch verdienet haben / daß ihm / nebst obigen 2 Kirchen / noch die dritte zu Ehren erbauet / und etwan St. Dunstan in the South benennet / werde.

XXI.

Darauf fällt N. N. auf den Aretinum, heißet denselben einen gelehrten Münch / meynet / er würde statt der mutationes (*mutationum*) wohl was anders gefunden haben / wenn ihm die starcke Harmonie bekannt gewesen wäre / und führt aus Hoffmanns Lexico universale (universali) an / daß Guido verschiedene musicalische Bücher / auch eines wieder Berengarium, geschrieben habe: mit dem angehängten Wunsch / er mögte gerne von diesem berühmten Mönche ein mehrers / und was an seinen Büchern zu thun / wissen. Ich dachte / mein Freund wüste so viel von ihm / daß ers in seine Historiam musicam t) sparen müste: und nun verlangt er erst was zu lernen! Ich will ihm doch darunter treulich dienen / und / was sich in der Eile auftreiben läßt / hiedurch mittheilen.

XXII.

Der erste Zeuge / welcher unsern Aretinum, als luscum inter coecos, beschreibet / ist offtgenañter J. B. Doni, ein Florentinis. Patricius, der setzet u) diesen gelehrt-vermeynten Münch inter scriptores non indignos, qui per transennam saltem aspiciantur. Das heißt: Aretinus ist einer von denen Scribenten / die endlich noch so viel werth sind / daß man sie von ferne / aber nicht in der Nähe / ansehe. Denn wenn man sie beym Lichte betrachtet / fallen sie schlecht aus. Imo, fährt er fort / Guidonis Aretini ejusmodi sunt scripta, quamvis Barbarie illius seculi infucata, & nescio quam cacozeliam præ se ferentia, ut cæteris sine dubio præniteant. d. i. Des Aretini Schrifften sind so beschaffen / daß sie es ohne Zweifel den andern solcher Zeit zuvorthun / ob sie gleich mit der damaligen Barbarey ganz beschmutzet sind / und ich weiß nicht was für ein gezwungenes / unartiges / Affenwerk an sich haben. Cacozelia enim

---

s) Discorso della perfettione delle Melodie p. 97.
t) Er beliebe mir doch bey nechster Gelegenheit zu eröffnen, ob er Historiam Musices, oder Historiam musicam, eigentlich schreiben werde.
v) De Præstant. Veter. Mus, p. 15.

enim est mala & infelix æmulatio & affectatio. Ferner/ da Aretinus geschrieben: Seine Erfindung könne den lernenden viele Zeit ersparen/ so sagt obangeführter Autor p. 94. l. c. dawieder dieses: Quod Aretinus ille Monachus gloriatur, suum illud commentum maximo temporis compendio discentibus profuturum ———— partim verum, partim falsum existimandum est. Verum, si cum proximis ante illum seculis comparatio fiat: falsum, si cum prisca ætate fiat comparatio. D. i. des Mönchen Prahlerey sey theils auf Wahrheit/ theils auf Falschheit/ gegründet. Wahr sage er/ wenn man die kurz vor ihm hergehenden Jahrhunderte in Betracht ziehe; falsch aber/ wenn einer die ältern Zeiten erwege. *vid. Meibomii Not. in septem Mus. veter. Auctores.*

XXIII.

Der andre Zeuge ist Isaac Vossius, *de Poematum cantu p.* 9. alwo er des Aretini inventum nennet: triviale & nullius pretii commentum. Ein geringes/ gemeines/ nichtswürdiges Mährlein. Auf das höfflichste zu verdolmetschen.

XXIV.

Andreas Reinhardus, der Ao. 1604 zu Leipzig ein Büchlein in 12 hat drucken lassen/ so genannt wird: MUSICA, sive Guidonis Aretini de Monochordo Dialogus recognitus, liefet diesem Mönch/ unter andern/ einen ziemlich-garstigen Text. Und ob ich wohl eben nicht finde/ daß es der ehrliche Reinhard/ welcher Organist zu Schneeberg gewesen/ mit allen seinen lemmatibus & numeris, tam Pythagoricis quam Platonicis, ex Vitruvio & Macrobio desumtis, viel besser gemacht habe/ als Guido; oder/ daß ihm die Eintheilung des Monochordi glücklicher gerathen sey: so will ich doch seine/ als eines dritten Zeugen/ Worte hieher setzen/ weil daraus die Nichtswürdigkeit der Aretinischen Schrifften gnugsam erhellet. In der Zuschrifft heisset es gleich so: Regnante Henrico III. Guido Aretinus, Monachus, universam Musices structuram . . . destruxit, sonorumque lemmata eradicavit. Hernach nennet er des Aretini Dialogum, lupum harmonicum a Guidone fabricatum, ex quo Musici sat cognoscant, Monachos etiam ante sexcentos annos cum numeros tum notas Musices nequissime disturbasse & confudisse. Und wieder p. 34. sub triplici Papatûs ecclipsi hos musicos numeros *superstitiose* depravavit Guido Aretinus. Endlich p. 49. Tetrachordarum transmutationis Guido ille Hexachordis, Ut re mi fa sol la, obscuravit, triaque modulaminum genera oppressit.

XXV.

Das mag für diesesmal zu einem kleinen Beytrage genug seyn/ um darzuthun luthun/ was eigentlich von den Guidonischen Künsten zu halten sey. Daß der Münch sonst / wie Hoffmann meldet / plurimos libros, verschiedene Bücher geschrieben/ verhält sich nicht also; sondern es belehret uns so wohl Moreri, als Bayle, daß es zwo kleine Charteken gewesen sind / deren eine das Introductorium, oder der Micrologus w) genennet worden; die andre aber ist der obgedachte Dialogus de Monochordo, und vermuthlich ein Anhang zur vorigen: denn er hat sie beyde mit einander seinem Bischof/ oder Abte/ Theobaldo, zugeschrieben / und mögen vieleicht noch hin und wieder in den Klöstern Abschrifften davon zu finden seyn / wenn einer Lust hätte darnach zu suchen. Ich glaube in Bremen träffe man was davon an. Einige Autores x) confundiren den Guidonem mit Guitmondo, Erz-Bischoffen von Aversa, welcher wieder Berengarium von dem Leibe und Blute Christi 3 Bücher geschrieben hat; daran aber unser Aretinus ganz und gar unschuldig ist. y)

XXVI.

N. N. fährt hernach fort/ und bringt seinen dritten halben Autorem, mit diesen Worten/ auf dem Plan: Noch ein Autor, so ich æstimire/ ist Prattica di Musica - - u. s. w. bis zu Ende des Titels. Da mögte einer bald denken/ Prattica di Musica sey nomen Autoris: hat man doch wohl ehe Smalkalden für einen Schrifftsteller gehalten. Aber dieses bey Seite gesetzt/ so stehet zu wissen/ daß es dem Augustiner Mönch/ Ludewig Zacconi gelte/ der ein Sänger seines Handwerks gewesen/ und erstlich in der Oesterreichischen/ hernach aber in der Bayeris. Capelle unter Orlando/ gestanden. Dieser Bruder Ludewig hat ein Italiänisches Buch geschrieben/ das heisset: Prattica di Musica, und solches weiß ich sehr wohl: ja/ noch darüber ein mehrers/ als man mir sagen kann/ nehmlich/ daß sothanes Werk ein in zween Theilen bestehender/ drey-queer-Finger-dicker Foliant ist/ davon der letzte und kleinste Theil nur/ welcher der Erz- und Gros-Herzoginn Magdalene zugeschrieben/ und vieleicht deswegen besonders gebunden worden/ unserm Bücher-Freund zu Gesichte gekommen ist. Denn er sagt nur von zwey Alphabeten. Wir glauben auch ganz gewiß/ daß er die Worte: Seconda Parte, so doch hell und klar auf dem gedruckten Titel stehen/ in seiner Abschrifft/ mit grossem Fleiß/ vel dolo malo, weggelassen habe: damit ich nicht merken mögte/ daß seine ganze Hochachtung nur auf den halben Mann gehe/ und zwar/ daß dieselbe auf dessen posteriora gerichtet sey. Die priora, oder den ersten Theil hat man sonst zu Venedig/ Ao. 1569/ nach Anweisung des Titels

---

w) Das ist: die Kleinigkeit, liber, qui rei parvæ rationem habet, wie etwan eine Fibel.
x) Unter dieselben ist auch Hoffmann, in seinem Lexico universali, zu rechnen.
y) Vid. Siegbert. de Scriptor: Trithemius de Scriptor. Eccles. Miræus Biblioth. Eccles. Vossius de 4. art. popular.

Titel-Blats / .[gedruckt ; deren Verleger hieß Bartolomeo Carampello; die Zuschrifft aber / welche an Pfalz-Graf Willhelm lautet / ist den 1 Oct. 1592. datirt / und im ersten Capitel des andern Theils / der das Jahr 1622 / beydes auf dem Titel / und in der Zuschrifft / führet / anbey sehr voller Fehler ist / und deßen Verleger Alessandro Vincenti (nicht Vincenty) heißt / sagt der Verfasser selber : la prima parte stampata già in Venetia tre anni avanti 1595. &c. welches mit obigem dato übereinkömt / und den Schluß herausbringet / daß der erste Theil oder Band ganzer 30 Jahr älter seyn müsse / als der zweyte : ungeachtet des Wiederspruchs auf dem Titel-Blat / daran entweder ein Versehen des Druckers / oder eine Versäumung des Verlegers / oder aber eine neue Auflage / Ursach seyn könte : welches letztere jedoch / aus sehr erheblichen Bewegungs-Gründen / bey dergleichen Werken / am allerwenigsten zu glauben stehet. Der erste Tomus ist foliirt / hat seriem capitum und kein Register ; der andre ist paginirt / hat ein kleines Register / und sonst nichts. Der erste Theil enthält in 4 Büchern 272 / der andre / in eben so vielen / 122 elende / bejammerns-werthe Capitelgen / man mag sie ansehen / von welcher Seite man will. Schlecht Italiänisch / schlechte Orthographie, schlechter Styl / und schlechte Ordnung : darüber sich der Verfasser selbst / in der Vorrede des ersten Theils / einen mitleidigen Leser ausbittet / wenn er sagt: Io prego ben qui ogn'uno à gl'errori di Stampa o miei esser pietoso e compassionevole , ne riguardare a gl'ornamenti, alle bellezze del dire , o pur all' Ortografia e allo stile , mà con lieto viso compatire ogni disgusto e mala sodisfattione. Wir wollen auch kein saures Gesichte darüber machen ; sondern mit lachendem Munde die Wahrheit sagen / daß nehmlich die Sachen des Zacconi noch viel schlechter sind / als die Worte / mit welchen sie vorgetragen werden : welches ich / wenn es der Mühe werth wäre / von Capitel zu Capitel beweisen wollte. Mich wundert nicht so sehr / daß ein Ausländer / der vieleicht sonst keinen Italiänischen Autorem , als den halben Zacconi , gesehen hat / von demselben sagt / er æstimire ihn ; aber darüber wundre ich mich recht von Herzen / daß Zacconi von seinem hochgeschätzten Lands-Mann / dem ZARLINO, der ihm etliche Jahr löblich vorgegangen / und aus dessen / eben Ao. 1589 zu Venedig gedrucktem / damals schönem / Werke er so wohl die Einrichtung / als Ausarbeitung hätte erlernen können / nicht ein Härlein klüger geworden; sondern demselben und seinem Buche noch dazu unrechte Namen gibt / Zerlino, an statt Zarlino, Istruttioni statt Institutioni, schreibt / und noch darüber die Vermessenheit begehet / diesem allerbesten Autori unter den Italiänern seiner Zeit / ja / aus welchem fast alle Italiäner das beste / so sie haben / hergeholet / gewisse Worte beyzulegen / die er niemals geführet hat. Zacconi schreibt nemlich P. II. L. 2. c. 9. p. 63. so: Mi meraviglio anco di più, di haver letto nel-

la

la III. Parte dell' Iſtruttioni armoniche del Zerlino, cap. 5. che gl' antichi anticamente (wohl gegeben) non haveano la Quarta per conſonanza perfetta ne imperfetta, mà la poſerò nel numero delle Diſſonanti. Wenn man nun Zarlinum und ſeine Inſtitutiones anſiehet/ ſo hat er niemals dergleichen/ ſondern nur l. c. dieſes geſagt: daß die Pythagorici τὸ διὰ πασῶν Διὰ τεσσάρων nicht für geſchickt hielten/ eine Conſonanz zu machen/ und daß/ ihnen das Gegenſpiel zu weiſen/ Ptolemæus alle ſeine Pferde angeſpannet habe; daher auch die Lateiner/ wegen der Quartæ, einiges Bedenken getragen/ weil derſelben duplicata, oberwehnter maſſen/ von den Pythagoricis nicht für voll erkannt worden.

XXVII.

Um jedoch mein aſſertum, wegen übelbeſtellter Sachen oder Realien des Zacconi, kürzlich darzuthun/ will ich aus jedem Theil ſeiner ſo genannten Prattica (die ich/ meines Orts/ für ſehr inpracticable halte) nur einige Puncte anführen/ daraus man leicht von dem Reſt urtheilen kann. z) Der Titel des erſten Bandes iſt dieſer:

PRATTICA DI MUSICA.

Utile e neceſſaria, ſi al Compoſitore, per comporre i Canti ſuoi regolatamente, ſi anco al Cantore, per aſſicurarſi in tutte le coſe cantabili. Diviſa in quattro libri. Ne i quali ſi tratta delle cantilene ordinarie, de Tempi, de Prolationi, de Proportioni, de Tuoni, e della Convenienza de tutti gli Inſtrumenti muſicali. Si inſegna à cantar tutte le compoſitioni antiche, ſi dichiara tutta la Meſſa del Paleſtina, titolo: *l'Omè armé*, con altre coſe d'importanza e dilettevole. Ultimamente ſ'inſegna il modo di fiorir una parte con vaghi e moderni accenti. Compoſta del R. P. F. Lodovico Zacconi, da Peſaro, del Ordine di Santo Auguſtino, Muſico del Sereniſſimo Duca di Baviera &c. con Privilegio. In Venetia. M. D. XCVI. apreſſo Bartolomeo Carampello. Dedicata al Sereniſſ. *Guilelmo*, Duca di Baviera &c.

XXVIII.

---

z) Ich hatte mir zwar vorgenommen, in gegenwärtiger Critick einen beſondern Theil, unter dem Namen: Zacconiana, zu machen, wie ſolches Tomo I. Crit. p. 368 an gemeldet worden; allein, ob zwar ein ziemliches Convolut von Anmerkungen über dieſen fälſchlich-hochgeachteten Autorem vorhanden iſt, ſo ſchickt ſich die recenſion deſſelben ſo wohl bey der vorhabenden Materie, daß ich den G. Leſer bitten werde, ſich mit einem kurzen Auszuge zu vergnügen, der ihm ſchon gnugſam zeigen ſoll, was an unſerm Helden zu thun ſey.

XXVIII.

„Im erſten Capitel will Zacconi von muſicaliſchen Scribenten han-
„deln/ in tanto gran numero &c. und macht juſt keinen einzigen nahmhafft;
„ſondern ſchwatzet vom Moſe und der Bibel/ mit ſolchen Aſiatiſchen Worten/
„daß man die Colick davon bekommen mögte. Was nutzet es zu ſagen/ daß/
„wenn keine muſicaliſche Autores geweſen/auch viele keine Muſici ſeyn würden/
„die es itzo ſind? Ein richtiger Catalogus, und eine kurze recenſion von ein
„Paar tauſend/ würde uns mehr Vortheil gebracht haben; aber es waren dem
„Zacconi der ſauren/ drum ziehet er geſchwind den Kopf aus der Schlinge/
„und ſpricht: Seine Abſicht ſey nicht/ deſcrivere ad uno ad uno tutti quei
„ſcrittori &c. Inzwiſchen ſagt er gar kein Wort von niemand.

XXIX.

„Im andern Capitel wird die Muſic beſchrieben/ daß ſie ſey: Una certa
„quantità de ſuoni &c. Mich deucht/ die quantitas ſonorum macht nicht ſo
„wohl Muſic/ als die qualitas derſelben; welche doch in dieſer definition ganz
„vergeſſen worden.

XXX.

„Una voce ſola non fà Harmonia, das iſt in gewiſſem Verſtande
„wohl wahr; aber auch dieſes: Una voce ſola fà Melodia, und davon iſt die
„Frage. Da ſteckt wieder der alte Fehler/ an dem ich mich fürs erſte nicht mü-
„de reden werde/ daß man nemlich die ganze Muſic ad Harmoniam plurium
„vocum, und nicht ad Melodiam, ziehen will. Auch in einer einzigen Stim-
„me/ die wohl modulirt/ iſt eine gewiſſe Harmonia ſucceſſiva & ſimplex, wel-
„che die gröſſeſte Kunſt und Wirkung in ſich hält. Wer dieſe nicht einzurich-
„ten weiß/ mag mit ſeiner quantità de ſuoni guten Tag haben. Die Zuſam-
„menfügung aber vieler Stimmen iſt ein weit ſchlechteres Mittel/ unſre Muſic
„zu ihrem Zweck zu bringen/ als qualità e diſpoſitione d'una ſola voce, che
„modula harmonioſamente. Una voce ſola fà Harmonia. e la com-
„prende.

XXXI.

„Canto ſempre in ſe dimoſtra dolcezza. Non è altro ch'una dol-
„cezza & ſoavità de voci. Dieſe beyden Sätze ſind die beſten im ganzen Zac-
„coni, und auf die Wahrheit gegründet. Wer mit allerhand entſetzlichen/ gres-
„lichen Vorſtellungen die Muſic zu nothzüchtigen bemühet iſt/ mag ſie wohl
„merken. Inſonderheit wenn er ſich einbildet/ man wolle ſolche Rauhigkeiten
„deswegen nicht vertragen/ weil man ſich nicht getraue/ dergleichen mit Ver-
„nunfft und Manier in der Muſic auszudrücken. O! inſipidum ferculum.

„Wo

,,Wo ist da Vernunfft? wo Manier? da es an aller Anmuth fehlet. Ist es
,,wohl vernünfftig/ Donnerkeile musicalisch auszudrücken? kann auch das
,,Geheule des Höllen-Hundes manierlich seyn? Ich sage/ diese Zacconischen
,,Sätze sind wahr/ daß ein Gesang allemal Lieblichkeit hegen soll/ weil
,,er sein Wesen von der Anmuth und Süßigkeit der Stimmen empfängt.
,,Doch muß man dabey schreiben: Salvo jure Dissonantiarum: denn diesel-
,,be setzen die Süßigkeit am meisten ab; welche sonst sehr ekelhafft werden
,,würde.

XXXII.

,,Ich will das Gute nicht vorbeylassen/ und etwa nur das Böse aus-
,,merzen. Zacconi sagt abermal ein kluges Wort: Per Musica si compren-
,,de sempre una sonora Melodia. Die geht vor. E una soave Harmonia.
,,Die folgt daraus/ und steckt schon einiger massen in der Melodie; wird aber
,,durch andere wohl-modulirende Stimmen bereichert und vergrössert.

XXXIII.

,,Im dritten Capitel läßt sichs der gute Mann recht sauer werden/ zu be-
,,weisen/ daß auch musicalische Papieren Music heissen können: als wenn es je-
,,mals ein Mensch gestritten hätte. Musica naturale e artificiale ist auch ei-
,,ne schlecht-gerathene Eintheilung. Alle Music ist künstlich; nur ist der
,,Hals ein natürlichers Instrument/als die Geige. So hat es Zarlino Vol. I.
,,p. 15 gemacht: Si ritrovano due sorti d' Istrumenti : naturali e artificia-
,,li. Das Instrument aber macht keine Music. Zacconi hat den Zarlino
,,zwar schrecklich geritten; doch schlecht verstanden. Seine Wahl und Ur-
,,theils-Krafft haben es nicht recht getroffen. Wer den Zacconi lesen will/der
,,lege Zarlinum neben sich/ so wird er einen plagiarium finden/ der ohne Ge-
,,schmack und Unterschied/ mit vielen unnützen Worten/ für ein Original hat
,,passiren wollen.

XXXIV.

,,Im vierten Capitel will er haben/ein Compositeur/der nicht mit singt/
,,soll Practicus genennet werden; wenn er aber mit dabey singet: Musicus.
,,Wers nicht begreifft ist ein Ignorant. Chi non l'intende può ben dire di
,,esser al tutto ignorante. Sehr wohl! der Autor ist ein Sänger in der
,,Bayerischen Capelle gewesen/ und hat für drey Heller dabey componiren kön-
,,nen: darum heißt er Musicus, und setzt einen Trumpf darauf. Durch einen
,,Musicum verstehen die heutigen Italiäner sonst nichts/als einen blossen Sän-
,,ger. Der spielet/heißt Suonatore; der aber setzet/ Compositore. Indessen
,,sind sie alle miteinander Prattici.

XXXV.

,,Im fünfften Capitel gibt er sein Vorhaben deutlicher zu verstehen/
,,und sagt: er wolle weder die blosse Theorie/noch Composition/noch Musicam

„lehren; (Was denn?) sondern nur weisen / wie ein Gesang mit gehörigen
„Zeichen und gültigen Noten versehen und gesungen werden/müsse. Da habt
„ihrs! Mit einem Worte: Pars infima ist der Zweck seines ersten Folian-
„ten. Proportione, Triple, Sesquialtere, Modi e Prolatione, und dergleichen
„Zeug/ sind das Haupt-Wesen dieses Autoris; was er sonst beyläuffig behan-
„delt/ ist lauter Böhnhaserey. Er gestehet selbst: qu'il y aura du haut & du
„bas, etwas so niederträchtiges/ daß es kein Gelehrter des Lesens würdigen/ und
„denn wieder etwas so erhabnes/ (scilicet) daß es nicht ein jeder verstehen mag.

XXXVI.

„Im neunten Capitel wird Amphion mit unter diejenigen sieben Auto-
„res gezehlet/ die hoch (altamente) von der Music geschrieben haben. Pytha-
„goras führt den Trupp / der doch bey nahe ein Paar tausend Jahr jünger ist/
„als Amphion. Indessen hat die Welt von des einen Schrifften eben so we-
„nig aufzuweisen/ als von des andern. Vom Pythagora schreibt der Herr D.
„Fabricius, *Biblioth. Græca L. II. p. 452. & 453:* ab eo nullum inge-
„nii monumentum relictum fuit; daselbst finden wir auch diesen merkwür-
„digen Columnen-Titel: Pythagoras Philosophus nihil scripsit. Neun be-
„währte Autores bekräfftigen es / absonderlich St. Augustinus *L. I. de Con-*
„*sensu Evang. c.* 7. Ein Augustiner-Münch / wie Zacconi, hätte das auf
„alle Weise wissen sollen. Was den Amphionem betrifft / so gedencket der
„einzige Tatianus seiner / in der Qualität eines Scribenten/ doch keines musi-
„calischen: sed alii de ejus scriptis tacent. Hochgedachter Herr Fabricius hat
„auch/ in seinem Catalogo Anti-Homericorum Scriptorum, den Amphionem
„oben angesetzet / aber kein Sterngen dabey gemacht: zum Zeichen/ daß heu-
„tiges Tages nichts von ihm in der Welt vorhanden. Hergegen ist gnugsam
„bekannt/ daß Lasus Herminæus (oder besser) Hermionensis A. M. 3450. am
„ersten von der Music geschrieben hat/ wie solches aus dem Suida zu ersehen;
„nicht aber aus dem Zacconi. Der andre/ davon wir in den Geschichten/ als
„von einem musicalischen Autore, lesen/ hieß Antisthenes, welcher im 36 Se-
„culo Mundi, nach dem Zeugniß Laertii, einen Commentarium von der
„Music verfertiget; doch aber die Ehre nicht hat/ unter die 7 Zacconianischen
„gezehlet zu werden. Der dritte ist Democritus Abderites, welcher zu So-
„cratis Zeiten gelebet hat. Von diesem ist/ nach dem Bericht obgedachten
„Laertii, ein Buch de concentu & harmonia ans Licht gekommen. Aristo-
„teles ist der vierte Autor musicus, nach der Zeit-Rechnung / welcher unge-
„fehr A. M. 3600. das seine in der Music geschrieben/ und den Aristoxenum
„unterrichtet hat. Die Schrifft aber ist verlohren gegangen/ ob gleich Kircherus,

„cherus, und aus ihm Prinz / vorgeben / daß selbige noch verhanden sey.
„Sein Werk περὶ ἀκϰϱϛῶν ist noch da; aber das περὶ Μϰσικῆς nirgend mehr/
„als in Kicheri Wind-Büchse/ zu finden. Fünfftens ist bekannt Heraclides
„Ponticus, welcher verschiedene Bücher von der Music geschrieben hat: deren
„eines Porphyrius ad Ptolemæum p. 213. rühmlichst anführet. Sechstens
„werden des Theophrasti Eresii drey musicalische Schrifften beym Laertio ge-
„nennet: Plutarchus, Porphyrius, Censorinus Syrianus und Capella ge-
„dencken seiner auch in solchen Ehren / daß er wohl einer von des Zacconi Sep-
„temviris hätte seyn mögen. Den siebenden Platz könte Epicurus bekleiden/
„welcher / nach dem Zeugniß mehrerwehnten Laertii, imgleichen Plutarchi,
„Empirici & Gassendi auch ein Buch von der Music gemacht / das / nach sei-
„nem dritten Bruder / Aristobulus genennet worden. (a) Daß solches alta-
„mente geschrieben / quatenus nempe Musica ad mores facit, berichtet uns
„Gassendi aus dem Plutarcho und Empirico. Itzbenanter Vertheydiger des
„Epicuri saget unter andern von ihm (b) sapientem solum censuit de Musica
„recte disputare. Der Weise allein könne / nach seiner Meynung/recht von
„der Music disputiren. Das ist hoch!

XXXVII.

„Da waren alsdenn / wenns ja nur sieben seyn sollten/ doch sieben ächte
„Autores, die einer/ der weisen wollte/ quali Musici ſ' intendino per Anti-
„chi, mit besserm Recht nennen könte/ als den Platonem, von dem zwar Plu-
„tarchus saget/ daß er ein guter Musicus gewesen; doch nicht meldet/daß er ex
„professo davon geschrieben habe. Es mögte denn dieses seyn/ daß er *Dial.3.*
„*de Republ.* die Musicanten in einer Stadt zu leiden und zu unterhalten ver-
„beut/ die auf trigonis, pectidibus, und andern / vielsäitigen Instrumenten/
„zu spielen pflegen. Mit mehrem Recht/ sage ich / verdienten obige 7 und an-
„dre ihres gleichen/ daran noch kein Mangel ist / unter die Musicos antiquos
„zu stehen/ als Macrobius, welcher/ so viel ich weiß/ nichts/ als den Sci-
„pionischen Traum / beschrieben/ das einige Gemeinschafft mit der Music hät-
„te. Was auch Diodorus, welcher des Zacconi fünffter Held aus der Anti-
„quität ist/ unter diejenigen Philosophos zu thun hat/ che altamente scriſſe-
„ro della Scienza musicale, das mögte man gerne wissen. So viel ist bekannt/
„daß dieser Diodorus ein Citharist gewesen/ welcher den Kaiser Vespasianum
„belustiget hat; aber das macht keinen Autorem, der hoch von der Music
„schreibt. Warum nicht/an dieser Leute Stelle/den Aristoxenum, Euclidem,
„Aristidem Quintilianum, Alypium, Gaudentium, Ptolemæum, Nico-
„ma-

---

a) Vid. Gassend. de Vita Epicuri. L. I. cap. 10.   b) Aut. cit. L. 8. in fine.

„machum, Bacchium &c. oder auch den Dionysium Halicarnasseum er-
„wehlet? welcher vor Christi Geburt in Italien gekommen/ 24 Bücher von der
„rhythmischen c)/ 36 von der historischen/ und 22 von der dogmatischen
„Music geschrieben. †) Sind nicht noch Plutarchi, Capellæ, Theonis und
„vieler andern Werke/grössesten Theils vorhanden? Aber es ist ein Zeichen/daß
„Zacconi von diesen allen nichts gewust hat/ schlecht belesen/ gar seicht-gelehrt
„gewesen/und genug gesagt zu haben vermeinet/wenn er den sechsten und sieben-
„den Platz mit dem Boethio und Augustino anfüllet/ mit dem Zusatz/
„*e molti altri*. Ja wohl: molti altri! Nun haben zwar St. Augustinus,
„und Boëthius, welcher noch ein halbes Seculum jünger ist/ von der Music
„recht gut geschrieben; aber 4 biß 500 Jahr nach Christi Geburt: können also
„mit den eigentlichen antiquis, deren etliche fast eben so lange ante Christum
„natum floriret/ einfolglich schier 1000 Jahr älter sind/nicht in eine Classe ste-
„hen. Denn diese gehören unter die Mutici antichi e Filosophi, che altamente
„scrissero della Scienza musicale. Wir sehen ferner hieraus/ was unser Zac-
„coni für ein trefflicher Chronologus gewesen/ und wie schön seine weitere di-
„stinctio, inter antiquos & veteres practicos, gerathen sey. Er mischt sie so
„verwirret durch einander/daß es einen Stein erbarmen mögte. Denn gleich-
„wie er den St. Augustinum unter die ältesten theoreticos setzet/ so stehet her-
„gegen bey ihm Joannes Mottonus und Ludovicus Senfelius in der Classe
„practicorum antiquorum; inter veteres aber Adrianus Vuillaert und Jo-
„sephus Zarlinus. Mottonus ist gleichwohl des Vuillaerts coætaneus ge-
„wesen/ wie können sie denn so unterschieden seyn? Senfel war Capell-
„meister in Bayern/ und machte seine Motete: Non moriar &c. Ao. 1530.
„auf Ansuchen Lutheri, der viel von ihm hielt: wie darff ihn denn Zacconi
„antiquum nennen? Vuillaert,ein Niederländer/war Capellmeister in Vene-
„dig/des Zarlini antecessor, dem dieser auch/wie es scheinet/viel zu danken hat-
„te. Ao. 1562 sagte Zarlinus zu ihm: Se non fosse stato voi, che mi avete
„ajutato nella Prattica &c. In seinen raggionamenti hat Zarlinus viel mit
„diesem Vuillaert zu thun. Zacconi aber weiß nicht einmal seinen Namen
„recht zu schreiben; sondern nennet ihn VUILARTH, und den Aretinum,
„ARETHINUM, mit einem H. * Wie ist es aber müglich/ daß von zwo

---

c) Was die rhythmi einer Melodie für unzehlige Veränderung geben können, habe erst
neulich scientifice untersuchet, und bin darüber erstaunet. Die 28 Pedes in unsrer
Griechischen Prosodie wollen bey weitem nicht zureichen, sich einen Begriff davon
zu machen. Vier und zwanzig Bücher mögten es thun. † Vid. Suidas.

* Es kann so eben nicht seyn, daß nicht bisweilen eine kleine Wort-Critic mit unterlauffen sollte, wenn solche dahin zielet, die Sache, oder die Fähigkeit eines Autoris
desto besser einzusehen.

„Perſonen/ welche zu gleicher Zeit leben/ die eine inter antiquos Scriptores, die
„andere inter veteres, gehören ſollte? Ja/ Zarlinus ſelbſt/deſſen Werk doch
„drey Jahr älter/ aber wohl hundertmal beſſer/ als des Zacconi Schmiererey/
„wird von dieſem den veteribus beygezehlet.

XXXVIII.

„Nichts kahlers kann geſagt werden/ als was unſer Zacconi Cap. 10.
„& 11. von den muſicaliſchen Wirkungen der alten und neuen plaudert. Die
„erſten ſollen dieſe Wirkung aus den Fugen/ und NB, übrigen Obſervatio-
„nen/ geholet haben; die doch immer auf einerley Leyer hinaus lieffen. Die
„andern aus den guten und beſten Stimmen.   Quæ? qualis? quanta?

XXXIX.

„Wenn auch Cap. 12. gefraget wird/ ob die neue Muſic ſo viel Krafft
„habe/ als die alte? folgt ein ſolcher barmherziger Wiſchwaſch/ daraus kein
„Menſch klug werden kann.   Endlich heißt es: die heutige Muſic habe/ we-
„gen der Manieren im Singen/ mehr Krafft/ als die alte.   Wohl getroffen!
„Im 14ten Capitel hat er noch eine artige Anmerkung gemacht/ die wir mitneh-
„men wollen.   Er ſagt/ wie das A bey den Lateinern der erſte Buchſtab/ ſo
„ſey es bey den Griechen das Gamma.   La prima Lettera Greca, che dice
„Gamma, la prima Lettera de Latini ch' è A.   Das ſind A B C-Knaben.

XL.

„Und von ſolchen Raritäten iſt das Buch voll.   Noch ein Paar anzu-
„führen/ ſo heißt es cap. 50: Es gäbe nur drey Noten die das Doppel-Kreutz/
„oder die Dieſin, von Natur anzunehmen geſchickt wären/ nehmlich: ut, fa,
„und ſol: das iſt c. f. und g, oder was ihnen in der Lage gleich ſiehet. Die
„andern drey wollten oder könten das Kreutz nicht leiden/ als: re, mi, la, das
„iſt: d, e und a, oder ihres gleichen.   Iſt das nicht höchſt armſelig? Eben
„in dieſem funffzigſten Capitel hat er den Zarlinum ſtark geritten/ aber ganz
„falſch/ in dem Punct der generum, abgeſchrieben. Was er cap. 59.
„des erſten Theils noch vor hat/ ſoll im nechſten
„Stücke folgen.

Musicalische Merkwürdigkeiten.

London. Bey jüngst-gefeyertem Jahr-Fest der Prediger Söhne in dieser Stadt/ wurde ein schönes Te Deum und Jubilate, von der Composition des Herrn **Green**/ in der Cathedral-Kirche St. Pauli, vocaliter & instrumentaliter aufgeführet/ wobey auch eine neu-verfertigte Antiphona, so sich überaus wohl zu besagtem Feste schickte/ zu hören war. Bey der blossen Probe dieser ausnehmenden Music sind hundert Pfund Sterling/ zur Aus-Steuer verwaiseter Prediger-Töchter/ gesammlet worden: als zu welchem Zweck eigentlich erwehntes Jahr-Fest angestellet wird. Es trägt also die Music/ auf diese Art/ das ihrige/ zum Wohlseyn des Gemeinen Wesens/ redlich bey. Die Herzoge von **Manchester** und **Queensborough**/ Candidaten des Amts eines Gouverneurs der Königl. Music-Academie/ oder der Opern/allhie/ haben sich mehr Mühe gegeben/als jemals erhöret worden/besagtes Amt/einer vor dem andern/ zu erhalten; doch ist endlich die Wahl auf Ihro Gnaden/ den Herzog von **Manchester**/ gefallen. Hergegen hat eine gewisse vornehme Dame dem berühmten Componisten/ Sigre. Bononcini, nur damit derselbe ferner keine Opern mehr machen soll/ ein jährliches Einkommen/ von fünfhundert Pfund Sterling/ angewiesen.

Hamburg. Weil man an einigen Orten von dem allhie befindlichen Verrillon, oder Glas-Spiel/ Nachricht verlanget/ so dienet dazu/ daß es 8 oder 9 weite Bier-Gläser sind/ die/ nach ihrer verschiedenen Grösse/ G A H c d e f g a angeben/ und mit zween kleinen Stecken/ angeschlagen werden. Diese Stecken sind mit Tuch bewunden/ womit auch das Bret bekleidet ist/ darauf die Gläser gesetzt werden/ deren jedes daselbst sein eignes Räumlein hat/ damit es nicht wanke. Der Spieler aber stellet diese Machine nicht in die Breite/ sondern in die Länge/ vor sich/ und schlägt an beyden Seiten gelinde darauf: welches gar artig klinget. C ist hiebey Trumpf; doch könte man vermuthlich auch nach andern Tonen die Gläser einrichten lassen. Alhier sind sonst/ vor einiger Zeit/ gedruckt/ und unzehlichmal/ Jahr aus Jahr ein/ in den Avisen des Nordischen Mercurii angemeldet worden/ sogenannte auserlesene und anmuthige Arien mit einer Stimme und den General-Baß von einem berühmten Sänger und Componisten gesetzt rc. Es sind aber keine Arien/sondern 32 vielstrophichte Oden oder Lieder/ deren Melodien/ wenn man sie so nennen kann/ recht erbärmlich/ und die Worte/ mehrentheils im höchsten Grade/ geil und unzüchtig/ gerathen. Die ersten haben das Ansehen/ als ob sie vor ein Paar hundert Jahren just in der Mode gewesen wären; und die andern sollte man/ wegen ihrer groben Schlüpfrigkeit/ der Jugend vielmehr scharff verbieten/ als ihr solche/ zur vermeynten recreation, sündlich anpreisen. Proben nun davon zu geben/ würde schon keusche Ohren beleydigen. So wird mit der Music umgegangen!

CRITICA MUSICA
P. VI.
Der Lehrreichen Meister-Schule
Zweyter Unterricht.

Tantum quisque scit, quantum operatur. *S. Franc.*

Achdem wir, im vorigen Stücke, den ersten Band der Zacconischen Arbeit untersuchet haben / wird es nun die Ordnung erfordern / von dem andern Bande desselbigen Werks auch eine kleine Nachricht zu geben. Der Titel davon lautet also:

XLI.
PRATTICA DI MUSICA
Seconda Parte.

Divisa e distinta in quattro Libri, ne quali primieramente si tratta de gl'Elementi musicali: ciò è de primi principii, come necessarii alla tessitura o formatione delle compositioni armoniàli; de Contrapunti semplici e artificiosi da farsi in cartella e alla mente sopra Canti fermi: e poi mostrandosi come si facciano i Contrapunti doppii d'obligo, e con consequenti: si mostra finalmente, come si contessino più fughe sopra i predetti Canti fermi, e ordischino Cantilene a due, tre, quatro, e più voci. Composta e fatta dal M. R. P. Fra Lodovico Zacconi da Pesaro, dell ordine Eremitano di S. Agostino, Musico gia del Serenissimo *Carlo*, Arci Duca d'Austria, e del Serenissimo *Guillelmo*, Duca di Baviera. Alla Serenissima Arci Duchessa, *Maddalena* d'Austria, Gran Duchessa di Toscana. Con licenza de superiori e Privilegio. In Venetia. M. DC. XXII. Apresso Alessandro Vincenti.

Die Zuschrifft ist in Venedig den 4. Octobr. ej. an. datirt und gezeichnet:
Lodovico Zacconi da Pesaro, Agostiniano.

XLII.

Diese Helffte hat unser guter Freund gesehen: Deswegen wollen wir desto kürtzer damit verfahren/ und nur bey den ersten Capitibus überhaupt entdecken/ daß nichts seichter/ noch ungelehrter seyn kann/ als was er von den Inventoribus und Autoribus abermal meldet. Von allem/ was er im Titel zu lehren verspricht/ hält er schier nichts/ als daß er einige Exempel anführet / die doch von andern geborget sind/ und niemand Licht geben können / wie er dergleichen machen möge. Denn/ daß einer paradigmata hinsetzt/und weder Regeln noch Anmerkungen dabey füget / das hilfft keinem Componisten etwas.

XLIII.

Im 30sten Cap. nennet er die Quintam superfluam, Diapente magiore, die volle Quintam aber Diapente minore, dabey der schönen Semidiapente gäntzlich vergessen wird. N. N. sagt/ der seel. Knüpffer habe im Scacchio, bey Gelegenheit dieses Intervalli, notirt: Vix credo hoc intervallum esse dissonantissimum. Knüpffer nach den Braten.

XLIV.

Wie nun Zacconi im ersten Theil mit den generibus schändlich umgehet/ so thut er solches abermal im andern. Man sehe/ was er Cap. 36. davon meldet/ und sage denn/ ob ein solcher plagiarius gelehrt heissen könne?

XLV.

Was er ferner Cap. 47. von den terminis: authentico et plagali, für eine barmhertzige Erklärung macht/ ist zu bejammern. Plagalis heißt daselbst *placalis,* und soll von placare herkommen: perche li canti placali vengono in un certo modo a placare la ruuidezza del accenso (soll heissen ascenso) delli canti autentici. Overo stanno detti placali, come gl'istessi primi placati per contrarie dispositioni. Hat einer in der Welt solche Thorheiten gehört? Die niedrigen Tone heissen darum plagales, weil sie die Schärffe der höhern auf gewisse Art versühnen / oder weil sie sich selbst am ersten / durch gegeneinanderlauffende Einrichtung/ versühnen und befriedigen. Zarlino hätte ihm P. IV. C-12. p. 402. eine bessere Auslegung machen können.

XLVI.

Socrates, Boethius, und St. Augustinus sind übrigens in diesem Theil seine drey Helden/ die vor dem Riß stehen. Das Monochordum nennet Zacconi p. 34. Manacordo. Sein cu, cu, und spazza camin aber sind nicht zu verachten. Er machts wie alle armseelige Erfinder: wenn sie keine Melodie haben/ so ahmen sie dem Guckguck/ und andern unvernünfftigen Viehwerck/ nach: welches zwar zum Zeitvertreib/ aber sonst zu nichts/ nützet. Z. E. wenn einer

der Lehrreichen Meister-Schule II. Unterricht.

einer dem Hahnen-Geschrey noch so nahe käme / was hätte er damit ausgerichtet? Nichts / als worin ihn jeder lebendiger Hahn / er sey Griechisch oder Hebräisch / täglich übertrifft. Und wie wär es / wenn das Wort / so wir in H. S. durch einē Hahn übersetzet lesen / in der Grund-Sprache einen Nacht-Rufer oder Rädel-Wächter bedeutete? wie der Herr Altmann zu Bern neulich / in einer sonderbaren Dissertation / beweisen wollen. So wäre ja aller Hahnen-Witz vergebens. Die Music ist keine solche mimische Augen-Kunst / als die Mahlerey. Sie geht mehr auf das innerliche / als äuserliche. Die Natur ist ihr objectum nicht in solchem Verstande / daß sie ein jedes Geräusche nachmache; sondern daß sie / durchs Gehör / mit schönen Gedanken und Melodien / des vernünfftigen Menschen Seele bewege, und erbaue.

XLVII.

Endlich zeugen die übergrossen Plätze vom Tigrini, Correti, Zarlino, Banchieri und Diruta, a pag. 169 - ad pag. 248. über 20. Bogen voll Noten / gnugsam von der Armseeligkeit dieses compilatoris, dem man also mit Unrecht das Lob beyleget: daß er sehr wohl und fundamental geschrieben habe. Von dergleichen betrübten Stopplern sagen die Lettres Persanes gar artig: ils peuvent se dispenser d'avoir du bon sens, & même il n'y paroit pas. Leurs ouvrages n'en sont pas plus mauvais, ce qui est tres-commode pour eux. D. i. Sie haben keinen Verstand nöhtig / lassen sich auch dessen nicht mercken. Ihre Bücher sind deswegen nicht schlechter / welches ihnen sehr bequem fällt.

XLVIII.

Eins ist noch bey diesen Excerptis Zacconianis zurück / und zwar das merkwürdigste: darum wir es zuletzt gesparet haben. Insonderheit / weil das Orchestre dabey einen Stoß abzulehnen hat. Zacconi macht nehmlich drey Italiäner nahmhafft / welche (nicht zwar / wie unser Freund meynet / wieder die Solmisation; sondern vornehmlich) wieder die verdrießliche mutation geschrieben haben. Selbige sind:

1. Sig.re Anselmo Fiamengo, der die beyden Sylben / si und bo, hinzugethan.
2. Sig.re Adriano Banchiere, welchem man das ba und bi zu danken hat.
3. Sig.re - - - Gramatio (nicht Grammatico) der eine dritte Art eingeführet hat.

XLIX.

Da haben wir ja Italiäner / die sich dem Unwesen der 6. Sylben wiedersetzen: ob ihnen unter den neuern nicht viele Gehör geben / darnach werde mich / mit erster Gelegenheit / bey dem Hochberühmten Benedetto Marcello, näher erkundigen / als mit welchem die Ehre habe in freundlichem Brief-Wechsel zu stehen. Indessen da / wie gesagt / mein l. Otch. bey diesem Punct von N. N.

angefochten wird/ weil ich daselbst p. 46. schreibe: Daß die Teutschen gleichsam zum Ursprung wiedergekehret sind/ und/ nebst den Italiänern/ für dienlich erachtet haben/ nicht allein zu obigen 6. die siebende Sylbe hinzuzusetzen; sondern rc. So fordere ich erstlich von meinem Herrn Censore eine Beschreibung des Ursprungs; hernach ein tüchtiges probetur, daß Gantz Italien (wie er sagt) die Aretinische Solmisation noch würklich habe. Fürs dritte kann ich ihm/ eben mit unserm Zacconi, meinen Satz Sonnenklar beweisen/ daß verschiedene kluge Italiäner/ (nemlich die gescheutesten Sänger unter ihnen/ und die sich zu öffentlichen Lehrern angegeben) für dienlich erachtet/ ihre Schüler nach den 7. Buchstaben zu unterrichten. Meynt er/ ich werde mich bloß auf die 3. obbenannten/ und ihm bekannten/ Autores beruffen / davon doch/ ausser dem Zeugniß des Zacconi, nichts aufzuweisen ist? Nein / dieser Autor selbst/ den er hochachtet; von dem er sagt/ daß er sehr wohl und fundamental schreibt; der soll selber auftreten / und den vierten Mann ausmachen. Vielleicht findet sich der fünffte hernach auch. Das 59. Capitel des ersten Theils/ so N. N. niemals/ ich aber lange gesehen/ gelesen und excerpirt habe/ soll weisen/ daß Zacconi nicht etwan die blosse mutation, sondern die gantze Solmisation, angreifft und übern Hauffen wirfft. Nun was steht denn gutes in diesem Capitel?

L.

Es führet besagtes Caput 59. zum Titel folgende Worte: Del nuovo e moderno modo d'insegnare a cantare. Das heißt auf Teutsch: Von der neuen/ und heutiges Tages im Schwange gehenden/ Art/ die Singe-Kunst zu lehren. Was nun modern ist/ gilt bey jederman/ und wird gleichsam Mode. Was auch zu Zacconi Zeiten neu gewesen/ muß nunmehro alt gnug seyn. Darnach erklähret er/ was er durch die neue und kurze Art verstehe / nehmlich daß man die Guidonische Hand/ (d) als die mutirende Solmisation, denen überlasse/ die Contrapunctisten werden wollen / und solche beyher lernen können/ nachdem sie erst im Singen etwas gethan haben; Hergegen gleich unmittelbar zu den Haupt-Buchstaben schreite / aus welchen die Hand zusammen gesetzet ist: sintemal/ wer diese Hand wohl untersuchet/ der findet nichts anders darin/ als die 7. Buchstaben / so dreymal wiederholet werden. Ich bleibe also bey dem/ (fährt Zacconi fort) was oben im 24. Capitel gesagt worden/ daß in der ganzen Hand nichts anzutreffen ist/ als die

---

(d) Denen, die etwa nicht wissen, was diese Hand bedeute, dienet zur Nachricht, daß die Aretiner ihre Solmisation auf den Gelencken der Finger herzubeten verordnen, und mittelst der Figur einer Hand vorstellen.

der Lehrreichen Meister-Schule II.Unterricht. 101

die 7. Buchstaben A B C D E F G. welche man dem Scholaren am ersten
beybringen und lehren muß. (e)

LI.

In mehr besagtem 59. Capitel des ersten Theils beklagt Zacconi ferner/ daß die Lernenden/ durch itzt-erwehnte Guidonische Hand/ auf grosse Umwege geführet/ und/ sonder einigen Nutzen/ aufgehalten werden. Seine eigene Worte sind diese: Trattienne (la Mano Aretina) lo Scolare *senza profito e utile*. Er sagt weiter: Es sey ein unfruchtbares Ding darum/ für einen/ der Singen lernen will. A chi brama d'imparare a cantare è una cosa *infruttifera*. Auch so gar diejenigen/ welche Contrapunctisten werden wollten/ wenn sie sich nur erst im Singen fest setzten/ mögten alle ihre Compositions-Künste/ und wenn ihrer noch hundert mehr wären/ ohne dem gar wohl erlernen. E quelli di più anco, che hanno pensiero di diventar Contrapuntisti e Compositori, mentre che si vanno assicurando nel cantare, possano queste, e se le fossero anco cento altre cose, imparare. Hernach ist er gar übel auf diejenigen informatores zu sprechen/ welche sich nicht des kürzesten Weges bedienen/ und weiset ausdrücklich/ wie derselbe in den 7. Buchstaben enthalten sey. Was will man mehr von einem Italiäner haben? Das hieß vor 130. Jahren schon/ bey einem guten Sänger (denn diese Eigenschafft will ich dem Zacconi nicht absprechen) bey einem Welschen Autore in folio, und bey seinen ansehnlichen dreyen Lands-Leuten/ die neue/ kurze und moderne Art/Singen zu lernen. Ist das nicht zum Ursprung gekehret? Die siebende Sylbe zu den sechsen hinzugesetzt/ sie heisse nun si oder sa, ha oder ho? Heißt das nicht fast/ ja durchaus/deutlicher erachtet/ und zwar von 4. gebohrnen/ Kunsterfahrnen Italiänern/ und allen ihren Discipeln/ statt der verwirrten sechs Sylben/ die 7. ersten Buchstaben unsers Alphabets zu gebrauchen? Mein Freund hat mir die ersten Antisolmisatores aus guter Meynung/ zur Vermehrung meiner testium veritatis, zwar mittheilen wollen; Dafür ich mich auch/ wegen seines guten Willens/ bedanke; allein ich habe daraus/ hauptsächlich aber/ aus dem Zacconi selbst/meinen angefochtenen Satz im I. Orch. bekräfftiget: das wird er mit

(e) Die eigentliche Worte des Autoris sind diese: Il modo dunque moderno e breue è questo di lasciare il principal ordine della mano, intesa per Γ ut, A re, B mi &c. per quelli, che vogliano passarne a i contrapunti ed alle compositioni, che le possono imparare nel progresso che fanno del imparar di cantare; e venire immediatamente alla consideratione delle sui PRINCIPALI Lettere di che lei è composta, e perche chi bene ricerca la mano non si trouano altro, che sette Lettere tre volte moltiplicate, e la moltiplicatione dell' istesso è un ridire la medema cosa; per questo si dice, conforme a quello, che si è detto di sopra, nel sudetto Cap. 24. che in tutta la mano non si trouano altro che queste sette Lettere A B C D E F G, Lequali si debbano mostrare e insegnare per la prima cosa allo Scolare.

mir auch zu gute halten. Ich zweifle nicht/ obangeführte Worte des Zacconi werden dessen aufrichtige/ ernste/ erste und unverfälschte Gedanken enthalten/ (denn eine blinde Henne findet auch zuweilen ein Körnlein) er mag sonst/ im andern Theil seines Werks / 30. Jahr hernach / zum Lobe der Aretinischen Solmisation, Ehren halber vorbringen/ was er will. Vielleicht hat er über seine erste gesunde Gedanken eine und andre abergläubische Münchs-Anfechtung bekommen/ denen er/ durch gezwungene (mir nicht unbekannte) Lob-Sprüche und schnurgerade Wiedersprechungen/ hat abhelfliche Maaße schaffen wollen/ wie P. II. L. 1. c. 10. erhellet. Wobey ich noch anmerke/ daß Orlando Lasso (davon bald ein mehrers) zur Zeit des ersten Zacconischen Theils gelebet; bey Herausgebung des andern aber längst todt gewesen sey. Da derselbe nun des Zacconi Capell-Meister und Vorgesetzter war/ sollte einer fast daraus schliessen, er habe einerley Gedancken mit ihm/ wegen der Solmisation, geführet/ oder doch mit dem A B C durch die Finger gesehen: denn sonst hätte ein solcher musicalischer Antistes nicht stille dazu sitzen können. Hiezu kömt noch/ daß Zacconi 30. Jahr einhält/ und erst nach dem Tode seines Capell-Meisters mit dem andern Theil hervorwischet/ darin er aus einem niedrigen Ton singet. Es sind Muhtmassungen/ die nicht so gar ohne Grund scheinen/ zumal/ wenn man des Orlando Vaterland bedenket/ und die Zeit/ darin seine Lands-Leute anfingen/ sieben voces zu wehlen.

LII.

Meinen fünfften Mann will ich aber hierüber nicht vergessen. Er heisset Giovanni Battista Doni, von dem die ganze Welt weiß/ daß er ein Florentinischer Patricius gewesen. Der hat in einem besondern Französischem Werke gewiesen: La facilité d'apprendre toute sorte de chant, par le retranchement des deux Syllabes: UT & LA. Da ist noch ein/ und zwar gelehrter/ Italiäner/ der die Aretinische solmisationem *ex* syllabarum verworffen/ und öffentlich anders davon gelehret hat. Er wiederholet die vier Sylben, re, mi, fa, sol, und füllet damit eine Octavam. Wenn es Aretinus hätte erleben sollen/ er wäre vor Kummer gestorben. Denn der Zusatz einer Sylbe ist nicht so schimpflich/ als die Abschneidung zwoer Sylben von seinen heiligen sechsen, Woraus denn ebenmäßig zu schliessen/ daß gar nicht ganz Italien so einstimmig in diesem Punct seyn müsse/ als man meinet. Diese fünff werden ganz gewiß ihren Anhang gehabt/ und viele tausend Jünger hinterlassen haben.

LIII.

Die beyden Claves/ welche von dem Pöbel b moll und b dur (mit Unverstand) genennet werden/ machen unserm Opponenten/ bey Gelegenheit des
Abe=

Abcedirens/ noch etwas Mühe/ indem er sagt/ die Franzosen hiessen das letzte beccar: beklaget dabey/ daß das h so unschuldig in die scalam komme/ und das b aus seinem rechten/ natürlichen Sitze verdringe ꝛc. Nun ist es zwar eine Kleinigkeit/ *beccar*, welches auf Italiänisch mit dem Schnabel beissen heißt/ an statt *bequarre*, so b quarré, oder ein vierecktes b, bedeutet/ zu schreiben; allein daß unser/ und aller Welt/ b aus seinem rechten natürlichen Sitz verdrungen seyn soll/ das ist ein grosser Irrthum/ und beweiset wahrlich die gröbste Unwissenheit in der musicalischen Fibel. Alle Tetrachorda haben sich mit einem hemitonio angefangen/ und A B ist eines derselben gewesen/ wie die Classici erweisen können. Recht und natürlich folget also B auf A, und ist keinesweges aus seinem Diatonischen Sitze verdrungen worden; sondern stehet noch feste und unbeweglich/ wo es von Anfang gestanden ist. Denn eine jede Diatonische Octava hat 2 hemitonia, und bey der alphabetischen Ordnung liegen dieselbe/ als beym Phrygio, im ersten und fünfften Grade; daß aber das b, wenn es um einen halben Ton erhöhet werden sollte/ in alten Zeiten viereckt gemacht wurde/ solches geschah zum guten/ merklichen Unterschied/ zur Anzeige des *acuminis*, der Schärffe/ und blieb dennoch allemal/ nach wie vor/ ein b. Biß einfältige/ ungelehrte Organisten (deren es leider noch mehr als zu viel gibt/ die 100 Rthl. fordern/ aus andern zu machen/ was sie selbst nicht sind) darüber herkamen/ ein solches vierecktes b für ein h ansahen/ und also diesen ungebetenen unnützen Gast/ ohne alle Vernunfft/ einführten. Die Orgelbauer folgten getrost nach/ und machten auch ein H aus dem B. Welchem Irrthum die Klugen sich zwar immer wiedersetzet/ und dem b quadrato noch einen Stiel angehängt/ aber doch nicht viel damit ausgerichtet haben: weil es so dann dem teutschen h noch ähnlicher siehet/ auch die Teutschen am meisten verführet hat. Indessen erkennet kein gescheuter Musicus ein h in seiner scala; sondern zwey b, eines rund/ das andere viereckigt/ aus welchen alle Figuren der Noten entspringen. Doch muß man bisweilen nothwendig/ wieder seinen Willen/ cum vulgo reden/ aber ganz anders denken; sonst könte man auch sagen/ daß es Nationes gebe/ die ein H in ihrer scala führen: denn bey dem Alypio und Gaudentio ist der Griechische Buchstab H hinten und vorne in ihren Noten; aber er bedeutet nicht unser H.

LIV.

Per parenthesin führet mein Freund allhier an/ daß die Bayerische Capelle unter Orlando Lasso trefflich besetzt gewesen/ und niemahls an einem Hofe wieder so stark gehalten worden; daß ferner dieser berühmte Capellmeister/ nebst seinem Sohn Ferdinando, sonderlich ums Jahr Christi 1590 floriret habe ꝛc. Ich kann ihm/ und meinen Lesern/ bey dieser Gelegenheit/ mit einer merkwürdigen Nachricht dienen / welche im Thuano (f) also lautet: Nec silentio præteriri debet Orlandus Lassus, rei musicæ præstanti scientia nostra ætate clarissimus, Bergis in Hannonia natus, (nam hæc præcipua Belgii laus est, quod semper inter alias nationes excellentibus rei musicæ Doctoribus abundavit:) Is fato excellentium symphoniacarum adhuc puer, ob vocis suavitatem, aliquoties plagio raptus, cum Ferdinando Gonzagæ in Sicilia & Mediolani operam aliquamdiu navasset, dein Neapoli & postea Roma jam grandior biennium præfuisset; post peregrinationes in Galliam & Angliam, cum Julio Cæsare Brancatio susceptas, tandem in Belgium rediit, aliquot annis Antwerpiæ versatus, unde ab Alberto, Baioariæ Duce, evocatus, larem in ejus Aula fixit, & uxorem duxit: postea a Carolo IX. Rege magnis præmiis invitatus, ut Musici Chori sui, quem generosus Princeps circa se semper lectissimum habebat, magisterium susciperet, cum in eo esset ut familiam & fortunas suas in Galliam transferret, superventu mortis Caroli, de via, in quam jam se dederat, revocatus, rursus quam Alberto parenti, eandem Guilielmo, ejus filio, operam addixit & cantionibus harmonicis, tam sacris, quam profanis, omnium linguarum, passim XXV. annorum spatio editis, celebratissimus matura morte Monaci, hoc anno (1594) III. Junias, decessit, cum LXXIII. excessisset.

LV.

Aus dieser Stelle siehet man / daß Orlando kein Italiäner (wie viele dafür halten) sondern ein Niederländer / aus Bergen in Hennegau / gewesen; daß damals die berühmtesten Doctores Musices aus den Niederlanden entsprossen; daß Orlando, wegen seiner schönen Stimme / als ein Knabe / offt entführet worden; daß er bey dem Fürsten von *Gonzaga* in Sicilien und Meyland / hernach aber zu Rom und Neapolis / Dienste geleistet; daß er mit dem von Brancas nach Franckreich und Engelland gereiset; daß er sich hernach einige Jahr zu Antwerpen aufgehalten; von dannen aber an den Bayerischen Hof des Hertzogs Alberti beruffen worden / alwo er sich häuslich niedergelassen und verehliget hat; daß ihn ferner der König von Franckreich / Carl IX, mit Versprechung grosser Einkünffte / dahin vermogt / die Direction seiner auserlesenen Capelle (die es wohl der Bayerischen zuvorgethan hat) über sich zu nehmen; daß
er

(f) Tomo V. Lib. CIX. Histor. p. 458. in fine. Ist es nicht schon etwas rares, daß ein so vornehmer Historicus, als Thuanus, die fata eines Fürstl. Capellmeisters zu beschreiben würdig hält. Er hat auch vom Salina was gutes verzeichnet, welches zu seiner Zeit anbringen werde.

der Lehrreichen Meister-Schule II. Unterricht.

er auch/ mit seinem ganzen Hause schon dahin auf dem Wege begriffen gewesen/ wie eben die Zeitung von des Königs Tode eingelauffen; daher er denn wieder zurück nach München gekehret/ und beym Herzog Willhelm/ Alberts Sohn/ als Capellmeister aufs neue in Dienste getreten / sich in die 25 Jahr lang mit allerhand Compositionen hervorgethan / und endlich Lebenssatt daselbst/ im Jahr Christi 1594/ seines Alters aber im 74/ gestorben.

LVI.

Er hat zween Söhne nachgelassen / welche sein so genanntes grosses musicalis. Werk Ao 1604. zum Druck befördert/ übrigens aber / so viel man weiß/ eben nichts sonderbares/dem Vater nachartendes/verrichtet haben. Der eine hieß Ferdinand/ und war Capellmeister; der andere führte den Namen Rudolph/ und stand / als Hof-Organist/ beym Herzog Maximilian in Diensten. Lassi grössester Flor kan also wohl schwerlich Ao. 1590. gewesen seyn; vier Jahr vor seinem Tode/ da er bereits über siebenzig alt war; sondern vielmehr damals / wie ihn der König von Frankreich beruffen hat/ Ao. 1574. zwanzig Jahr vorher. Prinz hat von allen diesen Umständen in seiner Historie nichts gewust/und wäre hieraus zu verbessern.

LVII.

Gesnerus macht in seiner Bibliotheca 20 Werke vom Lasso nahmhafft/ die ich zu rechter Zeit recensiren dürffte; weil er aber das 21ste / nemlich des Autoris obgedachtes opus posthumum, nicht gekennet hat/ will ich dessen Titel fürs erste hieher setzen: Magnum Opus Musicum Orlandi de Lasso, Capellæ Bavaricæ quondam Magistri. Complectens omnes cantiones, quas Motetas vulgo vocant, tam antea editas, quam hactenus nondum publicatas II. III. IV. V. VI. VII. IIX. IX. X. XII. vocum, a Ferdinando, Serenissimi Bavariæ Ducis Maximiliani Musicorum Præfecto, & Rudolpho, eidem Principi ab Organis, Authoris filiis, summo studio collectum, & impensis eorundem Typis mandatum. Cum gratia & Priviĺ. Sac. Cæs. Majest, Authori concesso. Monachii. Ex Typographia Nicolai Henrici. M. DC. IV. Wenn ich inzwischen die fata dieser/ und dergleichen practischen/ Werke bedenke/ alsdenn vergeht mir würklich alle Lust/ eine Note zu schreiben/ oder in die Welt zu schicken!

LVIII.

So schlecht auch nun / obgedachter maßen / die Proben ausfallen/welche unser guter Freund bisher von seiner notitia librorum gegeben hat; vermeinet derselbe es dennoch so trefflich wohl damit getroffen zu haben/ daß er in folgenden Wunsch heraus bricht:

„Ich mögte überaus gerne mir alle Tractate / so nur jemals de com-
„positione, tam theoretice quam practice, gehandelt/auff diese Art bekannt

„machen: oder da ich dieselbe/ wegen Kostbarkeit/ oder Entlegenheit/ nicht
„habhafft werden könte/ das Haupt-Werk daraus (so wie ich beym Scacchio
„und Zacconi, it. bey Beerens Schola phonologica gethan) extradirt ha-
„ben.   Und warum solten nicht alle musicalische Autores in eine einzige Bi-
„bliothek/ auf die Art/ als man andre Bibliotheken / als Bibliotheca Bar-
„berina; Bibliotheca Cluniacensis; Bibliotheca Exotica, Gesneri, Hal-
„levords, *Hispanica, Possevini, Rabbinica, und andre mehr/ so Bros-
„sard annotiret / findet/ nicht eben in ein dergleichen Werk zusammen ge-
„führt/ oder colligirt werden? Zu diesem Werk aber will sonderlich ein
„Mensch erfordert werden/ der fürs erste die gelehrten/ ich meyne/die Griechi-
„sche und Lateinische Sprachen / zum andern auch die galanten / als die Ita-
„liänische/ Französische/ Englische/ und wo möglich / die Spanische/ ver-
„stehe.   (Denn ich habe Spanische Autores in England bey dem Hrn. Dr.
„Pebuschen gesehen/ und meynete dieser/ daß man itzo den Contrapunctum
„all' Antiqua nirgends mehr/ als nur noch in Spanien finde.) Es gehör-
„te aber eine solche Bibliothek zu colligiren noch mehr dazu/ nehmlich eine un-
„verdrossene Correspondenz/ grosser Fleiß an der Ausarbeitung/ und NB. ein
„voller Beutel: ist also wohl schwerlich dieses eines Musici privati sein Werk;
„es wäre denn/ daß ein grosser Herr hiezu die Kosten geben wollte/ und glaub-
„te ich endlich noch wohl/ daß sich einer dazu finden sollte. Gewiß aber ist/
„daß ein solches Werk sehr hoch würde zu schätzen seyn/ und sollte mir für mei-
„ne part lieber seyn/ als alle curiosa, so jemals in der Welt seyn zusammen
„getragen worden.   Der Hr. Dr. Pebusch hat sich in Auffuchung derselben
„grosse Mühe gegeben/ und sparet auch noch keine Kosten. Ja/ da wir zu-
„sammen nach dem Bade gereiset seyn/ welches in einer Stadt/ Bath genannt/
„und im Herzogthum (a) Sommerset, zwo Meylen von Bristol/ liegt/ alwo
„Concerten vocaliter & instrumentaliter für die in grosser Menge alda ver-
„sammlete Englische und Schottische Noblesse gehalten wurden / haben wir
„unterwegens alles / so nur von Music gehandelt/ aufgetrieben.   Dieser
„Doctor Musices (b) nun könte ein ziemliches dazu liefern.

LIX. Da

---

* Wie das nachschreibet! Mich deucht, es solten alle diese Bibliotheken wohl billig im accusativo stehen.   Doch beym Brossard findet man sie im nominativo: und zwar mit Recht.

(a) Die Engländer wissen von keinem Herzogthum, ob sie gleich Herzoge haben. Ihre Provinzen sind alle Shires, oder Graffschafften, 40. in England, und 20 in Wallis.

(b) Ich habe an ihn geschrieben; aber keine Antwort erhalten. Vielleicht beehret er nur graduirte damit.

LIX.

Da haben wirs! Sollte man doch schweren / der Mann wolle diese Bibliotheck selbst schreiben / wenns ihm nicht am NB. fehlte. Wer es auch sonst angreiffen will / der findet bey ihm schon artigen Vorschub und gute Anschläge. Denn er gibt ein Muster an der Bibliotheca Barberina, und weiß nicht / daß dieselbe aus allen Facultäten zusammen gesetzt / einfolglich ganz und gar nicht von der Art sey / die zu einer musicalischen Bibliothek erfordert wird. Beyläufig stehet zu beklagen / daß dieses sonst schöne Barberinische Werk keinen indicem materiarum hat / wie die Bibliotheca Hispana, (c) und also einer die beyden Folianten der Barberinischen nach der Reihe durchgehen / oder seinen Autorem, dem Namen nach / schon kennen muß / ehe er etwas finden kann. Mehr aber / als den blossen Namen und Titel / trifft er auch nicht viel an. Hätte man uns zu Mustern vorgeschlagen Bibliothecam Theolog. Angeli Roccham. Romæ 1594. 8. oder Bibliothecam Philosophicam Pauli Bolduani, Jenæ 1616. 4. oder desselben Bibliothecam Historicam. ibid. 1620. 4. und dergleichen / von einer Facultät handelnde / mehr / so wäre noch einiger massen raison darin gewesen; allein es hat nichts davon im Brossard gestanden. Es ist indeß ein grosser Unterscheid / aus allen Facultäten eine Bibliothek zu schreiben / und aus einer einzigen / raren / solche Sammlung zu machen. Jenes ist so leicht / als dieses schwer.

LX.

Sollte aber jemand mit Fug meynen / daß es (im Ernst) ein nützliches Werk drum wäre / dessen Gründe mögte ich gerne hören. Meines Theils will ich hie nicht untersuchen / ob mehr curieuses / als vortheilhafftes / in diesem pio desiderio stecke; wenigstens ist mir bisher ein Zweiffel darüber entstanden / welcher mich abgehalten hat / Hand anzulegen. Der grösseste Nutzen eines solchen Werks wäre wohl dieser / daß einige Verächter mit Verwunderung daraus wahrnähmen / wie viel grosse Gelehrte Männer ehmals dem musicalischen studio obgelegen / das itzt unter der Bank steckt.

LXI.

Was die Sprachen anlanget / dächte ich schon einigermassen damit zurecht zu kommen. Die Spanischen Auctores Musici sind so rar auch eben nicht / als mancher meynet: denn / daß ich des Salinæ geschweige / welcher der beste / und in meinen Händen / ist / so will ich unten noch eine ziemliche Reihe hin-

---

(c) Brossard nennet sie Hispanicam, und sagt, sie bestehe in 5 oder 6 Bänden. Meine heisset Hispana, bestehet aus 2 Folianten, und ist Ao. 1672. zu Rom gedruckt.

hinsetzen/ die Brossard weder gekennet noch genennet hat. Daß dieser den Beer nicht anführet/wie ihm N.N. vorwirfft/wundert mich nicht; aber/daß er seines grössesten so genannten Lands-Mannes/ des Lully vergißt/das/wundert mich sehr. Denn hat Lully gleich kein musicalis. A B C geschrieben/so hat er doch viele schöne practische Werke drucken lassen/ und verdienet bey allen Franzosen die Ober-Stelle. Daß inzwischen Dr. Pebusch in den Gedanken stehet/der contrapunto all' antiqua sey nirgend mehr/ als in Spanien/ zu finden: dabey habe sonst nichts zu erinnern/ als dienstlich zu bitten/man wolle solchen ehrenfesten/ alten Contrapunct daselbst fein sorgfältig behalten und verwahren.

LXII.

Das andre requisitum, wegen der Correspondenz / dürffte sich auch bey mir nicht lange suchen lassen. Es gehöret zwar Fleiß und Mühe/aber eben keine sinnreiche Ausarbeitung zu dergleichen Sammlung/ als bey welcher der Geist fast müßig ist/ und nichts zu thun hat. Man darff nur suchen/abschreiben und in Ordnung bringen: dazu wird Vorrath/Arbeit und Zeit erfordert; aber sonst wenig. Denn niemand kan viel de suo dabey anbringen: alles/ was er vorträgt/ muß mit Fleiß aus fremden Brunnen geschöpffet seyn. Diese Betrachtung ist/ unter andern/ auch Ursach/ warum ich mein ehmaliges Vorhaben/ in diesem Stücke/ so lange ausgesetzt und aufgeschoben habe.

LXIII.

Der volle Beutel wird gleichfalls eben so wenig / als ein grosses ingenium, dabey erheischet. Ich bin erbötig/ wenn sonst niemand will/ gleich einen Anfang damit zu machen / falls nur 4 biß 500 gute Subscribenten vorhanden sind. Wäre es also gar wohl einer Privat-Person Werk (denn was ein Musicus privatus für ein oppositum habe / davon kan ich mir keinen Begriff machen) und dürffte überall kein grosser Herr/ sondern vielmehr einige Gelehrte/ darum bemühet werden/ ihre Sammlungen mitzutheilen.

LXIV.

Brossard macht über 900 Autores nahmhafft / davon er/ seiner Sage nach/ über 200 ziemlich kennet / (d) 100 leicht aufzutreiben vermeinet; von 600 aber

---

(d) Es ist mir doch anstößig vorgekommen, daß der gute Mann, gleich in der ersten Classe, aus zwo Personen vier macht, nehmlich den Aristidem Quintilianum bringt er auch als Quintilianum Aristidom, it. den Cleonidem, f. Euclidem, noch einmal als Oclidem f. Aclidem f. Eulidem in Rechnung. In der andern Classe steht Lambertus Alardus, in der dritten aber Lampertus Alardus. Lippenius nennt ihn gar Lampadium. Anstatt Cirvelius setzt Brossard Cirvellus: Schreckenfu-

der Lehrreichen Meister-Schule II. Unterricht.

600 aber mehr nichts/ als die bloße/ sehr mangelhaffte; Benennung herzusetzen weiß. Mit diesen müste man es erst aufnehmen/ und gedächte ich/ auf obige Bedingungen/ schon etwas auszurichten. Niemand wird verlangen/ daß der Collector solcher Auctorum alle und jede derselben oculari inspectione kennen und handhaben soll: gnug/ wenn er von ihnen die Werke in ihrem Format/ mit dem völligen Titel/ so weit er zu erlangen/ samt dem Ort des Drucks/ und der Jahr-Zahl/ auch/ wenn es müglich/ eine kleine Lebens-Beschreibung der Verfasser/ so darstellet/ daß man sich einen Begriff daraus machen und weiter forschen könne. Auf solchem Fuß will ich Augenblicklich/ ohne vieles Suchen/ den Catalogum Brossardicum mit 4 biß 500 ansehnlichen Auctoribus vergrössern: davon ich aber alhier nur die blossen Nahmen zu verzeichnen Raum habe. Die beygefügten Buchstaben sind zu meiner eignen Nachricht/ damit ich heut oder morgen meine Fontes wieder finden kan.

Zusatz
Zum Brossardischen Register musicalischer Scribenten.

A.

Abaco, *dall*	C.R	Amende		M.O.
Acta Acad. Lips.		Amico *de*		B.S.
Acta Mompelgard.	R.	Amodei		ibid.
Adrastus	F.B.G.	Anders		C.R.
Agenor	ibid.	Anglebert *d'*		ibid.
Ahle	R.	Anonymi *accurater* Organist	R.
Alberti (J.F.)	M.O.	Anonym9 *Aretino antiquior*	F.B.G.
Alberti (P)	C.R.	Anonymi *Expositio &c.*	ibid.
Albicastro	C.R.	Anonymus *Boetii*	F.B.G.
Albinoni	ibid.	Anthemius		ibid.
Albinus	F.B.G.	Antony *degl'*		C.R.
Albiosus	B.S.	Aquilera		B.H.
Aldrovandini	C.R.	Archestratus		B.S.
Allegri	ibid.	Archytas		F.B.G.
Amatus	B.S.	Argyropulus		ibid.

Augu-

---

sius, statt Schreckenfus. Vieler andern verdächtigen Dinge zu geschweigen. Weil ich auch fand, daß er des Lippenii Bibliothecam gebraucht, so wollte dieselbe deswegen nicht nachschlagen; habe aber doch hernach sehr viele Autores darin antroffen, die Brossard nicht nennet, und also mein Register dereinst vermehren können.

Auguſtinus St.	⁖	B.I.	Broſſard	⁖ ⁖	M.
Avenarius	⁖	M.Z.	Brucæus	⁖	R.
Avicenna ⁖	⁖	F.B.G.	Bruhns ⁖	⁖	M.O.
B.			Brunmüller	⁖	C.R.
Babel ⁖	⁖	C.R.	Brunus ⁖	⁖	B.S.
Bagolinus	⁖	B.S.	Buononcini (G.)	⁖	M.
Balbi ⁖	⁖	C.R.	Burmeiſterus	⁖	R.
Balſamus ⁖	⁖	B.S.	Buſacca ⁖	⁖	B.S.
Barbeyrac ⁖	⁖	M.	Buſtyn	⁖	C.R.
Barre, de la,	⁖	C.R.	Buttner ⁖	⁖	M.Z.
Baſſani ⁖	⁖	ibid.	Buttſtedt	⁖	M.
Battiſtini ⁖		ibid.	Buxtehude ⁖	⁖	M.Z.
Bayer ⁖	⁖	C.L.	**C.**		
Bedford ⁖	⁖	A.E.	Cabezon	⁖	B.H.
Beer ⁖	⁖	M.O.	Caix, du,	⁖	C.R.
Begue, le, ⁖	⁖	C.R.	Caldara ⁖	⁖	ibid.
Bendicti ⁖	⁖	ibid.	Calvör	⁖	M.
Berent ⁖	⁖	Pl.	Campion ⁖	⁖	C.S.
Bernardi (B.)	⁖	C.R.	Caramella	⁖	B.S.
Bernhardi (C.)	⁖	M.O.	Cardoſo ⁖	⁖	B.H.
Bertouch ⁖	⁖	M.	Carolo	⁖	C.R.
Beſeghi	⁖	C.R.	Carolus (J.)	⁖	B.H.
Bianchi ⁖	⁖	ibid.	Caſſati ⁖	⁖	B.S.
Biber ⁖	⁖	M.Z.	Caſtiglionus	⁖	ibid.
Bingham ⁖	⁖	C.R.	Caſtrucci ⁖	⁖	C.R.
Bitti ⁖	⁖	ibid.	Catalanus	⁖	B.S.
Bleyer ⁖	⁖	M.Z.	Chaſſanæus	⁖	M.
Blocchius	⁖	R.	Chauvon ⁖	⁖	C.R.
Bodenſchatz	⁖	M.	Chiadino	⁖	R.
Bödiker	⁖	M.	Chiarettus ⁖	⁖	B.S.
Bohle ⁖	⁖	M.O.	Chiaula	⁖	B.S.
Böhme	⁖	M.O.	Clericus	⁖	C.R.
Bokemeyer	⁖	M.	Coberg ⁖	⁖	M.O.
Bomporti ⁖	⁖	C.R.	Colerus	⁖	M.Z.
Bonaſera ⁖		B.S.	Colonna ⁖	⁖	C.R.
Bonnet ⁖	⁖	M.	Conſtantius	⁖	B.S.
Bouſſet ⁖	⁖	C.R.	Corbera ⁖	⁖	B.H.
Brancifortius	⁖	B.S.	Corbet	⁖	C.R.
Bronner ⁖	⁖	M.	Corelli	⁖	ibid.

Cor-

Corvinus	M.	Fesch, de ibid.
Crofts	C.R.	Finger C.R.
Crousaz	M	Fiocco ibid.
Cucuma	F.B.G.	Fiore (A.M.) ibid.
D.		Fiore (A.) ibid.
Dandrieu	C.R.M.	Fischer M.O.
Dannhauer	F.	Flecha B.H.
Democritus	F.B.G.	Flohr M.Z.
Didymus	ibid.	Flottwell M.
Diez	A.L.	Fockerodt (J.A.) M.
Dieterich (C)	R.	Forchheim M.O.
Dieupart	C.R.	Formica B.S.
Diocles	F.B.G.	Francoeur C.R.
Dionysius	ibid.	Franc (G.) C.
Dodart	A.d.S.	Franck C.R.
Dreux	C.R.	Frere M.C.R.
E.		Friese M.
Ebeling	F.B.G. it. L.B.	Froberger M.
Ebner	R.	Fuenlana B.H.
Elerus	M.	Fuhrmann M.
Elmenhorst	S.	**G.**
Elucidationes in Cartesium	A.M.	Gabrieli C.R.
Enicelius	M.Z.	Gaffarellus F.B.G.
Epicurus	G.	Gallus B.S.
Eratosthenes	F.B.G.	Gasparini C.R.
Erkohrne, der	M.	Geminiani ibid.
Esquivel	H.B.	Gentili ibid.
Eve, d'	C.R.	Gerasinus F.B.G.
F.		Giglius B.S.
Fabricius (J.A.)	M.	Glaucus F.B.G.
Fabricius (W.)	R.	Glycæus ibid.
Facco	C.R.	Godeau C.R.
Fadini	ibid.	Golius F.B.G.
Fahsius	M.	Grand, le, C.R.
Falcke	M.	Grandi ibid.
Fatius	B.S.	Graupner M.
Fede	C.R.	Greber C.R.
Felice	ibid.	Gualtherus (Mon.) F.B.G.
		Guami

Guami	? ?	M.Z.
Guerrero	? ?	B.H.
Guilielmus	?	F.B.G.

H.

Hagiopolites	?	F.B.G.
Hainlein	? ?	M.O.
Haym	? ?	C.R.
Hakart	? ?	ibid.
Hammerschmidt	?	M.
Han	? ?	C.R.
Händel	? ?	M.
Hänfling	?	M.B.
Harnisch	? ?	M.Z.
Hase	? ?	M.
Helpericus	?	F.B.G.
Heraclides *Pont.*	?	ibid.
Heudeline	?	C.R.
Hineſtroſa *(de)*	?	B.H.
Holder	? ?	A.M.
Hottèterre	? ?	C.R.
Hugbaldus	?	F.B.G.

I.

Iades	? ?	F.B.G.
India, *de*	?	B.S.
Infantas, *de las*	?	B.H.
Ionſius	? ?	F.
Italia	? ?	B.S.
Iuſſov	? ?	R.

K.

Keiſer	? ?	M.
Keller	? ?	C.R.M.
Kemmerich	?	M.
Kerl	? ?	C.R.
King	? ?	ibid.
Klem	? ?	M.
Knüpfer	?	M.
Konink	? ?	C.R.
Kretſchmar	?	R.

Krieger (J.)	?	M.O.
Krieger (J.P.)	?	ibid.
Kuhnau	? ?	M
Kühnel	? ?	C.R.

L.

Lambert	? ?	C.R.
Lampadarius	?	F.B.G.
Lampe	? ?	ibid.
Langius	? ?	M.
Laudus	? ?	B.S.
Laurentius	? ?	B.H.
Lenthon	?	C.R.
Leo Sapiens	? ?	F.B.G.
Leo II. Papa	?	B.S.
Liebe	? ?	M.O.
Lorbeer	? ?	M.
Lombardus	?	B.S.
Lopez	? ?	B.H.
Luc (de St.)	?	C.R.
Lully	? ?	M.C.R.
Lutherus	? ?	M.

M.

Macharini	?	C.R.
Magirus (J.)	?	M.
Magirus (T.)	? ?	M.
Magius	? ?	B.S.
Majer	? ?	M.
Maillerie, *de la*	?	C.R.
Malcolm	? ?	M.
Manfredini	?	C.R.
Marais	? ?	ibid.
Marcello (A.)	?	C.R.
Marcello (B.)	?	ibid. M.
Marchand	? ?	C.R.
Maria, *de Sta*	?	B.H.
Marianus	? ?	B.S.
Marini	? ?	C.R.
Marotta	?	B.S.

Mars-

der Lehrreichen Meister-Schule II. Unterricht.

Marsmann		C.R.	Nucius		M.B.L.
Martin	St.	ibid.	O.		
Masciti		ibid.	Oeillet, l'		C.R.
Masecovius		M.	Olearius		R.
Maso		B.S.	Orgosinus		M.
Mathys (N.)		C.R.	Orme		C.R.
M.D.S.		ibid.	Ortez		B.H.
Menetrier		S.	Ouvrardus		F.B.G.
Merulo		M.	P.		
Metellus		B.S.	Pachhelbel		M.O.
Michaelis		M.O.	Pachymeres		F.B.G.
Mintanor		F.B.G.	paisible		C.R.
Mirus		M.	Palazottus		B.S.
Monca (la)		B.S.	Pancetius		F.B.G.
Monteclair		M.	Paolini		C.R.
Morales		B.H.	Parcham		ibid.
Morsia		B.S.	pasquini		ibid.
Morhoff		M.	pauli		M.
Moschianus		F.B.G.	pebusch		C.R.
Mossi		C.R.	Pediasmus		F.B.G.
Moti		ibid.	Penna		D.
Motta		ibid.	Porti		C.R.
Motz		M.	Petz		ibid.
Mouton		C.R.	Phyllis		F.B.G.
Mucianus		F.B.G.	Philibert		C.
Muller (J.)		M.	Pistocchi		C.R.
Muller (J.M.)		C.R.	Planes, de		ibid.
Murschhauser		M.	Podius		B.S.
N.			Poglietti		C.R.
Narvaez, de,		B.H.	Polaroli		ibid.
Navarra		B.S.	Pompa, de		ibid.
Neidhardt		M.	Porphyrius		F.
Neuhausen		M.Z.	Possevinus		F.B.G.
Nicasius		F.B.G.	Praxidamas		ibid.
Nicostratus		ibid.	Predieri		C.R.
Niedt		M.	Profius		M.Z.R.
Noort, van,		C.R.	Puteanus		M.
Novelli		C.R.	Purcel		C.R.

P   Pytha-

Pythagoras (Zac.)	F.B.G.	Schiff		M.
Q.		Schmidt (D.)		M.
Quointe	C.R.	Schmidt (J.C.)		M.O.
Quirsfeld	R.	Schmidt (T.)		R.
R.		Schopp		M.Z.
Rameau	M.	Schröder (D.)		M.O.
Rampin	C.R.	Schröder (L.)		ibid.
Rapis, de,	B.S.	Schultsen		C.R.
Rauch	M.	Schütze (G.)		M.O.
Reali	C.R.	Schütze (H.)		ibid.
Reinike	M.	Schütze (J.B.)		ibid.
Rhau	M.	Sciliceus		B.H.
Rhiemann	C.R.	Sclafanus		B.S.
Ribovius	R.	Sebaftiani		M.
Rogge	M.O.	Sellius		M.Z.
Roggius (N.)	R.	Senaillé		C.R.
Romano	C.R.	Senfel		B.G.
Rosenmuller	M.	Sieber		C.R.
Rosiers	C.R.	Simon, Socrat.		F.B.G.
Roffi	M.	Sinn		M.
Roux, le,	C.R.	Snep		C.R.
Ruimonte	B.H.	Soenius		ibid.
Rupert	M.O.	Somis		ibid.
S.		Spangenberg		M.
Salmafius	F.B.G.	Sperling		R.
Sanden, von,	M.	Stade		R.
Sartorius	M.	Steffani		M.C.R.
Sauveur	A.d.S.	Steinfurtana Jdea &c.		M.
Scacchius	M.	Stölle		M.
Scarlatti	C.R.	Stoltzenberg		M.O.
Scheerer	M.	Störle		M.O.
Scheibel	ibid.	Stricker		M.
Scheidt	M.Z.	Strunck		M.O.
Schein	M.O.	Sweerts		C.R.
Schelle	ibid.	**T.**		
Schenck	C.R.	Taglietti		C.R.
Scherard	ibid.	Teleman		M.
Schickard	ibid.	Tevo		ibid.
				Thei-

Theile			M.O.	Verso, *lo*,			B.S.
Theodorus, *Soph.*,			F.B.G.	Vetter			C.L.
Theogenis			ibid.	Vierdanck			M.O.
Thrasyllus			ibid.	Vincius			B.S.
Tibaldi			C.R.	Vintimillius			ibid.
Till, *von*,			M.	Visconti			C.R.
Tonini			C.R.	Vitali			C.R.
Topham			ibid.	Vivaldi			ibid.
Torrelli			ibid.	Vockerodt (G.)			M.
Tornesius			B.S.	Vossius (I.G.)			F.B.G.
Toscanus			ibid.	Vossius (J.S.)			ibid.
Trainitus			ibid.				
Trew			R.	**W.**			
Triller			M.	Weber			R.
				Wecker			M.O.
V.				Wilderer			C.R.
Valenti			B.S.	Williams			ibid.
Valentine (R.)			C.R.				
Valentini (G.)			ibid.	**Z.**			
Vallerius			R.	Zeidler			M.O.
Varro			F.B.G.	Ziani			C.R.
Venturini			C.R.	Zotti, *de*,			ibid.
Verulamius			F.	Zwingerus			M.
Veracini			C.R.	&c.	&c.		

LXV.

Zweyerley habe ich hiebey zu erinnern. Das erste ist: daß Brossard seinen Catalogum viel weiter hätte extendiren können/ wenn er sich nicht ein Gesetze gemacht/ lauter theoreticos darin anzuführen. Das andre ist/ daß ich solche Einschränkung für ganz unnöthig/ ja für höchst unbillig achte/ einfolglich weit anders zu verfahren gedenke. Unnöthig ist es / die practicos von der Bibliothek auszuschliessen/ weil sie den theoreticis gar keinen Schaden/ sondern vielmehr die Ehre bringen/ daß jene derselben Vorschrifften gefolget sind. Unbillig aber ist es/ so viele vortreffliche Leute/ samt ihren Namen und öffentlich-gedruckten Wercken/ der ewigen Vergessenheit zu übergeben/ aus Ursachen/ weil ihre Arbeit nun nicht mehr Mode ist: denn eben diese Ursache kann ich auch von den alten theoreticis in den meisten Stücken/ geben/ ja/ es ist aus manchem practico antiquo mehr zu fassen/ als aus dem besten theoretico contemporaneo. Wenigstens verdienet die verschiedene Art und Weise zu componiren eine genauere Aufmerksamkeit/ gibt auch mehr Licht in der

Historie/ als alle mangelhaffte Beschreibungen/ præcepta trivialia, millies recocta. Die berühmtesten Musici in der Welt sind practici gewesen: in den Bibliothecis, Hispana, Sicula &c. machen sie auch wahrlich den grössesten numerum aus/ wenn man sie recht einsiehet: ey warum solten sie denn nicht ihren Platz in einer Bibliotheca musica behaupten? der den Corelli einer Ehren-Säule würdig schätzt/wird ihm auch leicht ein Räumlein auf seinem Bücher-Borte gönnen. Keiser/ Händel/ Telemann 2c. haben noch bisher für unnöthig erachtet/ speculationes drucken zu lassen/und ich setze den Fall/ sie erachteten es noch ferner für unnöthig/ weil ihnen die reiche praxis besser anstehet: wer wolte diese grosse Männer deswegen nicht mit in seine Bibliotheck setzen/ da sie doch mit öffentlichen/ansehnlichen/ Zeugnissen ihrer virtù prangen/ und ihre Namen dadurch würcklich verewiget haben? Ich versichere inzwischen von jedem derselben/ ja von den meisten obangeführten/ wo nicht mehr/ doch wenigstens so viel zu melden/ als z. E. in der Bibliotheca Barberina von dem besten darin genannten Auctore zu finden ist. Und das kann genug seyn. Es haben sich auch schon verschiedene Gelehrte/ absonderlich der berühmte Herr Rector Bünemann/ Königlicher Bibliothecarius in Minden/ zur Beyhülffe gütigst erboten; welche denn aus dem Brossard und obigem Register ersehen können/ 1.) was mir abgehet/ und 2.) wovon ich bisher Nachricht habe. Weil auch mein Freund mit dem Herrn Doctor Pebusch so gross thut/und seine Familiaritè mit demselben allenthalben herausstreicht/ so zweifle nicht/ man werde daher einen grossen Zufluss bekommen/ und solchen dem publico mittheilen können. Ich will freundlich darum ersuchet haben. Doch bin ich/ als ein blosser Dornbusch/ nicht von der Einbildung/ hierunter einen König vorzustellen/ ehe und bevor der Weinstock/ der Oel- und Feigen-Baum es abgeschlagen haben.

LXVI.

Das nechste/ so N. N. vornimt/ ist Lully und sein Leben/ welches aus den Lettres historiques sur l' Opera de Paris, und aus den Hommes illustres de (e) *Perauld* (Perrault) gezogen und mir communiciret hat/ wie solches

---

(e) Pendent, an statt pendant: pourtraits, an statt portraits &c. sind Kleinigkeiten, die man einem Critico zu gute hält. Es sind aber der Brüder Perrault 4 gewesen. Der älteste war General-Einnehmer von Paris, Namens Pierre. Der andre ein Medicus, Baumeister und Physicus, der auch, Tome 2. des Essais de Physique, vieles von der Music geschrieben, und Claude geheissen hat. Der dritte war Doctor Theologiæ und hieß Nicolas. Der jüngste aber ein Mitglied der Französischen Academie, nennte sich Charles, und dieser ist es, der l' Eloge historique d'une partie des grands hommes du XVII. Siecle geschrieben, und zween Bände davon

ches bereits T. I. huj. Crit. p. 178. dankbahrlich angedeutet worden. Doch muß ich ihm dabey sagen/ daß auch der Auteur de l' Histoire de la Musique T. II. p. 168. Antheil an demjenigen nimt/ so ich davon geschrieben habe/und daß derselbe behauptet C. Perrault sey nur ein schlechter Held in solchen Dingen. Ich weiß ferner/ daß N. N. meine solchenfalls angewandte Arbeit/ hinter Rücks/ gar nicht hat loben wollen/ und wir also dereinst von ihm was bessers vermuthen müssen. Inzwischen macht gedachter Anonymus, nach seiner eignen Mode/ eine Lullysche Lebens-Beschreibung/ welcher ich in vielen Stücken gefolget/ und von der andern Nachricht glatt abgegangen/ bin: weil ich diese vernünfftiger und gründlicher fand. Daß Lully kein Frantzose hat seyn/ noch heissen/ wollen/ ist mir/ unter andern/ aus besagter Histoire kund geworden: denn erstlich hat er auf sich selbst ein Lied gemacht/ und solches offt gesungen/ das sich so anfängt: Moi, qui suis Florentin &c. Fürs andre hat der berühmte la Fontaine folgender gestalt von ihm geschrieben:

(f) Le Florentin
Montre à la fin
Ce qu'il sçait faire, &c.

LXVII.

Wenn auch mein Freund in diese Worte heraus bricht:
"Daß Lully soll Conseiller du Roi gewesen seyn/ wie der Herr Ca-
"pellmeister Thelemann/ in M. Hrn. Organisten Probe ausge-
"geben/ finde ich hierinn gar nicht. Es würde auch ein so merk-
"würdiger Umstand/ da diese beyde Werke alle minutissima von
"Lully untersucht/ nicht seyn verschwiegen worden. Ich glaube
"aber/ er wird in einer von seinen Opern/ so in Holland gravirt/
"so seyn titulirt worden. Aber die Holländer/ um Lullys
"Sachen loß zu werden/ hätten wohl noch mehr aus ihm machen
"sollen.
So heisse ich selbiges/ ungescheuet/ ein recht unbedachtsames critisiren/ und stehet zu verwundern/ wie weit die blinde Liebe zum Wiederspruch uns offt ver-

---

herausgegeben hat. In seiner Parallele des anciens & modernes bringt er viel zum Vortheil der heutigen Music bey. Brossard, der ihnen so nahe war, hat doch des letztern Vornamen nicht gewust, und nennet ihn bloß: le Sieur Perrault de l' Academie Françoise. Stehe das Diction. p. 360. Es soll aber weder hiemit, noch mit dem, was oben erinnert worden, diesem braven Mann nichts geschmälert werden, an demjenigen Ruhm, der ihm wegen seines Eisbruchs allerdings zukömt, und möchte ich, falls er noch lebet, gerne mit demselben correspondiren: habe mir auch deswegen Mühe gegeben.

(f) Contes de la Fontaine Tome II.

leiten/ verrahten und lächerlich machen/ könne. Weil es nicht im Perrault stehet/ daß Lully Königlicher Rath gewesen / so ist es auch nur ein Vorgeben. O du schönes Argument! Die beyden Werke/ daraus mein Freund so gelehrt geworden/ enthalten lange nicht alle minutissima von Lully und seinem Lebens-Lauff: das will ich bald beweisen. Das Buch aber/ davor sein rechter aufrichtiger Titel zu finden/ ist nicht in Holland gravirt/ sondern zu Paris/ 1658/ in groß Folio gedruckt/ und dem Könige Louis XIV. selbst zugeschrieben worden/ welcher vermuthlich wohl gewust haben wird/ wer Lully gewesen / besser/ als Charles Perrault, und andre. Daß auch den Holländern/ beym Abgang der Lullyschen Sachen/ so angst und bange gewesen seyn sollte/ wie vorgegeben wird/ reimet sich überall nicht mit der Grosachtung/ so die ganze musicalische Welt dafür bezeiget: und daß endlich dem Hrn. Capellmeister Telemann aufgebürdet wird/ als habe er etwas von Lully ausgegeben/ das sich nicht so finde/ darin geschiehet demselben sehr zu nahe/ als der schon weiß/ ohne eines andern Anmerkungen/ was er zu thun und zu lassen hat: absonderlich in öffentlichen Schrifften.

LXVIII.

Um aber/ versprochener massen/ zu zeigen/ daß nicht alles/ was mit Lully vorgefallen ist/ im Perrault stehe/ so beliebe man nur die Histoire de la Musique nachzuschlagen/ alwo sich T. II. p. 190. eine gar umständliche Erzehlung von den Würden und Titeln desselben findet: wie ihn nehmlich der König erst geadelt/ und ein guter Freund gesagt/ Lully sey glücklich/ daß er nicht durch alle Classen gehen dürffen/ sondern so gleich auf einmal zum Edelmann gemacht worden. Solches verdroß ihn/ hielt deswegen seinen Adels-Brief zurück/ und wollte denselben nicht/ wie sonst gewöhnlich/ registriren lassen. Als er aber einst zu St. Germain in der Comedie: Le Bourgeois Gentilhomme, die Rolle des Mufti selber sang/ und ungemein-grossen Beyfall erhielt/ ob er gleich nur eine Stroh-Stimme hatte/ gab ihm der König auch sein darüber geschöpftes Vergnügen zu verstehen. Lully nahm der Gelegenheit wahr/ und sagte zum Könige: er hätte Lust sein Secretair zu werden; die andern aber wollten ihn nicht zulassen. Wie so? frug der König/ warum wollen sie euch nicht annehmen? es wird ihnen ja viel Ehre daraus erwachsen. Gehtgleich hin/ und sprecht mit dem Kanzler. Alsofort verfügte sich Lully zum Kanzler/ le Tellier, und darauf lieff ein Gerüchte/ er würde Königl. Secretaire werden. Mr. de Louvois, der Staats-Secretarius nahm solches sehr übel auf/ denn er war auch von derselben Compagnie/ weil alle Staats-Secretarien daraus genommen werden. Dieser nun hielt dem Lully seine Verwegenheit vor/ daß er nach einem solchen Amte strebte/ und doch nichts anders wüste/ als die Leute lachen machen. Ey/ mein lieber Herr/ versetzte Lully, ihr

thä-

der Lehrreichen Meister-Schule II. Unterricht.

thätet es wohl eben so gerne / als ich; wenn ihr nur geschickt dazu wäret. Der König sprach hernach selbst deswegen mit dem Kanzler/ und derselbe fertigte das Patent aus. Lully gab ein herrliches Gastmal am Tage seiner Einschreibung/ und des Abends eine freye Opera. Da sahe man die ganze Kanzeley im Parterre / mit schwarzen Mänteln und Castor-Hüten/ auf den vordersten Bänken sitzen. Mr. de Louvois wollte endlich auch nicht der letzte seyn/ sondern führte sich wie ein guter Hoffmann auf/ und nannte unsern Lully/ bey der ersten Begegnung/ seinen Herrn Mit-Bruder. Diese Secretarien nun/ (bey denen neulich eine grosse Reduction vorgegangen) schreiben sich: Conseillers-Secretaires du Roi, d. i. Königliche Secretair-Räthe/ oder nach unsrer Mund-Art: Kanzeley-Räthe/ und werden einige davon à la pointe de l'Epée angenommen.

LXIX.

In puncto minutissimorum muß ich doch noch einen Umstand anführen/ welchen ich / bey der ehmaligen Beschreibung des Lullyschen Lebenslauffes/ nicht für wesentlich gehalten / und dannenhero mit Fleiß weggelassen habe. Es betrifft seinen Abschied von Mademoiselle. Weiß N. N. wohl/ wie es damit zugegangen? recht possirlich; aber die Sache ist nicht so leicht zu erzehlen. Ich will, meinem Autori folgen/ der führt aus den Recueils de Serei T. II, p. 11. folgende Verse an:

> Mon coeur outré de deplaisirs
> Etoit si gros de ses soupirs,
> Voyant votre coeur si farouche:
> Que l'un d'eux se trouvant reduit
> A ne pas sortir par la bouche,
> Sortit par un autre conduit.

Ein solcher Seufzer entfuhr auch zur Zeit der Prinzeßinn / bey welcher Lully/ erst als Küchen-Junge/ hernach aber/ als Kammer-Musicus/ diente / und dieser hörte etwas davon. Darauf wurden satyrische Verse gemacht/ und Lully brachte solche in Music; muste aber darüber/ ohne Sold und Abschied/ zum Hause hinaus. Das war das Ende vom Liede.

LXX.

Nun geht es auf mein Orchestre loß / und die arme Quarta bekömt den ersten Anlauff. Da trit/ unter andern/ der obgedachte Monsieur Historicus hervor/ und führet ein Intervallum an der Hand/ das nennet sich: Diatesseron; jedoch mit der wohlbedächtlichen Beyschrifft: id est Quarta. Auf alle hieselbst befindliche/ elende Einwendungen habe aber schon zur Gnüge im III. Orchestre geantwortet/ womit mein Opponens so wohl/ als andere geneigtere Leser/ hoffentlich zu Frieden seyn wird. Doch muß ich ein einziges artiges Argument/ nicht/ um dessen Krafft zu bestreiten/ (welches lange geschehen her ist) sondern um die Worte zu bewundern/ hieher setzen. Es lautet so/ und stehet in den Anmerkungen p. 43.

„So wenig ich sagen kan/ Octava oder Quinta majora:
„So wenig kan ich auch sagen/ Quarta majora.

Wir glauben es von Herzen gerne: Denn solches läßt sich gar nicht sagen / verstehet auch niemand hier zu Lande. Vieleicht ist es von den angenehmsten Flosculis Scacchianis entsprossen/ oder durch die Reise nach Bath erobert worden. Darauf erscheinet von meines Freundes NB. eignen Einfällen (so lauten die Formalien) eine Reihe Sexten/ die hinter einander hergehen/ wie natürliche Gänse/ und beweisen sollen/ daß die Quarta consonire/ auch mit der Quinta nahe verwandt sey. O ja/ eben so nahe/ als die umgekehrte Welt mit der aufrechten. Denn/ was die Italiäner falso bordone nennen/ ist keine Quarta. Aus dem verbotenen Quinten-Gange läßt sich auch nicht anders ad perfectionem Quartæ schliessen/ als so: Taugt jene nicht/ so nützet diese noch weniger. Die ärgsten/ halsstarrigsten Quart-Verfechter müssen gestehen/ ihre Clientin sey unstreitig im bicinüs übel dran. Ch'ella s' adopri poi per Dissonanza, si verifica ne' concenti a due. *J. B. Doni, Annotat. p. 16.*

LXXI.

Hiernechst erscheinet ein niedliches Werber-Stückgen/ darin der erste Theil b̄ zum Grunde/ und q̄ zur Ober-Stimme; der andre aber ḡ pro basi, und c̄ in excelsis aufweiset. Das sollen beyderseits Cadenzen seyn. Die modulatio ist erstlich im G, hernach im C, als finali: worinn/ von Rechtswegen/ alles hier aufhören sollte; und doch nicht thut. Hiemit nun ist der Quartæ Lebenslang geholffen. Der gute Mann merket aber nicht/ daß entweder eine dritte Stimme dabey in Gedanken erdichtet werde: virtualmente s'intende la Base tralasciata. Das heißt: man ersetzet im Geiste den ausgelassenen Baß/ wie denn die Fälle seiner Unter-Stimme/ ins g und c herunter/ jedem Gehör dazu Anlaß geben. Oder aber/ daß der gantze Satz/ als eine heterolepsis continua, anzusehen sey/ da diejenige Stimme/ welche eigentlich gravis seyn sollte/ in acutam verwechselt wird. Ein Paar Moscowitische Bären-Zieher/ denen der sogenannte Principal entlauffen/ mögten den ersten Theil tröstlich auf Trompeten blasen/ und sich im andern Theil/ alternativement, durch ein Paar Polnische Schalmeyen-Pfeiffer/ die den Dulcian zu Hause vergessen/ ablösen lassen. Eben der erste Theil dieses schönen Reuter-Stücks (o! daß ich Noten hätte/ und es/ zur Erbauung/ hersetzen könte!) ist sehr gut für einen Obristen von der Cavallerie, der den Paucker ersparen/ oder dessen Partey auf dem Maule pfeiffen lassen will; der andre könte unmaßgeblich auf einem Ball dienen/ wo etwa die Baß- und Tenor-Geige unter das

Fuß-

Fuß-Volck gerahten wären. Im Nohtfall sind solche zerstümmelte Erfindungen nicht schlimm. Es sind bicinia Venetiano - vel Neapolitano - Græca. Zu Satyren sind sie/ wie wir sehen/ auch behülfflich: eben wie des Pasquini Statua, die zwar einen Kopf und eine Brust/ aber weder Hände/ noch Füsse/ hat. Wer nun verstehet/was Hände und Füsse in der Harmonie bedeuten/ wird die application leicht machen können. Mich deucht/ eine solche mangelhaffte Figur/ sie sey Kohl-schwartz/ oder nur Asch-grau/ könne nichts beweisen. Wenn mein Modus z. E. C ist/ und ich will im Schluß eine Quartam darstellen/ so muß es nohtwendig F seyn. Ob das nun consonire ist die Frage? Sagt ein einziger fünffsinniger Mensch ja/ so will ich die Quartam gerne pro consonantia erkennen; eher nicht. Daß alle förmliche Endigungen eines bicinii in unisono, vel in Octava, wenigstens/ wenn sie noch so unvollkommen seyn sollen/in Tertia vel Quinta Modi, gemacht werden müssen/lese ich zwar bey allen braven Auctoribus, und unter andern/ beym G. M. Bononcini: es bekräfftig solches auch die tägliche Erfahrung; kein Mensch aber hat je gesagt/ daß solche ordentliche Endigung ebenfalls per Quartam geschehen köne: vielmehr will Bononcini derselben auch beym Schluß eines bicinii sogar alle Beyhülffe und Vorbereitung dazu absprechen/ wenn er so schreibt: Le Cadenze si facciano all' Unisono con la Seconda, e all' Ottava con la Settima; *e non mai con la Quarta*. So böse bin ich ihr doch lange nicht. Es läßt sich übrigens auch so wenig a sola resolutione in musicis schliessen/ als ab eventu vel accidente in der Logick. Der terminus acutus Secundæ bleibt meistentheils bey der Auflösung liegen: ist die Secunda deswegen eine Consonanz? Die Quinta resolvirt nicht selten in Tertiam: ist die Quint deswegen eine Dissonanz? Ein mehrers will mir vorbehalten/ wenn die Papiana zum Vorschein kommen werden: da wirds Mirakul setzen. Inzwischen/ wenn N. N. sagt: er glaube/ daß der Streit wegen der Quartæ bis ans Ende der Welt dauren/ und nimmermehr zu aller Menschen Satisfaction werde beantwortet werden: so beweiset er hierinn eine schlechte Urtheils-Krafft. Denn/ wo ist doch wohl der Streit/der zu eines jeden Vergnügen gehoben wird? Das ist unser Zweck nicht. Wenn wir Vernunfft und Erfahrung auf unsrer Seiten haben/ so bekümmern uns die unvernünfftigen und unerfahrnen nicht. So viel (ja fast zu viel) hievon.

LXXII.

Daß die beyden perpendicular-Streiche/ so wir annoch heutiges Tages einigen clavibus signatis vorsetzen/ das so genannte Gamma bedeuten sollen/ wie p. 66. Orch. I. gesagt wird/ kann mein Freund nicht begreiffen/ und muß ich mir die Mühe nehmen/ ihm hierunter das Verständniß ein wenig zu eröffnen. Ich nenne diese beyden Streiche eine Leiter/ und weiß nicht anders/ als daß

daß es derselben sehr gleich siehet/wenn man 5. parallel-Linien/ als so viel Tritte/ durch die besagten perpendicular-Striche ziehet. Ich sage auch/ daß diese Bezeichnung vom Griechischen Gamma herkomme/und nur den Namen/ aber nicht die genaue Figur/behalten habe. Ehe die claves signatæ gebraucht wurden/ schrieb man vorne auf den Linien die Buchstaben und Sylben der Länge nach über oder untereinander hin/ und theilte sie in zwo Reihen/ zwischen zween perpendicular-Strichen. Eine solche Bezeichnung hieß das Gamma, wegen des untersten Buchstabs/ nehmlich des Griechischen G. Hernach/ wie in den neuern Zeiten die claves signatæ aufkamen/und die Bezeichnung ins Kurze gezogen wurde/ blieb doch der alte Name/und wurde das Ding bald Gamma, bald Scala, durcheinander geheissen/ weil man sowohl die beyden perpendicular-Striche/ als auch das würkliche G. beybehielt/ und also von diesen Benennungen die Gründe hatte.

LXXIII.

Ein alter/ fundamentaler/ Französischer Autor, *Pontus de Thyard*, ehmaliger Bischof zu Chalons/ bekräfftiget dieses in seinem / sogenannten/ *Solitaire second*, p. 13. zu Lion Ao. 1550. in Groß-Quart gedruckt/ folgender Gestalt: Pour aisance de quoi il fut imaginé une disposition *d'eschelle* sur les iointures des dois dens la main gauche, nommée *Gamme*. Da redet er von der Guidonischen Solmisations-Hand/ und sagt/ daß eine solche Einrichtung der Leiter das Gamma genennet worden sey. Am Rande setzt er die beyden Worte/ als Synonyma, neben einander: *Eschelle ou Gamme*. Und darin stimmen alle andre mit ihm überein. Brossard schreibt so: Systême & Gamme sont a peu pres dans la Musique ce que les Alphabets sont dans la Grammaire. *Diction*. p. 155. Und vorher p. 120 lesen wir diese Worte: Scala (welches wohl Scala heissen soll) veut dire echelle. C'est ainsi qu'on nomme l'arrangement des six Sillabes de Gui Aretin, qu'on nomme autrement *Gamme*. Daraus siehet man/ daß Scala und Gamma einerley Ding bedeuten. Wo nun die Leiter stehet/ da ist auch das Gamma in diesem Verstande. Die Wörterbücher erklären das Gamma ausdrücklich durch die Leiter. *Ozanam* in seinem Dictionaire Mathematique p. 645. & 646. kann hierunter auch dienen. Am letzten Orte heißt es: On a dans la suite inventé un autre Systeme, qu'on appelle *la nouvelle Gamme*, quoi qu'on ne le commence pas par G. *Boyer* schreibt so: GAME, nom des notes de Musique disposez par ordre. Ludwig im Engländischen Lexico: *Gamut*, die Scala oder Leiter in der Music. ic. Ja/ ich stehe ganz fest in den Gedanken/ daß das Engländische Wort *Game*, welches allerhand Spiel bedeutet/ keinen andern Ursprung/ als unser

ſer Gamma habe. Man betrachte die artigen phraſes im Franzöſiſchen: on lui a chanté ſa Game; cela paſſe votre Game &c. und wundre ſich denn/ über die Benennung der muſicaliſchen Leiter. N. N. ſelbſt führt beyde Worte unten/ aus dem Broſſard/ als ſynonyma, an/ und doch macht er hier ein ſolches Mirakul daraus.*

LXXIV.

Die nechſte Einwendung hiebey iſt/ es müſte ſolches Gamma græcum bey den G-Schlüſſeln/ oder bey den Bäſſen/ eher Statt finden/ als bey den C-Schlüſſeln/ deren Orch. I. l. c. gedacht wird. Hierauf erwiedre/ daß unſre itzige C-Schlüſſel/ als da ſind: Discant/ Alt und Tenor/ vor Alters an keinem Buchſtab gebunden/ ſondern in jedem Modo einer Aenderung unterworffen geweſen/ und nur allein das Gamma allenthalben beſtändig hingeſetzt worden ſey. Unſer itziges Tact-Zeichen/ C, war damals ein Schlüſſel-Zeichen: wenn ſolches eine Erniedrigung per Quintam andeuten ſollte/ wurde daſſelbe nur umgekehrt/ ↄ, und das Gamma/ oder die Leiter/ daran gehänget. Davon komt vermuthlich unſer itziges Baß-Zeichen noch her/ allwo die Leiter hinter dem umgekehrten ↄ poſtiret wird/ ob wohl einige die ſcalam auslaſſen und nur 2 Puncte allein hinſetzen/ welches vor dieſem zwo/ auf gewiſſe Art an ein ander gehängte/ Noten waren/ die das F anzeigten. Solcher verdorbenen Schreib-Art kann ich nun nicht wehren/ vielweniger etwas davor/ daß der G-Schlüſſel/ ohne Zuſatz der Leiter/ den hohen Discant andeutet/ und alſo die ſcala würklich/ dem heutigen Gebrauch nach/ nur bey den C-Schlüſſeln erſcheinet.

LXXV.

Was aber eigentlich das Gamma Græcum betrifft/ welches mein Herr Cenſor bey dieſer Gelegenheit Hypo-Proslambanomenon (g) nennet/ ſo ſchreibt Gibelius davon am beſten (h) und ſagt: Aretinus habe den Clavem hinzugethan/ und ihn/ NB, zum Unterſchied der überliegenden Octavæ G, (ſo mit einem groſſen Lateiniſchen Buchſtab bezeichnet war) mit einem groſſen Griechiſchen Gamma bekleidet. Die Griechen aber ſelbſt deuteten ihn nicht alſo an/ ſondern mit einem liegenden Omega quadrato, und wurde ſothanes

---

* Alexander Malcolm, in his Treatiſe of Muſick, vvil teach my Friend, p. 555 hovv the Scale came to be call'd the Gamm. Der Mann, mit dem ich zu thun habe, verſteht Engländiſch: darum ziehe ich dieſes an.

(g) Uns iſt zwar nicht unbekannt, daß der im Griechiſchen gantz unerfahrne Guido dieſen Kauderwelſchen Namen geſchnitzelt, und Broſſard denſelben ſo nachgemahlet habe; der Grund aber, den dieſe Flickerey hat, iſt in der Griechiſchen Muſic eben ſo ſeicht, als in ihrer Sprache. In dieſer wäre es ſo viel, als die Zugabe einer Zugabe. Kein Griechiſcher Scribent gedenkt eines ſolchen Worts.

(h) Libro de Vocibus, p. 28.

Zeichen bey ihnen für die erste Note gehalten. (i) Irren demnach / sagt Gibelius, diejenigen / welche meinen und vorgeben / ob sollte das Gamma hinzu gethan seyn / den Griechen zu Ehren und Gedächtniß / weil von ihnen die Music auf die Lateiner gebracht: welche Meynung auch unter andern wiederlegt Vincentius Galilæus, in seinem Dialogo p. 94. 95. Gibelius aber saget nicht/ daß diejenigen irren / die in den Gedanken stehen / Guido habe sich damit Airs geben wollen. Denn / warum hätte er nicht lieber das Omega quadratum jacens, more Græcorum, als sein Gamma, und dessen thörichte Benennung/ dahin setzen können? welches letztere vor ihm kein Mensch je gethan hatte: sintemal die Griechen im Modo Hypodorio, unter ihrem Proslambanomeno (Der beym Aristide Quintiliano userm A verglichen wird) noch eine chordam gehabt / die sie / obbemeldter massen / nicht mit dem Gamma, sondern mit dem liegenden Omega quadrato bemerket / und deswegen gar nicht benennet / noch in die Rechnung gebracht haben / weil der Klang / nach ihrer Stimmung / der Tiefe halber / nicht wohl vernommen werden kunte. Denn so schreibt *Aristides Quintil.* L. I. *de Musica, p.* 24. Si ulterius remittere nequeamus, erit Hypodorius, proptera, quod primus sonus, qui audiri potest, Hypodorii proslambanomeno sit terminatus. Sin clare audiatur, conspicere conabimur, quanto superet Hypodorii proslambanomenon, hoc est, eum, qui natura est gravissimus. Und *Meibomius, in Notis ad Euclid. p.* 51. Hujus enim infimæ notæ sonum, tanquam principium reliquorum omnium veteres adsumebant, sed qui clare & *canore* exaudiri non posset. Quare etian nullo peculiari nomine ipsum signarunt. Davon wuste nun Aretinus nichts rechts / nahm also sein Gamma, vornehmlich zum Unterschied des Lateinischen G, auch vielleicht beyläuffig seinen Namen damit auszudrücken. Denn die einfältigsten Leute sind die aller-Ehrsüchtigsten. (k) Daß er aber auch seine Einfalt und Unwissenheit in der alten Music mit diesem hypoproslambanomeno dargethan/ weiset ihm Meibomius in notis

---

(i) Der Ort beym Aristide heißt L. I., mihi p. 25. also: Si, qui omnium est gravissimus, Hypodorium per tonum in grave remittamus, ipsum ℔ (Omega quadratum jacens) sumimus notarum principium. Das will aber doch nicht sagen, wie Gibelius meinet, ob sey dieses Omega für einen Anfang aller Klänge und Zeichen genommen worden; sondern nur daß, wenn der Modus Hypodorius um einen Ton tiefer hat sollen gesetzt werden, alsdenn dieses Omega die äuserste Tiefe bedeutet habe. Denn ἀρχή heißt nicht nur principium, sondern auch extremum.

(k) He meant to record himself, (that Letter being the first in his name) as the improver of Musick. Alex. Malcolm. p. 555. Treat. of Mus.

tis ad Euclidem p. 51. wenn es heißt: Tonum infimo loco a Guidone adsumtum esse ex antiquæ Musicæ ignorantia vere adfirmare possumus; neque novis chordarum nominibus hic erat opus &c.   Es mögte inzwischen der gute Mönch wohl etwas von diesem sono extremo in Baß gehöret haben: daher muste sein liebes Gamma nicht nur dessen Stelle vertreten/ sondern auch die scala allenthalben damit bedeckt/ja gar zuletzt darnach genannt werden.

LXXVI.

Wir wissen aus alten Membranen/ daß man auch im Baß/ nebst den gewöhnlichen Zeichen/ noch dazu das hochgeehrte Gamma, so wohl auf die erste/ als andre Linie/ gestellet hat/ wie denn die lieben Alten solchen clavem Gamma-ut genennet/ weil man daselbst/ nach der Solmisation, das werthe UT zu singen pflegte.   Summa/ es ist das Gamma allenthalben den besondern Schlüsseln bey- und vorgesetzet/ einfolglich gleichsam zum Passe-par-tout, oder Haupt-Schlüssel gebraucht/ die Figur aber/ successu temporis, von unverständigen Schreibern/ zerstümmelt/ und nur der kahle Name beybehalten/ worden.   Barbaras & ignotas propemodum figuras, nennt sie Erycius Puteanus, ex avorum, partim nupero ac recenti, usu Scriptionis.   Im Choral-Gesang war die Verdoppelung der clavium am allergebräuchlichsten/ und hatte nicht nur im Baß/ sondern vornehmlich bey den C-Schlüssen Statt: da man denn häuffig ein Gamma und ein C, ja/ nicht selten ein Gamma, ein C und noch ein F dazu/ vorgezeichnet findet/ welches just unsre claves signatæ alle drey sind/ davon das Gamma der Grund gewesen.

LXXVII.

Wem es/ nach allen diesen/ noch fremd vorkömt/ daß die beyden perpendicular-Striche/ welche oben an ein Paar Parallel-Linien stossen/ das Gamma bedeuten oder heissen/ der wird sich noch mehr wundern/ wenn er in alten Noten siehet/ wie wunderlich ehmahls der F-Schlüssel bezeichnet/ und was endlich daraus worden ist.   Wer sich in Historia Musicæ signatoriæ nicht viel umgesehe hat/ der kan solches/und viele andre Sachen/ nicht begreiffen. Warum es aber nur bey den heutigen C-Schlüsseln/ und nicht bey den andern geblieben/ dessen kann man/ mit gar wenigem Nachdenken/ die Ursache darin finden: Daß eben die C-Schlüssel diejenigen sind/ so am häuffigsten vorkommen/ und an welchen/ wegen des vielfältigen Gebrauchs/ noch dieses Überbleibsel einiger massen behangen blieben ist.   Zu dem finden wir auch die rudera scalæ noch bey unsern heutigen Baß-Schlüsseln; bey den G-Schlüsseln aber/ weil sie schon selbst das Gamma bedeuten/ ist wohl nie nöthig gewesen/ noch eines hinzusetzen.

Zeitungen.

Weitere Nachricht von dem Marcellischen Psalm-Werck aus Venedig. Der dritte Tomus hat eine etwas längere Vorrede, als der zweyte, und wird darin angedeutet 1.) Daß der 6te Psalm auf die Melodie des Hymni Dionysiani * in Solem gerichtet ist, und daß man solchen, mittelst der Anleitung des Alypii und Gaudenii entziefert habe: bey welcher Gelegenheit ein wenig ausführlich von der Griechischen Noten-Schreiberey, und ihren musicalischen Materien gehandelt, auch die Melodie der Harmonie vorgezogen wird, wenn es heißt: Le materie eran vestite non già da strepitoso concerto a più parti, che non può mai non prejudicare o poco o molto all' intelligenza delle parole e de' sensi; mà da una semplice natural melodia. D. i. Die Materien, oder Texte, waren gezieret, nicht mit einem lermenden Concert von vielen Partheyen, als wobey der Worte Verständlichkeit und der Sensus unumgänglich zu kurz kommen; sondern mit einer schlechten, natürlichen Melodie. 2.) Wird berichtet, daß der 18te Psalm mit dem Hymno Homeri in Cererem, aus dem Modo Lydio, versehen, und solcher Hymnus aus dem Gaudentio erkläret sey. 3.) Wird bey Gelegenheit des 17ten Psalms, der durch viele, so genannte fremde Töne gehet, weitläufftig erhärtet, daß man unrecht thue, statt zweyer chromatum duplicium, ein chroma simplex zu setzen, wie heutiges Tages geschicht, aldieweil das letztere nur, ex instituto, die Erhöhung eines Quart-Tones bedeutet. ** Und das ist kürzlich des Vorberichts Inhalt. Darauf folget ein Lob-Brief von Hrn. Doctore Bosselini aus Modena, an den Hrn. Marcello, worin gesagt wird, daß niemand, als der in der Platonischen Philosophie zu Hause gehört, die Kunst dieser Psalmen begreiffen könne, ingleichen, daß D. Antonio Balugani und der Hr. Francesco Ferrari, bey selbst-verrichteter Absingung des dritten Psalms im ersten Tomo, heisse Thränen vergossen haben. Die Parafrasi des 15. 16. 17. und 18ten Psalms beträgt fünff, die Partitur aber etliche 30. Bogen. Von jener wollen wir, zur Probe, den letztern Vers hersetzen, der, wie die meisten andern Endigungs-Worte, mit einem Reim versehen ist.

Pf. 18. V. 16,	*Ne l'alta tua, Signor, pietà infinita*	Domine, adjutor
	Stà la Salvezza mia, stà la mia vita.	meus & redemtor.

Was endlich die Composition dieser vier Psalmen im dritten Tomo betrifft, so ist solche sehr fleißig ausgearbeitet worden, ungeachtet der 15te Psalm nur ein Alto solo, der 16te a due Tenori, der 17te Alto, Tenore e Basso, und der 18te allein mit vieren, nehmlich Alto, due Tenori e Basso, bestellet ist. Aus der im 15ten Psalm angebrachten Ebräisch-Teutschen intonation wird abermal ein solches Air de mouvement, als p. 63. & 64. T. II. Cr. aufgeführet, und zwar a tempo di Gavotta, mit beygefügtem presto. Die Worte handeln auch von alle-

---

* Vid. Orch. III. p. 405. Musath. Erycii Puteani edit. Hanov. c. 18. p. 32. Galil, Salmas. & alii.

conferire hiebey die Organisten-Probe p. 239. sq. vielleicht ist eins und an... heißt zu verbessern oder hinzu zu fügen.

der Lehrreichen Meister-Schule II. Unterricht. 127

allegrezza, &c. Dieses Solo ist sonst durch und durch von einem arbeitsamen Violoncello vergesellschaftet. Mit dem aus obgedachtem Griechischen Hymno entlehnten Subjecto des 16. Psalms gehet es hergegen desto ernsthaffter zu/ und singen die Tenöre den ersten Satz gantz und gar all' unisono; der Baß aber führt dabey eine Zoppata. Bald hernach kömt wieder eine Ebräisch-Spanische intonatio, die gleich den vorigen/ aber fast noch galanter und lebhaffter/ ausgeführet wird. Im 17ten Psalm fehlt es auch nicht hieran: denn/ nach vielen ernsthafften und wohl-ausgearbeiteten Sätzen/ erscheinet eine Ebräisch-Spanische intonatio, welche sich in einem presto a 3 recht von Hertzen lustig hören läßt. Darauf findet sich eine Ebräisch-Teutsche/ aus welcher ein sehr artiges thema genommen wird/ das die eine Stimme presto vor, und denn der gantze Chor/ theils Octaven, weiß/ theils in unisono, nachsinget. Man kan sich dabey auch den Jüdischen Gesang recht natürlich vorstellen/ weil es ziemlich plappert. Ferner wird die intonazione del quinto Tono ecclesiastico ein- und mit Gegen-Sätzen sehr nervös ausgeführet. Der Anfang des 18ten Psalms ist vortrefflich lebhafft/ und enthält einen Wechsel-Chor/ da eine Stimme allein vorsingt. Darauf folget 1.) ein ernsthaffter Moteten-Satz; 2.) eine fuga sciolta; 3.) ein gemischtes Wesen im $\frac{1}{2}$; 4.) ein allegro mit wechselnden Stimmen und gebrochenem Baß; 5.) eine Ebräisch-Spanische intonatio, daraus ein Altosolo, largo, erwächst/ und mit einem violoncello vergesellschaftet wird. Der Chor wiederholt etwas davon/ darnach geht das Solo weiter/ und wechselt mit dem Chor ab; 6.) Ein adagio von 4. Stimmen allein/ daß sich in einen concertirenden Recitativ verändert; 7.) Ein Stück aus dem Hymno Homeri, presto e tutti unisoni, mit einem bunten Baß; sonst aber wie ein schlechter Choral-Gesang/ auch all'ottava; 8.) Ein kleines adagio a 4. und endlich zum Schluß die Intonatio octavi Toni ecclesiastici in einer Fuge.

Husum. Es stehen gewisse Dorff-Prediger hiesigen Districts in den prejudicieusen Gedancken/ als ob die von dem Auctore Criticæ heraus gegebene Schrifften nicht sämtlich aus dessen Feder geflossen. Pars III. Orch. kömt ihnen am allerunglaublichsten vor/ von einem Musico gemacht zu seyn. Und ob man gleich besagten Geistlichen eine wohl sehnfache distinktionem inter Musicos gemacht/ auch ihnen des Auctoris Eigenschafften vorgestellet hat/ sind sie doch allezeit darauff bestanden: es sey ein Geistlicher Meister bey Verfertigung besagten Wercks gewesen.

Der Auctor Criticæ bedancket sich zuförderst für die Mittheilung dieser sonderbaren Zeitung/ und ist den respective Herrn Dorf-Predigern besagten Districts zum schönsten für ihre/ ob gleich irrige/ Meynung verbunden: weil ihm dadurch mehr Ehre wiederfähret/ als durch den grössesten Plinischen Panegyricum. Weil die Herren aber doch wohl eben nicht in der Absicht auf ihren fünf Augen bestehen/ als sollte dem Auctori daraus ein Vortheil erwachsen; sondern vielmehr/ damit sie seine Schrifften/ wo müglich/ verdächtig machen mögen: so muß er sich mit wenigem dagegen schützen/ und ihnen hiermit auf das glimpflichste die Versicherung geben/ daß er gantz und gar derjenige nicht sey/ für welchen sie ihn ansehen/ nehmlich für einen/ der mit andern Kälbern pflüget.

Erstlich müste es ein gar seicht-gelehrter Theologus seyn/ der da glauben wollte/

te / daß die wenigen Anmerkungen / so hin und wieder Parte III. auch wohl in fine Partis II. Orch. auffstoßen / eben eines besondern Geistlichen Meisters bedürfften: denn dieser muß wohl / wo mir recht / aus ganz andern Augen sehen. Und dennoch gibt es Leute / die sich einbilden / niemand / als ein Geistlicher / wisse was von der gesunden exegesi. Sie äffen jenem Apotheker-Jungen nach / der da sagte: Ihr Herren / riecht ihr was / es kömt von mir.

Zweytens müssen diejenigen einen schlechten Begriff von dem Lob- und Danck-Opfer GOttes haben / die einem Capellmeister / der die Heil. Schrifft täglich mit Andacht lieset / die besten Ausleger / absonderlich aber die Engländer (doch mit Unterschied) zu Rathe ziehet / und alle seine Geistl. Compositiones, den Worten nach / an dergleichen Probier-Steinen streichet / die Fähigkeit absprechen wollen / eine und andre gute theologische / zu seinem Amte gehörige / Gedanken zu führen. Unser voriger Stadt-Cantor hier in Hamburg / Jochim Gerstenbüttel / war ein braver / mehr als gemeiner / Theologus, und zierte seinen Beruf damit / sowohl im Lehren als im Leben.

Solls denn ja ein Geistlicher Meister seyn und heissen / der bey Verfertigung des III. Orch. zugegen gewesen / so mögte man drittens wohl wissen / wohin ein Canonicus, ein Capellmeister / ein Vicarius, ein Choragus, anders / als ad Clerum zu ziehen? Wenn dereinst des Auctoris bereits ziemlich angewachsene Arbeit de Mandato divino circa Musicam Ecclesiasticam, mit der Hülffe GOttes / zum Vorschein kömt / so wird sich darin mit mehrern weisen / wie weit er obigen Carasteren gewachsen / und wie fern ein damit versehener Musicus sich in thelogicis umgesehen haben müsse; ob er gleich deswegen keinen Theologum ex professo abgeben darff. Das sonst die meisten Musici so wenig von der Gottesgelahrtheit wissen / als die meisten Theologi von der Musik / ist wohl mehr zu beklagen als zu läugnen.

Viertens und letztens hat der Auctor gar zu viel Neider und Feinde um sich / daß es auch nur einen Tag verschwiegen bleiben sollte / wenn er sich die Lust zum fremden Feder-Schmuck jemahls ankommen ließe. Das ist die lautere Wahrheit / unter deren Schutz hiemit aller Welt Trotz geboten wird / daß einer auftrete und sage / er habe dem Auctori nur im geringsten Stücke die Hand geliehen. Indessen bleibet es wohl wahr:

Non minus periculum ex magna fama, quam ex mala.

Tacit. in vita Agricol.

CRITICA MUSICA
P. VI.
Der Lehrreichen Meister-Schule Dritter Unterricht.

Nec eò tamen hæc trahi velim, quasi nuspiam offendisse me arroganter asseverem; aut, ubi meruerim, culpari abnuam. Unum deprecor: judicium ne præcipitetur, neve ad primam nævi speciem veru ac nigrum theta plagosus Censor expediat.
Possinus in Præfat. ad Pachymer.

LXXVIII.

Wenn ich im Orcheſtre I. von Doctoribus und Licentiatis rede/ so sagt mein Freund/ er habe den letzten Titel nimmermehr in England gehöret / es müſten denn die Baccalaurei darunter verstanden werden: weiſet uns derohalben auf Gui Miege, als wenn wir hier auf Capo di Bona Speranza, oder nicht weit von Nova Zembla, wohneten/ und / über Moskau her/ Nachricht vom Engländiſchen Staat holen müſten. Gui Miege, iſt lange in originali gelesen worden / ehe ihn Weidemann übersetzen laſſen / und ich glaube unmaßgeblich/ daß ſehr viel in England iſt / ſo nicht in dieſem Auctore ſtehet. Wegen des Licentiaten-Titels überhaupt gibt doch der Weidmänniſche Miege ſchon einige Nachricht/ die unſerm Opponenti entwiſchet ſeyn mag: denn Tomo I. p. 250 ſtehet eine Liſte der Sociorum, Candidaten/ Sociorum honorariorum, und (NB.) Licentiaten des Königl. Collegii Medicorum zu London/ und in derſelben werden etliche 30 Licentiaten mit Namen und Zunamen genennet. Welches genug beweiſet/ daß ein ſolcher Titel in England gebräuchlich ſey: ob gleich dieſes Verzeichniß nur von Aertzten redet.

LXXIX.

Ein Baccalaureus aber iſt in England mit groſſem Unterſcheid zu nennen / und von zweyerley Art. Baccalaureus artium iſt weniger / denn ein Magiſter. Dieſen letzten gradum kann keiner annehmen/ ehe er 3 Jahr Baccalau-

Laureus artium gewesen ist: wie könte es denn einen Licentiaten bedeuten? Aber ein Baccalaureus Theologiæ &c. wird niemand/ als wer 7 Jahr Magister gewesen ist. Gui Miege kann uns hierin auch / was die gradus musicos auf Universitäten betrifft/ nicht scheiden: denn er führet nur in seiner Beschreibung die Stuffen der Theologorum allein an / bey denen der Baccalaureus facultatis etwa dasjenige bedeutet/was/bey den Medicis und andern Facultäten/ die Licentiati sind.

LXXX

Man nennet die Gelehrten/ausser der Universität/Ehren-halber/fast alle mit einander Doctores, in England; wenn sie auch gleich gar keinen gradum haben: und dahero ist der Licentiaten-Name ieço daselbst so unbekannt worden/ womit es vormals/ da die Schmeicheley noch nicht so hoch stieg/eine andere Beschaffenheit gehabt haben mag. Alles ist bey dergleichen promotionen auf das Geld angesehen;sintemal ein Magister 30/ ein Doctor aber/bey Erlangung seiner Würde / 100 Pfund entrichten muß. Zu Cambridge ist kein eigentlicher Professor Musices; aber wohl ein Lector, wie im Collegio Greshamensi, zu London. Hergegen ist ein solcher Professor zu Oxford. Wie ich auch vernehme/ braucht man heutiges Tages so viel Jahre und Stuffen nicht zum Doctorat,absonderlich in der Music/zu gelangen/ als vor diesem: also kann es endlich wohl seyn/ daß es anitzo keine Licentiatos Musices mehr gibt/ sondern jeder gleich zum Doctor wird / so bald er nur auszahlt.

LXXXI.

Der itzige Ober-Organist bey der Königl.Capelle ist Doctor,und hat jährlich 240 Pfund Sterling: die machen über 1200 Rthl. unsers Geldes aus. Der Unter-Organist bekömt 140 und also über 700 Rthlr./ welches gewiß gute Organisten-Einkünffte sind; die aber auch / meistentheils / wieder darauf gehen. Und solches verdienet bemerket zu werden. Einen Capellmeister hält der König von England nicht/ quà Rex; sondern sein Ober-Organist componiret die Stücke / unterrichtet auch die Chor-Knaben / und hat dafür absonderlich 73 Pfund: so/ daß sich seine Einkünffte/ bey nahe / auf 5000 Mark Lübisch erstrecken/ der Accidenzien zu geschweigen. Mehr Nachricht von der Königl. Engländischen Capelle gibt Gui Miege, im ersten Band des Gros-Britannischen Staats p. 1071. Es wird daselbst einer von den Clerks (i. e. clericis: denn man rechnet alle Chor-Sänger zur Geistlichkeit oder zur Clerisey) Namens William Morley, angeführet/von welchem/in der St. James Evening Post, No. 1008. Nov. 4. 1721. dieses gemeldet wurde: On Sunday last dyed Mr. William Morley, Batchelor in Musick, one of the Gentlemen of
His

His Majestyes Chappel Royal, and of the Choir of Westminster. Welches ich deswegen hier einzuschalten werth halte/ weil daraus erhellet/ in was für Hochachtung man am Engländischen Hofe die Kirchen-Musicos habe/ so daß/ wenn einer davon verstirbt/ solches/ als etwas beträchtliches/ den Zeitungen einverleibet werden muß/ und zwar mit allen Ehren-Titeln. Dieser Morley war Baccalaureus Musices, welcher Gradus vieleicht heut zu Tage/ anstatt der Licentiæ, gebraucht wird. Ich habe aber im Orchestre nach unsrer Mund-Art reden/ einfolgl. Doctores und Licentiaten zusammen setzen müssen/ weil ein Licentiatus nichts anders ist/ als einer/ der Urlaub hat zu practisiren. Aber man muß doch einen solchen Baccalaureum certæ Facultatis nicht mit den Baccalaureis artium vermischen. Gui Miege gibt auch p. 509. Nachricht von dem Range/ so die Doctores Musices in England haben/ nehmlich: daß dieselbe den Edelleuten vorgehen/ und ihre Stelle nach den Rittern behaupten. Welches zwar/ zum Theil/ von meinem guten Freunde auch bemerket worden; doch mir erlaubt seyn wird/ den geneigten Leser Nachricht davon zu ertheilen.

LXXXII.

Wenn aber N. N. sagt/ daß die Erz- und andre Bischöfe nur schlechtweg Doctores genennet werden/ so irret er. Ihr Titel lautet so: The Right Reverend (bey den Erz-Bischöfen: Most Reverend) Father in God, JOHN, oder wie er sonst mit Vornamen heißt/ Lord Arch-Bishop of C. &c. Und wenn sie geheime Räthe dabey sind/ one of His Majestyes most honourable Privy Council. Es kömt aber in diesem geschriebenen Titel/ bey polirten Leuten/ gar kein Doctor zum Vorschein/ es mögten denn bey einigen/ die es gar genau im Schreiben suchen/ die beyden Buchstaben: D. D. hinzugesetzt werden/ welche einen Doctor of Divinity, i. e. Theologiæ, bedeuten. Der gemeine Mann nur bedienet sich des Doctor-Titels im Reden/ wenn er die Bischöfe bey ihren Zunamen nennet/ und meinet/ es stecke was sonderlichs darin; feine Leute nennen keinen Bischof Doctor, sondern MyLord, wenn sie ihn anreden/ und im Schreiben nicht bey dem Zu- sondern Tauff-Namen. Der Pöbel heißt auch jeden Dorff-Pfaffen und Marktschreyer in England Doctor. Wie denn dieser Name nirgend in der ganzen Welt und in keinem Lande gemeiner ist/ als in Gros-Britannien: weil er auch Leuten beygeleget wird/ die überall nicht den geringsten Gradum haben/ noch die geringste Gelehrsamkeit besitzen.

LXXXIII.

Nun kömt was Verständiges/ daß ich von Wort zu Wort herneßen muß. N. N. schreibt p. 50. seine Anmerkungen also:

„Da ich p. 70. (im I. Orch.) fande/ ⅜ zeiget Sechs-viertel an/ als „so viel membra des Tactes/ welche per thesin & arsin &c. kam mir

„solches sehr wunderlich für/ (vor) denn ich habe mit den Engländern diese Worte allezeit von den umgekehrten Fugen verstanden/ „wie ich denn diese Worte nirgends anders/ als hiebey/ observiret „hatte; Ich will 3. E. eine Fuga (Fugam) hersetzen/ und zeigen/ „was die Engländer Fugam per arsin & thesin nennen.

Darauf folget ein liebliches Exempel in Noten/ und die Beschreibung einer solchen Fuge aus dem Brossard/ mit beygehender geschenkten Betrachtung:

„Hier ist eben meine Meynung auch von Italiänern bekräfftiget; „jedoch wie ich im Brossard weiter nachschlug/ so fande ich bey dem „Wort Thesis: c'est ainsi que plusieurs nomment le premier tems „de la Mesure &c. Ich finde aber der Fugen per arsin & thesin in „MHrn. Werken mit keinem Worte erwehnet/ worauf ich doch sehe/ daß diese Worte am meisten zielen/ und hätte ich dabey nimmermehr an den $\frac{6}{4}$ Tact gedacht; ich weiß aber auch wohl/ daß die „Italiäner eine dergleichen Fugam, contrariam riversam (schön „Latein!) und wir eine umgekehrte Fuge/ nennen.

LXXXIV.

Hat einer sein Tage solche unbillige Klagen/ und solch elendes Vernünfteln gehöret? Wer klagen will/ klage fest! Erstlich ist ihm eine Benennung sehr wunderlich vorgekommen/ die er doch selbst/ bey Durchblätterung des einzigen Brossards/ bewährt befunden hat. Ich will mir aber die Freyheit nehmen/ ihm ganz andre Quellen zu zeigen/ um zu beweisen/ daß die Worte/ arsis und thesis, ex instituto, allein von der Zeit-Maaße verstanden/ und nur durch eine corruption der Fugenmacher/ ihren inventiunculis beygeleget worden sind. Wird es unserm guten Freunde nicht sehr wunderlich vorkommen/ wenn er den alten Franchinum Gaforum schon seit 220 Jahren/ in seiner Actione musica, L. II. c. 1 & 3, so reden höret: cumque Diastolæ & Systolæ, seu ARSIS & THESIS, quæ contrariæ sunt, ac minimæ quidem in pulsu, SOLIUS TEMPORIS MENSURA considerentur &c. D. i. Man betrachtet das Auf- und Nieder-Schlagen nur allein nach der Zeit-Maaße/ wie die Aertzte den Puls. Rectam brevis temporis mensuram Physici æquis pulsuum motibus accommodandam esse consentiunt: ARSIN & THESIN, quas & Diastolen & Systolen vocant, in uniuscujusque pulsus mensura æqualiter comprobantes. Poetæ autem ARSIN & THESIN, i. e. sublationem & positionem habent in pedibus &c. D. i. die Naturkundiger stimmen den Musicis darin bey/ daß sich der accurate Allabreven-Tact mit den richtigen Puls-Schlägen gleich verhalten müsse/ und daß in jedem derselben eine Arsis und Thesis, wie in der Music/ vorhanden sey/ nur/ daß man sie Diastolen und

und Systolen nenne. Die Poeten hergegen suchen ihre Arsin & Thesin in den Füssen der Verse.

LXXXV.

Die beste Nachricht von dem unterschiedlichen Verstande dieser Worte gibt Salinas, L. V. de Muſ. C. 4. p. 243. wenn er schreibt: Differunt autem Arſis & Theſis, quas Rhythmica conſiderat, & Ariſtides Rhythmi paſſiones appellat, ab his, quæ in Harmonica conſiderantur. Quoniam in Rhythmicâ ſunt levatio & poſitio manus vel pedis: in Harmonica verò ſublatio & poſitio vocis aut ſoni, quæ non in temporis longitudine & brevitate, ſed in vocis acumine & gravitate conſiſtunt, & potius ad accentuum conſiderationem, quam ad Syllabarum pertinent quantitatem. Unde ſæpe contingit, ut, cum manus ponitur, vox attollatur, & contra: quas videtur Terentianus, & ejus ſectator Victorinus, confundere, cum eas in pedibus examinant. *Nos autem hic non de his, quæ ad Harmonicam pertinent, ſed de illis, quæ ad Rhythmicam ſpectant, agimus, de qua tractare noſtri eſt inſtituti.* Ein jedes dieſer letzten Worte ſchicket ſich zu dem angefochtenen dritten Capitel des erſten Orcheſtres/ welches die Ueberſchrifft vom Tacte inſonderheit führet/ und einem/ der Augen hat/ darleget/ daß ich daſelbſt nicht von der harmoniſchen/ ſondern von der rhythmiſchen Arſi & Theſi rede/ als deren Abhandlung ich mir daſelbſt vorgeſetzet hatte.

LXXXVI.

Daß ſich aber mein Freund zum andern bloß gibt/ er habe ſolche Worte/ mit den Engländern/ allezeit von den umgekehrten Fugen verſtanden/ und ſie NB. nirgends anders/ als hiebey/ obſervirt: darin thut er den Engländern zu nahe/ und weiſet dabey ſeine eigne Schwäche. Ich will ihm gleich ein halbes Dutzend tüchtiger Scribenten anführen/ die gar von keiner Arſi und Theſi in Fugen wiſſen; ſondern dieſe terminos bloß vom Tact gebrauchen. Zarlinus iſt einer: derſelbe ſetzet Tomo I. P. III. cap. 49. della Battuta p. 256. dieſe Ausdrückungen: Come la Medicina chiama il primo movimento Systole, e il ſecondo Diastole, coſi la Muſica nomina la Poſitione, overo il battere Thesis, e la Levatione Arsis. Da wird keiner fugæ per arſin & theſin gedacht; ſondern ſtatt ſolcher Benennung findet man die terminos: Fughe per contrarii movimenti, al contrario riverſa, *Fuga inverſa* &c. Bononcini in ſeinem Muſico prattico Cap. 2. iſt mein zweyter Zeuge. Berardi in ſeinen Documenti Armonici p. 47. der dritte: und derſelbe hat von den Fugen ex profeſſo geſchrieben. Zaccaria Tevo in ſeinem Muſico Teſtore, p. 311. gibt den vierten ab. Donius, der gröſſeſte Criticus und rechte muſicaliſche Philologus, führet in ſeinem Buche/ de Præſt. Vet. Muſ. p. 93. dieſe Worte:

te: Quod si Rhythmicam manuum pedumve percussionem, quæ in ARSIN & THESIN dividitur, attendamus &c. Er hat aber keine mit diesem Namen belegte Fugen. Und wiederum p. 118. heißt es: in eas notas ARSIN incurrere innuebant Græci &c. das mag der fünffte seyn. Zum sechsten wehle ich den Kircherum, welcher in seiner Musurgia, Tomo I. Cap. 13. §. 1. de valore notarum, mensura temporis, sive ARSI & THESI &c. p. 279. ausdrücklich so redet: ARSIS & THESIS est mensura temporis, in positione semibrevis notæ adhibenda, sive nihil aliud est, quam Tactus, sive mensura temporis, secundum elevationem aut depressionem manus considerata: si enim in semibrevi proferenda manus deprimatur, vocatur hæc depressio THESIS, si elevetur, dicetur hæc elevatio manus ARSIS. Zur Zugabe soll der ehrliche teutsche Gibelius dienen/ der in seiner Modulatoria vocali, p. 35. die Sing-Schüler so fragt: Welche sind die beyden Theile eines jedweden Tacts? Antwort: der erste Theil ist der Zuschlag/ und wird bey den Griechen genennet Thesis; der andre ist der Aufzug/ oder das Aufheben der Hand/ und heißt bey ihnen Arsis. Gleichwie auch in den pedibus poeticis der Zutritt mit dem Fuß genannt wird Thesis, das Aufheben Arsis.

LXXXVII.

Mein Freund siehet hieraus/ daß/ wenn er und seine Engländer die Worte quæstionis nirgends anders/ als bey Fugen observirt haben/ ihre observationes schlecht gerathen sind / und man ihnen viel bessere Anmerkungen darlegen kann. Daß er aber vorgibt/ man finde in meinen Werken der Fugen per arsin & thesin mit keinem Worte Erwehnung; solches ist wohl eine Ubersicht. Denn/ ob ich gleich diese terminos nicht dabey gebrauche/ indem es unvernünfftig ist / ganz verschiedene Dinge mit einerley Namen zu belegen/ wo deren zween oder mehr gebräuchliche vorhanden: so ist doch die Sache selbst so wenig vergessen worden/ daß ich gleich p. 108. Orch. I. des motus contrarii, welches der wahre terminus ist/ und seiner Bedeutung bey Fugen/erwehne/ auch hernach p. 150. eine völlige Beschreibung solcher Doppel-Fugen gebe. Was will ein galant homme in einer solchen kleinen Anleitung mehr suchen? Summa! es ist ein solcher Wort-Streit/bey welchem/ als bey vielen andern/ die unzeitige Weißheit meines Herrn Censoris zu kurz kommen/ und er endlich wissen muß/ daß die Musici ihre terminos artis nicht aus England/ sondern aus Griechenland und aus Italien/ verschreiben. Da holet Bartold den Most. Daß ich aber dieser Worte bey dem ¾ Tact gedencke/ geschiehet deswegen: weil die unerfahrnen denselben für einen Tripel halten; da doch seine thesis und arsis gleich lang sind.

LXXXVIII.

Delicate Componisten setzen nicht gerne die Tertiam majorem doppelt. So stehet im I. Orch. p. 110. und wird im II. Orch. p. 161. bekräfftiget. Hierwieder bringt mein Freund den Correlli auf / welcher sich mit solchen Terzien recht distinguirt. Dabey habe ich die Ehre ihm zu sagen 1.) Daß die Correllis. Gänge andern Ursachen halber schön sind/ als propter Tertias majores duplicatas. 2.) Daß er diese celeri progressu, sine accentu & motu contrario im Concertiren anbringet/und eine böse Harmonie deswegen mit unterlauffen läst/ damit eine gute daraus erwachse / wie bey Dißonanzien geschiehet. 3.) Daß auch I. Orch. p. 137. & 198. geschrieben stehet: Wenn ein geschickter Einfall komme/sey keine Regul ein Evangelium. 4.) Daß man ratione, non autoritate sola, seine Sätze und Angriffe behaupten müsse. Denn/ ob gleich die Correllischen Terzien nicht verwerfflich sind/ so würde es doch im wiedrigen Fall nicht genug seyn/ sich auf ein ipse dixit zu berufen. 5.) Daß / wenn Correlli solche doppelte grosse Terzien gleich bißweilen motu tardiori anbringt / er doch allemal ein gewisses schönes Dessein damit ausführet / welchem zu Gefallen man ihm den kleinen Uebel-Laut nicht so hoch anrechnet / als sonsten in Harmonia simplici geschehen würde.

LXXXIX.

Bey den verbotenen Sprüngen bringt mein Freund/in favorem Quartæ majoris, einige diminutiones oder Arpeggie von einem Violin-Solo an/ um uns ein Gericht nach seinem Geschmack vorzusetzen; merkt aber nicht / daß sein Satz im Grunde dreystimmig und gebrochen ist / welches auf Instrumenten eine ganz andre Natur hat/ als in einer singbaren/einfachen Melodie/ alwo dergleichen nicht angehet. Es ist auch nirgends im Orch. gesagt / daß die Regeln ohne Ausnahm sind; vielmehr wird das Gegen-Spiel pp. 3. 98. 118 & 198 stark behauptet/ und wir kennen diese exceptiones gar wohl. Wie die Secunda superflua mit unter solcher Ausnahm gehöre/ habe ich vermuthlich Tomo I. Crit. p. 15. zur Gnüge erwiesen. Man sehe was II. Orch. p. 102. 103. 102. 103. von der relatione non harmonica geschrieben ist / und beschuldige mich denn. Das Exempel so mein Herr Censor von der relatione Quintæ falsæ gibt/ ist nichts weniger/als ein solches; sondern nur ein gebrochener Accord der Septimæ, eben wie das Vorige von der Quarta majori. Wie ich die Semidiapente vertheydiget habe/ kann einer III. Orch. p. 489. 773. und Tomo I. Crit. p. 29. sehen.

XC.

Wegen Abwechselung der Terzien schreibt mein Freund mir einen Platz aus dem Brossard vor. Dieses thut er Ao. 1720. den 15. Nov. Und ich hatte ihm

ihm schon drey Jahr vorher / nehmlich Ao. 1717. im II. Orch. p. 108. eben dieselbe Lehre/ und eben daſſelbe allegatum hingeſchrieben. Nun iſt er ſo dankbar und will Lehre mit Lehre vergelten/ ſo daß er mir wieder weiſet / was ich ihm lange zuvor gewieſen habe. Ja/ es iſt hiemit noch nicht genug/ er ſchreibt mir noch einige erbärmliche Exempel vor/ darin ein Paar Violingen/ Terzien-weiſ/ die Octave/ mit und ohne Wälzungen / in lauter ſechszehntheilen/ bald herunter/ bald hinauf lauffen/ und hält denn die durchgehenden/ unaccentuirten Noten/ queer-gegeneinander/ um daraus zu erweiſen / daß es relationes falſæ Tritoni & Semidiapente ſind/ die ein heutiger Componiſt ſchwerlich critiſiren werde. O! der unbilligen Unwiſſenheit. Mein Belehrer mag froh ſeyn/ daß ich bey dieſem Werk den Noten abgeſagt habe; ſonſt würden ſeine liebliche Exempel der Welt bloß geſtellet/ und ſein Wunſch erfüllet werden. Ich weiß gewiß/ es dürffte ſich noch mancher daran ergetzen/ oder auch mit dem Fuß darüber ſeegnen. Vom hinunter- und hinauf-ſpringen wird geredet; und in allen Exempeln iſt kein einziger Sprung/ ſondern es ſind vielmehr lauter Läuffe per gradus darin anzutreffen. Das letzte von beſagten Exempeln iſt das rareſte: das fängt in c dur an/ und welzet ſich mit zwo Stimmen Terzien-weiſe / in ſechszehntheilen geradesweges hinunter ins d dur, worin es auch glücklich ſchließt/und nur zween Täcte/ weniger ein Viertel/ ausmacht. Damit will mein Freund weiſen/daß die Vermiſchung der groſſen Terzien mit den kleinen gleichwol beſſer ſey/ als wenns lauter groſſe/ oder lauter kleine/ wären. Das Unglück aber iſt/ daß in den erſten Exempeln ſo wohl / als in dem letzten/ alles auf eine Vermiſchung hinaus läufft/ und alſo Maus wie Mutter iſt. Wir wollen die groſſen Terzien ſo —/ und die kleinen ſo v vorſtellig machen:

Exemplum I. — v — v v v v — — — — v v v v — v — v v — . . Neun groſſe/ zwölff kleine Terzien.

Exemplum II. — v v — — v v — — v v — — v v — v — v v — v v — — v v —. 13 groſſe/ 15 kleine.

Exemplum III. — v — v v v v — v — v v — v — v v v — v. Sieben groſſe/ dreyzehn kleine Terzien.

Da ſage mir nur einer/ welches Exempel hat melirte Terzien/ und welches hat keine? Mein Freund meynet / das letzte allein habe die Vermiſchung / denn er ſetzet ausdrücklich/in einer Anmerkung/dieſe Worte dabey: Das andre Exempel muß relationem falſam behalten/ und gehet hie die Melirung nicht an. Da iſt Verſtand! Das epiphonema aber/womit er dieſes Stück ſeiner weiſen Cenſur beſchlieſſet/iſt den übrigen gar ähnlich/und lautet alſo:Man ſiehet wohl/ daß itzo dieſe Regel den Stich ganz und gar nicht mehr halten kann/ (er meinet die Regel de relatione falſa Tritoni) daher die Alten unmüglich eine

Octa-

Octavam in Terzien lauffen können. Das heißt einen lauffen laßen/ und zwar recht starck: so daß man em kuhm möten kan.

XCI.

Bey allen vier General-Regeln I. Orch. hat mein Freund sein Bedencken: Ergo (sunt verba Domini Censoris) können sie nicht wohl generales genennet werden. Das ist Schade! Wenn die einzige Schwalbe sich nur einstellte/ so wäre es gleich Sommer. Da muß ich ihn aber dieses lehren: daß General-Regeln der Consonanzien oder Dißonanzien nicht respectu Musicorum, qui iis utuntur, sed respectu Consonantiarum & Dissonantiarum, quibus utimur, also genennet werden / weil diese Regeln nicht etwa eine oder andre Dißonanz ins besondre / sondern solche alle miteinander / durch die Banck/ betreffen. Was hält der geneigte Leser aber von dieser Schluß-Rede: Wobey ich mein Bedenken habe/ daß kann nicht general seyn; atqui, ergo. Ich sollte ein nego majorem dabey setzen. Der Tag ist zur Arbeit/ die Nacht zur Ruhe gemacht. Fünfhundert blauröckigte Wächter/ mit Ober- und Unter-Gewehr/ haben ihr Bedenken bey dieser Verordnung/ machen ein excipiuntur ab hac regula, und patrolliren die ganze Nacht hindurch; schlafen aber hergegen des Tages: ist deswegen die Regel nicht general? Eine Regel heißt ja darum nicht general / daß kein Mensch sein Bedenken dabey hegen dürffe; sondern darum / daß sie / überhaupt und durchgehends von der Sache zu reden/ ihre Richtigkeit habe. Generalement parlant lieben die Teutschen den Trunck; die Italiäner das Frauenzimmer; die Holländer das Geld; die Engländer das Jagen ꝛc. deswegen läßt sich nicht a genere ad speciem schließen. Eben also ungefehr ist es auch mit unsern General-Regeln beschaffen: denn bloß darum heißen sie nur general/ daß sie nicht ad quævis specialia gezogen und angewandt werden können. So viel zum Vorbericht.

XCII.

Nun geht es auf die armen General-Regeln selbst loß. Es mag ihnen nur grauen. Mein Erfurter hatte noch mit mir durch die Finger gesehen/ ja so gar die regulas speciales gelobet / die doch mein itziger Anfechter nicht frey ausgehen läßt/ wie wir unten wohl erfahren werden. Das heißt keinen Antagonisten/ keinen refutatorem abgeben! Es heißt nur: etwas angreiffen und anfechten/ was andre unangefochten gelassen haben. Laß sehen! die erste seiner Regeln will haben/ daß man nimmer (mein Freund macht schon ein nimmermehr daraus) in einer Dißonanz anfangen und endigen soll. Da wieder erscheinet ein anfangender Recitativ/ cum Septima diminuta & Tritono, ingleichen ein Instrumental-Concert/ welches mit der 7. 4. 2. anhebet. Das ist aber alles miteinander keine Regel; sondern eine licentia, die jene wider

der umstoßen will/ noch kan. Was eine Regel aufheben soll/ muß eine stärkere Regel zum Grunde führen. Weil nun die Licenz keine Regel/ geschweige denn eine stärkere/ darleget: so kan die General-Ordnung auch nichts darunter leiden. Oder meynet der Herr Censor, ich hätte nimmer ein solches Exempel von anfangenden Dißonanzien gesehen/ ehe und bevor er mir eines gewiesen? zur Dankbarkeit könte ich ihm was zeigen/ daß er damals/ eignem Geständniß nach/ noch würklich nie gesehen hatte/ ob ihm gleich das Werk schon so bekannt war/ daß er es seiner Critic würdig schätzte/ nehmlich: wie man per elegantiam & licentiam (doch muß der Verfasser wenigstens in re musica Licentiatenmäßig seyn) wohl gar mit Dißonanzien aufhören könne; und zwar nicht nur/ wie er wähnet/ in einem Quodlibet, sondern in einer ganz-ernsthafften Sonata, in einem Adagio. Allein/ich mag den Ort hier nicht andeuten/ es würde sonst gleich heißen: Das wäre was Altes. Weiß mein Freund die Stelle/ davon ich rede/ so ist es gut; wo nicht/ will ich ihm gerne diese schlechte Rarität in öffentlichen Buchläden vorzeigen/ wenn er mir nur das geringste gute Wort darum gibt.

XCIII.

Daß er hiezu capable sey/ sehe ich bey den Anmerkungen über die zweyte General-Regel der Dißonanzen/ welche auf dieselbe zu springen verbeut. Da bittet er mich um Pardon/so fern er diese Regel nicht recht verstanden hätte. Es läßt sich hören/und ich muß ihm sagen / daß er sie allerdings nicht recht verstanden hat/ wenn er in einer einzigen Stimme/ in monodia, bey liegendem Baß/ auf eine Septimam springt / und der Regel dadurch eines zu versetzen meynet. Sie ist hier de harmonia, und nicht de melodia zu verstehen / welches jedem ex Regula tertia generali, wie die Sonn/ in die Augen leuchten muß. Wiewohl die Alten dieses Verbot von beyden/so wohl von der Melodie als Harmonie / verstanden haben wollten. Deswegen stehen auch Orch. I. p. III. diese Worte: Der bey den alten verbotene Sprung / in Septimam, ist/ bey itziger Zeit/ unsere beste decoration. Was will man mehr? Ich hoffe diese Erklährung sey gar wohl zu verstehen.

XCIV.

Aus der zweyten Regel fließet die dritte unwiedersprechlich/daß neymlich die Dißonanz (i. e. terminus unus vel alter intervalli dissoni) vorher liegen muße. Wer jene zugibt/ der muß auch nothwendig diese gut heißen. Denn/ wenn ich auf keine Dißonanz springen darff/ so ist anders kein Mittel übrig/ als daß der eine oder andere terminus derselben schon da sey. Dennoch fragt mein Freund: Wer wollte den heutigen Componisten diese Regel vorschreiben? Ich schreibe sie eben keinem vor: sie ist durchgehends so angenomnommen/ und von vielen Jahren her im Grunde richtig befunden worden. Wer sie nur recht verstehet und gebrauchet/ der wird nicht zu klagen haben. Das Exempel/ so der Herr Censor hiebey/ mit dem Tritono und der Septima, anführet/ ist theils eine würkliche Bekräfftigung der Regel; theils aber eine Licenz. Diese hebt keine Regel auf/ das sage ich noch einmal. Es ist auch nicht immer das beste/ was die heutige Componisten mit gar zu grosser Freyheit daher machen.

XCV.

Was die Bekräfftigung der Regel betrifft/ so weiset das gegenseitige Exempel erstlich im Fundament ein Cis auf/ dazu in der Ober-Stimme die Sexta, a, anschlägt. Das Cis verändert sich in C, und das a in fis. Ob nun im Baße ein Sprung hiebey vorgehet/ das mögte ich wissen? C und Cis hält man in diesem Fall nur für eine einzige Säite/ und deuten mehr liegendes/ als springendes/ an. Hernach bekömt die Grund-Stimme ein B, und die obere wiederum eine Sextam, g. Das sind accentuirte Noten/ die vor andern ins Gehör fallen. Mein Freund hatte auch im MS. das B noch mit dreyen Achteln fortgesetzet/ ehe die Dißonanz erschien/ und damit bewiesen/ daß es sollchergestalt natürlicher und besser sey; weil es aber in seinem Kram nicht diente/ hat er die drey Achtel des continuirten soni B mit dem Federmesser weggekratzet/ und drey G daraus gemacht/ damit es hernach einen Sprung ins B abgäbe/zu welchem die Oberstimme den Tritonum, e, hören läßt. Das heißt: sich wohl verantworten! B ist ja/ und bleibt alhier/ das Fundament/ so vorher vernommen worden/ und noch/ als liegend/ in den Ohren schwebt: ungeachtet ein Paar durchgehende Achtel dazwischen komen. Diese gehören eigentlich nicht in die Rechnung/ weil sie weder anschlagen/ noch einen Accent haben.

XCVI.

Eben solche Beschaffenheit hat es auch mit dem nechsten Tact desselbigen Exempels/ welcher nur einen Ton tiefer/ und sonst eben wie der vorige gestaltet ist: auch so gar in puncto der alhie gleichsfals ausgetilgten Noten. Hernach erscheinen/ im dritten/ vierten und fünfften Tact einige Septimen Sprung-Weise/ welche/ so gut ich ihnen auch sonst bin/ nicht wohl zu entschuldigen wären/ wenn das Gehör nicht noch mit der vorhergegangenen accentuirten Baß-Note zu thun hätte/ selbige für das Fundament hielte/ und den saltum dissonum, bey einer durchgehenden Note/ nicht groß achtete. Eigentlich ist auch hiebey nichts anders/ als ein gebrochener Accord/verhanden/mittelst dessen man gar offt dergleichen Freyheiten gebrauchet/ und vier Stimmen in einem bicinio, consecutive & fractis syzygüs, hören läßt. Daraus kan aber kein Argument genommen werden: denn es ist selbst nur ein Ornament. Wegen des Worts

Wortes Legirung / dessen sich mein Freund hiebey bedienet / mögte er wohl die Leser um Verzeihung bitten / als welche ohne dem genug mit barbarischen terminis geplaget werden / und nicht nöthig haben / neue zuzulassen. Warum nicht Bindung oder Ligatura gesagt?

XCVII.

Bey Wiederlegung der vierten Regel / von der Bindung im Auf= und Nieder=Schlag / bringt mein Freund abermal ein Exempel zum Beweis=Grunde bey / und nennet es (mit Recht) ein Alltags=Exempel. In selbigem ist nun zum Unglück keine einzige Bindung / sondern es sind darin lauter kurze Rückungen / davon die Regel gar nicht handelt / und die also nichts zur Sache thun. Ich hoffe / man wird sich seit dem mit der Melopoetischen Licht=Scheere geputzet / und besser gelernet haben / quantum distant æra lupinis, ich will sagen: was für ein Unterschied inter Ligaturam & Syncopen sey. Wenigstens habe ich mir / in der andern Schnentzung / die Mühe nicht verdriessen lassen / diesen Fehler deutlich anzuzeigen / und dabey p. 35. auf die vorhabende Censur mein Augenmerck zu richten. Beer hat hierin auch kein rechtes Licht gehabt / und vielleicht meinen Herrn Opponenten verleitet / wie aus p. 87. seiner Anmerkungen abzunehmen ist.

XCVIII.

Was bey dieser Gelegenheit noch von den so genannten Angloisen und Schottischen Hornpipen gesagt wird / gehet alles die Rückungen / und keine Bindungen an. Auf das gröbste hätte I. Orch. p. 145. 146. schon jemand aus dem Traum helffen können / der das daselbst befindliche nur mit geraden / und nicht mit scheelen / Augen angesehen hätte. Mein Freund führet gar einen Satz an / darin alle Septimen / als anschlagende Noten / stehen / und gar nichts gebundenes zu finden ist; doch soll es seinem Wiederspruch behülfflich seyn. Der Grund=Riß sothanen Satzes ist ein Polnischer rhythmus, oder jambus, der in lauter fallenden Sexten bestehet / bey welchen sich die Septima nur als ein Vorschlag / als eine Manier und als ein agrement, hören läßt; nicht aber zum Wesen der Melodie gezogen werden kan. Ich sollte fast denken / daß mehr Bosheit / als Lehr=Begierde / bey solchen unzeitigen / anzüglichen Wiedersprüchen vermacht wäre / und so dürffte mich schier meine / an diese Meister=Schule gewandte / Mühe verdriessen; doch tröstet mich / daß hiedurch Gelegenheit gegeben wird / viele Dinge zu entdecken und zu erläutern / daran man sonst wohl schwerlich würde gedacht haben. In solchem Verstande müssen also nicht nur meine Leser / sondern ich selbst muß / meinem Freunde / wegen seiner Wiederlegung / verbunden seyn; er meyne es nun damit / wie er wolle. Ich nehme es in so weit zu Dank an; er thue desgleichen: so hat niemand zu klagen.

XCIX.

XCIX

Bey Gelegenheit derjenigen alten Musik/ die aus lauter Consonanzien bestanden/ wie Orch. I. p.118. berichtet wird/ hat mein Censor sonst nichts zu erinnern/ als/ daß er ein starkes Concert gemacht/ darin gar keine Dissonanzien vorgekommen/ welches doch einen so pompösen effect gehabt/ daß ich mich/ bey dem Versuch/ darüber würde verwundern müssen. Denkt doch! wie glimpflich mich der gute Mann zum Lese-Bengel machen will. Da ich 7 Jahr alt war/ spielte ich die Folies d' Espagne (das ewige Ding/ wie alle Thorheiten sind) mit allen ihren 999 Variationen/ auf eben dieselbe Art/ nehmlich ohne Dissonanzien: denn es kömt eigentlich keine drin vor. Vater und Mutter verwunderten sich auch darüber; ob sich itzund einer daran kehren würde/ weiß ich nicht.

C.

Weiter hat mein Freund/ bey den vier General-Regeln der Dissonanzien/ nichts mehr zu carpiren; sondern schreitet zu den Special-Regeln derselben/ und setzet erstlich daran aus/ daß er die Secundam superfluam gar nicht dabey antrifft: da man sie doch/ (wie er sagt) im stylo recitativo bisweilen/ sonderlich in des Herrn Doctor Pebusch letztern Cantaten/ vorfinde. Ihre resolution (fähret er fort mich zu belehren) gehet in die Tertiam. *Quelle merveille!* Wo mir aber recht ist/ resolviren sich alle und jede Secunden/ majores, minores & superfluæ, ordentlicher Weise/ in Tertiam. Derowegen habe nur I. Orch. von einer Secunda überhaupt geredet/ darunter sie alle drey/ gewisser massen/ verstanden werden können. Sonst wird man/ in meinen andern Werken/ gnug von den intervallis superfluis & diminutis antreffen. Z. E. im III. Orch. in der Organisten-Probe/ im Tomo I. Crit. &c. &c.

CI.

Das andre/ was unser Opponens bey gedachten Special-Regeln ansticht/ ist diejenige Septima, welche er minorem nennet/ und im I. Orch. nicht antreffen kan. Da bringt er nun wiederum was kluges hervor/ und will nicht zugeben/ daß ein galanthomme, vor welchem (für welchem) doch das Orchestre geschrieben seyn soll/ die Septimam minorem mit dem Zarlino ausmessen soll. Wie spöttisch! Gerade als ob die Septima quæstionis seitdem eine andre proportion bekommen hätte. **Er weiß gewiß**/ sagt er/ ein jeder heutiger Practicus, (das sind auch eben die Leute/ von denen wir die Proportion-Lehre zu holen haben) werde durch die Septimam minorem dieses Intervallum: Dis – c, verstehen/ welches NB. auch **Sieben** intervalla habe/ aber nicht alle diatonisch. (Er meynet mit dem Dis das D cum Dieſi, und solches intervallum, spricht er/ habe sieben intervalla.)

CII.

Da muß ich nun so viel sagen: Ein Musicus darff wohl ein galant-homme seyn; aber es ist nicht nöthig/ daß eben ein galant-homme ein solcher Musicus sey / daß er eine genaue Erkenntniß vom Unterschied aller Septimen habe. Un Musicien galant-homme est autre chose, qu'un galant-homme tout court. Die Septimam, welche mein Freund/ als ein seyn-wollender-Componist/ irriger Weise / für die minorem ansiehet/ verbietet kein Mensch / und darf er deswegen den Broßard nicht ausschreiben. Sie ist nur darum im I. Orch., nebst vielen andern intervallis diminutis & superfluis, nicht erschienen/ (1.) Weil sie auf dem Clavier wie eine blosse Sexta aussiehet/und ich/zur demonstration des Unterschieds/meinem galant-homme mit dem Cirkel nicht beschwerlich fallen wolte; (2.) Weil sie die erste resolution mit den übrigen Septimen gemein hat. Ich habe kein Systema perfectum & absolutum im I. Orch. schreiben wollen; kann es aber/ mit Gottes Hülffe/heute oder morgen wohl thun / und kenne die intervalla zur Noth noch so ziemlich: ohne Ruhm zu melden/ etwas weniges besser / als mein Freund. Das erste assertum ist II. Orch. p. 54. und in dem Vorbericht zur Organisten-Probe bewiesen; das andre will ich itzt darthun.

CIII.

Wenn mein Herr Opponens bey seinem Dis — c bleibet/ so muß er mir erst sagen/ ob nicht Dis — dis *) eine Octave sey? Ich denke wohl ja. Ob nicht Dis — d eine Septima sey? Ja. ** Ob nicht Dis — cis auch eine Septima sey? Ja. Ob nicht Dis — c auch eine Septima sey? diese hat er schon selbst gestanden; die andern kann kein Mensch läugnen: also sind ihrer drey/ crassa Minerva loquendo, drey verschiedene Septimen / die man z. E. auf dem Clavier sehen/ fühlen und hören kan. Ich will also der mathematischen proportionum nicht einmal hiebey Erwehnung thun: weil ein jeder ohne dem leicht findet/ daß hier Septima major, Septima minor und Septima deficiens vorhanden/ deren letzte von der mittlern so sehr unterschieden ist/ als c und cis immermehr seyn können. Das ist handgreifflich.

CIV.

Nun heißt es ferner/ diese Septima, Dis — c, habe auch sieben intervalla; aber nicht alle diatonisch. Ich antworte auf das letzte zu erst / und sage: wenn die gradus nicht alle chromatisch seyn sollen/ so müssen sie nothwendig alle diatonisch seyn / denn sonst könte man ihrer keine gewisse Zahl setzen : und also fällt die Einwendung weg. Man wird aber die hemitonia majora, welche
sonst

---

* Es wird hier allemal vom D mit dem Kreuz geredet.   ** Man könte zwar wohl Octavam diminutam darunter verstehen ; aber die hat in harmonia keinen rechtmäßigen Gebrauch ; zumal im modo Dis.

sonst naturalia heissen/ hoffentlich für diatonisch erkennen/ weil oben schon erinnert worden/ daß die diatonischen tetrachorda alle mit einem hemitonio anheben. So ist auch nicht minder das hemitonium majus, welches nur por accidens kömt/ für diatonisch zu rechnen: denn ob es gleich eine chordam chromaticam träffe/ ists doch ein anders/ die chromatische Säite zu rühren/ und wieder ein anders/ solche auf chromatische Weise zu gebrauchen. Altro è usare una corda cromatica; altro l'usarla cromaticamente. *Annot. del Doni. p.* 13.

CV.

Diesemnach hat die Septima major, z. E. C – h, nicht nur nach Zarlini Maaßstabe/ sondern nach aller Welt Rechnung/ Sechs/ schreibe 6 intervalla diatona, nehmlich Tonum majorem, C – D; Tonum minorem, D – E; Hemitonium majus, E – F; Tonum majorem, F – G; Tonum minorem, G – A; und Tonum majorem, A – H. Das sind sechs. Ein Hemitonium majus; zween Toni minores, und drey majores.

CVI.

Die Septima minor hergegen hat zwar auch nicht weniger/ als 6. intervalla diatona; aber eines davon ist um einen halben Ton kleiner/ und ihre Lage verhält sich ganz anders. Z. E. D – E ist Tonus minor; E – F, Hemitonium majus; F – G, Tonus major; G – A, Tonus minor; A – H, Tonus major; und H – c, Hemitonium majus. Das sind wieder sechs; doch eine andre Art von Krebsen. Zwey Hemitonia majora; zween Toni minores, und zween majores. Ich meyne/ da sey Unterschied/ und könne kein fünffsinniger Musicus, wenn er auch ex fece vulgi wäre/ nach dieser demonstration, mit meinem Censore sagen: Er halte die von mir im Orch. angegebene Septimam minorem, D – c, in heutige Praxin (sollte heissen: in heutiger *Praxi*) mit der von mir angegebenen Septima major *(majori)* für einerley/ unter dem nichtigen Vorwand cum vulgo loquendi.

CVII.

Mit den Zahlen mag ich nur den Leser nicht beschwerlich fallen; wenn aber mein Freund noch nicht überzeuget ist/ kan ich ihm/ auf einem Monochordo, in Gegenwart aller Musik-verständigen/ den Glauben in die Hand geben. Seine Augen sollens sehen; seine Hände sollen es fühlen/ seine Ohren sollen es hören/ wie weit Septima major a minori unterschieden sey. Nimmermehr hätte ich mir dergleichen einfältige/ irrige/ ja anzügliche Vorwürffe von einem Freunde vermuthet. Was aber endlich unsre dritte speciem Septimæ, nehmlich die diminutam betrifft/ z. E. Dis – c, von der mein Censor

sagt/

sagt / sie habe sieben intervalla, ob wohl nicht alle diatonisch: so irret er schrecklich darin. Wir wollen sie zehlen. Dis E, Hemitonium majus per accidens, ist eines; E – Fis, Tonus major, ist zwey; Fis – G, Hemitonium majus, ist das dritte; G – A, Tonus minor ist das vierte; A – H, Tonus major, ist das fünffte; und H – c, Hemitonium majus, ist das sechste intervallum. Da sind drey Hemitonia majora, ein Tonus minor, und zween Toni majores. Die machen Septimam diminutam, oder deficientem, aus: welche der gemeine Mann falsam nennet. Wir wollens/ um grösserer Deutlichkeit willen / in eine kleine Tabelle bringen / damit der Unterschied besser hervorrage:

Septima major C — h enthält 1. Hemit. 2. Ton. min. 3. Ton. maj.
11. halbe Grade.
Septima minor D — c - - - 2. Hem. 2. Ton. min. 2. Ton. maj.
10. halbe Gr.
Septima defic. Dis — c - - - 3. Hem. 1. Ton. min. 2. Ton. maj.
9. halbe Gr.

Dem ungeachtet fähret mein Censor mit der grösten Unvorsichtigkeit fort/ und schreibt so: Ich will ein Exempel aller dreyen Septimen geben/und einen heutigen Practicum fragen welche er wird vor die Septima minor (soll heissen für die Septimam minorem) halten? darauf folget denn auch das Exempel auf das tröstlichste/und stehet zum Ueberfluß dieser Trotz noch darunter: Ich wette / ein jeder Practicus wird sagen / die letzte sey die Septima minor. Und das ist just die deficiens. Schade wäre es noch / wenn alle Practici so gröblich irrten!

CVIII.

Hiernechst gilt es der pag. 145. Orch. I. alwo gesagt wird: Allabreue, alla Zoppa &c. sey einerley (scil. mouvement, wie die drauf-folgende Worte: Mensur/geschwind/accurat &c. gnugsam andeuten/) da macht man mir eine querelle allemande, und meynet/ ich wurffe die species des verkehrten/des geraden/ des hinkenden / und andrer pedantischen Contrapuncte/ alle in einen Topf: es zeiget mir dabey mein Freund seine vom Doctore Pebusch erlernte Kunst / solche umgekehrte/ gerade-marschirende und hinkende Raritäten zu verfertigen. Auch so gar der Druckfehler: Zappa pro Zoppa (der doch Orch. III. notirt ist) wird mir hiebey unbarmherziglich aufgerückt / insonderheit/weil er im Register beybehalten worden. Wie wäre es/ wenn ein andrer / in meiner Abwesenheit/ das Register ausgezogen / und die Sache nicht besser verstanden hät-

hätte? Das I. Orch. ist ganz voller Druckfehler a). Unter andern habe noch heute einen entdecket/ da p.131.lin. penult. Consonantia stehet/ und Dissonantia heissen soll. Ein vernünfftiger Mensch aber wird mirs auf solche Art nicht vorhalten/ als ob ich das Ding nicht besser gewust hätte. Typographi menda ne imputentur mihi cùr postulem, quod ipsa ultro æquitas largitur. b) Es gehört sehr viel zu einer guten Correctur/ falls sie der Auctor selbst machen muß. Die es versucht haben / wissen es gar wohl. Wenn mein Freund sein erstes Werk drucken läßt/ und keine Hülffe that/ wird was schönes zu Markte kommen.

CIX.

Meine Meynung/in der angefochtenen Stelle/ ist sonst nur dahin gangen/ daß alle daselbst benannte species unter ein genus mensuræ gehören/ und ich habe gar nicht für nöthig/noch galant/gehalten/solche species der Länge nach zu beschreiben/und in einem kleinen Duodez-Bande mit Exempeln zu erläutern. In einem Werke aber/ so eigentlich und specialiter von der Compositions-Lehre handlen/ und für Musicos geschrieben werden sollte/ so daß es institutiones würden/müsten diese/und wohl 50 andre Arten von Künsteleyen/ die mein Censor schwerlich kennen/oder nur mit Namen zu nennen wissen dürffte/freylich hingesetzet werden. Ich sage ferner: in solchem Allabreve kamen keine kleinere Noten/ als Viertel/ vor; dawieder wird eingewandt/ man wolle mir Achtel weisen/ aber nur zwey zusammen. Nun mögen alle gescheute Componisten urtheilen/ ob solche zwey Achtel im Grunde was anders sind/ als ein Viertel/ und ob sie nicht bloß zum Zierath/ zur Manier/ zum Zusammenhang der Melodie hingesetzt/ einfolglich nicht wesentlich sind?

T XC.

---

a) Im II. und III. fehlet es auch nicht daran,und mag ich selber wohl an einigen Schult seyn. Es ist nicht redlich,dem Drucker oder Setzer alles beyzumessen,wenn mans aus eigner Schwachheit versiehet. Z. E. Im II. Orch. p.65. l. 3. stehet Toni, und soll heissen Tuoni. Das hätte ich corrigiren sollen. Wenn man aber p.319. daselbst Parentaliis lieset, so bekenne ich frey heraus, daß solches kein Druckfehler sey. Orch. III. sind mir sonst noch folgende errata aufgestossen: p.255. l.6. numerum,ließ numerorum, 263. l.15. Ortographie-Orthographie(vid. p.656.) p.278. l. 18. ἐξοχὴν — ἐξοχήν (vid. p.301) p.314. l. 2. vocant — vocant. 315. l. 16. abufi — abusi. p. 568. l. 13. Quartam — Quintam, p. 581. l. 9. percussione — percussione, p. 709. l. 10. consonantia, consonantiam, p. 709. l. 18. constituas — constitutas, p. 730. l. 4. della — delle &c.

b) Possinus in Præfat. ad Pachym.

CX.

Den nechsten Puff bekomme ich wegen des Worts Cavata, und meynet mein Censor, es bedeute ein kleines Arioso hinter einem Recitativo. Schade! daß Brossard nichts davon gedenkt: denn sonst würde man mich wieder beschuldigen/ ich hätte alles aus seinem Wörter-Buche herausgenommen. Aber Cavato, Cavata, ist ein Adjectivum, das pro Substantivo, mit Auslassung desselben/ gesetzt wird/ und heißt so viel/ als ausnehmend/ ausbündig/ nehmlich/ eine ausnehmend-schöne/ ausbündige/ vor andern heraus- und hervorgezogene piece, die stark und fleißig ausgearbeitet ist / als ob sie / so zu reden / recht ausgehölet wäre. Ich sage Cavato bedeutet en jargon, d. i. wie das Land-Volk redet/ etwas/ so nach Wunsche geglückt ist. Mich deucht/ das reimt sich nicht übel zu einer solchen ausbündigen Arie. Mein Freund aber spottet/ und sagt/ es mögte wohl Spanisch seyn. Ich antworte: Nein/ es ist in diesem letzten Verstande Rothwelsch/ zerbrochen Italiänisch/ vieleicht/ wie es die Barcaroli reden. Man schlage im Veneroni nach/ da findet sichs also.

CXI.

Von der ehmaligen/ einländischen Musik in England hatte das Orch. gesagt/ daß davon wenig Meldens sey. Dagegen versichert mein Widersprecher/ es sey viel davon zu rühmen/ und führt/ zum Beweiß seines Satzes / einen Canon-macher von den Zeiten der Königinn Elisabeth/ mit samt dem Canone, herbey. Ich habe nun wieder den Mann/ und seine canonische Arbeit/ nichts einzuwenden: weil ich nur die vormalige Engländische Musik (die doch wohl schwerlich im Canone allein bestanden) mit der itzigen/ daselbst eingeführten ausländischen/ vergleichen wollen. Da fällt wohl jene allerdings weg. Es gestehet mein Freund selbst / daß er nur einen einzigen Auctorem hodiernum, der auch ein Canon-macher ist/ und Simpson heißt/ c) gelesen habe/ welcher/ seit der Wiederherstellung Caroli II., etwas von der Musik geschrieben. Das ist kahl genug. Ich werde die Ehre haben / ihm dereinst mit mehr Engländischen Scribenten in dieser Wissenschafft an die Hand zu gehen; falls mein obiger Bibliotheken-Vorschlag zum Stande kommen sollte. Fürs erste mag Malcolms/ eines gelehrten Schottländischen Edelmanns/ Werk/ das er mir/

als

---

c) Uns ist diese Rarität auch bekannt, und der Titel des Buchs lautet also: A Compendium or Introduction to Composition, shevving the rudiments of Song, the Principles of Composition, the Use of Dischords, the Forme of figurate Descent, and the Contrivance of Canons. By Christopher Simpson. Price bound 2.s.

der Lehrreichen Meister-Schule III. Unterricht.

als ein Geschenk/von Edinburg herüber gesandt hat/ zum Imbiß dienen: d) D. Holder's Theory ist auch bekannt. Keller's Method for a Through-Baß ingleichen. U. a. m. Aber den Kunst-Griff/ Canones zu machen/ so Simpson gebraucht / wuste der seichte Niedt eben so gut/ und hat ihn / ohne Beyhülffe des Engländers / im dritten Theil der Handleitung / Cap. 2. p. 28. richtig entdecket. Wenn man also aus der gegenseitigen Einwendung schliessen sollte/ wehrten sich die itzigen Engländischen Musici so wohl/ als die vorigen/ am besten mit Canonen. Es wäre wohl vielen zu nahe geredet/ falls sie nichts gründlichers wüsten/ als solche Lappereyen.

CXII.

A propos von dem wundervollen Canone des Herrn Bird, oder Vogels/ davon mein Freund so viel Wesens macht/ weil Doctor Pebusch gesagt hat/ es wäre fast eine verlohrne Kunst darum/ (welches wir in gewissem Verstande gerne glauben) so läßt doch die Tadelsucht auch hiebey ihre Nägel blicken/indem es heißt/ es sey eine unpräparirte Septima darin. Wenn aber mein Freund sein so genanntes schweres Kunst-Stück recht ansehen will / so ist die Septima im zwanzigsten Tact/ welche er mit Unfug angreifft/gar keine Bindung/ und bedarff also keiner Vorbereitung; sondern sie ist eine nota cambiata, welche durch die vorhergehende und folgende Harmonien gut gemacht wird. So kan man sich versteigen/ wenn das Urtheil dem Verstande vorläufft.

CXIII.

Im Orchestre ist gesagt: Purcel sey ein Franzose / das will meinem Herrn Opponenten nicht in den Kopf/ er kanns nimmermehr glauben. Ich ant-

---

d) Es führet diesen Titel: A Treatise of Musick, speculative, practical and historical. By Alexander Malcolm.

> Hail Sacred Art! descended from above,
> To crown our mortal Joys: Of thee we learn,
> How happy Souls communicate their Raptures;
> For thou'rt the Language of the Blest in Heaven.
> — *Divum hominumque voluptas.*

Edinburg, printed for the Author. 1721. 8. 1. Alph. 15. Bogen. Die Zuschrifft ist an die Directores der Königl. Musicalischen Academie in London gerichtet, die aus 22 hohen Standes-Personen bestehet, worunter 3 Herzoge, 3 Grafen, 3 Lords, 2 General-Brigadiers, 1 General-Major, 2 Obristen &c. befindlich. Es ist dem Buche ein Ode vorgesetzt, so wohl wenig ihres gleichen an Schönheit hat. Der Poet nennet sich Mr. Mitchel. Das ganze Werk hat tieffe Gelehrsamkeit und gesunde Gedancken.

antworte: es ist eben kein Glaubens-Artikel/wer es nicht glauben kan/mag es lassen. Die Beweisthümer aber/daß dieser beühmter Musicus ein Engländer gewesc/ sind ganz ins Stecken gerathen. Denn/daß er ein Te Deum &c. oder Anglice: We ptaise the Lord, e) gesetzt/ und eine Grabschrifft in der Westminster Kirche habe/ macht es nicht aus. Von dieser Kirche sagt mein Freund/ er habe immer mehr an dessen (deren) erstaunenden Grösse/ Structur und Höhe/ it. an der von Henrico VII. verfertigten Capelle zu desideriren gefunden. Vieleicht soll es consideriren heissen. Ich wollte es gerne für einen Druckfehler halten und nicht berühren; wenn es nicht im eigenhändigen MS. so stünde.

CXIV.

Die Grabschrifft aber/ welche sonst nicht unbekannt ist/ buchstabirt unser Herr Recensent also: Here lies Henry Pourcel, who is gone to that blessed place, where only his Harmonie can be exceedet. He deid in the Year of our Lord 1696. Nun nähme man es zwar wohl so genau nicht mit der Rechtschreibung; wenn nicht eine Zweydeutigkeit daraus erfolgte. Diese kömt aber bey der Prahlerey recht wohl zu Passe. Denn here lies, das heißt: Hier lüget Heinrich Purcel/ hic mentitur. Es ist wahr/wenn das Wort mit einem y geschrieben wird/ kan es beydes lügen und liegen bedeuten; aber mit einem i zeiget es allemal das erste an. Harmonie ist Französisch; Harmony aber Engländisch. Exceedet muß exceeded heissen. Wäre es nun nicht besser/ fremde Sprachen ungeschoren zu lassen/ als sich damit Airs zu geben/und sie nicht einmal recht abzuschreiben? Es fällt mir hiebey der gute Günther ein/ der ehmalige Hoffnungs-volle Schlesische Poet/ welcher in seinem hefftigen Gedichte contra Crispinum, demselben räth/ die Nase besser in die Grammatique zu stecken; welches aber ein Wort ist/ das in keiner Sprache zu Hause gehört/ und von den Hrn. Verfassern der Teutschen Actorum Eruditorum, die ihn doch so hoch erheben/ vieleicht nicht bemerkt worden ist. Denen zu Gefallen/ die das Engländische so wenig verstehen / als mein unbilliger Richter von mir vermuthet hat/ will ich seine Uebersetzung mit beyfügen: damit ein verständiger Musicus urtheile/ was für grosse Schmeicheley in so wenig Worten enthalten sey: Hier liegt Heinrich Purcel/ welcher an den seeligen Ort gegangen ist/ wo einzig und allein seine Music übertroffen werden kan. Er starb 1696.

CXV.

Nebst dieser Grabschrifft führet unser voyageur noch eine andre an/von
dem

---

e) Es heißt nicht so; sondern; We praise thee, o God!

der Lehrreichen Meister-Schule III. Unterricht.

dem Doctore Blow, als dem Lehrmeister des Purcels, und sagt ausdrücklich: er habe damit beweisen wollen/ daß Purcel kein Franzose/ sondern ein Engländer gewesen. Dieses Argument schliesset eben so/ als wenn ich sagte: Hurlebusch hat in Italien die Composition gelernet; derohalben ist er kein Braunschweiger. Oder/ Händel hat ein Te Deum in Engländischer Sprache verfertiget; ergo ist er kein Häller. Oder/ der Admiral Tordenschild ist zu Hannover begraben/ darum kan er kein Däne seyn. Argumenta, a Schola & a Sepultura desumta, non probant veram Patriam.

CXVI.

Von dem Nicolao Haym will mein Freund auch nicht wissen/ daß er in Teutscher sey: weil er zu Rom gebohren. Die Geburt gehet mehr auf die Eltern/ als auf den Ort. (salvo jure Wildfangiatus.) Die Kinder der Engländer/ so zu Stockholm/ zu Danzig/ zu Hamburg &c. das Licht der Welt erblicken/ ja in America selbst/ werden pro Anglis erkannt. Ich weiß einen Danziger/ der von Schottländischen Vor-Eltern gebohren und erzogen ist/ kein Wort Engländisch kunte/ und doch seiner Nation anhing/ auch schöne Beförderung erhalten/ anbey vollkommen Engländisch gelernet hat. Ob ein Jude in Sachsen/ oder in Spanien/ oder in Portugall gebohren (ich hätte bald gesagt in Schweden) bleibt er doch ein Jude. Averroes war zu Cordua jung geworden/ und doch allemahl ein Araber. Wir Teutschen nur haben solchen närrischen Ekel vor unserm Vaterlande/ daß es gleich/ als ein besondrer Ehrentitel/ da stehen muß/ wenn etwa einer von unsern Landsleuten das Glück oder Unglück gehabt hat/ wieder Wissen und Willen/ zu Rom in der Wiegen zu liegen. Andre Völcker erweisen ihrem Vaterlande mehr Ehre. Pourcel, (so schreibt ihn mein Gegner/ und ich glaube es sey recht) ist ein Frantzösischer/ oder Niederländischer/ Name. Ein Engländer kan ihn so nicht aussprechen/ er sage denn Paurcel: darum haben sie auch Purcel daraus gemacht/ so wie aus Hendel Händel. Denn das e klingt ihnen wie i; das a wie ä; das u wie ju; das ou, wie au, etliche Endigungen ausgenommen/ die wie o lauten/ als honour &c. Es kan nun seyn/ daß sich Pourcels Eltern oder Vor-Eltern nach England begeben/ quid tum? Ist Haym kein Teutscher/ oder will keiner seyn/ tant pis! wir haben gewiß einen Verlust dabey/ und einen geschickten/ gelehrten Landsmann weniger/ als ich vermuthet und gewünschet.

CXVII.

Es wird auch nicht lange währen/ so hört Haym auf/ ein Römer zu seyn: denn Zweifelsfrey werden seine Kinder lauter Engländer. Nebst verschiedenen recht guten Musicalien haben wir von ihm ein schönes/ gelehrtes

Buch/ so zu Londen 1719. 4. drittehalb Alphabet groß/ gedruckt und genannt ist : Tesoro Britannico. Es handelt von Münzen/ und auf dem Titel nennet sich der Herr Auctor selbst/ ein Jahr vor des Herrn Censoris Einwendung/ Nicola (nicht Nicolini wie jener schreibt/ und ihn doch so Wunder-wohl kennen will) Francesco Haym, Romano. In dem zweyten Stück der so genannten Historie der Gelehrsamkeit unsrer Zeiten/ wird dieses Haymische Werk recensirt/und p.20. daselbst gesagt : daß der Auctor diejenigen müssigen Stunden/ welche ihm in London von seiner Profeßion und Musik übrig geblieben/ auf sothane Arbeit gewandt. Also ist kein Zweifel/ es sey dieses eben unser Haym/und derselbe in Rom gebohren ; ob er aber nicht zu Rom Teutsche Vor-Eltern gehabt/ und also origine ein Teutscher sey/ das kan man bloß aus seinem Namen (der ein stärckers Argument/ als die Schule und das Begräbniß/ ja selbst der Geburts-Ort/ mit sich führet) abnehmen/ als welchen/natürlicher Weise/ kein rechter National-Römer auszusprechen vermag. Ich will einem jeden hierin seine Meynung/ und mich gerne/ wo ich irre/ eines bessern belehren lassen. Noch ist dieses nicht geschehen. Es müssen andre Beweisthümer seyn/die mich überführen sollen. Das oberwehnte Buch des Herrn Haym ist in Italiänischer Sprache geschrieben/und ins Engländische übersetzt worden. Es wird allerdings mit in die Bibliotheque Angloise stehen müssen. Applicetur ad nativitatem : Wenn aber endlich mein Freund saget/ dieses Hayms Composition werde nicht sonderlich geachtet; so hat uns/ unter andern/ seine gedruckte Opera, Pyrrhus und Demetrius, solches ganz anders gewiesen.

CXVIII.

Was sonsten noch für Anmerkungen vorkommen/ als daß auf der St. Magnus-Orgel in London so genannte schwellende Register zu finden/ deren Ton immer stärker wird/ je länger man ihn aushält; daß Herr Robinson/der Organist besagter Magnus-Kirche/für den besten durch ganz England gehalten wird; daß Händel/ beym Abgang des Pedals/ mit einem Stück Bley die tiefen Claves im Manual beleget &c. ist mitzunehmen/ und theils sehr bekannt. Wenn es aber heißt: Clavichordia, wären nirgends/ als in Teutschland zu finden/ und hernach: man habe bey einem Teutschen Organisten in England ein Clavichordium gehört; so müssen ja doch in England (wenigstens bey den Teutschen/ deren itzund sehr viel da sind) Clavichordia vorhanden seyn. Hier in Hamburg wohnen Leute/ die alle Jahr Clavichordia, so viel sie nur machen können/ nach England/ nach Spanien/ nach Holland &c. senden. Wo bleiben die denn? Daß man dieses angenehme Instrument ein heiseres Clavichordium nennet/ ist sehr schimpflich/ und

weil

der Lehrreichen Meister-Schule III. Unterricht.   151

weil ich in Orcheftre den Candidaten vorschlage / will mein Freund der Engländer Sentiment dem meinigen entgegen setzen/ sagend: die grössesten Maitres daselbst hielten dafür / daß ein Scholar / so fern er was tüchtiges lernen will/ gleich mit befiederten Instrumenten anfangen/ niemals aber ein Clavichordium spielen soll. Diese Maitres wollen mir grosgünstig verzeihen: ich bin nicht/ und werde nimmer/ ihrer Meinung. Meine Ursache steckt in arte modulatoria, in der Sing-Kunst. Wer diese versteht/ versteht jene auch/ und findet sie richtig.

CXIX.

Meine resolutiones, oder Syncopationes catachresticæ bekommen auch ihr Theil/ weil D. Pebusch gesagt hat/ die Alten hätten sie schon alle gehabt. Ich habe solches nicht riechen können/und unsre Gedanken mögen sich gar wohl in vielen Stücken mit der Alten ihren begegnen. Inzwischen ist das eine Syncopatio catachrestica, wenn eine dissonirende Note nicht / wie es sonst die Regel erfordert / durch eine folgende consonirende / die um einen Grad tiefer liegt/ aufgelöset wird; sondern sich durch eine andre/ frembdere/ weitentlegenere/ und höhere Consonanz/ auch wohl gar durch eine abermalige Dissonanz / einen Ausweg suchet. Denn catachrestica Syncopatio wird nicht in solchem Verstande neu genennet/ als ob kein Mensch unter der Sonnen jemals dergleichen gemacht haben sollte; sondern/ darum/ daß es eine ausserordentliche / frembe Sache/ ja/ so zu reden / gleichsam ein kleiner Misbrauch und eine neue Mode sey/ welche wieder die alte Ordnung läufft/ und doch von vielen so getrieben/ als gebilliget / wird. Καταχρέομαι, davon das epitheton catachrestica herkömt/ heisset eigentlich: abutor, ich misbrauche. Dieser Beschreibung stimmet Bernhardi bey/ und wenn mein Freund sie gewust hätte / würde er Syncopationes und Figuren/ als species & genus, nicht so miteinander vermischet haben / wie er bey dieser Gelegenheit thut. Er ziehet das Beerische MS. wieder an/ und sagt/ dessen Auctor führe zum Beschluß des Werks (da es doch nur das 23. Capitel/ und kaum die Mitte/ ist) neun Figuras superficiales an. Wie kömt das bey den Syncopationen? diese Figuren sind ja keine Rückungen; sondern nur kleine accentus und variationes: weiter nichts. Christopher Bernhardi hat sie alle / und gibt noch die Zehnte im Kauff / nehmlich: anticipationem notæ, so für einen Liebhaber schon gut ist. Merkwürdig kömt mirs vor/ daß man die Gedanken/welche Beer bey der Variation hat/für sehr schön hält/ nehmlich/ daß derselben Veränderungen so viel sind / als Gedanken aller Menschen/ die schon gelebt/ die noch leben/ und in Ewigkeit leben werden. Kann man nicht eben dasselbe/und ein mehrers/vom Sande und von den

den Sternen sagen? der gute Beer vermischet die Ligaturen mit den Syncopationen / und hält sich bloß an den Figuris superficialibus. Wie sehr aber diese von jenen unterschieden / lehret uns definitio figuræ, hoc sensu, ex Prinzio, welcher in seiner Musica modulatoria, dahin sothane Figuren gehören / p. 46. so schreibt: Eine Figur ist in musicis ein gewisser modulus, so entstehet aus einer / oder auch etlicher / Noten Diminuirung oder Zertheilung / und mit gewisser ihm anständiger Manier hervorgebracht wird. Summa es ist (in diesem Verstande) eines Sängers Werk / nicht des Componisten / quà talis, und hat nichts mit der Syncopation zu thun / welche Kircherus beschreibt / daß sie sey: irregularis applicatio notæ ad tactum facta. Woraus der Unterschied sattsam erhellet.

CXX.

Daß man aber meynet / die neu-erfundene Syncopationes gehörten ad retardationem, darauf dienet zur Antwort: daß nicht nur die neuen / sondern auch die alten / Syncopationes, ja selbst die grössesten Bindungen / so wohl / als die Figuræ superficiales, dahin zu rechnen; doch aber deswegen drey gar verschiedene Dinge sind. Ich will ein Gleichniß geben. Fünff Finger gehören zu einer Hand: darum ist doch der Daum ein ganz andrer Finger / als der kleine. Wenn Beer sagt / daß die Retardatio zur Nachahmung der Syncope erfunden / will ihn mein Freund corrigiren; aber Beer hat hierin ganz Recht / und bestätiget mein Satz. Wenn auch gleich Bononcini, und andre / meine resolutiones schon lange gehabt hätten / da die Quarta in Quintam aufwärts / und die Nona in Decimam steiget / so sind und bleiben sie doch immer und ewig resolutiones catachresticæ, nach obiger richtigen definition. Was Beer aber davon l. c. aufweiset / ist keine Syncopatio, sondern nur ein Accent des Sängers.

CXXI.

Bey der Nona, daß ich dieselbe für eine erhöhete Secundam ausgebe / heißt es: man könne dieselbe unmüglich dafür paßiren lassen. Es ist mir leid; ob ich wohl gewiß bin / daß der Unterschied nur in resolutione a) stecke / und wesentlich nicht so groß / als zufälliger Weise / sey. Dahin gehen meine Wort im Nicdt. Was Tomo I. huj. Crit. mehr davon gesagt worden / findet sich daselbst p. 46/47. & 50. Man betrachte mir / sagt mein Freund / doch diesen Unterscheid! bey der Nona syncopirt allzeit die Ober-Stimme;

---

a) Wenn ich von Resolutionen rede, so verstehe ich, daß die Bindung vorher gehe, und davon unzertrennlich sey. Nam resolutio præsupponit ligaturam.

der Lehrreichen Meister-Schule III. Unterricht.

me; bey der Secunda die Unter-Stimme. Das ist falsch; und hergegen mit tausend guten / approbirten Exempeln / ja / mit meines Herrn Censoris eignem paradigmate, so p. 90. seiner Anmerkungen befindlich / Sonnenklar zu beweisen / daß bey der Nona auch die Unter-Stimme / samt der Obern zu gleich / syncopire / und bey der Secunde eben so wohl die Obere / als Untere. Und ist demnach solchen Falls gar kein Unterschied. Ferner heißt es: Die Secund hat ihre Allianz am liebsten mit der 4 und 6; die None aber mit der 3. und 5. Ich sage: die Nona kan sie auch mit der 4 und 6 / so wohl / als die Secunde / haben. Summa / alle diese Gründe fallen weg; aber ich wüste wohl einen bessern / der stehet Tom. I. l. c.

CXXII.

Correlli / sagt mein Freund / habe was in der Nona gefunden / das den Alten verborgen gewesen. Wie er dieses vor D. Pebuschen verantworten will / mag er sehen. Wir haben oben desselben decisum, und sein ipse dixit, vernommen. In den dreyen Exempeln / damit man sich / wegen der None / nicht wenig brüstet / und darüber schreibet: Eine andre Art Nonen / ist gar nichts sonderlichs / gar keine andre Art von Krebsen; die None ist nicht einmal anders angebracht; immer die alte Leyer und dasselbe verdrießliche Chaconnen-Wesen / wobey nur der Baß / nach dem schimlichten Schlentrian / variirt worden. Die None / heißt es weiter / ist aber auch so delicat / daß sie auch in vollstimmigen Sachen keine Compagniam (wird wohl Spanisch seyn) mit sich führen will / ich meyne / daß sie sich verdoppeln liesse / (warum denn nicht?) sie will / weil sie in der Ober-Stimm syncopirt / ganz allein in den Ohren schweben. Ey / daß dich der Hahn hack! syncopirt sie denn nicht auch in Mittel-Stimmen? die angeführten Exempeln beantworten diese Frage mit ja / und beweisen das Gegenspiel der vermeynten Ursache. Wenn ich sage / die None liege gemeiniglich in der Ober-Stimme / so verstehe ich solches nur von einem bicinio, und nicht von polyphoniis. Ausserordentlich aber kan man auch wohl die Nonam springend / da sie gar nicht lieget / so wohl im Recitativ / als in einer Aria / catachrestice einführen / und habe ich solches offt / mit gutem Fortgange / versucht.

CXXIII.

Weiter im Text: Die None will gerne die reine Resolution in die Octav / oder / bey lauffendem Basse / in die Sext / hören lassen. Ich antworte: Das wollen andre Dissonanzien / nach ihrer Art / ebenfalls thun; lassen sich jedoch so gut handeln / daß man 5 intervalla wenigstens auf funfzigerley Art / durch binden und lösen / anbringen kann. Darunter der None 8 zufallen;

obgleich mein Herr Censor nur von zweyen weiß. Dahero trägt alles dieses nichts zur Niedlichkeit/ noch zur Einsamkeit der None/ bey: weil sie es mit andern gemein hat/sich auch eben so wohl/als andre/ verdoppeln/ und figürlich behandeln läßt; nicht/daß etwa eine falsche/sondern eine fremde und ausserordentche/ Entbindung darauf erfolge. Das lieget mir/ wegen des Orch.II. No.13. gegebenen Exempels/ auf alle Weise/ zu behaupten/ ob. Denn dasselbe ist kein Organisten-Griff/ b) wie mein Freund sich schwanen läßt ; sondern eine wahre Nona duplicata. Bey dem/mit Unrecht sogenannten/Organisten-Griff gehet die Secunda in Tertiam aufwärts ; bey meinem angefochtenen Exempel aber gehet die eine Nona in Octavam , wo thut das die Secunda? und die zweyte in Decimam, wo thut das die Secunda?

CXXIV.

Wenn nun gleich gesagt wird/daß die None andre affectus, andre Bindungen und Lösungen habe/ als die Secunde/ (womit ich völlig einig bin). so hebt doch solches den Satz nicht auf: daß die None eigentlich nichts anders sey/ als eine erhöhete Secunde. KIRCHERUS schreibt / T. I. L. V. p. 283. Reg. 4, so: Nona, Secunda replicata, inter Decimam minorem & Quintam posita, consonabit. CARTESIUS stimmet diesem also bey: Nonæ nihil aliut sunt, quam gradus compositi ex Octava. vid. ej. Comp. p. 44. Das Wesen eines Dinges muß ja von seinen Zufällen unterschieden werden. Secunda replicata, composita, I. hemitonium minus replicatum, bestehet in proportione 24 — 50. Nona minima hat eben dieselbe Lage und proportion 24 — 50. Da sehe ich keinen förmlichen oder wesentlichen Unterschied. Est unum & idem per se consideratum. Aber man braucht dasselbe intervallum auf verschiedene Art. Die Sache im I. Orch. war nur darauf angesehen/ dem Unkündigen einen Begriff von der None zu machen/was sie nehmlich sey/ an und vor sich selbst ; nicht/ ob sie andre Bunds-Genossen habe/ als die Secunde/ oder mit denselben auf verschiedene Weise umgehe. Das Orchestre streitet ja nicht/ sondern bejahet vielmehr ausdrücklich / daß die None solche Auflösungen habe/ die der Secunde nicht eigen sind. Und darin bestehet der ganze Unterschied. Man sage mir/ ob dieses eine None/ oder erhöhete Secunde sey? c — d. Und ob es nicht die eine so wohl/ als die andre / seyn könne.
So

---

b) Die Italiäner, setzen die angenehmsten Sing-Sachen mit der 7. 4. 2. absonderlich M. A. Gasparini.

der Lehrreichen Meister-Schule III. Unterricht.

So sehen sie alle in abstracto aus. Im concreto selbst haben sie einerley Wesen; aber nicht einerley Zufälle. z. E.

$$\bar{c}\;\bar{e}\;\bar{d}\;\frown\;\bar{d}\;\bar{g}\;\bar{c}$$
$$c\;\smile\;c\;h\;a\;h\;G\;\;\;c$$

Da ist erst die Secunda replicata; daraus wird hernach/ in eben den terminis, ohne die Stelle zu verändern/ zufälliger Weise/ eine Nona. Summa/ wenn dieses intervallum, als eine Secunde/ gebraucht wird/ muß der Baß liegen; wird es aber/ als eine None/ gebrauchet/ so lieget gemeiniglich der terminus acutus. Das ist wahrlich alles miteinander.

CXXV.

Nun ist noch eine kleine chicane dieserwegen übrig. Man wird einwerffen/ ich handle Orch. I. P. II. nicht mehr von dem Wesen/ oder de proportione intervallorum; sondern von deren Gebrauch / dahin die Bindungen und Lösungen gehören: warum ich denn nun meine Ausflucht in dieser distinction suche? Antwort: Die Ursache stehet l. c. gleich daneben/ nehmlich/ weil der Nonæ bey dem Verzeichniß der Dißonanzien im ersten Theil nicht gedacht worden/ anerwogen sie respectu essentiæ & proportionis weiter nichts/ als eine erhöhete Secunde/ ist und bleibet; damit aber doch ein Unkündiger ungefehr einen Begriff von der None haben mögte / ist solche am besagten Orte kürzlich berühret/ und dabey gleichwol der Unterschied inter Secundam & Nonam, respectu usus, allerdings bemerket worden. Wenn wir physicam soni zur Hand nehmen wollen/ so ist auch der Unterschied inter Secundam simplicem & compositam so groß / als zwischen den Zahlen 288 — 576. wobey das acumen und die gravitas was wichtiges thut. Das beste Corollarium, so inzwischen aus diesem Handel fliesset/ ist/ daß die proportiones intervallorum von ihren affectibus diversis nicht deciditen: denn una eademque proportio kan zufälliger Weise gar verschiedene Wirkung thun.

CXXVI.

Nach diesem Scharmützel meynet mein aggressor, er habe sich was gehalten/ und singt darauf folgendes Triumph-Liedlein:

„Ich hatte mir zwar vorgenommen/ nichts anzugreiffen/ was H. B.
„angefochten hat; so sehe zwar/ daß er wohl die Nona hat angegriffen; aber
„es ist nicht genug/ daß er gesagt/ die Nona ist und bleibt die Nona, und weiter
„ihre differenz von der Secunda nicht beschreibt: denn/ wenn ich auf derglei-

„then Art was wiederlegen wollte/ohne gnugsame rationes herbey zu bringen/
„so würde ich bald fertig werden.„

Hierauf achte für unnöthig weiter was zu sagen / als daß der gescheute Leser aus der bisherigen Meister=Schule wohl gesehen haben wird / wie das Angreiffen / das Anfechten und das Wiederlegen abgelauffen / ingleichen wie schön die vermeynten rationes Stich gehalten. Ein andrer spiegle sich doch daran/ insonderheit derjenige / so mir von Hildesheim aus auf die Kappe gesteuret ist. Es wird nicht allemal eine so gelinde Lauge aufgegossen werden. Wir haben sie schärffer/ nach dem der Kopf ist.

CXXVII.

In London weiß man von einem Smal-Coal-Man (nicht Smaal-Coal-Men) zu sagen / das ist / von einem Klein=Kohlen=Krämer / der sich wohl auf Cremoneser/ Stainer= und Albaner=Geigen verstanden / und wöchentlich ein Collegium gehalten hat. Das erzehlet mir mein Freund/ bey Gelegenheit der p. 175. Orch. II. erwehnten Classen der Zuhörer / und will damit vieleicht darthun: Weil dieser Köhler solche schöne Geigen gehabt/ müsten alle seine schwartze Gesellen geschickt seyn / von einer Musik zu urtheilen. Es gehöret aber auch ein rechter Köhler=Glaube dazu.

CXXVIII.

Noch eine Kleinigkeit/ wegen des moll und dur, kan mein itziger Censor nicht wohl vorbeygehen/ so genau nimt er es/ daß ihm auch keine bagatelle entwischet. Die Auslegung des duri führe ich von der härtern oder steifern Anspannung einer Säiten her / und die Bedeutung des mollis von der Schläffe oder Nachlassung derselben / und sage in meiner Einfalt / Herr Omnis habe vieleicht diese Anmerkung nicht gemacht. Das kann mein Wiederleger nicht verdauen : denn es ist die Wahrheit. Wer dieselbe sagt / bläset dem Bären ins Ohr. Derowegen bricht er in aller Höflichkeit so heraus: Ich wollte bald wetten/ ob ich gleich nicht Herr Omnis bin/ daß ich eine bessere Auslegung über die Etymologiam dieser epithetorum machen wollte. Da wird was rechtes kommen! Gebt acht! Vors erste (mögte wohl heissen: Fürs erste. Man sollte meynen / daß eine ganze Reihe Beweisthümer erscheinen würde; aber es bleibt bey dem ersten/ und kömt kein: Fürs andre) hat Aretinus, von dem diese Worte ursprünglich herstammen sollen / damals wohl noch an keine musicalische Säiten=Instrumente gedacht: den ausser denen Orgeln und Singen (den Orgeln und dem Singen) ist in Klöstern und Kirchen nichts weiter gebraucht worden. Aretini Hauptzweck aber gieng pur allein aufs Singen. Brossard zeiget in seinem Dictionario p. 161. den Ursprung

sprung dieser Worte sehr deutlich/nachdem er erst gesagt/ daß/da Aretinus gefunden / daß die Griechen grosse raison gehabt/ ihr Mese und Paramese, unser a und h, in Semitonia einzutheilen / er es in seiner Scala oder Gamma c) auch nachgethan. Et comme cette intonation, fährt Brossard fort/ a quelque chose de plus tendre & de plus doux, que lorsqu' on eleve la voix d'un ton plein, il donne à ce b l'epithete de molle. Hier verstehet sich schon wie gut Hebräisch/ (cela s'appelle badiner joliment) daß da er dem b, wegen der Gelindigkeit/ den Namen b moll gegeben/ dem h, oder ganzen Ton / wegen seiner Härte und Raubigkeit/ der Name dur, oder in einer Tertie des majoris (gut Hebräisch) muß erwachsen seyn.

CXXIX.

Hierauf wäre kürzlich so zu antworten. Erstlich hätte ich von einem/der nicht Herr Omnis seyn will/eine bessere Auslegung vermuthet/ als diese. Denn eben solche macht der liebe/ ehrliche Herr Omnis, in Lebens-Grösse / und findet sich in allen institutionibus der Sing-Schüler. Fürs andre sollte sich der Herr Nonomnis nicht einbilden/ er mache persönlich selbst eine Auslegung / die schon andre/und zwar sein leib-eigner Brossard/lange vor ihm/ gemacht haben. Drittens will ich ihn bitten / in seiner Grammatica nachzuschlagen / und daraus zu lernen / was Etymologia sey. Bey unserm Spaten finde ich dieses: Etymologia docet proprias significationes, non figuratas. Wer nun weiß/ was proprie, und was figurate geredet heißt/ wird von meines Freundes/und meiner / Auslegung urtheilen können. Meine Schluß-Rede ist diese: Omnis remissio, sive in chordis sive in gutture fiat, mollitiem efficit. Tertiæ minoris terminus acutus remittitur, vel in voce vel in chordis. Ergo Tertia minor mollior est majore. Hieraus siehet ein jeder / daß die Benennung der Weiche aus keiner andern Ursache / als aus der Schläffe oder Niederlassung der Fibern und Saiten/ entspringet. Viertens hat allerdings Aretinus an Saiten-Instrumente gedacht / ja/ seine ganze Kunst daraus genommen. Wir wollen sehen / was Isaac Vossius p. 90. de Poemat. cantu von ihm dieserwegen meldet: Multa Guidoni perperam tribuuntur, heißt es da / in concinnanda sua Scala secutus est HARPARUM & Organorum sui temporis exemplum. Hatten etwa diese Harffen keine Saiten? War des Guidonis Monochordum (davon er doch ein Büchlein geschrieben / wie oben erwehnet worden) mit keiner Saite versehen / die sich spannen und niederlas-

---

e) Conf. p. 123. huj. Tomi.

laſſen / i. e. dur oder moll machen/ ließ? Waren der Griechen Meſe und Parameſe, damit man ſich zur Unzeit breit macht / keine Saiten? Wie hieß das neue hemitonium zwiſchen beyden? War es etwa ein Blaßbalg? Und ich ſetze den Fall / man zöhe bloß die Wind-Orgeln zu Rathe / hat nicht die Lufft ebenmäſſig ihre extenſiones & remiſſiones, welchem nach ſie hart und weich empfunden wird? Fünfftens und letztens folget aus dieſen allen / daß cauſa duri & mollis in der Auffſpañung oder Niederlaſſung beruhe/die Schärf- fe aber und Zärtlichkeit/ ſo das Gehör dabey empfindet / eine Wirckung dieſer Urſache ſey; wer aber effectum pro cauſa nimt/ (es wäre denn figürlich/ auf rhetoriſche Art / per Metalepſin) der mag die Logick beſſer lernen. Hat ſich nun mein Nonomnis nicht wohl herausgehalfftert? Es ſcheint er habe den beſten Hieb zuletzt geſparet. Denn hiemit ſchließt er die Cenſur über die bey- den Theile des Orcheſtre, indem er ſagt: Dis wären alſo / mit weni- gem d) einige Obſervationes über das I. und II. Orcheſtre. Wenn er ſich einmahl über das III. hermachte: da würde es was ſetzen.

CXXX.

Aber halt! ich bin ſo frey noch nicht. e) Es muß auch noch mein brauchbarer Virtuoſe an den Tanz. Da ſage ich gleich auf der erſten Seite/ es mögten ſich die heutigen Concert-Meiſter an Beeren prüfen. Das wird mir übel bekommen. Mein Freund ſagt ſo: Ob ſich die heutigen Concert- Meiſter an ihn prüfen mögen/ indem ich noch nichts / als philoſophiſche oder muſicaliſche Diſcurſe / und andre zur Muſic oder Compoſition nicht gehörende Tractate von ihm geleſen; aus dieſen mögten ſich die heutigen Concert-Meiſter wohl wenig erbauen. Aber ſeine Schola phonologica iſt ein Werk &c. Man bedenke die Verwirrung im Styl und in den Gedan- ken. Gehören philoſophiſche und muſicaliſche Diſcurſe nicht zur Muſic? kan ſich niemand aus philoſophiſchen Reden erbauen? Hat mein Freund von Beeren keine zur Muſik gehörige Tractate geleſen/ und rühmet doch deſſen pho- nologiam? Er wiederſpricht ſich ja ins Angeſicht. Ich wollte gerne/ daß ei- nige heutige Concert-Meiſter (ou ſoi diſans) ſich nur ſo viel/ wo nicht mehr/
aus

---

d) - - - - - - - - - Ecce,
Criſpinus minimo me provocat. Hor.
Minimo digito, i. e. non totas vires objicit, ſed minimas, ut indicet ſuum adver-
ſarii contemtum.
e) Ecce iterum Criſpinus. Juvenal.

aus Beerens philosophischen und musikalischen Schrifften erbaueten / daß sie recht buchstabiren/ construiren und schreiben lernten; daß sie lieber kein Engländisch/ kein Französisch/ kein Lateinisch/ in ihre Observationes brächten/ als solches so jämmerlich zerstümmelten und im Grunde verdürben; daß sie die Nase ein wenig mehr in die Bücher steckten/ und bedächten/ die musikalische Wissenschafft bestehe nicht in einem bißgen Gegeigten oder Gepfiffenen / nicht in einer leeren Noten-Kleckerey; sondern in einer Philosophia effectiva &c. Der ausschweiffende Ruhm/ welchen mein Freund der Scholæ phonologicæ beyleget/ zeigt hier abermal die grosse Schwachheit seines Verstandes an. Er wünschet / es mögte sich ein Verleger dazu finden; und weiß nicht / daß ein ganz Alphabet/ und mehr/ dran fehlet. Doch will er in Wahrheit sagen/ daß er nie dergleichen Tractat/ de Compositione ex professo, gelesen. Ein jeder kan aus meiner obigen recension des Werks/ aus dessen Mangel/ und aus dieser unzeitigen/ abermaligen Erhebung leicht schliessen/ daß mein Freund auch die Scholam selbst noch nicht gelesen habe: weil er sonst den Mangel angetroffen / und sich hier nicht nach einem Verleger solcher verlegenen Waare gesehnet hätte.

CXXXI.

Darauf kömt/ wegen des Dieterici, der in der Vorrede des brauchbaren Virtuosen von der alten Musik angeführet worden / ein Gehacktes von alten und neuen/ vom Pancirolli, von Jean de Murs, vom Teufel und dreyen Mönchen/ qui nesciebant quintum Tonum, von einem 130 jährigen MS. mit Noten/ von den Subjectis, darüber die Contrapuncte gemacht worden / vom Palestina, vom Gusto, von Opern/ von Tänzen/ die er keine Music genennet haben will / von Regeln ꝛc. daß es zu bejammern ist.

CXXXII.

Daß der unbescheidene Pancirolli wiederlegt werden mögte / habe ich schon vor elf Jahren I. Orch. p. 8. öffentlich gewünschet. Daß es auch Olaus Borrichius in andern Stücken / nur leider! in der Musik nicht (weil diese bey den Gelehrten nicht zu Hause ist) gethan hat/ lehret Orch. III. p. 739. Daß Jean de Murs die Noten Ao. 1330 erfunden / stehet auch schon im I. Orch. p. 46. und hätte mein Herr Censor die Erinnerung seinenthalben sparen können. Das Histörgen vom Satan/ der die Mönche Quintum Tonum lehret/ erkennet mein Freund selbst für eine Fabel/und meynet / daß damit die Unwissenheit der Kloster-Brüder angestochen worden. Darin hat er auch wohl recht. Felix quem faciunt aliena pericula cautum. Er sagt: die Mönche hätten weiter auf keine Musik / als nur auf ihre 8 Tonos Ecclesiastici zu den-

denken gehabt. Indessen will er doch die/ seit der Reformation/ oder seit 150 Jahren/ bekannte Alten zu Wunder-Thieren machen. Was davon gutes und böses zu sagen/ findet sich Orch. II. p. 414. 415. &c. Ich mag es hier nicht wiederholen. Ein MS. aber/ mit Noten und lauffenden Figuren von 130 Jahr/ ist so alt nicht/ daß man es nicht älter haben sollte. Ich will meinem Freunde Toccate d' Intavolatura di Claudio Merula da Correggio, in das schönste Kupfer gestochen/vorweisen/ die wenigstens eben so alt sind. Man besehe von den diminutiónibus Notarum und dem Gebrauch der lauffenden Figuren/ Petrum Opmeer, in Opere chronologico, & ex illo Prinzium in Hist. Mus. p. 118. alwo der Königl. Französische Capellmeister/ Johannes Moutonus, schon vor mehr als 200 Jahren/ als ein Vorgänger/ betrachtet wird.

CXXXIII.

Die so genannten Subjecta (i. e. themata cantionis) darüber die lieben Alten sich so zermarterten/ sind der Musik weit mehr schädlich/ als nützlich gewesen. Denn eben durch diese Künsteleyen ist die wahre Melodie verdorben/ der Text geradebrecht/ und der Verstand so zerrüttet worden/ daß man die Musik gar aus der Kirchen hat bannen wollen. In einer Instrumental-Symphonie mögte dergleichen dann und wann/ zum Schul-Rechte/ geduldet werden; aber mit Menschen Stimmen und nachdenklichen Worten muß man behutsam umgehen. Joannes Palestrinus hat diesen gar zu bunten Contrapuncten den Coquetten-Schmuck und übermüthigen Zierrath abgestreifft/ und seine Sachen so eingerichtet/ daß man Nutzen von den Worten gehabt hat: wodurch er auch die Kirchen-Musik noch mit genauer Noth errettet. Solche Missen/ die vernehmlich/ und nicht so abscheulich Kunst-süchtig waren/ nannte man alla Palestrina (nicht alla Palestina, wie mein Freund schreibt). Man besehe davon Tom. I. huj. Crit. p. 308. alwo die ganze Historie stehet.

CXXXIV.

Daß vom Gusto so wohl/ als von der Harmonie/ Regeln gegeben werden können/ ist bey mir ausser Zweifel. Vid. p. 255. T. I. h. Cr. Daß aber vor hundert Jahren noch keine Opern in Italien gewesen/ will mein Freund erweisen; und thut es nicht. Wir haben jedoch oben schon dargethan/ daß Ao. 1485. und also vor 240 Jahren schon/ die Opern zu Venedig ihren Anfang genommen. Ja/ wenn wir Bonnet nachschlagen/ sagt uns derselbe p. 256. dieses: On ne peut disconvenir, que le retablissement f) de la Musique Dramatique & les représentations des Spectacles ne soient
dûs

---

f) Das Wort retablissement, Wiederherstellung, gibt auch zu verstehen, daß die Dramatische Musik lange zuvor schon geübet worden.

dûs aux Italiens, dont le Cardinal Riati (*) Neveu du Pape Sixte IV. fut un des premiers, qui fit dreſſer un Theatre mobile dans une place de Rome, pour y faire jouer pendant le Carnaval une piece convenable à ſon Caractere, environ l'An 1480. de la Compoſition de Franceſco Beverini, ſçavant Muſicien, qui plut ſi fort à cette Nation, que depuis ce tems là NB. on n'a presque point paſſé de Carnaval ſans y avoir des repreſentations de pieces de Theatre & ſouvent des Operas tres-conſiderables. Daraus ſiehet jedermann/ daß ſchon Ao. 1480. von dem Cardinal Riario ein Dramatiſches Stück/ oder Operetgen/ zu Rom aufgeführet/ und von einem vortrefflichen Componiſten/ Franceſco Beverini, in die Muſik gebracht worden. Ingleichen daß von der Zeit an kein Carnaval hingangen / da man nicht ſolche Theatraliſche Stücke/ ja bisweilen wichtige Opern/ gemacht hat. Alſo kömt es unſerm Freunde eben auf 140 Jahr nicht an / die er in ſeiner Rechnung fehl ſchlägt. In Frankreich wurde die erſte Opera Ao. 1644/ und in Hamburg 1658 geſpielet: daß ſie alſo folglich dort ſeit 80/ und hier ſeit 66 Jahren im Schwange gehen.

CXXXV.

Die Tanz-Muſik iſt allerdings Muſik / und hat ihre eigne Stilos, nehmlich den choraicum und hyporchematicum, welche ein Componiſt nothwendig verſtehen muß. Die Rhythmopoeia, daran doch ſo viel in der Compoſition gelegen iſt / läſſet ſich nirgends deutlicher und kräfftiger hören/ auch nirgends beſſer lernen / als eben in der Tanz-Muſik. Derowegen iſt es wohl gar was abgeſchmacktes / wenn man das Spielen / ſo bey Balletten und Entrées vorgeht/ eigentlich keine Muſik nennen will ; da doch ſo wohl Harmonie/ als Melodie / nebſt allerhand Figuren und coloribus, dabey anzutreffen.

CXXXVI.

Bey Beſtreitung meiner General-Regeln hatte der Herr Opponent faſt allenthalben ſein Bedenken darüber / und frug ſpöttiſch / wer heutigen Componiſten ſolche vorſchreiben wollte ; damit man nun nicht auf arge Ge-

---

(*) Riario ſolls heiſſen ; doch nicht Petrus Riario, würklicher und erſter Cardinal-Nepos, als welcher ſchon 1474 im 29 Jahr ſeines Alters, den Weg aller Welt gegangen, ſondern Raphael Riario, oder Galeotto, welchen Sixtus IV. an des verſtorbenen Nepotis Stelle ſetzte, ihm deſſelben Namen gab, und im 17ten Jahr ſeines Alters zum Cardinal machte. Bonnet hat dieſen Fehler im Namen zweymal, nehmlich vorher ſchon p. 241. wo Riaty ſtehet, und geſagt wird, daß Pauli Bekehrung der Inhalt des Schauſpiels geweſen ſey.

dancken gerathe / bringet er endlich eine Warnung/ aus dem Bononcini an/ darin derselbe die wahren Regeln recommendiret / und sagt / es sey nicht gnug / wenn man nur keine Quinten und Octaven setze.

CXXXVII.

Da ich inzwischen dachte / mein Orchestre wäre nunmehro allem Leide entsprungen / siehe / so kommt der Censor abermal dawieder angestochen/ und nimt die Temperatur vor / von welcher ich gesagt habe / auch noch sage / sie sey erst in diesem Seculo, durch Werkmeister und Neidhardt / zu Stande gekommen. Dagegen wendet mein Freund ein / daß er selbst ein wohlstimmendes Orgel-Werk / so 1627 gemacht worden / gespielet habe / (ich hätte das Spielen wohl hören mögen) solches sey in keiner Temperatur mangelhafft / und doch nie daran verbessert worden. Denn so finde man auch Spinetgen von 1596. die schöne und helle klingen: ergo sey nicht zu zweifeln/ die Alten haben rein stimmen können. Hier mögte ich nun gerne wissen/ aus welchem Ton der Herr Censor auf seiner alten Orgel gespielet habe: denn darauf kömt es an. Die Alten wusten kaum was vom c moll. Wie denn Beer es / als etwas rares/ anführet / daß es dergleichen gebe. Wie hätten sie können NB. alle Tone rein stimmen? Man betrachte/ was Zarlino und andre von der Temperatur geschrieben / und was sie für grobe Streiche geführet haben. Gesetzten Falls auch/ es hätte ein Instrument-Stimer seinen gewissen Hand-Griff / ohne die rationem zu wissen; so ist doch damit noch nichts zu demonstriren/ auch keine forma artis vorhanden. Und die muß da seyn/ sonst tappet man im Finstern. Bontempi sagt von einem gelehrten Mann/ der die Schwebungen der Quinten und Quarten eingeführt / daraus schließt mein Freund/ daß die Temperatur weit älter sey/ als Werkmeister und Neidhardt. Ich kann ihm hierunter dienen und sagen / daß Didymus der erste gewesen/ welcher die Sczlam Diatonam, vor etwa 2000 Jahren / da sein Orgelmacher noch im Chaos gesteckt/ temperirt habe. Aber darum ist es uns nicht zu thun; sondern um die Scalam Diatono-Chromaticam. Wir wollten gerne aus allen Modis tonicis spielen. Ob nun Hinz oder Kunz den Quinten Abbruch gethan / und den Quarten Zusatz gegeben / daran ist nicht so viel gelegen; sondern die Frage ist hier de Quanto? Unsre lieben Alten handelten noch mit Quart-Commatibus: die will itzund keiner kauffen. Und also bleibet Werkmeister und Neidhardt bißher der ihnen ertheilte Ruhm unauslöschlich/ daß sie die Temperatur so zum Stande gebracht/ daß man/ ohne Verletzung des Gehörs/ aus allen Tonen spielen kann.

CXXXVIII.

Darauf führt mein Herr Opponent eine nagel-neue defensionem Quartæ, aus einer Uralten Constitution des Pabstes Johannis XXII. und erweget nicht/ daß in derselben die Quarta ultimum locum habe/ auch gar nicht pro basi stehe/ sondern bloß intermedia sey. Daß zu Zeiten dieses Pabstes/ sagt er ferner/ die Terzien und Sexten/ jedoch nur als imperfectes (ist corrigirt durch imperfectas, und doch nicht getroffen; denn es muß heissen: imperfectæ) gebraucht werden. Dieses sage ich/ lauten seine Worte/ ist alles gewiß. Wer wollte daran zweiffeln? insonderheit da mein Freund noch dazu einen Beweisthum derselben Wahrheit und seiner Belesenheit aus einem Auctore beybringet/ den er Goldastium, und das Buch/ Tomum primum rerum Alemicarum, nennet. Er meynet den Goldastum de rebus Alemannicis, welchen er irgendwo allegirt gefunden/ und unrichtig abgeschrieben hat. Ich gäbe diese Rarität nicht um viel.

CXXXIX.

Zuletzt geräth er gar auf die Chinesische/ Japonische und Janitscharen-Music/ zeiget auch hierin seine Erfahrenheit/ weil ich im brauchbaren Virtuosen der Türkischen Bande von 60. gedacht habe. Seiner Meynung nach blasen sie alle 60. in unisono. Es mag drum seyn. Ich wollte/ schreibt er ferner/ von dem Werke selbst (dem brauchbaren Virtuosen) ein und anders sagen/ um desto mehr/ weil ich Musici (Musicos) und Componisten vom ersten Range habe darüber raisonniren hören; aber es ist Zeit/ daß ich abbreche. Das ist mein Glück. Also/ nachdem noch ein schändlicher Umstand vom Rosenmüller/ und ein Platz aus den Lettres historiques, von dem Alter des Frauenzimmers (davon ich nie Nachricht verlanget habe) beygebracht worden/ lautet der Schluß so: Aber ich habe mir vorgenommen/ hiemit einmal abzubrechen/ und den Rest inskünfftige zu sparen. Wollen Mhr. darauf in dero III. Orch. oder mir in specie antworten/ stehet alles in dero plaisir. Ich dinge mir nochmals aus/ daß dieses von mir gar nicht/ als von einem Wiederleger oder Antagonisten geschrieben/ u. s. w. Hiebey fallen mir die barmherzigen Schwestern ein/ die zwar ihr Handwerck gerne/ aber ihren Titel gar nicht/ leiden mögen.

Musicalische Merkwürdigkeiten.

JEner tückischer Buchführer, welcher nun nicht mehr der Welt, sondern GOtt, von seinem Thun und Lassen wird Rechenschafft geben müssen (denn der Tod hat ihm alle böse Zähne ausgeschlagen) suchte sich auch, auf dem verfälschten, und, vieleicht wieder die Absicht des Verfassers, verdoppelten Titel des Murschhauserischen Werks, einer Seits ganz weiß zu brennen, in dem er mir zwar den unverdienten Namen eines Vortrefflichen, quasi vero, beylegte; aber doch andrer Seits in allem Ernst die alamodisch=herum fladdernde Componisten richtig unter mein Fähnlein stellete, als welchen er den ebenen gebahnten Weg zum Parnaß weisen, und mir insonderheit ein mehrers Licht geben, wollte. Dieses sahe dem Unterfangen eines seyn=wollenden Freundes nicht ungleich. Und ob ich schon nach der Zeit erfahren habe, daß der gute Murschhauser, dem äuserlichen Ansehen nach, an diesem Streich ganz unschuldig seyn, und den also eingerichteten Titel nie vorher gesehen haben soll, (woraus die Niederträchtigkeit abzunehmen, mit der man, stinkenden Gewinns halber, zwo einander ganz unbekannte Personen mit Schrifften zusammen hetzet) so muß ich doch den Auctorem der so genannten Hohen Schule, nachdem ihm der untergeschobene Titel vorgeleget worden, so lange für einen Hehler derselben mir erwiesenen Schmach halten, bis er sich öffentlich dawieder erkläret. Nam qui tacet, consentire videtur. Bey vergebner Erwartung aber einer solchen auch nur privat= Erklärung, dazu er gleichwohl per tertium meo nomine angemahnet worden, wird mir endlich erlaubet seyn, allhie ein, über drittehalb Jahr geheim=gehaltenes, Hand=Brieflein einzurücken, welches ein ganz unpartheyischer Mann, der diß-
falls

falls omni exceptione major heissen kann, aus eigner Bewegung, und, ohne die geringste communication zwischen uns beyden, entworffen. Es enthält solches so viele schöne und nützliche Anmerkungen, daß der hochgeehrte und scharffsinnige Herr Verfasser mir meine Freyheit hoffentlich gerne zu gute halten wird, in Erwegung des Frommen, so aus seinen klugen Gedanken zu erwarten stehet. Ich suche gewiß das prodesse meiner Leser immer, und wer Nachdenken hat, wird es in folgenden Zeilen unfehlbar antreffen.

Abschrifft eines Briefes, vom (S.T.) Herrn Professore Richey, in Hamburg, an den Herrn Kisner, Buchführern daselbst, den 15 Junii 1721 abgelassen.

Hochgeehrter Herr,

Unter andern Novitæten, für deren communication dienstlich dancke, hat die hiebey zurückgehende Academia Musico-Poetica des Hrn. Fr. Xau. Murschhausers meine Augen sonderlich auf sich gewandt. Der Titel prætendiret unter andern dem vortrefflichen Herrn Matthesōn ein mehrers Licht zu geben, und denen à la modischen herumfladdernden Componisten den gebahnten ebenen Weg zum Parnasso zu weisen. Nun kann es seyn, daß etwann in dem Wercke selbst dieß Versprechen nicht gänz-

lich unerfüllet geblieben; und wird der Herr Mattheson, seiner tieffen Einsicht und hochberühmten Erkenntniß nach, gar bald wahrnehmen, für wie viel Lichter er dem Auctori zu dancken habe, welches ich zu entdecken weder fähig noch müßig genug bin. Allein das allererste Capitel des Wercks machet mir von dem gebahnten ebenen Wege zum Parnasso eine so schlechte idée, daß ich schier zweiflen sollte, ob der Herr Murschhauser selbst auf dem Parnasso zu Hause gehöre, oder, ob er sich nur die Airs eines gelehrten Musici gebe. Mancher würde sich auch vieleicht stossen an die Worte des kurtzen Vorberichts: **damit der** filus **oder die Gespunst nicht abgerissen werde** ꝛc. Ich will aber nur bey angeregtem ersten Capitel bleiben, und dabey beklagen, a) **daß Leute, die das Ansehen haben wollen, von einer edlen Wissenschafft, als gelehrte Methodisten, zu schreiben, in den** præcognitis **selbst ihren Mangel** solider erudition **alsofort bloß geben, und gescheidte Leser** degoutiren. Da handelt der Auctor von der Music insgemein, sagt aber mit keinem Worte, wohin dieselbe in der Encyclopaedia menschlicher Wissenschafften gehöre; ob sie den b) höhern, oder niedern Facultäten zuzuzehlen; ob man ihr in der
Philo-

---

a) Vid. Orch. II. p. 317. Mich deucht, dieser Text ist erbaulich, und schickt sich nicht übel, loco epiphonematis, beym Schluß unsrer Lehrreichen Meister-Schule.

b) Vid. Orch. I. p. 24—33. alwo die Musik allerdings den höhern Facultäten beygezehlet wird. Conf. Bonnet Hist. de la Mus. p. 333.

Philosophia theoretica, oder in der effectiua einen Platz anweisen müsse. Ja, es fehlet so gar eine richtige definition, an deren Statt man sich mit Kircheri kurtzer description behilfft, und an dieselbe eine unphilosophische Brühe giesset, woraus ein Kunst-verständiger Didacticus weder differentiam specificam, noch in derselben eine formam definiti, oder finem (welcher ausser Zweifel das Gehör ist) wird zu finden haben. Hierauf folget ein Gehacke von Abtheilungen der Music, ohne die geringste Erkenntniß des Unterschieds divisionis generis in species, und divisionis totius in partes. Da ist es dem Auctori gnug zu sagen: Die Musica wird getheilet, in theoreticam und practicam &c. Weiters wird die Music vertheilet in instrumentalem, vocalem, figuralem, choralem und poeticam. Was sind dieses? partes oder species? Wie ist die letzte Theilung mit der ersten verwandt? Wird die Music überhaupt, oder wird pars theoretica oder practica besonders, so fünffach getheilet? Und wie reimet sich doch Musica poetica, als eine con-species zu der instrumentali und vocali? der scharffsichtige Herr Mattheson hat hier keines Lichtes nöthig, sonst würde er bey dieser dunklen Leuchte übel fahren, und sich des Stolperns in ipsis præliminaribus nicht erwehren können. Um mich aber hat sich Herr Murschhauser durch seine confusion so verdient gemacht, daß er mir Gelegenheit gegeben, zu meinem eignen Unterricht die Music (die ich für eine Philosophiam effectiuam halte) mit ihren General-Abtheilungen in folgende Tabelle zu bringen.

$$
\text{Musicæ partes sunt} \begin{cases} \text{Theoretica,} \\ \text{i. e. Harmonica.} \\ \text{Practica} \begin{cases} \text{compositoria,} \\ \text{f. poetica, cujus} \\ \text{species sunt} \end{cases} \begin{cases} \text{choralis} \\ \text{figuralis} \end{cases} \\ \text{ex secutoria} \\ \text{cujus species} \end{cases} \begin{cases} \text{vocalis} \\ \text{instrumentalis.} \end{cases}
$$

Es meritirt nicht diese eilfertige Gedanken, womit ich heute nach der Predigt ein lediges Stündgen paßiret, dem Herrn Matthefon unter Augen zu bringen. Doch, wann es Gelegenheit gibt, ersuche par discours von diesem grossen Virtuosen zu vernehmen, ob dergleichen reflexiones sich von den seinigen gar weit ecartirt, und ob er mehr solides und nützliches, als altfränkisches und weitläuffiges in der Murschhauserischen Academie gefunden. Bey schier künfftiger Aufwartung werde mit plasir davon ouverture nehmen. Inzwischen verharre mit vieler Ergebenheit

Von Hause rc.

Meines Hochgeehrten Herrn

Dienstwilldigster

M. Richey.

* * * * * * *

Wenn ich nun zuvörderst dem Herr Professori für seine deutlich-schönen Gedanken/ und denn dem Hrn. Kißner für die communication derselben/ meinen besten Dank abgeleget/ jedoch die mir an vielen Orten zu häuffig erwiesene Ehre/ mit behöriger Bescheidenheit/ abgelehnet haben werde/ ist nichts mehr übrig/ als daß ich die von Weissenfels und andern Orten eingelauffene Nachrichten in folgendem Bogen mittheile/ und mich so dann von meinen werthen Lesern/ auf eine Zeitlang/ hiemit beurlaube/ auch einen jeden bitte/ alles vorgebrachte/ wie es gemeynet ist/ im besten zu vermerken: weil es niemand zur Beschimpfung/ sondern allen zur Erbauung/ gereichen soll.

Weis-

Weißenfels.

Nachdem der sehr berühmte und wohlversuchte Virtuoso/ Herr Johann Philipp Krieger/ hiesiger bestallter Capellmeister/ jüngsthin das Zeitliche mit dem Ewigen verwechselt/ so hat man/ von dessen wohlgeführtem Leben/ folgende Nachricht mittheilen wollen:

Herr Johann Philipp Krieger,

Hochfürstlicher Sächsischer Capellmeister zu Weißenfels/ ist gebohren in Nürenberg/ den 26 Februarii Anno 1649/ hat in seinem 8ten Jahr das Clavier bey Hrn. Johann Drechseln/ des Herrn Frobergers Discipul, angefangen zu lernen/ und dabey sich gleichfals in andern Instrumenten/ bey Hrn. Schützen/ unterweisen lassen/ auch überdies sonst die Schule/ biß in das 16te Jahr/ frequentiret. Darauf ist derselbe in seinem 16ten Jahre nach Copenhagen/ zu Herrn Johann Schrödern/ damals Königl. Dänischen Kammer- und in der Teutschen Kirche zu St. Peter Organisten gekommen/ welchen letztern Dienst er/ (J. P. Krieger) für die Information und freye Station, versehen müssen/ wobey er in die 5 Jahr geblieben/ und weil damahls der berühmte Cavallier/ Förster/ Ritter zu St. Marco, a) Königl. Capellmeister gewesen/ hat er die Gelegenheit gehabt/ auch sich seiner Information in der Composition zu bedienen/ und nachgehends vielmahl die hohe Gnade genossen/ vor Ihro

Y Königl.

---

a) Das stehet fein, wenn die rechtschaffenen, musicalischen Verdienste mit solchen Dignitäten belohnet werden, wie man hier, und weiter unten, an unserm geadelten Krieger, sehen kann. Ihr lieben Musici! laßt euch doch dergleichen Beyspiele zum Sporn dienen, und bringet eure schöne Wissenschafft nicht selber in Verachtung. Sie gehöret gar nicht für gemeine Leute, für Knechte, für Dienst-Boten, weder zu lernen, noch zu gebrauchen. Denn unter andern entstehet ein beklagenswürdiger, und noch von niemand bemerkter, Verfall der werthen Musik aus der eingeführten eiteln Mode, daß fast jeder GrandSeigneur en diminutif, und jeder Dorff-Herrscher gleich ein Paar Violons, Hautbois, Cors

Königl. Majeſt. Fridericum III. ſich hören zu laſſen / wie ihm denn auch / ein und andere Dienſte daſelbſt angetragen worden / welches aber ſeine ſeel. Eltern nicht zugeben wollen / daß er ſich in den Nordiſchen Ländern niederlaſſen ſollte ; ſondern haben Ihn durch ſeinen Bruder wieder aus Copenhagen abholen laſſen : da er denn ſeine Reiſe/ durch den Sund nach Holland/ den gantzen Rheinſtrom hinunter/ wieder fortgeſetzet/ dabey er die vornehmſten Oerter zu beſehen/ und die berühmteſten Virtuoſen zu hören/ ſich angelegen ſeyn laſſen / biß er endlich wieder in ſein Vaterland zurück gekommen. Und als er ſich daſelbſt vor dem gantzen Rath von Nürenberg hören laſſen/ hat ſolcher verſprochen/ ihn bey erſter Vacanz zu befördern/ und Warte=Geld offerirt ; welches er aber nicht angenommen. Darauf Ihm die Gelegenheit vorgefallen/ daß er von dem Bayreuthſchen Capellmeiſter/ Hrn. Colero, zu Sr. Hochfürſtl. Durchl. Hrn. Margrafen **Chriſtian Ernſt zu Culmbach=Bayreuths** Beylager/ welches Er mit ſeiner andern Gemahlinn/ der Durchl. Prinzeßin von Stuttgard/ **Eberhardina,** celebrirt/ verſchrieben wurde/ und als hochgedachte Se. Hochfürſtl. Durchl. ſich gnädigſt reſolviret/ eine beſtändige Capelle zu halten/ ſo wurde er alſofort zu Dero Kammer-Organiſten ernennet. Da auch gedachter
Hr.

Cors de Chaſſe &c. zur Aufwartung um ſich haben will , doch ſo , daß ſie zugleich eine voll-jährige Liverey tragen , Schuputzen , Perüken pudern , hinter der Kutſche ſtehen, und Laquaien Beſoldung ſo wohl, als Bewirthung , genieſſen ; aber dabey beßere Muſicanten agiren ſollen , als alle Kunſt-Pfeiffer. Da betrachte mir ein Menſch , ob ſolche Bediente wohl was rechtes wiſſen können ? oder ob ſie , wenn ſie was wiſſen , ſich ſo wegwerffen ſollten ? Ob die edele , rittermäſſige Science nicht hefftig darunter leidet ? Ob Herrgen und Knechtgen nicht beyderſeits beſſer thäten , ſie ließen die Muſik würklich-groſſen Herren, Fürſten, Königen, Kaiſern zum Gebrauch , Rittern und Edlen , von Gemüth oder Geblüt , zum Studio , über , und begnügten ſich hübſch an einem ehrbaren Kuh-Horn, oder einer tüchtig-polternden Trommel? Mich wundert nur, daß dergleichen Verächter guter Künſte und Gaben nicht auch einen Knecht halten , der ihnen etwa ein Paar Predigten die Woche thue , und, wenn er von der Kanzel kömt , die Gläſer ſpühle!

Hr. Colerus seinen Abschied nahm / so wurde Hr. Krieger an dessen Stelle zum Capellmeister angenommen / und weil hierauf gleich die gnädigste Herrschafft nach Stuttgard ging / hatte er Gelegenheit zu Anspach und Stuttgard die berühmten Capellen zu hören / und absonderlich mit den damahls hochangesehenen Capellmeistern / Capricorno, Mack und Kreß / zu Stuttgard sich wohl bekant zu machen. Anno 1672 aber resolvirte höchstgedachte Hochfürstl. Durchl. wieder die Frantzosen zu Felde zu gehen : wie nun solches geschahe / kam Herr Krieger auf die Gedanken / Italien zu besuchen / und foderte dieserwegen seine Erlassung vom Bayreuthischen Hofe ; allein Ihro Hochfürstl. Durchl. wollten ihn nicht lassen / sondern offerirten Sich / ihm gnädigst seine Besoldung zu continuiren / daß er doch die Reise nach Italien thun könnte : welche schöne Gelegenheit er nicht vorbey ließ / sondern schickte sich alsofort zu seiner Reise / und nahm selbige von Bayreuth nach Nürenberg / über Augspurg / durch Tyrol / nach Venedig / woselbst er die damahls-lebenden Virtuosen / als Herrn Rosenmüller, Cavalli, Ziani, Legrenzi, und dergleichen / fleißig frequentirte / auch bey obgedachtem Rosenmüller in der Composition lection nahm. Und als er sich 8 Monath daselbst aufgehalten / hat er seine Reise über Padua, Bologna, (alwo er sich mit dem berühmten Bononcini, Cosonio, und mehr dergleichen Virtuosen bekannt gemacht) Ferrara, Florenz, und andere berühmte Oerter / nach Rom fortgesetzet. Weil nun damahls zu Rom der treffliche Carissimi, samt Abbatini, und Pasquini, noch lebte / so resolvirte er sich bey den beyden letztern Information zu nehmen / und zwar bey dem erstern in der Composition, und bey dem andern auf dem Clavier. Bey dieser Gelegenheit wurde er auch bekannt mit den andern Virtuosen / als Foggia, Staminga, Gianfetti, Gratiani, Aratella und dergleichen / wie er denn ebenfalls den berühmten Kircherum daselbst frequentiret hat : worauf er nach Neapolis gegangen / daselbst die Musiquen angehört / und sich mit dem alten Capellmeister Ziani bekannt gemacht / ingleichen die

Alter-

Alterthümer daselbst/ und zu Puzuolo, gesehen; hiernechst von dannen wiederum nach Rom gegangen/ und darauf nach Venedig zurück gereiset/ wo er seine Lectiones abermal bey dem Herrn Rosenmüller in der Composition fortgesetzet/ auch bey dem berühmten Herrn Rovetta, Organisten zu St. Marco, das Clavier tractiret/ biß er endlich wieder von seinem gnädigsten Herrn nach Bayreuth verlanget worden: da er denn seine Reise durch Kärnten/ Kräin und Steuermarck/ biß nach Wien nahm/ und alda die hohe Gnade hatte/ sich bey Ihro Kaiserl. Majestät/ LEOPOLDO, in Camera, und in Gegenwart der gantzen Kaiserl. Familie, auch vieler Fürsten und Grafen/ zweymahl hören zu lassen/ worüber Ihro Kaiserl. Majest ein allergnädigstes Wohlgefallen bezeuget/ und ihn gewöhnlichermassen beschenket/ auch über dieses in den Adel=Stand allergnädigst erhoben haben. Von Wien hat er seine Reise/ die Donau hinan/ auf Passau/ über Regensspurg/ nach Bayreuth fortgesetzet/ und daselbst seine Dienste wiederum angetreten. Endlich wolte es ihm daselbst nicht länger gefallen/ sondern er resolvirte sich/ seinen Abschied zu fordern/ welchen er auch in allen Gnaden erhielte. Hierauf bekam er Vocation nach Franckfurth/ die er aber damals nicht annehmen wollte/ sondern besuchte die Hochfürstl. Hessischen Höfe/ in specie den Casselschen/ woselbst ihm auch die Stelle/ als Capellmeister/ angeboten worden; wie er aber von Se. Hochfürstl. Durchl. dem Hochseel. Administratore nach Halle verschrieben wurde/ nahm er seine Reise über Cassel nach besagtem Halle/ und wurde gleich daselbst/ als Vice=Capellmeister/ angenommen. Von dannen ist er mit der Hochfürstl. Hoffstadt nach Dreßden gegangen/ und hat sich bey Se. Churfürstl. Durchl. Johann Georg II. vor der Churfürstl. Tafel/ bey den grossen Solennitäten daselbst/ hören lassen. Weil aber höchstgedachte Se. Hochfürstl. Durchl. wenig Jahre lebeten/ so nahmen unsern Herrn Krieger Se. Hochfürstl. Durchl. Hertzog Johann Adolph, als Dero Capellmeister/ mit nach Weissenfels in dero Diensten/ da er denn auch zugleich bey Seiner Hochfürstl. Durchl. / Hertzog **Christian** zu Eisenberg / Dienste / als Capellmeister von Hause aus / verrichtet / ingleichen nach Braunschweig / auf gnädigsten Befehl Sr. Hochfürstl. Durchl. / Hertzog **Anthon Ulrichs**, viele Tafel-Musiken und Opern / mit Erlaubniß seines gnädigsten Herrn / verfandt und aufgeführet hat. Hernach ist er von Sr. Churfürstl. Durchl. / **Johann Georg** III. zum Vice-Capellmeister und Kammer-Organisten, nach Dreßden beruffen worden; welchen Beruf er aber / in Betrachtung der unverdienten Gnade / so Jhro Hochfürstl. Durchl. für ihn hegten / abermahls nicht angenommen hat/ sondern in Weissenfels geblieben ist; wie denn / nach Absterben höchstgedachter Sr. Hochfürstl. Durchl./ ihn dessen Durchl. Successor, Sr. Hochfürstl. Durchl. Hertzog **Johann George**, in seinen Diensten behalten / auch / nach dessen tödtlichen Hintrit / ihn gleichfals der Durchl. Fürst und Herr / Herr **Christian**, Hertzog zu Sachsen-Weissenfels / darin bestättiget / als welchem er / biß an sein Ende / in aller Treue / und überhaupt dem Hochfürstl. Hause Weissenfels etliche 40 Jahr / als Capellmeister / gedienet hat/ und in solcher Station den 6 Februarii 1725 seelig verstorben ist/ nachdem er sein Alter bey nahe auf 76 Jahr gebracht. Zur Ehefrauen / die ihm längst in der Ewigkeit vorgegangen / hat er eine geborne Nicolain aus Halle gehabt / und mit derselben gar viele Kinder gezeuget.

Im Druck sind von ihm heraus:

1.) XII. Suonate à doi Violini, Opera Prima stampata in Noriberga, alle Spese di Guolfgango Maurizio Endter.

2.) XII. Suonate à doi, Violino e Viola da Gamba, Opera Seconda, stampata in Noriberga, alle Spese di Guolfgango Maurizio Endter MDCXCIII.

3.) **Johann Philipp Kriegers** auserlesener Arien erster Theil. Nürnberg, gedruckt bey Wolffgang Moritz Endter.

4.) **Johann Philipp Kriegers** auserlesener Arien anderer Theil. Nürnberg, gedruckt bey Wolffgang Moritz Endter.

5.) **Johann Philipp Kriegers** lustige Feld-Music, auf vier blasende, oder andere, Instrumenta gerichtet, welche zu stärckerer Besetzung mehrfach, nemlich Premier Dessus dreyfach, Second Dessus zweyfach, Taille einfach, Basson dreyfach, gedruckt sind. Zur Belustigung der Music-Liebhaber, und dann auch zum Dienst derer an Höfen und im Felde sich aufhaltenden Hautboisten, herausgegeben. Nürnberg in Verlegung Wolfgang Moritz Endters.

6.) **Musicalischer Seelen-Friede**, publiciret in Teutschen und Lateinischen Psalmen, wie auch andern Texten, bestehend: In zwantzig Stücken à 3., Voce Sola, mit ein und zwey Violinen, theils obligat, theils aber beneplacito, meistens zu allen Zeiten zu gebrauchen, GOtt zu Ehren, und dem Nechsten zur Ubung der Gottseeligkeit,

von

Johann Philipp Krieger.

Regenspurg.

Herr Murschhauser wird gestorben seyn. Wann aber dem Auct. Crit. mit einem Antagonisten gedienet ist / so kann man ihm einen 60=Jährigen Organisten zuweisen / der es anxie sucht. Wir haben schon etliche Briefe mit ihm gewechselt / aber noch nicht viel in den jungen Kopf bringen können. Unter andern statuirt er keine 9. 10 und 11 &c.

Wolffenbüttel.

Das 15te Stück der Critic haben wir erhalten / und solches alsofort fugitivo oculo durchgelesen / auch eine gute Gelehrsamkeit / nebst einem feinen Unterricht für einen irrenden Wiedersprecher / darin angetroffen. Es mögte solches vieleicht einen und andere intimidiren / der auch dem Auct. Cr. auf die Kappe gesteuret ist / wie man aus Hildesheim nechst vernommen; dabey jedoch keine Person nahmhafft gemacht worden.

Bremen.

Es unterstehen sich einige / den Fiedelern weiß zu machen / daß die Critic wiederleget wäre / und ist mir von jemand gesagt / der Cantor N. N. hätte solche Wiederlegung gehabt / und sie ein Paar Musicanten vorgelesen. Ich habe sie so gleich per tertium zu sehen verlanget; es ist aber demselben zur Antwort geworden / sie wäre schon wieder zurück geschickt. Meiner Meynung nach hoffe ich dieses Wilpret einmal zu fangen / denn es wird sich wohl nicht weit befinden. Künfftige Woche ein mehrers von dieser Materie / auch fein lächerliche Historien.

Weimar.

Der Herr J. Gottfr. Walther, berühmter Organist alhie / hat einen Jahr=Gang von Lieder=Præludiis, so auf die Kirchen=Zeiten gerichtet ist / verfertiget / und wäre zu frieden / wenn ein guter Kupffer=Stecher solchen auf seine Kosten stechen und verlegen wollte: er prætendirt für sich weiter nichts / als etliche exemplaria. Die Gesänge sind / auf die Pachhelbelsche Art

Art / sehr nett und harmoniös ausgearbeitet / theils mit / theils ohne Pedal. Unter andern ist auf dem Choral: **Wir Christen-Leut** &c. eine Fuga in conseguenza, nella quale il conseguente segue la Guida per una Diapason grave, dopo una Pausa di Seminima, sopra 'l Sogetto, welches gewiß sehr künstlich ist. Die Helffte dieses Orgel-Jahr-Gangs / so nur 3 Bogen in quarto oblongo ausmacht / kann ein Liebhaber oder entrepreneur bey dem Auctore Criticæ in Hamburg zu sehen bekommen / welcher auch Vollmacht hat / das Werkgen / im publications-Fall / mit einem Titel und einer Vorrede zu versehen. Daß der Herr **Walther** sonst ein curiöser und gelehrter Musicus sey / erweiset unter andern ein starker Catalogus Auctorum Musicorum, dessen Helffte sich schon über 400 erstrecket / und den er mit grosser Mühe aus Antonii, Verdier, Toppi, Thuani, Lipenii, Draudi und Alegambe sogenannten Bibliothecken / ingleichen aus Leonis Allatii Apibus urbanis, Balei Centur. insonderheit aber aus Swertii Athenis Belgicis u. d. g. zusammengesucht / welchen man auch / als einen grossen Zuwachs unsers obigen Vorschlags / dereinst bey ersehener Gelegenheit / eindrücken lassen dürffte / um dadurch den Gelehrten Anlaß zu geben / die vielfältigen leeren Nester / wo müglich zu suppleiren / und was etwan von der Auctorum Patria & Functione ihnen bekannt / gütigst mitzutheilen / weil daran / wie Herr **Walther** meynet / am meisten gelegen / und die andern Umstände eher zu bekommen sind.

Ende des Sechsten Theils und Siebzehnten Stücks der musicalischen Critik.

MATTHESONII
CRITICA
MUSICA
Pars VII.

Pleræque res sunt, quas si facias acriter, plurimum conducunt; sin ignaviter, officiunt: velut ea, quæ mediocritatem non recipiunt, quod Genus est MUSICA Poeticaque.

Erasm. in Adagiis. m.p. 140.

Achtzehntes Stück.

Der
Muſicaliſchen Critick
Siebender Theil.
genannt:
Die Orcheſter-Kanzeley.
oder:
Gutachten, Briefe, Ausſprüche, Unterſuchungen ꝛc. der ehmaligen Scheides-Männer beym Orcheſter-Proceß.

Omne quod honeſtum ſcitur, publicari non timetur. *S. Aug.*

I.

Ndre Leute haben es nicht in ihrer Macht, weder durch Geringachtung mich ſonderlich zu beleidigen, oder durch Hochachtung mich eben viel glücklicher zu machen, als ich bereits bin. Denn ob gleich die gute Meynung, ſo die Welt von uns hat, eine gar ehrliche Vergnügung gibt, iſt dieſelbe doch auch ſehr ver-

verrätherisch und erbettelt: indem eines jeden Menschen würckliche Glückseeligkeit zuletzt doch aus der Untersuchung seines eignen Busems, und dem Beyfall seines eignen Gewissens, herrühren und erwachsen muß.

II.

Ich würde also, um mein selbst willen, dasjenige, was in folgenden Convoluten, theils für, theils wieder mich, angebracht worden, gemein zu machen wenig Ursache haben, falls ich es nicht versprochen hätte, und in der Hoffnung stünde, meinen Lesern, und der Wahrheit; einen Gefallen darunter zu leisten: maßen fast kein Punct vorkommen wird, der nicht einen historischen, moralischen, dogmatischen, erbaulichen Nutzen hätte. Solchen werde mir die Freyheit nehmen hin und wieder anzuzeigen, und nicht bloß die eingesandten Briefschafften abschreiben und eindrucken lassen; sondern bey jeder Gelegenheit auf den Vortheil, der daraus zu ziehen, mein Augenmerck richten. Diejenigen, so hiezu selbst Geschicke genug besitzen, wollen mir verzeihen, daß ich, der Schwachen halber, diese Lehr=Art ergreiffe: sintemal die wenigsten in solcher Absicht lesen, weil sie vielmehr nur was neues, was seltsames, was anzügliches u. d. g. zu sehen verlangen; niemahls aber auf ihre eigne Besserung dencken.

III.

Ich hätte wünschen mögen, daß sich die Sache, ohne eines Menschen Bennennung, hätte thun lassen können: weil ich festiglich entschlossen, keine Personalia, sondern lauter Realia, zu behandeln. Allein wo man Documenta und Testimonia anführen soll, da läßt sichs ohne Namen gar nicht wohl thun: absonderlich, da auch diese schon Orch. II. ingleichen in der Organisten=Probe, zu finden sind.

IV.

Ersuche demnach alle und jede dabey Intereßirte, daß sie mir diese Publication nicht dahin deuten wollen, als suchte ich einen alten Streit wieder aufzuwärmen, diesen oder jenen zu prostituiren, oder mir eine gläserne Ehre aus dem erhaltenen Beyfall zu ziehen. Sie haben es alle lange Zeit vorher gewust, daß ihre Meynung nur deswegen verlanget worden, damit solche dereinst kund und offenbahr würde. Honesta semper publico gaudent, scelerata secreta sunt. Was ehrbar ist, mag die gantze Welt gerne wissen; nur die Bubenstück scheuen das Licht: wie Minucius Felix in Octav. redet.

V.

So sind mir auch diese Briefe und Dissertationes ausdrücklich nur
des=

deswegen eingesandt, damit sie publicirt würden, und jedermann zum Vortheil dienten. Also verfahre ich bloß nach der genommenen Abrede, ohne jemand wissentlich zu beleidigen oder zu insultiren, davor mich GOTT bewahre!

VI.

Wenn auch ein Paar von den ehmahligen Schiedes=Richtern sich noch biß diese Stunde mit ihrem videtur nicht eingestellet haben, indem der eine gar darüber verstorben ist; so wird mir erlaubet seyn, ihre Stellen durch ein Paar andre gute Freunde, die ungebeten erschienen sind, zu ersetzen. Das ist alles, was zum Voraus zu erinnern für nöthig gehalten: und hierauf folget von der Orchester=Kanzeley

Das erste Convolut.

VII.

Die geneigten Leser werden sich erinnern, daß der Vornehmste unter den erwählten Schiedes=Männern ein tapffrer Held und wohlgebohrner Cavallier, nehmlich der S. T. Herr von Bertouch gewesen, dem ich, falls er noch lebet, wie ich hoffe und wünsche, hiemit für seine günstige Zuschrifft öffentlichen Danck abstatte. Sie lautet aber folgender Gestalt:

(No. I.)

MONSIEUR,

Le Commissaire de Guerre General, Colonel de Cavallerie, & Commandant d'Aggerhuys pour le Roi, George de Bertouch, demande pardon à Monsr. de Mattheson, Secretaire Anglois & tresexcellent & fameux Maitre de Chapelle & Compositeur, de n'avoir pas eu l'honneur de le remercier de la Dedicace de son Apologie de l'Orchestre, qui est pleine d'un grand discernement, & de l'art angelique musicale, autant que le tems m'a permi de lire ce livre sans exemple. La guerre continuelle, suivie de deux Campagnes, m'a tant embarassé, qu'elle m'a empeché de regler mes propres Affaires: outre qu'il me faut repondre de la conduite de tant de gens, qui sont obligez d'en rendre raison au Roi. C'est que j'espere, que votre generosité me pardonnera mon silence & le defaut du remerciment de la gloire qu'il vous a plu temoigner à votre ami & serviteur tres sincere, qui vous estime, respecte, & juge votre merite plus que personne ; mais il faut que le printems me donne plus de loisir de considerer dignement votre sçavoir, saillies d' esprit, raisons satyriques sans imitation d' un homme de merite, qui a oublié les caprices musicales, qui est tres-honet homme, tant de commerce, que de la Cour, & qui fait de l' honneur à la Musique. Le destin m' ayant separé loin de vous, ne permet pas de profiter de la conversation de mon incomparable Matthéson; mais la volonté ne sera pas sans effet, que j'espere de vous revoir encore & de vous dire de bouche, que personne est plus que moi

Monsieur

Votre treshumble, tres obeissant & tres devoué serviteur
GEORGE de BERTOUCH.

A Aggershuys
ce 28. Fevr. 1719.

P. S. Je vous prie, Monsieur, de faire mes respects à S. E. Msr. de Wich, & de faire mes complimens à Msr. Keiser, où il est dans le monde.

INSCRIPTIO.

A Monsieur, Monsieur de Matthéson, Secretaire Anglois. &c. par couvert de Msr. Matfeld

à Hambourg.

Erhalten den 23. Dec. 1719. und beantwortet den 7. Jenner 1720.

In dem Couvert setzet dieser heroische Componist die Auffschrifft eines geistlichen Stückes von seiner Arbeit, zu zeigen, daß er auch inter arma der Music obliege. Derselbe Titel lautet so:

1. Helden=Stück.

2. Sam. 24. & 1. Paral. 22. GOTT zürnet über Israel ꝛc.
D. fis.
à 13.

1. Tromba, 2. Oboe, 2. Violini, 2. Viole da Braccio, 1. Bassono, 1. Soprano, 1. Alto, 1. Tenore, 2. Bassi, con il Basso continuo, 764. mesures, di George de Bertouch. C'est la derniere piece que je fis l'année passée. Les Feldstück des Trompettes sont dedans. VIII.

VIII.

Ich wolte nun zwar gerne der Ueberſetzung dieſes ſchmeichelnden Briefes überhoben ſeyn, damit mirs nicht zur Ruhmſucht gedeutet werden mögte: Allein meine Teutſche Leſer würden ſich gantz gewiß darüber beſchweren. Deſſrohalben zum wenigſten ein Auszug des weſentlichen Innhalts, mit müglichſter Vermeydung der Ehren-Worte, alhier Platz finden muß. Da mir ſonſt itzo faſt ein jeder muſicaliſcher Musketirer ans Leder will: dörffte es unſchädlich ſeyn, ihren vermeinten blauen Bonen den Schild und Pantzer eines Generals, der gutes Zeugniß gibt, entgegen zu halten.

"Es ſagt demnach der General-Kriegs-Commiſſarius, Obriſter
"von der Cavallerie, Commendant von Aggerhuys; es ſagt das Haupt
"der muſicaliſchen Academie zu Mecheln ꝛc. daß er wegen ſeines langen
"Stillſchweigens um Verzeihung zu bitten habe; daß er ſich für die Zuſchrifft des Orch. II. bedancke; daß er darin durchdringenden Verſtand
"und einen Ueberfluß von muſicaliſcher Kunſt angetroffen; daß ihm die
"Krieges-Sorgen nicht zugelaſſen haben, eher ſeine Gedancken zu eröffnen; daß er im Früh-Jahr hoffe, die in ſelbigem Wercke befindliche
"Wiſſenſchafft, luſtigen Einfälle, und ſatyriſchen Gründe mit mehrer Muße
"zu betrachten; daß er an dem Auctore einen Menſchen finde, der den muſicaliſchen Pedantereyen abgeſagt, ſich ſo wohl im täglichen Umgang, als
"mit ſeinen Dienſten am Hofe, wie ein redlicher Mann aufführet, und der
"Muſic Ehre anthut, ꝛc.

IX.

Dieſes Sentiment iſt kurtz und gut: überhaupt abgefaßet, wie es einem Cavallier anſtehet, von dem man nicht verlangen kan, daß er bey ſeinen vielen Geſchäfften alle minutiſſima durch gehe. Genug, daß ſich derſelbe wieder und gegen die muſicaliſchen caprices (als das ſolmiſiren und dergleichen) erklärt, den geſunden, vernünfftigen, obgleich bisweiln aufgeweckten Gründen ſeinen Beyfall giebt, und übrigens den Ausſpruch thut, daß mit ſothanen Wercken der Muſic Ehre wiederfährt, und meine Vertheydigung ohne gleichen ſey.

X.

Das erſte, ſo wir herauß lernen, iſt, daß es jedem Menſchen, er ſey ſo vornehm als er wolle, abſonderlich aber einem Muſico, deſſen Kunſt die poſlirteſte von Welt iſt, * treflich wohl anſtehet, wenn er Höflichkeit beſitzet und

---
* Diſciplinam elegantiorem nennet ſie Hechtius in Germ. Sac. & liter. p. 59.

ausübet, einem ehrlichen Mann auf seinen Antrag gehöriger massen antwortet, und nicht, wie ein Wetter-Hahn, dem Winde folget, oder den Fuchs nicht beissen will, oder wohl gar die Frage hören muß: Seyd ihr denn stumm, daß ihr nicht reden wollt, was recht ist, und richten, was gleich ist?

XI.

Das andre, so ich bemercke, ist, daß unser Ruhm-gemeldter Obrister von der Reuterey das alte und übelgegründete Sprichwort eines unbekanten Poeten übern Hauffen werffen hilfft, da es geheißen hat: Equitandi peritus ne cantet: Ein Ritter müße nicht singen. Es soll dieses unkluge Gebot den Thebanern einen Stich geben haben, als welche sich absonderlich der beyden Künste, nehmlich des Reitens und Musicirens, beflissen. Nun sagt zwar der gute Erasmus Roterodamus, daß sich dieselben überall nicht zusammen schicken, und will so gar die Musicos wehrloß machen, indem er so argumentirt: a) Equitatio militaris est, & ad bellum pertinet; Musici sunt imbelles ac voluptatum sectatores. Hört ihrs? ihr Musici! Erasmus schilt euch für verzagte Tropffen, für feige Memmen, die auf lauter Wollust dencken, und kein Paar Beine über ein Pferd hangen können. Ist das nicht lästerlich? Damit wir doch aber diesem Spötter und seinem obscuren Poeten ein Paar weltberühmte Antagonisten aus dem Alterthum erwecken, die selber den grossen Alexandrum zum Beystand haben, so lesen wir beym Plutarcho b) von einem treflichen Virtuosen, Namens ARISTONICUS, der nicht nur ungemein wohl auf der Lauten gespielet, sondern auch in einer Schlacht dem Alexandro das Leben gerettet hat, indem er ihm zu Hülffe gekommen, und tapffer-fechtend zu seinen Füssen erschlagen, ist. Worauf ihm dieser Welt-Bezwinger, im Tempel des Apollonis Pythii, eine metalline Ehren-Säule setzen lassen, die in der einen Hand das musicalische, in der andern aber das kriegerische Instrument, nehmlich eine Lanze, gehalten. Damit beehrte der König nicht nur des Aristonici Person; sondern hauptsächlich die Wissenschafft der Music, indem er ihr Zeugniß gab, daß sie die Hertzen zu edelmüthigen Thaten anfrischet, mit Geist, Leben und Tapfferkeit erfüllet, und eine brennende Begierde des Wohlverhaltens in ihnen erwecket: dafern sie nur recht dazu angeführet worden. Von seinem Antigenida ist auch bekannt, daß derselbe einsten, mittelst kriegerischer Melodien, den grössesten Held so bewegt und zum Fechten gereitzet, daß er von der Stelle aufgesprungen, und die neben ihm liegenden Waffen ergriffen. Ist demnach wahr, was

---

a) in Adagiis p. 1596. b) mihi T. III. p. 807. edit. Gall. Parisiis 1645.

was die Spartaner gesungen, und von meinem Uebersetzer des Plutarchi, in alten Französischen Versen, also ausgedrücket worden:

> Sçavoir doucement chanter
> Sur la lyre de beaux carmes,
> Sied bien avec le hanter
> Vaillament le fait des armes.

XII.

Die Ordnung, so im Orch. II. mit Anführung der Namen, nach dem Alphabet, gehalten worden, soll auch hier beobachtet werden, und also haben wir nun zu sehen, was der S. T. Käyserliche erste Capellmeister dazu saget.

(No. 2.) Monsieur. c)

" Daß meinem Herrn hat belieben wollen, mich under die;enigen zu
"setzen, dennen das beschützte Orchestre ist dedicirt worden, erstatte hiemit
"schuldigen Danckh: weillen aber weder das Orchestre, noch die Er-
"furterische Refutation mir iemahlen ins Gesicht gekommen, als kan ich
"auch mein Sentiment hürüber nit eröffnen; aber wohl mich höchst
"verwundern, das der arme, doch niehmallen sattsamb geprissene Guido
"Aretinus, als deme Musica practica mehr schuldig als keinem Authori
"in der Welt, so lästerlich durch die Hächl gezogen wirdt, ich muß be-
"khennen, das ich mich hürüber nit ein wenig d) geörgert habe: indeme
"gewiß ist, das, wann diese methode niehemallen erfunden worden wä-
"re, die Musique, aufs wenigst die Singkunst, e) mit nichten so weit
"hätte können gebracht werden. Dan wo vor disem Leute mit reufen
"Judicio durch uil Jahr, wegen der Beschwerligkeit deren damallen
"üblichen Caracteren und obscuren Zeichen, nit haben hinkommen kön-
"nen, haben hernach durch die erfundene Scalam vnd das Edle ut, re, mi,
"fa, sol, la, die kleine Knaben durch etliche Monath prestiren können;
"gleich es biß auf die heuntige stundt die tägliche experienz lehret. Es
"ist nit in Abredt zu stellen, das successu temporis durch Vermischung
"des generis Diatonici mit dem genere Cromatico, wegen zu Folg
dessen

---

c) In teutschen Briefen weiset ein solches Monsieur gar schlechten Respect, und ist nur für inferiores.

d) Das ist, nach meinem Begriff, er habe sich gar nicht, auch nicht ein bißgen, geärgert. Es soll aber wohl heissen: nicht wenig, non parum, i. e. multum: denn/ nicht ein wenig, bedeutet: ne paululum quidem, i. e. nihil.

e) Eine gute distinction: denn die Singekunst ist nicht die gantze Music.

"deſſen ſo vill ſich eraignenden Semitonia, die mutation in etwaß ſchwär
"fallt, ſo gilt doch gleichwohl auch in diſem Fahl die Solmiſation, weil-
"len aldort, wo die Semitonia nur per accidenz kommen, kein muta-
"tion gemacht, ſondern durch die Stimme allein durch erhöher- oder er-
"niederung derſelben geholfen wirdt. Durch Hinzuſetzung eines Si zu
"dennen Aretiniſchen 6. Sylben, iſt ia die Solmiſation nit aufgehoben,
"(welches Ericio Puteano niehmallen in Willen wird gehabt haben)
"ſondern wohl vermehret worden. Und wurde gedachter Puteanus an
"ſein Si nimmermehr gedacht haben, wan nit die Aretiniſche Sylben iehn
"darzu veranlaßet hätten; bleibt alſo dem erſten Erfinder allezeit ſein ge-
"bierender Ruhm. Daß aber der Erfinder weiter criticirt wirdt, er
"hätte ſeine extenſion nit in Hexachordon, ſondern in Heptacordon
"machen ſollen, geſchicht ihm auch, meines Erachtenß, ſehr Unrecht: in-
"deme Pr Guido hirdurch nit ſo wohl die 6. intervalla muſices aſcen-
"dendo & deſcendendo hat lernen, als auch zuforderiſt die 6. Vocales,
"A, e, i, o, u, (als an welchen alles gelegen iſt) recht gut auszuſprechen
"vorſtellen wollen. Auß dieſem iſt zuſchlüßen, das die alphabetiſchen
"Buchſtaben A, be, ce, de, e, f, ge &c. an ſtatt, ut, re, mi, fa, ſol, la,
"in der Singkunſt mit ſchlechten Grundt kunten gebraucht werden. De-
"me der Numerus ſenarius zu wider iſt der ſetze zwey Tetrachorda nach
"einander, ſo wird er ein ganze Octav außmachen, e. g: c d e f
ut, re, mi, fa,

g a h c Auß bishero angezognen Urſachen iſt Aretini Erfindung
ut, re, mi, fa.
"an allen Orten und Enden, alwo die Muſique und Singkunſt am
"meiſten floriret, biß auf den henntigen Tag allezeit behalten worden, und
"wirdt auch ins künfftig nimmermehr in Abſchlag kommen. Weillen
"deßen gutte Würkhung nit kan in Abredt geſtellet werden. Man leſe
"hieüber, waß Baronius von ihme ſchreibet. Kan alſo meiner Mainung
"nach auch einer, der die Muſique durch das ut, re, mi, fa, ſol, la, erler-
"net hat, gleichwohl ein Galant-homme ſein. Ich bin gar kein Anbet-
"ter der ſuperſtitieuſen Antiquitet, doch waß durch ſo ville ſæcula von
"vornembſten Maiſtern für gutt und recht behalten worden, biß nit waß
"beſſers erfunden wirdt, venerire ich auf alle weiß. Die 24. neue Modi
"haben auch gar keinen Grundt, dann weillen Tonus oder modus nichts
"iſt, als eine circolirende modulatio intra limites octavæ, als folgß
"notwendig, das ſo vill toni und nit mehr ſein können, als offt gedachte
"modulation vermög deß Semitonii kan verändert werden, welches
"nur 6. mahl geſchehen kan. Und weillen eine jede Octave aus dieſen 6en
kan

"kan diuidiret werden Harmonicè und Aritmeticè ; Harmonicè mit
"der 4t in acuto; aritmeticè mit der 4t in parte graui, e. g : 2,3,4,4,3,2.
"alß das auß einer ieden Octau 2.toni entspringen, Autenticus und pla-
"galis, müßen selbe also in 12. erwachsen : die übrigen seind alle trans-
"positi und müßen zu einem auß diesen 12. reducirt werden.   Dahero
"ist in deß mir überschickhten Buchß Tabella linkher seits, 1.2.3. &c. de
"modis &c. nur ein einziger ton N. 1. die andern N. 2. 3. 4. 5. 6. 7. 8. 9.
"10. 11. 12. seind alle von dem ersten transponirt, weillen das semito-
"nium (mi fa darf ich nit sagen) allezeit die dritte vnd 7te stöll occupirt.
"ein transponirter ton ist weder genere weder specie diversus ab illo
"a quo transponitur. Juxta Axioma Aristot. omne tale est sem-
"per tale, ubicunque ponatur.   Dieses habe ich meinen Herrn wohl-
"mainend überschreiben, vnd zu fernern nachdenkhen überlaßen, und anbey
"so wohl wegen deß mir überschickhten Buchs als auch Dedication schul-
"diger maßen mich bedankhen wohlen, als der ich bleibe

                Meines Hochgeehrten Herrn
Wien den 4. Dec. 1717.   Dienstergebnister
                              Johan Joseph Fux.

Auffschrifft:

A Monsieur Monsieur J. Mattheson, Secr. du Mini. Brit. & Vi-
cair au Chapitre d' Hambourgue present
                        à
                        Hambourgue
                        an der Elbe. *

XIII.

Das erste, so wir hieraus zu lernen haben, ist die Wahrheit jenes Französischen Satzes : La colere & la prevention derangent terriblement la Dialectique. D. i. der Zorn, (da man sich ärgert) bringt die Vernunfft-Lehre in eine abscheuliche Unordnung.   Das andre ist die Krafft des præjudicii, dafür sich niemand gnug hüten kan.   Denn wenn das Vor-Urtheil bey uns veraltet, so ist keine Hülffe mehr. Da hält man nichts für recht, als was uns ehmals gefallen hat. Da meynet man, es sey schimpflich, jüngern Leuten Gehör zu geben, und was ohne Bart erlernet worden, im Alter zu verwerffen:

---

* Wir haben die gantze Schreib-Art hier beybehalten, so wie sie im Original stehet.

Vel quia nil rectum, nisi quod placuit sibi, ducunt:
Vel quia turpe putant parere minoribus: & quæ
Imberbes didicere, senes perdenda fateri. f)

Daher ist es kein Wunder, daß wir die zierlichere, galantere Music umsonst solchen Personen anbieten, die alle Zierlichkeit und auserlesene Hülffs-Mittel von sich werffen, maßen sie sich in der gemeinen und lausichten Lehr-Art schon allzu lange Zeit herumgewelhet habe. Sie wollen sich auch keines bessern berichten lassen, von denen die es nicht mit ihren Künsten halten, insonderheit leiden sie es nicht von jüngern. Es gehet ihnen schwer ein, dasjenige, so sie als Knaben in der Schule, mit vieler Mühe erlernet, im Alter auf die Seite zu setzen, und zu bekennen, daß sie ihre Zeit übel angewandt haben. g)

XIV.

Inzwischen theile ich dem geneigten Leser meine, auf obigen, den 15. Dec. erhaltenen Brief, am 18. ejusd. ergangene Antwort von Wort zu Wort alhie mit:

(No. 3.)

Hoch-Edler, insonders Hochgeehrter Herr Ober-Capellmeister,

"Zuförderst bin schuldig mich zu bedancken, daß Ew. Hoch-Edl. sich "die Mühe haben nehmen wollen, so hurtig auf meine depeche zu ant-"worten: inmaßen mir mit deroselben dissensu mehr Ehre widerfährt, als "mit dem consensu aller andern. Will mir aber die Erlaubniß ausbit-"ten, etwas weniges darauf zu antworten.

"Ihren nie-sattsam-gepriesenen Aretinum, dem freylich Musica illa "quondam practica & puerilis vor 700. Jahren mehr schuldig war, als "allen heutigen solmisatoribus insgesamt, hat niemand lästerlich durch "die Hechel ziehen wollen, wie es meinem Hochgeehrten Herrn etwan "im beschützten Orchester mag vorgekommen seyn, und wie mich deßen "Dero sonst geehrtes Schreiben vom 4. Dec. mit etwas Verwunde-"rung vergewissert.

---

f) Don. de Præst. Vet. Mus. p. 111.

g) Ita mirum est; elegantiorem Musicam frustra iis obtrudimus, qui omnem elegantiam respuunt: qui in hac vulgari ac sordida tamdiu volutati sunt. Nolunt etiam ab iis doceri, qui non eamdem quam sibi artem profitentur: præsertim ab junioribus. Nolunt quæ magno labore diutinoque tempore in ludis pueri didicerunt, ea provectiores dediscere, atque operam se perdidisse confiteri. Id. ibid.

" Es ist freylich an dem, daß diesem ehrlichen Patri die damals vergra-
"bene Singekunst (welche ich doch mit dem generalen Namen der Musicæ
"practicæ nicht beehren mögte) eine grosse Verpflichtung gehabt hat,
"weil er sie hervorgezogen, und ein wenig aus dem gröbsten gebracht
"haben mag; h) allein ich will hoffen, es sey auch dem so genannten Er-
"finder seine ehmalige billige Forderung und Schuld in den gantzen sie-
"ben Seculis siebenhundertfältig, ja dermaßen redlich bezahlet und abge-
"tragen worden, daß sich einer vergebens bemühen dürffte, hac luce
"die vorgebene Restanten einzufordern; welche auch, wenn sie annoch
"illiquide vorhanden seyn sollten, lange schon verjahret oder præscri-
"birt seyn würden.

" Wenn denn nun meine Absicht eben nicht gewesen ist, den Areti-
"num eigentlich durch die Hechel zu ziehen (nam de mortuis bene)
"sondern vielmehr zu weisen, daß er, mit seiner Kunst und Erfindung,
"ein monumentum publicum verdienet habe, so sehe nicht, wie sich
"Ew. Hoch-Edl. daran so sonderlich haben ärgern mögen; welches je-
"doch mit rechtem Leydwesen vernehmen muß, da ich sonst gedacht habe,
"Deroselben alle Ehre und plaisir, mit Vorstellung der Wahrheit i)
"(nach meinem Begriff) und Bezeugung meiner Hochachtung, zu er-
"weisen. Daß solches meine wahre intention gewesen und noch sey,
"betheure höchlich.

" Es mag auch wohl seyn, wie Ew. Hoch-Edl. schreiben, daß, wenn
"es Aretinus nicht gethan hätte, die Singekunst (seiner Zeiten) schwer-
"lich so weit gekommen seyn würde. Aber es steht doch nicht zu läugnen,
"daß, wenn es eben Aretinus nicht gethan hätte, es wohl ein andrer
"auch so gut, wo nicht beßer, hätte verrichten können; ja, daß es, aller-

h) Wir haben dennoch vorhin, p. 85. & sq. verschiedene Zeugnisse von gelehrten Männern
wieder des Aretini so sehr beschriebene Verdienste angeführet; absonderlich erinnere
man sich, daß es beym Jo. Vossio heisse: Multa Guidoni perperam tribuuntur, d.i.
dem Aretino werden viele Erfindungen mit Unrecht zugeschrieben. vid. pag. 157. h. T.

i) On a beau montrer la verité; si on ne prend pas bien son tems, elle sera rejettée: il faut
attendre que les hommes soient degoutez de leur erreur. Mem. Hist. & Crit.
Octob. 1722. p. 95. Das heißt: Man möge mit der Wahrheit guten Tag haben; wenn
die Zeit, solche zu sagen, nicht wohl in acht genommen wird, muß sie doch verworffen
bleiben. Man sollte warten, biß die Leute einen Eckel vor ihren Irrthümern bekämen. [Da hätte man fein lange zu warten!]

"Wahrscheinlichkeit nach, von Dunstan k) lange vorher geschehen "sey.

"Ich laße nun so wohl diesem, als jenem, und einem jedem seine ver= "diente Ehre gar gerne; nur die Sache an ihr selbst, mit den sechs Sil= "ben, hat so viel Unruhe und Verwirrung gestifftet, und ist so wenig "hinreichend, bey heutigem genere Diatono-chromatico-enharmo= "nio, daß es ein Jammer anzusehen ist, wenn sonst vernünfftige und "ansehnliche Leute sie treiben, ihr noch das Wort reden, und die Welt "irre machen wollen.

"Dieses hat mich bewogen, das Ding ein wenig ridicul zu ma= "chen, und satyrisch abzumahlen, nicht denkend, daß dadurch das gering= "ste Kind, geschweige weltberühmte Virtuosen, sollten noch könten geär= "gert werden: ich kan es auch unmüglich glauben, daß, was Ew. Hoch=Ed. "deswegen an mich haben schreiben wollen, deroselben rechter Ernst sey; "sondern stelle mir vielmehr vor, daß sie nur ihren Scherz, unter einer "ernsthafften Maske, mit ihrem Diener getrieben haben.

"Gesetzt aber es sey Ernst: so ist wohl unstreitig, daß durch die Pu= "teanische Hinzusetzung der Sylbe Si zu des Aretini sechsen das ganze "Solmisations=Systema, wo nicht aufgehoben, doch auf solche Art ver= "ändert und verbessert worden, als etwan ein neu=aufgebautes Haus, "dazu man von einem alten, niedergerißenem Gebäude noch einige Ueber= "bleibsel gebraucht und beybehalten.   Dieses hat Erycius allerdings, "nicht nur im Sinn gehabt, sondern würklich und in der That præstirt, "wie seine Schrifften es klärlich bezeugen. l)

Wie=

---

k) Was halten wir uns aber noch beym Dunstan und dem zehnten Seculo auf, da Zeugniße vorhanden, daß schon in der Mitte des siebenden Jahrhunderts vom Pabst Vitaliano ein Ertz-Bischoff und ein Abt, gelehrte Musici, ausdrücklich nach England gesandt worden, daß sie die Christen daselbst im Glauben stärckten, und die bereits in Italien eingeführten Orgeln / samt vielen andern musicalischen Instrumenten in den Kirchen bekanut machten, welches ad p. 85. huj. T. zu mercken dienlich ist. Die Worte meines Auctoris lauten so: Hæc circa tempora, nimirum Annum 645. Papa Vitalianus, natione Signinus ex oppido Volscorum, Theodorum Archiepiscopum, & Hadrianum Abbatem, *viros omnis scientiæ & eruditionis expertissimos*, in Magnam Britanniam misit, ut eos [scil. Britannos] in fide Christiana perseverandos informarent. Is [Papa] Organa, aliaque instrumenta musicalia in Ecclesiis [Britannicis] ad divinorum, sacrorumque cultum primus instituit. *Tho. Carve, Lyra Hibernica, p. 29. edit. 2. Sulzbaci.* Das war 400. Jahr vor Aretino.

l) Vid. ej. Musathenam, Cap. IX. p. 34. 35. & ex illa Orch. II. p. 325. sq.

"Wieder diese siebensylbichte Solmisation nun habe nicht nöthig
"erachtet etwas einzuwenden; mein ganzer Discurs war nur auf die
"Marter-volle sechssylbichte, und die daraus entspringende ungeheure Mu-
"tation, gerichtet: denselben habe das Valet herzlich gerne ertheilen, und
"sie um desto lieber zur Ruhe begleiten wollen, weil die tägliche Erfahrung,
"und eines jeden gesunde Vernunfft, hierin mit mir überein stimmen müs-
"sen.

"Daß aber Aretin mit seinen 6.Sylben nicht so wohl die intervalla
"musica, als die 6. vocales (bey uns sind nur 5. im Gebrauch) hat recht
"aussprechen lehren wollen, wie M.H.Hr. schreibet, solches kan man sich
"gerne gefallen lassen; allein diese Sachen gehören zum Lesen, nicht zum
"Singen, und wäre gänzlich ἀπροςδιόνυσον, wenn einer daher argumentiren
"wollte. Ich mag den Syllogismum nur nicht in die Form bringen: der
"defect verräth sich so genug.

"Sollte inzwischen diese Pronunciation die Haupt-Absicht unsers
"Aretins gewesen seyn, so hätte derselbe ja nicht 6. Sylben nöthig gehabt,
"sondern das eine a mögte immer ersparet worden seyn. Allein ich lasse es
"paßiren, und frage nur, mit Erlaubniß: warum der Sylben nicht so wohl 7,
als 6, haben seyn mögen? da ja 7. diatonische intervalla in der Octave
nicht geläugnet werden können. Die Antwort wird ungezweifelt (wenn
ich den Senarium nicht berühre) darauf hinauslauffen: weil der siebende
sonus noch nicht Mode gewesen, und auf den Instrumenten noch keine rechte
volle quintam gehabt. Da aber nunmehro, nicht nur dieser siebende diatonische Klang, sondern auch ein jeder chromatischer, seine reine Quintam
feliciter gefunden, und völlig in die Mode gekommen, so fallen ja die 6. zu
kurz, und ist viel bequemer, jedem Klange seinen eignen Namen beyzulegen,
als 12.Tone mit 6, oder gar mit 4. abgelöseten Sylben zu benennen.

"Für so einfältig wird man mich ja wohl nicht halten, daß ich nicht
"wißen sollte, wie aus zweyen Tetrachordis eine Octava zu machen sey.
"Ob solches aber mit dem abgewechselten und wiederholten ut re mi fa, oder
"mit einem andern zulänglichen Hülffs-Mittel, geschehen müsse, darüber
"mögen die Schüler den Ausschlag geben. Es ist Sünde, Schande und
"Schade, daß verständige Componisten ein Wörtgen solcher Poßen halber,
"verliehren sollen. Ich hätte nimmer daran gedacht, wenn man sich nicht
"zu mir gedrungen, und mit dem Ut an mir zum Ritter werden wollen.

"Aus den im beschützten Orchester sattsam-angezogenen Ursachen
"aber ist des Aretini Erfindung schon vor hundert Jahren, ob gleich nicht
"aller Ort und Enden, wo die prætendirte Music auf solche Büttelhaffte
Weise

"Weise getrieben, dennoch bey klugen und nachdenkenden Leuten, nach und "nach), biß auf den heutigen Tag, gänzlich abgeschaffet worden, wird auch "ganz gewiß ins künfftige immer mehr und mehr ins Abnehmen gerathen: "weil man die Sache viel wohlfeiler haben kan, und die alte Leiter bey wei= "tem nicht mehr zureichen will.

"Sonst kan M.H.Hrn. versichern, daß ich seiner Ermahnung, den "Baronium m) hierüber zu lesen, augenblicklich Folge leisten würde, "wenn solches nicht schon längst zuvor geschehen wäre, so daß ich nicht nur "diesen Auctorem, sondern wohl hundert dergleichen, darüber zu Rahte "gezogen habe, ehe meine Feder einen einigen Strich gethan. Ich fahre "auch noch in dieser lecture so munter, eifrig und vorsichtig fort, als ob ich "nichts anders zu thun hätte, und noch nicht das grosse A von der Music "kennte; wie es denn wohl eben nicht viel weiter mit mir gekommen seyn "mag, indem ich je länger je mehr finde, was mir fehlet.

"Ew. Hoch=Edl. Meynung, daß einer, der die Music durch das Ut er= "lernet hat, gleichwohl ein galant homme seyn könne, kan kein galant hom= "me in der Welt vernünfftig wiedersprechen. GOtt behüte mich, daß ich "jemals so was abgeschmacktes denke, vielweniger schreibe. Nein, mein "Hochgeehrter Herr Ober=Capellmeister, dahin gehen ja gar meine Ge= "dancken nicht. Es mag einer durch ein Glaß Wein, oder durch eine Pfeif= "fe Toback, zu seiner Kunst gelangen, das gilt mir gleich; wenn er nur was "rechtes kan, ist er schon in diesem Stück ein braver Mann. Scimus, & hanc "veniam damus, petimusque vicissim. Wenn nur andern Theils zu= "gestanden wird, daß einer, der weder sein Singen, noch sein Componiren, "(Spielen geht ohne dem nicht an) mittelst der Solmisation erlernet, "eben so wohl ein guter Kerl seyn könne, als jener: so ist die Sache schon "richtig. Dieses wird aber gleichfalls kein galant homme bestreiten wol= "len; ob es schon andre thun und gethan haben. So lange behalten wir "hier zu Lande auch, was die vornehmsten Meister, von so vielen Seculis "her, für gut und recht gehalten haben, biß uns etwas beßers vorfällt: und "wenn dieses beßere ankömt, wie es denn, GOtt Lob! alle Tage aufstößet, so "laßen wir das alte immer fahren, wenns auch, von der Sündfluth her, "durch Noam selbst, für gut und recht wäre erkennet, und eingeführet wor= "den. Darnach fragen wir nichts.

"Wegen der Modorum mögte die Sache ein wenig wichtiger und "ernsthafftiger aussehen, als wegen der Solmisation. M.H.Hr. sagt
schlecht

---

m) Wer seine Annal. Ecclesiast. lesen will, vergesse des P. Pagi Criticam nicht, so wird er Nu= tzen haben.

"ſchlecht weg : die 24. im Orcheſter angeführten Modi hätten gar keinen
"Grund. Ew. Hoch-Edl. beweiſen es aber nicht; hingegen will und kan
"ich das Gegenſpiel ad oculum demouſtriren, weil mir alle proportiones
"temperatæ vollkommen bekannt ſind, und ich nichts ohne Grund ſetze. Ich
"könte wohl mit eben der Leichtigkeit ſagen, der Stephans-Thurn zu
"Wien hätte auch gar keinen Grund; allein wir wollen, mit ihrer Erlaub-
"niß, die Argumente ein wenig unterſuchen und beleuchten. Mein Grund
"iſt mathematiſch, und ſoll zu ſeiner Zeit öffentlich erſcheinen, n) hier iſt
"der Raum zu enge.

"Modus iſt eine circulirende Modulation intra limites Octavæ.
"So lautet MHHrn. definitio. Daraus ſoll folgen, und zwar noth-
"wendig, wie geſagt wird, daß ſo viel toni, und nicht mehr, ſeyn können,
"als offtgedachte Modulation, vermöge des ſemitonii, kan verändert wer-
"den: welches, dero Meynung nach, nur ſechsmahl geſchehen kan.

"Dieſe Folge vermag keine Vernunfft zu begreiffen und iſt ganz meta-
"phyſiſch. So weiß ich auch noch nicht, womit die infallibilitas desjeni-
"gen muſicaliſchen Lycurgi ſich legitimiren könne, der da geſagt, daß die
"Veränderung der Stelle des ſemitonii auch die Veränderung der Mo-
"dorum mache. Ich weiß wohl, daß es per traditionem, von des Boe-
"thi o) Zeiten her, ſo geglaubet worden, daß es ſich auch damals hat
"hören laſſen. Aber dieſer Glaube und dieſes Mährlein geben mir gar kein
"Genügen: ich will rationes in experientia hodierna fundatas & appro-
"batas haben; ſonſt iſt alles nur Wind!

Bb Wer

---

n) Das iſt in der Organiſten-Probe zum Ueberfluß geſchehen, und kan in der Vorbereitung
geleſen werden.

o) Boethius hat gleichwohl nie an die locationem ſemitonii gedacht : wer mirs aus ſeinen
Schrifften weiſen kan, ſoll ein gutes Trinck-Geld haben. Vom Glareano aber leſe man
den Donium de Pr. Vet. Muſ. p. 23. allwo er deſſen Arbeit inutiles Glareani lucubrationes nennet und hinzu ſetzet, in quibus doleo ſane, totos viginti annos ab eo con-
ſumtos. D. i. Die Mühe ſey gar unnütz geweſen und zu beklagen, daß der Mann 20.
Jahr daran gewendet. Im Anfange des Trattato de Generi e Modi lieſet Donius
dieſem Glareano ebenfalls den Text. Salinas aber ſagt ausdrücklich: Es habe Glareanus falſche Gründe gehabt, und ſey mit dem Franchino in gleichen Irrthum verfallen, da ſie nehmlich beyde gewähnet, man müſſe die Tone nach den ſpeciebus b r 7.
Octaven betrachten, und nur nach der verſchiedenen Stelle der hemitoniorum beurtheilen; da doch alle Alten öffentlich geſagt haben, daß der Unterſchied nicht darin, ſondern allein in der Höhe und Tieffe, ſtecke. Des Salinæ eigne Worte, die er L. IV.
cap. 31. p. 228. führet, ſtehen auf der allerletzten Seite der Organiſten-Probe und
verdienen hiebey nachgeſchlagen zu werden.

Wolte man auch gleich obigen Vorsatz, oder die definitionem Mo-
"di, hingehen lassen, so kan doch weiter nichts daraus folgen, als etwan die-
"ses, daß so viel Modi als Octaven sind. Und das ist auch nicht so gar un-
"recht; wenn nur die Terzien mit ins Spiel kommen, als an welchen fast
"alles gelegen, und wodurch die Zahl der Modorum hauptsächlich ver-
"doppelt wird.

"Derowegen mögte jemand (con licenza) mit beßrem Fortgang
"seine definitionem Modi solcher Gestalt einrichten: Modus est modu-
"latio intra limites Octavæ, mediante vel Ditono vel Semiditono.
"Und darauf wäre diese Schluß-Rede zu bauen:

"*Major*: Quot Ditoni, tot Modi majores; quot vero Semiditoni,
tot sunt Modi minores.
"*Minor*: Atqui in Genere Chromatico duodecim sunt Ditoni
in specie, totidemque Semiditoni.
"*Conclusio*: Ergo sunt viginti quatuor Modi in specie.

" Das schliesset richtig, und ist einer von den Gründen, darauf die 24.
"Modi wohl ruhen können, so lange die Scala nicht verbessert oder vermehret
"wird: welches, weil es unnöthig ist, nimmer in dieser Welt mit succes ge-
"schehen wird. Weswegen nun solten meine Terzien nicht so viel gelten, als
"der alten ihr omnipotens-vermeyntes semitonium? anerwogen jene bey
"aller heutigen modulation das fac totum sind; dieses aber nicht mehr, als
"andre intervalla, zu sagen hat. Welches kein erfahrner Mensch streiten wird.
"Et hoc probat majorem; minorem natura & instrumenta.

"Hiernechst setzet M. H. Hr. weil eine jede seiner sechs Octaven harmo-
"nice & arithmetice könne dividirt werden, so erwüchsen aus den 6. tonis
"Zwölffe, nemlich 6. authentici, und so viel plagales. O! ich kan meine
"24. eben also harmonice und arithmetice theilen, und wenn das was helf-
"fen soll, so werden ihrer gar 48. herauskommen. Allein, es thut wahr-
"lich nichts zur Sache. Und mein! warum sollten auch nur 6. Octaven
"also können dividirt werden? Wir leben ja, GOtt sey Danck! nicht
"mehr in der diatonischen Armuth, sondern haben ein chromatisches, tem-
"perirtes Basta vor uns, darin wir alle 12. intervalla Octavenweiß so herr-
"lich arithmetice & harmonice theilen können, daß es eine Lust ist. Wel-
"ches keiner läugnen wird, der nur ein Clavier oder monochordum von fer-
"ne erblicket.

"Ich setze 3. C. d e f g a h cis d. (re mi fa hätte ich schreiben sollen.)
"Man sage mir doch, was das für ein Modus sey? Er findet sich nicht im Glareano,

"reano, noch sonst wo. Dennoch ist eine reine Octave da, die arithmetice &
"harmonice kan dividirt werden, und die lieben semitonia liegen im andern
"und siebenden Grad: welches ja eine Veränderung ist, die noch unter den
"6. bekannten alten Modis niemals vorgekommen. Darum muß gewiß der
"Satz wegfallen, daß das semitonium (ich weiß wohl, daß es dem so ge-
"nannten naturali gilt) nur sechsmal könne verändert werden. Denn hier
"ist es zum siebendenmal aller Welt vor Augen, und eine Melodie gar natürlich
"daraus zu setzen. Hiebey behält auch das fälschlich-angegebene semitonium
"naturale nichts voraus: weil kein einziges semitonium unnatürlich ist.

"Ich wollte es über zwanzigmal verändern, wenns der Raum zuliesse, und
"drey biß vierfach in einer ordentlichen Octava anbringen, dabey auch mehren-
"theils so einrichten, daß die verlangte divisio beybehalte würde. Wenn ich aber
"M H Hrn. Schreiben werde drucken lassen, (wie ich zu meiner justification
"aller derjenigen Briefe thun muß, denen ich das beschützte Orchester zugeeig-
"net habe, damit die Welt aus dem pro & contra schliesse, wer Recht oder
"Unrecht hat) alsdenn will ich, mit GOttes Hülffe, in meiner Antwort diese
"vielfältigen Veränderungen mit dem semitonio hinsetzen, p) und sine

ad-

p) Hier muß ich Wort halten, und behaupten, daß, außer den 6. Lagen der Semitonien, in den alten Modis fictitiis, alwo sie diese Grade einnehmen: 3.7.|2.6.|1.5.|4.7.| 3.6.|2.5. noch wenigstens 24. Veränderungen damit zu treffen sind; die doch eben so wenig, als jene, einen neuen Modum machen. Zum Versuch mag die folgende Tabelle dienen:

1.4. d dis f g as b c d.	D. moll. Har. & Arith.	1.3.5. d dis fis g a b c d.	D. dur. Ar. & H.
1.6. d dis f g a b c d.	D. moll. H. A.	1.3.6. e f gis a h cis d e.	E. dur. A. & H.
1.7. d dis f g a h cis d.	D. m. H. A.	1.4.5. d dis f gis a b c d.	D. moll. Harm.
2.4. c d dis fis g a h c.	C. m. H.	1.4.6. d dis f gis a h c d.	D. m. H.
2.7. d e f g a h cis d.	D. m. H. A.	1.4.7. d dis f gis a h cis d.	D. m. H.
3.4. d e fis g as b o d.	D. dur. Arithm.	2.3.6. f gis a b c d dis f.	F. dur. H. & A.
3.5. d e fis g a b c d.	D. d. Harm.	2.4.6. d e f gis a h c d.	D. m. H.
4.5. d e fis gis a b c d.	D. d. H.	2.4.7. f gis a h c d e f.	F. dur. H.
4.6. d e fis gis a h c d.	D d. H.	3 6.7. f g a b c dis e f.	F. d. H. & A.
5.6. f g a h cis d dis f.	F. dur. per 6 & 3. div.	4.5.7. c d e fis g as h c.	C. dur. H.
5.7. f g a h cis d e f.	F. d. eod. mod.	1.4.5.6. d dis f gis a b cis d.	D. m. H.
6.7. f g a h cis dis e f.	F. d. eod. mod.	2.4.5.6. d e f gis a b cis d.	D. m. H. &c. &c.

Nun gestehe ich zwar gerne, daß einige sehr wunderliche scalæ hierunter befindlich sind, und sonderlich drey davon nicht per Quintam vel Quartam, sondern per Sextam & Tertiam getheilet werden mögen. Inzwischen ist keine so seltsam, aus der ich mir nicht getraute eine Melodie hervorzubringen: und viele sind überaus geschickt dazu. Es geschiehet aber nur exercitii gratia daß diese Tabelle hier eingerückt wird, damit man unter andern daraus lerne, daß alle diese Veränderungen des Semitonii keinen neuen Modum machen, sondern die blossen Tertien, mittelst welchen die 12. Modi tonici verdoppelt werden, und eine zweyfache speciem bekommen.

"adjumento artis combinatoriæ zeigen, daß solche wenig oder nichts zu der
"Eigenschafft heutiger Modorum beytragen können.

"Was die so genannten tonos transpositos anlanget, so ist hoffent-
"lich im beschützten Orchestre q) deswegen satisfaction gegeben, und wenn
"mans nur recht anzusehen beliebet, so wird schon erhellen, daß es nicht ei-
"ner, sondern würcklich und wahrhafftig 24. verschiedene Tone sind, die in
"Tabella Modorum daselbst linkerseits specificirt werden, und daß die
"temperirten claves dem Dinge ein ganz anders Aussehen geben, welchem zu
"Folge keine einige species Octavæ mit der andern in allem überein kommen
"kan; sondern vielmehr recht wesentlich, förmlich, augenscheinlich, hand-
"greifflich und hörbar differiret, ob gleich nicht gestritten worden, noch wird,
"daß, crassa Minerva loquendo, die 24. species, dem ersten Anblick
"nach, auf 2. genera reducirt werden können. Ich habe aber mit tran-
"sponirten Tonen nichts zu thun, und will den terminum diesenfalls gar nicht
"erkennen; sondern meine Gedancken gehen auf selbstständige, wesentliche und
"authentique Tone, deren jeder seine eigene Figur, Zahl, Wirkung, Eigen-
"schafften und Kräffte besonders, und von allen andern in specie dermassen
"unterschieden, hat, daß es auch ein Kind merken kan. Man muß dem Ge-
"hör r) in diesem Stück mehr trauen, als dem zerbrechlichen raisonne-
"ment; wiewohl dieses ebenfalls auf meiner Seiten stehet, wie an seinem
"Orte, s) mit mathematischen Gründen, deutlich und unwiedersprechlich
"demonstrirt werden soll. Tale enim a tali potest differre quoad minus
"vel majus &c. cum pace Aristotelis.

"Dieses habe Ew. Hoch-Edl. wiederum wohlmeynend, und mit aller
"submission vor Deroselben grosse virtù, auch ohne der geringsten Lust zum
"Wiederreden, vielmehr aus ungemeiner Begierde Dero fernere Gedancken
"und Erläuterungen hierüber zu vernehmen, und davon bestermaßen zu pro-
"fitiren, antworten wollen und sollen : der ich wahrhafftig hierunter nichts
"anders suche, als recht hinter die Sache zu kommen, und einmahl das Glück
"zu haben, daß mich ein solcher hochberühmter Mann, wie Ew. Hoch-Edl.,
"durch reine Vernunfft-Schlüße, und unstreitige Erfahrung, der Wahr-
"heit überzeugen möge. Wenn dieses geschicht, und ich Unrecht habe, will ich
"gerne alle meine Sätze öffentlich wiederruffen, auch mich gar nicht entsehen,
"noch aufs neue wieder in die Schule zu gehen.

q) Auch vornehmlich in der Organisten-Probe.
r) Non magnopere refert, quæ sit harmoniæ ratio, quam non approbat sensus. Et ideo
non approbat sensus, quia non evidenter percipit. ERASM. in Adag.m.p 435.sq.
s) Solches ist bereits in der Vorbereitung der Organisten-Probe, seit diesem Brieff-Wechsel, geschehen.

"Indeſſen thun mir Ew. Hoch-Edl. die Liebe, ſich ſelbſt die juſtice; der
"Muſic aber die Ehre, und ſenden mir einige particularia von ihrem Lebens-
"Lauff ein, damit ſolche in der zu edirenden Ehren-Pforte den vornehmſten
"Platz mit bekleiden mögen. Wenn Jhnen auch ſonſt etwas dahingehöri-
"ges auffſtoſſen ſollte, bitte gar ſchön um communication und Beyſtand zu
"ſolchem löblichen, der ganzen muſicaliſchen Welt zu Ehren gereichenden
"Werke, mit der Verſicherung, daß ich eines jeden Verdienſte, nach ſeiner
"Art, ohne einige Paßion, zu ſchätzen wiſſen, auch mich übrigens willig beleh-
"ren laſſen werde, wo ich etwan geirret haben ſollte : womit endlich, um Ent-
"ſchuldigung dieſer langen Epiſtel erſuchend, in aller Ergebenheit mich Ew.
"Hoch-Edl. Gunſt, Gewogenheit und Güte beſtermaßen empfehle und ſtets
"verharre

      Hoch-Edler, inſonders Hochgeehrter Hr. Ober-Capellmeiſter
Hamburg den 18. Dec. 1717.   Ew. Hoch-Edl.
P.S. Ich nehme mir die Freyheit Ew. Hoch-Edl.   Dienſtwilliger Diener
  ein Exemplar meiner Clavier-Arbeit hiebey   Mattheſon.
  überzuſenden ꝛc. ꝛc.

INSCRIPTIO.

A Monſieur, Monſieur Fux, premier Maitre de Chapelle de S. M. J.
   & Cathol. &c.   à Vienne ſur le Danube.

XV.

Einige Wochen nach Abgang dieſer Antwort, erhielte der Auctor eine duplicam von dem HErrn Ober-Capellmeiſter, folgenden Innhalts :
(No. 4.)

"Monſieur,

"Hochgeehrter Herr t) Deßelben Schreiben von 18. Decemb. ver-
"floßenen Jahrs, ſambt denen Clavir-Stükhe u) iſt mir richtig zu Handen
"kommen, ich habe dieſelbe durchſechen, und ſo vill ich in Kürze der Zeit habe
"abnemmen können, gar fein, artig, und von gutter invention befunden,
"vor welche ich ſchuldigen Danckh erſtatte. Das dem Aretino und deßen
"rume in dem beſchitzten Orcheſtre an verſchiedenen Orthen zu hart geredet
"wird, ia in der Lobrede Menippi in Autorem, gar vor einen Atheiſten
         Bb 3   paßi-

---

t) Es fehlet nur noch ein Italiäniſches mio ſignore.
u) Es war das Harmoniſche Denckmal, davon noch ein paar Exemplaria bey dem Auctore,
  und ſonſt nirgend in Teutſchland mehr, zu bekommen ſind.

"paßiren muß, weiß niemandt besser alß M.Hr. und ist mir umb so vill weni-
"ger übel auszudeuten, das ich mich hierüber befremdet habe, als in diesen
"Landten wegen der Beschwärlichkeit der Aretinischen Sylben sich niemand
"beklaget, sondern im Gegenthaill deren gutte Würkhung täglich zu gehör
"kommet: indeme allhir Knaben von 9. und 10. Jahren zu finden, welche
"die schwäriste stückhe all' improuiso wekh singen, welches ia nit sein kunte,
"wan die Aretinische erfindung so voller iammer und Ellend wäre: Auch
"bleibt man in Italien, alwo ohne widerredt die vornembsten Singer her-
"vorkommen, noch immer bey dieser methode; und weillen ia Hamburg
"nit die gantze musicalische Welt ist, und nur aldorten so beschwärlich ist,
"die singkunst auf solche weiß zu erlernen, so laß ichs gar gern geschehen, daß
"man alldorten das ut, re, mi, fa, sol, la, zu Grabe tragen möge.   Wun-
"derlich komt mir vor das M.Hr. schreibet, grosse Virtuosen sollen an der-
"gleichen baggatellien nit einmal gedenkhen; ich halte M.Hr. vor einen
"solchen grossen Virtuosen, und gleichwohl hat er sich erniedrigen wollen
"darvon Bücher zu schreiben.   Ich meines thails, als der ich an den grossen
"Nutzen dieser Erfindung zu zweiflen nichmallen Ursach gehabt habe, hätte
"nichmallen daran gedacht.   M.Hr. hat mir die Ehre gegeben, meine Mei-
"nung über das geschützte Orchestre zu vernemmen, diese habe ich gantz auf-
"richtig, in allen ernst, ohne scherz überschreiben wollen, wan man darmit
"nit zu frieden ist, kan man bey seiner Mainung verbleiben, ich bins gar wohl
"zu frieden.   Die Gleichniß meiner Mainung von dennen modis mit den-
"nen Stephanß Turen ist zimblich piquant.   Ich bin sonst gewändt alzeit
"mehrer in Werkh darzu thuen als ich vorgibe; und kostete mir mein aller-
"rum, das die 24. modi keinen Grundt haben, gar kein Miehe clar vor die
"Augen zu legen, wan ich mit einem zu thun hätte, der kein esclaue, und gar
"zu sehr eingenommen wäre von seiner aignen Mainung.   Wann ein
"Singer rc. w) ⸭ ⸭ ⸭ ⸭ ⸭   Woraus nothwendig erfolget,
"das die in dem beschizten Orchestre 12. prætendirte modi nur ein einzi-
"get seye, wie in beyligenden Zetl zu sehen.   x) dise Prob ist Handtgreiff-
lich

---

w) Die hier im Briefe folgende Worte und Noten sind schon in der Organisten-Probe p.65. der Vorbereitung angeführt, auch die Nothburfft dawieder usque ad p.74. einge-bracht worden, derohalben solche hier nicht wiederholet werden dürffen.

x) Auf sothanem beyliegenden Zettel st.inden 12.scalæ in Noten, deren erste war c d e f g a h c. mit der Unterschrifft: ut, re, mi, fa, ut, re, mi, fa, wobey jederzeit das werthe mi fa schwarze Noten hatte, auf die Art wie sie in der Organisten-Probe l. c. vorgestellet worden. Die übrigen 11. Scalæ modorum majorum hatten eben die Unterschrifft, doch stand über einer jeden die Maße der Erhöhung oder Erniedrigung, Z.E. l'istesso modo d'un mezo tuono piu alto &c. Und das siehet alles mit einander sehr tröst-lich aus.

"lich, indeme in allen 12. Systematibus diser Octaven die toni und semi-
"tonia gleich eintreffen. Daß die modi allein aus dem genere Diatonico
"müßen genommen werden, ist clar. Dieses zu beweisen ist vorher zu wis-
"sen, das die semitonia auf zweyerley weiß können gemacht werden: essen-
"tialiter und per accidenz. Essentialiter, wan die Kreuze oder b zu
"Anfangs deren Linien gesetzt werden, und mit einem aus dennen 6. modis
"naturalibus Diatonicis eintreffen, in welchen fahl Sie modi transpositi
"seind, und keinen neuen modum zu machen vermögen. Per accidenz
"werden die semitonia gemacht, wan die Kreuz oder b in der Mitten
"ungefehr zu Veränderung der modulation gesetzt werden, als das Kreuz
"vor dem c, oder das b vor dem h, welche keinen Ton zu ändern ver-
"mögen, quia accidenz non mutat rei substantiam. Und würde gar
"ungereimbt sein, wenn ich e. g. aus dem D moll ein Stuckh machte, und
"setze per accidenz im c ein Kreuz, deswegen einen neuen modum zu
"formiren; bey solchen Umbständen kundte man niemallen sagen: das
"Stuckhe ist auß disem modo gemacht. Wan man aber das Kreuz im
"c essentialiter setzen, und dadurch einen neuen modum formiren wollte,
"ist wohl zu erwegen, ob dieser neue modus von solcher Wichtigkeit seye,
"daß man etwas neues wider derer alten Autoritet statuiren solte. Die
"modulation würde es weisen, wie arm diser neue modus (D moll mit
"dem vorgesetzten Kreuz ins c) seyn würdte. Wollte ich in das F. als
"seiner tertia, moduliren, hätte das cis keinen Platz mehr. Wollte ich in
"das A, als seiner quinta, moduliren, und etwan eine Cadenz vom e ins
"a machen, wurd das cis einen üblen effect machen. y) Gesetzt, dato,
"non concesso, ich ließe dieses systema: d e f g a h cis d, für einen
"modum gelten, so wäre dieser der erste und der obgesetzte im C der an-
"dre modus. Wo blieben denn die übrigen 22. modi? z) Aus wel-
"chem inconvenienti clar zu sehen ist, das die toni oder modi auf kein

Weiß

---

y) Wenn dieses Argument schließt, so sind 4. von den 6. alten modis in ebender, ia in noch ärgrer Verdamnuß, als g. E. D moll mit dem h; E moll ohne fis; F dur ohne b; G dur ohne fis. Denn wer bey dem ersten, als Dorio, im F, als seiner Tertia, moduliren will, der kan kein h gebrauchen; wer bey dem andern, als vermeyntem Phrygio, nur im H, als seiner Quinta, moduliren will, derfindet vor dem f keinen Platz mehr; der dritte, scilicet Lydius, kan kaum in seiner chorda finali, geschweige denn in Sexta vel Quarta eine modulation, ohne b, anstellen; und hat es doch nicht. Wie will auch der vierte, quasi Mixo-Lydius mit seinem F zu rechte kommen? findet das wohl Raum, wenn ich nur im D, als Quinta, im H, als Tertia, im E, als Sexta, moduliren will? denn da muß lauter fis seyn.

z) Sie sind oben §. 14. in Lebens-Grösse dargestellt.

"Weiß auß der tertia majori oder minori zu formiren seind, wie M.Hr.
"vorgibt. Ich habe dieses etwas weitleiffiger überschreiben wollen, umb
"M.Hr. auf bessere Gedanken zu bringen, auß Beysorge M.Hr. möchte son-
"sten bey denen der Musique recht kündigen ein schlechtes Ruhm darvon
"tragen, welches mir sehr leydt seyn sollte, indeme M.Hr. sonsten wegen
"seiner besonderen Gelehrheit, und Eyfer gegen der lieben Musique ein beson-
"dere estime meritirt. Bitte sonsten mich zu verschonen mit Eintruckhung
"meiner unpolirten zweyer Briefen = = = = = = a) meine Mai-
"nung aber von der Solmisation und den modis kan der ganzen Welt be-
"kannt sein b) Bey diesen, meine Mainung anbelangend, soll es seine
"Bewandnuß haben, dann ich weder Zeit weder humor, noch inclination
"zu dergleichen strittigen Schreib-Art habe. Kan M.Hr. ich sonsten alhier
"ein angenemmen Dienst erweisen, wolle man nur frey mit mir befehlen, als
"der ich bin und verbleibe

"Wienn den 12. Jan. 1718. Meines Hochgeehrten Herrn
                             Dienstwilliger
                             Johann Joseph Fux.

"P.S. Ich kunbte vüll vortheilhafftiges für mich, von meinen Auf-
"kommen, unterschiedlichen Dienst-Verrichtungen überschreiben, wan es
"nit wider die modestie wäre selbst meine elogia hervorzustreichen: In-
"dessen seye mir genug, das ich wirdig geschäzt werde, CAROLI VI.
"erster Capellmeister zu sein. c)

XVI.

Wir sehen hieraus, daß allerhand krumme Wege von denen gesucht werden müßen, die auf dem geraden Wege fortzukommen sich nicht getrauen. Diese Abwege sollen wir kennen lernen, so kümmern sie uns nicht. Die erste Ausflucht in obigem Briefe betrifft den guten Menippum, als wenn der Auctor Orchestræ verbunden wäre, einen pseudonymum zu vertheydigen. Zweytens will man nicht verstehen, daß ein anders sey: de Solmisatione scribere, & contra Solmisationem scribere. Drittens werden mir ganz andre Worte angedichtet, und die expressiones verdrehet. Viertens muß sich die Hamburgische Music spotten lassen. Fünfftens kommen gar Scheltworte auf den Plan. Sechstens wird tonorum locatio mit den semitoniis unbillig vermischt. Siebendes entstehet ein

---

a] Was hier fehlt wird mit Fleiß ausgelassen.
b] Wie kunte dieses besser geschehen, als ipsissimis verbis Fuxianis; doch mit Weglaßung derjenigen Ausdrückungen, die eigentlich nicht zur Sache gehören.
c] Die Auffschrifft dieses Briefes ist der vorigen gleich, nur daß es heißt: Haumbourgue an der Elbe.

ein unphilosophischer circulus, und Achtens erscheinen ganz unzeitige Weissagungen. Ob dieses nun gute Gründe sind, dadurch sich einer zur Solmisation und zu den alten Modis bewegen laßen wird, mag die Welt urtheilen. Wir wollen sehen, wie sie in der Beantwortung gerathen sind, und wie insonderheit das Postscriptum so abgefertiget worden, daß sich die falsche Modestie hinführo nur gar verstecken mag.

XVII.

(No. 5.)

Hoch-Edler ꝛc.

Hoch- u. vielgeehrter Hr. Ober-Capellmeister,

"Menippus, deßen Sie in ihrem Briefe vom 12. Jan. erwehnen, hat
"nichts weniger, als eine Lob-Rede, in Auctorem Orchestræ, gemacht:
"er hat nur bloß einen eilfertigen Fluch, wider die Aretinische Solmisation
"und deren Verfechter, dergestalt ausgestoßen, wie es ihm, als einem ex-
"perto Ruperto, ums Hertz gewesen ist. Daß er aber daneben den from-
"men Guidonem zum Atheisten d) macht, solches rühret aus einem gelehr-
"ten Versehen her, das im bloßen Namen steckt: weil nicht Guido, son-
"dern Petrus Aretinus, dafür paßiret. Große Leute können auch fehlen,
"und hätte man den Innhalt des Carminis vor dem Druck überlegen
"können, würde es ohne Zweifel geändert worden seyn. Inzwischen darff
"man mir andrer Leute Ueberfichten, dabey ich keine Hand gehabt, desto we-
"niger beymeßen.

"Um Verzeihung, mein Herr Ober-Capellmeister, ich habe keine
"Bücher von der Solmisation schreiben, sondern nur ein einziges Capitel-
"gen wieder die Solmisation e) weil ich dazu genöthiget worden, im be-

Cc schütz-

---

d) Im III. Orch. ist dennoch p. 787. & 788. sattsam erwiesen worden, daß dem Aretin auch hierin gar nicht zu viel, sondern wohl zu wenig, geschehen ist.

e) Des hat ein rechtschaffener Teutscher, zumal bey ergangner provocation, desto mehr Ursache, weil man, in Durchlesung alter Kirchen-Geschichte, nicht ohne Befremdung, ersehen muß, wie so manchem ehrlichen Mann, dieser Schul-Possen halber, zu nahe geschehen ist. Z. E. A. 1588. ist zu Lübeck ein Rector gewesen, Namens Pancratius Crugerius, ehmaliger Cantor Martinianus in Braunschweig, denselben hat das Lübekische Ministerium, unter andern, auch deswegen übel tractirt, von den Kanzeln gescholten, vom Abendmal verwiesen, und endlich gar vom Dienste gebracht, weil er das ut, re, mi &c. ins a, b, c, verändert. Dean so schreibt der Recensente Athenar. Lubec. in Actis Erudit. lat. 1722. Oct. p. 499. sq. *Quarto*, eum [Crugerium] in jus vocabant [sacerdotes] ob novitatem musicam. Abrogarat enim Crugerius votus illud:

ut,

"schützten Orcheftre, mit einrücken wollen; wie ungern, weiß ich am be-
"ften, und bezeuge es auch an mehr als einem Orte.

"So gebrauche ich ferner keines Weges solche expressiones, wie
"M.Hr. mir vorhält, nehmlich: daß grosse Virtuosen nicht einmal
"an dergleichen Bagatellien gedenken sollten; sondern meine Gedan-
"ken sind in diesen Worten abgefaßt: Es ist Sünde, Schande und
"Schade, daß verständige Componisten ein Wörtgen, solcher Possen
"halber, verliehren sollen, c'est à dire: mit der Frage, ob die Tone durch
"das abgelösete ut, re, mi, fa, oder durch ein andres, zulänglichers Hülffs-
"Mittel, ausgesprochen und benennet werden müßen? Dabey bleibe ich,
"und verlange gar nicht das prædicatum eines grossen Virtuosen zu be-
"haupten, importunus enim amat laudari; sondern verharre gern auf dem
"geraden Mittel-Wege: zumal da Hamburg ja nicht die ganze musica-
"lische Welt ist, wie M.Hr. ziemlich verächtlich schreibt. Ich habe mir
"sonst sagen lassen, das gute Welsch-Land, ob es wohl einiger maßen das
"vornehmste Seminarium musicum mit ist, könne sich doch dieses Titels der
"ganzen musicalischen Welt noch lange nicht anmaßen: weil hinter dem
"Berge auch Leute wohnen, und so wohl in Teutschland als England hin
"und wieder (Franckreichs zu geschweigen) ein kleines, doch reiches und so-
"lides, musicalisches Pegu hervorraget, welches tusci turba impia vici
"noch niemals auf der Castraten-Land-Carte hat finden können. Ich er-
"innere mich hiebey der Worte des Monzambani, alias Puffendorffs,
"da er in seinem Buche, de Imp. Rom. uns italiänisirten Teutschen die-
"sen artigen, obwohl stichelichten, Text liefet: Apud transalpinos aliquam
"prudentiæ opinonem conciliat, vel de summis montibus Italiam
"conspexisse. Wenn ich nun dieses an seinem Orte gestellet seyn lasse, so
"gehet doch, hier zu Lande, in unsrer Barbarey, die Rede sehr starck, daß die
"Herrn Italiäner mehrentheils recht gute Puteanisten seyn sollen, und die
"ehrliche siebende Sylbe si, so wie auch die Herren Franzosen, auf alle Weise
"zur Erfüllung der Octavæ, hinzu setzen. Doch werde mich ein wenig weiter
"erkundigen, ehe ich es umständlicher bejahe.

"Mein Hochgeehrter Herr hat sonst in dieser Correspondenz mit einem
"zu thun gehabt, der nichts weniger, als ein Esclave, weder seiner eignen,
"noch andrer ungegründeten, Meynung ist; der so frey gebohren, so frey lebet,
und

---

ut, re &c. ejusque in locum cani jusserat: a, b, c. Und also siehet man, wie schon vor
hundert und etlichen dreißig Jahren die solmisirende inquisitores so gerne A-B-C-Mär-
tyrer machen mögen; selbige Lehrart aber eben so wenig haben vertilgen können, als
die Jesuiten das Evangelium.

"und einer solchen freyen Nation dienet, daß bey ihm Sclaverey und Böh-
"mische Dörffer, im gleichen Grad, unbekannte, fremde Dinge sind. Er
"hat auch neulich noch ein Buch gelesen, das heißt: la liberté de penser;
"und ob er gleich mit dessen Auctori nicht in allen Stücken einig ist, so liebt
"er doch den Titel der Freyheit; deprecirt aber mit aller Macht denjenigen
"garstigen Namen, so M.Hr. ihm beylegen will: der, ob er zwar nichts min-
"der als piquant ist, doch, Teutsch zu sagen, etwas grob klinget.

"Sie haben mir die Ehre gethan, mein werther Herr Ober-Capell-
"meister, und ihre Meynung wegen des beschützten Orchesters übergeschrie-
"ben; damit bin ich auch anitzo gantz gerne zu frieden, weil sie mich nun-
"mehr in ihrem zweyten Briefe versichert, daß es in allem Ernst, und ohne
"Scherz, gemeynet sey. Ich will demnach weiter nichts von der Sache an
"diesem Orte berühren, sondern meine Gedancken biß auf eine bequemre
"Gelegenheit versparen, da wenigstens, wo nicht die gantze, doch die hal-
"be, und zwar teutsche musicalische Welt urtheilen soll, wer eigentlich von
"uns ein würcklicher Sclave seiner alten Meinung sey, quis antiquum
"obtineat? Daselbst f) und alsdenn wird auch die Frage völlig aufgelö-
"set werden: Ob ein neuer Modus entstehe oder nicht, wenn ein Stück aus
"dem C ins D versetzt wird. ic. Es ist mir sonst lieb, daß der Herr Ober-
"Capellmeister uns die locationem Semitonii, in allen 12. Systematibus
"(majoribus) so fein und artig, auf einen kleinen Zettul vorgeschrieben hat,
"auch den Unterscheid inter ens & accidens dabey lehren wollen; man
"hat es noch hier zu Lande auf die Art nicht gesehen, und weil die piece curi-
"euse ist, werde um Erlaubniß bitten, sie mit in den Druck zu geben g)
"ob ich gleich dabey, nach Ew. Hoch-Edl. Befehl, das anstößige in den von
"M.Hl. selbst so genannten beyden unpolirten Briefen auszulassen besonde-
"re Sorge tragen werde, und bloß dero Meynung von der Solmisation
"und den Modis (die ja nach gegebener eigenhändigen permission der gan-
"tzen Welt bekandt seyn mag) in gehörigen terminis zu entdecken gesinnet
"bin. Wenn ich aber solchemnach nur ein Paar unpolirter Briefe von
"M.Hr. erhalten haben soll, so verlangt mich ungemein, einen einzigen po-
"lirten zu sehen; doch stehet dahin, ob Ew. Hoch-Edl. mich damit bewür-
"digen wollen.

"Wo das Semitonium sitzet, das habe durch meines Hochgeehrten
Herrn gütige Manuduction nun endlich begriffen, daß es nehmlich in allen

---

f) Vid. Organisten-Probe in der Vorbereitung p. 65 & seq.

g] Es ist oben schon eine Beschreibung davon ertheilet, die, in Ermanglung der Noten, einiger massen zureicht.

"len 12. Octaven meines Systematis (majoris) gleich eintreffe; aber, daß
"Ew. Hoch-Edl. zu setzen belieben, die Tone thäten solches auch, das wird
"wohl ein kleines, durch anderweitige grosse virtù zu bedeckendes, Versehen
"seyn. Man darff nur, unbeschwert, die tonos majores à minoribus un-
"terscheiden, so wird sich weisen, wie C und D so artig damit spielen. Per-
"raro hæc alea fallit: diese Kunst geht fest.

"Wenn aber die Modulatio, sie sey reich oder arm, de Modis eo-
"rumque distinctione den Ausspruch geben soll, was haben denn die Se-
"mitonia für ein unnöthiges Amt bekommen? Circulus hic vero Musi-
"co indignus est.

"Falls mein Hochgeehrter Herr dasjenige Systema, wo die Semito-
"nia im andern und siebenden Grade liegen (das ich nur zum Spaß ge-
"macht) für einen neuen Modum gelten liesse, und früge denn in Ernst,
"non dato; sed concesso, wo die übrigen 22. blieben? so wollte ich dar-
"auf antworten. h) Ich habe sie schon entworffen und dachte sie weiter aus-
"zuarbeiten; (i. e. mit exemplis zu erläutern) allein Horatius gerieth mir
"eben in die Hände, mit dem Vers in seiner VIII. Satyra:

Responsura tuo nunquam est par fama labori.

"Ob ich übrigens schlechten oder krausen Ruhm, wegen meiner un-
"maßgeblichen Gedancken, bey den recht- und schlecht-kundigen der Music,
"davon tragen werde, als worüber M.Hr. mit einem angemaßten Leidwesen
"in antecessum etwas bekümmert zu seyn scheinet, solches ist mir gleich-
"gültig: sintemal ich keiner von denen bin (mit Nazianzeno zu reden) quos
"magis movet gloria, quam amor boni. Genug, wenn mir, wegen des
"herzlichen Eyfers für die liebe Music, eine besondere Achtung gehöret und
"gebühret; ob ich sie bekomme oder nicht, daran liegt blutwenig. Mein
"Wahlspruch ist dieser:

Un generoso cor s'appaga e gode
Di meritar, non d'ascoltar la lode.

"Und hiebey mag es denn, in GOttes Namen, mit unserm kleinen
"Briefwechsel über obgeregte Materien sein Bewenden haben: dieweil ich
"Meines Hochgeehrten Herrn Zeit, humeur und inclination bey Leibe
nichts

---

h) Es ist solches oben zur Gnüge geschehen, und alles mathematisch erwiesen worden; mehr die Ohnmacht des Semitonii, als sonst etwas, ans Licht zu stellen.

"nichts in den Weg zu legen gedencke, sondern mir immer die gröſſeſte Ehre
"machen werde, mit aller Hochachtung zu erſterben

Ew. Hoch=Edl.
meines Hoch=und Vielgeehrten Herrn OberCapellmeiſters
Hamb. den 12. Febr. 1718.   gehorſamer Diener
                                           Matthesons

"P. S. Ich bitte M.Hr. hiemit nochmals auf das nachdrücklichſte und
"inſtändigſte, nicht eben mir, ſondern vielmehr der hin und wieder unter-
"gedrückten Muſic, die unverweigerliche Ehre zu erweiſen, und ſo wohl
"von andern daſiger Orten, als inſonderheit von Ew. Hoch=Edl. Aufkom-
"men, Dignitäten, Einkommen, Rang, ꝛc. ſolche facta & acta mitzutheilen,
"die gar mit keiner Modeſtie ſtreiten, und veritatem, absque elogio, ent-
"halten, auch hierauf (nehmlich auf dieſen einzigen Punct nur) eine kurze,
"doch gewierige, hochgeneigte und baldige Antwort zu ertheilen : ſintemal
"ob es gleich Ew. Hoch=Edl. Perſon gnug iſt, daß ſie würdig geſchätzt wer-
"den, des unüberwindlichſten Römiſchen Käyſers, CAROLI VI.,
"erſter und vornehmſter Capellmeiſter zu ſeyn; ſo iſt doch ſolches der gelehr-
"ten und curieuſen Welt damit noch gar nicht genug, und ſind Ew. Hoch=
"Edl., als die gleichſam an der Spitze muſicaliſcher Republick ſtehen, ex
"officio & vocatione verbunden, durch den Beytrag der Erzehlung ihrer
"rühmlichen Verrichtungen, beſondrer Ehren=Stellen ꝛc. dem Anſehen, dem
"leyder! an vielen Orten ſchrecklich=gefallenen Anſehen unſers allerliebſten
"und alleredelſten Studii kräfftigſt mit aufzuhelffen :

    - - - - plerumque modeſtus
Occupat obſcuri ſpeciem: taciturnus acerbi.

"Wird mir dieſe Bitte (als welcher wegen ich, die Wahrheit zu ſa-
"gen, eigentlich noch dieſesmal mit meinem Schreiben beſchwerlich fallen
"muß; da es ſonſt wohl nachgeblieben wäre) wird mir, ſage ich, dieſes al-
"lerbilligſte Begehren zum viertenmal abgeſchlagen : ſo will ich vor der
"Welt entſchuldiget ſeyn, wenn ſie etwan ſiniſtre von dergleichen misgün-
"ſtigen Weigerungen urtheilen ſollte.

"Iſt es denn ſo was ſeltenes, ſeinen eignen Lebens=Lauff ſelbſt zu be-
"ſchreiben? Hat es nicht der fundator Monarchiæ Romanæ ſelbſt der-
"geſtalt gethan, daß es biß auf dieſe Stunde nützlich und löblich iſt? Ich
"weiß zwar wohl, was Cicero Lib. V. ad Famil. Epiſt. 12. davon hält.
"Allein man kan ihm eine Menge gelehrter Leute, und unter andern, neuern,

"insonderheit Cardanum, Thuanum &c. entgegen setzen, die es mit gutem
"Glück gethan haben. Bully 1) gehört hier oben an; seine Gedancken
"sind recht edelmüthig, und verdienen billig Platz: Je parlerai (sagt er
"pag. 2. seiner Memoires) moi-meme de moi, & je ne ferai pas
"comme ceux, qui pour avoir pretexte de faire leur panegyrique
"de leur histoire, l'ecrivent sous des noms empruntez: je ne serai ni
"assez vain, ni assez ridicule, pour me louer sans raison; mais
"aussi n'aurai-je pas une assez *sotte honte*, pour ne pas dire de moi
"des choses avantageuses quand ce seront des veritez. d. i. Ich wer-
"de selber von mir reden, und es denen nicht gleich thun, die ihren Le-
"bens-Lauff unter entlehnten Namen abfassen, damit sie nur einen
"Vorwand bekommen, sich eine Lob-Rede zu halten: Ich hege kei-
"ne solche lächerliche Einbildung, daß ich mich selber, ohne Ursache,
"rühmen sollte; aber es wohnet mir auch keine solche alberne Schaam
"bey, daß ich etwas vortheilhafftes von mir zu melden Bedencken
"tragen sollte, wenn es die lautere Wahrheit ist. Jonsius recensirt die
"alten berühmten Leute, die sich selber ihr curriculum vitæ gestellet haben,
"Lib. III. de Scriptor. Histor. Philosoph. cap. 2. §. 222. Vom Rutilio und
"Scauro sagt Tacitus, in vita Agric. cap. 1. no. 3. daß ihre Beschreibun-
"gen, die sie sich mit eigner Hand verfertiget, nec citra fidem, nec ob-
"trectationi, gewesen sind: das ist, sie haben weder unglaubliche Prahle-
"reyen, noch verkleinerliche Dinge vorgebracht: man hat ihre Erzehlungen
"aufrichtig und so befunden, daß nichts dawider zu sagen gewesen. Es re-
"det Tacitus l. c. von der damaligen löblichen Gewohnheit berühmter
"Männer, daß die meisten von ihnen ihr eigenes Leben selbst beschrieben ha-
"ben; nicht aus Hoffart, sondern aus fester Zuversicht ihres guten Wandels.
"Plerique suam ipsi vitam narrare fiduciam potius morum, quam
"arrogantiam, arbitrati sunt. Zudem hat es hier ja noch eine ganz andre
"Bewandniß, und ist solchen Falls das beste Mittel, daß, ob gleich ein jeder
"seinen Lebenslauff selbst entwirfft, weil er solchen am besten kennet; dennoch
"sothane Beschreibungen, Wohlstands halber, einem dritten Mann, zur
"Bearbeitung und Herausgabe, überlassen werden. Wüste ich M. Hrn.
"Verrichtungen und Thaten so wohl, als er selbst, oder könte dieselbe aus
"Büchern erlernen, (vieleicht erfahre ich doch noch etwas) ich wollte gewiß
"nicht viel gute Worte darum verliehren; doch werden auch diese die letzten
"seyn. Adio!

Musi-

---

1) Dieser Zusatz von Bully, und die zweite Stelle des Taciti, befanden sich nicht im Original;
ich habe sie aber, um das unnöthige Bedencken desto besser zu heben, hier mit eingerückt.

Musicalische Merckwürdigkeiten.

Weil wir oben eins und anders wider diejenigen angeführet haben, die den Music-liebenden die Mannhafftigkeit absprechen, so ist mir dabey eine sonderbare Geschicht von dem vortrefflichen Pfaltz-Grafen, Friderico II. beygefallen, die Hubertus Thomas Leodius, in der Lebens-Beschreibung dieses Prinzen, erzehlet, und aus ihm Lorbeer, im Lobe der Music, pag. 44. biß 50., sehr artig in Verse faßt. Sie lautet aber in ungebundener Rede also:

Neben andern Künsten ist Pfaltz-Graf Friedrich ein besondrer Liebhaber der Music, als der da weiß, was für Ergötzung des Menschen Sinn davon habe, und daß das Musiciren einem solchen sonderlich wohl anstehe, der einen rechtschaffenen Krieges-Mann abgeben will. Als nun einige Verächter der freyen Künste gehöret, daß der Pfaltz-Graf, seiner Music halben, gelobet wurde, und anders nichts hatten, das sie tadlen könten, gaben sie vor, diese Kunst mache die Leute weich und weibisch, auch würde ihr nicht leicht einer ergeben seyn, der zugleich Hertz oder Mannhafft dabey wäre. Da nun dieses dem Pfaltz-Grafen Friedrich angezeiget ward, wie auch dem Marck-Grafen Johansen zu Brandenburg, ingleichen den Herrn von Correrien, von Fiennis und von Monjardin, auch andern mehr, die Liebhaber der Music waren, brachten sie solches klagend vor dem Ertz-Hertzog Carl, a) mit angehängter Betheurung, sie wolltens nicht lassen umsonst geschehen seyn; sondern ihre Ehre mit dem Degen zu retten wissen. Sie hätten es auch alsobald gethan, wenn sich nicht der Ertz-Hertzog Carl darin gelegt, und für rathsamer erkannt hätte, die Sache durch einen offenbaren Turnier-Kampff zu entscheiden: dazu denn auch ein gewisser Tag benamet wurde, an welchem sie zu Fusse miteinander fechten sollten. Auf denselben Tag versahen sie sich mit Rüstungen über den gantzen Leib, biß an die Knie, und führten an Wehren eine Lantze, die vornen eine Krone hatte, desgleichen ein Schwerdt, doch nicht scharff und schneidend; aber gleichwohl ziemlich schwer. Mitten auf dem Kampf-Platz war eine Scheidung, vier biß fünff Stuffen hoch, damit sie mit den Leibern nicht mögten zusammen lauffen, und einander zu nahe kommen; wie denn das Recht solchen Kampffs ist, daß sie einan-

---

a) Es ist Carl, der Fünffte, nachmahls Römischer Kaiser, gewesen, der offtgemeldten Pfaltz-Grafen, Friederich, zum Hofemeister hatte, wie es also vom Kaiser Maximiliano I. als Caroli Groß-Vater, verordnet war. Pfaltz-Graf Friederich wurde hernach Chur-Fürst, und erlangte den Zunamen Sapiens, i. e. der Weise. Er starb im 74ten Jahr seines Alters Ao. 1556.

einander nur oben, nicht aber unten am Leibe, treffen sollen, auch niemand sich mit Sprüngen über die Schrancken machen darff. Ihnen ward auch verboten, nicht vor den Stichen und Schlägen zu weichen; der es aber thun würde, sollte für verzagt und überwunden gehalten werden. Wer hingegen an seinem Wieder-Part die meisten Lanzen oder Schwerdter brechen, und vor demselben nicht weichen würde, der sollte, als Ueberwinder, den Danck davon tragen, und vom Frauenzimmer entweder mit einem Krantz, oder sonst etwas, beschencket werden. Solchergestalt begaben sie sich zum Kampfe, von jeder Seiten drey, und war unter den Music-Verächtern der Vornehmste, ein Herr von Munkenwall, welcher in folgenden Zeiten Vice-König von Neapolis geworden. Pfaltz-Graf Friedrich aber überwand ihn bald, und war keiner der seine Streiche hätte aushalten können. Denn so offt er hieb, entwichen sie dem Schwerdte und traten zurück. Dem von Munkenwall schlug der Pfaltz-Graf einmal ein Stück vom Ermel herunter, welcher sich dessen beschwerte, und laut rieff: Es wäre wieder das Turnier-Recht; Gegentheil sollte ihm nach dem Kopfe schlagen. Darauf sahe ihn der Pfaltz-Graf sehr scheel an, und sagte: Warum reichest du den Kopff nicht her zum Treffen, sondern weichest nur zurück? so bald er diese Worte erwiedert hatte, gab er ihm einen solchen Streich an den Schlaff, daß dem Munkenwall gleich dunkel vor den Augen ward, und derselbe ziemlich weit hinter sich trat. Da wollte nun der Pfaltz-Graf über die Schranken springen, hatte auch allbereit den einen Fuß dazu angesetzt; aber Ertz-Hertzog Carl kam dazwischen, und hub den Kampff auf, sonst wäre er ohne Gefahr nicht geendiget worden. Wohl zu sehen war es, als sie die Rüstung abgelegt, wie saur Munkenwall und seine Gesellen aussahen, und wie ihnen vor Zorn die Backen und Lippen aufgeschwollen waren, daß sie mehr den Ungeheuren, als Menschen, ähnlich schienen, und darüber von jedermann ausgelachet wurden. Nach der Zeit hat sich niemand weiter am Hofe unterstanden, die Liebhaber der Music zu schelten, oder für verzagt auszuruffen.

Rom. Den dreyzehnten May dieses 1725. Jahrs ist der berühmte Sänger und Cavallier Perfetti, ein Toscanischer Virtuose, wegen seiner ungemeinen Verdienste in der Music, von dem Raths-Herrn und Conservatore dieser Stadt, mit einem Lorbeer-Krantz öffentlich auf dem Capitolio gekrönet worden, welches in 300. Jahren nicht geschehn.

CRITICA MUSICA
Pars VII.
Der Orcheſter-Kanzeley
Zweytes Convolut.

Si l'on n'ecrit que pour ſoi, c'eſt comme ſi l'on le penſoit: ſi c'eſt pour le montrer à quelqu'un, il eſt infaillible qu'on le ſçauroit tôt ou tard: ſi la choſe eſt mal ecrite, elle fera de la honte: ſ'il y a de l'eſprit, elle fera des ennemis: cela eſt tout au moins inutile, s'il eſt ſecret: & dangereux, ſ'il eſt public. BUSSY, *Tome II. de ſes Memoires*, *p. 331.*

Je klugen Gedancken des Weltbekannten Grafen von Büßy-Rabutin, ſo er in obigen Zeilen ausdrücket, verdienen ein gröſſeres Nachdencken, und eine weitläufftigere Auslegung, als hier Raum haben kan. Doch liegt mir ob, meinen Teutſchen Leſern zu ſagen, daß dieſes der Inhalt ſey: Wer für ſich allein etwas ſchreibet, der thut faſt nichts, als dencken: ſoll es ein andrer ſehen, ſo wird es über kurtz oder lang ruchtbar: iſt es übel geſchrieben, hat der Verfaſſer Schande davon: iſt Verſtand darin, macht er ſich Feinde: wenn eine ſolche Schrifft geheim bleibet, iſt ſie zum wenigſten unnütz; wird ſie durch den Druck gemein, iſt Gefahr dabey. Wir wollen uns dieſer letzten lieber unterwerffen, als gute Gedancken verſtecken, und ſie dadurch unnütz machen.

XVIII.

Im vorigen Stücke hat man nun des Herrn Fuxens endliche Meynung geſehen: denn weiter iſt nichts erfolget. Der Herr Capellmeiſter Händel aber ſingt aus einem ganz andern Ton, in folgendem galanten Briefe:

(No. 6.) Monsieur,

Par la Lettre que je viens de recevoir de votre part, datée du 21. du courant je me vois pressé si obligeamment de vous satisfaire plus particulierement, que je n'ai fait dans mes precedentes, sur les deux points en question, que je ne puis me dispenser de declarer, que mon opinion se trouve generalement conforme à ce que vous avez si bien deduit & prouvé dans votre livre touchant la Solmisation & les Modes Grecs. La question ce me semble se reduit à ceci: Si l'on doit preferer une Methode aisée & des plus parfaites à une autre qui est accompagnée de grandes difficultés, capables non seulement de degouter les eleves dans la Musique, mais aussi de leur faire consumer un tems pretieux, qu'on peut employer beaucoup mieux à approfondir cet art & à cultiver son genie? Ce n'est pas que je veuille avancer, qu'on ne peut tirer aucune utilité de la Solmisation; mais comme on peut acquerir les mêmes connoissances en bien moins de tems par la methode dont on se sert à present avec tant de succes, je ne vois pas, pourquoi on ne doive opter le chemin qui conduit plus facilement & en moins de tems au but qu'on se propose? Quant aux Modes Grecs, je trouve, Monsieur, que vous avez dit tout ce qui se peut dire là dessus. Leur

Hochgeehrter Herr,

Sie haben mich, durch ihr Schreiben vom 21. dieses, so verbindlich genöthiget, ihnen, auf die beyden angetragenen Stücke, ein völligers Genügen zu leisten, als in meinen vorigen geschehen, daß ich nicht umhin kan hiemit zu erklären, wie sich meine Meinung überhaupt mit der ihrigen vergleiche in demjenigen, was Sie, wegen der Solmisation und Griechischen Modorum, in ihrem Buche so wohl ausgeführet und bewiesen haben. Die Frage kömt, wo mir recht ist, hauptsächlich hierauf an: ob man eine leichtere und vollkommenere Lehr-Art einer andern vorziehen soll, die mit vielen Schwürigkeiten vergesellschafftet und so beschaffen ist, daß sie nicht nur die musicalischen Scholaren sehr abschreckt; sondern eine Verschwendung der kostbaren Zeit verursachet, welche man viel besser anwenden kan, diese Kunst zu ergründen, und seine natürliche Gaben, mit allem Fleiß, auszuüben? Ich will nun zwar nicht sagen, daß man gar keinen Nutzen aus der so genanten Solmisation haben könne; weil wir aber eben denselben Vortheil, in viel kürzerer Zeit, durch diejenige bequeme Lehr-Art, der man sich itzo mit so vielem Fortgange bedienet, erhalten mögen, so kan ich nicht absehen, warum man nicht einen Weg wehlen sollte, der uns viel leichter und geschwinder, als ein andrer, zum vorgesetzten Ziele führet? Was die Griechischen Modos betrifft, so finde ich, daß M.H.Hr. davon alles gesagt hat, was nur zu sagen ist. Ihre
Er-

connoissance est sans doute necessaire à ceux qui veulent pratiquer & executer la Musique ancienne, qui a eté composée suivant ces Modes; mais comme on s'est affranchi des bornes etroites de l'ancienne Musique, je ne vois pas de quelle utilité les Modes Grecs puissent être pour la Musique moderne. Ce sont là, Monsieur, mes sentimens, vous m'obligerez de me faire sçavoir s'ils repondent à ce que vous souhaitez de moi.

Pour ce qui est du second point, vous pouvez juger vous même, qu'il demande beaucoup de recueillement, dont je ne suis pas le maitre parmi les occupations pressantes, que j'ai par devers moi. Dés que j'en serai un peu debarassé, je repasserai les Epoques principales que j'ai eues dans le cours de ma Profession, pour vous faire voir l'estime & la consideration particuliere avec laquelle j'ai l'honneur d'être

Monsieur
  votre tres humble & tres obeissant serviteur.
à Londres.   G. F. Handel *
Fevr. 24. 1719.

Erkäntniß ist ohne Zweifel denen nöthig, welche die alte Music treiben und auffführen wollen, die ehmals nach solchen Modis gesetzet worden ist; weil man sich aber von den engen Schrancken der alten Music nunmehro befreyet hat, so kan ich nicht absehen, welchen Nutzen die Griechischen Modi in der heutigen Music haben. Das sind so meine Gedancken hierüber, und wird mir M.Hr. einen Gefallen thun, wenn er mir meldet, ob sie mit demjenigen überein stimmen, so von mir verlanget worden.

Anlangend das andre Stück, so können Sie selber leicht urtheilen, daß viel Samlens dazu erfordert werde, wozu ich itzo, bey vorhabenden dringenden Geschäfften, unmöglich Rath zu schaffen weiß. So bald ich mich aber ein wenig heraus gewickelt habe, will ich mich auf die merckwürdigsten Zeiten und Vorfälle, so ich in meiner Profession erlebet habe, wiederum besinnen, um Ihnen dadurch zu zeigen, daß ich die Ehre habe mit sonderbarer Hochachtung zu seyn

Meines Hochgeehrten Herrn
  gehorsamst-ergebner Diener.
  Georg Friederich Händel.
London den
24. Febr. 1709.

XIX.

Dieses werthe Schreiben, darin so viel Wahrheit, als Vernunfft, zu finden, erhielt ich den 14. Merz 1719. und beantwortete es mit grossem Vergnügen

---

* Im Orch. II. stehet dieser Name loco quarto, weil er damals mit einem c geschrieben wurde; da aber nachdem ein d daraus geworden ist, habe ihn loco tertio setzen müssen.

gen noch eben denselben Post-Abend. Wir sehen hieraus den ungezwungenen Beyfall eines der grössesten Capellmeister in der Welt, der, nebst seiner ungemeinen musicalischen Wissenschafft, gar feine andre Studia hat, verschiedene Sprachen in höchster Vollenkomenheit besitzet, die Welt, und absonderlich die musicalische in Italien, trefflich kennet, und also gar wohl weiß, wie die Schlacken vom Golde zu unterscheiden sind. Wir sehen ferner hieraus, daß sich derselbe so günstig erbietet, seinen Antheil zur Ehren-Pforte beyzutragen, und verspricht, so bald er nur, von damaliger Einrichtung der Music-Academie, ein wenig Zeit gewinnet, an der Beschreibung seines Lebens (welches gewiß voller Ehre und Belohnung, und eines der rühmlichsten seyn muß,) zu arbeiten: ungeachtet uns diese Hoffnung nun schon über 6. Jahr vergebens geschmeichelt hat: wiewohl endlich zu vermuthen stehet, daß der vortreffliche Mann sich, bey Erblickung dieser Arbeit, vieleicht seiner Zusage erinnern, und durch deren Erfüllung andere anfrischen, werde.

XX.

Die Reihe unsrer Schieds-Richter kömmt anitzo, in Alphabetischer Ordnung, an den hochberühmten Königl. Polnischen und Chur-Sächsischen Capellmeister, Herrn Heinichen, der sich folgender Gestalt, zu meinem Vortheil, heraus gelassen hat:

(No. 7.)

Monsieur

"Daß derselbe sich gefallen lassen, meinen Nahmen unter die Zahl der-
"jenigen Herren Virtuosen zu setzen, welchen die dedication von dessen jüngst-
"hin edirtem Tractate, das beschützte Orchestre genannt, gewidmet wor-
"den: davor sage schuldigen Danck. Die Haupt-Materie dieses Buches
"anlangend, so kan meinem Hochgeehrten Herrn meines Orths umb so viel
"weniger eine völlige approbation verweigern, ie mehr aus meinem ehe-
"mahls edirten musicalischen Tractätgen gar deutlich zu ersehen, daß ich
"weder von den alten Kerkermäßigen Modis musicis, noch von dem über-
"flüßigen und Zeit-verderbenden ut, re, mi, fa, noch von andern bestaub-
"ten musicalischen Grillen, ein sonderbarer Freund bin. Ich gestehe gerne,
"daß ich vielmahls in tieffes Nachsinnen gerathen, woher es doch immer
"kommen müsse, daß es bey unsern Zeiten noch Leuthe gibt, welche die in der
"Music schon längst verfallenen rudera antiquitatis zu erheben, und zu de-
"fendiren, suchen? Allein, meines Erachtens, seynd dieses wohl die wichtigsten
"Ursachen davon: denn erstlich haben solche musicalische Herren Antiquá-
"rii ihre gantze Jugend, oder vielmehr ihre gantze Lebens Zeit mit solchen
Grillen

"Grillen zugebracht, und das wollen sie bey Leibe nicht umsonst gelernet
"haben. Ja, weil es nunmehro ohne diß zu langsam wäre, der Sache
"weiter nachzudencken, so ergehet es ihnen hierinnen agreablement wie
"denen Gottseeligen Müttern, welche nur diejenigen Kinder am liebsten
"haben, die ihnen in der Geburth am sauersten worden. Pro secundo,
"so scheinen es solchen in præjudiciis steckenden Leuthen lauter Böhmi-
"sche Dörffer zu seyn, wenn man heute zu Tage saget, daß zu einer tou-
"chanten Ohren-Music vielmehr subtile und geschickte Regeln, nebst
"einer langwierigen Praxi, gehören, als zu einer Herz-druckenden Au-
"gen-Music, welche auf dem unschuldigen Papier, nach allen venerablen
"Contrapuncten der Herren Cantors in den allerkleinesten Städlein,
"durchmartirisiret worden. Ich habe mich von Jugend auf selbst unter
"der Zahl der Contrapuncts-Händler befunden: und also rede ich alles
"aus vielfältiger Erfahrung. Und wir Teutschen allein seynd solche Nar-
"ren, daß wir, in vielen abgeschmackten Dingen, lieber bey dem alten
"Schlendrian bleiben, und lächerlicher weise mehr die Augen auf dem Pa-
"pier, als die Ohren, zum objecto der Music machen wollen. Ich ha-
"be über diesen und dergleichen chapitres in meines Hochgeehrten Herrn
"Tractat viele gute Gedancken gefunden, welche völlig nach meinem gout
"seynd. Und wünsche ich meines Orts, daß derselbe vielmehr das Papier
"und sein gutes Talent zu reeller Ausarbeitung dergleichen nützlichen
"Dinge verspahren, als seinen zur Erde bestatteten Aretinum in der
"Grufft ferner stöhren wolle, der ich übrigens bin

Monsieur

Dresden, den 7. Dec. 1717.

Votre tres humble & tres obeissant
J. D. Heinichen.

XXI.

Das ist auch ein Mann, der die Italiänische Welt sehr wohl kennet, und nicht bloß von der Alpen-Höhe in Welschland hinein geguckt, sondern sich seine Reisen rechtschaffen zu Nutz gemacht hat: und dennoch ist er völlig meiner Meynung, in Ansehung der alten, unnützen, weitläufftigen Solmisations-Moden- und Contrapuncts-Grillen. Der Unterscheid, den er zwischen Augen- und Ohren-Music macht, verdienet hauptsächlich von jedermann bemercket zu werden: insonderheit von solchen, die mit ihren pedantischen Fratzen sich noch groß halten, und andre Leute durch ihre Rätzel vexiren wollen. Es ist mir neulich ein im Triangul geschriebener, oder vielmehr gedruckter, armseeliger Canon von Reval gesandt worden, dessen Titel so lautete: **Eine dreyeckigte Nuß, für den unzeitigen Compositions-Wurm aufzubeissen.** Es war ein Canon clausus, und das gantze Geheimniß bestand in den Schlüsseln, die der lose Verfasser ausgelassen hatte, damit man ihm den Schatz nicht rauben mögte. Ich dachte gleich: das wird ein alter Solmisator gemacht, und vermeynet haben, einen jungen, vielleicht mit gutem Naturell begabten, Anfänger dadurch abzuschrecken. O! welch eine herrliche That ist das! Um meinen Correspondenten zu vergnügen, entzifferte ich gar bald diese Steganographiam inutilem, sandte sie ihm wieder zu, und versicherte, man müsse den Wurm nicht ausserhalb, sondern vielmehr in der Nuß selber, suchen. Inzwischen wird mir der Herr Capellmeister Heinichen nicht übel nehmen, daß ich ihn hiemit nochmahls bitte, der Entwerffung seines curriculi ætæ nicht zu vergessen: damit auch nicht der geringste Umstand von einem solchen braven Verfechter der Ohren-Music, dadurch die Seele beweget wird, verlohren gehe; sondern der Nachwelt dereinst zum wohlverdienten Ruhm, und zur nachdrücklichen Tugend-Folge, vor Augen geleget werde.

XXII.

Nun sollte des Herrn Capellmeister Keisers Ausspruch hier folgen; allein er ist in den gantzen 6. Jahren nicht zum Vorschein gekommen. Ich bin jedoch seines Beyfalls so fest versichert, und habe dessen so überflüßige Erklärungen aus mündlichem Umgange erhalten, daß ich mich nicht scheuen darff, ihn kecklich unter diejenigen zu setzen, die der Wahrheit und gerechten Sache anhängen. Damit aber doch die leere Stelle ausgefüllet werde, will ich, weiter unten, den Herrn Concert-Meister Linike, der damahls in Weissenfels stand, einführen, und dem geneigten Leser zeigen, wie derselbe, als ein erfahrner und wohlgereiseter Componist, aus eigenem Triebe, von dem Orchester, und andern, so wohl diß-als jenseitigen Schrifften, urtheilet.

XXIII.

Der jüngsthin zu gedachtem Weissenfels verstorbene Hoch-Fürstl. Capellmeister, Hr. Joh. Philipp Krieger, dessen rühmlicher b) Lebens-Lauf von uns oben, zum Schluß des siebenzehnten Stückes, p. 169. angeführet worden, ist also der nechste, in Alphabetischer Ordnung, und sein Hand-Brieflein lautet, wie folget:

(No. 8.)

---

b) Wobey man noch zu mercken beliebe, daß der Herr Capellmeister **Grünwald** in Darmstadt, eine von seinen Töchtern zu Ehe hat.

(No. 8.)

Hoch-Edler, Hochachtbahrer und Hochgelahrter,* Hochgeehrtester Herr ꝛc.

"Ew. HochEdl. werden gütigst pardoniren, daß dero geehrtes "Schreiben nicht eher beantwortet. Die Verzögerung in diesem Stücke "hat an meiner langwierigen und noch anhaltenden Unpäßlichkeit gelegen. "Wie ich nun zuvörderst für die Ehre dero wehrtesten Zuschrifft, und daß "sie meinen Namen dero schönem und gelehrtem Buche haben vorsetzen wol- "len, schuldigen Dank abstatte, als versichere ich auch hiernechst, daß "bey dessen perlustration so viel gutes und gründliches gefunden, daß sol- "ches nicht zu verbessern. Recommendire mich übrigens in dero beharr- "liches Wohlwollen, und verbleibe unausgesetzt

Ewrer HochEdlen

Meines Hochgeehrtesten Herrn
Dienstwilliger

Weissenfels, den 8. April. 1718. Johann Philipp Krieger.

XXIV.

Es ist ein kurtzes und gutes votum in diesem billet enthalten, das doch zu unserm Zweck schon saget, was erfordert wird. Einem alten Mann, wie der Herr Capellmeister J. P. Krieger damals schon war, nemlich, einem siebenzig-jährigem, stehet nicht zu verdencken, wenn er gleich keine particularia berühret, sondern nur überhaupt seine Zustimmung gibt. Wären alle meine Herren Schiedes-Richter so laconisch gewesen, würde diese Kantzeley nicht so weitläufftig geworden seyn; doch dürffte sie alsdenn auch wenigern Nutzen geschaffet haben. Es wird also, nebst andern, die folgende piece ein merckliches, zu genauerer Erläuterung der Sache beytragen: weil sie mit vielem Fleiß ausgearbeitet worden.

XXV.

Es ist dieselbe Schrifft von einem würdigen Bruder des Verfassers vorigen Schreibens, dem Herrn Johann Krieger, der ehemals Capellmeister in Gotha gewesen; nun aber, GOTT gebe lange, als Director Chori zu Zittau lebet, eingesandt worden: zwar nicht, wie die übrigen, in Form eines Briefes, sondern vielmehr eines unpartheyischen responsi. Derowegen sie auch diesen Titel führet:

Ge-

---

*) Was der eine im Titel zu wenig hat, ersetzet der andre mit Ueberfluß.

(No. 9.)
Gedancken über die, dem Neu=eröfneten Orcheſtre durch das Ut erregte, Controvers.

Das Titel=Blatt eines Buchs muß dem Leſer allemahl den erſten und beſten Concept von Beſchaffenheit der Contentorum beybringen. Was das Ut anbelanget, ſo kan ich nicht läugnen, daß mir deſſen Titel ſehr ridicul vorgekommen, und wenn man davon weiter auf den Innhalt ſchlieſſen will, welches denn gar wohl geſchehen kan, ſo wird man nicht viel ſonderliches zu ſagen haben. Das Ut re mi fa ſol la iſt von ſeinem Autore nur zu beſſern Behuff in der Vocal-Muſic erfunden worden, und wenn alſo gleich viel künſtliches darinne ſteckte, würde es doch nicht als ein fundamentum totius Muſicæ, oder als tota Muſica, anzunehmen ſeyn. Hernach iſt wohl abſurde, daß man es auch pro fundamento Harmoniæ æternæ ausgeben will, da doch nicht einmahl probabiliter ausgemacht, wie die Muſic im Himmel werde beſchaffen ſeyn. Und in Erwegung deſſen kan ich alles dasjenige was über den letzten Punct vorgebracht, überhaupt vor nichts anders, als Einbildungen, halten, die auch nach einer weitläufftigen Unterſuchung unausgemacht bleiben müſſen. Doch ad ſpecialia.

1.) Gedancken über die Einleitung:
Vom Verfall der Muſic.

Die Urſachen, ſo vom Verfall der Muſic im Orcheſtre angeführet worden, ſind allerdings als ſolche, die zu ſo üblen Suiten contribuiren, anzunehmen. Eine allzu ſpeculativiſche Wiſſenſchafft in der Muſic iſt niemanden gar zu angenehm, und ich zweiſle gar ſehr, ob man einen bloſſen Theoreticum pro Muſico perfecto halten könne, da ja unſtreitig bey dieſer Wiſſenſchafft, die bloß dem Gehöre zu gefallen erfunden, die Praxis das beſte thun muß. Doch wird im Orcheſtre gar wohl erinnert, daß die Theorie auch nicht etwann in einer ungezogenen Freyheit und faſt gar in keiner Kenntniß der alten Principiorum Muſices beſtehen ſolle, denn daraus muß allerdings eine Leyerey und gäntzlicher Verderb derſelben entſtehen. Es iſt genung, daß ein Muſicus die Subtilitæten erkenne und inne habe, a.) alleine ſuperſtitioſe darüber zu hal=

---

a) Etiam quod diſcere ſupervacuum eſt, prodeſt cognoſcere. Senec. 6. de Benef. 1.

halten, ist thöricht gehandelt. Was die Muficos Instrumentales, oder sogenannten Hauß-Leute, betrifft, so ist gewiß, daß gar selten welche darunter gefunden werden, die etwas folides von der Music verstehen, worzu die allzu servilische Anleitung die unfehlbare Ursache giebt. Im lustigen Kunst-Pfeiffer Gesellen Cotala sind diese Fehler gar aisement raillirt. Das schlechte Encouragement und Pension für die Muficos ist wohl eine der grösten Ursachen zur Decadence der Music, es mag solche ex vitio seculi, oder einer andern Ursache, herrühren. Ich sehe also nicht, wie der Autor des Ut diese Ursachen verwerffen oder in Zweifel ziehen können, das ist wohl gewiß, daß es mehrere derselben giebt, und wollte ich certa ratione auch ein paar von den seinigen passiren lassen, absonderlich die, daß die Music nicht als eine à parte Disciplin auf Schulen und Universitäten tractiret wird, wiewohl es noch ungewiß, ob auch durch dieses Mittel das Wachsthum derselben sonderlich möchte befördert werden, welches ich an seinem Ort gestellet seyn lasse; Auf denen Ritter-Academien ist sie doch schon in der Qualité respectiret worden, man mercket aber dennoch eine so grosse Aufnahme nicht dabey.

2.) Ueber den Partem Designat.
Cap. I.

Indem ich in dem Orchestre nicht finde, daß das Monochordum verworffen worden, so halte ich den gantzen Streit und die weitläufftigen Allegata aus dem Werckmeister, so sich im Ut præsentiren, vor überflüßig. Deßwegen habe ich auch nicht Ursache hier von dem Nutzen des Monochord etwas zu sagen. Daß man sich vermittelst der Zahlen den besten Concept von Proportion derer Tonorum machen müsse, stehet wohl nicht zu läugnen, und in Ansehung dessen scheinet sowohl Decisio als Instructio ex numero zu fliessen, wiewohl es auch hier, wie bey jeder Regel, Exceptiones giebt. Was im übrigen im Ut von Definitionibus, deren das Orchestre Mangel haben soll, vorgebracht wird, ist von keiner Wichtigkeit: eine gute Demonstration, oder Description, ist in Musicis allezeit zehnmahl höher zu æstimiren, als eine grosse Definition, die manchmahl eine Erklärung von viel Bogen erfordert, ehe sie kan verstanden werden. Den Streit mit der Quarta betreffend, ob solche Con-oder Dissonans sey, so gefällt mir die in einem Mscto von der Composition enthaltene Meynung des berühmten

Eörsteri, so ehemahls Königl. Dänischer Capellmeister gewesen, gar gut. Er setzt die 4. mit unter die perfecten Consonanzen, jedoch nicht per se, sondern in soweit sie mit der Tertz a) gebunden wäre. Doch wie es in solchen Stücken auf den Gout der Leute ankömmt, so ist was gewisses zu decidiren, wohl unmöglich, vielleicht auch unnöthig. Ich schreite ad Genera Musices. Die Beschreibung, so im Orchestre davon gemacht worden, ist sehr gut, und ob gleich die Einwendung im Ut gleichfalls wahr ist, daß die Alten elevatione vocis die Diæsin expriciret, so bleibet doch ratione Generis Diatonici richtig, daß die Alten von dem Signo des Doppel-Creuzes nichts gewust, wie aus Pallæstini, Josquini und anderer alten Componisten Sachen zur Gnüge abzunehmen. An der Möglichkeit einen Choral in Genere Diatonico perfecte zu setzen, hat wohl niemand gezweiffelt, und wäre dahero nicht nöthig gewesen, daß im Ut ein Exempel angeführet worden. Die Censur über die beyden falsch-benennten Modos, Jastium und Hypojastium, ist auch von weniger Consequentz, indem der Irrthum, in ein paar alten terminis græcis, dem Valeur der Sache wohl nichts entziehen kan, wiewohl sich das beschützte Orchestre selber darinne corrigiret, und auch auf die andern Imputationes gar gut antwortet. Endlich will ich noch von der Transposition etwas gedencken. Von der Distinction in Tonum naturalem & fictum halte ich nichts, es ist ein Ton so naturel als der andre, nehmlich in der menschlichen Stimme, ob gleich nicht auf den Instrumenten, und dieser letztern wegen approbire ich eben nicht, daß man von den gewöhnlichen facilen Tonis leicht abweichet, indem es zu mehrern dissoniren, als einer guten Harmonie, gar leichte kan Gelegenheit geben. Indessen hat das beschützte Orchestre gantz recht, daß es die Tonos, ausser der Scala Diatonica, nicht vor blosse Transpositiones der andern hält, denn indem jedweder von solchen eben die Qualitates hat, wie die im Genere Diatonico befindlichen, so fliesset daraus, daß man sie nicht deterioris conditionis zu schätzen habe, folglich die Transposition aus denen so genannten Semitoniis minoribus in die übrigen Tonos eodem jure geschehe, als solches von diesen in jene geschiehet, wobey ich nicht läugnen kan, daß mir das angeführte b) Schema 24. Modorum gar gut gefallen.

3.)

---

a) Verstehe, wenn die Tertz unten, und die Quart oben, zusammen anschlagen, und eine Sext ausmachen.

b) Dieses Schema ist, wie wir oben gesehen, von dem Herrn Fux fast am meisten angefochten worden.

3.) Ueber den Partem Compos. und dessen Cap. I.

Daß man sich heutiges Tages nach denen uhralten Regeln der Comsition noch immer richten solle, wäre schon lächerlich zu sagen, geschweige denn zu practiciren; aus solchen aber das beste zu nehmen, und à propos anzubringen, ist niemanden verwehret, und also hat das Orcheſtre nothwendig diejenigen Regeln, die unmöglich zu verwerffen sind, wieder anführen müssen, und hat deßwegen bey dem Gegner wohl keine Censur verdienet. Wenn die Regel: Cantable zu setzen, gleich noch so alt, so muß man doch bekennen, daß sie vor 100. Jahren so gut nicht practiciret worden, als jetzo, und das ist auch von der andern zu sagen, ich meyne bey guten Componisten, denn daß es gar viel Buchstabierende und Uebel-Reymende giebt, ist auch nicht zu läugnen. Die Anmerckungen und Censuren über die Eintheilung des Styli, so im Ut enthalten, sind von keiner Consideration. Der Stylus ist ratione loci im Orcheſtre sehr wohl in Ecclesiasticum, Theatralem und Cameralem eingetheilet, und weil man sich bey einer Music am meisten an Ort und Zeit zu binden hat, so muß diese Division allerdings pro generali gelten. Hingegen macht das Ut mit seinen allegatis nur Confusion, und die Erklärung darüber ist der Erfahrung gar nicht gemäß: Denn von dem Mißbrauche, so an manchen Orten mag eingerissen seyn, daß man Theatralische Music in der Kirche aufführet, ist lange nicht zu inferiren, daß man aus erwehnten 3. Stylis heutiges Tages einen mache. Von dem Stylo Melismatico puro und mixto hätten freylich Exempel sollen angeführet werden. Im übrigen ist es wahr, daß die im Ut vorgebrachte Species Styli, als die meistens den Modum concerniren, unter jene Genera gar gut gesetzet, und also zu Subdivisionibus gemacht werden können.

4.) Ueber das Cap. II. Part. Compos.

Von einer Musicalischen Regel, cum ratione, abzuweichen, ist so gewiß erlaubt, als es nicht verboten, eine Sache zu verbessern, und dahero lasse ich die Regeln von den Consonantien im Orcheſtre paſsiren, indem dererselben Fundament darauf bernhet, dem Gehöre beßre Modulationes zu suchen, und nicht an einerley gebunden zu seyn. Es scheinen mir dahero des Gegners Einwendungen von keiner Wichtigkeit, denn daß der Gout von der Music bey denen Auditoribus unterschieden, daraus folget

folget eben die Nothwendigkeit nicht, immer bey einerley und Universal-Regeln zu verbleiben, indem doch auch mit diesen der Zweck, jedweden zu gefallen, nicht erhalten wird. Die Regel von der Sext ist bey den Alten universel gewesen, und hat das Orcheſtre darinne Recht, wie denn auch noch neuere darüber ſtricte halten. Der ſehr fundamentelle Componiſte, Caſpar Kerl, hat, als er Capellmeiſter zu München geweſen, mit denen übrigen Muſicis der Capellen, abſonderlich denen Italiänern, einmahl groſſe Händel gehabt, daß er ein Stücke componiret, ſo lauter Intervalla inuſitata, und ſolche Abweichungen von den gewöhnlichen Regeln in ſich enthalten, daß die guten Leute in der Execution nicht fortkommen können. Man muß in allen ſein Gehör zu Rathe ziehen, ob das Geſetzte eine gute Harmonie mache oder nicht, denn ſo kan ich, Z. E. gar wohl in der gröſten Diſſonantz anfangen, wenn ich den Auditorem zu vorher auf eine gute Art darzu præpariret habe, wenn es aber auf eine wilde Manier geſchiehet, ſo excitirt es zwar den Zuhörer, aber es divertirt nicht, und deßwegen behalte ich überhaupt bey der Compoſition die beſtändige Meynung, daß man zu ſolchen Neuerungen, die wenige contentiren, ſo gar facil nicht ſeyn ſolle. c) Der Streit über den §. 8. p. 121. im Orcheſtre iſt gar leicht debattiret. Wo die Octava zu disharmoniren ſcheinet, da muß man auf eine Reſolution bedacht ſeyn, wo aber das nicht iſt, da ſetze man ſie ohne Bedencken, wie ſub No. 8. im beſchützten Orcheſtre. Woher aber der Uebelklang bißweilen komme, da könnte man vielleicht noch die dritte Urſache finden, wenn es nöthig wäre.

5.) Ueber das Cap. III.

Weil das Ut die im Orcheſtre gemachten Regeln von den Diſſonantien paſſiren läſt, ſo kömmt mir die übrige Weitläufftigkeit nur als Wort-Streit vor. Man kan die von der 2. mit der 4. gleichſam getroffene Alliance, dem in Orcheſtre vorgeſtellten Exempel nach, gar wohl hingehen laſſen, wenn man ſich einen andern Verſtand, als im Ut, davon machet. Auf die Einwürffe wieder die $\frac{7}{4}$ iſt im beſchützten Orcheſtre gar gut geantwortet, und die wiederhohlte Frage von der Quart iſt ſo beſchaf-

---

c) Diejenige mögen ſich dieſes mercken, die aus Liebe zur bizarrerie tertiam minorem und majorem, auch ſextam & ſeptimam, it. die groſſe und kleine ſextas &c. auf einmahl anzubringen pochen, ja, um ſolcher Tändeleyen willen ſich einbilden, alle andere Leute wären Katzen gegen ihnen.

beschaffen, daß wir communem Consensum Musicorum schwehrlich erwarten dürffen. Von der Beschaffenheit der Composition, und daß solche sich nach dem Auditorio richten müsse, habe ich meine Meynung kurtz vorher eröffnet. Was den Disput von Rectificirung derer Extrem- und Mittel-Stimmen betrifft, so halte ich davon so: der Autor des Ut hat das Orchestre nicht verstanden, und gemeynet, daß durch die beyden Extrem-Stimmen allezeit die Ober- und Unter-Stimme gemeynet seyn, wenn man also die Explication im beschützten Orchestre consideriret, so muß man der daselbst angeführten Meynung allerdings recht geben, und da das Wort: rectificiren so viel heist, als den Dissonum gut machen; so ist kein Zweifel, daß so wohl die Mittel-Stimme zu Benehmung des Uebellauts in der Ober-Stimme, als vicissim diese zu Rectification des Dissoni in der Mittel-Stimme contribuiret. Z. E. ich setze g f b, so verbessert die 3. in der Ober-Stimme die Dissonantz der 7. in der Mittel-Stimme, setzte ich aber g h f, so thut es die 3. in der Mittel-Stimme. Im übrigen ist dieses in re ipsa eine Sache, die unter Musicis keinen Streit machen kan, wenn man aber so philosophice davon reden will, ist es nichts unmögliches. Sonsten hat das beschützte Orchestre Recht, daß ein Trio mehr Kunst erfodre, als ein Quatuor, da jenes der Natur des Musicalischen Concentus am nähesten tritt, und man sich mit einem verdoppelten Clavi, als der Octava, nicht behelffen kan. Die Nona ist auch allerdings eine verdoppelte Secunde, wird aber deßwegen ihren alten Titel nicht verliehren, wie das Ut zu befürchten scheinet. So würde es auch etwas unnöthiges gewesen seyn, wenn das Orchestre der gegenseitigen Erinnerung nach, weitläufftig vom Quatuor gehandelt hätte.

6.) Ueber das Cap. IV.

In seinem rechten Gebrauche ist der Kirchen-Styl von dem Cammer- und Theatralischen Stylo gäntzlich unterschieden, und der anderswo eingeführte Mißbrauch hebt die Sache nicht auff, wie schon vorhero erinnert worden. Es wäre indessen zu wüntschen, daß alle Musici in diesem Stücke das gebührende Decorum, und was vor ein Unterscheid zwischen Kirche und Theatro sey, besser observiren lernten. Das Auditorium ist wohl am meisten Schuld daran, als welches auch in der Kirche immer was lustiges zu hören wüntschet, alleine der Componiste sollte dem ohngeachtet besser verstehen, was dem Orte convenable sey, oder nicht. Und also machen alle kluge Musici billich einen grossen Unterscheid

scheid hierinne. Was den Stylum Ecclesiasticum ligatum betrift, so muß man solchen wohl in seinem Esse beruhen lassen, so lange die Choral-Music, wie sie nemlich von alten Zeiten her introduciret, in fernerer Observantz verbleibet, wie solches auch in vielen, der Evangelischen Religion zugethanen Orten, noch immer geschiehet. Jedoch, daß man sich bey heutiger Composition eines Chorals, oder geistlicher Lieder, bloß nach der Anleitung derer Modorum und ihrem Ambitu richten solle, und müsse, ist wohl nicht necessitatis, dahero auch ohne Zweiffel keine Sünde, wenn man das Clavier bey deren Setzung consuliren wollte, da ohnedem bey den meisten Gesängen die Orgel darzu gebraucht wird, und man sich also auch mit nach dieser zu accommodiren hat. Da nun das Orchestre die Griechischen Modos, und die Choral-Music gäntzlich nicht verworffen, so hat sich wohl das Ut mit seiner Refutation übereilet. Einen Choral ohne Adhibition eines Claviers zu setzen, ist ja so viel künstliches und ruhmwürdiges nicht, und die angeführten Exempel im Ut stehen bloß zum Ueberflusse da. Die Stücke, so das Ut zu einer Fuga erfodert, sind es wohl; alleine, daß Imitatio à solmisatione quâ tali dependire, ist keine so ausgemachte Sache, als dort ausgegeben wird. Gesetzt, es nehmen einige die Solmisation zu Hülffe, und kommen gut damit fort, so giebet es doch andere, die mit ihrem a, b c eben die Progressus, und noch wohl bessere machen. Meine Fugen in der Clavier-Uebung, auch die à 4. Them. habe ich hingesetzt, ohne an die Solmisation zu gedencken, ob ich solche gleich in meiner Jugend bey Schwemmern in Nürnberg ebenfalls gelernet habe, hoffe aber doch, daß sie ziemlich werden gerathen seyn. d) Das mi und fa in dem Motu, ist mit Buchstaben so gut exprimiret, als mit Sylben. Und daher gefällt mir die Antwort im beschützten Orchestre gantz gut. Was Ouverturen, und andere solche Piecen anbetrifft, so giebt es ohne Zweiffel auch heutiges Tages noch gar viel, die solche so gut treffen, als Lully, und andere angezogene Autores, ob gleich der Autor des Ut contrairer Meynung ist. Denn, warum sollte der gütige Himmel anderen Musicis die Genie darzu versaget haben? es heist vielmehr hier, wie bey allen Wissenschafften: Non deficit alter. In Marchen, und solchen Stückgen, sucht sonsten kein rechtschaffener Componiste einigen Ruhm, und das beschützte Orchestre sentirt wohl, daß Hautboisten und Pfeiffer darzu geschickter sind, indem ihre tägliche Uebung darinne bestehet, wie denn auch ein Tantzmeister, wenn er anders in Musicis

was

---

d) Es ist was unvergleichliches um diese Fugen des Herrn J. Kriegers.

was gethan, sich die Menuetten und andere Täntze, so wohl rhythmicè, als per numeros sectionales, selbsten am besten setzen kan. Es ist keine Schande dieses offenhertzig zu bekennen, da es Wahrheit und Erfahrung so mit sich bringen.

7.) Ueber das Cap. I. Part. Judic.

Die Raisonnements im Orchestre, von dem Unterscheid der Music bey unterschiedenen Nationen, haben mir wohlgefallen, und ich sehe nicht, daß iemanden dadurch zu nahe geredet worden. Indessen kan es wohl seyn, daß man dennoch etwas bedenckliches darinne gefunden, wenn man gegen alle Nationen nicht gleich will gesinnet seyn, welches doch in solchen Fällen nicht geschehen sollte. Es bleibt aber gewiß, daß man zwischen Execution und Composition eines Stückes genauen Unterscheid machen müste, und das Judicium unmöglich recht erfolgen könne, wenn nicht beydes wohl observiret worden. Die schlimmste Composition, so wohl executirt wird, findet allemahl mehr Liebhaber, als die allerbeste, so das Unglück hat, übel executirt zu werden, obgleich Leute, so einen rechtschaffenen Verstand davon haben, dieser ihren Kern ebenfalls wohl zu eruiren und zu loben wissen. Also halte ich denjenigen vor einen guten Raisonneur, der sich die Execution nicht verführen läst, sondern das eigentliche Fundament regardiret, nehmlich in so weit die Frage von der innerlichen, und nicht der äuserlichen Tugend eines Stückes ist.

8.) Ueber das Cap. II. von der Music-Tone Eigenschafft ꝛc.

Daß circa Qualitates Tonorum ein beständiger Dissensus unter denen Musicis sey, und auch verbleiben werde, wird wohl niemand läugnen, und also hat das Ut in diesem Stücke wohl eine andere Meynung, aber es refutirt das Orchestre nicht. Wenn es nöthig wäre, könte man mit leichter Mühe gar viel solche Sentiments zusammen bringen. Der obenbenennete Hr. Capellmeister Förster, hat in dem MScto von der Composition seine Meynung von den 12. Modis, ihrer Proprietæt, Nahmen, Repercussion, und Ordnung nach, in 12. Lateinischen Versen entworffen, davon ich nur die ersten beyde hieher setzen will:

Dorius est hilaris: Re la sonat ordine Primus,
Re fa mœstus amat Hypodorius ipse secundus.

Woraus mancher eine differente Meynung von der seinigen erkennen würde. Alleine, worzu nützt es, sich darum zu zancken, ob Dorius der erste oder 12. Ton sey ꝛc. und muß nicht von iedwedes Toni Eigenschafft der Zuhörer das beste empfinden? der mir so denn gewiß nicht glauben würde, daß dieser oder jener Ton lustig, und aufmunternd, wenn er es nicht selbsten an sich so abgenommen hätte.

9.) Ueber den Beschluß des Part. Refutat. im Ut.

Das Inventum der Solmisation kam zu einer solchen Zeit am Tag, da man Ursach hatte, solches, als was guts, mit grossem Danck anzunehmen. Es wird auch dem guten Aretino das Lob niemand entziehen, daß er es mit der Music gar treulich gemeynet, sie auch in der That, da sie doch zuvor viel schlechter aussahe, in bessern Zustand versetzen helffen, indem er die Spatia der Linien auch mit Punctis versehen, und hiernechst die Instrumental-Music in bessere Verfassung gebracht, welches alles gar nützlich, und Rühmens-würdig gewesen; alleine, daß er so viel dabey verdienet, daß man aller leichtern Manier ungeachtet, die 6. Voces nicht nur in der Vocal-Music, sondern auch den übrigen Stücken zu einem beständigen und ewigen Fundamente setzen, und behalten müsse, solches wird wohl daraus nimmermehr zu folgern seyn. Non omnibus placet idem. Und wie wolte man iemanden persuadiren, daß er, anstatt eines leichtern Weges, einen schwerern und beschwerlichern nothwendig erwehlen müsse? f) Gesetzt, die Solmisation kömmt etlichen gar leichte vor, so wird sie doch versichert dem meisten Hauffen Blut-beschwerlich zu seyn düncken. Kan nun iemand durch die Buchstaben eher zu seinem Zweck kommen, wie kan ich ihm zumuthen, daß er solmisiren lerne, oder wie kan ich sagen, daß derjenige, so der Solmisation nicht kundig, vor einen Ignoranten in der Music zu halten? Wenn wir bey der natürlichsten Consideration der Sache verbleiben, so ist es gewiß, daß die 7. Tone (die auch Aretinus unstreitig selber nicht geläugnet) nothwendig durch eben so viel Buchstaben besser können exprimiret und gefasset werden, als durch wenigere, oder 6. Syllben. Weil Guido dieselben aus dem Hymno: Ut queant laxis, den Hr. Printz in seiner Historischen Beschreibung der Music pag. 107. §. 8. gantz anführet, genommen, so hat es das Ansehen, als sey er allzu sehr darein verliebt gewesen, daß er eben accurat die 6.

---

f) Consonant hæc verba cum Händelianis supra dictis, p. 210.

Der Orcheſter-Kantzeley II. Convolut.

erſten Syllben zu ſeinem Propos anwenden müſſen, es habe ſich geſchickt, wie es wolle. Sonſt wäre es res arbitrii bey ihm geweſen, ſo viel zu nehmen, als ihm gefallen, wie ich mich denn wundere, daß er nicht die erſte von Sancte Johannes darzu genommen, und alſo 7. introduciret. Doch eben daraus flieſſet, daß wir noch viel weniger Urſache haben, bey ſeiner Erfindung abſolute zu bleiben, da wir, GOtt Lob, heutiges Tages von den Fundamentis der Muſic gar viel beſſer informiret ſind, als er es damahls war. Es hat ſonſten Maternus Beringer, ehemahliger Cantor zu Weyſſenburg, die freye liebliche Singe-Kunſt, ſo zu Nürnberg 1610. gedruckt, ediret, worinne er das Ut re mi fa ſol la in Tabellen, Leitern und allerhand Figuren, wie auch die Modos in Cochlea und Scala, ausführlich vorgeſtellet, ob der Autor des Ut ſolche geleſen, kan ich nicht wiſſen. g)

10.) Ueber den Part. Informat. im Ut Cap. I.

Die Muſic der Engel im Himmel, und deren eigentliche Beſchaffenheit, iſt wohl unſtreitig zu denen Dingen zu zehlen, die wir auf der Welt nicht erfahren können. Der Senſus der angeführten Dictorum aus Heil. Schrifft, iſt zweiffelhafftig, und alſo nicht ausgemacht, ob ſie davon zu verſtehen, oder nicht. Und alſo muß es wohl dabey bleiben, daß alle Vorgebungen davon ſich auf bloſſes Sagen gründen, und weil beſſerer Beweiß ermangelt, es dabey ſein beſtändiges Bewenden haben müſſe.

11.) Ueber das Cap. II.

Der Habitus im ſingen wird acquirirt, die Diſpoſition aber darzu mit iedem Menſchen gebohren, und ſolche mag ſo ſchlecht ſeyn, als ſie immer wolle, ſo wird ſie doch, bey ereiguender Gelegenheit, Z. E. einer ſonderbahren Freude, exſeriren. Alſo iſt wohl kein Zweiffel, daß nicht Adam und Eva gleichfalls ſollten geſungen haben; ob aber das im Ut angeführte Wiegen-Lied der Evæ der Wahrheit nahe komme, verdienet keiner Unterſuchung. Der Autor zehlet es ſelbſt zu denen überflüßigen Gedancken, und wenn es andre auch dahin referiren, ſo kan ihm kein Unrecht geſchehen. Die Anmerckungen über des Pythagoræ Invention im beſchützten Orcheſtre ſind ſo artig, daß man, ihnen ſeinen Beyfall zu entziehen, nicht Urſache hat.

g) Auctor Orcheſtræ beſitzt dieſen Schatz.

12.) Ueber das IV. und V. Cap. Part. Informat.

Indem das Ut vorgiebet, der Weg, zu einer soliden Wissenschafft in der Music zu gelangen, sey im Orchestre gar nicht zulänglich eröffnet, so will es, in diesen beyden Capiteln, einen bessern zeigen, nemlich durch Erklärung der Solmisation und der Modorum. Demnach sind hier wohl 2. Fragen: Ob dieser Weg besser und vortrefflicher? und ob solchen aufs neue zu weisen nöthig gewesen? Auf beyde ist schwerlich affirmative zu antworten: denn die Rationes so dabey können angeführet werden, sind zu schlecht. Die Aelte der Solmisation, die dabey gehabte grosse Mühe des Aretini, die leichte Arbeit in Erlernung derselben, der Nutzen in Imitatione bey den Fugen, der so lange eingeführte, und gut-befundene Gebrauch, und was etwann noch kan vorgebracht werden, sind alles Dinge, die bey der Probe nicht Stich halten. Das a b c ist eher gebraucht worden, als Guidonis Syllben, und so ist auf dessen Aelte nicht zu trotzen. Hernach mühet sich niemand gerne umsonst, und also wird der Inventor sein Interesse wohl dabey gehabt haben, daß man ihm seine Arbeit, durch beständige Observantz, eben nicht compensiren darf. Ueber diß folget nicht, wer etwas mit vieler Mühe erfindet, dessen Inventum muß zu allen Zeiten behalten, und nicht verworffen werden. Was die Leichtigkeit der Solmisation belanget, so habe schon zuvor etwas davon erinnert. Wenn das Ut seinen Beweiß mit Zeugen führen sollte, so würde es übel bestehen, und wenn es vollends zum Votiren käme, so möchte es noch ärger ausfallen. Derer im beschützten Orchestre angeführter Autorum stärckstes Argument ist eben in Difficultate, so die Solmisation, sowohl bey dem Docente als Discente, verursachet, und es ist auch nichts gewisser, als dieses. Ich will nur wieder bey der natürlichsten Vorstellung bleiben. Eine Sache, die viel Nahmen hat, ist so leichte nicht zu mercken, als die nur einen hat. Alle Veränderung, die man mit einem Dinge vornehmen muß, fällt beschwerlicher, als wenn ich solches in seinem esse lassen darff. Wenn z. E. C immer c heissen kan, was brauchts, daß ich es bald Ut, bald sol, bald fa benenne. Leuten, die dem Dinge schon gewachsen seyn, ist es wohl nicht schwer, alleine wer es erst lernen soll, dem wird es gar anders vorkommen. Von dem Nutzen in Imitatione bey den Fugen ist oben schon gedacht worden. Solmisatio quâ talis thut es nicht, sonst könte niemand keine Fuge machen, der nicht die Solmisation verstünde, welches doch wohl schwerlich iemand asseriren wird; Also thut es nur die Wissenschafft des so genannten Semitomitonii majoris, und darinne kan man, ohne Guidonis Sylben, so gut fortkommen, als mit denselben. Der alte Gebrauch, und daß die Solmisation bey vielen gute Dienste gethan, kan es wohl nicht ausmachen. Es kan seyn, daß sie vielen nützlich gewesen; dennoch bin ich gewiß versichert, daß bey der Umfrage mehr seyn werden, die den Nutzen des a b c rühmen, als den Guidonischen Sylben den Lob-Gesang sprechen werden. Bey manchen möchten sie wohl so verhaßt seyn, wie das Nomen Regium vordessen bey den Römern. Consideriret man nun diese Dinge etwas genauer, und nimmt vollends die Argumenta pro Negativa darzu, so wird freylich das Urthel da hinaus fallen, daß die Solmisation eher ein schlimmer, als besserer, Weg sey. Und so wird es mit den Modis ebenfalls gehen. Die andere Frage: Ob es nöthig gewesen, benennte Stücke aufs neue weitläuffig zu erklären? möchte auch wohl mit Nein beantwortet werden. Printz erzehlet in angeführter Historischen Beschreibung kürtzlich die Art, wie Guido die Knaben nach seiner erfundenen Manier informiret, und da beschließt er mit den Worten: Welches, weil es fast iedermann bekandt, keiner fernern Erklärung von nöthen hat. Und das hat auch seine Richtigkeit. Denn wenn man bedencket, wie lange die Solmisation und Doctrin von den Modis bekandt gewesen, wie viel solche excoliret, wie offt sie in Schrifften vorgestellet worden, so ist es ja was unnöthiges, dieses alles zu wiederhohlen, und aufs neue davon zu schreiben. Dannenhero ist meine unpartheyische Meynung, daß diese beyden Stücke wohl einen alten und bekandten, aber keinen bessern, Weg abgeben, als denen Liebhabern der Music das Orchestre zu bähnen bemühet gewesen. Ich sage so: die Doctrin de Solmisatione & Modis gehöret ad Musicam antiquam, und ist als ein Theil derselben anzunehmen, man kan auch in demonstratione musica sich derselben bedienen, wie auch historice von der Sache handeln; alleine, dem Nutzen bey der heutigen Musique nach, halte ich solche vor unnöthige, beschwerliche, und unzulängliche Dinge. Der beste Comes in der Vocal-Music ist das a b c, und wenn sonsten keine Raison deßwegen vorhanden wäre, so ist es zum wenigsten die Erfahrung. Also ist nicht zu bedauren, daß die Solmisation so gar sehr abgekommen; sondern vielmehr zu rühmen, daß die leichtern Dinge mehr Ingres gefunden.

13.) Ueber das letzte Cap. im Ut.

Ich muß gestehen, daß mich bald anfangs ungemein verwundert, daß die Guidonischen 6. Syllben vor das einige, wahrhafftige, vollkommenste, menfte, und ewige Fundament von der gantzen Musique ausgegeben worden; ich wolte aber dennoch dem Ut solches nicht vor übel gehalten haben, wenn der Beweiß in diesem Capitel so gerathen, wie es seyn sollte. Alleine wie die Sache unstreitig impossible, so ist es wohl eine grosse Kühnheit, daß man sich dessen unterstehen wollen. Wenn die himmlische Music nicht besser bestellt seyn sollte, als sie vermittelst des Ut re mi fa &c. auf der Welt beschaffen ist, so würde sie wohl sehr schlecht heraus kommen. Vor excellenter müssen wir sie wohl ohnfehlbar ausgeben, wenn wir nicht der allervollkommensten Herrlichkeit etwas entziehen wollen. Ich bin also der Meynung, es sey besser, dergleichen Somnia bey sich zu behalten, als öffentlich an Tag zu geben, indem entweder Gelächter oder Aergerniß daraus entstehen kan.

Ueber die Einleitung im Orchestre will noch etwas weniges gedencken. Der Mangel verständiger und unpartheyischer Censorum, die von Beschaffenheit einer Music ein Urtheil fällen können, ist allerdings eine wichtige Ursache zum Verfall derselben. - Die Musici unter sich selbsten könten es wohl am besten thun, alleine sie halten es gleichwohl manches mahl mit dem Sprichworte: Figulus odit figulum. Allso ist hier nur die Rede von denen, so keine Professions-Verwandte sind, und da bestehet die größte Menge nur aus seyn-wollenden Verständigen, in der That aber ist nichts dahinter. Indessen ist doch noch leichte, einer eintzigen Person gusto zu stillen; alleine vielen auf einmahl gefällig zu werden, die doch niemahls mit einander überein stimmen können, ist eine unmögliche Sache. Es thue ein Musicus so dann, was er wolle, so ist doch alles vergebens. Und wahrhafftig, der beste Maitre ist übel dran, wenn er sich solcher Leute judicio überlassen soll, die von der Music gar nichts verstehen, und dennoch, ich weiß nicht, durch was vor einen Enthusiasmum, von allen ex fundamento handeln, und pro imperio reden wollen. Es ist ein Unglück vor einen Musicum, der von seinen Sachen ex odio personæ muß urtheilen lassen, denn was kan daraus anders folgen, als Partheylichkeit, ungegründete und einfältige Correctiones? Mit einem Worte, das Judicium muß übel ausfallen, es komme, wie es wolle. Die Exempel bezeugens, wie mancher braver Maitre den ärgsten Ignoranten nachgesetzet wird, wie man seine, aus dem besten Fundamente fliessende Composition verwirfft, und im Gegentheile elender Musicastrorum läppisches Geschmiere, als Aepffel in silbernen Schalen, erhebet. Es kan aber aus so übler Discretion unmöglich was anders entstehen, als eine Unterdrückung der galanten Wissenschafft selber;

denn

denn wenn man ihre Cultores einschläffert, und sie gar mit einander davon abschrecket, so muß die Decadence der Principalin nothwendig darauf erfolgen. Uebele Executeurs sind ein Verderb der Musique, und eine Straffe vor den besten Maitre. Wie unverantwortlich aber diejenigen handeln so die Fehler, welche jene begehen, gleichsam von dieses seinen unschuldigen Händen fordern wollen, kan jedweder erkennen, der es nur verlanget. Der beste Trost hierbey ist wohl dieser, daß ob gleich der Neyd bey der Verachtung allemahl am meisten zu thun hat, so sey es doch auch mit seiner Herrschafft allemahl am schlechtesten bestellet, und die Wahrheit finde doch mitten in der grösten Attaque noch allemahl ihre Verfechter, ich will sagen: einem verständigen und honneten Componisten könne es an billigen admiratoribus dennoch nicht fehlen. Hernach ist es auch allerdings an dem, daß die Anzahl der so vielen ungeschickten Noten-Schmiede zum Ruin dieser edlen Science ein grosses contribuiret. Jedweder will ja componiren, wenn er sich gleich darzu schickt, wie ein Klotz zu einem Mercurio! Wer bey seinem Schul-Staube etwann was Musicalisches aufgelesen, will es gleich sehen lassen, componiret allerhand Sieben-Sachen, auch wohl Opern und Oratoria, davon sich ein guter Kenner des Theatri und der Music das vier-tägige Fieber weglachen möchte, und gleichwohl finden auch solche elende Pedantereyen, die quisquilia der Music, ihre Liebhaber und Panegyristen. Aber es gehet schon so, die Music muß sich eben so mißbrauchen lassen, wie andre Wissenschafften. Würde sie dadurch nicht supprimirt, so könte man alles mit Indifference ansehen; alleine so ist doch endlich ein Vindex von nöthen, der Restitutionem honoris sich mit Ernste läst angelegen seyn. Ueberhaupt weiß man schon, daß es denen Musicis nicht an Fatalitäten mangeln kan, so gut es andern Leuten nicht daran fehlet, und Gedult ist immer das beste Recept, so sie sich bey dergleichen Begebenheiten appliciren können.

XXVI.

Es wäre etwas überflüßiges, den deutlichen Vortrag des Hrn. Joh. Kriegers mit einem Commentario zu versehen. Die Länge des folgenden Briefes von dem seel. Herrn Kuhnau, ehmahligen Direct. Chori Musici in Leipzig, leidet auch nicht, daß wir viel præludiren, derowegen ad rem!

(No. 10.)
    Hoch-Edler,
        Hoch-geehrtester Herr,
            Hochgeschätzter Gönner,

Sie nehmen es nicht ungeneigt auf, daß ich mich mit der schuldigen Antwort auf Ihre allzugütige Zuschrifft so späte einstelle. Es hat sich nicht allein

allein bey dem jüngst-verwichenen Jubilæo, sondern auch hernach bey meiner ordentlichen Verrichtung immer eine unvermuthete Arbeit nach der andern querfeld eingefunden, so mich zur Abstattung dieser meiner Schuld nicht lassen wollen. Des starcken Flusses zugeschweigen, der sich bey dem itzigen immer veränderlichen Wetter in meinen rechten Arm gesetzet, und mich bereits in die 4. Wochen biß hieher hefftig tourmentiret hat. Ich hoffe aber, der liebe GOtt wird auch diese Schmertzen überstehen helffen. Im übrigen lebe ich vor die gute Opinion, die sie von meiner Wenigkeit haben, da sie mich in ihrem neuen schönen Wercke, dem sogenannten beschützten Orchestre, unter die berühmtesten Musicos und Componisten itziger Zeit, denen sie dieses herrliche Specimen ihres lebhafften Esprit dediciret haben, mit zu setzen kein Bedencken getragen, höchlich verbunden. Ich erkenne gar gerne mein foible, und daß ich dergleichen Ehre unwürdig bin. Unterdessen muß ich doch ihre sonderbahre Affection mit schuldigstem Dancke annehmen. Zwar solte einige reelle Erkäntlichkeit erfolgen. Dieweiln aber ihr genereuses Gemüthe und ganz andres panchant, als ihres Antagonisten, der auch von seinen Kunstverwandten luciriren wollen, (welches ich fast daher abnehme, daß er mir seine Vorraths-Kammer in meiner Stube zwar gewiesen, aber nichts draus verehret, und an mir vielleicht einen Käuffer zu finden gemeinet) fast aus allen Blättern ihres Werckes erscheinet, habe ich mich nicht erkühnen wollen etwas zu einer kleinen Ergötzligkeit zu übersenden. Ich statte dahero meinen schuldigsten Danck bloß in Worten ab; wünsche aber dabey von Hertzen, daß auf Ihre herrliche Arbeit, wie der gewisse und unsterbliche Ruhm, also auch sonsten alle annehmliche und reiche Belohnung erfolgen möge. Das Werck lobet seinen Meister, und haben sie sich darinne nicht nur als einen so wohl in Praxi, als Theorie, gründlich-gelehrten Musicum, sondern auch als einen veritablen Polyhistorem, erzeiget. Was nun die Haupt-Controverse anbelanget, welche ihnen der Erfurter moviret hat, so glaube ich nicht, daß jemand anders, als dieser, ihr Orchestre, das sie vor einen galant-homme, der kein Musicus ex professo, vielweniger sich mit vielen, und meistentheils alten unnützen, Grillen amusiren will, geschrieben, vornehmlich in puncto Solmisationis & veterum Modorum musicorum, improbiren werde. Denn außer dem, daß, wie mein Hochgeehrtester Herr, und alle redliche Musici angemercket haben, die Guidonischen 6. Voces zur Expression der 7. Clavium nicht zulangen, und die dahero nöthige Mutationes denen Lernenden eine grosse Tortur verursachen müssen, so sind sie auch nur auf das Genus Diatonicum, und die daraus bestehenden alten Modos

dos muſicos appliciret worden. Nachdem aber unſere neuen Modi, bey welchen ſich das Chromatiſche Genus mit dem Diatonico begattet, ganz eine andere und vollkommenere Geſtalt gewonnen, ſo ſind dieſe Sachen nicht mehr zulänglich. *

Ich bin zu dieſer Solmiſation in der Jugend auch angeführet worden; doch ſo viel ich nach der Zeit der Sache nachdencken können, haben einige meiner Præceptorum die Transpoſitiones gleichfalls nicht verſtanden, und an ſtatt mi; fa: und contra, offt geſungen. Heutiges Tages redet man nur in ſolcher Sprache κατ' ἄνθρωπον, wenn man mit der Guidoniſchen Poſterität, dergleichen die Catholiſche Muſici und Italiäner noch meiſtentheils ſeyn mögen, a) zu thun hat, und ſie uns ein Soggetto vorgeben. Daher ich auch die beyden Theile meiner Clavier-Uebung, die aus den zween Modis modernis genommen, durch das ut, re, mi, fa, Kürtze halber, umb die Tertiam majorem und minorem anzudeuten, diſtinguiret. Ingleichen können wir, die wir im Stylo Eccleſiaſtico mit dem Canto fermo und denen aus dem Genere Diatonico formirten Modis immer zu thun haben, noch weiter gehen, und ſagen: Dieſes Stücke gehet aus dem mi, fa, ſol, oder aus dem Phrygio, oder Hypophrygio. Weiter möchte ich mich nicht in dieſem Stücke heraus laſſen, damit ich mich auch nicht des Diſputs zwiſchen der Aretiniſchen, und etwan einiger Franzoſen oder Niederländiſchen Secte, indem jene an den 6. vocibus begnüget, die beyden letztern aber und zwar die erſten, wie ich in des Broſſards Dictionaire de Muſique finde, das za oder ſi, nachdem die 6ta moll oder dur iſt, die andern aber, in ihrem bo ce di ga lo ma ni, das ni hinzugethan, theilhafftig machen dürffte. Es bleibet dabey, daß man ſich dieſer Vocum nicht anders bedienet, als wenn man mit ihren Liebhabern reden muß, gleich wie etwa heutiges Tages unſere Herrn Theologi der Scholaſtiſchen Philoſophie ſich bedienen, wenn ſie mit den Catholiquen zu diſputiren haben.

Bey der Gelegenheit aber, da ich des Phrygii oder Hypophrygii gedacht, wo der fundamental-Ton gleich in Semitonium majus aſcendiret, könte man die 24. Modos, da die erſte tieffe Stuffe ſowohl in denen 12.

duris,

---

* Es hatte der Herr Kuhnau allhier in Noten gewieſen, wie vieler Schwierigkeit die Mutation unterworffen ſey, welches wir Kürtze halber, und weil es eine bekannte Sache iſt, vorbey gehen.

a) Der Herr Kuhnau wuſte ohne Zweifel, daß ſich die verſtändigſten Italiäner ſchon eines andern bedacht; daher ſagt er von dem vulgo Italorum nur, daß derſelbe noch von der Poſterität des Guidonis ſeyn mag.

duris, als in den 12. mollibus, per Tonum a baſi erhöhet iſt, durch andere 12 Modos, da gleich von unten das Semitonium ſich zeiget, oder auch intuitu Hypophrygii, da das andre Semitonium einen andern Sitz als im Phrygio hat, noch ferner durch andere 12. Modos, und alſo biß auf 48. ja wenn einer die alten 7. Modos alle wieder von den Todten auferwecken wolte, durch eine groſſe Zahl vermehret werden. Und dabey glaube ich dennoch nicht, daß ein galanter Muſicus deswegen unter die alten Bachanten würde gezehlet werden, wenn er im Stylo ſymphoniaco ſecundum Phrygium moduliret: ſonderlich aber den Jonicum und Æolium fleißig einmiſchte, daß gantze Stücke auch im genere Chromatico, entweder durch das b cancellatum, oder b rotundum, auch gar mit 7. Kreutzen im f moll ſehen lieſſe, vor welchem in ſo vielen Kreutzen erſcheinenden Popantze aber viele, obſchon behertzte, Executores ſich bekreutzen möchten, b) und dabey könte er per accidens manchen Ton erhöhen oder erniedrigen, nachdem es die grace der Melodie erfoderte, wie ſie, Hochgeehrteſter Herr, in ihrem beſchützten Orcheſtre Num. 24. in einem artigen Exempel darſtellen. Doch wolte ich lieber den Modum Phrygium oder Hypophrygium, (ich rede itzo von mir, wenn ich ein Kirchen-Stücke, z. E. Es woll uns GOtt genädig ſeyn ꝛc. Erbarm dich mein, o HErre GOtt, ꝛc. und dergleichen ſetzen ſoll) gleich forne durch die Signatur andeuten, und im E. das fis weglaſſen, auch mich deſſelben, ſo viel möglich, enthalten; hingegen mich mit dem eingemiſchten Jonico oder Æolio fein breit machen, dabey hin und wieder ein zu rechter Zeit angenehmes Chroma (nach den Geſetzen des Affectus movendi) appliciren. Bey welcher Beſchaffenheit denn ein heutiges Ohr den defect der alten Modulation ſo wenig, als in einer harangue ohne R. das Schnarren des Redners, wahrnehmen würde. Wiewohl, es wäre nur eine curioſité, die alten Modos auf ſolche Art zu multipliciren oder zu appliciren, und dabey der heutigen galanten Muſic einen ſolchen alten, lumpichten Bettler-Mantel, da jeder Modus modernus ein neuer iſt, umzuhängen, und die Löcher und Flecken nach der Kunſt in die Falten zu rücken, daß ſie nicht gemercket würden.

Daß ich aber wieder auf mein Propos komme, welches war, F moll in duplici forma vorzuſtellen: ſo iſt nur zu bethauren, daß bey dergleichen Beſchaffenheit die Themata im Gehör, ſo zu reden, über einen Kamm geſchoren werden, und man nicht urtheilen kan, wenn ſie uns nicht ſelbſt unter

b) Hier ſind im Original 4. modulationes nach den vorgehenden Beſchreibungen zu finden, die ſich ein Muſicus leicht aus den Worten vorſtellen; ein Unkündiger aber, auch mit einem gantzen Bogen Noten, nicht begreiffen kan.

ter die Augen gekommen, ob sie in hartem oder weichem Habit erschienen. (Ich rede hier nicht von dem duro oder molli, wenn die Tertia oder Differentia Modi soll angedeutet werden, sondern in genere von der unterschiedenen Expression der Modulation, durch das b molle oder cancellatum.) Doch dächte ich, daß diese Difficultät gehoben würde, wenn man gleich voraus sagte, daß der Cantus oder das Stück durch das b, oder Kreutz, solte exprimiret seyn. Aber eben die Klage, die sich solcher Gestalt über der Armuth der Buchstaben erheben will, findet sich auch im ganzen Systemate musico, oder in jeder Octava, da eine jede von den 12. Stuffen oder Clavibus zweyerley bedeuten, und zum Exempel, dis sowohl die Tertia zum c, als h, seyn soll, die doch allerdings, wie sie selbst wie in vielen andern Stücken, also auch hier sonderlich, remarquiret haben, so zu reden tota natura differiren. Da muß nun freylich die Temperatur ins Mittel treten, und alle Claves so einrichten, daß ein jeglicher 2. Nutzen geben könne. Neidhardts Temperatur habe ich gelesen. Wo ich mich recht besinne, ist er der Meinung, daß das Genus enharmonicum dabey zu Hülffe genommen werden müsse oder könne. Aber was soll dieses Genus, das schon Intervalla hat, welche præter propter die Helffte eines Semitonii ausmachen, (es haben zwar auch etliche Alte, und die sich nur an der unterschiedenen Zertheilung der Proportionen delectiret, in ihrem sogenanten Spisso Tetrachordi, noch kleinere Intervalla, in ihrem vermuthlich verrückten Gehirne, ausgehecket, dabey aber das Ohr nicht mit zu Rathe genommen) und dahero in unsrer Music absolute zum Bürger-Rechte nicht gelassen werden können, bey seiner Temperatur, da er nur mit Zwölffteln eines commatis handelt, und 1. 2. biß 3. aufs höchste davon denen temperirten Clavibus nimmt oder giebet? Welches in uhralten Zeiten angenehme Genus nach der Hand auch bey den Alten ganz verlohren gangen, und itzo noch viel weniger bey unserer Temperatur in consideration gezogen werden darff. Es bleibe immer in profundissimo silentii sepulchro verscharret, und ist es ja besser, daß man sich gleich immediate über die uns übrigen diatonischen und chromatischen 12. Claves, ohne daß man noch einen Blick auf das un-ich wolte sagen, enharmonische Wesen zurücke thue, mit der Temperatur hermache.

Im übrigen getrаut mir des Neidhardts Project der Temperatur sehr wohl, obgleich darinne (so viel ich mich besinne, ich habe itzo den Tractat nicht bey der Hand,) ein klein λεῖμμα oder vielmehr ein defect sich noch ereignet, welches ich daher itzo schliesse, weil das Collect des Circuli der 12. Quinten, deren jegliche um ein Zwölfftel eines commatis soll verschnitten werden, nur aus 11. operationibus erwächset.

Zum Exempel 3   2
                3   2
                3   2
              ——————
                9   4 erste ⎫
             27   8 andere ⎬ operation.
                                    ⎭

Hier sind die radical-Zahlen dreyer Quinten durch 2. Operationes summiret. Man muß sich wundern, daß da in dem schönen vollkommenen Geschöpff der Music der Intervallorum proportiones durch numeros zwar können gewiesen werden, dennoch sich keine solche perfection herfür thun will, welche genau durch die Zahlen ausgemessen werden könne; wenn anderst die Intervalla, durch Hülffe der Temperatur, das rechte Maaß ihrer Lieblichkeit erfüllen sollen. Und gemahnet es mich damit, wie mit dem Circul. Dieser ist die vollkommenste Mathematische Figur. Sie bestehet, so zu reden, aus allen Elementis der Figuren, dem puncto oder centro, der linea recta oder diametro, und der linea curva oder peripheria. Gleichwohl aber will sich die peripherie durch den diametrum nicht ausmessen lassen, und ist auch das limma, nach der durch den diametrum beschehenen division der circumferenz, fast noch heutiges Tages unter den Gelehrten das pomum Eridis. Unterdessen, da nun, wie sonsten in der Welt, also auch hierinne, nichts vollkommenes seyn soll, müssen wir, so gut als wir können, uns behelffen, und gleich wie der Hut-Schmücker die Schnure umb den Rand des Huts 3. mahl so lang, als der diameter des ganzen Umfangs ist, und noch ein klein bisgen (welches nach Archimedis Rechnung der siebende Theil von 22. ist) dazu nimmt, und dabey sein Werck gut genug machet: also kan man auch in der Einrichtung der Harmonie denen Intervallis ein klein bisgen nehmen oder zugeben, nachdem es die Gesetze der Vernunfft und Sinnen erfodern. Es ist auch das Ohr hierinne fast ein solcher Judex, wie derer Herren Juristen ihr Prætor, von welchem sie sagen: Minima non curat. Sowohl aber als des Neidhardts Temperatur der Vernunfft am gemässesten zu seyn scheinet, so habe ich doch noch kein Werck von einem habilen Instrument-oder Orgelmacher darnach eingerichtet angetroffen. e) Unter vielen guten Meistern, sonderlich der Orgeln, kenne ich
ihrer

---

e) Eben das will auch Bümler sagen, wenn er schreibt, die Neidhardtische Temperatur sey ihm noch nie unter Händen gekommen. Nicht, daß ihm dieses trefflichen Mathematici

ihrer zween. Einer heißet Silbermann, aus unserm Meißner-Lande gebürtig: der andere ist ein Thüringer von Mühlhausen, namentlich Wender. Jener kam vor etlichen Jahren aus Straßburg mit guten Attestatis, daß er nicht nur in Straßburg, sondern auch an unterschiedenen Orten in Franckreich, herrliche Orgelwerck und Clavicins verfertiget. Daher ich ihm auch damahls eine Recommendation nach Freyberg mitgab, wo ihm gleich der Bau eines grossen Orgelwerckes anvertrauet wurde, das er mit grossem Ruhme verfertiget, und eine ganz ungemein saubere und accurate Arbeit geliefert. Der Mühlhäusische Wender hat hingegen auch den, in der Merseburgischen Schloß- und Dom-Kirche vor 25. Jahren angefangenen, und nach und nach continuirten, kostbaren Bau eines sehr grossen, aber ziemlich verhunzeten, Orgel-Wercks vor 4. Jahren wieder umgerissen, und das Werck den vergangenen Sommer mit jedermans Vergnügen, an der schönen Variation derer sonderlichen doucen Stimmen, und an dem leichten mouvement der Manual-Claviere, derer 4. sind, samt andern artigen Inventionen, in seiner Vollkommenheit übergeben, daß ich, der ich zu diesem Examine sowohl, als zu des Freybergischen, bin mit requiriret worden, den an die Hoch-Fürstl. Cammer, welche durch die vorige Betrüg- und Fretterey ziemlich hinter das Licht, und in grosse Kosten, war geführet worden, ertheileten Bericht, zu dero sonderlichen Contentement, mit folgenden Worten beschliessen kunte:

So ist nunmehr Herr Nicolaus Wender
Des Orgel-Werckes glücklicher Vollender.

Diese Meister, wie die andern insgemein noch vielweniger, haben sich doch zu dergleichen Neidhardtischen exacten Temperatur nicht verstehen wollen; sondern weil sie wissen, daß bey Kirchen-Musiquen die diatonischen Modi, und nächst diesen die transponirten, welche nicht gar zu tieff in das chroma fallen, die vexatissimi Mar.yres sind, (ich habe aber fast von der ersten Zeit meiner Direction der Kirchen-Music den Cornet-Ton abgeschaffet, und den Kammer-Ton, der eine Secunda oder kleine Tertia, nachdem es sich schicken will, tieffer ist, eingeführet, ungeachtet die transponirten Continui nicht allemahl mit willigen Händen aufgenommen werden wollen) so haben sie noch immer auf das diatonicum Genus meistens regardiret, und mit diesem Knaben Absolom am säuberlichsten verfahren; und hingegen die transponirten accordi, welche noch nicht gar zu sehr in der Kirchen-Music eingenistet, etwas härter und unfreundlicher, jedoch also, daß es noch zu erleiden stehet, tractiret. (In der Merseburgischen

---

tici Schrifften und lucubrationes unbekannt seyn sollten. Er redet nicht vom Lese ; sondern vom Speien: nich. von den Augen; sondern von den Händen. So leicht kan man ein Ding übel auslegen, wenn der Eifer heiß ist.

schen sind auch einige Register a part zur Music im Kammer-Ton angebracht worden.)

Im übrigem halte ich dafür, daß die von meinem Hochgeehrtesten Herrn und mir selbsten gelobte Temperatur auf Saiten-Instrumenten, als Clavicins und Clavichordiis, deren Klang bald verschwindet, glücklich würde appliciret werden, ob ich solche gleich selbst nach dem rigore eines Monochordi, welches die Zwölfftel eines commatis richtig darstellen könte, noch nicht versuchet habe. Doch aber finde ich auf meinem Pantalonischen Cimbal, welches charmante, und nächst dem Claviere vollkommenes, Instrument, das auch in ihrem Orchestre sonderlich Approbation gefunden, biß her mich wohl in die 12. Jahr bethöret, und zu seinem Exercitio angelocket, daß wenn ich eine zeitlang an denen mollen Modis, als C-F-G moll mich ergötzet, ich immer einen und andern Clavem zu corrigiren finde, wenn sich die Scenen auf einige Zeit verändern, und ich etwas mit denen Modis crucigeris, als H, Dis, Fis, &c. versuchen will. Denn wenn man da fürnemlich einen Baß-Clavem anschlägt, so klingt er, ungeachtet es mit Darm-Saiten bezogen, wie einer, der auf einer Orgel gehalten wird, lange nach, und lassen sich da viele Passaggien und Resolutiones der Dissonantien mit gröster Wollust des Gemüths absolviren, ehe er gäntzlich verschwindet. Es thut auch dieser Nachklang einem bald darauf touchirten tieffen Clavi nichts zum præjuditz, und muß das schwächere dem starcken gleich weichen. Vielweniger geschiehet durch das angenehme Nachsummen in Mittel oder Oberstimmen der Harmonie was zuwieder, weil man in den geschwindesten Sachen alle Claves distinctissime höret. Wenn man aber in Accorden harpeggiret, welches hier, weil das Instrument von grosser etendue ist, (meines fängt sich vom 16. füßigen E an, continuiret im Genere diatonico bis ins 8. füßige G. von welchem sich die Chromatischen zugleich mit anfangen, und gehet oben bis ins dreygestrichne e.) auf das vollstimmigste geschehen kan, so gehet das liebliche Sausen der Harmonie, und da auch, wenn man auffhöret, der Klang noch immer wie von weiten nach und nach abnimmt, bis ins Leben hinein. Nur ist es Schade, daß 1.) dieses Instrument ein sehr langes Corpus haben will, wenn der Zug der Saiten, sonderlich derer aus Darmen, jedem Chore gemäß seyn soll, 2.) die unterste Verstegung noch nicht so richtig ausgefunden, daß sich nicht einiger defect in der egalité der Chöre herfür thue, 3.) Herculeum laborem erfordert, daher auch wenig Studenten hat, und wenn sich gleich manche dazu einfinden, so treten sie doch bald wieder auf die Hinterfüsse, wenn ihnen so viel Steine des Anstossens im Weg kommen,

sonder-

sonderlich, da sie sich den Lohn für so grosse Arbeit, oder die jährliche Pension von 1200. Rthlr. wie Monsr. Pantalon hat, nicht versprechen können. Ungeachtet sich dieser excellente Meister des Jahrs etwann einmahl vor dem Könige hören lässet, verdienet doch seine Virtu und unverdrossene Mühe, die er von Jugend auff, bis hieher, darauf gewendet, (es hat mir Monsr. Woulmyer referiret, daß er einsmahls ein viertel Jahr ohngefehr bey ihm in Berlin gewesen, und ausser der Tag-Zeit auch die meisten Nächte mit dem Exercitio dieses Instrumenis zugebracht) dieses, und noch ein mehrers. Dieses Instrument hat auch diese Prærogativ und Eigenschafft vor denen Clavieren, daß man es mit force und wieder piano, als worinnen ein grosses momentum dulcedinis & gratiæ musicæ bestehet, tractiren kan. * Der sonderlichen Variation zu geschweigen, da die Tangenten oder Schlägel bald bloß, bald mit Baum-Wolle oder was anders umwunden, gebrauchet werden. Der vornehme und excellente Lautenist, der Graff Logi, stellte vor 20. Jahren ohngefehr, und zu der Zeit, als Monsr. Pantalon noch bey uns einen Maitre de Danse agirte, ein Concertgen zwischen ihm, diesen und mir, an. Der Graff liesse sich auf seinem Instrument, wie es ihr Orchestre von einem, der den Nahmen eines Virtuosen und Meisters behaupten will, erfordert, in sehr gelehrten præludiren, und mit einer schönen und galanten Partie, mit aller ersinnlichen delicatesse, hören: Ich that auch, was ich auf meinem Clavicordio vermochte, und war schon damahls mit dem Orchestre in diesem Stücke einerley Meinung, daß ein solches, ob gleich stilles, Instrument zur Probe und guten Expression der Harmonie auf dem Claviere am besten diene. **) Endlich that Monsr. Pantalon seine Sprünge, und nachdem er uns seinen Schatz von der Music durch præludiren, fantasiren, fugiren und allerhand caprices mit den blossen Schlägeln gewiesen hatte, verbandt er endlich die Tangenten mit Baum-Wolle, und spielte eine Partie. Da wurde der Herr Graff gantz ausser sich gesetzet, er führte mich aus seinem Zimmer über den Saal, hörte von weiten zu, und sagte: Ey was ist das? Ich bin in Italia ***) gewesen, habe alles, was die Musica schönes hat, gehöret, aber dergleichen ist mir nicht zu Ohren kommen.

Auf diesem Instrument, welches mich zu einer gar langen und vielleicht unzeitigen, disgression gebracht, lassen sich, sonderlich wenn es rein gestim-

---

*) Von dieser Beschaffenheit sollen unsere musicalische Merckwürdigkeiten bald neue Nachricht geben, zum Behuf der Claviere.

**) Es mercke sich dieses, der die besiederten Instrumente den Claviordiis vorziehen will. vid p 150. 151. huj Tomi.

***) Nota bene in puncto der musicalischen Welt.

gestimmet ist, die intra numerum senarium befindlichen intervalla musica und Consonantien alle, wenn man zum Exempel C anschlägt, in folgender natürlicher Ordnung

$$\overset{1}{C}\ \overset{2}{c}\ \overset{3}{g}\ \overset{\overset{4}{\frown}}{c}\ \overset{5}{e}\ \overset{6}{g}$$

deutlich, darunter aber das Intervallum proportionis sub-triplæ g, worüber ich mich verwundere, am deutlichsten und stärcksten, hören. Doch halte ich dafür, daß das Intervallum subduplum c daher, weilen es mit dem fundamental-Ton fast einerley ist, sich gleichsam in demselben versencket, und von ihm, als dem stärckesten, überwinden lässet, nicht so genau, als wie die anders-klingende, und dahero den Sensum mehr afficirende, Quinta composita, gemercket wird. Doch läst sich dieses Intervallum, wie auch das subquadruplum, das, mit dem subtriplo, proportionis subtertiæ ist, oder eine Quartam machet, noch deutlich genug hören, und nimmt diese Deutlichkeit immer mehr und mehr ab, je mehr die Intervalla consonantia von der Unität abweichen. a)

Was sie sonsten pag. 436. & sequ. unter vielen sonderlichen und guten Anmerckungen, wovon ihr gantzes neues Buch angefüllet ist, als ein sonderliches Criterium eines in einem chromatischen Clave anfangenden Modi duri & mollis remarquiret haben, daß nemlich derselbe Modus, dessen fundamental-Clavis ein Kreuz vor sich habe, Tertiam minorem; der aber seinen Haupt-Ton mit b anfange, majorem natürlicher Weise bey sich führe, das contrarium nur in medio cantus & per accidens sich zuweilen zeige, gefällt mir sehr wohl.

Was die general-Remarque bey denen Modis anbetrifft, da sie in dem so wohl duren als mollen Modo Num. 22. eine richtige Quartam über dem Haupt-Ton, und im duro die Stuffe darunter, als ein Semitonium, gesetzet haben wollen, das sind vorlängst auch meine Gedancken (welches mich vergnüget) gewesen, und ist auch meinen Scholaren, sonderlich in der Composition, inculciret worden. Denn da werden die unharmonischen Relationes und Tritoni zum wenigsten in den Tonis, so die Elementa Triadis harmonicæ ambiren, vermieden. Daß sie aber auch in den Modis Tertiæ minoris unter dem final ein Semitonium, und im ascendiren die Sextam und Septimam majorem setzen, in Modis Tertiæ majoris auf die Octava Berg-unter gleich

sepu-

---

a) Hie folget im Original ein langes raisonnement von der Quarta: weil aber der Orchestre-proces nicht eigentlich dieses subjectum hat, auch davon in der dritten Oeffnung gnug beygebracht worden ist, habe es so wohl hier, als in der folgenden Antwort, überhüpffen wollen.

Septimam minorem folgen laſſen wollen, ſo halte ich dafür, daß auf ſolche Art die Modi nur per accidens, und da die mollen aſcendendo, und die duren deſcendendo, zum final eilen, angedeutet worden.

Jedoch iſt es res meri arbitrii geweſen, die Modos entweder alſo naturaliter, oder zugleich, wie ſie zum final ſchreiten, vorzuſtellen. Sie nehmen nur, Hochgeehrteſter Herr, dieſe meine einfältige, und zumahlen bey Kopff-Schmertzen, welche mir meine jetzige maladie zugleich mit verurſachet, nicht gnug überlegte, und Ihnen aus gutem Hertzen, und ſonderlichen Eſtim von Ihrer ungemeinen Virtù hiemit, gleichſam intra privatos parietes, entdeckte Gedancken nicht ungütig auff, und ſeyn dabey verſichert, daß ich mich an Ihrer galanten Schreib-Art, und dem deutlichen Vortrag Ihrer reiffen Gedancken, ſehr ergötzet habe. Und ob Sie gleich ihren Wiederſacher mit einer ſehr ſcharffen Lauge gewaſchen, ſo haben ſie doch, gleichwie Sie hierzu, durch die unnöthige und aus den Schrancken der Modeſtie gewichene Provocation, ſonderlich aber durch die Liebe zur Wahrheit, ſind verleitet worden, hingegen auch von andern, die ſich durch Ihre Feder in der Welt bekannt gemachet, darunter ich mit groſſem Vergnügen meinen alten Ehr-würdigen Calviſium und Anteceſſorem immer gefunden, auff das honnêteſte, wie ſie es in Wahrheit meritiret haben, geſprochen. Weßwegen inſonderheit auch Sie bey der gelehrten Welt allen Ruhm erlangen. Zum Beſchluſſe dieſes langen Briefes, repetire ich nochmahls meinen ſchuldigſten Danck, recommendire mich zu fernerer Affection, und verbinde mich zu allen erſinnlichen und möglichen Dienſten; geſtalt ich bereits bin und verharre

Meines Hochgeehrteſten Herrn

Leipzig, den 8. Dec. 1717.

ſchuldigſter und willigſter Diener

Johann Kuynau.

XXVII.

Man kan sich leicht die Rechnung machen, daß, nach Empfang eines so schönen Briefes, wie der vorhergehende Kuhnauische ist, nicht lange mit der Antwort gesäumet worden. Sie ergieng gleich am ersten Tage des 1718ten Jahres in folgenden Worten:

(No. 11.)

Hoch-Edler, Hochgeehrter Herr,

Schuld und Entschuldigungen dürffen ihrer Seits gar nicht erwehnet werden: denn eine solche ausführliche und treffliche dissertation, wie ihre werthe Zuschrifft vom 8. Dec. enthält, (die mir den 29. erst zu Händen gekommen ist) kan sich niemals zu spät einstellen, da man von ihr mit Recht sagen muß: tarditatem gravitate compensat. Ich hätte mich vollenkommen an derselben ergetzet, wenn nicht die einzigen Articul von MHHrn. Unpäßlichkeit bald Anfangs, und hernach wiederum zu Ende darin erschienen wären; da Sie aber auch zugleich dabey selbst Hoffnung zur Besserung geben, so will mein hertzliches Wünschen mit dem Ihrigen verbinden, und GOtt bitten, daß er uns nicht nur in diesem heute angehenden Neuen Jahre, sondern während vieler folgenden, einen solchen grossen Mann, ein solches wahres Kleinod teutscher Virtuosen, wofür Ew. Hoch-Edl. ohne alle exaggeration angesehen werden müssen, in stets-ersprießlichem Wohlseyn, beständiger Leibes-Gesundheit, Glücks-Gemüths- und Seelen-Gütern, zum Nutzen und zur Erbauung der Christl. Gemeine, auch zur Freude und zum Vergnügen aller hochgeschätzten Angehörigen, so wohl, als eines jeden inn- und ausländischen Freundes und Musici, krässtiglich erhalten und beschützen wolle.

Was nun die Solmisations-Materie betrifft, so gefällt mir meines Hochgeehrten Herrn Meynung davon ganz wohl, und kan ich nicht nur recht gerne leiden, daß man mit Römern Römisch handle: und durch das ut, re, mi, die grosse Terz, und durch das re, mi, fa, die kleine; sondern auch, daß man weiter gehe, und den Phrygium, oder Hypophrygium durch von sich gegebene Parole: mi, fa, sol, ausdrücke. Wer Lust dazu hat, dem ist es unverboten. Ich gestehe auch williglich, daß einer, der seine Sing-Kunst durch das ut erlernet, durch das re geübet, durch das mi gequälet, durch das fa geschoren, durch das sol gesichtet, durch das la getrieben, und denn endlich durch die saubere mutation, als das rechte Sang-Feg-Feuer geläutert hat, deswegen doch wohl, cæteris paribus, ein braver Mann seyn möge; ob er aber nicht leichter und gewisser zu seinem Zweck hätte gelangen können, das ist eine Frage, die Vernunfft und

Erfahrung, ohne mein Zuthun, sattsam bejahen. Man erweiset gewißlich den Aretinischen Nachkömmlingen, als die Catholische und Italiänische Musici wohl mehr, denn zu viel, seyn werden, einen gar schlechten Dienst, wenn man sie, ob gleich aus guter Meynung, bey Beerdigung ihrer Sieben- oder vielmehr Sechs-Sachen mit zur Leiche bittet, wie ich solches, bey dieser Gelegenheit, just so, als ich mirs prophezeyet, erfahren, und zu dem Ende ausdrücklich gethan habe, damit auch unter meinen selbst-erwehlten Schiedes-Männern ungezweiffelte Wiedersprecher gefunden würden: theils dadurch der Welt zu zeigen, daß ich solche Leute dazu erkieset, die unmüglich zu ändern, oder zu bereden, sind: theils auch, damit der Sammel-Platz gegenseitiger Einwendungen nicht versperret, sondern ihnen ein offnes Tummel-Feld gelassen werden, und man ja recht deutlich aus ihren eignen Gründen die Schwäche des gantzen Wesens abnehmen möge. Inzwischen ist die Sache, rechtgläubiger Seits, kein Wörtgen mehr werth: werde mich auch weiter damit nicht nicht abgeben; es wäre denn, daß ich unumgänglich genöthiget würde, mit einem scholastischen Musico Aretinische Kugeln zu wechseln. In Summa, wir mögen mit dem Ut-Streit leicht fertig werden, und sind es schon, wo mir recht ist. Mit den Modis dürffte es wohl, dem Ansehen nach, mehr Mühe geben, weil man, wie ich finde, noch hin und wieder fleißig, insonderheit in stylo ecclesiastico, darauf reflectiren, und gerne damit zu thun haben mag; aber es muß uns dieses nicht abschrecken, sondern vielmehr anspornen, die Welt einmahl aus den alten Moden-Ketten (die sonst sinnreich genug geschmiedet worden, und eben darum desto gefährlicher sind, wenn sie auch von Gold wären) zu erlösen: sintemal ein leichter Sieg für keinen zu halten, wie wir an der Solmisation erlebet haben.

Nun trage ich zwar billig Respect und Reverenz für das werthe, liebe Alterthum; massen auch deswegen die Modi bey dem Grabmal des Aretins nicht als todte, sondern als noch lebende, dabey traurige, steife, ungelenckigte Cypressen, vorgestellet worden; aber ein blinder Gehorsam will mir dabey nicht anstehen. Den ich ehre, der hat mir nicht ohne Ausnahm zu befehlen. Duces, non Domini, sunt, qui ante nos ista moverunt, sagt Seneca. Es ist wahr, daß in den 24 Modis modernis, so wohl duris als mollibus, die tieffeste Stuffe allemal per tonum procedirt: das will vielleicht so viel sagen, es lauffe mit ihnen auf einerley hinaus; aber es steht doch zu erwegen, daß es bald der grosse, bald der kleine Ton sey, woraus, wenn man Lust hätte die Zahl der Modorum, über die Gebühr, zu vermehren, abermal so wohl, als aus dem gleich untenzusetzenden Semitonio, eine Veränderung zu holen wäre: wie es denn würcklich den Modulationen gantz neue Gestalten gibt. Ich bin, aus Curiosität, noch weiter gangen, und habe das Semitonium, in einer vollen Octave so mannigfaltig gestellet, daß etliche zwantzig frembe, und nie gewesene Schemata locationis heraus kommen sind; allein, wie ich sahe, daß es eine endlose Arbeit werden würde, und man indes was nützlichers verrichten könte, ließ ichs dabey bewenden.

So würde auch wohl bey dem, von M.H.Hrn. angeführtem, Exempel, die Breitmachung und Einmischung des Jonici & Æolii das gute beste thun, insonderheit aber der letzte Bursche mehr, als der Phrygius & Hypophrygius, verhindern müssen, daß ein sonst galanter Musicus eben deswegen nicht unter die eigensinnige und gezwungene Componisten gesetzt würde, der die vorgestellte Melodie für was herrliches in stylo symphoniaco ausgäbe. Wenn zufälliger Weise (ausser Chorälen) die phrygische und hypophrygische Clauseln, nachdem es die Anständigkeit des Gesanges erfordert, in einer galanten Arbeit (die hoffentlich auch in Kirchen gewisser massen, und nach gesundem Verstande, Platz haben wird) vorkommen, so kan es nicht nur paßiren, sondern muß für schön und beweglich gehalten werden; ich mögte mich aber doch so strenge nicht von dem fis enthalten, zumal da weiter kein Ruhm darin stecket, als den Mangel der alten Modulation zu bedecken, und solchen mit vieler Mühe und Kunst zu vertuschen. Demnach sagen Ew. Hoch-Edl. mit recht güldenen Worten, (sive serio sive joco id dixeris) daß es nur eine blosse Curiosität wäre, die alten Modos auf solche Art zu vermehren oder anzuwenden ꝛc.

Meiner Meynung nach, jedoch unmaßgeblich, hat Neidhardt das genus enharmonium nicht deswegen, bey seiner Temperatur, mit zu Hülffe genommen, daß wir desselben unbrauchbare Intervalla in der practischen Music zum Bürger-Recht lassen sollen; sondern damit wir nur in harmonicalischer Betrachtung empfinden mögten, wie viel diese oder jene Proportion, es sey nun so wenig als es wolle, durch die Temperatur, von dem enharmonischen genere entlehne; ob gleich die Helffte eines Semitonii weder nöthig noch nützlich ist. Daß demnach, wie Werckmeister sagt, diese aus Mißbrauch so genannte Subsemitonien zwar auf dem Monochord ihren Nutzen; auf dem Clavier aber gar keinen, haben. Wann nun solches, an sich selbst, unharmonische genus, quoad Praxin, in profundissimo silentii sepulchro verscharret bleiben mag; so ist doch wohl nicht zu läugnen, daß wir in Theoria Harmoni-

monices mit unsrer Temperatur nimmer so weit gekommen seyn würden, wenn wir die enharmonische Eintheilungen nicht mit zu Rath gezogen hätten. Denn das diatonische und chromatische Wesen handelt gar überall von keinen commatibus; ohne welchen wir doch nicht einmal den grossen Ton von dem kleinen unterscheiden, geschweige die übrige, noch leidliche, Einrichtung der Intervallen, treffen können. Sonst ist nicht nur an einem Orte, sondern, wo ich nicht irre, an zwoen Stellen der Neidhardtischen Temperatur eine kleine, doch nicht wohl mit Manier zu füllende Lücke, die der a'te und, junge Wolff heissen a); aber was soll man thun? die Klage, so M.H.Hr. führet, ist allgemein. Der Höchstweise Schöpffer hat sich seine geheime Ursachen vorbehalten, warum dieses und jenes so, oder so, ist. Unsere Unvollkommenheit kann in dieser Welt nicht ins Vollkommene bringen, und so gar alles unser Verlangen selbst ist haupt unvollkommen und nichtig: welches daraus erhellet, weil kein Mensch mit dem sonst ganz-wohlfeilen Vorrath der Wünsche sich nie so reichlich versorgen kan, daß ihm nicht immer ein grosses fehle. Die unzureichliche Mittel der Zahlen habe ich lange bemerckt, und fällt fast alle musicalische, sogenannte, Mathesis, durch die nöthige Temperatur, übern Hauffen: weil keine einzige proportio (excepta sola dupla) in ihren Schrancken bleiben kan, soll es anders wohl klingen. Mein Hochgeehrter Herr gibt dessen gar artige, sinnreiche Gleichnisse, von dem Hutschmücker und Prætori, welche mich sonderlich, weil sie es treffen und mit meinen Gedancken übereinstimmen, ergetzet haben.

Den Herrn Silbermann b) hat M.H.Hr. einsten mit einem Briefe zu mir gesandt, ich habe ihm auch, weil es seine gute Wissenschafft und Kunst wohl verdiente, so viel an mir war, alle Höfflichkeit erwiesen, und mit einem Antwort-Schreiben, meiner Schuldigkeit nach, bey seiner Abreise von hier, versehen. Ob er aber solches eingehändiget, daran solte fast zweifeln: weil ich Ew. Hoch-Edlen darin sonderlich gebeten, um die Mittheilung oder einige Nachricht ihres Wercks, welches den Moralischen

---

a) Der alte Wolff sitzt in der Quinte D--A, welche um ein Comma zu niedrig stehet, so daß man genöthiget ist Ad, welches ins genus enharmonium tritt, zu nehmen, und mit demselben die Operation, bis übers C, fortzusetzen. Der junge Wolff aber liegt in der Quinte Fisd Cisdd, weniger ein schisma, und wird auch da begraben. Uebrigens ist nicht unrecht, wenn man die zwölffte Operation pro nulla hält: denn sie geschiehet nur in Gedancken. Man theilet das comma über c in 12. Theile, und sticht auch 12. zurücke. vid Temper. p. 75.

b) Es hat dieser Künstler unlängst ein Instrument erfunden, so er Cembal d' Amour nennet, wovon ich den Riß habe, und der Beschreibung Post-täglich entgegen sehe.

tischen Gebrauch der Sinnen zum Titul führet, und doch nicht so glücklich gewesen bin, etwas weiters davon zu vernehmen. Doch dieses bey Seite gesetzet: wenn die besten Orgel-Bauer und von M.H.Hn. billig-gerühmte Meister sich zur Neidhardtischen Temperatur noch nicht verstehen, sondern lieber den eingenistelten diatonischen Pamphilium, auf der andern Unkosten, so reine lassen wollen, als müglich, thun sie es wohl nicht aus Unwissenheit, und in der Meynung, daß besagte Temperatur nicht gut sey; sondern eigentlich, um den Orgel-Schlentrian nichts in den Weg zu legen, dessen wohl-hergebrachte Gewohnheit inzwischen dem Recht und der Wahrheit keinen Abbruch zu thun vermag. Ich sehe auch nicht, wie bey so gestalten Stimmungen das Gis, c, dis; oder Fis. b, cis, mit ihrer Härte und Unfreundlichkeit, sich bergen können: massen ja wohl kein Stück aus dem täglichen c moll zu finden, darinne nicht der erstgenannte Accord vorkomme, und keine förmliche Cadenz ins H, ohne dem andern, zu machen ist. Es haben vielleicht die Herrn Orgelmacher unter andern auch eben die Ursachen, welche ein Componist gemeiniglich mit Schulter-ziehen anführet, wenn er etwas aus den übel so genannten transponirten Tonen (die ich doch alle für wesentlich halte) zu setzen Bedencken trägt. Die Continui crucigeri &c. werden mit so unwilligen, ja, offt mit solchen zitternden Händen angenommen, daß man denken sollte, der Organist hätte den Tremulanten in den Fingern, und daß man, andern die Angst, seiner Direction aber den Verdruß, zu erspahren, das Ding lieber gänzlich unterwegen läßt. Dennoch ist hiemit die Sache, an ihr selbst, nicht gehoben, und um der Furcht willen, so kleine Kinder für Popanze, auch wohl bisweilen einfältige Alte für einen vermümmten Stallknecht haben, mögen doch andere wohl wissen, wie sie eigentlich daran sind, und was unter der Maßke steckt.

Auf einem monochordo, das die Zwölfftel eines commatis richtig darstellet, habe ich gar offt mit Lust versuchet, wie ein Vergleich, ein ziemlicher Vergleich, zwischen den streitenden Intervallis zu treffen sey; habe dabey solches auf Clavicimbeln und Clavichordia appliciren lassen. Weil ich aber keine Orgel zu eigener Verwaltung besitze (auch nie verlanget habe) so ist es mit meiner Operation bis dahin nicht gekommen.

Ich kan nicht umhin, alhier eine Antwort einzuschalten, die ich vor einiger Zeit einem gewissen Correspondenten, zur merklichen Vertheydigung des Herrn Capellmeisters Neidhardt, ertheilet habe. Ich hatte besagtem Correspondenten die Neidhardtische Scalam Diatonico-Chromatico-Enharmonicam temperatam, so mir, von des Erfinders eigener Hand abgerissen, mitgetheilet worden, zur Untersuchung übersandt;

da

da meynte jener, dieses berühmten Mannes Temperatur sey wenig Danks würdig: er habe alles aus dem Bulyowsky genommen: ein recht-enharmonisches Clavier sey doch das beste Mittel, und was dergleichen mehr war. Darauf schrieb ich ihm also: "Die Neidhartische Scala tempe-
"rata ist eine Erfindung, die so gut, als neu, ist; und ob sie gleich von
"dem Verfasser nur zur Curiosität gemacht worden, deucht mich doch,
"daß ihm die musicalische Welt eben dafür keinen Undanck, noch Schmä-
"lerung seiner wohlverdienten Ehre, geben sollte. Es fehlet auch soweit,
"als Tag und Nacht, daß Herr Neidhardt mit dem Polnischen a) Kal-
"be gepflüget, (wie M.Hr. saget:) massen was Bulyowsky von Ver-
"besserung des Orgelwercks geschrieben, so wohl dem Ehrengedachten
"Herrn Capellmeister Neidhardt, als meiner Wenigkeit, sehr mager
"und armselig vorkömmt. Wir kennen das Büchlein alle beyde in-
"und auswendig, b) wissen auch gar wohl, daß es nicht ehender, als
"Anno 1680, und zwar zu Straßburg, in Lateinischer und Teutscher
"Sprache, gedruckt worden ist. Allein, wenn wir daselbst eben diese Neid-
"hardtische Erfindung suchen wollen, dürffte es an Lichtern und Brillen
"eher, als an Einfalt, fehlen. Wir wissen auch, daß eine zweyte Auff-
"lage, erwehnten Tractats, zum Vorschein gekommen; zweifeln aber
"billig, ob dieselbe viel besser gerathen sey, als die erste. Herr Neid-
"hardt ist gar kein Liebhaber von geflickten Claviren, und hat den com-
"municirten Riß c) nur zur Lust gemacht; wiewohl es der Mühe werth
"seyn mögte, das Schema, nach seiner mir eröffneten gantz neuen Einthei-
"lung (die man besser in numeris, als palmulis, sehen kan) zum Ge-
"brauch zu bringen. Es schreibet Ruhm-gemeldter Herr Neidhardt
"pag. 38. seiner Temperatur: Es sey ihm kein unglücklicherer Advocat
"dergleichen scalarum jemahls zu Gesichte kommen, als Bulyowsky von
"Dulicz in seinem Tractätgen, welches er von Verbesserung des Or-
"gelwercks betitelt. Dieser vornehme Cavallier, heißt es, untersteht
"sich, den Orgel-Wölffen, als ein getreuer Hirt, entgegen zu gehen,
"ohne sich nach einem Stabe umzuthun: gestalt er der proportionum
"nicht einmal mit einem einzigen Worte, Zifer oder Abtheilung gedenket.
"Des-

a) Bulyowsky muß, ich weiß nicht warum, immer für einen Pohlen gescholten werden; da er doch selbst (pag. 10. Emend. Organ.) Hungariam, nicht aber Poloniam, genetricem suam nennet.

b) vid. Orch. 1. pag. 85. Organ. Probe. pag. 240.

c) Er soll, bey Gelegenheit, in Kupfer gestochen, und nebst andern, dahin gehörigen Dingen, mitgetheilet werden.

"Deswegen könte ihn niemand accurater wiederlegen, als mit blossem
"Stillschweigen. So weit Herr Neidhardt. d) Aus diesen Gedancken
"ist wohl nichts weniger zu schliessen, als, daß wohlbesagtem Königl. Ca-
"pellmeister niemals im Sinn gekommen, nach der Pfeiffe eines solchen
"elenden Hirten zu tanzen. Wenn aber M.H.Hr. schreibet, Bulyowsky
"habe einen Grund-Riß des verbesserten Claviers hinterlassen, der
"mit dem Neidhardtischen richtig übereinkomme, ausser, daß sich
"jener nur im Profil sehen läßt: so weiß ich fast nicht, was ich sagen
"soll. Ich schlage den Bulyowsky auf, und finde inter pag. 92. & 93.
"ad §. 22. & 23, fig. 2, eine Claviaturam emendatam, von 16. pal-
"mulis, so wie ich deren Anzahl auch in der Organisten-Probe wohl
"bemercket habe; sehe ich dagegen des Herrn Neidhardts Abbildung an,
"so finden sich daselbst 24. gleich-schwebende intervalla in einer Octave,
"die toto cœlo von den 19. Ungarischen unterschieden sind, und gar kei-
"nen Vergleich leiden. Kircherus hat zwar 24. intervalla mit Noten
"vorgestellet, und mögte man eher aus ihm, als aus dem Bulyowsky,
"Anlaß zur Erfindung genommen haben. Allein Kircherus demonstrirt
"nichts, wie Herr Neidhardt, der sich nicht bloß am Abriß begnügen
"läßt, sondern rationes von allen seinen Intervallen anführet. In-
"zwischen hat sich doch der gute Bulyowsky mit seinem Kram was rech-
"tes eingebildet, und noch vor 16. Jahren ganzer drey tausend Reichs-
"thaler, für die blosse Beschreibung desselben, und Verfertigung eines
"Modells, abgeschlagen, weil er, seiner Meynung nach, 5000. Gülden
"e) daran verdienet hatte. Zum Beweiß dessen, will ich hier einen Aus-
"zug desjenigen Schreibens einrücken, welches dieser Mann ehmals an den
"Herrn D. Fecht in Rostock solcherwegen ergehen lassen:

"Ex literis Mich. Bulyofskyi de Dulycz, Consiliarii Eccles. Mar-
"chionatus Bada-Durlacensis & in Gymnasio illustri Profess.
"Philos. & Prorectoris, ad D. Joannem Fechtium, Durlaci 1709.
"8. Mart. scriptis, Excerpta.

"Divinum autem illud argumentum meum musicum fe-
"licissime tandem ego pertexui. Multa essent hac de re ad
" te

---

d) Im Vorbeygehen kan ich unberühret nicht lassen, daß in der jüngsten sectione Canonis Dni Neidhardti, pag. 39 ein Druckfehler, mit der copulativa ET, stehen blieben, welche den Unkündigen grosse Verwirrung verursachen kan.

	Quinta minor	- - 2828: 42:		Quinta minor &	
Es heißt:	Quarta major &	soll aber heissen:	Quarta major	- - - 7828: 42
	Quarta minor	- - 2963: 21/2:		Quarta minor	- - - 2963: 18

e) Das mögte einer mit besserm Recht einen abzuthuenden Danck heissen, als zween
Groschen für ein Kupffer.

"te perscribenda, sed istius quidem epistolæ fines ambire
"hanc materiam non possunt. Hæc, cum sero aliquando re-
"dieris in cœlum, familiaribus tuis enarrabis. Bulyofsky-
"um, Nobilem Hungarum, clientem tuum, quod nemo ab
"orbe condito præstitit, sonorum musicorum discrimina & dif-
"ferentias proportione Geometrica determinare. Si res ista
"fuisset tanto intervallo tempornm, quod a nobis est ad initia
"rerum conditarum, perspecta: qualem tu audivisses & illi qui
"ante nos vixerunt, suavissimorum concentum sonorum?
"Ἀνακύκλωσις tentata perpetuo est à filiis musicorum: hactenus
"à nemine constitui potuit. Nos vero hanc circulationem musi-
"cam conficimus felicissime. Et est profecto in musicis quoque
"sonis, qualis humani sanguinis, certa quædam circulatio at-
"que orbis. Atque tu quidem meministi me dicere sæpe, geo-
"metrica proportione sonos niti musicos. Sed ad hoc tempus
"nesciebam, quomodo, cum lineis magnitudinem sonorum
"determinarem, idem præstarem numeris. Nunc nuper istam
"quoque obscuritatem dispuli & Logarithmorum auxilio fultus,
"inter diametrum & semidiametrum circuli, id est inter uni-
"tatem & binarium numerum, triginta medias proportionales
"etiam numeris expressi, surdis illis quidem & irrationalibus,
"quos vocamus; sed ne unius quidem capilli atque puncti la-
"titudine à genuino loco atque numero, in longissima etiam
"linea atque chorda discedentibus, quæ res profecto admirabi-
"lis est atque divina. Atque ita jam, sive sursum, sive deor-
"sum moveo sonos, eadem semper ratio, proportioque per-
"manet & cantilenæ quæcunque, quod nemo credat etiam pe-
"ritissimorum nostrorum musicorum, sive deorsum, sive sur-
"sum, eadem perpetuo servata proportione, transponuntur:
"quod etiam est in hoc rerum genere & satis aptum sane mu-
"sicorum hominum verbum. Quid audis? Postquam vidit Se-
"renissimus Marchio noster ideam aliquam organi talis musici,
"tractatu longe facillimi ei, qui pulsare vulgaria novit organa
"& quas vocamus Claviaturas; juxtaque intueretur admirabili-
"tatem numerorum huc facientium, tria millia imperialium mi-
"hi spopondit se daturum, si & descriptionem hujus negotii
"totius sibi dedicarem, & minoris alicujus formæ hoc genus or-
"ganum sibi traderem. Sed quinque millia Florenorum cupio,
"etiam ad memoriam rei & ordinis musici. Quos si non dede-
"rit

"rit Princeps optimus & uti pulcherrimarum rerum omnium,
"ita divinæ etiam matheseos, studiosissimus: dabit alius. Hæc
"de illo argumento, quo ego mirifice me oblectare soleo, meæ
"scilicet vitæ suavissimo relaxamento.

Den Pantalonischen Cimbal habe durch Monsr. Grünewald, dem Darmstädtischen Capellmeister, allhier auch kennen lernen, und schreckte mich schon damals die viele Arbeit ab, es damit zu versuchen. Sonst war die Anlockung des schönen, summenden und deutlichen Klanges fast wie ein Syrenen-Gesang. Daß nun M.H.Hr., der ohne Zweifel bey so lange anhaltender Uebung ein andrer Pantalon f) seyn wird, immer einen und andern Clavem, bey veränderter Scene, zu corrigiren findet, kan wohl erstlich bey Darm-Saiten schwerlich anders vermuthet werden, wenn man betrachtet, wie die geringste Lufft eine so grosse Macht über dergleichen weichen und nachgebenden Cörpern habe; Fürs andere beweiset solches handgreifflich die Nothwendigkeit der Temperatur bey einem fest-gestimmten Instrument. Ich gestehe jedoch gerne, daß man am besten thun würde, falls nur ein gewisser Bezirk zum Spielen erwehlet worden, und sonst keine Ausweichungen erforderlich wären, ein solches Instrument, wie der besagte Cimbal, oder dergleichen eines das es leiden wollte, in den vorgesetzten Accorden also rein zu stimmen, daß nichts daran fehle. Es ginge an, wenn man sich, wie Monsr. Pantalon, nur selten, und etwan auf ein halb Stündgen, hören lassen dürffte, dabey auch so wohl fürs Stimmen, als fürs Spielen, belohnet würde; allein bey andern Umständen und Werckzeugen wäre es wohl nicht thunlich, insonderheit bey Claviren, da einer schwerlich die halbe Partitur mag geschlagen haben, ehe er schon, wo nicht mehr, doch einmal, die Runde mit allen Clavibus gethan. Hergegen läßt sich das dem Cimbal vor den Claviren beygelegte Prerogativ, wegen des starcken und gelinden Anschlages, als worinn freylich eine grosse Anmuth stecket, it. die Veränderung mit den Schlägeln, gar wohl hören, und werde mir die Historie ihres ehmaligen Concertleins an seinem Orte zu Nutze machen, so daß, wegen der langen Disgreßion, eben nichts zu besorgen stehet.

Von

---

f) Er heisset sonst, mit seinem rechten Namen: Hebenstreit. König Louis XIV. in Franckreich soll das Instrument getauffet, und Pantalon genennet haben, wie sich Mr. Hebenstreit, der grosse Virtuose, vor Ihm hat hören lassen. Bey nechster Gelegenheit werde mehr von diesem berühmten Künstler, und seinem Instrument erwehnen: also darf sich der ungenannte Organist in Magdeburg die Zeit nur nicht lang werden lassen; inskünfftige aber mögte er wohl seine Briefe frankiren, und den Nahmen hübsch dazu setzen.

Von den seltsamen Transpositionen, deren es doch gibt, und M.H.Hr. selber anführet, ist nicht gesagt, daß man sie in einer gewöhnlichen, und vor der Faust zu machenden, Music herbey zu ziehen nöthig habe; doch kan disfalls eine Privat-Uebung gar nicht schaden, und mancher, der sich bey seinem wenigen Wissen viel einbildet, artig damit gezüchtiget werden. Wenn sich auch die von mir über die Terzien gemachte Anmerkung nicht just auf solche Sachen paßen sollte, die aus wunderlichen und plagerichen Versetzungen bestehen, wo manchesmal mehr W als B zu finden (wiewohl ich doch noch kein Exempel weiß, wo die Regel nicht zutrifft, daß eine Note mit dem Kreuz die kleine, und eine mit dem b die grosse, Terz erfordert) so ist die Observation doch von sonderbarem Nutzen, wenn auch nur im General-Baß eine blosse Sext, als die leichteste Signatur, etwan im Recitativ, oder sonst in einem Stück bekannter und starck getriebener Modorum, affinaliter vorkömmt, da einerley Clavis, ob er gleich finalis ist, zweyerley Natur und Umstände hat. Doch hätte mir hiebey noch einfallen mögen, daß die Sext solcher Gestalt eben die Beschaffenheit erfodert, als die Terz, nehmlich: wo die Note ein Kreuz vor sich hat, da muß die kleine Sext erscheinen; wo sie aber das b weiset, da findet ordentlicher Weise die grosse Sext ihren Platz.

Daß die Art, mit welcher ich meine Modos einfältig ausgedruckt, der Natur am nähesten komme, habe daraus geschlossen, weil sie sich nicht zufälliger Weise, und nur, da sie zum final eilen; sondern wesentlich, auch Anfangs, und aller Orten, gemeiniglich so verhalten, wie es im Orchester II. angedeutet worden. Doch gefällt mir auch Meines Hochgeehrten Herrn Vorschlag gar wohl: und wäre ich so glücklich gewesen, selbigen eher zu wissen, hätte es, auf ihre Art, g) gerne mit hinzugefüget werden können. Es kan auch noch bey einer andern Gelegenheit geschehen, damit ein jeder wehle, was ihm anstehet, und bin ich Ew. Hoch-Edl. für die Anerinnerung höchst verbunden. Daß ich aber in den grössern Modis, auf die Octave, Berg-unter, (wie Sie schreiben) die kleine Septime folgen lassen wolle, ist mir unbewust, und muß ein Versehen seyn: denn ich sage p. 231.

daß

---

g) Der Herr Kuhnau wolte die Scalas Modorum also ausgedrucket haben:

d	e	f	g	a	h	c	d	c	h	a	g	f	e	d
e	fis	g	a	h	c	d	e	d	c	h	a	g	fis	e
d	e	fis	g	a	h cis	d cis	h	a	g	fis	e	d	&c.	

daß diese Modi im Fallen und Steigen gleich sind; doch so, daß auch wohl die kleine Septima vorkommen könne.

Uebrigens habe ich sehr ungern meine so genannte Lauge ausgegossen, und sähe noch ungerner, wenn man mich weiter beunruhigen würde, wie solches aus vielen Stellen meiner Vertheydigung, und insonderheit aus p. 496. zu schliessen ist. Jedoch, da ich mir nichts, als eines heilsamen Vorsatzes, bewust bin, es mag auch vielen anders vorkommen, so will deswegen getrost seyn, und mit möglichster Behutsamkeit in meinem Studio fortfahren. GOTT wird Gnade geben, der mein gutes Hertz kennet, daß mir das Böse, so andre denken, und wieder mich schmieden, wenig schade. Sæpe majori fortunæ locum dedit injuria. Die vermeynte Beschimpfungen geben offt Gelegenheit zu grösserm Glücke. Arminius sagte zum Sprichwort: Bona conscientia Paradisus. Wer ein gutes Gewissen hat, der lebt schon im Paradieß.

Ich empfehle mich, in aller ersinnlichen Erkänntlichkeit für die grosse Güte und Liebe, mit der M. H. Hr. das beschützte Orchester aufnehmen wollen, dero fortwährenden Zuneigung und hochgeschätzten Freundschafft auf das äusserste, und nenne mich in sonderbahrer Ehrerbietung

Ew. Hoch-Edl.

Hamburg, den 1. Jan. 1718.

Meines Hochgeehrten Herrn bereitwilligsten Diener

Mattheson.

P.S. Wie stehts mit dem Tetrachordo veteri, hodiernæ Musicæ accommodato Mich verlanget sehr darnach.

XXVII.

Nun kommen wir zu dem Herrn J. G. Linike, ehemahligen Concert-Meister am Weissenfelsischen Hofe, nunmehro aber einer von den premiers Violons in hiesigen Opern, der des Herrn Capellmeister Keisers Stelle in dieser Kanzeley bekleiden mag. Der Ort seiner Erziehung ist Berlin, als woselbst er in die 16. Jahr alle Virtuosen gekennet, auch die Composition von dem berühmten Contrapunctisten, Herrn Johann Theil, gelernet, und bis 1713, als installirter Kamer-Musicus gedienet, auch die Vices des abwesenden Capellmeisters vertreten, und die Königl. Trauer-Music aufgeführet hat. Darauf verschrieben ihn Ihro Hochfürstl. Durchl. zu Sachsen-Weissenfels, als Concert-Meister, mit deroselben Erlaubniß er auch hernach eine Reise nach England vornam, und daselbst drey Jahr zubrachte. Er besitzet nicht nur eine sonderbare Fertigkeit auf seiner Violine; sondern ist, hauptsächlich für Instrumental-Concerte, ein geschickter Componist: wie er denn noch neulich ver-

verschiedene Proben seiner Fähigkeit in den Opern abgeleget hat. Seine Bekanntschafft an den meisten Teutschen Höfen, wo Capellen sind, ist groß, und er verzeichnet alle Vorfälle fleißig, die er hie und da, auch wohl in Büchern antrifft. Der Raum vergönnet nicht, ein mehrers zu sagen. Ich habe viele Briefe von ihm, will aber nur einen oder andern vornehmen, das benöthigte heraus ziehen, und dabey zum voraus melden, daß der Herr Linike seine Gedancken, von dem Orchester-Streit, aus eignem Triebe, weder auf meine, noch sonst, so viel ich wüste, eines Menschen Anfoderung ertheilet hat, folglich in der Sache desto unpartheyischer ist.

XXIX.

Das erste Schreiben wohlbesagten Herrn Concert-Meisters ist vom 30. May. 1718. aus Weissenfels, und lautet, so weit es zu unserm Zweck dienlich, Auszugs-Weise, also:

(No. 12.)

Monsieur

Die sonderbahre Hochachtung, so ich zu meines Hochgeehrten Secretarii Schrifften jederzeit getragen, veranlasset mich auch mit dessen werthgeschätzten Person, vermittelst der Correspondenz, in eine nähere Allianz zu treten. M. H. Hrn. sehr löbliches Vornehmen, die reale Wissenschafft und den Estim der edlen Music auf den höchsten Gipffel zu schwingen, ist gewißlich so höchst nöthig, als höchst rühmlich. Dessen beywohnende Gelehrsamkeit, welche so wohl zur Sache selbsten, ich meyne, ad partem informatoriam Musicæ, gehöret, als auch die Wissenschafft, so wohl der gelehrten, als galanten Sprachen, der wohlfliessende und sehr deutliche Styl, der unverdroßne Fleiß, ja, was noch mehr, die selbst eigne Ausübung der Composition, als auch der würcklichen und galanten Execution, versprechen mir inskünfftige von M. H. Hrn. noch grössere Dinge, und versichern mich, daß, was in dessen Schrifften zugesagt, auch gewißlich wird ausgeführet werden. Daß ein vollständiges Systema compositionis modernæ höchstnöthig sey, wird gewiß kein heutiger galanter Componist leugnen: denn alles, was ich für meine Person noch in Teutscher Sprache gelesen, ist entweder nicht hinlänglich genug, ein Subjectum völlig daraus zu instruiren, oder es ist mit altväterischer Dunckelheit, und mit nichtswürdigem Zeuge, angefüllet gewesen. Dahero M. H. Hr. sich einen unsterblichen Ruhm erwerben würde, diesem grossen Mangel abzuhelffen. Was mein M. H. Hr. ferner gedencket, de Historia Musices absolutissima, zu schreiben, solches wird gewiß viel zum Licht und zur Erhebung der Music beytragen; ich zweifle nicht M.H.Hr. wird hierin Arbeit genug finden.

_ *_* *_*

Das dritte Stück: Vitæ Musicorum illustrium nostri Seculi, muß allerdings ein curiöses Werck werden: wie es denn gewiß einen rechtschaffenen Virtuosen, wenn er so viele berühmte Vorgänger, als auch noch lebende Mitglieder, so in dem höchsten Flor stehen, betrachtet, recht erfreuen; die übrigen aber allerdings zu einer rühmlichen Nachfolge anspornen muß. Ich suche von Herzen, das meinige hierzu, nach meinem wenigen Talent, mit beyzutragen. Wiewohl ich nun fast angestanden, dergleichen zu unternehmen, so haben mich doch M.H.Hrn. Schrifften allezeit wieder dazu angefrischet, in deren Durchlesung ich gar manche höchst-vergnügte Stunde gefunden. Es hat auch nachgehends der unvergleichliche Poet, Mr. König, mich hierzu mündlich animiret, wie daß M.H.Hn. meine Correspondenz nicht würde unangenehm seyn, ich auch allezeit darin etwas finden würde, wobey ich profitiren könte: welche beyde auch meine Haupt-Motiven gewesen.

_ *_* *_*

Eines muß ich noch M.H.Hn. von D. P. melden, daß man vielleicht an einem so galanten Componisten noch tadeln würde, nehmlich: daß er die Solmisation, welche ich doch von einem galanten Componisten fast für bannisirt hielte, noch vertheydigen will. Ich habe gar öffters, da er mir hat weiß machen wollen, man könne dadurch am allerbesten die Fugen und Imitirungen machen lernen, auch hierzu ocularem demonstrationem gebraucht, ihm allezeit die gründlichsten Gegen-Remonstrationes gethan, daß ich solches alles mit den Littern eben so wohl darlegen, als würcklich verrichten könte, und zwar auf eine viel leichtere und angenehmere Art, als mit der schweren und verdrießlichen Solmisation. Jedoch: chacun a son gout.

_ *_* *_*

Ich, für meine Person, mögte gerne von meiner wenigen Arbeit an M.H.Hrn. mit übersenden, indem ich nicht weiß, ob derselbe davon etwas gesehen; man aber auch folglich von eines Menschen Fähigkeit nicht urtheilen kan, meine Arbeit auch, aus gewissen Ursachen, nicht in jedermanns Händen, als werde es, bis auf eine bald vermuthliche Gelegenheit, verspahren, um M.H.Hrn. etwas davon mit zu überschicken, dasselbe aber M.H.Hn. Censur, mit dem grössesten Plaisir, unterwerffen, als der ich so eigensinnig nicht bin, sondern in meiner Composition gerne alle vernünfftige correctiones

ctiones annehme. Auf M.H.Hn. Schrifften wieder zu kommen, so wird dessen letztere abgedrungene Gegenwehr, das beschützte Orchester, inskünfftige genug seyn, alle Feinde davon abzuhalten, indem ich nimmermehr glaube, daß sich einer die Finger wieder an dessen Schrifften (in welchen gewiß succus & sanguis steckt) verbrennen werde. Wir haben indessen, aus M.H.Hn. Wiederlegung, welche judicium und rationem zum Grunde hat, mehr gelernet, als wenn der Erf. Org. noch 20. dergleichen nichtswürdige Bücher geschrieben hätte. Dahero M.H.Hr., wie ich schon zuvor gemeldet, in Vollendung der in dessen Schrifften versprochenen Wercke, sich gewiß einen unsterblichen Ruhm erwerben wird. Die Gaben M.H.Hrn. zur Ausführung solches wichtigen Vorhabens, und wo alle hiezu nöthige requisita anzutreffen sind, finde ich so vollkommen und unvergleichlich, daß ein dergleichen subjectum (ich rede ohne flatterie) besorglich in 100. Jahren wohl nicht mögte wieder gebohren. Viele Musici, worunter auch meine Person gerechnet, stehen zu M.H.Hrn. Diensten, um alles mit beyzutragen, was hiezu erfordert wird, und das Werck, durch die Correspondenz, zu erleichtern. &c.

XXX.

Der zweyte Brief, vom 6. April 1720. aus Weissenfels, enthält zwar auch hin und wieder einige Anmerkungen über den Orchester-Proces: weil solche aber zugleich auf gewisse Personen zielen, die ich nicht gerne nennen mag, so wollen wir uns nur an einen artigen Neben-Umstand halten, den der Herr Linike von dem ehemals berühmten Adam Krieger, anführet.

Dieser Adam Krieger, heißt es, hat zu seiner Zeit eine musicalische Societät, so das Cymbalische Reich genennet worden, und worin er König gewesen, aufgerichtet. Es sollen viel grosse Herren mit darin begriffen gewesen seyn, und habe ich die Erzehlung von unserm Herrn Capellmeister Krieger vernommen. Aber diese Societät verdiente wohl, daß sie von neuem untersuchet, und wieder hergestellet würde. Wir Teutschen sind, wegen der Grösse unsers Reichs, und wegen so vieler Kaiserl. Königl. Churund Fürstl. Gräflichen und andern Residenzen, Reichs- und andrer Städte, so sehr zertheilet (geschweige was sich noch für Teutsche Virtuosen in Engeland, Italien, und andern auswärtigen Reichen, aufhalten) daß also, mittelst einer solchen Societät dieses corpus, conjunctis viribus, agiren, und sich wieder empor schwingen, mithin alle Music-Feinde und Lästerer zu Schanden und Spott machen könte. Mir gehet nicht wenig nahe, was ich pag. 122. in M.H.Hrn. Organisten-Probe von den Music-Feinden lese. Ich will es M.H.Hrn. überlassen, der Sache weiter nachzudencken; unvorgreifflich aber meynte ich), daß, wenn diese Glieder zusammen getreten

ten wären, worin auch grosse Herren, sonderlich die Directeurs an grossen Höfen, so insgemein adeliche sind, könten mitgenomen werden, diese Societät, sich in gewissen Schrifften (wie etwa die Europäische Fama, oder das Gespräch im Reich der Todten) so allezeit fortgesetzet würden, und etwa das Neu-eröffnete Cymbalische Reich, oder einen andern Namen führen könte, hervor thun müste, so, daß berühmte Compositeurs darin allezeit den Catalogum ihrer neu-verfertigten Musicalien fünden, allerhand zur Music und Composition gehörige Sachen ventilirt würden ꝛc. Diese Schrifften, so einerley Format, um dieselben hernach in einen Band zu bringen, haben müsten, könten gar grossen Nutzen schaffen. Ich wollte in diesem Reiche gern M.H.Hrn. zum Presidenten, oder gar zum Könige helffen mit erwehlen: denn ich weiß, keiner würde demselben besser vorstehen. In Summa, ich überlasse es meines Hochgeehrten Herrn reifferer Ueberlegung. So weit Herr Linike.

XXXI.

Der Herr Cantor Bokemeyer in Wolffenbüttel, von dem wir bald ein mehrers zu melden haben werden, that vor einigen Monathen dem Herrn Capellmeister Telemann und mir einen Vorschlag, der dem obigen Kriegerischen ziemlich nahe kömmt, den ich auch, gewisser massen anzunehmen, mich nicht wegere; ob ich mich schon für die Königliche oder Presidenten-Würde in dem Cymbalischen Reiche, so mir der Herr Linike zugedacht, allerschönstens bedanke. Kan ich aber einen Kanzelisten, oder, wenns hoch kömmt, einen Geheim-Schreiber, in solcher Societät abgeben, so stehet meine Wenigkeit derselben zu Diensten. Des Herrn Bokemeyers Antrag aber gehet dahin, daß der Zweck einer solchen Gesellschafft seyn sollte: Die gründliche Untersuchung aller zur Music gehörigen Theile, um in demselben rechte daurhaffte und deutliche Anleitungen, zum geschwinden Begriff, und zur grössern Auffnahm, der Music, zu finden. Er meynet, wir drey könten fürs erste einen Anfang machen, und hiernechst würden schon andre gelehrte Musici, nach Belieben, mit in die Societät treten. Er sagt, ein solches Werck, so einem zu schwer ist, würde vielen leicht fallen, nach dem bekannten Sprichwort: Oculi plus vident, quam oculus. Was denn aufgesetzet würde, meynet er, könte mit reinem Papier durchschossen, und hiernechst von einem zum andern gesandt werden, biß es alle geprüfet, und ihre Anmerckungen, Erläuterungen und Verbesserungen beygetragen hätten. Alsdenn könte es der Verfasser desto getroster heraus geben, und würde um so viel mehr Eingang finden. Dabey thut er den Vorschlag, daß sich ein jeglicher, nach eignem Gefallen, einen Namen in der Societät beylegen mögte, Z. E. der Hr. Telemann könte sich, wegen überhäuffter musicalischer Verrichtungen, den Beschäfftigten, meine Wenigkeit, wegen der Critic, den

Beur-

Beurtheilenden tituliren; er aber, der Herr Bokemeyer selber, wollte der Grundlegende heissen, und zwar eines Theils darum, weil er den Vorschlag darzu gethan, andern Theils auch deswegen, weil er gesinnet, in musicalischen Dingen, mit GOttes Hülffe, noch ganz neue Fundamente zu legen.

XXXII.

Wenn ich nun meine unmaßgebliche Gedancken, mit wenigen, über dieses gute, obgleich nicht zuerst von dem Herrn Bokemeyer vorgeschlagene, Werck (weil uns der ehrliche Adam Krieger lange darin vorgegangen, und Herr Linike mir schon vor 7. Jahren davon Eröfnung gethan) beyläuffig entdecken mag, so sehe ich überhaupt nicht ab, wie dasselbe einen gewünschten Fortgang haben könne, einer Seits, wegen Mangels tüchtiger Glieder, andrer Seits, weil die wenigen tüchtigen einen Ueberfluß an Eifersucht, und einen grossen Abgang an gutem Willen, haben. Unter den letzten werden einige seyn, die gerne mit in die Societät träten, wenn sie nur Zuschauer und keine Acteurs abgeben dürfften. Andere würden es ihrem Mit-Gliede nicht gönnen, wenn es sich hervorthun, und ein mehrers, als sie selbst, leisten sollte. Was aber die Tüchtigkeit der vorgeschlagenen Reichsgenossen betrifft, so weiß die Welt, wie es leider damit beschaffen ist, und daß die Ungelehrsamkeit so vieler, auch auf ihrem Instrument, und in gewissen Compositions-Arten, kunsterfahrnen Leute, die rechte Quelle zeiget, warum sie so ungesellig sind. Denn die wilde, leutscheue und erzwungene Absonderung findet bey keinem rechtschaffenen literato statt, die rauhe Einbildung und der, unter einer schmeichelhafften Larve verdeckte, unerträgliche Hochmuth noch weniger: nam didicisse fideliter ARTES (in plurali) emollit mores, nec sinit esse feros. Wenn ein Artzt, ein Jurist, ein Schrifftgelehrter nichts wissen sollte, als was mit genauer Noth zu einer Supplic, zu einem Julep, oder zu einer Kanzel-Rede gehörte, so wäre ein jeder unter ihnen wohl ein elender Held. Nun aber wissen auch offt die best-seyn-wollende Musici kaum was zu ihrer Seienz absonderlich gehöret, rechnen die Historie, die Antiquität und der Vorfahren Mühe für gar nichts, weil sie dieselbe nicht verstehen, und können doch von ihren neuen Meynungen nicht die geringsten guten Grund-Sätze geben: Was ist mit solchen Leuten zu thun? Ich setze aber den Fall, alle diese Schwierigkeiten wären zu heben; ich betröge mich im Artikel der übelgesinnten; die Welt hätte Unrecht in Ansehen der ungelehrten Musicorum; ein Jurist wüste auch sein Theil von der Music; ein Artzt das seine von der Jurisprudenz; ein Geistlicher viel von der Politic, und ein Musicus was rechtes von der Philosophie; so wären doch noch einige wichtige Fragen zu erörtern, davon ich nur fünf zur Probe hersetzen will. Die vornehmste Frage würde wohl diese seyn; Woher ein gewisses Capital zum Verlag des vorgeschlagenen Wercks zu nehmen? Gehet ganz Teutschland durch und versuchet, ob ein Musicus zu finden, der nur zehn Thaler daran wagen wolle, oder könne? Nehmt die in Italien, England und Franckreich lebende Conpatrioten mit: ihr werdet, wie die gesunden Bettler, vor allen Thüren getröstet werden. Die andere Haupt-Frage würde seyn: Wie viel, und welche Personen, fürs erste, als würckliche Glieder, anzunehmen? Es heißt zwar sonst: tres faciunt Collegium. Allein wenn auch gleich unser dritte Mann ja dazu sagte (wovon er doch noch weit entfernet ist, vielleicht nicht ohne erhebliche Ursachen) so macht doch diese Zahl keine Societät. Die dritte Frage wäre: Ob einige honorarii zu finden, und ob dieselbe, in Ermanglung der Schrifften, nicht sonst einen Beytrag thun müsten? Ich bin gut dafür, die meisten werden antworten: quod non. Meine vierte Frage könte seyn: was für Wohlthaten den Interessenten aus sothanem Cymbalischen Reiche erwachsen mögten? Fünfftens, was für Gesetze zu errichten? ꝛc. ꝛc. Unter diesen letzten wäre wohl eines oben an zu setzen, daß nehmlich die Socii, bey hundert Thaler Straffe, unter einander keine anzügliche Streitschrifften wechselten. Wenn nun der Verlag eines Jahres etwa zwey Alphabet betragen mögte, würden schon, mehr oder weniger, ein hundert Thaler dazu erfordert. Woher nimmt man die? Zum wenigsten müste die Gesellschafft aus zwölff erwehlten Personen bestehen, deren jede, nach errichteten Gesetzen, das ihrige dazu vorher beyträge; der dreyzehnte Mann aber, oder supernumerarius, als Bedienter, collector, editor und Secretarius, wäre nicht nur frey; sondern hätte auch sein Gewisses. Die zwölff Glieder mögten wohl an zwölff verschiedenen und ansehnlichen Orten gesessen seyn, um das Werck daselbst unter die Leute zu bringen. Sie müsten, wie gesagt, nicht nur in der Music, sondern übrigen dahin abzielenden Literatur, grössesten Theils, wohl beschlagen seyn; jeder wenigstens eine gute Schrifft von vier Bogen jährlich ausarbeiten und solche dem Herausgeber nach der Reihe einsenden; ein halbes Jahr zum voraus schreiben; drey Censuren von der Societät (i. e. ihren Deputirten) leiden: denn allen Genossen die edenda zuzusenden, wäre wohl, bey solcher Einrichtung, so unnöthig, als unthunlich; die honorarii erlegten eine Erkenntlichkeit und ihre Anzahl bliebe unumschränckt; was endlich aus dem Wercke gelöset würde, könte in 12. Theile gehen; doch nicht eher, als biß der nöthige Fonds zu einem Jahr-Verlag zurück geleget. Der Nutzen, damit man die honorarios gewinnen könte, wäre erstlich, daß sie die edita der Societät um die Helffte wohlfeiler, und zweytens allenthalben einen freyen Zutritt in Concerte ꝛc. hätten, wo ein Mit-Glied dieselbe dirigirte. Der Titel des Wercks aber könte seyn: **Das neu-aufgerichtete Cymbalische Reich** ꝛc. s. j. a.

CRITICA MUSICA
Pars VII.
Der Orchester-Kantzeley
Drittes Convolut.

Quod bonum eſt, bonos facit: nam & in arte muſica quod bonum eſt, facit Muſicum.   SEN. Epiſt. 87.

XXXII.

Wir wenden uns, nach voriger digreſſion, wieder zu unſrer Kantzeley, und langen daraus das nechſte, von dem Herrn Capellmeiſter Ritter verfertigte, Document hervor.

(No. 13.)

Hochgeehrter Herr, und werthgeſchätzter Freund,

Unſer neulicher Diſcurs, in deſſen angenehmen Garten, hat mich ſehr contentirt, und weil die Zeit über Verhoffen verfloß, alſo, daß wir abbrechen muſten, verſprach ich ein mehrers ſchrifftlich einzuſenden, ſonderlich von M.H.Hrn. zweytem Theil des Orcheſters, zu deſſen arbitrum mich derſelbe, nechſt andern berühmten Meiſtern, erwehlen wollen. Nun bin zwar ein emeritus, der das ſeinige an Königl. Chur- und Fürſtlichen Höfen, GOtt Lob! über die 30. Jahr in re muſica gethan; dennoch kan nicht umhin, auf M.H.Hrn. Erſuchen, meine Gedancken über deſſen Orcheſter zu eröffnen. Und weil M.H.Hr. in demſelben ſonderlich mit der Sepultur der Aretiniſchen Invention zu thun hat, und die bekannten 6. voces begraben wollen, (wie Titel und Kupffer ausweiſen) ſo kan zwar ſolches geſchehen laſſen, zumal ſie heutiges Tages nicht mehr practicable ſind; doch muß dabey bekennen, daß das mi und fa, nicht zwar der Rennung, ſondern der Wirckung, nach, von meiner Jugend an ſo tief bey mir eingewurzelt, daß ichs die Zeit meines Lebens nicht vergeſſen kan: dahero auch, weil das Begräbniß doch nun vorbey, dem guten alten Mönch zu

Zwanzigſtes Stück. Kk Eh-

Ehren, und weil ich nach seiner Methode informirt worden, dieses epitaphium setzen wollen:

> Hier liegt gegraben Aretin, a)
> Der Meister in der Singkunst war,
> Und ganzer sieben hundert Jahr,
> Mit seiner neuen Sing-Methode,
> Der Welt gedienet hat; b)
> Nun aber ist sie nicht mehr Mode,
> Und findt nicht länger statt:
> Doch wird, so lang die Welt wird stehn,
> Sein mi und fa nicht ganz vergehn.

Denn das semitonium, welches die Quint-Essenz in der Music, wird wohl bleiben, so lange Music ist; und glückseelig ist der Musicus, der mi und fa der Sache nach, so wohl in und gegen sich selbst, als respectu der Terzien, durch alle 24. Tone gründlich verstehet. Der ist ein rechtschaffener FAmulus und Diener GOttes und seiner Kirche, ja, ein MIrum quid, der das Kind kennet. Daß es aber eben mi und fa heissen muß, ist nicht nöthig; weil es nun Aretin nach dem hymno so genennet, müssen wir zufrieden seyn: denn das Kind will doch einen Namen haben, es heisse nun wie es wolle. Es ist keine Glaubens-Sache, und kan ein jeder, ohne Gefahr seiner Seelen, bey den alten 6. vocibus bleiben, oder nicht. Doch ist gewiß, daß es langsam und schwer damit zugehet. Experto crede Ruperto. Der geschälte Cantor-Stecken hat bisweilen viel dabey gethan; ob der Cantor gleich selbst nicht gewust, was mi und fa eigentlich bedeutet: da man doch damals von 24. Tonen nichts gewust. Was will denn itzund geschehen, da man nicht weiß, ob man das Cis dur mit dem b; oder Kreuz, bezeichnen soll: ingleichen das Dis moll, und Fis dur, aus welchen dreyen Tonen ich wohl ein specimen von M.H.Hrn. zu sehen verlangte. So viel habe selbst aus der Observanz, daß der erste Ton, nehmlich Cis dur, lieber das b haben will, damit f, tertia major, rein bleibe: so hätte man denn das b und c auch natürlich, und dürffte sich nicht mit so vielen Kreuzen plagen. Man hat auch noch eine andere raison, wegen des Ganges ins B moll. Qui bene distinguit, bene docet. Summa, die 24. Tone machen heutiges Tages viel Händel: dieweil ein jedes Clavier, oder Ton, mi, und auch fa, seyn kan. Sonst befinde in M.H.Hrn. Scripto viel gutes und reelles; nur wolte wünschen, daß man bloß bey dem statu controversiæ geblieben, und keine personalia

---

a) ἀναγρ. in arte.   b) de mortuis nil nisi bene.

nalia tractirt hätte. Daß es sein Gegner an Jhm erholet, kan ich nicht in Abrede seyn. GOtt gebe, daß beyderseits Gemüther wieder vereiniget, und in eine Harmonie gebracht werden mögen! Man spanne die Säiten nicht zu hoch, und befleißige sich einer Temperatur, so wird alles gut gehen. Zum Beschluß setze noch hieher, was ich einem wackern Organisten in sein Stamm-Buch geschrieben, nehmlich:

Jn MI und FA } MIserere! Luc. 16, 24.
Jn dur und moll } FAcies Dei. Ps. 17, 15. 42, 6.
Jn Weh und Wohl,
Jn Freud
Und Leid
Bestehet Zeit,
Und Ewigkeit. ⸗ ⸗ ⸗ ⸗ GOtt helff uns zu der seeligen!

S. D. und Fr. Ritter.

XXXIV.

Die erste Anmerckung, so ich hierüber, mit Erlaubniß des Herrn Ritters, machen muß, ist: daß von den siebenhundert-jährigen Verdiensten des Aretins just ein seculum eingehet, weil Putcanus schon dem Solmisations- oder Mutations-Faß den Boden ausgestossen hat. * Hernach, wenn anagrammata die Sache ausmachen, sind ihrer drey gegen eins aufzubringen. Jn den addendis der dritten Eröffnung meines Orchesters findet sich dieses: ARETINUS, per anagramma triplex: EST RUINA, UT SIRENA, AUT INERS. Ferner, wenn mi und fa nicht der Nennung, sondern der Wirkung nach, als ein semitonium ubique situm, betrachtet werden soll und muß, so kan ich ja nicht sagen, es sey des Aretini sein mi und fa, das nicht vergehen wird: denn er hat ja das semitonium nicht gemacht, sondern selbiges nur mit einem nichtigen, verwirrenden Namen, nomine inani, beleget, der längst vergangen, impracticable geworden und unnöthig ist, wie der Herr Ritter selbst gestehet. Ad verba: Weil es nun Aretin so genennet, müssen wir zu frieden seyn, erinnere folgendes. Wenn dieses Argument so viel sagen will, wir müssen aus der Ursache, weil Aretin das Kind so, und nicht anderst getaufft, zu frieden seyn, daß statt solcher Benennung, womit es schwer und langsahm hergehet, nicht ohne Zuthun

Kk 2 des

* Und was thut die Zeit dazu? Das dreymalige Eintauchen bey der Tauffe war dreyzehn hundert Jahr lang in der Kirche bräuchlich gewesen, und wurde doch am Ende des dreyzehnten Seculi, durch das Concilium zu Ravenna, für gleichgültig erkläret; im vierzehnten aber gar abgeschaffet.

des geschälten Cantor-Steckens, eine andre und leichtere Methode zu Singen aufkommen, hat es seine Richtigkeit; soll es aber so viel sagen: weil Aretin das Ding so geheissen, so müssen wir zu frieden seyn, daß es seinen Namen behalte, allors je m'inscris en faux. Ad verba: Der Welt gedienet hat, stehet zu mercken, daß wohl die wenigsten seiner Dienste auf solche Art verlanget haben, insonderheit die guten experti Ruperti. Auch ist noch eine grosse Frage, ob er der Welt mehr gedienet oder geschadet? De mortuis bene, ist eine Regel, welche von ihren exceptionibus übertroffen wird. Pilatus & Judas mortui sunt: ergone de illis bene? mors non omnia levat; non famam. c) Clüver hat den Blocksberg in Kupffer vorgestellet, und den alten Italiänischen Mönch, davon hier die Rede ist, mit der Gabel in einer, und dem Ut, oder mi fa, in der andern Hand so abgebildet, als wenn er vom Satan, der hinter ihm drein flieget, auf gedachten Hexen-Berg verjaget und bannisirt worden. Vid. ej. Historische Anmerckungen, von 1707. No. 15. p. 113. Das ist ein bisgen gar zu arg! Bey dem Worte: erhohlet, sage ich so: Hat es mein Gegner an mir erhohlet, i. e. sich selbst zu Wege gebracht, und verursachet, so ist die Schuld nicht mein; sondern sein. Die Harmonie ist mein Wunsch, und stehet im Orchester deutlich genug. Wegen der Temperatur aber kan nicht umhin zu sagen, daß, wenn GOtt mich des Seegens im vierten Gebot gewähret, und ich dereinst an die Jahre des Herrn Ritters gelange, sich vieleicht mehr sang froid bey mir einstellen dürffte, als ich itzo besitze. Doch hoffe die Saiten so zu spannen, daß sie nicht so leicht springen sollen; sie müsten denn angesponnen und so verlegen seyn, als die Guidonische Leiter. Mit den verlangten Speciminibus der dreyen Tone habe in der Organisten-Probe aufgewartet, auch p. 232. & seq. daselbst meine Gedancken von den Signaturen eröffnet. Endlich sind die Allegorien mit dem FAmulo und MIro, mit dem MIserere und FAcie nur Wort-Spiele, die man in seinem Werth und Unwerth läßt: weil sie nichts zur Sache thun.

XXXV.

Die zehnte Stelle unter den Schieds-Männern wollen wir dem Herrn Johann Christoph Roubenio, Direct. Mus. zu Luckau, der Haupt-Stadt in der Marckgraffschafft Nieder-Lausitz, einräumen, welcher aus eignem Triebe seine Gedancken eröffnet hat, und dahero des verstorbenen Strickers Stelle vertreten mag. (No. 14.)

---

c) Theodorus Mopsvestenus wurde unter die Heiligen gerechnet; aber siehe! nachdem er lange über hundert Jahr todt gewesen, erklährt ihn das Concilium zu Chalcedon für einen Ketzer.

(No. 14.)

Hoch-Edler, Vest-und Hochgelahrter, Hochgeehrtester Herr, und sehr vornehmer Gönner ꝛc.

Daß, selbigem mit gegenwärtiger geringen Zuschrifft beschwerlich zu fallen, mir die Freyheit genommen, werden Sie verhoffentlich, Dero rühmlichen und Welt-bekannten Conduite nach, um so viel mehr meiner Wenigkeit zu gut halten, um wie vielmehr Dero unvergleichliche und gelehrte Scripta musica, so viel derselben bißhero ans Licht zu stellen Sie sich gefallen lassen, mich obligiren, Ew. Hoch-Edl. hiemit vor mich, als auch im Nahmen anderer verständigen, wiewohl wenigen Music-Kenner, allhier zu Lande, und zwar vor hochgeneigte communication, so durch den Druck geschehen, und womit Sie alle rechtschaffene Liebhaber der Music glücklich gemachet, öffentlich und schuldigen Danck abzustatten; zugleich aber auch meine hertzliche und innigste Freude zu bezeugen, da bey Durchlesung Dero galanten und denen Musicis fast so gar unentbehrlichen Orchestre, zweyter Eröffnung (der dritten sehen ich und alle mit mir gleich und wohlgesinnte mit allem Verlangen alle Augenblick entgegen) zwar mich sehr gewundert, daß die heutige kluge und wohlgesäuberte musicalische Welt noch dergleichen altfränckische, abergläubische und abgeschmackte Altreiser (Antiquarios) wie der bekannte Orgel-Treter ist, hege, als welcher sich unverschämter Weise unterstehen dürffen, eine ungereimte, ja schon längst des Landes verwiesene Solmisations-Defension dero nie genugsam gepriesenen Orchestre entgegen zu setzen, aber auch dabey wahr genommen, daß Ew. Hoch-Edl. denselben nach Verdienst, wiewohl mit grosser Gedult, gestriegelt, und als einen Marsyam excoriatum aller Welt zum Schau-Spiel mit grossen Ruhm exponirt haben. Ich hätte dem alten Fincken-Ritter schon vor längst gerne, und zwar bey Publication einiger wenigen Blätter eines kurtzen musicalischen Unterrichts, in gratiam meiner Untergebenen zusammen geschrieben, eines mit angehängt, und so zu sagen, causam communem mit Ihnen gemacht; wo nicht ein Hauß-Creutz mich daran gehindert. Inzwischen wollen Sie hochgeneigt erlauben, ihnen was schlechtes, so mir beyläuffig über Dero Tittel-Blatt und Kupffer der zweyten Eröffnung des Orchestre eingefallen, zu communiciren. * Es ist mir leyd, daß vor dießmal in einem und dem andern nicht näher mich zu erklären Zeit habe, welches aber künfftig, jedoch mit Dero permission, geschehen möchte. Inzwischen ist nicht zu beschreiben, wie sich

die

---
* Es ist ein Carmen, so unten folgen soll.

die ungelehrte und ungeschickte musicalischen Handwercks-Meister und Gesellen, ich meyne, die übel-informirten Orgel-Reiter, die Organisten, über Dero erbaulichen Organisten-Probe, in puncto der sogenannten fremden (ja ihnen mehr als zu fremden) Tone, abscheulich und erbärmlich mocquiren, daß auch so gar einer nur nechst, wie mir erzehlet worden, so eben mit dem Podagra behafftet gewesen, bey Durchlesung dero krafftigen Organisten-Probe, eine so hefftige Alteration und Entrüstung empfunden, daß augenblicklich das Podagra ihn verlassen; als er weiter und weiter in den Text gerathen, habe sich die Alteration dermassen verdoppelt, daß alsobald das Podagra, und zwar doppelt schmertzlicher, als zuvor, ihn angefallen. Es kommt mir nicht anders vor, als wenn sie in ein Wespen-oder Hornissen-Nest gestöret hätten. Zum wenigsten ist dieses richtig, daß der hundertste den Text in der Organisten-Probe auch zur Probe, in Ansehung der Griechischen, Lateinischen und Frantzösischen Allegatorum, nicht einmal lesen, vielweniger verstehen, oder einen Grundrichtigen und gesunden Begriff davon sich machen kan. Etliche wenige ausgenommen, welche zwar öffentlich sich noch so ziemlich prudent stellen können; aber doch gleichwohl auch ein: Quantum est, quod nescimus! so wohl manualiter als pedaliter, in ihren Gedancken heimlich solmisiren und figuriren mögen. Ich kan ohnmöglich glauben, daß in andern Professionen so viel elende Schöpse, Hudler und Stümper, und die so tölpisch, grob, stoltz, störrisch und unvernüfftig sich aufführen, und die so unbetragen sind, als unter denen so genannten Musicis die ungelöhrige Organisten und derer Zunfftmäßigen Culegen, die so genannte Kunst-oder Stadt-Pfeiffer oder Hauß-Leute, unter welchen selten einer seyn wird, der das musicalische a b c. ich meyne den Unterscheid der Tone, ob er dur oder moll sey, geschweige denn sonst was, weiß, sich befinden solten. Eines artigen Casus zu gedencken, so sich vor weniger Zeit an einem gewissen Orte hier zu Lande zugetragen: Es hat der dasige Cantor, der Hautbois und kleinen Waldhörner halber, ein Stück ins A dur transponiren müssen, da es denn geschehen, daß 2. Pieçes ins H dur und Gis moll par hazard gerathen. Wie nun der Cantor dem Organisten das Stück vorlegen lässet, entschuldiget sich der Organiste: Es könten diese fremden Tone auf der Orgel, so doch ein gutes und wohl-temperirtes Werck ist, nicht rein gespielet werden; der Cantor aber dennoch, nach ertheilter Antwort: Er könne es wegen der Instrumenten vorjetzo ohnmöglich ändern, auf der Execution des Stückes bestehet, so wird der Organist böse; protestirt und appellirt wider die Einführung solcher fremden Tone; bedrohet auch den Cantorem am höhern Orte deswegen zu belangen. Worüber der Cantor nebst andern hertzlich lachen, der Organist aber dennoch das Stück spielen und sich schämen müssen, daß er sich so bloß gegeben. Noch eins: Als nur nechstens ein gewisser Organist, ein sonst gar ehrlicher Mann, aus hiesiger Nachbarschafft in einer Compagnie zugegen war, in welcher Dero schöne Sonaten des Brauchbaren Virtuoso erwehnet wurden; so brach derselbe im Zorn heraus: Er wisse nicht (narranti veniam) was sich dieser Mattheson heraus nähme: Es hätte neulich nur ein anderer seines gleichen an ihn geschrieben: Es schiene, als wenn er die gantze erbare alte Musicalische Zunfft gantz in confusion bringen wolte: Ja, fuhr er fort: Er hätte Sätze in diesen Sonaten, daß man sich sehr darüber ärgern müsse. Man solte nur observiren, wie er bald in der 6 anfange, bald, und zwar Sonat. XI. Adagio im drey viertel Tact mit der 2. 4. 6. cadenzire, welches ja wieder alle Gewohnheit. (scil!) Nachdem von mir und dem hiesigen Organisten, (welchem ich jederzeit und ohne Heucheley das gebührende Lob wegen seiner Wissenschafft gar gerne gebe; Er heist Johann Schmid, ein Ecolier des wohlbekannten Schiffs) Remonstration gethan wurde, zog er sein Läster-Register wieder ein. Solche Helden sinds nun, die den Nahmen eines Musici (Schade um den schönen Nahmen) mit grossem Ernst und Eyfer affectiren. Jedoch will dieses jederzeit exceptis excipiendis von Hudlern, so sonst nichts als nichts erlernet haben, auch nichts præstiren, verstanden haben. Hieraus kan man abnehmen qui, quales, quantive die lieben Herrchen seyn mögen. Nicht weniger übel führen sich andere auf, welche zwar das prædicat eines Musici gar wohl verdienen, auch wohl höhern Orts sind, aber gleichwohl pure Marckschreyereyen, Gewinsucht und andere Händel mit der lieben Music treiben, die einem Musico durchaus nicht anstehen wollen. Dieses mit einem Exempel zu illustriren; so hat hier zu Lande, ja durch gantz Sachsen und Thüringen, nicht so bald ein Cantor seine Probe gesungen, welches mir selbst begegnet, daß nicht ein gewisser Componist, so eben nicht zu verachten, seine Aufwartung mit seinen componirten Stücken machet, das Stück a 1 gl. mit eigener Hand noch dazu geschrieben, feil bietet; die meisten aber wiederum, so gut, wie er sie übersendet, weil er, wenn das pretium nicht so gleich erfolget, sehr grobe Mahn-Briefe überschickt, zurücke erhält. Welches eine formale Betteley ist. Wie er denn dahero des prædicat eines musicalischen Ziegeuners, wie mir berichtet worden, von denen Cantoribus in Thüringen davon getragen: das gewiß nicht wenig zu Verachtung der so galanten und edelsten Wissenschafft beyträgt. Bitte nicht übel zu nehmen, daß so gleich zum erstenmahl mit meiner schlechten Zuschrifft so weitläuffig falle. Wolte wünschen, daß die Ehre und das sonderbare Glück hätte, ihnen persöhnlich meine geringe

Auf-

Aufwartung zu machen, ich verspräche mir nicht wenig dabey zu profitiren. Ew. Hoch-Edl. erlauben nur, daß Ihnen etwa alle halbe Jahr, denn binnen solcher Zeit reiset Ueberbringer nach dem Welt-berühmten Hamburg, mein Compliment machen möge, und zwar schriftlich, so schätze mich dennoch vor sehr glücklich. Wolten Selbige noch eines meiner wenigen Curiosität zu gute halten, so möchte mir wohl ein und das andre Kirchen Stück, Geistl. Orator. oder Cantata, oder, quod malim, dero von Ihnen wohlgesetzte Passion, so in denen öffentl. Zeitungen etwa vor 2 Jahr erwehnet wurde, von dero unvergleichlichen Composition ausgebeten haben. Versichere bona fide ehistens mit der Leipziger Messe solche mit schuldigem Danck und Erkäntlichkeit wiederum zurück zu übermachen. Schlüßlich gehet mein hertzlicher und feuriger Wunsch dahin, daß der Allerhöchste Ew. Hoch-Edl., samt dero Hochwerthesten Familie, viel und lange Jahr bey aller prosperität und erwünschtem Wohlseyn, mit beständiger Gesundheit fristen wolle, damit durch dero gelehrte und geschickte Feder, als welche dazu von GOtt ersehen zu seyn ich glaube, die sehr schöne und nutzbare Science der Music zu ihrem vollkommenen Splendeur und rechten Männlichen Alter gelangen, und, Trutz allen Ignoranten und Hudlern, von allen alten tauben Schlacken gereiniget, zum höchsten Gipffel gebracht werden möge, damit auch meine Wenigkeit das Glück haben möge, mich in Vergnügen Lebenslang zu nennen

Datum zu Luckau der Haupt-Stadt in Marggrafthum Niederlausitz am 3. Aug. 1720.

P. S. Mit wenigen: Ich bin vollkommen und in allen, was Ew. HochEdl. von der Music bißher commentirt und geschrieben haben, dero Meynung. Die Wahrheit und genuine Beschaffenheit der Sachen wollen es nicht anders leiden Vale faveque
tuo

Hoch-Edler Herr,
Ew. Hoch-Edlen

Gehorf. und ergebenster Diener
Johann Christoph Roubenius
Dir. Mus. das.

Ut, re, mi, fa, sol, la.
per anagr.
Fallis; rue, mota!

Lex rue Guidonis, fallis, sis mota Camœnis!
Mattheson extinctor te antra ad atra fugat.

Zufällige Gedancken
Ueber das, von (Tit.) Herrn Mattheson herrlich, und mit Freuden, zu Grabe gebrachte Aretinische
Sechs-Köpffigte Solmisations-Monstrum, nach Anleitung der
zweyten Eröffnung seines unvergleichlichen Orchester,
abgefasset.

Hier werden, ausser allen Zweifel,
Zur Grufft gebracht sechs Plage-Teufel; (a)
Darunter fande sich ein blinder, (b)
Das war der ärgste Schalck und Sünder.
Der Aberglaub, (c) ein Mönch, ein Frater, (d)
Sind hier als Mutter, und als Vater;
Und diese gehen alle beyde,
Als Haupt-Personen, vor im Leide.
Zwölff Griechen sind die Leich-Begleiter, (e)
Und zwey unächte Bärenhäuter. (f)
Die Zeit führt, nach sechshundert Fahnen, (g)
Auch so viel Eulen-Köpff, als Ahnen. (h)
Drauf kommt ein steiffer Orgel-Ritter (i)
Von Erfurt her, als Leichen-Bitter.

L l   Dem

(a) Ut, re, mi, fa, sol, la.   (b) Mi, fa.   (c) Hymnus superstitiosus: Ut queant laxis &c.   (d) Guido Aretinus.   (e) 12. Modi græci musici.
(f) 2. Modi spurii.   (g) 600. annos duravit Solmisatio illa artium absurdissima, eaque ob   (h) Superstitionem.   (i) Aretini propugnator ineptissimus.

Dem folgen alle Grillenfänger;
Denn sieben auserlesne Sänger, (k)
Mit noch fünff losen Cantor-Jungen, (l)
Die unter zweyen Meistern sungen. (m)
Ein Octo war von Leich-Moteten:
Reiß uns von diesen argen Kröten!

Tröstl. Nach-Ruf der Unbetrübten:

Ruht ewig hier, verwündschte Glieder!
Ein Thor und Narre rufft euch wieder.

XXXVI.

Der ältere Königl. Polnische und Chur-Sächsische Capellmeister, Hr. **Johann Christoph Schmidt**, läßt sich folgender Gestalt heraus:

(No. 15.)

Monsieur,

Ich muß mich fast schämen, daß ich mit meiner Antwort auf dessen geehrtestes so lange anstehen müssen; allein weiln ich des Anlauffs so viel habe, daß ich manchen Tag keine halbe Stunde ohne Zuspruch bin, zu geschweigen, was von ordentl. Verrichtungen vorfället, so wird M.H.Hr. dießfalls mich excusiren. Indessen habe bey meiner jetzigen Bade-Cur so viel Zeit gefunden, dessen vertheidigte Orchestre durchzugehen, welches denn mit grossem Plaisir geschehen, indem ich nicht nur dessen gute Absichten, sondern auch dessen geschickte Ordnung, accurate allegata, und fertigen und galanten Stylum darinnen zu admiriren gefunden. Was aber die Haupt-Controvers von dem Ut re &c. und den 12. Modis græcorum anlanget, so bin ich zwar der Meinung, daß ein Liebhaber der Music eben daran nicht gebunden, sonderlich da er diese edle Wissenschafft nur als ein Galant homme, zu seinem Plaisir treibet, oder sich ein judicium musicum zu acquiriren geflissen ist; doch will bey einem Professore Musices nöthig seyn, sich daran zu halten, 1. Weiln in arte canendi man alle tonos und semitonia durch diese 6. voces, vermittelst der wenigen mutation, kan finden. 2. Weiln diese sex voces der pronunciation grosse Hülffe thun, indem darinne die 5. vocales und schweresten consonantes zu finden. Ferner siehet man dahero, daß drittens im studio harmonico mehr nicht, als 4. species der Quinten, und 3. species der Quarten zu haben, als der Quinten, Ut sol, re la, mi mi, fa fa, und der

Quar-

(k) c d e f g a h.   (l) cis dis fis gis b.   (m) 2. Modi musici; major & minor, sive durus & mollis.

Quarten, ut fa, re sol, mi la. Welche, man suche sie in scala naturali, oder transposita, nicht anders können heraus gebracht werden: denn situs semitonii machet novam speciem Intervalli, dahero auch der Canon: Mi & Fa sunt tota Musica, seinen Uhrsprung hat. Folget also auch, daß nur 12. Modi seyn, weil ich diese 4. species der Quinten, und 3. species der Quarten nicht mehr, als 12. mahl zusammen setzen, und also darinnen natürlich moduliren, und die Haupt-Cadenzen formiren kan. Viertens ist man dabey der vielen Benennungen überhoben, & non sunt multiplicanda entia præter necessitatem. Fünfftens haben alle grosse Schulen, als die Römische, welcher in musicis wir alles zu dancken haben, item die Mayländische, Bolognesische, Venedig und Florenz, benebenst der Käyserl. und andern berühmten Capellen, wie auch die besten Authores, so de Musica etwas geschrieben, diese Fundamenta und Principia biß jetzo agnosciret und practiciret, dahero man es lieber mit dergleichen zu halten, und sich Ihnen zu conformiren pfleget. Doch will ich dasjenige, was ich bishero von der Solmisation und Modis gesaget, bloß als im Stylo antiquo practicabile, verstanden wissen, sonsten ist ein Componiste an die Modos musicos nicht gebunden, es sey denn, daß er in einem musicalischen Stücke eine Fugam ad Modum, oder einen Cantum firmum, nebst seinen Contra Subjectis, oder einen Choral tractiret. Sechstens wollen die differentiæ proportionum nicht zulänglich seyn, differentiam Modi auszumachen; denn wo blieben die transpositiones? am allerwenigsten aber würde ein Modus von dem andern zu discerniren seyn, wenn man die Temperatur zu ihrer höchsten Vollkommenheit bringen könte, und würden die Herren Franzosen alsdenn recht behalten, welche der meisten Meinung nach nicht mehr, als 2. Modos, nehmlich majorem & minorem, secundum mediationem Triadis harmonicæ, statuiren, welche denn im Stylo moderno, man tractire was man wolle, ihre gute Richtigkeit haben. Ob es nun aber gnug sey, einen vollkommenen Musicum zu repræsentiren, wenn man sich an die alten Principia halte, ist eine Frage, so ich anjetzo nicht erörtern will, wiewohl zu dem Stylo antiquo ein grosses erfodert wird; denn eine Fugam zu tractiren, muß ich die artificia so wohl aus der Oratoria, als bey dem Stylo moderno, nehmen, ob gleich darinne mehr die Harmonia, als Oratio, dominiret: Denn Dux ist Propositio; Comes Ætiologia, Oppositum ist Inversio varia Fugæ; Similia geben die veränderten Figuren der Proposition, secundum valorem; Exempla können heissen die propositiones Fugæ in andern Chorden, cum augmentatione & diminutione Subjecti; Confirmatio wäre, wenn ich über das Subjectum canonisire; und Conclusio, wenn ich das Subject gegen die

Cadenze, in Imitatione, über eine notam firmam hören lasse, der andern artificiorum zu geschweigen, welche in Eintretung des Subjecti anzubringen und zu observiren sind. Zu bedauren ist, daß bißhero sich niemand finden wollen, von dergleichen Sachen denen Liebhabern einen leichten Concept zu machen, weswegen M.H.Hr. gratulire, als welcher hierunter weder Mühe noch Kosten gescheuet, der niemahln gnug gepriesenen Music und deren Liebhabern, grosse Dienste zu thun, und hat man nicht Ursach deswegen die Feder aus der Hand zu legen, wenn man Contradicentes findet, vielmehr hat man dergl. Leute werth zu halten, als welche Gelegenheit geben, die guten Talenta zu cultiviren, welche vielleicht, ausser dem, wären verborgen blieben. Solte ich M.H.Hr. zu dessen künfftigen Vorhaben mit einigen Nachrichten dienen können, so werde mir das gröste Plaisir daraus machen, worbey denn bitte meine aufrichtigen Sentiments geneigt aufzunehmen, und davon niemand communication zu thun, biß ich bey Gelegenheit mich deutlicher und weitläufftiger expliciren kan, a) womit zu dessen beständigem Wohlwollen und vornehmen Freundschafft mich indessen bestens recommendire und verharre zu allen angenehmen Diensten

Monsieur
vostre tres humble Serviteur

Dreßden den 28. Julii
1718.

Johann Christoph Schmidt.

XXXVII.

Dieses bescheidene Schreiben, dessen man bey ungleich-gesinnten wohl wenig Exempel antrifft, veranlassete mich zu folgender Antwort:

(No. 16.)

Hoch-Edler ꝛc.

Solche Briefe lese ich gerne, wie mir Ew. Hoch-Edl. deren einen, unterm 28. Julii, zu schreiben die Ehre gethan haben. Ich bedancke mich dafür zum schönsten, und muß bekennen, daß eine solche Art zu raisonniren, und eine Sache, ob wohl cum dissensu, doch mit aller Modestie, und ohne die geringste Anzüglichkeit, vorzutragen, gewiß grosse Reitzungen für mich habe,

---

a) Weil dieses aber in 7. Jahren nicht geschehen, auch in währender Zeit keinem Menschen die geringste communication hievon gethan worden, so vermeyne, dem Begehren ein völliges Genüge geleistet zu haben.

habe, und der einzigste, richtigste Weg sey, die Gemüther zu sich, und von Irrthümern abzuziehen. Wolte GOtt! mein gedruckter Gegner hätte seine Wiederlegung auf solche Weise abgefasset, so würde demselben auch aus eben dem Ton geantwortet, und vielleicht damit mehr Nutzen geschaffet worden seyn. Mein Zweck im ersten Theil des Orchesters war, wie Ew. Hoch-Edl. wohl angemerckt haben müssen, eben so wenig einen Professorem der Musicæ zu agiren, als einen zu creiren; dem galant homme aber, welchen ich da vor mir hatte, wäre ein ausführlicher Vortrag der Solmisation so lächerlich, als unnöthig, gewesen: darum, und anderer bekannten Ursachen halber, habe dieselbe alda für etwas verhaßtes ausgegeben, und weiter gar nicht berühret. Aus welchen Gründen nun solches geschehen, das habe im andern Theil anzeigen wollen: und da diese noch nicht zureichlich scheinen, werde mir die Freyheit nehmen, mit allem Respect, die sechs rationes, so Ew. Hoch-Edl. dawieder, und zum Behuff des ut, re, 2c. auch der Modorum græcorum, einzuwenden hochgeneigt beliebet haben, kürtzlich zu untersuchen.

Ad primum, da Ew. Hoch-Edl. sagen, es sey einem Professore Musices nöthig, sich an die Solmisation zu halten, weil man in der Sing-Kunst alle gantze und halbe Tone, durch die sechs voces, vermittelst der wenigen mutation, finden könne: so ist ja, gesetzten, nicht gestandenen, Falls, auch keines weges zu läugnen, daß, nicht nur im Singen allein, (welches doch bloß die practische, edlere Helffte der Music austrägt) sondern auch im Spielen, da die voces gar nicht gebraucht werden können, alle gantze und halbe Tone, ohne die geringste mutation, durchs A, B, C, viel leichter mögen gefunden werden: wie solches täglich mit der Erfahrung zu beweisen, und einem Professore, so wohl für sich, als seine untergebene, ein großer Vortheil ist, die gantze, nicht die halbe, Music auf einmahl, ohne mutiren, zu lehren und zu lernen.

Ad secundum, daß diese sechs Sylben der Aussprache grosse Hülffe leisten, indem darin die fünff Laut-Buchstaben und schweresten Consonantes zu finden, so gehöret solches in die Lese-Schule; nicht zur Music, und wäre mein Rath dieser: Kein Mensch lerne singen, der nicht sprechen, buchstabiren und lesen könne. Es kömt mir sonst dieses Hülffs-Mittel zur Aussprache eben so für, als wenn einer lauffen wolte, damit er gehen lernen mögte. Hiernechst sind die 5 vocales eben so starck, und stärcker, in dem ut, re, mi, fa, sol, la, si, als in den sechs vocibus, und thun insonderheit das i und u solche garstige Wirkung im Singen, daß sie lieber gar wegbleiben mögten, wenn man, der schönen Aussprache zu Gefallen, in Lehr-Sätzen etwas vornehmen, oder unterlassen wolte. Wie denn bereits, dieser Ursache halber, die Italiäner das ut in ein do verwandelt, einfolglich die Zahl der Laut-Buchstaben auf vier gesetzet haben. Was die Consonantes betrifft, so ist zwar das t da; allein es fehlet beym ut am d: es findet sich zwar das s; aber kein z: man siehet ein f; aber kein v. Doch mögte derselben Unterscheid, falls was schweres an den Consonanten zu finden, billig eben so wohl in Betracht gezogen werden, als das b und p, die beyde fehlen: ob gleich deren verschiedene Aussprache den Ober-Sächsischen Sing-Schülern wohl auf eine oder andre Art zu recommendiren wäre. Da nun mittelst der sechs Aretinischen Sylben hierunter nichts geholffen werden kan, so siehet man nicht, wie sie deswegen mehr; wohl aber, wie sie weniger, gelten.

Ad tertium, daß im Studio harmonico (der terminus ist gut) mehr nicht, als vier Species der Quinten, und drey Species der Quarten zu haben, situs semitonii aber novam speciem Intervalli macht, auch daß daher nur 12. Modi entstehen, ist ein gar altes Vor-Urtheil, das mit der Natur öffentlich streitet. Dieses zu erweisen, muß man erst wohl bedencken, daß das Studium harmonicum, mit welchem ich hier gerne zu thun haben will, gegen dem Studio musico, wie ein siebender Theil gegen dem gantzen, anzusehen sey, und in jenem von nichts weniger, als den vocibus, vielmehr von lauter mathematischen Proportionen, gehandelt werde, welches, samt der wahren Bedeutung des termini, im III. Orchester, mittelst eines eignen Capitels, dargethan werden soll. (Wie denn würcklich geschehen ist.) Fürs andre sind Quinten und Quarten solche Intervalla, davon ich, was ihre Größe, Figur und Verhaltung betrifft, ohne Zuziehung geometrischer und arithmetischer Proportionen, gar kein Bild haben kan. Da nun, secundum Bacchium, Introd. Art. Mus. p. 2, interpr. M. Meib. Intervallum heißet: Differentia duorum sonorum, acumine ac gravitate inæqualium; secundum Aristid. Quintil. aber auf zweyerley Art definirt wird, nehmlich daß es sey, communiter omnis magnitudo, quæ (NB) a terminis quibusdam finitur, proprie verò, in Musica, magnitudo vocis, (NB) a duobus sonis circumscripta. (vid. ej. Lib. I. de Mus. p. 13.) So ist leicht zu schliessen, daß alle und jede Intervalle, alle Quinten und Quarten, nebst ihren specibus, nicht aus dem ut, re, mi; sondern aus ihren terminis, wie sich nehmlich die beyden Klänge gegen einander verhalten, die ein Intervallum machen, müssen beurtheilet werden: da sich denn findet, daß in unserm gebräuchlichen genere diatonico - chromatico fünff species der Quinten, und eben so

viel

viel der Quarten vorhanden, nehmlich, eine Quinta, limmate deficiens 64--45, dreymal in der Octave; eine andre, semitonio majori deficiens 36--25, zweymal; eine dritte Art, nehmlich die reine Quint, 3--2, achtmal; eine vierte, commate deficiens, 40--27. dreymal, und die fünffte, diesi abundans, 192--125, einmal. Was die Quarten betrifft, zehlet man derselben gleichfalls fünferley an Größe, deren eine diesi deficiens, sich verhält wie 125--96, und nur einmal in der Octave vorkomt; die andre ist eine reine Quart, 4--3, und erscheinet achtmal; die dritte ist um ein comma zu groß, 27--20, und findet sich dreymal; die vierte ist ein kleines semitonium zu weit, 25--18, und läßt sich dreymal vernehmen; die fünffte Art aber ist limmate minori abundans 45°--32, und zeiget sich auch dreymal in der Octave. Auf diese Weise redet man von den harmonicalischen Intervallen, davon die Organisten Probe ein mehrers ergibt. Ich glaube nun zwar wohl, daß den guten Boethium, und seine Nachfolger, in dieser Meynung des semitonii, unter andern, der obgedachte Bacchius verführet haben mag, wenn derselbe p. 18. l. c. drey Arten der Quarte, und vier Arten der Quint anführet: allein wenn man nachschläget, und siehet, daß im Griechischen nicht Διατεσσάρων, sondern vielmehr Τετραχόρδων stehet, welches bey den alten Musicis ad genus gehörte, da insgemein divisio Tetrachodorum & generum zusammen stunden, d) so erhellt sattsam daraus, daß durch obige Ausdrückungen gar nicht gesagt werde, es sey das angeführte semitonium, wie es heutiges Tages zunehmen ist, Ursache einer besondern Quarten=Art; sondern nur, daß das eine Tetrachordum unten mit einem halben Ton, das andre, so in der Ordnung beygefüget, in eben dergleichen intervallo anhebe, und so weiter; dahingegen die Einrichtung bey andern generibus auch anders sey. Gesetzt aber, es wäre die Meynung bey den semitoniis auf die Quarten=Art, und nicht auf die Beschaffenheit der Tetrachorden, gegangen, so hätte selbige doch nur bey dem genere diatono, niemahls aber bey dem chromatico & enharmonico, statt, als welche genera obgedachter Auctor weder vorbey gehet, noch die darin beschriebene Modos für fictos oder transpositos ausgibt, wie die Solmisations=Verwandte thun. Fürs dritte kan situs semitonii nimmermehr nec novam, nec ullam, Intervalli speciem machen: weil aus obigen erhellet, daß nur die termini a quo & ad quem, nicht aber die gradus intermedii, bey Formirung der Intervallen, in Betracht gezogen werden. Denn ob, zum Exempel, ein Wirts=Hauß auf dem halben, oder drey=viertel, Wege lieget, so bleibt doch eine Meile eben dieselbe Meile, die sie vorhin gewesen, ehe das Haus da oder dort gelegen. Ich frage nur, wenn ich auf der Viole a c, als eine Quinte, anstreiche, wo da ein halber

---

d) vid. Ptolem. Lib. I. Harmon. cap. XIII.

der Ton zu hören oder zu sehen sey? Wenn ich auf einem Clavier das cis, d, dis und e, ich meyne die würcklichen Claves, (gall. touches) heraus und wegnehme, ist deswegen c-f keine Quart? Thut das semitonium was dazu? Nein: wie kan solches denn eine neue Intervallen-Art machen, es liege hinten oder vorn, oder wo es immer wolle? Dieser Irrthum rührt vom Singen per gradus her, da man meynet, wer eine Quart treffen wolle, müsse nothwendig Schritt-weise dahin gerathen; (welches auch bey Anfängern in der Sing-Kunst eine gute Würkung hat, und ihnen schier nothwendig ist,) da es doch nur den Weg und Zwischen-Stand beyder terminorum Intervalli betrifft, und nichts mehr, zur Hervorbringung einer Quart oder Quint, beyträgt, als die Dörffer und Wälder zwischen Hamburg und Bergedorff ad species milliarium: weil es 2. Meil sind und bleiben, es mag der Weg höckerigt, oder eben, bebauet oder unbebauet seyn, so lange die termini nicht verrückt werden. Wenn aber dieses geschicht, sonst nicht, wird so wohl die Art der Meilen, als die Art aller Intervallen, eine verschiedene Gestalt und Größe gewinnen. Wenn die Lage des halben Tones eine neue Intervallen-Art machte, so wären ja alle dieses, alle halben Tone selbst, so wohl grosse als kleine, der Ton, die grosse und kleine Terzien ꝛc. nach sothaner Regel gar keine Intervalla, oder würden wenigstens, weil nur erst mit dem Steigen in die Quart solch vorgegebenes semitonium naturale (malim, diatonum) ins Gewehr trit, überall nicht pro speciebus intervallorum zu achten; welches aber, hauptsächlich vom Ton und der Terz, noch wohl keinem Menschen, er sey ein alter oder neuer Musicus, im Sinn gekommen seyn mag. Man schlage den Aristidem Quintilianum, L. 1. de Mus. p. 13. auf, woselbst die Intervalle, ohne an ein Semitonium zu gedencken, der Länge nach, erzehlet werden, welchem zu Folge dem mi fa die ganze Music sehr unbillig beygeleget wird. Daß nun, viertens, aus den vorgegebenen speciebus Quintarum & Quartarum nur zwölff, und nicht mehr, Modi entstehen sollten, fällt durch das angeführte von selbsten weg: massen, wenn ich alle Griechischen Auctores, davon man doch die Modos herleiten will und muß, genau ansehe, so findet sich kein einziger, der bey Anführung der Modorum, die doch häuffig und in aller Weitläuffigkeit bey ihnen vorkommen, mit einem Wörtlein nur der Semitonien-Stelle, als einer Sache, die Modum machen sollte, gedencket. Und wie hätte es auch müglich seyn können, daß die, zu ihrer Zeit, weise Leute, bey dem grossen Vorrath an generibus, auf solche Armuth hätten verfallen sollen? Denn, ob sich die Sache gleich einiger massen in genere diatono hören und begreiffen liesse, so würde doch alles in genere chromatico & in enharmonia, als in welchen eben

so

so wohl, als im diatonischen Geschlechte, alle Griechische Modos mit Namen und Zunamen, mit Noten und Zeichen, beschrieben sind, gänzlich abgeschmackt herauskommen. Ist es demnach, meines wenigen Erachtens, den Griechen wohl nie im Sinn gewesen, das Semitonium so hoch zu erheben; sondern man muß das Ding so lange für eine ausgegrübelte Erfindung müßiger Mönche und ehmaliger Lateinischen Musicorum halten, die es bey ihrer armseeligen modulation gar trefflich damit bestellen kunten, biß jemand durch gute Gründe aus Griechischen Scribenten das Gegentheil erweisen wird. Ich finde, so viel ich deren gelesen habe, bey ihnen auf allen Seiten das Hohe und Tiefe, nebst dem Mittel, zum Unterscheid der modorum tonicorum; aber keine Sylbe, im vorhabenden Verstande, vom halben Ton, und seiner Wunder-Macht, angeführt.

Ad quartum sagen Ew. Hoch-Edl., daß man bey der Solmisation der vielen Benennungen überhoben sey, und keine entia, præter necessitatem, zu vermehren wären. Es ist wahr, wer 12. Diener hat, und ihnen doch nur 6. Namen beyleget, kan die Helffte an den Benennungen ersparen; ob aber bey solcher Menage, wenn der eine Peter geruffen wird, der andre, welcher eben so heißt, nicht dencke, es gelte ihm; oder, ob es deutlicher sey, wenn die 12. Kerls auch 12. verschiedene Namen haben; wie auch, ob diese Namen entia heissen können, und bey so gestalten Dingen ohne Noth vermehret werden, ist leicht zu beantworten. Die soni, oder gradus sonori, deren bey uns 12, mögten meines geringen Bedünkens, mit besserm Rechte entia heissen, und wird ein jeder Mensch weit leichter ihre, aus dem weltbekannten Alphabet genommene, 12. Benennungen fassen können, als wenn er einem ente, nach Beschaffenheit der vorgehenden und nachfolgenden, 3. oder 4. Namen, und denn, wieder umgekehrt, einen Namen dreyen oder vieren entibus, nach der Wechsel-Kunst, beylegen soll.

Ad quintum, daß alle grosse Schulen ꝛc. und besten Auctores die Solmisations-Fundamente (NB.) biß itzo erkennen, und man dahero es lieber mit ihnen zu halten pfleget, antworte nur mit dem bekannten Satze: ratione, non auctoritate disputandum. Die Römische und andre Schulen agnosciren auch noch den Gebrauch der Messe, die Unbetrieglichkeit des Pabstes, des Aristotelis, des Platonis und anderer Scholastiken; viele Schrifftsteller (obs die besten sind weiß ich nicht) ja grosse Potentaten pflegen es biß itzo noch mit ihnen zu halten, der eine aus Politick, der andre aus Eigensinn; ist es darum recht? Ich habe Orch. II. P. 2. cap. 2. vierzehn gute Auctores namhafft gemacht, die besagter Schulen principia in diesem Stücke verworffen haben, und könte noch eine weit-grössere Zahl aufbringen, ja ganz Franckreich mit zu Hülffe nehmen, alwo man weder von sechs Sylben, noch von der Mutation, gar nichts hören will; allein, wie gesagt, das Vor-Urtheil des Alterthums und der Auctorität, wenn man auch tausend Schulen und zehntausend Schul-Meister dabey anführen könte, muß keinen vernünfftigen Menschen hindern, die Wahrheit zu erkennen, wenn sie gleich nur von einem einzigen Kinde dargeleget würde. Sonst ist sehr wohl gesagt, daß Ew. Hoch-Edl. dero Meynungen von der Solmisation und den Modis bloß, als im alten Styl practicable, verstehen, und dabey gestehen, daß ein Componist nicht daran gebunden sey, es wäre denn, er wollte in einem musicalischen Stücke eine Fuge nach dem Modo, oder einen cantum firmum, nebst seinen contra-subjectis, oder einen Choral, tractiren. Ich freue mich über diese Gedancken um so vielmehr, da sie völlig mit den meinigen überein stimmen. Denn ob ich es gleich einem Professore Metaphysices oder Logices sehr verdencken würde, wenn er ein solcher Ignorant wäre, der nicht wüste, auf welchem Fuß man diese beyden Disciplinen in vorigen Zeiten behandelt hätte; so wolte ichs ihm doch viel weniger zu gute halten, wenn er nicht wissen oder nicht erkennen sollte, daß heutiges Tages ein näherer Weg, so wohl zu besagten, als allen andern, Studiis gefunden sey, der noch immer mehr und mehr erleichtert wird, und werden kan. Warum sollte die liebe Music denn allein das Unglück haben, daß sich ihre Professores und Liebhaber nach dem alten Schlentrian richten müsten? Will einer eine Fugam ad Modum (l. antiquum) setzen, der hat dessen gute Macht. Ich habe es wohl eh selbst gethan; aber nur zur Lust, und aus Noth: halte dabey unmaßgeblich dafür, daß, wer sich in Fugen nicht daran bindet, weit bessere Sachen hervorbringen könne. So hat auch der cantus firmus, und der Choral, einmal für allemal, die geweiseten Wege, und wer Gegen-Sätze dabey anbringen will, der muß sich in seinen Schrancken halten; ob gleich die vornehmsten Componisten, ad quæstionem: cujus Modi? wenn eine Risposta zum Choral zu machen ist, entweder unrecht, oder gar nicht, urtheilen. Und das ist gewiß ein grosser Mangel musicalischer Wissenschafft, absonderlich bey solchen, die dereinst Organisten zu werden gedencken. Dennoch weiß ich auch aus der Erfahrung, wenn zumahl die contra-subjecta des canto fermo sollen alla diritta gesetzet werden, daß es zwar viele Mühe und Zeit erfordert; aber die beste Wirckung nicht thut: weil die Natur von der alten Moden-Kunst fast gar übertäubet wird.

Ad sextum, daß die differentiæ proportionum nicht zulänglich seyn sollten, differentiam Modi zu machen; wo denn die transpositiones blieben? und wie ein Modus von dem andern, bey vollkommener Temperatur, zu unterscheiden? darüber werde D. v. in der Vorrede meiner Organistennisten-Probe, weitläuffige Demonstration und Antwort ertheilen. Hier will ich nur, mit Erlaubniß, Kürze halber, so viel erinnern, daß, da (1.) die differentiæ proportionum zulänglich sind, ganze genera Musices zu machen, so dürfften sie auch leicht geschickt seyn, wenn das Argument vom grössern zum kleinern noch die alte Krafft hat, die Modos zu unterscheiden, als die ja vielweniger gelten, denn die genera, massen jene sich allemal nach diesen haben richten müssen. Man besehe, was Aristides Quintilianus, Lib. 1. de Mus. p. 18. davon hält. Sunt tria modulationis genera, sagt er, Harmonia, Chroma, Diatonum, quæ (NB.) ab intervallorum vicinitate aut longiore distantia differentias accipiunt. Wo aber (2.) die transpositiones bleiben, das weiß ich nicht. Es wird ihnen vermuthlich gehen, wie den gelehrten Dieben, die, wenn sie wieder geben müssen, was andern zugehört, ganz und gar in nichts verwandelt werden. Wenn sich einer anheißig macht, die diatonischen Gränzen nicht zu überschreiten, so mag er mit Fug aus dem C dur ins E dur, item, aus dem F dur ins A dur, transsponiren; alle andere transpositiones sind unächt, und kommen mit ihren Originalien nimmermehr überein: das will ich, versprochener massen, mathematisch erweisen. Daß man aber die etwas ungewöhnlichen Tone vor Alters transpositiones geheissen hat, ist ebenfalls unrecht: weil alle 12. chromatische Grade Originalien sind, wie an Ort und Stelle dargethan werden soll. Was inzwischen (3.) die Temperatur betrifft, wenn man sie auch zu ihrer höchsten Vollkommenheit bringen könte, welches ich gerne sähe, so hat doch die Natur schon jedem sono, jedem Urklange, so viel besonders beygeleget, daß differentia physica & audibilis unmüglich zu läugnen stehet, als wovon ebenfalls unumstößliche Gründe, an besagtem Orte erfolgen sollen. e) Die Herren Franzosen haben demnach kein Unrecht, wenn sie nicht mehr Modos, quoad genera statuiren, als zween; allein wer etwas weiter in den proportionibus sucht, der wird 24. verschiedene, und Sonnenklare species antreffen.

Die Frage nun, ob es genug sey, einen vollkommenen Musicum abzugeben, wenn man sich an die alten principia hält, hätte gerne von Ew. Hoch-Edl. beantwortet und erörtert gesehen: hoffe auch, Sie werden es mit nähestem bewerckstelligen. Ich dürffte fast wähnen, daß es auf ein Nein hinausslauffen mögte, ob man wohl gerne zugibt, daß ein grosses zum stylo antiquo erfordert werde; jedoch mit Vorbehalt eines grössern, zum stylo moderno, wenn er ächt seyn soll. Was Ew. Hoch-Edl. aus der Oratorie ad Fugæficium (sit venia verbo) appliciren, ist vortreflich: insonderheit

---

e) Alles was hier versprochen, ist in der Organisten-Probe erfüllet worden.

heit, da Sie so genau, als wahr, unterscheiden, daß bey dem Fugen-Styl doch die Harmonie mehr, als der Text, herrsche; da die oratio bey dem heutigen galanten Styl fast das præ, doch ohne Ausschliessung der Harmonie, behaupten will.

Wenn mein Hochgeehrter Herr Gelegenheit haben sollte, wie ich nicht zweifle, meinem Contradicenten etwas zu insinuiren, so bitte demselben vor allen Dingen Ew. Hoch-Edl. bescheidene und vernünfftige Schreib-Art zu recommendiren, alsdenn ich die Feder nicht niederlegen, sondern eben so vorsichtig und modest verfahren, auch nichts als Sachen, ohne der geringsten Schärffe, dermassen behandlen will, daß man sich verwundern soll. Denn so leicht als ich beleydiget werden kan, so leicht weiß ich auch raison anzunehmen. Ich will freylich, und auf alle Weise, dergleichen Leute werth halten, welche Gelegenheit geben, daß man sein Talent cultivire: wie ich denn gewiß und wahrhafftig der Music mehr, als mir selber, zu dienen trachte; aber es muß ohne die geringste Anzüglichkeit geschehen, sonst finde ich Mittel zur Rache. Thun Ew. Hoch-Edl. ihr bestes, diese Streitigkeit auf einen höfflichen Fuß zu setzen; oder aber es dahin zu bringen, daß, was von beyden Theilen publicirt werden soll, erstlich dero gütige und mildernde Censur erhalte, ehe es das Licht erblicke. Ich treffe bey M.H.Hr. so viel Klugheit an, daß ich mich erbiete, Ew. Hoch-Edl., ob wir gleich in einem und andern nicht einerley Meynung seyn könten, meine Arbeit gern und willig zu unterwerffen; daferne ich ein gleiches von meinem Opponenten hoffen darff. Allein, ich dencke nicht, daß Ew. Hoch-Edl. anderweitige Geschäffte hieran hinderlich sind, ja, daß selbst dieser mein Brief dero kostbaren Zeit Eingriff gethan hat: derowegen mich denn hiemit, um Verzeihung bittend, beurlauben, und nichts so sehr wünschen will, als daß Sie dero Hochgeschätzten Zuschrifft und Freundschafft fernerhin nach Bequemlichkeit, würdigen mögen Ew. Hoch-Edl.

Hamburg den 6. Aug. 1718. ergebensten Diener
XXXVIII. Mattheson.

Von dem Ausbund sinnreicher Componisten, dem weitberühmten Hrn. Capellmeister Telemann, habe zwar die Ehre sehr viel schöne Briefe zu besitzen, indem unsere schrifftliche Correspondenz, wie er noch in Franckfurt war, mit ziemlichem Fleiß geführet wurde; allein ich will nur einen einzigen davon allhier einschalten, theils um diese Kanzeley nicht über die Gebühr zu vergrössern, theils auch zu zeigen, daß ich bey weitem nicht (wie mancher meynet) alles drucken lasse, was man mir schreibt. Es würde offt wunderlich Zeug ans Licht kommen, wenn ich nur die Hälffte dessen publiciren sollte, so man mir doch würcklich zu dem Ende eingesandt hat. Diejenigen aber, so aus einem Privat-Billet,

Billet, darin etwan ein hefftiger Wunsch vorkömmt, der doch zur grössern exaggeration der Hochachtung eingeflossen, das anzüglichste gantz warm unter die Presse bringen, verdienen dergleichen Vorwürffe vielmehr,als ich, zumahl da es keinen andern Nutzen schafft, als die Gemüther zu erbittern. Es lautet also der ausgesuchte Brief des Herrn Telemanns wie folget:
(No. 17.)

Monsieur
Cen'est ni l'honneur, que vous m'avez fait en me dediant la deuxieme Partie de votre Orgueftre, ni la civilité, avec laquelle il vous a plu de me citer dans votre Veritophle; (quoi que je vous remercie de l'une & de l'autre) c'est plutôt la beauté de vos œuvres, qui m'oblige, de vous rendre justice, & de vous dire sans affectation, que vous meritez l'estime de toute la Republique musicale. Pour moi j'ai lû & relû quelques fois votre Orcheftre avec la derniere Satisfaction. Je ne puis qu'approver vos deux desseins, dont le premier est, de découvrir le faux brillant des Anciens, & de chatier le caprice de ceux, qui les idolatrent & meprisent le siecle d'aujourdhui. Et le second, de montrer un droit chemin, pour parvenir facilement à la connoissance de la Musique. Enfin votre sujet est juste, la proposition vive, le stile coulant, & l'on voit par tout un discernement fin & une lecture tres-extraordinaire. Au reste je vous prie, Monsieur, de vouloir bien continuer vos travaux pour la gloire de notre nation & de votre

Mein Herr,
Weder die Ehre, so sie mir durch die Zuschrifft des zweyten Theils dero Orchester gethan haben, noch die Höfflichkeit, mit welcher Sie meiner in ihrem Veritophilo zu gedencken beliebet; (ob ich gleich beydes mit Danck erkenne) sondern vielmehr die Schönheit ihrer Wercke, verbindet mich, Ihnen Recht zu geben, und ohne allen Zwang zu gestehen, daß mein Herr die Hochachtung der gantzen musicalischen Republic verdienet. Meines Theils habe ich ihr Orchester etliche mahl mit der grössesten Vergnügung durchgelesen. Ich kan nicht umhin ihre beyde Absichten zu billigen, deren erste ist, das übertünchte Wesen der Alten bloß zu stellen, und den Eigensinn derjenigen zu bestraffen, die Abgötter aus denselben machen, und die itzigen Zeiten verachten. Die andre Absicht aber ist, einen geraden Weg zu zeigen, durch welchen man leichtlich der Music kündig werde. Kurtz, die Materie ist richtig, der Antrag lebhafft, der Styl fliessend, und man findet allenthalben einen durchdringenden scharffen Verstand, samt einer sehr ungemeinen Belesenheit. Uebrigens ersuche meinen Herrn, seine Arbeit fortzusetzen, zur Ehre unsrer Nation und

tre nom, & pour instruire le prochain par le riche talent que le bon Dieu vous a accordé. Ce louable exemple eveillera sans doute des gens, qui suivront vos pas, & feront de plus en plus revaloir notre agreable science. Peutetre qu'on verra dans peu de rems un Traité de ma fabrique, dans lequel je parlerai de la Composition pour les instrumens les plus usitez, & du gout qui leur est naturellement propre. Je suis avec toute la consideration & l'estime, qui vous sont dûes

Monsieur
    votre tres humble & tres
      obeissant serviteur
   George Philippe Teleman.
à Francfort sur le Mein
ce 18. de Nov. 1717.

P. S. Je vous remercie en particulier, Monsieur, pour avoir rasseuré le monde, que Messieurs les François ne vous sont pas si indifferens, comme un certain endroit dans le premier Tome l'avoit fait soupçonner. Je suis grand Partisan de la Musique Françoise, je l'avoue. Parce qu'il me reste encore de place, je vous dirai, qu'apres l'edition de la premiere Partie de l' Orguestre je fus un des premiers, à qui l'on manda l'animosité de votre Antagoniste. Je le fis avertir par un ami: qu'il auroit beau combattre contre vous, qu'il deviendroit la risée du monde,

und ihres eignen Namens, auch zum Unterricht des Nechsten, vermöge des Ihnen von GOtt ertheilten reichen Talents. Ein solch löbliches Beyspiel wird ohne Zweifel auch Leute erwecken, die Ihren Fusstaffen nachfolgen, und unsere angenehme Wissenschafft je länger je mehr wieder in Flor bringen. Vielleicht kömt bald ein Tractat von mir zum Vorschein, in welchem von der Composition auf den gebräuchlichsten Instrumenten, und von der natürlichen Eigenschafft derselben gehandelt werden soll. Ich bin mit schuldigster und wohlerwogener Hochachtung
   Meines Herrn
      gehorsamer Diener
   Georg Philipp Telemann.
Franckfurt am Mayn
den 18 Nov. 1717.

P. S. Absonderlich dancke meinem Herrn, daß er seinen Lesern die Gedancken benommen hat, ob wären ihm die Französischen Musici so gleichgültig, wie ein gewisser Ort im ersten Bande muthmassen läßt. Ich muß gestehen, daß ich ein grosser Liebhaber der Frantzösischen Music sey. Weil noch Raum da ist, habe ihnen sagen wollen, daß ich, nach der Herausgabe des ersten Theils des Orchesters, einer von den ersten gewesen bin, dem von der Entrüstung ihres Gegners Nachricht gegeben worden. Ich ließ ihn durch einen guten Freund warnen: er mögte wieder Sie streiten wie er wollte, würde er doch der Welt zum

de, & qu'il ne feroit autre chose, que noircir la bonne Musique par de si lâches querelles. *Sed surda narrabatur fabula.* Cependant son insolence lui a couté assez cher, etant chatié par votre reponse d'une maniere, à la quelle il ne sera jamais capable de contredire mot.

zum Gelächter werden, und nichts anders ausrichten, als der lieben Music, durch solche liederliche Stänkereyen, einen Schandfleck anzuhängen. Aber es wurde tauben Ohren gesungen. Indessen ist ihm doch sein Frevel ziemlich hoch zu stehen kommen, nachdem er durch ihre Antwort auf eine solche Art gezüchtiget worden, dawieder er niemahls fähig seyn wird etwas aufzubringen.

XXX.

Was ich nun auf solchen verbindlichen Brief erwiedert, und wie ich die mir darin erwiesene unverdiente Ehre erkannt, werden ohne Zweifel einige meiner Leser gerne wissen wollen: denen zu Gefallen meine völlige Antwort allhier Platz finden mag; absonderlich dadurch zu bezeigen, wie sehr mir der Zanck zu wieder sey, und wie hefftig ich jederzeit gewünschet, mit jederman Friede zu halten.

(No. 18.)

Monsieur,

Bien que mes ouvrages n'ayent aucune beauté, je ne laisse pas de leur en trouver dans votre Lettre. Vous louez d'un tour si galant, & par des expressions si obligeantes, qu'il est difficile de n'y pas donner les mains. Tout de bon, Monsieur, vous y êtes. Je ne vous ai pas dedié mon livre, ni parlé avantageusement de vôtre personne, à dessein de m'attirer votre suffrage. Si je ne le merite pas par d'autres endroits que par ceux là, qui sont bien foibles, je vous garantis de n'en faire jamais usage. Vous l'avez bien jugé, & je vous en sçai le meilleur gré du monde. Mon intention est de sor-

Hochgeehrter Herr,

Ob gleich meine Wercke an ihnen selbst gar keine Schönheit besitzen, so befinde ich doch, daß sie solche durch ihren Brief erlangen. Ew. Hoch-Ed. loben mit solcher anständigen Art, und gebrauchen sich solcher verbindlichen Worte, daß es schwer ist, denselben seinen Beyfall zu versagen. Mein Hochgeehrter Hr. hat es würcklich getroffen. Ich habe Ihnen mein Buch nicht zugeschrieben, noch vortheilhafft von dero Person gesprochen, nur damit ich Ihre Stimme erlangte. Wenn ich dieselbe aus keinen andern, als aus solchen sehr schwachen Ursachen verdiene, so verspreche ich, sie niemals zu gebrauchen. Ew. Hoch-Edl. haben solches wohl ge-

sortir d'affaire, c'est à dire, selon vous, de la lache querelle, que l'on m'a fait, à quel prix que ce soit : & cela uniquement pour sauver la Musique, fut-ce à mes propres depens. Rien ne me paroit plus propre & plus fort, pour y reuissir sans contestation & sans relapse, que l'autorité & les sentimens de ce que l'Allemagne a de plus excellent & judicieux dans le metier. Je m'y soumet entierement : & il seroit bien enorme, d'en vouloir jamais appeller. Examinez, s'il vous plait, si je puis avoir prevenu mes Juges? Je n'en connois pas deux, & je sçai de bonne main, que la plus part d'entre eux ne me veulent pas tout le bien dont j'ai besoin. Voila pourtant le motif, pourquoi j'ai beaucoup mieux aimé les choisir que d'autres, qui seroient peutetre suspects de partialité. Plus qu'on me remarque donc mes bevuës dans les circonstances de l'Affaire, plus en serai-je satisfait, & tres-satisfait. Mais pour le point principal dont il s'agit, j'espere de ne m'y être pas fort trompé. Vous ne scauriez croire, Monsieur, quoi qu'on vous dise, combien je suis docile à me corriger là

gedacht, ich dancke ihnen hertzlich dafür. Mein Vorsatz ist, aus der Sache zu kommen, das ist, nach M. H. Hr. Worten, aus der liederlichen Zänckerey, die mir erreget worden, es koste was es wolle: einzig und allein, damit der Music kein Nachtheil daraus erwachse, sollte ich auch selbst dabey zu kurz kommen. Nichts kan wohl geschickter und kräfftiger seyn, diesen Zweck, ohne Wiederrede und frische Zufälle, zu erlangen, denn das Ansehen und Gutachten derjenigen Personen, welche Teutschland, als die vortreflichsten Meister der Music, aufweiset. Ich unterwerffe mich denselben gänzlich: und es wäre wohl was schreckliches, von ihrem Ausspruch zu appelliren. Man untersuche, nach Belieben, ob ich meinen Richtern ein Vor-Urtheil könne beygebracht haben? Kaum kenne ich zween davon, und weiß von guter Hand, daß die meisten unter ihnen mir nicht alles das Gute gönnen, dessen ich benöthiget bin. Und eben darum habe ich sie lieber wehlen mögen, als andre, welche vieleicht im Verdacht einer Partheylichkeit stehen würden. Je mehr man mir also mein Versehen in den Umständen der Sache anzeigen wird, je vergnügter werde ich seyn, ja höchst vergnügt. Was aber den Haupt-Punct der Streitigkeit betrifft, so hoffe ich, daß ich mich nicht sehr darin betrogen habe. Sie solten es kaum glauben, M. H. Hr., wie leicht ich meine angezeigten Fehltritte verbessern kan, man

là où j'ai manqué ; mais quand on m'accuse à tort, & qu'on n'en veut à moi que par des motifs frivoles, il me semble que je le dois ressentir. Pour ce qui est de mes desseins projettez, si Dieu m'assiste, je les continuerai certes & de bon cœur. Aidez-y, Monsieur, je vous en conjure. L'histoire de votre vie m'est d'une necessité indispensable, cela s'en va sans dire. Mais quelle sera ma joie de voir bientôt votre ouvrage sur la composition pour les Instrumens! Je tiens ce genre-là pour le plus difficile, & si vous êtes de mon avis, Monsieur, cette circonstance vous poussera d'autant plus ardemment à eclaircir le monde sur ce sujet. Ce seroit deja une branche tres-considerable du Systéme desiré. Vraiment je m'en rejouis par avance. Daignez moi de votre amitié, Monsieur, je vous supplie : car si vous en exceptez un peu de passion, trop de vivacité & d'amour pour la verité toute nuë (les foiblesses de presqui nous sont communes) j'ose vous asseurer, que je suis de tres-bon naturel, que j'aime plus la veritable science de la Musique, que mon propre Interest, & que je l'aimerai sans doute encore bien d'avantage si l'on m'aide un peu. Jugez de cela, Monsieur, combien je vous dois aimer, vous, qui avez tant de renommée,

man sage auch was man wolle; klagt man mich aber fälschlich an, und will sich nur aus nichts würdigen Bewegungs-Gründen an mir reiben, so, deucht mich, muß ich es ahnden. Anlangend meine vorhabende Wercke, will ich sie, mit Gottes Hülffe, gantz gewiß und gutes Muths fortsetzen. Ew. Hoch-Edl. werden inständig um Beyhülffe ersuchet. Dero Lebens-Lauff ist mir unentbehrlich, das versteht sich von selbsten. Aber wie werde ich mich freuen, ihr neues Werck von der Instrumental-Composition bald zu sehen! Ich halte solche für die schwerste, und wenn Ew. Hoch-Edl. meiner Meynung sind, wird Sie eben dieser Umstand desto reuriger antreiben, der Welt hierin ein Licht zu geben. Es wäre schon ein sehr ansehnliches Stück des verlangten Systematis. In Wahrheit, ich ergetze mich schon im Vorrath daran. Würdigen Sie mich ihrer Freundschafft, mein Hochgeehrter Herr, ich bitte Sie darum: denn, ein wenig Eifer ausgenommen, nebst zu vieler Lebhafftigkeit und Liebe für die gantz nackte Wahrheit (daß ich der unter uns gemeinen Schwachheiten nicht gedencke) so darff ich Sie versichern, daß ich ein aufrichtiges Gemüth habe, die wahre musicalische Wissenschafft mehr, als meinen eignen Vortheil, liebe, und solche, ohne Zweifel, noch viel mehr lieben werde, wenn man mir die hülffliche Hand ein wenig bietet. Ew. Hoch-Edl. urtheilen daraus, welche Liebe ich gegen

mée, & beaucoup plus de merite dans cette divine science. Ce que mille connoisseurs m'ont dit de vous, Monsieur, ce que les imprimez en exposent à tout le monde, sur tout la Preface des Cantates de Monsieur N... & enfin tout ce que j'ai vu de mes yeux, joué de mes mains & entendu de mes oreilles, de votre admirable composition, vous convaincra aisement, qu' on ne vous sçauroit être devoué avec plus de consideration, d'estime & de connoissance que l'est

Monsieur
    Votre tres humble & tres obeissant Serviteur
Hambourg Dec.   Mattheson.
15. 1717.

gegen Sie selber tragen müsse, da sie einen solchen Ruhm, und noch weit grössere Verdienste in dieser himmlischen Wissenschafft besitzen. Was mir tausend Kenner von ihnen gesagt haben, was die gedruckte Sachen aller Welt vor Augen legen, vor allen die Vorrede der Cantaten des Herrn N..., und endlich alles was meine Augen gesehen, meine Hände gespielet und meine Ohren von ihrer verwunderns-werthen Composition gehöret haben, das alles wird sie leicht überzeugen, daß niemand Ihnen mit mehr Hochachtung und Erkenntniß ihres Werths zugethan sey, als
    Ew. Hoch-Edl.
bereitwilligster und gehorsamster
    Diener,
Hamb. den 15. Dec.   Mattheson,
1717.

XL.

Endlich schliesset den Reihen meiner Herrn Schiedesmänner, und auch zugleich dieses dritte Convolut der Orchester-Kanzeley, der ehrliche Herr Capellmeister Theile, seel. Andenckens, aus dessen Schreib-Art man eine solche ungeschminckte Redlichkeit erblicket, daß ich sie aller leeren Beredsamkeit und mühsam-hervorgesuchten Disputir-Kunst weit vorziehe. Seine beyden, diese Sache betreffende, Briefe sind in generalen terminis abgefasset, und folgenden Innhalts:

(No. 19.)

Wohl-Edler ꝛc. insonders Hochgeehrtester Herr Secretarius, Hoch-werth-geschätzter Gönner und Hertzgeliebter Freund,

Ihro mir sehr erfreuliches, nebst beygefügtem Hochgepriesenen musicalischen Wercke, das beschützte Orchester, oder dessen zweyte Eröffnung, benamet, habe ich an vergangener Leipziger Michaelis-Messe wohl erhalten. Für sothane Ehre, in Dedicirung desselbigen, kan ich nicht genug, mich höchstschuldigst danckbarlich erzeigen: sondern bleibe dafür, zu allen mir möglichsten Diensten, Lebenslang verbunden. Ich muß gestehen, daß mir dessen wohl

Der Orchester-Kantzley. III. Compolut.

wohl ausgearbeitetes und sehr gelehrtes, auch den Kunst-begierigen sehr nützliches Buch, sehr wohl gefällt, wie ich denn solches schon bestens, und sonderlich meinem Sohn, dem Organisten in Naumburg, sehr hoch recommendiret habe, solches fleißig zu studiren und ihm zu Nutz zu machen. Damit ich gleichwol nicht leer erscheinen möge, so habe hiebey etliche Exempel meines grossen musicalischen Wercks, und zwo Sonaten, eine mit vier Stimmen, worin drey Subjecta, und eine mit fünff Stimmen, worin vier Subjecta, welche alle vier contrario motu verkehrt sind, beylegen wollen. Künftige Oster-Messe, (geliebts GOtt) soll noch was anders diesen nachfolgen. Ich hätte, meinem Versprechen nach, mehr Componisten namhafft machen wollen; allein der seel. Herr Werckmeister hat solches zur Gnüge gethan. Daß mein HHr. in ihrem herausgegebenen Orchester meiner Wenigkeit so rühmlichst gedacht, solches hat meinem Sohn den Organisten-Dienst zu Wege gebracht, wofür ich höchst verpflichtet bleibe. Schliesse hiemit und empfehle mich ihrer Gewogenheit, der ich Lebenslang verharre

Meines Hochgeehrtesten Herrn Secretarii und sehr
werthen lieben Göners und Freundes

Naumburg, den Sonntag nach
dem neuen Jahr 1718.   Lebenslang dienstschuldigster Diener
Johann Theile.

M. H. Hrn Secretario wünsch ich auch von Hertzen, von dem grossen majestätischen GOtt, ein glückseeliges, gesundes, Fried- und Freudenreiches, gesegnetes, und an Seel und Leib erspriesliches Neues Jahr. Nach Gelegenheit bitte hierauf eine Antwort: ich will (gel. GOtt) fleißig wieder schreiben

XLI.

Wie mich nun dieser Brief, der manchem einfältig vorkommen wird, wegen des redlichen Hertzens, das allenthalben so hell hervorleuchtet, absonderlich aber, wegen der aus meinen Schrifften dem jungen Herrn Theile zugeflossenen Beförderung, gefallen hat, kan ich nicht beschreiben. Ich hatte zwar schon vorher mit dem Herrn Capellmeister Briefe gewechselt, wie aus dem angeführten Versprechen, betreffend die vitas Musicorum, zu schliessen ist, habe auch nach der Zeit die gute Correspondenz sorgfältig unterhalten; allein obiger Umstand hat mich so gerühret, daß ich nicht begreiffen kunte, wie es müsse zugegangen seyn, daß mein dem Herrn Theile beygelegter, wohlverdienter Ruhm seinem Sohn den Organisten-Dienst zuwege gebracht hatte. Schrieb dannenhero gleich wieder, und begehrte hierüber eine Erläuterung: erhielt sie auch folgender maßen:

(No. 20.)

Wohl-Edler ꝛc. sonders Hochgeehrtester Herr Secretarius, geneigter Gönner und liebwerthester Freund.

Ihro geehrtes, den 12. Febr. datirt, habe ich wohl erhalten, worauf diese geringe Zeilen abgehen lasse. Schicke auch, meinem Versprechen nach, beygelegte zwo Compositiones, bitte, auf künfftige Naumburger Petri-Pauli Messe, mir solche, durch einen gewissen Kauffmann von Hamburg, wieder zu zuschicken. Die Sonata mit vier Subjectis, und dieselben contrario motu wieder verkehrt, hätte ich auch gerne zurück. Daß M.H.Hr. eine Verzeichniß einiger Componisten von mir verlanget, so wolte gerne damit willfahren: Caspar Kerl, Bähr und Pachhelbel sind schon längst gestorben, davon aber Herr Capellmeister Krieger, und Herr Kuhnau, Dir. Mus. zu Leipzig, gute Nachricht geben können; maßen ich etliche Jahr her hier zu Lande abwesend bin, und wohl nicht wieder in mein Vaterland kommen wäre, wenn mein Sohn nicht, durch GOttes Gnade, allda den Organisten-Dienst erhalten hätte, zu welchem er auf folgende Art gelanget. Es hatte Herr Doctor Laune, J. C. und Ober-Kämmerer allhier, den ersten Theil vom Orchester meinem Sohn gezeiget, und gefraget, ob er mein Sohn wäre? so ist die Antwort gewesen: Ja. Worauf der Herr Doctor erwiedert: Er würde den Dienst ganz gewiß bekommen, um seines bekannten Vaters willen. Auf solche Weise ist er (GOtt Lob!) zum Dienste gelanget. Bitte dienstlich von ihrer Arbeit mir auch etwas zu gönnen, und wo etwas vor meinen Sohn aufs Clavier ist, wird er es mit höchstem Danck erkennen ꝛc. ꝛc.

Naumburg den 4. May 1718.

XLII.

Obigen Brief erhielt den 10. Sept. erst, da er schon über vier Monath alt war, aus Nachläßigkeit derjenigen Reisenden, denen der Herr Theile das Packet mitgegeben hatte. Ich beantwortete es aber den 21. dito und sandte dabey die verlangten Sachen, ein Kirchen-Stück von meiner Arbeit, und ein Exemplar der grossen in Kupffer gestochenen Clavier-Sonata. Meine damahls bezeigte Freude, über der glücklichen Wirckung meines Orchesters, kan ich noch nicht bergen, und wenn alle meine bisherige Schrifften sonst gar keinen Nutzen in der Welt geschafft hätten, als diesen einzigen, so hielt ich doch meine Zeit und Mühe noch nicht verlohren. Es sind zwar wenig Patronen, die dem Hrn. Doctori Laune hierin gleichen, und auf musicalische Bücher, als ob

sie

sie in guter Bestellung der Republick ganz unnöthig wären, ein Auge werffen; allein ich sage mit unserm Patrioten aus No. 62. Genug, daß einige wenige in sich gehen, und mit ihrer Aufmercksamkeit andern ein gutes Exempel geben.

XLIII.

Die zur Music gehörende politische Wissenschafft lieget anitzo, mit allem ihren Anhange, so tieff unter der Banck, daß man kaum fragen darff, ob etwas davon vorhanden sey. Ja, es würde sich einer heutiges Tages nur lächerlich machen, der beweisen wollte, wie viel einer Stadt daran gelegen, sich dieser oder jener Music-Art zu bedienen; und welche Krafft dieselbe besitze, der Einwohner Sitten zu regieren, oder zu verderben. Da doch von den grössesten Männern, von den klügesten Köpffen, von den ansehnlichsten Weisen, ehmals so viel über dieser Sache gehalten, und geschrieben worden, nehmlich von Platone, Aristotele, Aristide Quintiliano, Plutarcho, Theone Smyrnäo und andern. Niemand will itzund seine Politicam auf die Music wenden, weil dadurch dem Kammer-Gut nichts zufliesset, und nur bloß (wie es heißt) ein und andern Bagatellen damit gedienet und geholffen ist, als Z. E. der EhreGOttes in der Kirche, der Zucht und Erbarkeit in Opern * und Concerten, und den guten Sitten im gemeinen Umgange. Das letzte Stück ist hiebey in so weit das wichtigste, weil es nicht überhaupt das Wohlseyn des gemeinen Wesens allein, sondern auch eines jeden Gliedes Schuldigkeit und Aufführung betrifft. Wer ein ganzes corpus politicum in Ordnung bringen will, der muß bey den membris anfangen. Wenn wir die alten Zeiten ansehen, wie sich damahls die ernsthafften weisen Leute,

---

* Der Herr de la Guilletiere hat hierüber, in seinem Athenes ancienne & nouvelle, Edit. 3. p. 352. folgende schöne Gedancken: Il seroit à souhaiter, qu'il y eut dans nos Provinces un *Portique d' Eumenicus*, non pas pour regler l' œconomie des ouvrages de Theatre, comme à Athenes; mais pour en reformer la morale, & soumettre à la rigueur des loix, ou du moins condamner au silence les Auteurs du bas ordre, qui deshonorent la Scene, en choquant la Religion ou l' Etat, en blessant la pudeur, par de sales equivoques, & en designant avec scandale les manieres d'un particulier. D. i. Es wäre zu wünschen, daß in unsern Ländern ein solches Gebäude oder Tribunal wäre, wie der Porticus Eumenici zu Athen war, allwo die Theatralischen Stücke probirt wurden; nicht um die Einrichtung und R.chnungen davon zu machen, sondern die Sitten derselben zu reformiren, und solche nach den Gesetzen zu bestraffen, oder wenigstens gewisse niederträchtige Verfasser zum Stillschweigen zu verdammen, welche den Schau-Platz verunehren, die Religion oder den Staat angreiffen, der Schamhafftigkeit mit zweydeutigen Zotten zu nahe treten, und etwan dieser oder jener Privat-Person Thun und Lassen ärgerlich vorstellen.

Leute, in ihrem Privat=Leben, mittelst der Music erbauet, belehret und zu allen guten Sitten angespornet haben, so stehet zu bedauren, daß itzund kein Mensch auf der ganzen Erden zu finden ist, der auch nur gründlich wisse, was Musica moralis sey. Doch hievon zur andern Zeit ein mehrers.

XLIV.

Und hiebey mag es dismal, mit der Orchester=Kanzeley, sein Bewenden haben. Ich könte den numerum der hierüber ausserordentlich eingelauffenen Briefe, ohne Großsprechen, leicht auf 100. bringen; allein es muß auch ein Corps de Reserve bleiben. Diejenigen aber, die zu stoltz gewesen, mich einer Antwort zu würdigen, mögen wissen, daß mir nichts darum zu thun ist, und daß sie sich nur selbst beschimpfen. Alexander der Grosse, und Augustus der Kaiser, schrieben an ihre Schmiede, Julius Cäsar an seinen Gärtner, Tyberius an seinen Müller, Tullius an seinen Schneider, Seneca an seinen Caßirer, und von Phalaris, dem Tyrannen, lieset man, daß ihm niemand zugeschrieben, dem er nicht geantwortet hätte. Hier ist weder Alexander noch Augustus, noch Tyberius noch Tullius, noch Seneca noch Phalaris; und dennoch begegnet man mir ärger, als wenn ich ein Schmid, ein Gärtner, ein Müller, ein Schneider, ein Caßirer wäre. Wer indes die Stimmen der ordentlichen Schiedes=Richter sammlen will, der wird finden, daß unter dreyzehn nur drey wieder das Orchester sind, und daß es also mehr, als zwey Drittel, Stimmen habe, welche, wo ich nicht irre, genug sind, einen Pabst zu machen.

Musicalische Merckwürdigkeiten.

Venedig, vom 28. Junii. Der neueste Componist bey uns heisset Francesco Brusa, und hat derselbige am heurigem Himmelfahrts Fest eine Opera verfertiget, welche den Titel führet: L'Amore Eroico. Es ist dieselbe auf dem Theatro zu St. Salomo aufgeführet worden. Der Componist gebrauchtsich in der Sinfonia derselben einiger bizarren Sätze, die nebst der Syncope, durch den Tritonum und die verkleinerte Secunde, in der Oberstimme, durch die Secundam superfluam in der Mittel=Parthey, und durch eben dasselbe intervallum, gradatim descendendo, im Basse, zwar seltsame Ausweichungen hervorbringen, jedoch einen gar fremden und artigen effect thun, ob man wohl mit dem blossen Gehör sehr schwer begreiffen kan, wie es eigentlich an einander hänget. In dem Adagio besagter Sinfonia ist ein Vorfall, der den Zuhörer gantz verwirret macht, weil das A mit dem Kreuz, von allen Instrumenten all'unisono gespielet, nicht anders klinget, als wäre es H mit dem b; so bald aber die Harmonie wieder eintrit, wird

wird man, so zu sagen, ganz vergnügt, einen Ausgang aus diesem Labyrinth gefunden zu haben. Unter andern Arien in obgenandter Opera hatten insonderheit ihrer zwo einen allgemeinen Beyfall. Die erste heißt: Tuti confondi, ne mi rispondi? ou 'è l' altiero spirto guerriero? &c. Sie ist aus dem E dur, mit Instrumenten, in drey achtel Tact gesetzt, und fängt mit einer Schottländischen Rückung an, die auch hinter und vorwärts in der Folge angebracht wird. Die schöne Action mag wohl etwas zum Vorzug dieser Aria beygetragen haben; Die Gelegenheit ist also: Odenato hat sich in Zenobia, die ihm schon vorher einmahl, bey einer Schlacht, in verstellter Capitains-Tracht, unbekannter Weise das Leben gerettet, sterblich verliebt: weil sie aber ein Gelübde gethan, sich keinem Amant zu ergeben, er habe sie denn im Streit überwunden, trägt sie ihm dergleichen Duel-Gedancken unterschiedene mal vor, so daß er sich zuletzt gar nicht mehr in den Handel zu finden weiß. Und darauf singt Zenobia die erwehnte Aria, welche im Alt gesetzet ist. Die andere piece, davon viel Wesens gemacht wurde, fing sich an mit den Worten: Aure grate &c. Man kunte aber weiter nichts darin finden, als daß die Sing-Stimme und Oboe, auf canonische Art, sich einander in ganzen Schlägen folgeten, und dadurch Gelegenheit bekamen, in selbst zu erfindenden Drehungen und Passagien (die aber doch wegen des canonischen Zwanges meist übereins hinaus lauffen musten) einander zu exerciren. Von der Kirchen Music zu sagen, haben wir nichts curiöses angetroffen, als daß im Schluß eines Lateinischen Psalms hundertmal nach einander kam: amen, amen, amen, mit zwischengesetzten Achtel-Pausen. Und in einem andern war das Alleluja, was den valorem der Sylben anlanget, wohl auf zehnerley Art angebracht. Sonst ist die Kirchen-Music so gar springend und lächerlich, daß auch der Cardinal Cornaro, des Ao. 1722. allhier verstorbenen letztern Doge leiblicher Bruder, sich genöthiget befunden, zu Padua in seiner Kirche einen ausdrücklichen Befehl ergehen zu lassen, sich einer modestern Music zu bedienen. Der vornehmste Sänger heisset Carestini, ein Discant-Castrate, welcher an allerhand Variationen sehr reich ist. Er machte neulich eine, die war nicht anders, als wenn man ein Rad mit der grössesten Gewalt herum jaget, und doch kunte man alle Tone unterscheiden, wobey es schien, als kostete es ihm nicht die geringste Mühe. Er ist Kammer-Musicus am Kaiserl. Hofe, und empfängt für die vierzehn Tage, so lange die Opera dauret, 1000. Gülden. Die Italiäner recitiren ihre Partheyen, so zu sagen, mit Leib und Seele, und ist nicht einer, der sich nicht mit Lebens-Kräfften bemühen sollte, es dem andern, in diesem oder jenem Stücke, zuvor zu thun. In dem
Klo-

Kloster à la pietà sind recht schöne Stimmen, die denen à la mendicanto nichts vorausgeben. Die vornehmste Sopranistin nennet sich Pollonia; eine Altistin aber, welche eine vortreffliche Stimme hat, und dabey eine unvergleichliche Methode besitzt, heißt Ambrosine. Es singen aber diese beyde niemals, als Sonn- oder Fest-Tages. Wenn das Singen zu Ende ist, wird à la pietà allezeit ein vortreffliches Concert gespielt, welches immer so wohl verdienet gehöret zu werden, als eine ganze Opera.

Rom vom 19. May. Die Krönung des Ritters Bernardino Perfetti, (davon zu Ende unsers achtzehnten Stückes gedacht worden) geschahe unter Trompeten- und Pauken-Schall, bey Lösung mehr als hundert kleiner Stücken. Die Cardinäle Scotti, Polignac, Cienfuegos, Pereira, Petra, Alberoni, Olivieri, Marini und Albani wohnten der Ceremonie mit bey, so wohl, als der Venetianische Bottschaffter, und ein Theil des Päbstlichen Hofes. Die grossen Lobsprüche die dem besagten Ritter, wegen seiner ungemeinen Verdienste, so wohl in der Music als Poesie, gegeben worden, haben doch nicht hindern mögen, daß man nicht des folgenden Morgens frühe einige Stichel-Verse auf ihn gefunden, dahin zielend, daß vor diesem nur die gemachten und vollkommenen Poeten gekrönet worden; nun aber auch diejenigen, so es erst werden sollten: weil nehmlich der Ritter Perfetti noch nicht viel drucken lassen, und hingegen Petrarcha, nebst andern, die Welt mit ihren Wercken gleichsam überhäuffet haben. Es besitzet sonst dieser Toscanische Poet, NB. ausser den Gaben des Singens und der Music (outre les talens de la voix & de la Musique, *vid. Suite des Nouvelles d' Amsterdam*, XLVI. 1725.) die Philosophie, die Rechtsgelahrtheit, die Theologie, und verschiedene andre Wissenschafften.

Paris. Der Herr Marais, Königlicher Französischer Kammer-Musicus, hat das fünffte Buch seiner Violdigamben-Stücke, mit dem General-Baß, neulich in Kupffer stechen lassen und heraus gegeben. Dieses Werck ist zu kauff bey dem Herrn Boyvin, in der St. Honore-Strasse, wo das vergüldete Linial aushängt, ingleichen bey dem Verfasser, in der Jardinet-Strasse.

London. Die Music, bey der Installirung der Ritter vom Bade in König Henrichs VII. Capelle, nehmlich das Te Deum, die Antiphona mit Instrumenten, und das Credo, haben die Königlichen Capell-Musici, samt dem Westmünsterschen Chor-Sängern, sehr schön heraus gebracht, und ist alles von dem Herrn Doctor Crofts componiret gewesen.

Ende des siebenden Theils und zwanzigsten Stücks der musicalischen Critick.

MATTHESONII
CRITICA
MUSICA

Pars VIII.

Turbatos animos Musica recreat : quoniam dolorem capitis &
tristitiam tollit, immundos spiritus humoresque pravos &
languores depellit. Unde & utilis ad salutem corporis & animæ invenitur. BEDA VENER. *in Mus. quadr.*

Der
Musicalischen Critick
Achter Theil,
genannt:
Der Melodische Vorhof.
Das ist:
Herrn Heinrich Bokemeyers,
Cantoris der Fürstl. Schule in Wolffenbüttel, Versuch von der Melodica.

Omnia ferè quæ sunt conclusa nunc artibus, disperfa & dissipata quondam fuerunt, ut in musicis numeri, & voces, & modi.
Cic. L. I. *de Orat.*

Kurtzer Vorbericht
An die geneigten Leser.

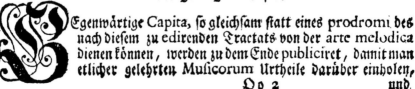

Egenwärtige Capita, so gleichsam statt eines prodromi des nach diesem zu edirenden Tractats von der arte melodica dienen können, werden zu dem Ende publiciret, damit man etlicher gelehrten Musicorum Urtheile darüber einholen, und, auf einen oder andern erfolgten Widerspruch, sich in der Sache, worin man keine eigentliche Vorgänger hat, um so viel vester gründen möge. Denn es geschiehet nicht in der Meynung, ob hielte man alle hier vorgetragene Sätze für unumstößliche Wahrheiten; sondern man glaubet vielmehr, daß verschiedenes einer genauern Untersuchung bedürffe, worzu der Auctor sich allerdings verbunden erkennet, und desfalls gern Erinnerungen annimmt, auch zum Theil allbereit was richtigers in promptu hat. Diesemnach wird man es sich weder befremden lassen, wenn irgend in den beygefügten Anmerckungen einige Gegensätze erfolgen solten, noch die irrige Gedancken schöpffen, ob würde der Verfasser dieses Entwurffs dadurch prostituiret, wie manche wohl ehemals, nach Lesung der Canonischen Anatomie, dergleichen übereiltes Urtheil gefället haben. Die Selbst=Liebe wird keinen, der, durch GOttes Gnade, seiner Vernunfft mächtig ist, so weit überreden, daß er in allen Stücken ganz infallible sey: Folglich kan ein contraires raisonnement, so ein andrer heget, ob es auch schon mit einer piquanten Art vorgetragen würde, (dergleichen wir doch von dem Herrn Auctore Criticæ nicht zu besorgen haben,) niemand schimpflich fallen, der sich selbst zu bescheiden weiß, daß er seine Meynungen nicht, wie einen Abgott, anbeten dürffe. Denn die Fehler des Verstandes, welchen sich alle unterworffen erkennen müssen, so lange unser Wissen nur Stückwerck bleibet, sind keine Laster, so der Hencker (mit Rechte) strafet; obgleich der Pabst, und wer einen After=Pabst im Leibe hat, die dissentientes als Ketzer zum Feuer verdammet. Wer aber Lust zu tadeln hat, der mag erstlich diese Sprüche der Alten überlegen: Facilius est reprehendere, quam imitari, & Inventis aliquid addere facillimum.

Des Melodischen Vorhofes Erster Eingang.

I.

Aus obigem kurzen Vorbericht des Herrn Bokemeyers erhellt dessen Vorhaben und die dabey geführte Meynung zur Gnüge, welche denn alle beyde rühmlich und philosophisch sind. Ich kan wohl sagen, daß ich noch keinen gefunden, der sich so emsig bestrebet, etwas wahres und rechtschaffenes in der Music zum festen Grunde zu setzen, als eben unsern vorhabenden Verfasser der beyden folgenden Capitel. Und hiezu ist er bloß durch die Canonische Anatomie angefrischet worden; da er sonst hiebevor ganz andren Grund=Sätzen zu folgen pflegte.

II.

II.

Ob nun gleich der Baum im ersten Hiebe nicht fällt, und nur mit diesem Versuch ein schwacher Streich daran geschiehet; so gibt doch das blosse Unterfangen den nachdenckenden eine gewünschte Gelegenheit, ihre Anmerckungen darüber zu machen, und, was einer oder andrer Seits richtig oder unrichtig scheinet, zu fernerer Ueberlegung darzustellen.

III.

Meines Theils wäre ich gern der dabey erforderten Critick überhoben gewesen, damit nicht der unverständige Hauffe dencken mögte, es sey wieder ein neuer Streit vorhanden. Es ist kein Streit, als nur ein freundlicher; es ist kein Wiederspruch da', ausser liebreichen, und zu einerley Ende abzielenden, Einwürffen. Ich will bey Leibe meine Gegen-Sätze für keine unfehlbare Aussprüche, sondern nur für unmaßgebliche Einfälle ausgeben. Wer was darin findet, daß mit der Vernunfft überein kömmt, der wehle es; und wer das Gegentheil antrifft, der verwerffe es. Ich will darüber mit niemand streiten: denn es bleibt doch wohl in gewissen Umständen dabey: **So viele Köpfe, so viele Sinnen.**

IV.

Wenn wir nur erstlich in der Haupt-Sache einig sind, und gewisse Grund-Sätze finden, darauf ferner zu bauen stehet, und die keinem vernünftigen Wiederspruch mehr unterworffen sind, so wird das übrige auch dereinst zum Stande kommen. Die Melodie in formam artis zu bringen, hat sich noch keiner gelüsten lassen: es wird sich auch so bald kein rechter Leitfaden, und unbetrüglicher Wegweiser darin finden. Denn ob ich wohl einige Jahr her darauf gesonnen, und daran, nicht eben præliminariter, gearbeitet habe: so entdecket sich doch, nach erfundenen, vielen, neuen Ländern, immer eine unbekannte Gegend nach der andern, die man vorher nicht gesehen, vielweniger besuchet hat; ja nicht einmahl zu nennen weiß. Es ist eine ganze Welt, welche in Ordnung, und gleichsam in ein richtige Carte, zu bringen, mehr als einen Menschen erfordert, ungeachtet mancher dieselbe bereits etliche mal durchgereiset seyn mögte.

V.

Wenn wir nur nach den ersten Linien dieser Wissenschafft unser visheriges Nachwerck abmessen, so mögten die Noten, ob sie gleich noch so schwarz wären, offt vor Schande erröthen. Der Herr Bokemeyer schreibt mir hierüber, in ein paar nachdencklichen Briefen, recht auserlesene Gedancken zu, die ich, mit seiner Erlaubniß, andern zum Beyspiel und zur Nachfolge,

folge, hier eindrücken muß. Den 20. Nov. 1724. bricht er in einem P. S. also heraus:

"Ew. Hoch-Edl. haben mich, durch Anreizung zu der "Melodica, in einen solchen Zustand gesetzt, daß ich allezeit "Gelegenheit finde, mich in der Demuth zu üben. Denn ich "erkenne meine Unwissenheit je mehr und mehr (ich auch GOtt "Lob!) und wünsche nur Zeit zu haben, noch was rechtes in den "dahin gehörigen Wissenschafften zu lernen: weil ohne solide "Erkäntniß kein gegründeter Satz in dieser Kunst aufzubringen "ist ɛc.

In einem jüngern Briefe aber vom 18. Junii 1725. legt er dieses löbliche Geständniß ab: "Wenn ich meine retroacta ansehe, so be-"komme ich freylich den grössesten Ekel, und habe mir vorge-"nommen, ehe nichts wieder zu componiren, biß ich mit der "Haupt-Sache im Stande bin. Ich spüre je länger je mehr, daß "die harmonischen Künste bisher den rechten Zweck gehindert "haben ɛc.

VI.

Wann dem nun würcklich und wahrhafftig also ist, und es ein jeder, der nur ohne Handschu in seinen Busem greiffen will, gewisser massen richtig befinden wird, so ist wohl hohe Zeit, zu dem grossen weitläufftigen Gebäude der Melodicæ einmal den Anfang zu machen, und wenigstens einige Materialien herbey zu führen, um zu sehen, wie etwa ein blosser Vorhof anzulegen sey, und was derselbe für bequeme Eingänge oder Seiten-Thüren haben könne: damit man hernach immer weiter an die grossen Thor-Wege dencken, den Hofpflastern, und so ferner an den Haupt-Pallast mit dessen Flügeln gelangen; endlich aber auch einen schönen Garten dabey anlegen könne: denn in diesem läßt sich die melodische Reitzung am besten betrachten, und kan die Anmuth einer herzbewegenden Melodie, so wohl was die Ordnung, Reinlichkeit und Fruchtbarkeit, als auch die Raritäten und exotica anlangt, mit nichts besser verglichen werden.

VII.

Laßt uns denn, in aller Gewogenheit, ansehen, was der Herr Bokemeyer gutes vorbringet, und mit aller Aufrichtigkeit sagen, was man davon dencken und halten mag. Bitterkeit soll eben so verbannet seyn, als Schmeicheley; Vernunfft und Wahrheit aber behalten das Feld. Das erste Capitel handelt

Von

Von dem Texte.

Der Text, worunter man die Worte verstehet, so gesungen werden, ist das edelste und vornehmste Stück einer guten Music, a) es mögen nun Biblische Sprüche, b) Psalmen, oder Geist- und Weltliche Gedichte seyn. Denn er ist der Sitz und Grund aller übrigen Sachen, so bey der Music vorkommen, und sich auf solchen beziehen. Er ist die eigentliche Materia, c) womit ein Componist hauptsächlich zu schaffen hat, und die er recht ausarbeiten muß, wo er seinem Zweck ein Gnügen zu thun, und das Lob eines tüchtigen Meisters in seiner Kunst davon zu tragen, gedencket.

Anmerckungen.

a) Der Text ist gar kein Stück der Music, vielweniger das edelste oder vornehmste. Denn die Music kan auch ohne Text bestehen, und alle Passionen oder Gedancken, mit dem blossen wohl-zusammen-gefügten Klange, ausdrücken. Doch müssen die Zuhörer in der klingenden Sprache keine Fremdlinge seyn. Die Worte bey einer Vocal-Music sind nichts anders, als der Leib der Rede, welcher bisweilen auch höltzern und todt seyn kan. So mancher schöner Ton auf einen Text gesungen wird, so mancher köstlicher Edel-Stein wird ihm angesteckt; wiewohl es freylich auch unter den Tonen und seyn-sollenden Melodien viele Böhmische Steine, Chrystall, Glas, und anderes nichts-werthes Zeug gibt. Aber der in den Worten steckende Verstand, das sentiment, die pensée, oder wie man es nennen will, ist die rechte Seele einer Rede, sie werde gesungen, oder nicht. Im ersten Fall erlangt sothane Seele einen herrlichen Glantz und vortrefliches Licht, mittelst welcher sie viel kräfftiger und durchdringender scheinen kan, als sonst. Summa, man mag die Worte einer Rede mit der Erden, und wenn sie fliessen, mit dem Wasser, (Z.E. der Hypocrene) die Gedancken mit der Lufft; die Melodie aber mit dem Feur vergleichen. Also sehen wir, daß die Music mehr die Seelen-Kräffte, als den Leibes-Zierath, hiebey zum Zweck haben muß. D.i. Sie muß mehr auf die Beleuchtung und Belebung der Gedancken, als auf die Schmückung der Worte, gehen. Worte, ohne sonderbare Gedancken, gleichen der schleichenden Nacht; * Worte mit schöne Gedancken dem frohen Tage; die darauf gemachte Melodie aber dem heitren Sonnenschein.

Bibli-

---

* Und wenn man gleich 1000 Lichter (ich meyne hohe Redens-Arten) dabey ansteckt, wird doch weder Tag noch Sonne daraus.

b) Biblische Sprüche, zumal in Teutscher Uebersetzung, sind zur Music am allerunbequemsten, außer den vollen Chören, Fugen und Recitativ. Die Psalmen aber, man nehme sie in welcher Uebersetzung man wolle, haben und behalten allemal was poetisches: als ohne welchem keine gute, bewegliche Melodie bestehen kan. Zur Noth setzet man sich auch wohl auf einen harten, unförmlichen Stein nieder; aber auf einen bequemen Stuhl sitzet sichs doch besser. Das ist meine unmaßgebliche Meynung. In solchen Verstande mag der Text gern ein Sitz der Vocal-Melodie seyn.

c) Die Materie, womit ein Componist eigentlich zu schaffen hat, ist der Klang; und nicht der Text. Jenen arbeitet er wesentlich aus; diesen nur zufälliger Weise. Doch darff er ihn deswegen nicht zerstümmlen und verderben.

VIII.

Ja, der Text gibt einer Melodie gleichsam das rechte Leben, d) weil diese nicht unfüglich mit dem Leibe; jener aber mit der Seele, verglichen werden kan. Wolte es jemand umkehren, und zu behaupten suchen, daß die Melodie dem Texte das Leben ertheilen müsse, der würde sich vorzusehen haben, daß er solches nicht zum Prejudiz des göttlichen Wortes bejahete, als welches an sich selbst Geist und Leben ist, und durch keine Melodie, oder Harmonie, kräfftiger gemacht werden kan. e) Wer auch bey weltlichen Texten der Melodie den Vorzug f) geben will, der mag dagegen wissen, daß die wahre Music-Kunst nicht bloß in artigen inventionibus der Melodeyen, sondern fürnehmlich in kräfftigen Seelen-Ueberzeugungen bestehe.

Anmerkungen.

d) Umgekehrt. Die Melodie gibt dem Text das rechte geistige Leben. Die Worte sind, wie gesagt, der Leib einer jeden Rede; gar nicht der Music. Die Gedancken, oder der Verstand in den Worten, ist die Seele der Rede; nicht der Music. Die Melodie aber ist eine edele Krone dieses Leibes, und güldne Sonne dieser Seelen.

e) Darin sind Lutherus, St. Augustinus, und meine Wenigkeit mit ihnen, gantz andrer Meynung. Der eine sagt: Bis orat, qui corde canit. D. i. Der betet doppelt, der von Hertzen singet. Und anderswo nennet er die Music einen köstlichen, herrlichen Schmuck des Wortes Gottes. Sie ist gleichsam desselben Ehrenkleid. Denn ob wohl niemand, in Ansehung GOttes, seinem heiligen Worte die innerliche, unermeßliche, vollkommene Krafft absprechen wird: so ist doch bekannt, daß dieselbe äuserlich, in Ansehung der Zuhörer, entweder geschwächt, oder vermehret werden könne, nachdem man das Wort GOttes auf unterschiedliche Art lieset, saget, singet, oder auf= und annimt. Warum müssen sonst die Evangelia in den Kirchen gesungen werden? Non negandum, causis mediis ministerialibus suas relictas quoque esse partes, suaque officia in adornando choro prophetico. *G. Pauli de Chor. Prophet. p. 24.* St. Augustinus verfährt hierinn noch deutlicher, wenn er, *Lib. X. Confess. Cap. 33.* also schreibt: Religiosius & ardentius sentio moveri animos nostros in flammam pietatis (da ist Feuer) cum ita cantantur sancta dicta, quam si ita non cantarentur, & omnes affectus Spiritus nostri, pro suavi diversitate, habent proprios modos in voce atque cantu, quorum nescio qua occulta (das ist nicht so gar cörperlich) familiaritate excitentur. Ich will, mit GOttes Hülffe und zur Rettung seines Dienstes, von dieser Sache an einem andern Orte weiter handeln.

f) Melodie und Text sind zwey sehr verschiedene Dinge: sintemal die Worte gar wohl ohne Melodie, und hergegen die Melodie eben so füglich ohne Worte, in ihrem Wesen, bestehen mag. Wenn ich aber diese beyden vereinigen will, so muß ich mich mit der Melodie, nach dem Wort=Verstande ungefehr so richten, als einer, der sich niederlassen will, nach dem Orte, wo der Stuhl stehet: oder etwas feiner, als man, zur Betrachtung eines Gemähldes, das Licht nicht hinter, sondern vor dasselbe, oder an diejenige Seite, wo kein gemahlter Schatten ist, stellen muß. Indessen gibt alles dieses dem Text keinen weitern Vorzug, als er zur Vereinigung mit der Melodie nöthig hat. Der Text muß nur vorher da seyn, eben wie der Stuhl und das Gemählde. Die Melodie aber arbeitet so wohl, und offt mehr, als die Worte, zur Erläuterung und Darlegung der Gedancken, (beyder subjectum) und zur Ueberzeugung oder zur Bewegung der Zuhörer (beyder objectum.) Wer auch diesen Zweck erlangen will, muß auf alle Weise artige Erfindung reichlich bey der Hand haben; sonst wirds ihm wahrlich an den besten Mitteln fehlen. In artigen inventionibus melodiarum, wenn sie NB. recht angebracht werden, bestehet also ein grosses, ja fast das grösseste Stück, das bene esse der wahren Music=Kunst, welches, ob es wohl der eigentliche Endzweck nicht selbst ist, doch gerades Weges dahin führet.

IX.

Der Zweck der Music ist, g) die Zuhörer auf eine liebliche und angenehme Manier zu unterweisen. Diesemnach muß der Verstand er=

erbauet, der Wille gelencket, und nicht nur das Ohr gekitzelt werden. Zwar eine bloſſe Melodey mit Inſtrumenten, ohne Text, hat allbereit groſſe Gewalt über das menſchliche Gemüth, wofern ſie anders gehörig eingerichtet iſt; h) allein ſo ſehr ſie auch afficirt, ſo wenig wird ſie verſtanden, i) wo nicht ein Text hinzu kömt, wodurch zugleich der Verſtand überführet, und folglich die Wirkung um ſo viel kräfftiger gemacht wird, die eigentliche Abſicht zu erreichen. Eine Inſtrumental-Muſic, ohne Text, dienet nur bloß zum divertiſſement; k) aber eine mit einem Texte iſt erbaulich. l) Weil es nun bey der Muſic vor allen Dingen auf den Text ankömt, ſo iſt ſolcher die einzige Richtſchnur einer Vocal-Melodie, m) als die denſelben gehörig zu exprimiren beſchäfftiget ſeyn ſoll. Denn die Melodie iſt um des Textes willen; nicht aber der Text um der Melodie willen. n) Es ſey denn, daß er, entweder nach dem Muſter eines andern Textes, oder nach zuvor erheiſchter Geſchicklichkeit, aus freyem genie, unter eine vorhandene Melodie geleget werden müſte. (Was ein Muſicus, in den unterſchiedenen Stimmen, da folglich auch unterſchiedliche Melodeyen ſind, bey Unterlegung des Textes, für Cautelen zu obſerviren habe, gehört nicht in dieſes caput generale. Doch mag er ihm in anteceſſum geſagt ſeyn laſſen, daß in keiner Stimme der Text, als unter die Melodie gezwungen, erſcheinen müſſe. Das heißt hier eigentlich: Der Text iſt nicht um der Melodie willen, nehmlich nach ſelbiger gezerret, und unförmlich gemacht zu werden.)

Anmerckungen.

g) GOtt directe zu loben, ſollte wohl hauptſächlich der Zweck der Kirchen-Muſic; indirecte aber aller andern Muſic Abſicht ſeyn; hiernechſt nicht nur die Zuhörer zu unterweiſen, ſondern vornehmlich dieſelbe zu bewegen.

h) Ich ſetze mit Erlaubniß hinzu, daß nicht nur die Compoſition, ſondern auch des Zuhörers Gemüth, darnach eingerichtet und beſchaffen ſeyn müſſe.

i) Es kan nichts afficiren, was nicht verſtanden wird. Iſt das erſte, nehmlich die Bewegung, ſo iſt auch das andre, nehmlich der Verſtand: Denn was mich rühret, davon hab ich gnug begriffen. Kömt Text und Melodie wohl zuſammen, und ich verſtehe mehr davon, als von der Inſtrumental-Muſic allein, ſo werde ich auch mehr afficirt.

k) Das

des Melodischen Vorhofes erster Eingang.

k) Das ist, meines wenigen Erachtens, ein grundloser Satz, daß eine Instrumental-Music, ohne Text, nur bloß zum Zeit-Vertreib oder zur Lust diene. Denn, andrer Exempel zu geschweigen, so müste auch das Orgel-Spielen nur zum divertissement dienen; wovon aber so viele wackere Gottsgelehrten, in ihren Orgel-Predigten, ja David selbst, ganz anders reden und lehren.

l) Eine Instrumental-Music ist erbaulich; eine Vocal-Melodie aber erbaulicher. So ist alles gut, wenn der Text gut ist.

m) Der Text ist dennoch lange nicht die einzige Richtschnur einer Vocal-Melodie: denn es kömt bey derselben, qua melodia, gar nicht auf den Text an; sondern auf ganz andere, wahre, melodische Künste. Daß sie aber dem Text, bey ihrer Vereinigung, nicht zuwieder handlen, sondern demselben vielmehr auf alle Weise beförderlich seyn muß, solches ist nur necessarium quid; aber in dieser Nothwendigkeit bestehet noch lange keine Schönheit. Wenn ich zu einer Jungfer sagte: Sie sey nicht lahm, nicht krumm, nicht blind, nicht stinckend &c. wäre ihr damit viel gedienet? Es wird nothwendig zur Schönheit erfordert, daß diese Gebrechen nicht an einer Person zu finden; aber das macht noch keine beauté aus.

n) Den stylum melismaticum müssen wir von der Regel ausnehmen, daß kein Text um der Melodie willen gemacht werde. Denn, wie viel tausend Oden und andre Lieder, Villanelle, Vaudevilles, Ballads &c. sind nicht auf gewisse bequeme, und allgemeine, Melodien, gar offt um dieser willen allein, mit treflichem Glücke gemacht, und von aller Welt begierigst aufgenommen worden?

X.

Die Krafft des Textes muß den Zuhörern klüglich und künstlich dargeleget werden. Daher muß er recht eingesehen und verstanden werden: denn, ausser dem ist man nicht geschickt ihn auszudrücken. Es soll aber eine rechte Melodie also beschaffen seyn, daß sie alles dasjenige auszudrücken scheine, was in den Worten des Textes lieget, o) und folglich muß sie eine Erklärung und Abbildung desselben seyn. Denn der Text wird als ein Original, und die Melodie, als ein Gemählde, darnach angesehen: p) daher muß diese mit jenem übereinkommen, und ihm nicht entgegen lauffen. Je besser die Melodie den Text exprimirt, je grösser ist die Aehnlichkeit, und je besser leuchtet das ingenium q) des Melopoetæ daraus hervor. Durch solche Aehnlichkeit wird daß Gemüth der verständigen in Lust gesetzet, so wie ein wohlgetroffenes Gemählde den Kennern und Liebhabern guter Schildereyen Ergetzlichkeit verursachurſachet. So muß denn ein Componiſt die in dem Text dargelegte Sachen mit Fleiß zu exprimiren bemühet ſeyn. Solches kann entweder eigentlich, oder Gleichniß-Weiſe, geſchehen. Denn erſtlich kann die Melodie imitiren was im Texte von ſolchen natürlichen Dingen, die eigentlich ad ſphæram muſicam r) gehören, vorkömmt. Hiernechſt kan ſie einige ander Sachen Gleichniß-Weiſe ausdrücken, wohin die actiones morales humanæ hauptſächlich gehören. Daher iſt die expreſſio vel propria, vel impropria. (Hier iſt zu unterſuchen, ob es bey der expreſſione impropria auch tropos gebe, wie in der Rede.) Was auf dieſe zweyerley weiſe nicht exprimirt werden kan, iſt eigentlich nicht muſicaliſch, ob es wohl mit unterläufft, und nach Maßgebung der natürlichen pronunciation, eine Melodie haben kan. Dannenhero iſt der Text theils muſicaliſch, theils oratoriſch, der letzte kömt bey den Muſicis in keine ſonderliche conſideration, ob er ſchon, ſo zu reden, nicht ganz unmuſicaliſch iſt. Der erſte aber iſt allerdings werth, daß man reflexion darauf mache. Die requiſita deſſelben ſind folgende: (1) die Sachen in einen muſicaliſchen Terte müſſen hauptſächlich practiſch s) ſeyn, und die Glückſeeligkeit des Menſchen betreffen, folglich von Tugenden oder Laſtern, und den damit verbundenen Gemüths-Bewegungen handeln. (2) Muß ein Affert darin liegen. (3) Müſſen muſicaliſche Wörter darin ſeyn. (4) Müſſen ſeine membra oder propoſitiones weder in einander geſchoben, noch durch eine untereinander habende reflexion, oder auch particulas connectendi, verknüpfet ſeyn. Kurzgefaßte Säze (propoſitiones) und Sprüche (ſententiæ) gehören zur Muſic; keine weitläuffige und in einander geſchränkte periodi, wo anders eine anſtändige und angenehme repetition ſtatt finden ſoll.

Anmerkungen.

o) Was in den Worten lieget, das iſt der ſenſus, der Verſtand, die Gemüths-Neigung.

p) Um Verzeihung. Der Meynung kan ich nicht ſeyn, daß der Text ein Original, die Melodie aber eine Schilderey, vorſtelle. Die Melodie iſt, nach ihrer Art, eben ſo wohl ein Original, als der Text. Soll jene eine Copie ſeyn, ſo iſt es dieſer auch: denn ſie bilden beyde die Gedancken ab, der eine mit Worten, der ander mit dem Klange. Die penſée iſt das Ur-

Ur-Bild, der Text und die Melodie sind Original-Gemählde desselben. Wenn mir aber einer meinen Text oder meine Melodie nachäffet, der macht Copien.

q) Aus der Aehnlichkeit zwischen dem Text und der Melodie leuchtet des Componisten judicium weit mehr, als sein ingenium, hervor. Diese Eigenschafften sind gar verschiedener Natur, und selten beysammen.

r) Sphæra musica, ist ein kluges Wort. Wohl dem, der diese Sphæram inne hat, und ihren Bezirk nicht überschreitet!

s) Die musicalischen Texte dürffen gar nicht hauptsächlich practisch seyn; die besten sind theoretisch. Z. E. Die Werke des grossen GOttes, so wohl sichtbahre als unsichtbahre, gegenwärtige und zukünfftige, geben die schönsten musicalischen Betrachtungen ab. Die Worte können auch prophetisch seyn, als in der Offenbahrung Johannis, welche, mittelst eine geschickten paraphrasi, sehr artige Oratorien abgeben würde. Sie können auch historisch seyn, u.s.w. Von den übrigen dreyen requisitis finden sich die ältern Briefe schon T.I. h. Cr. p.101.102.103.& 104. Das ander requisitum sagt, mit dem ersten einerley: denn was von Gemüths-Bewegungen handelt, darin liegt ein Affert. Daß auch musicalische Wörter in einen musicalischen Text gehören, solches bedarff keiner Vorschrifft; wohl aber, welche diese Wörter, und welche ihre Gegner, sind. Wenn ferner das oratorische Wesen dem musicalischen gewisser massen entgegen gesetzet wird, lautet es wohl etwas hart. Denn die besten musicalischen Texte sind oratorisch; ob gleich nicht alle oratorische Sätze musicalisch sind. Mich deucht, in den stylis scribendi liesse sich eher eine bequeme distinction finden. Z. E. stylus scripturæ, stylus dramaticus, stylus lyricus &c. sind alle musicalisch, except. excip. Hergegen schicken sich zur Music gar nicht stylus fori, stylus curiæ, stylus epistolaris u. d. gl. Ob auch diese letztern gleich carminice aufgetischet würden, haben sie doch nie einen musicalischen Geschmack: die Melodie hat einen Eckel davor, sie mag ihrer nicht. Stylus historicus ist, in rechter masse, gut zum Recitativ rc.

XI.

Ein solcher musicalischer Text ist nun entweder ligatus oder prosaicus, eine Poesie, oder gebundene Rede. Ein poetischer Text schickt sich besser zur Music, als ein prosaischer. Ratio: Es ist ein justes metrum (Sylben-Maß) und folglich ein geschickter rhythmus darin; da hergegen in prosa die verschiedene pedes sich nicht allezeit wohl zusammen fügen lassen. t) Wiewohl unter den prosäischen sich ein Text besser zur Music schickt, als der andre. Im Teutschen laſſen ſich die meiſten Biblischen Sprüche gut ſingen: u) denn die pedes ſind ſo vermiſchet, daß ſie einen angenehmen rhythmum geben: weil nur einige Sylben etwas länger geſungen werden, und ſonſt ein verſtändiger darüber kömmt. Doch weil die particulæ connectendi offt die repetion hindern, ſo ſchicket ſich alles viel beſſer, wenn geiſtreiche Poeten die dicta in Verſe bringen, und die bey einem muſicaliſchen Texte bedungene requiſita beobachten. Denn die Poeſie und Muſic gehören von Rechtswegen zuſammen, und ſind gleichſam zwo Schweſtern, w) da eine immer der andern die Hand bietet, weil eine der andern nicht entbehren kan. Vor Alters waren ſie in einem ſubjecto beyſammen. Wäre gut, wenns noch ſo wäre, oder einſten wieder würde, ſo mögten auf beyden Seiten viele Misgebuhrten zurück bleiben. Dieſer Punct könte bald remedirt werden, wenn nur die Muſici, nach ihrer uralten Schuldigkeit, die ſtudia, woher eine rechtſchaffene Poeſie ihre Nahrung nimt, nebſt der arte poetica an ſich ſelbſt, fleißiger, als bißher excolirten, und mit ihrer Arbeit den eingebildeten Poeten Sand in die Augen ſtreuten. So dürffte ſich nach dieſem auch kein Poet mehr ſehen laſſen, der die Muſic nicht verſtünde. x)

Anmerckungen.

t) Das iſt wahr, und klüglich geſchrieben, daß ſich eine gebundene Rede beßer, als eine ungebundene, zur Muſic ſchickt. Donius, deſſen Worte p. 40. huj. Tomi angeführt ſind, ſagt, daß eine proſaiſche Muſic die beſte grace verliehret, in ſo weit ſelbige vom Text herrühret. Ich habe an verſchiedenen Orten eben daſſelbe, und noch ein mehrers, behauptet. Die ratio aber ſteckt nicht allein im metro, ſondern vornehmlich im Styl.

u) Im Teutſchen laſſen ſich die Bibliſche Sprüche lange ſo gut nicht ſingen, als im Lateiniſchen, und doch wolte auch obgedachter Donius dieſe letzten nicht einmal bey der Muſic wißen. Die Teutſchen dicta ſchicken ſich, meines wenigen Erachtens, zu ſonſt nichts, als zum vollen Chor, zu Fugen, zur Moteten-Art und zum Recitativ. Auch bey dieſem findet einer manchesmal ſeine Noth, wenn er nicht die Sylben, wieder ihren Accent, zu lang oder zu kurtz ſetzen will. Ich habe es offt verſucht, und allemal ſehr verwirrte rhythmos, faſt nie aber einen angenehmen, gefunden. Z. E. Und die Kriegs-Knechte flochten eine Krone. ꝛc. Von dem an trachtet Pilatus, wie er ihn loßlieſſe ꝛc. die Hohenprieſter antworteten ꝛc. Es iſt hier nicht die Frage, was ein verſtändiger und verſuchter Componiſt daraus machen kan; ſondern obs ſich, natürlicher Weiſe, gut ſingen laſſe, und einen angenehmen rhythmum gebe? Daran ſollte ich ſehr zweiffeln. w) Sind

w) Sind Music und Poesie zwo Schwestern? Wie kan man denn die eine dem Original, die andre aber einem Gemählde, vergleichen? Denn hier soll der Text ja ein Original; und der poetische das beste Original seyn.

x) Wie wäre es, wenn die Herrn Poeten, deren Schuldigkeit wohl nicht viel jünger seyn wird, als der Musicorum ihre, den Anfang in dieser Vereinigung machten, aus ihrer arte poetica, die ich für einen Sammel-Platz aller studiorum halte, das arme studium musicum nicht verbanneten, sondern solches fleißiger, als bisher, excolirten, und mit ihrer Arbeit den eingebildeten Componisten Sand in die Augen würffen? Daß sich aber so dann nach diesem weder Poet noch Musicus sehen lassen dürffte, der beyde Wissenschafften nicht verstünde, solches folget wohl nicht. Den es können, meiner wenigen Meynung nach, viele Poesien verfertiget werden, ohne Zuthuung der Music, in so weit sie practisch ist, so wie viele würkliche Musiken ohne Beyhülffe der eigentlichen Poesie. Aber zur musicalischen Poesie ist es allerdings nöthig, daß der Poet die Music verstehe, ob er gleich nicht selber im Singen, Spielen oder Componiren excellirt. Und zur poetischen Composition ist es unumgänglich nöthig, daß der Musicus die zu seinem metier gehörige Poesie verstehe, wenn er gleich selber eben keine Virgilianische Verse schreiben kan. Es gehört gar zu viel dazu, in einer von diesen Wissenschafft vortrefflich zu seyn, seitdem man weiß, daß die mittelmäßigen Musici und Poeten nichts gelten. Wer ein ausnehmender Practicus in der einen ist, kan gar wohl mit einer guten Theorie in der andern zu frieden seyn. Und in solchem Verstande wohnen diese beyde so genannten Schwestern, eben wie vor Alters, noch immer in einem rechtschaffnen subjecto beysammen; doch bey Musicis mehr, als bey Poeten. Der Ritter Perfetti ist dessen ein Exempel. Der Verfasser der Französischen Histoire de la Musique sagt, Tome III. p. 205. ausdrücklich: Jamais Poete fera bien des vers chantans, à moins qu'il n'aime & qu'il ne sache la Musique, selon la coutume des anciens Poetes Grecs. D. i. Niemals wird ein Poet gute musicalische und singende Verse machen, es sey denn, daß er die Music liebe und verstehe. Es vergleichet auch besagter Auctor daselbst die Poesie und Music mit einem Manne und seiner Frauen, welches mir weit natürlicher vorkömt, als die Schwesterschafft. Der Mann ist nun zwar des Weibes Haupt; aber das Weib ist doch des Mannes Ehre und Krone. Nur im Ursprunge hincket das simile: denn die Music ist eher gewesen, als die Poesie. Gewiß ist es, wo sie nicht obgedachter massen zusammen sind, da wird wenig gutes ausgerichtet werden. Man besehe es nur beym Licht. Denn ob gleich die Arbeit eines ungelehrten Componisten, bey der ersten Anhörung, die Ohren ein wenig kitzelt;

hält sie doch weiter keinen Stich: absonderlich wenn man sie untersuchet. Die schändliche Unwissenheit in den Fabeln, in den Sachen, die sich fürs Theatre schicken, oder nicht, in den Regeln der Poesie und Grammatic, raget bey den meisten Componisten hervor. Une ignorance honteuse de la Fable, des bienseances du Theatre, des regles de la Poesie & de la Grammaire, c'est à quoi nos Compositeurs sont sujets. Sind Worte des erwehnten ungenannten Verfassers Tomo III. p. 203. Er sagt es von den Franzosen, seinen Lands-Leuten: ein Teutscher dencke ihm nach.

XII.

So lange aber nun diese Wissenschafften (Poesie und Music) in unterschiedliche subjecta zertrennet sind, so ist die Haupt-Regul: Der Poet muß wohl vorgehen, wenn der Componist gut nachfolgen soll. Wenn die Poesie ohne Krafft und Nachdruck ist, so kan die Melodey wenig dabey schaffen. y) Insonderheit muß die geistliche Poesie zu Kirchen Stücken recht geistreich seyn, wo anders eine erbauliche Kirchen-Music zum Vorschein kommen soll. Dazu gehören aber zween wichtige Puncten, nemlich (1) ein rechter Verstand der heiligen Schrifft, oder eine gründliche Wissenschafft der Theologie, die manchem, der sich für einen Poeten ausgibt, wohl mangelt. (2) Eine lange praxis Christianismi, an deren Anfang mancher noch wohl kaum gedacht hat. Wenn solche sich bey einen Poeten finden, so wird er ohne Zweiffel den H. Geist und Christi Sinn haben, das ist: ein rechter geistlicher Mensch, und folglich in seiner Poesie recht geistreich, seyn. In weltlichen Texten wird ihm eine gesunde Moral, insonderheit aber die Erkentniß der menschlichen Gemüther, fürtrefflich zu statten kommen, daß er seinen Versen den gehörigen Nachdruck geben, und anbey Erbauung, woran es allenthalben fehlet, stifften kan. Hiernechst muß er in allen seinen poetischen Sätzen die Neben-Absicht z) auf die Music richten, damit seine Poesie für musicalisch paßiren könne. Denn eine unmusicalische Poesie ist der Music nicht werth; allein die Unwissenheit ist Ursache, daß sie nicht selten mit unterläufft: sonderlich da manchesmahl von unverständigen Poeten eine pur-oratorische Poesie für eine musicalische aus gegeben, und von unverständigen Musicis auch dafür gehalten wird. Die Musici müssen nicht alle Poesie ohne Unterscheid ihrer Arbeit würdigen. Ein gutes, nach der Music eingerichtetes, Carmen verlohnet sich nur der Mühe, in eine Melodie gesetzet zu werden. Das übrige muß man zurück werffen, und es denen überlassen, die sich bloß aus Lesung der Gedichte ein plaisir machen

chen. Die muſicaliſche Poeſie muß ſo beſchaffen ſeyn, daß ſie füglich mit einer gehörigen Melodie verſehen werden kan. Ergo muß ſie kurz, nachdrücklich (emphatiſch) affectuós, und nach den requiſitis eines muſicaliſchen Textes eingerichtet ſeyn. Die Verſe müſſen haben (1) eine vernünfftige invention, (2) überzeugende Urſachen, (3) kräfftige Worte, (4) eine ungezwungene conſtruction, (5) ein richtiges metrum (6) einen kurz-gefaßten Verſtand. a) Der Poet ſoll ſich bey jeder Art der muſicaliſchen Poeſie hüten, daß er ſich an keine langſchweiffige Meynung binde, abſonderlich aber in Oden b) und Arien. Denn in den erſten wird dadurch der Inhalt ſchwer, und der Einfalt unvernehmlich gemacht; in den andern aber noch dazu dem Muſico die Gelegenheit zu einer geſchickten repetition benommen. Denn in den Arien müſſen weder die cola in einander geſchoben, noch oratio reflexiva gebraucht, noch die propoſitiones per particulas connectiret werden. Am beſten ſchicken ſich kurze propoſitiones, oder ſtilus ſententioſus, und connexio interna. Dieſes muß ſchlechterdings beym da capo in acht genommen werden; das andre Theil der Aria hat ſchon etwas mehr Freyheit.

Anmerkungen.

y) Das verſtehe ich ſo: Die Melodie kan keinen böſen Text gut; keinen ohnmächtigen kräfftig; keinen gleichgültigen nachdrücklich machen: ob ſie gleich hie und da den poetiſchen Fehlern ein Mäntelgen umhängt, und übrigens, als Melodie, in allen ihren Kräfften und Würden bleibet. Denn wir haben tauſend Exempel von ſchönen Melodien auf ſchlechten Worten: welchen letztern man, den erſtern zu gefallen, vieles zu gute hält. Furetiere nannte die Opern-Poeſie nur du Droguet, d. i. grob Tuch oder Laken, welches ſeinen beſten Schmuck von dem Stickwerck des Componiſten haben müſte. Ce n'eſt que du Droguet, *dit il*, qui tire ſa principale beauté de la broderie que le Muſicien met deſſus. Boileau fragt, in ſeinem neunten Briefe, ob auch wohl jemand bloß der Verſe halber in die Opera gehe? Qui va à l'opera, *dit il*, ſeulement pour les vers? Alſo ſiehet man, daß die Poeſie offt wenig dabey ſchafft, und daß eine ſchöne Muſic, wenn ſie gleich nur mit ſchlechten Worten verſehen iſt, dennoch ihre Reitzungen nicht verliehrt, ſondern viel ausrichten kan. Ja, es beſtehet offt die gröſſeſte und wunderbarſte Geſchicklichkeit des Componiſten darin, wenn er geringe Worte, mit dem Reichthum lebhaffter Erfindungen, ſo zu ſchmücken weiß, daß der Abgang faſt nicht gemercket wird. Wiewohl ich gerne geſte-

gestehe, daß ich, zur Erlangung dieser Geschicklichkeit, nur eine mittelmäßige Begierde trage. Lully hatte in einem Ballet, genannt: l'Idylle des Sceaux, einen schönen Chor auf schlechte Worte gesetzt, darüber schreibt Hist. de la Mus. Tome II. p. 119. also: Je ne m'etonne pas, qu'il aimat la belle Musique qu'il y avoit mise; mais je m'etonne, qu'il eut pu mettre, lui, qui avoit l'esprit juste, de si belle Musique sur de si mechantes paroles. D. i. Ich wundre mich nicht, daß dem Lully seine schöne Music selber gefallen; aber darüber wundre ich mich, daß er, als ein richtiger Kenner, es übers Herze bringen können, auf solche elende Worte dergleichen schöne Music zu setzen. In meinen Exemplaren von Belsazer (einer hiesigen Opera von 2. Theilen) stehet der angezogene locus, dem Hrn. Telemann zu Ehren, notirt.

z) Meine unvorgreiffliche Meynung gehet dahin, daß ein musicalischer Poet nicht die Neben = sondern die Haupt-Absicht, respectu formæ, auf die Music zu richten habe, wenn er zu ihrem Gebrauch was nützliches setzen will.

a) Die Herren Poeten von Profeßion, oder von Haus aus, mögen über obige 6. requisita gloßiren. Mich deucht, wenn man ja, in einigen Dingen, das sechste von den erforderten Umständen, als nehmlich: den kurz-gefaßten Verstand, ausnehmen wollte, daß so dan eine jede Poesie, sie sey welcher Art sie wolle, die übrigen fünff haben müsse, und also ein musicalischer Text nichts besonders hätte. Das fließende Wesen aber, als eines der nothwendigsten Stücke musicalischer Poesie, ist hier gar vergessen worden: ingleichen die Anmuth der Worte, worauf man, bey dieser Sache, weit mehr, als auf eine entsetzliche (ich mag nicht sagen grobe) Stärke zu sehen hat.

b) Oden sind bey heutigem ehrbaren Figural = Styl nicht mehr de tempore. Wer eine Ode wie eine Arie behandelt, wird sich in einer ieden Zeile bloß geben. Mit Kirchen-Liedern, item mit Schertz-und Trinck-Gedichten, hat es eine andre Beschaffenheit.

XIII.

In Recitativen ist zwar durchgehends die Freyheit grösser, weil es ohne sonderliche Repetition c) fortgehet; allein der sensus muß auch nicht zu sehr in einander gefüget, noch zu weit hingeworffen werden. Man abstrahirt auch in Recitativen billig von Alexandrinischen Versen, d) falls sie in der Mitte kein Comma haben, weil man sonst zur Ungebühr in solchen einhalten muß. Längere Verse sollen billig aus aller Poesie Abschied haben, und also auch
nicht

des Melodischen Vorhofes erster Eingang.

nicht in Recitativen erscheinen. Was sonsten zu Recitativen gehöret, davon ist hin und wieder gnugsame Anleitung vorhanden. c) Nur ist noch von den Kirchen-Recitativen zu beobachten, daß solche nicht allzulange seyn müssen, weil sie bloß zwischen die Arien gesetzt werden, um nicht ex abrupto von einer in die andre zu fallen. f).

Anmerckungen.

c) Ein rechter Recitativ ist nicht nur ohne sonderliche; er ist ohne alle Repetition. Wer diese darin anstellet, der macht eo ipso ein Arioso daraus. Wie denn die wenigsten Kirchen-Componisten das Liedermäßige Wesen vermeiden, und den rechten Styl treffen können.

d) Wenn die Alexandrinischen Verse sich im Recitativ nicht schicken, so sind sie den Arien noch tausendmal weniger anständig. In jenem wird sie niemand gebrauchen dürffen, weil man gerne eine Zeile ohne Reime stehen läßt, und selbige so kurtz machen kan, als man selber will. Zu dem läßt sich ein langer Vers noch eher im Recitativ geschwind heraus bringen, welches in Arien nicht so wohl angehet, weil ein Tact zu beobachten ist. Die Wahrheit zu sagen, ich sehe noch nicht, was uns hier neues berichtet wird, das nicht schon hin und wieder in meinen Schrifften, absonderlich aber Tomo I. Crit. p. 103. stehet.

e) Vielleicht sind in puncto der zu einem Recitativ gehörigen Poesie einige sparsame Anleitungen vorhanden. So viel die dazu erforderte Composition betrifft, ist mir noch nicht dergleichen in öffentlichen Schrifften aufgestoßen. Es wäre wahrlich der Mühe werth, was gewisses hierin zu statuiren: denn es wird bisweilen so nachlässig und trivial damit umgegangen, daß man sich schämen muß.

f) Mit Erlaubniß! Ein rechter Recitativ hat einen gantz andern Endzweck, als diesen, daß er bloß zur Ausfüllung zwischen die Arien gesetzt wird, damit man mit Manier aus der einen in die andre komme. Das ist gewiß eines von den allerverkehrtesten principiis in der Composition. In einem geistlichen Oratorio, (3. E.) wo die Unterredungen gar nicht aus Noth stehen, sondern als die Haupt-Materia des Wercks, die Arien hingegen nur als bloße Zierathen, anzusehen sind, käme einer mit dergleichen Grund Sätzen, schlecht an. Ein wohlgesetzter, nicht über die Gebühr ausgedehnter, Recitativ hat ungemein große Krafft, und mehr auf sich, als man meynet: absonderlich, wenn er mit Nachdruck hervorgebracht und gesungen wird. Er muß just so lang seyn, als es die Materia und der Affect erfordert. In Opern habe ich gantze lange Auftritte von Recitativen gehört, gesehen, gesungen, ja noch nicht so gar lange selber, den Worten und den Noten nach, gesetzt, deren einer die Zuhörer offt weit mehr beweget, und zur Aufmercksamkeit gebracht hat, als zehn Arien. Wer aber den Recitativ nur als eine Brücke von einer Aria in die andre, als eine armseelige transitionem de Modo in Modum, betrachtet, der hat lange die rechten Briefe nicht gefunden. Indessen treffen doch Horatii Worte hier ein: Maxima pars hominum morbo jactatur eodem. Woher das? Ey was Recitativ! sprechen die geistreichen Herrn, was Recitativ! Man kan da keine Fugen, keine Contrapuncte, keine rasende Bässe, keine schwärmende Violinen, keine Harpeggiaturen, enfin gar keine galante Erfindung, anbringen. Das beste ist noch, wenn der Recitativ in einem weichen Ton aufhört, daß sofort die Aria mit 99. Kreuzen bezeichnet, und, nach Vollendung derselben, gleich wieder ein Recitativ mit lauter b angefangen werde ꝛc.

XIV.

Bey den Texten zur Kirchen-Music muß der Poet wohl acht geben, daß er ein gehöriges changement treffe, damit bald ein Tutti, bald ein Solo, bald ein Concertato &c. gehöret werden könne. Absonderlich ist zu mercken, daß, wofern viele Sing-Stimmen vorhanden sind, sich zuletzt ein Tutti am besten schicke. g) In musicalischen Oden, h) dergleichen in der Kirchen die Choral-Lieder, und, nach alter Weise, die vielstrophigte, weltliche, nach neuer Manier aber die zweystrophigte geistl. und weltl. Arien sind, i) muß nebst der Βραχυλογία (kurzen Abfaßung der Rede) da jegliche Zeile von Rechtswegen ihren eignen Verstand haben solte, auch ἰσωχωλία (eine Uebereinstimmung der commatum und membrorum) beobachtet werden. Wegen der Kürze ist schon ein paarmal Erinnerung geschehen. So viel Zeilen eine Strophe hat, so viel Theile soll sie auch von Rechtswegen haben, k) und je kürzer man seine Meynung abfassen kan, je lieblicher und leichter gehet alles von statten. l) Hernechst muß der sensus allemal am gehörigen Orte, das ist, am Ende einer Zeile, und niemals in der Mitte, schliessen. Widrigen falls wird der sensus durch die Clausuln der Melodie zertrennet, und unvernehmlich gemacht. m) Sonderlich aber muß jegliche Strophe sensum absolutum haben. Wer hievon ein contraires Muster zu sehen verlanget, der nehme den Gesang: HErr JEsu Christ, wahr Mensch und GOtt ꝛc. und singe ihn verstlich nach der Melodie des Liedes: Vater unser im Himmelreich ꝛc. nach welcher er ursprünglich von seinem Auctore ge-

gesetzet ist, wie in Eleri Psalmodia zu sehen: Hernach singe er ihn, nach der in hiesigen Landen gewöhnlichen Melodie des Communion-Gesanges: O JEsu, du mein Bräutigam ꝛc. so wird er desfalls einen mercklichen Unterschied, zu guter Nachricht, gewahr werden.

Anmerkungen.

g) Es mögen, erstlich, der Stimmen so viel, oder so wenig seyn, als da wollen, so ist es doch der allgemeine, triviale Gebrauch, mit einem tutti zu schliessen. Fürs andre kan auch ja ein Solo mit verschiedenen Instrumenten accompagnirt seyn, und zum Schluß ebenfalls nach seiner Art ein tutti haben. Drittens wird der Componisten-Pöbel es hierin niemals versehen, und da, viertens, einem jeden unerschrockenen, sattelfesten Meister frey stehet, auch sein Stück, nach ersehener Gelegenheit, ex abrupto, mit einer einzigen Stimme, auf gar verschiedene Art, zu schliessen, so sehe ich nicht, was die obige Anmerckung absonderlichs enthält.

h) Oden sind bey mir gar nicht musicalisch; Kirchen-Lieder, in so weit sie von der Gemeine gesungen werden, noch viel weniger. Meine Ursachen sind, daß sich jene, wenn man sie in der Composition Liedermäßig behandeln will, wegen der verschiedenen Strophen, nimmermehr zur Music und guten Melodie schicken, ausser im melismatischen Styl, da alles über einen Kamm geschoren wird. Die Chörale aber können so wenig musicalisch heissen, als wenig man die Leute, so in der Kirche mitsingen, Musicos nennen mag. Die Choral-Music, eigentlich so genannt, kömmt hierbey nicht zu kurz: denn es ist gar ein anders, wenn ein geschickter Organist einen Gesang, auch nur choraliter, spielt, it. wenn ein Director den Choral, obgleich nur schlecht weg, ohne Figur, harmonisch auffühet. Dieses ist ganz was unterschiedenes von dem so genannten Singen der Gemeine.

i) Zweystrophigte Arien sind längst aus der Mode. In der Choral-Music behaupten sie zwar noch ihren Sitz; in der Figural-Music aber nicht mehr. Excepto stylo melismatico. Es sind auch keine Arien, sondern Oden, ob sie viel, oder wenig, Strophen haben, das ändert ihre Natur nicht. Wer heutiges Tages ein Paar solcher Strophen antrifft, und sie nothwendig componiren muß, der macht aus einer jeden eine besondre Aria.

k) Das ist in der Figural-Music gar nicht nöthig, daß die Zeilen sich nach den Theilen richten müssen. Es würde sehr gezwungen heraus kommen. Man kan der Sache auch zu viel thun. Im Choral, da so viele Strophen sind, dürffte solcher Gestalt, dem vornehmsten principio melodico zuwieder, der Text sich nach der Melodie richten müssen, wie es denn auch leyder geschiehet.

l) Es muß jedoch bey der Kürtze nicht heissen: dum brevis esse laboro, obscurus fio. Der Stylus sententiosus muß grosse Meriten haben, wenn er angenehm seyn soll. Vielen will er nicht gefallen. Die Mittel-Strasse ist auch hier die sicherste, und nicht eben das kürtzeste das lieblichste und leichteste. Die grösseste Tugend so die Kürtze hat, ist, daß sie die Verdrießlichkeit eines Vortrages verringert

m) Da kömt es just heraus, was ich sub nota (k) gesagt habe, nehmlich: daß sich der Text nach der (bisweilen schlechten) Melodie einschnüren lassen muß. Bey einer schönen fünde sich noch eher Entschuldigung,

XV.

Endlich muß auch einerley numerus poeticus in allen Strophen und deren Zeilen, gegen einander gerechnet, zu finden seyn. e) Diversitas numerorum läßt nicht zu, daß sie mit Manier, ohne der Pronunciation des Textes Gewalt zu thun, nach einer Melodie gesungen werden können. Ein Exempel gibt die erste Zeile in den beyden, sonst geistreichen, Liedern: Nun komm der Heyden Heyland ꝛc. und Vater unser im Himmelreich ꝛc. worin das Alterthum ihren vortrefflichen Urheber, den theuren Gottes-Mann, Lutherum, keines poetischen Fehlers beschuldiget. o) Dabey muß in den Strophen zur Figural-Music p) auch der sensus der letzten, mit dem sensu der ersten, in Betracht der musicalischen Wörter, harmoniren, damit nicht, z. E. in der einen ascensus melodicus, in der andern aber descensus, oder in der einen motus tardus, und in der andern motus celer, oder in der einen dieser, in der andern jener Affect ꝛc. urgiret werde. Die beste Manier ist bey einem Musico-Poeta (denn ein andrer muß es wohl bleiben lassen) wenn er in Oden die erste Strophe so fort poetice & melodice componirt, und hernach die andern darnach einrichtet: so kan es was rechtes werden. Wie denn durchgehends die Lieder in allen Gesetzen sich zu der Melodie am besten schicken, deren Auctores die Verse mehr nach der Melodie, als nach dem metro, eingerichtet haben: wie in den allerältesten Kirchen-Gesängen klar zu ersehen. q) Und hieraus ist auch leichtlich abzunehmen, wie es derjenige Poet anzufangen habe, der einen andern Text unter eine Melodie legen will; r) denn, gleichwie sich die Melodie jederzeit zu dem Texte schicken muß: also muß auch in solchem Fall der Text nach der Melodie, vermöge der Richtschnur des erstmaligen Textes, eingerichtet werden, damit jene mit diesem überein komme. s) Ergo müssen der Inhalt und die phrases des Textes und der Melodie einander nicht zuwider seyn. t) E.g. Wenn in demselben eine Höhe angezeiget wird, da die Melodie heruntersteiget. u) Item, wenn eine

des Melodischen Vorhofes erster Eingang.

eine Ruhe, und die Melodie ist in voller Bewegung. w) Oder eine Traurigkeit, wenn die Melodie lustig gehet. x)

Anmerckungen.

n) Wenn es so wäre, schadete es nicht. Die gebräuchlichen Kirchen-Gesänge, so wohl was die Melodien, als Worte betrifft, werden wir schwerlich ändern. Hat einer das Ansehen neue einzuführen, der thue sein bestes. Es wäre schon eines gutes Cantoris Beruff.

o) Mich deucht der poetische Fehler, wegen Verlängerung der kurzen, und Verkürtzung der längern Sylben, in den Worten: Vater unser im Himmelreich ꝛc. wäre hier wohl nicht so anstößig, als der grammaticalische, da das nomen vor dem pronomine stehet. Denn wer sagt: Cantor unser hat ein Buch geschrieben? Und dennoch hat die Gewohnheit diesen græcismum oder latinismum dergestalt bedecket, daß uns das rechte unrecht vorkommen würde. Man muß dem Gebrauch auch etwas nachsehen.

p) Strophen schicken sich gar nicht zur Figural-Music. Sie sind eine Maladie der Melodie, eine rechte Pest der Compositions-Kunst, und ein hartes Hals-Eisen musicalischer Poeten. Einem Marckschreyer und Liedermann stehen sie besser an.

q) Das heißt ja den Text nach der Melodie schrauben, denselben um der Melodie willen, und nicht diese seinentwegen machen. Wo bleiben denn unsre Grund-Sätze? die müssen so nicht wackeln, wanken und umfallen. Es hilfft auch nichts, wenn einer gleich sagte: er hätte bey der ersten Strophe die Melodie nach dem Text eingerichtet; bey den folgenden aber das Ding nur umgekehret. Es müssen sich alle Melodien nach den Worten, diese aber sich nie nach jenen bequemen, ausser Scherz-und Trinck-Liedern.

r) Es hat nimmer gute Art bey einer rechten Aria, daß oratio serva sey; bey einer Tantz-Weise läßt mans geschehen; sonst nicht. Darum sagte auch jener verständige Auctor der Histoire de la Musique: er halte diejenigen Melodien für schön, darauf sich keine andre Worte so gut schicken, als eben die allein, denen sie zu gefallen gemacht worden. Damit halte ich es; ohne jemand was vorzuschreiben.

s) Darüber mögen sich die Choralmacher vertragen. Fürs erste hat die liebe Einfalt und Andacht in der Kirche an den bisherigen Gesängen genug, welche sich, nach dem Lüneburger Gesang-Buch, über tausend erstrecken. Ich zweifle, daß einer von uns deswegen etwas neues, es sey in der Melodie, oder in den Versen, einzuführen wichtig genug sey. Und also ist es schier vergebne Mühe, sich den Kopf darüber zu zerbrechen: zumal da alle diese Anmerckungen die Poeten allein, nicht aber die Musicos und Componisten, als solche,

che, angehen, auch Melodica, die doch hier unser Zweck seyn soll, mehr dabey verliehrt, als gewinnet, wenn man die Melodie nach dem Text zwingen will und muß.

t) Es ist so gewiß, als Amen in der Kirche, daß sich Text und Melodie einig seyn müssen, und also braucht es keines ergotirens, keiner Wiederholung. Aber was? wie? und wo? sind die Fragen bey dieser Vereinigung, die aufgelöset und gelehret werden müssen, wenn man hierin neue Gründe legen will; de quæstione AN ist gar kein Streit.

u) Wenn die in den Worten angezeigte Höhe keine emphasin hat, z. E. Vom Himmel hoch da komm ich her ꝛc. so sehe ich dabey zwar ein Klang-Spiel; (lusum sonorum) aber keine Nothwendigkeit, daß die Melodie aufwärts gehen müsse: denn, wer vom Himmel herab kömt, der steiget nicht hinauf. Was nun die lusus verborum in der Poesie sind, das gelten auch dergleichen lusus sonorum in Melodica: nehmlich ein wenig mehr, als nichts. Es ist gar was niederträchtiges um solche Sachen, und was man davon für Vorschrifften geben kan, die leiden einen ungemeinen Abfall. Wenn ich sage: Ehre sey GOTT in der Höhe, so ist die emphasis nicht, wie der meiste Hauffe meynen wird, auf dem Worte: Höhe; sondern auf dem Worte: Ehre, primo loco, und da der grosse GOTT, dem alle Welt Ehre und Stärcke herbringen soll, allenthalben ist, nur daß er celsitudinem incomprehensibilem, non localem, hat, so sehe nicht wie auf einem andern Worte, als auff Ehre, der Ton hervorragen könne. Hernach, wenn es heißt: Friede auf Erden, wird durch Erden nicht eben absonderlich der globus terrestris, der doch auch nicht unten, sondern in der Mitten des erschaffenen Wesens befindlich ist; vielmehr die darauf lebende Menschen und Thiere, die Vögel in der Lufft nicht ausgeschlossen, verstanden. Wozu braucht es denn eines tieffen Tons? Zumal da die emphasis auf dem Worte Friede lieget; und nicht auf dem Worte: Erden. Also siehet man, welchen seichten Grund solche Sätze von der vermeynten Höhe und Tiefe haben, und wie dieselbe, je mehr sie mit Zwang, entweder beobachtet, oder auch vermieden werden, den Componisten nur lächerlicher machen. Denn ein Ding mit Zwang unterlassen, ist eben so wiederlich, als es mit Zwang thun. Wenn die Worte: Trachtet nicht nach hohen Dingen ꝛc. in die Music zu setzen wären, so würde mancher meynen, der Nachdruck sey allerdings auf dem adjectivo hohen; aber weit gefehlet! er ist auf dem Wörtlein, nicht, ganz allein: weil solches die Krafft des Verbots in sich hält, und ohne demselben der Verstand, welcher hier aller Höhe zuwieder laufft, keinesweges zu finden ist. Campra, der berühmte Frantzösische Com-

Componist, machte aus den Worten: non clamabunt, ein Duett, das sehr lange, mit vollem Geschrey, fortwährte; und er hätte just das Gegentheil thun sollen.

w) Kein Ding ist ohne Bewegung: von GOtt anzurechnen, biß auf den leblosest-vermeynten Stein. Die grösseste Ruhe, auch im Grabe selbst, kann der Bewegung nicht entbohren. Viel weniger kann eine Melodie ohne Bewegung, ja, ohne voller Bewegung, Melodie seyn. Denn der sonus ist nichts anders, als motus. Wenn aber in der Music eine Stille und Ruhe nothwendig erfordert wird, so ist solche entweder nur eine sanffte, ob gleich dabey volle Bewegung (denn auch diese hat ihre Stuffen, aller Völle ungeachtet) oder es ist eine Pause, und keine Melodie mehr. Aber ich kenne den unmelodischen Gast wohl: wenn ein Wort kömt, da, seiner Meynung nach, eine Ruhe angezeiget wird, so muß der arme Sänger viele Tact-lang, auf einem Ton, in einem Athem, aushalten, biß ihm das Herz sichtbahrlich klopfet, und der Zuhörer, über die eingebildete schöne Ausdrückung der Ruhe, ganz unruhig wird, wozu ihm die dabey, gemeiniglich in überflüßiger Bewegung, arbeitende Instrumente sehr beförderlich sind. Und das ist der Innhalt obiger Regel. Ach! es gehört eine ganze, und eigene musicalische Philosophie dazu, diese Dinge zu untersuchen, und dem Vor-Urtheil abzuhelffen. Von aussen läst die Sache ganz anders, als sie inwendig beschaffen ist.

x) Die grösseste Frage hiebey ist, wo eine Traurigkeit, und wo keine, vorzustellen sey? Das Anzeigen machts nicht aus: Denn nicht alle Worte und Texte, die von der Traurigkeit handeln, und dieselbe anzeigen, stellen den affectum tristitiæ, sondern gar offt das Gegenspiel, vor. Dieses aus einander zu wickeln ist das rechte Amt eines Melodici, der vom Texte, in so weit er die Gemüths-Neigungen betrifft, schreiben und lehren will; meynet man aber, daß es so was geringes sey, und sich nicht leicht jemand darunter betriegen könne, so will ich Sternen von der ersten Grösse anweisen, von denen unser einer, um wer weiß wie viele Klaffter, entfernet stehet, die doch hierinn sehr geirret haben. Ein guter Freund, Z. E. setzet die Worte: **Wisch ab der Thränen scharffe Lauge** 2c. mit lauter traurigen, scharffen, weinenden, beißenden Intervallen, von Ort zu Ende. Da wird gefraget: ob das recht gehandelt sey? der Verfasser sagt ja: denn, der Text zeiget eine Traurigkeit an. Ich erwiedre mit vielem Respect: Allerdings zeigt er sie an; aber zu dem Ende, daß man sie auf die Seite setze, die Thränen abwische, und lauter Zufriedenheit herrschen lasse.

XVI.

Wenn alle diejenigen, so einen Text unter eine Music legen wollen

len, Verstand von der letzten hätten, so würden die Worte von manchem nicht so grausam gemartert, indem sie sich par force unter die Melodie zwingen lassen müssen, es klinge denn oder klappe. y) Hier geschiehet manchem rechtschaffenen Componisten unrecht, wann ein der Music unerfahrner Versifex, durch ungebührliche Unterlegung seiner selbst-gemachten Terte, die Anfangs-wohlgerathene Arbeit in die allerschändlichste Misgebuhrt verwandelt, und damit dem berühmten Namen des Componisten einen Kleck z) anhänget

Anmerkungen.

y) Es muß bey uns einmal für allemal eine beständige Regel seyn: keinen Text unter die Melodie zu zwingen; sondern diese über jenen zu setzen. Gassen-Lieder, und dergleichen, rühren die Music nicht. Hingegen müssen wir auch eines rechtschaffenen musicalischē Poetens Worte nicht so grausam martern, als durch Zerreissung des Textes, mehr denn zu viel, geschiehet. Davon weiter unten. Daß wir bey Chorälen Noth leiden, ist der geistlichen Versmacher Schuld, die da vermeynet haben, und vieleicht noch meynen, die Music gehöre eben nicht mit zum Gottesdienst, und sie könten ihre Sachen schon ohne Componisten bestellen: als wie jener sein Buch, ohne Beyhülffe des Alphabets, schreiben wollte. Es taugt nicht, daß wir so viele Lieder, und so wenig Melodien haben. Es gibt Verwirrung in den Gesängen, und legt eine gezwungene Armuth vor Augen: da doch, in einem einzigen Tage, mehr solcher Choral-Melodien hervorgebracht werden könten, als der beste Poet, in einem ganzen Jahr, Lieder tichten mag. Der abgesonderte Stolz ist hieraus offenbar. Hat der Pharisäer die Music erst einmal aus der Kirche, so bringt er sie auch wohl weiter zum gänzlichen Verfall. Brav auf einem Gesang 40. biß 50. Texte geschmiedet, jeder von einem halben Schock Strophen, und nur dabey geschrieben: in voriger Melodie, so ist der Sache schon geholffen. Es haben sich zwar gute fromme Componisten die Mühe gegeben, viele neue Lieder mit neuen Melodien zu versehen; aber wer singt sie? Man hat die Noten dabey gesetzt; aber wer kennt sie? Wenn mir ein Organist Z. E. die Melodie: O GOtt, du frommer GOtt ꝛc. vorspielt, so bin ich eben so ungewiß, was es für ein Gesang seyn soll, als ob er spielte: Ich bin so lang nicht bey dir gewest. An den Registern der Gesang-Bücher fehlt noch eins, das da anzeigen müste, welche, und wie viel, Gesänge auf einerley Melodie gehen. Einem Schulmann würde es nicht schaden, wenn er dergleichen machte. Andern Theils stehet auch wiederum zu betrachten, daß die liebe Einfalt, unter deren Fähnlein die meisten Kirchen-Sänger gehören, schwerlich so viel Melodien, als Lieder, fassen kan; und es dannenhero derselben leichter ankömt, viele

Oden auf eine Melodie zu singen. Also haben die Versmacher, durch ihren Eigensinn, (daß ich nichts ärgers sage) auch unwissend, dem unwissenden Hauffen hierunter einen grössern Dienst, als GOtt, gethan. Hiebey fällt mir das Bronnerische Choral-Buch ein, davon ich doch, beyläuffig, eine kurze Nachricht geben will. Der Titel ist: Das von E. Hoch-Edl. und Hochweisem Rath der Stadt Hamburg privilegirte und vollkommene Musicalisch-Choral-Buch, mit Fleiß eingerichtet nach dem Hamburgischen Kirchen-Gesang-Buch, und verfertiget von Georg Bronner, Organisten zum Heil. Geist. In Verlag des Autoris, allwo es zu bekommen. Hamburg, gedruckt bey Friedrich Conrad Greflinger. Erstlich sind in dem Wercke selbst, wie es lautet, alle Melodien aufrichtig und unverfälscht zusammen; Fürs andre, mit einem guten Choral-Baß versehen; Drittens ist den Liebhabern und Anfängern in der Music, in specie denen, so Profeßion von der edlen Organisten-Kunst machen wollen, zum grossen Nutzen, ein zweyter obligater Baß gesetzt, und selbiger significirt. (signirt.) Viertens sind alle Gesänge mit drey Stimmen componirt, und den Music-liebenden zu Gefallen in den Kammer-Ton transponirt. Fünfftens ist ein doppeltes Register dabey, so wohl für die, so das Hamburger Gesang-Buch haben, als zum Gebrauch und Nutzen der Ausheimischen: wobey das mouvement eines jeden Gesanges zu finden. Sechstens ist ein Anhang frember Melodien hinzugefüget. Das Privilegium gehet auf zwanzig Jahr, 500. Reichsthaler Strafe, und Confiscation der Exemplarien. Datirt, den 15. Aug. 1715. Die Zuschrifft ist an den Rath, an das Ministerium, an die Ober-Alten, an die Herrn Sechsziger, und an die Kämerey-Bürger, gerichtet, welche alle, mit Namen und Zunamen, 134. Personen starck, da stehen; wobey jedoch merckwürdig, daß kein Pastor primarius ad D. Cathar. in dieser Zahl zu finden: als welcher eben todt gewesen. Das Datum der Zuschrifft ist der 31. Dec. 1715. und also das Werck ein Neu-Jahrs-Geschenck. Die Vorrede handelt in einem paar Bogen von der Music Ursprung, Alter, Liebhabern, Nutzen, Eigenschafften und Misbrauch: bey welchem letztern die Currente, die Waysenkinder und Klockenspieler vors Licht kommen. Das Buch ist 4. Alphabet, 5. Bogen, groß, in quarto oblongo, und enthält zu 634. Gesängen nur 153. Melodien. Ist das nicht armseelig genug? Die einzige Melodie: Ach was soll ich Sünder machen rc. muß sich zu 21. Gesängen bequemen; Hertzlich thut mich verlangen rc. zu 24.; und, O GOtt, du frommer GOtt rc. gar zu 55.

z) Das thun viele, sehr viele, Geistliche so gern, als sie das Leben haben, daß sie dem Componisten, bald hie bald da, was in den Weg legen, und beweisen damit meinen vorigen Satz, daß nehmlich diese Leute Schuld an unsrer Armuth sind, nicht nur in Ansehung der Lieder-Melodien, sondern auch wohl der Figural-Music. Ob sich aber ein ehmaliger Lector cathedralis, mit Abstellung der Staffts-Music auf die Helffte, den Himmel verdienet hat, mag er dereinst erfahren. Andre wollen dem Directori, mitten in der Arbeit, das silentium aufflegen, wenn er etwa wenige Minuten länger musicirt, als es der angestellte Glocken-Schlag haben will; da sie doch selbst Zeit und Masse viel weniger halten können, und, statt einer Stunde, wohl anderthalb, ja zwo volle Stunden, wegpredigen, anbey keinem Menschen, als sich selbst allein, das Wort gönnen wollen. Wunder ist es, daß der Küster noch das Maul aufthun darff! Ich halte unmaßgeblich dafür, es sey eben ein solches Verbrechen, einem rechtschaffenen Cantori, bey Verrichtung seines heiligen Amts, Einrede zu thun, als einem Prediger auf der Kanzel zu widersprechen: denn sie treiben beyde GOttes Wort. Verbum Dei est, sive mente cogitetur, sive canatur, sive pulsu edatur, sind Ausdrückungen, die dem Justino Martyre zugeschrieben werden. Vid. Gesneri Medit. super Psalter. cap. 27

XVII.

Nachdem also der Poet beyläuffig seine, bey heutiger Music zu lernende, Lection bekommen, deren völligen Verstand ihm die hiernechst anzustellende Betrachtung musicalischer Wörter zeigen wird: so kan es dem Componisten, dem dergleichen Vor-Arbeit die höchste Freude seyn würde, nicht entgegen seyn, ferner zu vernehmen, was er, seines Theils, bey der Expreßion des Textes überhaupt, in acht zu nehmen habe, da denn in folgenden Capiteln von einigen Puncten insonderheit eine etwas genauere Nachricht ertheilet werden soll. Vor allen Dingen muß nun der Text, wie oben gedacht, recht eingesehen und verstanden werden, ehe man geschickt ist, denselben durch die Melodie zu exprimiren. Hierzu wird die Erkäntniß der einem Musico nöthigen Wissenschafften und Sprachen erfordert, wovon PRINZ in seinem Satyrischen Componisten eine ziemliche Anzahl angiebet, unter welchen, von Rechtswegen, keine zurück bleiben muß, wo er seinem Werke in allen Stücken gewachsen seyn, und den Namen eines Musici, κατ' ἐξοχὴν, davon tragen will. Da wäre nun sonderlich zu wünschen, daß wir viel gelehrte Musicos hätten, die dergleichen Erkäntniß besässen; allein so ist zu bedauren, daß sich gemeiniglich solche Personen auf die Music appliciren, die von Natur keine Lust zu den Studiis haben. Ja, weil der meisten Musicorum paßio dominans die Wollust ist, so wollen
sie

sie auch nicht gern hart Holtz bohren; sondern haben überflüßige Mühe, wenn sie, nach schläffriger Uebung, als halb im Traume, so viel fassen, daß sie zur Noth ein musicalisches Stück singen oder spielen können. Kömmt es aber ja so weit, daß sie gar die Composition, nach dem alten Schlendrian, (da man nur eine wohllautende Harmonie, und allerley harmonische Künsteley zum Endzweck hat, um das wahre Wesen der Music aber unbekümmert ist,) erlernen, so gibt es hernach so viel Music-Verderber, als ungelehrte Componisten. Wer kan nun von solchen fordern, daß sie den Text gehörig exprimiren sollen, da sie offt kaum ihre Mutter-Sprache verstehen, geschweige denn, daß sie vim textus zu ergründen geschickt seyn sollten? Indessen ist und bleibt es bey gelehrten und verständigen Musicis, deren GOtt Lob! noch einige sind, und hoffentlich mit der Zeit, bey emporsteigender und hochgeachteter Kunst, noch mehr herfür kommen werden, eine ausgemachte Sache, daß, ohne gnugsame Einsicht des Textes, nichts tüchtiges componirt werden könne, so geschickt und fertig einer gleich sonst in praxi componendi seyn mag, und so glücklich ihm seine inventiones von statten gehen. Wer demnach so viel nicht gelernet hat, daß er einen Text analysiren kan, der thut am besten, daß er sich in Vocal-Sachen des componirens enthält, und solches denen überlässet, die, vermöge ihrer studiorum, dazu geschickt sind. Ich hoffe nicht, daß sich ein rechtschaffener Musicus an demjenigen stossen werde, so ich, bey der unter Händen habenden Wissenschafft, mir voraus bedinge, massen die gute Meynung so ich hege, unsre Kunst, nach meinem wenigen Vermögen, in bessere Aufnahme zu bringen, meinen Vortrag entschuldigen wird. Denn es wird sich niemand dieser Schrifft mit Vortheil bedienen, noch das Werck ad praxin bringen können, als der wenigstens in den studiis philologicis einen guten Anfang hat. Fuscher aber, deren leider so genug in der Welt sind, durch diesen Unterricht zu machen, und jemand in seiner unverantwortlichen Faulheit zu stärcken, bin ich gar nicht gewillet. (*Proto.*)

XVIII.

Wann wir nun einen musicalischen Text gründlich betrachten wollen, so haben wir auf zweyerley zu sehen, (1.) auf die Materie oder Sache, wovon er handelt, kurz: auf den sensum oder Innhalt. (2.) auf die Worte, damit er vorgetragen wird. Bey jeglichem Puncte ist wiederum verschiedenes zu bedencken. Nehmlich bey dem Inhalte muß man nicht allein einen gantzen Text zur Music überhaupt in Erwegung ziehen, um zu sehen, was etwan für ein Affect darin prædominire, um sich in der Expreßion darnach zu richten; sondern man muß auch jeglichen periodum oder Absatz, und dessen eintzelne Propositiones oder Glieder, nebst allen in diesen vorkommenden Wörtern, dem Verstande nach, aufs genaueste ansehen. Alsdenn wird sich äusern, daß in den periodis und propositionibus jedesmal ein sönderlicher Inhalt befindlich sey, der uns gleichsam bey der Hand führe, den darin liegenden Affect aufzusuchen: wie denn auch grössesten Theils die Worte denselben an die Hand geben, wie hiernechst weiter erhellen wird. Hat man nun den Affect gefunden, a) so muß man ferner Acht geben, von was für Personen, Thaten und Sachen im Texte gehandelt werde. Kömmt eine Person darin vor, so redet sie entweder etwas, oder verrichtet etwas, oder leidet etwas. Solche Person ist erstlich an sich selbst zu betrachten, weil offtmals daher eine invention genommen werden kan. b) Zum Exempel dienet das Evangelium vom Pharisäer und Zöllner. Item vom Reichen Mann und armen Lazaro. Wenigstens wird man daher schliessen können, was für eine Stimme, c) aus den vier gewöhnlichen, man zur Absingung des Textes zu erwehlen habe, ob einen Discant, oder Alt, oder Tenor, oder Baß. E. g. Der Engel sprach zu den Hirten: Fürchtet euch nicht ꝛc. Hier pfleget man insgemein einen Discant zu nehmen, wiewohl sich auch ein Alt nicht übel schicket.

Anmerckungen.

a) Wenn man den Affect gefunden hat, so hat man ihn gefunden, und so ist das schwerste in præcognitis überstanden. Es wird aber weder hier, noch weiter unten, im geringsten nicht gewiesen, wo, wie und auf was Weise, man dieses verlohrne Schaaff suchen soll, und also wird, in dem ersten und vornehmsten Vorbereitungs-Stücke der Melodie, meines unmaßgeblichen Erachtens, wenig oder nichts gewiesen. Die Worte, an und für sich selbst, geben gar keinen Affect an die Hand; sondern die in der Rede steckende Gedancken und sentimens. Solche auszuklauben ist wahrlich so leicht nicht, als man meynet. Der Poet hat offt selber an keine eigentliche Gemüths-Bewegung gedacht, wie will sie den der Musicus finden? Und doch sollte billig allemal eine da seyn, wenn eine Melodie bewegen soll. Thut sie dieses nicht, so ist sie unnütz, oder zum Zeitvertreib.

b) Da

b) Davon ist schon pag. 23. huj. Tomi geredet worden, nehmlich, von den Eigenschafften der vorgestellten Personen, wie dieselbe eine Erfindung geben können.

c) Das ist artig. Man soll aus der Person des Pharisäers schliessen können, was ihm für eine Stimme zukomme. Ich mögte gerne wissen, ob es ein Tenor, oder ein Baß seyn solte? Der Zöllner wird wohl einen Alt erfordern, weil er bey seiner Bedienung viel Geschreyes und Zanckens nöthig hat. Der reiche Mann solte wohl billig einen Baß singen: jedoch da er mehr Wein, als Bier, getrunken haben mag, so stößt ein Zweiffel auf. Was aber schickt sich für den armen Lazarum? Ohne Zweiffel eine Fistel. Es gemahnet mich mit diesen neuen Grund-Sätzen, als wie mit einem künfftigen Kleide, dazu einer bereits ein Paar Knöpfe im Vorath hat, und zwar von der gemeinsten härenen Sorte. Das Wörtlein: wenigstens, stehet albier so gut, als es jemahls stehen kan; denn, wenn man ia aus den Personen von der Stimme etwas schliessen könte, wäre es doch wohl das allerwenigste. Wegen des Engels aber ist es ein Grund-falsches, nach dem ältesten Vor-Urtheilen schmeckendes, principium, daß man dessen Stimme in solche Schranken schliessen will. Bewißlich diejenigen, so aus den Engeln lauter Discantisten, und etwan aus Gnaden dann und wann Altisten, machen wollen, müssen die Beschaffenheit dieser Frohn-Geister schlecht untersuchet haben. Wir sollen ihnen nach der Auferstehung gleich seyn, und haben also wohl nöthig, ihre Eigenschafften, so viel müglich, zu erwegen. Discante und Aelte sind kind- und weibliche Stimmen. Kinder und Weiber werdn zwar auch in der Seeligkeit den Engeln gleich, so wohl, als die Männer; aber von erschaffenen Engeln gibt uns das geoffenbarte Wort keinen andern, als männlichen, Begriff. Solte der grosse Engel des Bundes, der Fürst Michael, wohl mit einer solchen Discant-Stimme versehen seyn? Maria gebahr ja einen Sohn, und keine Tochter. Ist der Engel Gabriel kindisch oder weibisch. Der Engel GOttes, deren einer Mosen aus dem feurigen Busch zum Richter berieff, der andre Simsons Geburt anzeigte, werden, aller Wahrscheinlichkeit nach, dazu weder kindliche noch weibliche Stimmen gebraucht haben. Zu Wächtern bestellt man auch sonst keine Kinder, keine Weiber, noch weiblich-geartete Personen. Sie werden immer in H. Schrifft als Jünglinge und Männer beschrieben. Der Schutz-Engel Jacobs, der Engel Raphael, der Paradies-Engel mit dem hauenden Schwert, die streitende Engel, das Heer GOttes, die Legionen, der Heerführer des Judä, die feurigen Wagen-Engel. 2c. können gar füglich, ja müssen fast nothwendig, mit männlichen Stimmen vorgestellet werden: massen die

Stimme eine sehr große Anzeige der Gemüths-Beschaffenheit ist. Des Loths-Engel werden ausdrücklich Männer genennet. Der mit dem Jacob ringende Engel muß auch wohl kein Kind gewesen seyn. Stephanus glänzete wie ein Engel; ob er einen Discant gesungen, daran stehet sehr zu zweifflen. Johannes, der Vorläuffer Christi, welcher offt ein Engel genennt wird, hatte eine gar starcke, männliche Stimme bey seinem: Thut Busse. Heliodorus mag sagen, ob er Kinder-Hände, oder männliche Fäuste, im Tempel gefühlet habe. Herodes weiß auch hievon ein Lamento zu singen: daß ich der gefallenen Engel nicht gedencke. Ich will hiemit nicht sagen, daß eben unumgänglich alle Engel, in musicalischen Stücken, Tenoristen oder Baßisten seyn müssen; sondern nur, daß es was abgeschmacktes, und wieder die vollkommene Englische Natur lauffendes sey, ihnen just Discänte oder Aelte beyzulegen, da sie doch glaublich alle Stimmen singen können, die man nur erdencken mag. Daß aber, um uns Menschen eine Vorstellung zu machen, ein behertzter Engel, an der Spitze himmlischer Heerschaaren, der den verzagten Hirten einen freudigen Muth einsprechen, und ihnen das: Fürchtet euch nicht! zwar freundlich, doch nachdrücklich, zuruffen soll, so kleinlaut reden oder singen müße, als ein Discantist oder Altist, solches scheinet, menschlicher Weise davon zu urtheilen, seinem Caractere und Amt einigermassen zu wieder zu seyn. Wiewohl ich hierunter weder andern, noch mir selbst, sonst eine Regel vorschreibe, als diese: daß man dem gesunden Judicio folge. Ich schelte es nicht, wenn einer, der Holdseeligkeit halber, solche Worte im Discant singen läßt; doch wolte ich lieber eines erwachsenen Frauenzimmers, als eines Knaben Stimme, dazu wehlen, wie auch geschehen ist: weil die erste viel gesetzter, reiffer und dreister herauskömt, als die andre. Hätte ich aber kein Frauen-Zimmer aufzustellen, so mögte es immer ein Tenorist, lieber, als ein Altist, singen. A propos, vom Frauenzimmer! Es stehet nicht zu begreiffen, warum man diesem schönen Geschlechte verbieten will, das Lob GOttes, an dem dazu gewidmeten Orte, öffentlich in seinem Munde zu führen? Sagt einer: Die Person singt in der Opera; so singen ja die Männer auch allda. Sagt der andre: Sie ist zu hübsch; so müssen nur alle artige Gesichter aus der Kirche bleiben. Sagt der dritte: Sie singt gar zu lieblich; so hat man ja Ursache, GOttes Wunder in der Menschen Stimme zu preisen rc. Summa, ich bleibe noch, wie vor 12. Jahren, (biß man tüchtigere Ursachen anzeigt,) bey den Worten, die im I.Orch.p.206. stehen: daß wir die Gaben GOttes mit Füßen treten, unter nichtigem, heuchlerischem Vorwand kein Frauenzimmer zur Kirchen-Music lassen, und den Gottesdienst also seines besten Schmucks berauben.

CRITICA MUSICA
Pars VIII.

Des Melodischen Vorhofes
Zweyter Eingang.

Res est profunda Musica atque flexilis,
Invenit & semper novum volentibus
Considerare. EUP. in ATHEN. L. XIV. c. 10.

Fortsetzung des Capitels vom Texte.
XIX.

Darnach muß man erwegen, ob von einer, oder mehr Personen, die Rede sey: denn solches gibt Anlaß zu dencken, ob diese oder jene Worte mit einer, zwo, drey, oder mehr Stimmen, gesetzt werden müssen, oder nicht. Z. E. Die kurzen Reden einzeler Personen, worinnen specialia anzutreffen, müssen nur solo, und nicht tutti, oder concertato, gesetzt werden, als: die Worte des Engels Gabriels: Gegrüsset seyst du, Holdseelige rc. Des Pharisäers: Ich dancke dir GOtt, daß ich nicht bin wie andre Leute rc. Des reichen Mannes: Vater Abraham, erbarm dich mein rc. Item, des Vaters Abrahams: Gedencke Sohn, daß du dein gutes empfangen hast in deinem Leben rc. Aus dergleichen haben die alten Componisten vierstimmige Moteten gemacht, wie aus Hammerschmid und Briegel zu beweisen. Hieher gehört dasjenige, was eine persona docentis specielles redet. E. g. Die Worte Christi, Matth. XI. Kommet her zu mir, alle, die ihr mühseelig rc. Nehmet auf euch mein Joch, und lernet von mir rc. Item, Luc. VI. Seyd barmherzig, wie auch euer Vater rc. Dergleichen muß schlechterdings solo gesetzet werden. (*Mattheson negat, quoad ultimum exemplum.*) Sind aber

aber die Worte der einzelen Personen general, daß sie ein jeglicher auf sich appliciren kan, so können sie gar wohl tutti gesetzet werden; doch nur ausser dem Contexte. E. g. Herr, nun lässest du deinen Diener im Friede fahren ꝛc. Item: Meine Seele erhebt den Herrn ꝛc. Was die historische Erzählungen der einzelen Personen betrifft, so müssen sie ebenfals nur einer Stimme zu singen gegeben werden. E. g. Die Erzählungen der Evangelisten. Singen viele, so kömt es heraus, als wolte einer dem andern ins Wort fallen, oder einer vor dem andern die Sache besser wissen. Demnach ist es eine Einfalt, wenn die Evangelischen Erzählungen durchgehends mit allen Vocal- und Instrumental-Stimmen gesetzet werden: wie einer, Namens Horn, gethan hat. Wenn die Rede von zwo, oder mehr Personen ist, so wird man schon wissen, was zu thun. E. g. Zu den zween Zeugen in der Passion nimt man auch nur zwo Stimmen. d) Zu dem Gesange der himlischen Heerschaaren, Luc. II. 14. Ehre sey GOtt in der Höhe ꝛc. nimt man so viel Stimmen, als man will, oder haben kan. Denn es heisset im vorhergehenden Versicul: Und alsobald war da bey dem Engel N. B. die Menge der himlischen Heerschaaren, die lobten GOtt ꝛc. Und hierin stecket auch der Grund zu urtheilen, wo eine Fuge im Text anzubringen, oder nicht? denn solche schicken sich nicht überall. Wo die Rede von vielen Personen ist, da schicken sich solche ohne Zweiffel am besten. E. g. Ps. II. 3. Lasset uns zureissen ihre Bande, und von uns werffen ihre Seile. Ps. XXXIV. 4. Preiset mit mir den HErrn, und lasset uns mit einander seinen Namen erhöhen. In General-Sätzen gehen sie auch an. E. g. Alles was ihr wollet, das euch die Leute thun sollen, das thut ihr ihnen. e) Ps. CIII. 15. Ein Mensch ist in seinem Leben wie Graß, er blühet, wie eine Blume auf dem Felde. f) Sonderlich aber in solchen periodis, die ein Lob in sich fassen. g) E. g. Ps. XIX. 2. Die Himmel erzehlen die Ehre GOttes und die Veste verkündigen seiner Hände Werk. Ps. XXXIII. 1. Freuet euch des HErrn ihr Gerechten, die Frommen sollen ihn schön preisen. h) Auch in solchen periodis, die aus zwey contrairen Sätzen bestehen. E. g. Ps. XX. 9. Sie sind niedergestürzt und gefallen; wir aber stehen aufgerichtet. Ps. XXXIV. 11. Die Reichen müssen darben und hungern; aber

aber die den HErrn suchen, haben keinen Mangel. (Dieser Punct muß noch besser untersucht werden, weil zuweilen wiedrige Affecten zusammen kommen, wie hier im letzten Exempel. i) Aber bey den obgedachten Reden einzeler Personen würde es ungereimt heraus kommen, wenn man sie in Fugen bringen wollte. E. g. Kommet her zu mir, alle, die ihr mühseelig ꝛc. Denn wenn einer angefangen hätte: Kommet her zu mir, so würden die übrigen nach einander also nachfolgen, und es folglich heraus kommen, als ob viel personæ docentes wären, da eine die discentes von den andern immer wieder zu sich rieffe. Inmittelst findet man solcher Fugen die Menge: weswegen die Sache künfftig noch weiter untersucht zu werden verdienet: dabey denn gleichsfalls abgehandelt werden müste, was für Texte sich insonderheit zu einem Duet, Trio, Concert ꝛc. schickten.

Anmerkungen.

d) Es ist nicht leicht zu besorgen, daß jemand zween Zeugen mit vier Stimmen vorstellen werde: aber das ist wohl eher geschehen, daß, wo zween haben singen sollen, einer gefehlet und stillgeschwiegen hat: woran jedoch der Componist unschuldig gewesen, ungeachtet die Zuhörer solches nicht haben wissen können.

e) Der Meynung bin ich gar nicht, bey diesem Satze: Alles was ihr wollet, das euch die Leute thun sollen, das thut ihr ihnen, als ob sich eine Fuge darauf schicke. Denn erstlich sind es verba docentis, ob sie gleich, wie alle andre, viel angehen. Fürs andre sind der Worte zu viel zu einer Fuge, und werden bey der Ausarbeitung schreckliche polylogiæ & battologiæ hervorkommen. Drittens müste das Thema so lang seyn, als der ganze Text; denn sonst könte dieser, bey den einfallenden Stimmen unmüglich verstanden werden. Viertens ist ein gar ernsthaffter, Gerechtigkeit-liebender Affect in obigen Worten, der von dergleichen Tändeleyen nichts weiß; sondern vielmehr vor aller harmonischen Verwirrung und Weberey einen Abscheu hat, weil er gerade zugeht. Fünfftens ist es nicht natürlich, daß viele Personen, in prosa, einerley Worte, die noch dazu ein wichtiges Gesetze in sich halten, künstlich hinter und unter einander herschnattern. Sechstens ist nicht die geringste Gelegenheit in mehr gedachten Worten zu einem melismate, ohne welchem doch, wenn gleich das Haupt-Thema keines hat, die Gegen-Themata schwerlich gute Art haben können.

f) Ein gutes Lamento könte hieraus gemacht werden: Ein Mensch ist in seinem Leben wie Graß, er blühet, wie eine Blume auff dem Felde:

Felde: aber es müste, meiner Meynung nach, ungebunden seyn, und die Sätze, deren hier zwene sind, müsten erst Solo vorhergehen. Traurige, klägliche Fugen gibt es zwar auch: doch scheinen sie eine sehr widrige Eigenschafft zu haben, in so weit sie Fugen heissen sollen. Ein contrapunto ad arbitrio, mit schönen melodiösen Nachahmungen, und mäßigen Bindungen, wäre, meines wenigen Erachtens, an diesem Orte weit beßer, als eine förmliche Fuge. Die Vorträge haben hier, wie in allen Psalmen, was poetisches an sich; es sind Gleichnisse darin; zween kurtz-gefaßte Absätze, die einer ohne dem andern gar wohl verstanden werden können, und also keine lange Themata erfordern; Die Vielheit der Stimmen verdient, bey den verschiedenen Vorträgen, eine Entschuldigung; und ob gleich kein geschicktes Wort zu einem melismate darin ist, so geben doch die similia, wie Graß, wie eine Blume, gar gute Gelegenheit zu Wiederholungen ꝛc.

g) Mit den Lobs-Erhebungen bin ich eher zu frieden; denn die leiden eine exaggeration und Zierde, einfolglich, nach Beschaffenheit der Ausdrückungen, dann und wann eine Fuge; ob gleich die Worte in singulari stünden. Z. E. **Ich will dem HErrn singen, daß er so wohl an mir thut.**

h) Wie (beyläuffig) das Wörtlein schön, in dem Verstande, als es hier angeführet wird, in den ersten Versicul des drey und dreyßigsten Psalms hinein kömmt, kan ich nicht begreiffen. Denn ob ich es gleich von vielen Theologis und Poeten so citirt befunden, stehet es doch weder in Luthers Uebersetzung, die ich habe, noch in der Lateinischen und Griechischen: obs im Hebräischen Grund-Text befindlich, wird leicht zu erörtern seyn. An einem andern Ort ein mehrers hievon. So viel weiß ich schon, daß es schön sey, GOtt zu preisen, und solches den Frommen wohl anstehe; aber von der Schönheit des Preises per se finde ich nichts. Luther sagt: sie werden ihn schon preisen. D. i. Sie wissen, was ihnen gebühret.

i) Um Vergebung! Es kommen keine wiedrige Affecten zusammen in den Worten: **Die Reichen müssen darben und hungern; aber die den HErrn suchen, haben keinen Mangel.** Es ist eine blosse Betrachtung der Freundlichkeit GOttes, und eine Vergnügung über seiner Gerechtigkeit, daß er die Reichen hungern, und es den Gottsfürchtigen an nichts fehlen läßt. Diese antitheses geben gute Doppel-Fugen ab, weil sie, ob gleich mit verschiedenen Ausdrückungen, doch zu einerley Ende, concurriren. In der Affecten-Lehre muß also vorher eine viel grössere Insicht erhalten werden, wenn man hievon gesund urtheilen will.

XX.

Wenn also in einem Texte die Person an sich selbst betrachtet ist, so muß ferner ihre Rede, Thun, und Leiden in Obacht genommen werden. Von der Rede ist schon einige Nachricht ertheilet, woher man weiter zu forschen Gelegenheit nehmen kan. Das Thun und Leiden wird in den Registern musicalischer Wörter, so hiernechst folgen, zum Theil mit vorkommen. Itzo gebe nur ein Paar Exempel: Pſ. XXXV. 1. HErr, haddere mit meinen Hadderern, streite wieder meine Bestreiter. Pſ. XLIV. 23. Wir werden ja um deinentwillen täglich erwürget, und sind geachtet, wie Schlacht-Schaafe. k) Unter den Thaten, so im Text vorkommen, verstehet man nicht jegliches Thun und Leiden einer Person, sondern nur facta historica & illustria, dergleichen die Göttlichen Wunderwercke sind, deren hin und wieder in den Lob- und Danck-Psalmen gedacht wird. Ihre consideration gibt dem Musico Anlaß zum stilo sublimi l) die übrigen Sachen, oder Dinge, deren in einem Text unter einzeln Wörtern Erwehnung geschiehet, werden ebenfalls zum Theil in den indicibus der musicalischen Wörter anzutreffen seyn. m) So viel habe fürs erste von dem Inhalte eines Textes überhaupt anzumercken für nöthig erachtet. Ein mehres folget im allernechsten Capitel.

Anmerckungen.

k) Wenn doch hier gewiesen worden wäre, auf welche Art man mit der Melodie, anders bey einem Thun, anders bey einem Leiden, und wiederum anders bey einer trefflichen That, verfahren soll; item, welche Texte sich zu Duetten, Trio, Concerten ꝛc. schicken: so würde den studiosis Melodicæ damit gedienet seyn: denn sie mögen lieber in diesem Fall von actis, als von agendis, hören.

l) Worin eigentlich der stylus sublimis in Musica bestehe, mögte man gerne vorher wissen, ehe man sich die Lust ankommen liesse, Anlaß zu selbigem zu suchen. Es ist sonst anders nichts allhier gelehret, als modus rei anterem. Der Herr Auctor wird sagen: die styli componendi gehörten nicht zum Text. Ich aber erwiedere mit aller Bescheidenheit: Sie gehören doch hauptsächlich ad Melodicam, und zwar mit weit grösserm Vorzuge, als der Text. Da nun Melodica hier unser Zweck seyn soll, hätte man von ganz andern Sachen, als vom Text, den Anfang machen sollen. Denn erst muß ich ja gute Melodien, als blosse Melodien, nach allen stylis, zu machen wissen, ehe ich sie recht zum Text appliciren kan, woraus denn erhellet, daß dieser Vorhof fast einem Hinter-Hofe ähnlich siehet.

m) Es ist bey uns sehr viel Fragens nach den so genannten indicibus musicalischer Wörter, als welche bey der Text-Materie fast alles sind, und ohne welchen alles, was vom Text gesagt werden kan, fast nichts ist: daher man denn trefflich gerne wüste, wo dieselbe indices, oder nur der index dieser indicum, anzutreffen. Wir werden zwar, eines mehren wegen, auf das allernechst-folgende Capitel verwiesen; aber da sucht man solche Sachen auch umsonst.

XXI.

Wenn wir nun ferner auf die Worte sehen, womit solcher Inhalt des Textes vorgetragen wird, so lässet sich auch unterschiedliches dabey beobachten. Vor allen Dingen muß man zusehen, in welchen Worten, vor andern, die emphasis oder der Nachdruck, lieget, und in welchen ein besonderer Affect steckt. Denn solche habe nicht allein in der Expression etwas besonders, sondern sie lassen auch, vor allen, eine geschickte repetition zu. Ferner muß man genau überlegen, was für Worte des Textes eine repetition zulassen, oder nicht, damit man nicht ungebührlich damit verfahre. Nachgehends muß man sein Augenmerck auf den Accent in der Pronunciation richten: weil solcher den alleinigen und sichern Grund anweiset, welche Sylben in der Melodie hoch oder niedrig gesetzet werden müssen. n) Weil aus Zusammensetzung der Sylben gewisse pedes entstehen, daraus, wenn viele von einerley Art o) zusammen kommen, ein gewisses metrum formirt wird: so muß man auf solche gleichfalls reflectiren, wo man anders die pedes rhythmicos in der Melodie, mit den pedibus metricis p) gehörig combiniren will. Ueberdem müssen auch unter den einzeln Buchstaben die Vocales, oder Laut-Buchstaben, nicht hindangesetzet werden, als auf deren besondere Quantität, bey Formirung der Passagien, alle Grundrichtigkeit beruhet. q) Letztlich muß man auch die distinctiones rhetoricas, als commata, cola, puncta &c. nicht hindansetzen, zu welchen die distinctiones grammaticæ nicht allemal richtige Wegweiser sind. r) Denn aus solchen lernet man hiernechst, wo in der Melodie, auf gehörige Weise, Absätze und Schlüsse zu machen sind.

Anmerkungen.

n) Erst die emphasis; denn die Wiederholungs-Worte; und zuletzt die Aussprache? Wer hat jemals so gelehrt? Die Aussprache und der Accent sollten wohl billig zu vörderst, und nicht nachgehends untersucht werden: denn sie enthalten prima elementa. So kömmt auch das Hohe und Niedrige in der Melodie auf nichts so wenig, als auf den Accent der Sylben an, und ist weit gefehlet, daß dieser desfals der alleinige
siche-

des Melodischen Vorhofes II. Eingang.

sichere Grund seyn sollte. Es erzeiget sich vielmehr in allen guten Melodien häuffig das klare Wiederspiel. Z. E.

$$\begin{array}{c|c|c} \frac{2}{4} & \frac{4}{4} & \frac{4}{4} \\ a\ h & c\ d\ e & f\ f\ f & e \end{array}$$

Meine Seele erhebet den Herrn

Da sind drey Silben, die zweyte, vierte, und fünffte, welche gar keinen Accent haben; dennoch steigen sie mit gutem Fug in der Melodie. Tausend und aber tausend recht gute, unverwerffliche Exempel stoßen diesen vermeynten Grund übern Hauffen. Insonderheit aber wolle man die Cadenzen bemercken, welche durch einen steigenden halben Ton gemacht werden, deren die gantze Welt voll ist: alle diese, wenn sie ein teutsches zwey=sylbichtes Wort haben, erhöhen deßen letzte Sylbe, ob solche gleich, ihrer Natur nach, kurtz ist. Ein Musicus versteht mich schon ohne Noten, und siehet aus allen Umständen, daß der angegebene Grund so wenig sicher, als alleinig sey. Es ist zwar eine ausgemachte Sache, daß man die kurtzen Sylben von den langen in der Melodie nothwendig unterscheiden muß; aber es geschiehet weder allein, noch sicher, durch die Erhöh= oder Erniedrigung des Klanges. Melodica hat eben so wohl, als die Sprach=Kunst, ihre eignen Accente, welche nicht in der Höhe oder Tiefe des Tons; sondern hauptsächlich in den Gliedern der Zeit, und hiernechst in der Noten Geltung stecken, wozu man, nach Gelegenheit der Modulation, endlich die Erhebung oder Erniedrigung der Stimme wohl mitrechnen kan; doch mit sonderbaren Behutsamkeit, und gantz zuletzt. Alsdenn hat man erst einen sichern Grund hierin, nehmlich in Ausdrückung der Accente in beyderley Verstande.

o) Die Formirung eines metri ist gar nicht an einerley Art pedum gebunden. Im Teutschen trifft es zwar ein; aber im Lateinischen dürffen, ja müßen, sie von verschiedener Art seyn, und formiren gar schöne metra, besser, als wir sie im Teutschen haben.

p) Nehmt mirs doch nicht für übel, ihr lieben Herrn Poeten, daß ich meine einfältige Gedancken von Sachen sage, mit denen ihr die Vorkäufferey allein treiben wollt. Alle pedes, nach meinem Begriff, sind rhythmici; alle metra bestehen aus solchen rhythmis: also läst sich pes metricus nicht so wohl sagen, als pes rhythmicus. Jenes wäre fast eben eine solche Tautologie, als rhythmus metricus; da es doch vielmehr metrum rhythmicum heißen sollte. Rhythmica ist die Mutter; (so sagt Salinas, ohne die Versmacher zu begrüßen) Metrica die Tochter: denn aus rhythmis erwächst ein metrum. Was Rhythmica in der Poesie zu sagen hat, rühret bloß aus der Music her; die Gesetze aber und Schrancken, so Metrica dem Gesange vorschreibt, gehören

eigent=

eigentlich in der Poesie zu Hause. Ein Poet dencke dem Dinge nach, und, wenn ich unrecht habe, halte ers mir zu gute: ich will desgleichen thun, falls er sich einst extra crepidam verliehren sollte.

q) Das kan unmüglich behauptet werden, daß die Grund-Richtigkeit der Paßagien in der Melodie auf der Quantität der Laut-Buchstaben beruhet. Wenn wir solche neue Fundamente legen wollen, so führen wir unsre melodische Studenten in einen Irrgang ohne Ende. Ein jeder, der es lieset, wird, und muß, hiebey meynen, wenn er nur zu seinem melismate einen Laut-Buchstab wehlet, der seine gehörige Länge aufweiset, so sey alles schon richtig. Denn das ist der klare Innhalt des obigen Satzes: und nichts kan falscher in der Welt seyn; weil die Grund-Richtigkeit der sogenannten Paßagien gar nicht auf den Buchstaben, auf den kahlen Buchstaben, sondern auf den Gemüths-Neigungen, beruhet. Man darff den heutigen Componisten solches Wasser nicht auf ihre Mühlen giessen, noch ihnen lange was vortheilhafftes von den Vocalen vorsagen: sie hängen sich ohne dem, mehr, als zu viel, daran, und lassen bey Leibe kein a oder o vorbey, das nicht sein eigenes neuma bekömt. Ey! wie würden sich die Paßagien-Krämer freuen, wenn sie die vermeynte Grundrichtigkeit ihrer abgeschmackten Coloraturen, mit einer geschriebenen, gedruckten und leserlichen Regel, ohne weitere Erklärung, beweisen könten. **Das ist mein Freude:** so lauteten die Worte eines Solo. Auf solchen hatte der Verfasser, gleich über dem ersten Wörtlein: **das**, einen Lauff angebracht, der bey der Aufführung jederman lachen machte. Er mögte es aber mit obigem principio trefflich vertheydigen: denn das Wörtlein hat nicht nur eine würckliche starcke emphasin, und dabey einen grossen Accent, sondern auch eine ausnehmende Quantität in dem Laut-Buchstab, a, auf welchem ja, bey Formirung der Paßagien, alle Grundrichtigkeit beruhen soll. Das wird gute melodicos geben! In einem ganz neuen Venetianischen Satze hatte der Componist auf das Wort: amante, einen melismum von etlichen 50. Noten angebracht. Ich wunderte mich über die Sparsamkeit, und dachte, es würde die schlechte Bedeutung des Worts Schuld daran seyn; aber ersahe bald weiter unten, daß der Sänger sich darüber erbarmet, und durch seine doubles aus diesen 50. Noten viel über hundert gemacht hatte. Bey diesem Volck muß der Laut-Buchstab freylich alle Grundrichtigkeit der roulemens in sich fassen; bey mir wahrhafftig nicht.

r) Diese Anmerckung, von rhetorischen und grammatischen incisis, würde wohl schwerlich das Tages-Licht erblicket haben, wenn sich nicht die Bade-Mutter dazu, p. 17. huj. Tomi, ungefordert angegeben hätte; und doch war man zu erst so trefflich übel darauf zu sprechen, daß es Demuths-

Künste kostete, den Eyfer zu beschwichtigen. Das mag wohl heissen: Seyd böse ihr Völcker, und gebet doch die Flucht. Commata, cola, puncta &c. von denen hier die Rede ist, werden nun ausdrücklich von unserm Herrn Verfasser rhetorische distinctiones genennet: und sie sind es auch wahrlich alle mit einander: nicht grammatisch; sondern rhetorisch. Nur die blossen Zeichen dieser distinctionum lehret uns die Grammatic formiren, und subserviert also der Rhetoric mit ihren Figuren und Werckzeugen. Wenn die Grammatic hierin etwas weiters thut, so borget sie solches von der Rhetoric, und arbeitet ihr nach. Denn die Rede, sammt ihren Abschnitten, ist eher gewesen, als die Schrifft und Zeichen der Rede. Jene lehret zuerst die Natur; diese die Kunst: welche zuletzt weiter gangen ist, und Abschnitte eingeführet hat, wo die Redner von keinen distinctionen, die Musici aber noch weniger davon, wissen wollen. (Eben diese letztern Worte können dessen ein Beyspiel geben.) Hiebey fällt mir der alte Fehler ein, den auch die neuern seyn-wollende Grammatici, mit ihren dünnen Suppen und löcherichtem Beutel, nicht vermeyden können, daß immer Grammatica die Sprachkunst heissen muß; da sie doch kaum die Schreib-Kunst bedeutet. Und dieses gereichet ihr so wenig zur Schande, daß keiner so wohl reden wird, der es nicht mit der Feder (ich will nicht sagen lebhaffter und natürlicher) wenigstens richtiger herausbringe. Für diesesmal genug hievon.

XXII.

Auf alle dergleichen Puncte, und was ferner bey jeglichem insonderheit zu betrachten vorfält, muß ein Componist sein Absehen richten, wenn er den auditoribus die Krafft des Textes recht insinuiren will. Ist nun aber der Endzweck, die Zuhörer auf solche Weise zu erbauen, so wird ihm auch obliegen, dafür zu sorgen, daß der Text recht von ihnen verstanden werde: weil sie wiedrigen falls, weder von dessen Inhalt, noch von seiner dabey geführten Absicht, urtheilen können. Darum ist nun desfalls die Haupt-Regel: Der Text muß so vernehmlich vorgebracht werden, daß er von den Zuhörern verstanden werden kan. Denn die Music muß kein leeres und unverständiges Geräusch seyn. t) Dagegen muß alles aus dem Wege gereumet werden, was den Verstand des Textes hindert. u) Dahin gehöret erstlich die ungebührliche Zerreissung des Textes, theils durch Clauseln, theils durch Pausen, theils durch die repetition. w) Davon ist folgende Grund-Regel zu beobachten, was im Texte zusammen gehört, muß zusammen gelassen, und nicht getrennet werden, als: (1.) was in ein ander geschoben ist. (2.) was sich auf ein

ein ander beziehet, und eins ohne das ander nicht verstanden werden kan. (3.) was durch connexiones verbunden ist. Denn durch Zertrennung der zusammengehörenden Worte und Säze wird auch die Meynung zerrissen. Daher muß nicht am unrechten Ort abgebrochen werden, wo der Sensus nicht voll ist. Ergo muß man nicht einhalten, oder Clausuln machen, wo keine Abtheilungen sind, als commata, cola, puncta &c. Denn es kömt auch im Reden x) kinderhafftig und abgeschmackt heraus, wenn man zur Unzeit einhält. E. g. Vater unser der du bist, im Himmel geheiliget werde, dein Name zukomme. ꝛc. Item, wenn unverständige Kinder, bey Recitirung der Glaubens-Articul, die Säze zerstümlen und verkehren. E. g. Und an Jesum Christum, seinen eingebohrnen Sohn, unsern HErrn, der empfangen ist, von dem Heiligen Geiste gebohren, von der Jungfrauen Maria gelitten ꝛc. y) Hier erhellet augenscheinlich, daß durch solche ungebührliche Zertheilung der Verstand ganz undeutlich werde, und offt ein ganz fremder und ungereimter Verstand herauskomme.

Anmerckungen.

s) Daß der Text von den Zuhörern verstanden werden muß, ist eine unstreitige Nothwendigkeit. Es klingt mir, als wenn sichs ein Medicus sauer werden ließe, eine Haupt-Regel daraus zu machen: daß die Gesundheit so erhalten werden müsse, daß der Mensch Gott, sich und seinen Nechsten, ungehindert dienen könne. Darin steckt aber ja, als in einem problemate, diese Frage verborgen: wie und auf was Weise, solches geschehen könne? Wer solche auflöset, der macht erst Regeln. Also, wenn ich sage: der Text muß so vernehmlich vorgebracht werden, daß ihn die Zuhörer verstehen können, so gebe ich eigentlich keine Regel; sondern werffe, verdeckter Weise, die Frage auf, wie und auf was Art, solches am besten zu thun sey? Hic Rhodus, hic salta.

t) Bey den Worten, von einem leeren und unverständigen Geräusch, dürffte mancher auf die Instrumental-Music einen unverdienten Verdacht werffen, und dencken: sie sey es. Allein, ich halte für nöthig, hiebey zu erinnern, daß auch die blossen Klänge reden, und verständig seyn, müssen, und daß es also nicht alles bey der Music überhaupt auf den Text allein ankömt. Ein anders ist Musica vocalis in specie, ein anders Musica instrumentalis. Auch selbst die Vocal-Music kan trefflich wohl ohne Text bestehen. Da wird mancher den Kopf schütteln; aber ich versichere, daß ich Fantaisten mit der Kehle, ohne die geringsten Worte, gehöret habe, darüber bey mir

alles

alles rege geworden ist. Zuweilen habe ich wohl mit einem Paar guter Freunde, in Ermanglung der Instrumente, eine artige vierstimmige Symphonie gelaßet, und es hat allen Zuhörern eine grosse Lust verubrsachet. Was ist das? Vocal = oder Instrumental=Music? wo ist der Text, wenn der Reuter zu Pferde, wenn Lerm, wenn zum Sturm, wenn Feuer, wenn Marsch, wenn retraite &c. geblasen wird? und doch verstehts eine gantze Armee gewaffneter Zuhörer, ohne Worte. Es verstundens ja schon die alten Israeliten in der Wüsten; und waren doch, bey ihrem trommeten und schlecht=blasen, gar keine Worte vorhanden. Lieber Music=Freund! kein Grammaticus, kein Redner, kan so sprechen oder schreiben, als die Klänge thun können! ihre Sprache ist wie die Augen Sprache; sie braucht keine Buchstaben. Wer inzwischen unverständige Leuten, die nichts von der Music wissen, noch wissen wollen, etwas kluges vorspielt, der hat eben solchen Lohn, als wer einem Americaner die schönste, nach dem Text aufs klügeste eingerichtete, Italiänische Arie vorsingt: beyden wird beydes, als ein leeres und unverständliches Geräusch, vorkommen. Inzwischen ists wahr, wenn einer Worte singt, und bringt sie nicht so heraus, daß man sie vollenkommen verstehen kan, so verfehlt er seines Zwecks um ein mercklichs; dennoch hat auch eine schöne Melodie, als Melodie, bey erfahrnen und gescheuten Zuhörern ihre Verdienste und gewisse Wirckung, und ist darum nicht so schlecht hin ein leeres und unverständiges Geräusch zu nennen, ob gleich die Worte bisweilen etwas unverständlich fallen. Ist eine schöne Blume deswegen nicht liebenswerth, ob man sie gleich nicht allemal nach der Apotheke schickt, noch weiß, worin ihre medicinische Tugend bestehet? Zwar wenn ein Sänger Schuld an solcher Unverständlichkeit ist, verdient er Bestraffung; der Componist aber noch viel mehr, wenn das Uebel von ihm herrühret. Allein es können viele andre äuserliche Ursachen und Zufälle zur Unvernehmlichkeit etwas beytragen. Z. E. Entfernung u. d. g. welchen ungeachtet doch die schöne Melodie in ihren Würden bleibet, und bey nachdenckenden eine sonderbahre Bewegung verursachen kan. Die Italiänischen Sänger haben zwey Dinge, die nicht zum Text, sondern nur zur Auszierung der Melodie, gehören, nehmlich: ihr Trillo, und die so genannten Cadenze. Jenes schlagen sie ungemein starck, gewaltig, geschwinde, und scheinet viele Tact lang zu seyn: solches thut in rasenden Arien eine ungemeine Wirkung, indem der Acteur zugleich mit einer unbeschreiblich=frechen Mine abtrit, und der Sache eine trefflich=anständige Gestalt gibt. Bey den Cadenzen, (welches gewisse, ad libitum zu machende, Passagien sind, die vor dem Schluß hergeben) stehen sie nicht still, sondern die Action und Bewegung gehet immer fort, als wenn sie noch würcklich Worte machten. Und durch diese Künste bewegen sie die Zuhörer mehr, als durch den Text, wenn er noch so deutlich heraus kömt. Ich wolte niemand rathen, daß er ein solches Verfahren, mit dem Namen eines leeren und unverständlichen Geräusches, belegte.

u) Es folget zwar einiger maßen aus dem vorhergehenden Satze, daß alles aus dem Wege geräumet werden müsse, was dem Verstande des Textes hinderlich fällt. Weil aber der besagte Vorsatz erwiesener maßen, gar nicht fest, sondern auf sehr schwachen Füssen stehet, so mag auch wohl niemand zu viel auf dem Nachsatz bauen. Denn nicht alles, was den Verstand des Textes hindert, darff, ohne Gnade und Unterschied, aus dem Wege geräumet werden. Z. E. Die Wiederholungen, die Passagien, die Fugen, die Zwischen-Spiele, Accompagnements ꝛc. hindern alle, in gewißen Stücken, dem Verstande des Textes, wenn man sie beym Licht, an und vor sich selbst, betrachtet; dennoch kan man das eine thun, und darff das andre nicht laßen, d. i. man kan diese Dinge gebrauchen, und doch dem Wort-Verstande seyn Recht thun. Das quomodo ist hier die ganze Kunst, so ein Melodicus lehren sollte.

w) Hier ist nur das beste vergeßen: denn keine Zerreissung des Textes, sie geschehe durch Clauseln (i. e. Schlüsse) durch Pausen, oder durch Wiederholungen, ist so groß und ungereimt, als diejenige, so durch ausschweiffende Passagien und närrische Läuffe geschiehet. Derohalben gehören diese hauptsächlich oben an, bey den Dingen, die den Text zerreißen.

x) Das ist gar kein Argument, daß alles, was im Reden abgeschmackt ist, deswegen auch im Singen so sey. Das Singen ist mit dem Reden ganz verschiedener Natur; doch muß weder eins noch anders wieder die gesunde Vernunfft lauffen, ungeachtet sich das Singen eine gute Gurcke heraus nehmen kan. Denn sonst müste man allen Auszierungen gute Nacht sagen: weil dieselben, als Passagien, Wiederholungen ꝛc. im Reden kurtzum abgeschmackt sind. Es hat in diesem Stück mit der Music fast eben die Beschaffenheit als mit der Mahlerey: da schadet eine kleine, wohlangebrachte Affectation im geringsten nicht; wohl aber eine gar zu genaue, steiffe Beobachtung der Natur und aller ihrer Haare.

y) Die alhie angeführten Exempel riechen nun zwar so starck nach den niedrigsten Schulen, daß man schwerlich dergleichen grobe Schnitzer von erwachsenen Leuten vermuthen sollte; allein es kan so toll nicht erdacht werden, als es die ungelehrten Componisten bisweilen treiben. Wenn mancher v. g. setzet: Er decket gerne zu, und darauf vier ganze Tact Pausen, wer kan klug daraus werden? Ein ganz niedriger Verstand, wie ihn die

Kinder,

Kinder, durch Verrückung der commatum, zu Wege bringen, ist wohl noch erträglicher, als gar keiner.

XXIII.

Diesemnach stehet die Regul, wegen der Pausen vest: Worte, die noch keinen vollen Sensum haben, müssen nicht durch Pausen von den übrigen abgerissen werden. E. g. Das ist das ewige Leben, daß du allein wahrer GOtt bist. (drey Tact Pausen.) und den du gesandt hast, JEsum Christum, erkennen. z) Sondern die Melodie muß so lange fortgesetzet werden, biß eine ordentliche distinction folget. Ingleichen bleibet diese, wegen der Repetition, unumgestossen: Durch die Repetion muß kein Text zerrissen werden. Hiernechst hindert auch die ungeschickte Durcheinanderwerffung des Textes den Verstand: denn es wird dadurch das Gehör verwirret, und folglich kan man nichts verstehen. Ergo muß Battologia vermieden werden, welche nichts anders ist, als ein läppischer Mischmasch der Propositionum eines Periodi untereinander, so aus offtmaliger ungeschickter Wiederholung derselben, und aus der Zusammenkunfft gantz verschiedener Worte entstehet. a) Z. E. In den Fugen und alla Capella werden verschiedene propositiones zu einer Zeit ausgesprochen. Solches macht den Text unvernehmlich, und hindert dessen Verstand gewaltig. Denn, so wenig zween, oder mehr, zugleich redende, wenn einer dieses, der andre jenes, spricht, verstanden werden können; b) so wenig können verschiedene, zugleich abgesungene, propositiones verstanden werden, da es schon Mühe hat, es zu vernehmen, wenn ihrer viele einerley Text singen, und einerley Sylbe zu gleicher Zeit aussprechen, fürnehmlich, wenn die Worte unbekannt sind. Damit nun dem Verstande der Zuhörer gerathen werde, so ist es gut, wenn erst der Text durch eine Stimme allein bekannt gemacht wird, und hiernechst alle Stimmen zugleich arbeiten. Endlich ist die Vielheit der Stimmen eine Ursache der Unvernehmlichkeit des Texts. Weil aber dergleichen nicht gantz zu abandonniren ist, indem sonst die Music der vornehmsten Pracht, und des Nutzens bey vielen Interessenten, beraubet würde, so muß man thun, was müglich ist. c) Kurz: Je vernehmlicher der Text gemacht werden kan, desto besser ist es. Solcher Deutlichkeit wird geholffen, wenn die Leute, wie allbereit hie und da gewöhnlich ist, den Text gedruckt vor Augen haben; sonst wird man, sonderlich an grossen Orten, wenig erbauen.

Anmerkungen.

z) Ich nehme mir die Freyheit, dem angezogenen, noch nicht so gar argen, Exempel ein viel ärgers hinzuzufügen. Lieben und Laben, mit einem grossen Passaggio auf dem letzten Worte, vielleicht nach dem principio de quantitate vocalium. Denn 2. Tact Pausen, jeder von vier Vierteln. Hierauf noch einmahl: Lieben und Laben, mit eben dem vorigen Passaggio, und endlich zum drittenmal: Lieben und Laben, schlecht weg, ohne Coloratur. Die darauf folgende Worte heissen: ist selten beysammen. Ja wohl, dachte ich, findet man selten beysammen, was beysammen seyn sollte. Noch ein Paar: Die reine Liebe kennt. Zwey viertel Pausen und dennoch keine andere Quellen. Er siehet in den Grund (eine Pause) der Liebe tieff hinein. Lachen, cum neumate, (fünff Tact Pausen) Lachen, abermal mit eben dem Passaggio. Hernach der Zusatz: in Leiden erfüllet die Brust ꝛc. Ich würde mit dem finden nimmer zu Ende kommen, wenn ich dergleichen Dinge suchen wollte. Diese führe nur deswegen an, weil sie in einer Piece enthalten, die mir ein gewisser, nun besser berichteter Mann, als eine Probe sonderbarer Geschicklichkeit, eingesandt, und sich damals etwas weniges groß damit gehalten hat.

a) Vid.Tom.1. huj. Crit. p.269., allwo eben diese Worte auf Lateinisch stehen. Ich halte viel davon, seinen Autorem zu nennen; es läßt sonst, als schriebe man sich selbst eines andern Erfindung zu, wie die Herren Frantzosen thun.

b) Donius, dem die vorhergehende Beschreibung der Battologiæ gehöret, ist auch Urheber gegenwärtiger Gedancken, die er p. 73. seines Buches, de Præstantia Vet. Mus. ausdrücket.

c) Thun was müglich ist: worin bestehet das? Wie soll ein Anfänger sich damit in der Melodie trösten? oder was soll er daraus lernen?

Ende des ersten Capitels vom Texte.

Musicalische Merckwürdigkeiten.

Des
Marchese, Scipio Maffei,
Beschreibung eines neuerfundenen Claviceins, auf welchem das piano und forte
zu haben, nebst einigen Betrachtungen über
die Musicalische Instrumente,
Aus dem Welschen ins Teutsche übersetzet
Von
König.

Wann der Wehrt einer Erfindung nach ihrer Neuigkeit und Schwerigkeit abzumessen, so weicht diejenige, davon wir hier Bericht ertheilen, keiner einzigen, die in langer Zeit mag vorgekommen seyn. Es ist jedem Kenner bewust, daß in der Music das Schwache und Starcke, gleich wie Licht und Schatten in der Mahlerey, die vornehmste Quelle sey, woraus die Kunsterfahrne das Geheimniß gezogen, ihre Zuhörer gantz besonders zu ergötzen. Es sey nun in einem Vor- oder Nach-Satz, oder in einem künstlichen Zu- oder Ab-nehmen, da man nach und nach die Stimme vergehen, und hernach mit einem starcken Geräusche auff einmahl wiederkommen lässet; welches Kunst-Stück bey den grossen Concerten in Rom, häuffig im Gebrauch ist, und denjenigen, die einen rechten Geschmack von der Vollkommenheit dieser Kunst besitzen, ein gantz unglaubliches und verwundersames Ergötzen schencket.

Ungeacht nun dieser Veränderung und Verschiedenheit des Tons worin unter andern die Instrumenten, die man mit dem Bogen streicht, vortrefflich sind, das Clavissein gäntzlich beraubt ist, und man es jedem für eine eitle Einbildung auslegen würde, der sich ein solches zu verfertigen in Kopf setzte, das diese besondre Gabe haben sollte: so ist doch in Florentz von Herrn Bartolotolomeo Criſtofali, einem bey dem Groß-Herzog in Dienſten ſtehenden Clavir-Macher, aus Padua gebürtig, dieſe ſo kühne Erfindung nicht weniger glücklich ausgedacht, als mit Ruhm ins Werck geſetzt worden. Indem er bereits dreye von der ordentlichen Gröſſe der ſonſt gemeinen Claviſſeins verfertiget, welche alle vollkommen wohl gerahten.

Einen ſchwächern oder ſtärckern Thon auf dieſem Inſtrumente anzugeben, liegt bloß an dem verſchiedenen Nachdruck, womit ein Clavier-Spieler den Anſchlag berührt: dann nach der Maaſſe deſſelben, hört man darauf nicht allein das ſtarcke und ſchwache; ſondern auch ſelbſt die Abnehmung und Verſtärckung des Klangs, wie ſolcher auf einem Violonzel kan heraus gebracht werden.

Einige Kunſtverſtändige gaben zwar Anfangs dieſer Erfindung nicht den völligen Beyfall, den ſie verdienet: eines Theils, weil ſie nicht gleich eingeſehen, was für ein ſinnreicher Verſtand dazu erfodert worden, alle, bey Erbauung dieſes Inſtruments vorgekommene Schwürigkeiten zu überwinden, und was der Meiſter für eine erſtaunende Kunſtfertigkeit der Hände, und welche Vorſichtigkeit er anwenden müſſen, es ſo ſauber und mit ſolcher Grundrichtigkeit auszuarbeiten; andern Theils, weil es ihnen vorgekommen, als ob der Klang, indem er von dem andern ganz unterſchieden, gar zu matt und ſtumpf wäre. Allein, dieſe Meynung rührte nur von dem, uns auf andern gemeinen Clavicembeln angewohnten Silberklange her, zumahl, wann man dieſes Inſtrument das erſtemahl unter die Hände bekomt: da ſich doch in kurzer Zeit das Ohr hernach ſo ſehr daran gewöhnet, und ſich in dieſes Inſtrument ſo verliebt, daß es ſich nicht mehr davon abſondern, oder an den andern gemeinen Claviſſeins ferner einiges Vergnügen finden kan. Wobey auch zu bemercken, daß es noch angenehmer klinge, wann man ſich ein wenig davon entfernet.

Es haben noch einige über dieſes daran ausgeſetzt, daß es zu ſchwach klinge, und keinen ſo ſtarcken Klang, als die andern Clavicembeln habe: worauf aber fürs erſte zu antworten, daß es dem ungeacht, weit ſtärcker ſey, als ſie nicht glauben, wann es anders mit gehörigem Nachdruck angegriffen wird; fürs andre, daß man eine Sache nach ihrer wahren Abſicht zu nehmen wiſſen, und nach keinem andern Zweck beurtheilen müſſe, als nach dem, zu welchen Ende es verfertiget worden.

Dieſes iſt ein Cammer-Inſtrument, und daher zu keiner ſtarcken Kirchen-Muſic oder ganzem Orcheſtre bequem. Wie viel Inſtrumente gibt es, die man ja auch nicht anders als nur im Zimer zu gebrauchen pflegt, und die nichts deſto weniger für die allerangenehmſten gehalten werden? Gewiß iſt, daß es mit einem Sänger oder mit einem Inſtrument, auch wohl bey einem mäßigen Concerte, einzuſtimmen, vollkommen ſtarck genug klinget; obgleich dieſes nicht

nicht sein Haupt-Zweck, sondern vielmehr allein gespielt zu werden, wie etwa eine Laute, Knie-Geige, Viol d' amour und andre dergleichen, wegen ihrer Süßigkeit und Anmuth, hochgeschätzte Saitenspiele.

Aber der gröste Einwurff, den dieses Instrument erlitten, rührte meistentheils nur daher, daß es nicht durchgehends ein jeder gleich bey dem ersten Anblick zu spielen gewust: Weil es hier nicht genug ist, auf andern Clavizembeln vollkommen wohl spielen zu können; sondern, weil dieses ein neues Werck, so erfordert es auch einen Meister, der die Stärcke desselben genau geprüfet, und zuvor mit besonderm Fleisse sich darauf geübet habe, so wohl die Maasse des verschiedenē Anschlags sich bekannt zu machen, und demselben die angenehme Ab- oder Zunahme der Stimme, zu rechter Zeit und an dem rechten Orte, zu geben; als auch liebliche Stücke, und wo sie eigentlich hingehören, auszulesen: vornehmlich aber gebrochen zu spielen, die Partien durch verschiedene Gänge wohl auszuführen, und die Haupt-Sätze an mehr, als einem Orte, hören zu lassen.

Endlich von der Bau-Art dieses Instruments selbst zu sprechen, so würde dem Erfinder desselben nicht schwer fallen, dem Leser von diesem Kunst-Stücke einen deutlichen Begriff zu geben, wann er anders solches so wohl zu beschreiben, als glücklich zu verfertigen, gewust: weil aber dieses nicht seines Thuns, und er dafür gehalten, es würde ihm unmöglich seyn, dasselbe solchergestalt abzubilden, daß man sich den rechten Entwurff desselben deutlich vorstellen könte; so war er genöhtigt, solches einem andern aufzutragen, der es zwar hier übernommen, aber bloß nach der Erinnerung, die ihm noch von der Zeit an bey gewohnet, als er solches ehmahls genau betrachtet, und ohne das Instrument, sondern einen von dem Meister selbst nur oben hin verfertigten Abriß, vor Augen zu haben.

Es ist also zu wissen, daß an statt der gewöhnlichen Springerchen, welche mit der Feder andre Clavizembel berühren, allhier ein Register von Hämmerchen befindlich, welche von unten auf die Säiten anschlagen, und oben mit starckem Elends-Leder bedeckt sind.

Ein jedes Hämmerchen wird durch ein Rädgen beweglich gemacht, und diese Rädgen stehen in einem Kammförmigen Holtze verborgen, als worinn sie Reihenweise eingeleget sind. Nahe an dem Rädgen, und unter dem Anfang des Stiels an dem Hämmerchen, befindet sich eine hervorragende Stütze, welche, von unten zu angestossen, das Hämmerchen so in die Höhe treibt, daß es die Saite, nach der Maasse und Stärcke desjenigen Schlags anstösset, welcher von der Hand des Spielers herkommt, wodurch er, nach seinem Belieben, einen starcken oder schwachen Thon anzugeben vermag. Man kan auch um so viel eher starck darauf spielen, weil das Hämmerchen den Schlag ganz nahe an seiner Einanglung empfänget, zu sagen: nahe am Mittelpunct des Bezircks, so weit nemlich sein Umkreiß geht, in welchem Fall ein jeder mäßiger Anschlag eine plötzliche Herumdrehung des Rades verursachet. Also, daß von dem Schlag an das Hämmerchen, unter dem äusersten Theil der vorgedachten herausstehenden Stütze, sich ein hölzernes Züngelchen befindet, welches auf einer Hebe ruhet, so daß es von derselben in die Höhe geschoben wird, wenn der Spieler den Anschlag berühret. Dieses Züngelchen oder Zäpfgen liegt aber doch nicht auf der Hebe, sondern ein wenig erhaben, und ist eingefaßt in zwey dünne Seiten-Stützgen, wovon auf jeder Seite eines befindlich. Weil aber nöthig war, daß das Hämmerchen die Saite gleich wieder verlasse, so bald sie berührt worden, und sich gleich wieder absondere, ob schon der Spieler die Hand von dem Anschlag noch nicht wieder weggenommen, so war nothwendig, daß besagtes Hämmerchen augenblicklich wieder in Freyheit gesetzt würde, an seine Stellen zurücke zu fallen. Daher ist das Züngelchen, so ihm den Druck giebt, beweglich, und solchergestalt zusammengefügt, daß es in die Höhe geht und fest anprallt; aber, so bald der Schlag gegeben, plötzlich wieder abschiesset, das ist, vorbey geht, und sich, so bald als der Schlag geschehen, herunter wendet, zurück kehret, und sich wieder unter das Hämmerchen verfüget. Diese Würckung hat der Künstler durch eine Feder von Meßing-Drat zu wege gebracht, die er an der Hebe befestigt, und welche sich ausdehnt, mit der Spitze unter dem Züngelchen antrifft, und, indem sie einigen Wiederstand giebt, dasselbe antreibt, und an einen andern meßingen Drat befestigt hält, der fest und aufwerts verselben gerade entgegen stehet. Durch diese stete Befestigung welche das Zünglein hat, durch die Feder, welche darunter, und durch die Einfügung auf beyden Seiten, steht es feste, oder giebt nach, wie es erfordert wird.

  Damit auch die Hämmerchen in dem Zurückprallen, nach dem Anschlag, nicht wieder aufhüpffen, und an die Saiten zurückstossen können, so fallen sie und liegen auf kreutzweiß-geschlungenen seidnen Schnürchen, die solche ganz ruhig auffangen.

  Weil aber bey dieser Art Instrumenten nöthig ist, daß der Thon verschwinden, oder der Spieler ihn hemmen könne, indem er sonst durch das Fortklingen die folgende Noten undeutlich machen würde; in welchem Absehen die Clavisseins das Tuch auf den Spitzen der Springerchen haben: so wird auch hier der Schall plötzlich gehemmt, weil jede von oftgemeldten Heben ein Schwänzgen hat, und auf demselben nach der Reihe ein Register von Springerchen befindlich, die nach ihrem Gebrauch, Dämpffer genennt werden könten. So bald der Griff geschehen, berühren diese die Saiten mit dem Tuch, welches sie auf der Spitze haben, und verhindern das Nachzittern, welches entstehen müste, wann zugleich andre Saiten klingen würden.

den. Wann aber der Griff einmahl angedrückt, und durch denselben die Spitze der Hebung in die Höhe getrieben worden, so folgt von sich selbst, daß das Schwäntzgen sich hernieder lasse, und zugleich auch der Dämpfer. Dadurch bleibt die Saite frey zu dem Klange, und dieser vergeht hernach von selbst, so bald der Griff vorbey, indem der Dämpfer sich so gleich wieder erhebt, um die Saite mit dem Tuche zu berühren.

Damit man aber alle Bewegungen und innerliche Kunstgriffe dieses Instruments desto deutlicher erkennen möge, so nehme man die Abzeichnung für die Hand, und betrachte, von Stück zu Stück, derselben Benennungen:

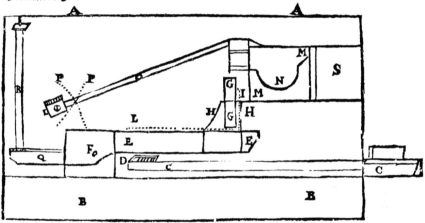

A. Die Saite.
B. Der Boden zu den Clavieren oder dem Anschlag.
C. Die Claviere, oder die ersten Heber, welche mit den Pflöckgen die andren in die Höhe treiben.
D. Das Pflöckgen, Zapfen oder Holtz-Schu an dem Anschlag.
E. Die zweyte Hebe, wo, auf jeder Seiten, eines von den Neben-Stützgen fest gemacht ist, die das Züngelgen halten.
F. Der Angel oder Stifft in der zweyten Hebe.
G. Das bewegliche Zünglein, welches, wann es mit der zweyten Hebe sich in die Höhe schiebt, auf das Hämmerchen anstößt.
H. Die Nebenstützgen auf beyden Seiten, worin das Züngelchen eingefaltzt ist.
I. Ein fester Messing-Drat, oben an der Spitze breit geschlagen, der das Züngelchen fest hält.
L. Eine Feder von Messing-Drat, die unter dem Züngelchen liegt, und es gegen dem festen Drat angestossen hält, den es hinten hat.

M. Das-

M. Das Kammholtz, wo in der Reihe die Hämmerchen eingelegt sind.
N. Das Rädgen an den Hämerchen, so in dem Kamholtz verborgen liegt.
O. Das Hämmerchen, welches von unten her durch das Züngelgen angestossen, die Saite mit dem Elends-Leder anschlägt, womit es oben bedeckt ist.
P. Die Kreutzweise-geschrenckte seidene Schnürchen, zwischen welchen die Stiele der Hämmerchen aufliegen oder ruhen.
Q. Das Schwäntzgen der zweyten Hebung, das sich niedergiebt, wann sich die Spitze erhebt.
R. Das Register oder die Reihe Springerchen oder Dämpfer, die, so bald der Griff andrückt, sich herabfügen, und die Saite freylassen, hernach gleich wieder an ihren Ort zurückspringen, um den Schall zu hemmen.
S. Der völlige Querbalcken zur Verstärckung des Holtzkamms.

Ueber alles dieses ist noch zu melden, daß die Leiste, wo die Würbel eingesetzt werden, die die Saiten halten, wie sie in andern Clavicembalen unter den Saiten selbst ist, hier über denselben zu stehen kommt, und die Würbel darunter hingehen; so daß die Saiten von unten her fest gemacht werden, weil nothwendig war, unten mehr Platz zu gewinnen, damit das gantze Griffwerck hinein gehen könte. Die Saiten sind viel stärcker, als die gemeinen, und damit die Schwere dem Boden nicht schaden möge, so sind sie nicht auf demselben befestiget, sondern etwas höher angebracht worden.

An allen Orten, wo einiges Geklapper entstehen könte, ist solches durch Leder oder Tuch verhindert worden: absonderlich in den Löchern, wo Nägel oder Stifte durchgehen, woselbst, durch einen sonderbaren Meister-Griff, alles mit Elends-Leder so ausgefüttert, daß der Stifft durch dasselbe hervorkömmt.

Es ward diese Erfindung von dem Meister auch in einer andern Gestalt zu Wege gebracht, indem er eben ein solch Clavicembal mit der Schwäche und Stärcke, aber in einer gantz unterschiedenen und leichtern Bau-Art, verfertiget; allein die erste behielt nicht destoweniger den Preiß.

Da nun dieser sinnreiche Künstler auch in Ausarbeitung der gemeinen Clavisseins vortrefflich ist, so wäre noch zu berichten, daß er nicht von der Meynung der neuen Claviermacher, die itzo meistentheils nicht nur ohne Rose, sondern so gar ohne einzige Oeffnung in dem gantzen Kasten, arbeiten. Nicht, daß er ein so grosses Loch, wie solches vormahls von den Alten verfertigt worden, für unentbehrlich hielte: oder, daß er glaubte, es wäre gut, dergleich gleichen Löcher an dem gewöhnlichen Orte anzubringen, wo sie doch so sehr der Eindringung des Staubs ausgesetzt sind; sondern er pflegt nur zwey kleine Löcher vornenher bey der Vermachung zu lassen, die allezeit bedeckt und verborgen bleiben. Er versichert auch, daß ein solches Lufft-Loch in dergleichen Instrumenten höchstnöthig wäre, weil im Spielen der Klang-Boden sich bewegen und weichen müsse, welches aus dem Zittern desselben abzunehmen, wann man sich darauf legt, indem ein andrer spielet.

Im Fall aber das Gehäuse nirgendwo eine Eröffnung hat, und die inwendige Lufft nicht weichen oder herauskommen kan, sondern hart und starck bleibt, so beweget sich der Boden nicht, und daher wird der Schall etwas stumpf, kurz, und nicht nachklingend. Wo aber eine Oeffnung, wird man gleich bemercken, daß der Boden nachgiebt, und die Saite viel heller bleibt: es ist auch mehr Klang zu vernehmen, und wann man die Finger an die gemeldte Eröffnung hält, indem ein andrer drauf spielt, wird man gleich fühlen, das Wind entsteht und die Lufft heraus streicht.

Bey diesem Satz wollen wir nicht vorbeylassen, zu sagen, daß wie aus der natürlichen Weltweißheit, bekannter massen, in Untersuchung der Würckungen der Lufft und ihrer Bewegung, uns ein grosses Licht aufgehe; also eine genaue Beobachtung der verschiedenen und verwundersamen Würckungen der eingepreßten Lufft in musicalischen Instrumenten uns eine starcke, ob gleich noch meist unbekannte, Quelle zu dergleichen Entdeckungen und Erkäntnissen seyn könne, wann wir derselben Bau-Art genau untersuchen, und nachdencken, was in denselben ihre Vollkommenheit oder ihren Mangel verursache, und wovon ihr Zustand sich verändere, wie dann hier die Veränderung des Schalls zum Beweiß dienen kan, welche in den beseelten Instrumenten erfolgt, dergleichen diejenige sind, die mit dem Bogen gestrichen werden, auf welchen, so bald man die sogenannte Seele nur ein wenig von ihrer Stelle gerückt, so gleich eine Saite viel heller, eine andre aber viel stumpffer klingt. Dahin auch die Veränderung und Verschiedenheit der Stimmen und des Klangs gehört, welche die Instrumente von ihrer verschiedenen Maaß und Grösse, und sonderlich die Clavicembale, davon erhalten, nachdem ihr Klang-Boden dicke oder dünne ausgearbeitet ist, und tausend dergleichen andre Betrachtungen mehr, die man hierüber anstellen könte. Wobey auch nicht zu übergehen, daß, wie man durchgehends dafür hält, daß die neuen Clavicembale allezeit mangelhafft am Klange seyn, und ihre Vollkommenheit erst durch Länge der Zeit erhielten: so behauptet dieser Künstler, daß man solche dergestalt ausarbeiten könne, daß sie gleich einen eben so hellklingenden Schall, als die alten, von sich geben.

Er versichert, daß der unvollkommene Klang der neuen eigentlich von der ausdehnenden Krafft herkomme, welche der eingebogene Steg eine

Zeitlang behält, auf dem die Saiten liegen: dann so lang dieser auf dem Boden sich mit Gewalt andrücket, um sich wieder zu erheben, so kommt die Stimme nicht vollkommen heraus; wann man aber gleich Anfangs in der Arbeit diese ausdehnende Würckung demselben gäntzlich benimmt, wird der Fehler alsobald gehoben, wie unser Meister aus der Erfahrung überzeugt ist. Wozu auch nicht wenig des Holtzes gute Beschaffenheit beyträgt, daher der berühmte Italiänische Claviermacher Pesaro angefangen, sich der alten Kisten und Schräncke zu bedienen, die er in Venedig u. Padua auf den Korn-Böden, verworffen, oder unter den Dächern versteckt, gefunden, und welche meistentheils von Cypressen-Holtz aus Candia und Cypern gewesen.

Venedig. Wir Teutsche allhier sind noch der alten Meynung, daß man nicht leicht bessere Sänger, was die ungezwungene natürliche Methode, das singende und zärtlich-schleiffende Wesen, und schönes Trillo anlanget, antreffen wird, als die bekannten Herren Riemschneider und Schneider. Kömt es aber auf die Ausdrückung allerhand ausschweiffender Affecten, auf eine starcke Action, und auf eine Menge unerhört-geschwinder, fremder, Veränderungs-voller Touren, Variationen, und Cadenzen an, so muß man gestehen, daß den Italiänern hierin einiger Vorzug gebühret. Sie werden aber auch dazu durch das unaufhörliche Zuschreyen des Signore *Bravo e Bravissimo*, aus den Logen und dem Parterre, gewaltig aufgemuntert. Dieser Ehre werden auch zugleich die Instrumentisten und Tänzer theilhafft gemacht, als welche sich nicht weniger bemühen, ihre Zuseher und Zuhörer zu vergnügen. Den Schwächern gereichet dergleichen Schreyen und Lermen zur Anfrischung; die stärckern aber haben ihre Freude, ihr Gelächter darüber, und machen es immer bunter. Wie ich denn bemercket, daß, als Sigre. Carestini eines Abends von einer Aria den ersten Theil gesungen, und so viel Zeugs gemacht, daß die Verwunderung biß auf den höchsten Grad gestiegen, und einige hinter mir anfingen zu brüllen, als Ochsen; andre zu blöcken, als Schaafe; einige aber tief seufzeten und Athem holeten, als ob sie von einer entsetzlichen Ermüdung Lufft schöpfften; ich selbst auch meynte, es wäre nun alles aus, und der Virtuose würde das da Capo, zur Veränderung, ganz schlecht machen: so lachte der Castrate darüber, machte es bey der Wiederholung noch zehnmal toller, und stellte in seinen roulemens fast alle Arten des Striches eines Violin-Bogens vor, die man nur erdencken kan. Unterdessen aber hatte es keinen solchen Effect mehr, indem die Zuhörer von der Aufmercksamkeit, und dem Ueberfluß der Seltenheiten, ermüdet waren. Von den propren Decorationen des, ob zwar kleinen, Schau-Platzes zu St. Salomo, wie nicht weniger von den kostbaren Kleidungen und der Accuratesse, kan ich (jedoch cum protestatione, nicht für einen alle fremde Sache gleich lobenden Narren gehalten zu seyn) mit gutem Fug sagen, daß es diejenigen Theatra, so
ich

ich noch in Teutschland gesehen, weit übertreffe. Die erste Kirchen-Music hörte ich im Kloster à la pietà, und weil ich gleich beym Anfange eine lange suite von Lateinischen Psalmen, meist Fugen-und Contrapuncts-Weis, wovon ich sonst noch wohl etwas gutes leiden mag, zu hören bekam, so degoutirte mich doch dergleichen für diesesmal gewaltig: wozu wol das meiste mit beytrug, daß die Baß-Stimme von einer Altistin gesungen, und dadurch mit dem Fundament, und der unter dem Alt stehenden Tenor-Viole, sehr saubere Quinten und Octaven, Reihen-weis hervorgebracht wurden. Suma ich fand für diesesmal gar nicht das pompöse, erfreuliche, und zugleich devote und bewegende Wesen der Matthesonischen und Telemannischen Kirchen-Music. Man sang zwar nach diesem zwo Cantaten, sie waren an sich selbst auch schön; ich kunte mich aber nicht erinnern, in einer einzigen Opern-Arie dergleichen seltsame und Polnische Sätze gehört zu haben, als sich in diesen geistlichen Cantaten befanden. Wiewohl ich des Sonntags darauf etwas sittsamers zu hören bekam. Ich habe auch eine Kirchen-Music, am Frohnleichmanns Tage in einer Kirche, da, meines Führers Außage nach, die grösseste Music diesen Tag seyn würde, von Manns-Personen und treflichen Castraten zu hören verhoffet; aber, o jämmerliches Gefiddel und Gesinge! welches die so genannten Preti selbiger Kirche daher machten. Also danckte ich GOtt, das es aus war, und beschloß, vor der Hand nirgends anders, als in Hospital-Kirchen, der Music beyzuwohnen, da man doch zum wenigsten was gutes höret.

Curiöse Nachricht von dem sogenannten Pfeiffer-Tag.

Es lassen Ihro Hochfürstl. Durchl. der Pfaltz-Graf von Birkenfeld, als Graf von Rappoltstein im Ober-Elsaß, und als so genannter König der Pfeiffer oder Spiel-Leute, den Pfeiffer-Tag jährlich, durch Ihren Königs-Lieutenant, welcher solche charge von Serenissimo erkauffet, an dreyen Orten halten, als nehmlich im Augusto zu Bischweiler im Nieder-Elsas, alwo alle Spiel-Leute selbiger Landgraffschafft, deren Anzahl sich auf 400. erstreckt, erscheinen müssen. Im Monaht September darauf wird der Pfeiffer-Tag zu Rappoltsweiler im Ober-Elsas von allen Spiel-Leuten selbiger Landgrafschafft gehalten, und in eben diesem Monath auch zu Thann oder Dann, im Suntgau, von allen Spiel-Leuten die in selbigem Gebiete, biß nach Basel, wohnen. Es werden in allem bey Tausend Personen seyn. In ihrem Aufzuge zu Bischweiler wird der Anfang von vier Trompetern, und einem Paucker zu Pferde, gemacht; darauf folgt ein Herold in Pfaltz-Gräflicher Lieverey; dann des Königs Lieutenant, mit einer auf dem Hute befestigten Krone; nach ihm das Gericht, oder die Gerichts-Leute der Musicanten, und alsdenn der Fähnrich mit der Fahne. Hernach marschiren die Spiel-Leute, 6. in einer Reihe, welche alle auffspielen, was verlanget wird. Ehe sie aber ins Schloß ziehen, gehen sie vorher in ein nahgelegenes Dorff, alle in ihrer Ordnung, und müßen alda, dem alten Gebrauch nach, in einer Catholischen Capelle eine Music machen, und eine Meße lesen laßen; dabey aber die Evangelischen Spiel-Leute nicht knien: weil es den Pfaffen nur um das Opfern zu thun ist, dann sie ihm alle etwas von Geld, nach eines jeden Belieben, auf den Altar legen müßen. Wenn sie nun solchergestalt geopfert haben, und darauf durch den Garten in den Schloß-Hof eingezogen sind, so stellt sich erstlich die beste Bande der Bischweilerischen Musicanten in den Kreiß, und läßt sich allein hören; nachgehends tritt die zweyte Bande auf, und so fort. Zuletzt muß ein jeder einen silbernen vergüldeten Becher, der ein halbes Maaß hält, austrincken, und darauf ziehet der ganze Hauffe, in vorbesagter Ordnung, aus dem Schloße in das Wirths-Haus, woselbst das Mittag-Eßen, für einen Thaler auf jede Person, bestellt ist. Nach vollbrachtem Pfeiffer-Tage wird Gerichts- und Frevel-Tag gehalten über die Spiel-Leute, so etwas verbrochen haben.

Hamburg, den 8. Aug. 1725. Heute hat der A. C. den vierten Band der Marcellischen Psalmen aus Venedig erhalten. Das Werck ist also auf die Helffte gebracht, und sind noch 4 Tomi zu erwarten. Die Ausarbeitung der letzt-eingelauffenen 7. Psalmen ist fast noch beßer gerahten, als der vorigen 18. davon wir p. 58. seq. it. p. 126. Nachricht gegeben haben. In der Vorrede des vierten Tomi erinnert der Herr Verfaßer gar klüglich, daß man den 21. Psalm [nobis 22.] deswegen nur mit einer Stimme gesetzet, weil er ein Gebet des gekreuzigten JEsu ist; doch sey ein Accompagnement von Alt-Geigen dabey, um dem Zuhörer desto mehr Traurigkeit zu erwecken. Das ist also der einzige Psalm, der Instrumente über sich hat. Nach der Vorrede folget ein zweytes Lob-Schreiben von Conti aus Wien: dann eins von Baliani, Capelmeister am Milanesischen Dom, und schließlich eines von Calegari, Capellmeistern zu Padua. Nach der Parafrasi von 6. Bogen komt der 19. (20.) Ps. mit Alt, Tenor und zween Bäßen. Darauf der 20 (21) auch vierstimmig: due Alti, Tenore e Basso. Der 22. (23.) Alto e Tenore, sonst überaus artig. Der Schluß hat diese Eintheilung: ch'io possa (Absatz im Recitativ, hernach die Fuge) passar miei giorni &c. Der 23. Psalm (24.) hat Alt, Tenor und Baß. Der 24. (25.) Tenor und Baß. Der 25. (26.) Alt Tenor und Baß. Der Raum vergönnet nicht ein mehrers zu sagen, als daß A. C. nicht abgeneigt, diese 7. Psalmen dereinst an einem gewissen Orte, nach dem gar besondern Sinn des Herrn Marcello, hören zu laßen.

CRITICA MUSICA
Pars VIII.
Des Melodischen Vorhofes
Dritter Eingang.

La repugnance la plus naturelle est, de reconnoitre en qui que ce soit une superiorité de raison. St. EVREM. *Tom. II. p.*141.

Ich will nicht hoffen, daß unserm Herrn Verfasser der sonst so natürliche Wiederwille beywohne, davon St. Evremont schreibet; sondern, daß er vielmehr seinen Muth beherrschen könne, und der gesunden Vernunfft Raum gebe, wenn selbige auch gleich seiner Meynung zuwieder lauffen sollte. Wir haben davon schon eine ausnehmende Probe erlebet, und solche machet mich eben desto beherzter, meine Gedancken frey heraus zu sagen, wohlwissend, daß dieselbe auch nicht allenthalben unumstößlich seyn werden. Und also schreiten wir zum zweyten Capitel, mit der Ueberschrifft:

De Repetitione Textus.

Der Text muß so vernehmlich vorgebracht werden, daß er von den Zuhörern verstanden werden kan. Dieser Satz ist im vorhergehenden Capitel a) bewiesen. Ergo muß man keine repetitiones machen, wodurch der Verstand der Worte verwirret und verdunckelt wird. Repetitio geschiehet, (1) den Text, fals er unbekant ist, den Zuhörern bekannt zu machen: denn, was einer das erstemahl nicht verstehet, verstehet er zum andern oder drittenmal. (2) Damit er dem Gedächtniß wohl eingebildet werde; denn was etliche mal wiederholet wird, behält man besser. (3) Größern Nachdrucks halben: denn, ein Text hat offt verschiedene emphases, die alle dargeleget werden müssen, damit der Text desto besser ins Gemüth dringe. (4) Der amplification und evolution halben, um den darin enthaltenen sensum, so viel müglich, zu exprimiren, und auseinander zu legen.

ς) Um den darin liegenden Affect rege zu machen. Solches gebraucht etwas Zeit, und ist nicht so gleich gethan: den, alzukurtz ausgesprochene Worte reichen nicht hin, den Affect recht zu rühren. Aber ein, mit einer amplificirten Melodey gezierter, Text dringet besser ein, u. lencket das Gemüth viel leichter β). Die propositiones müssen also Nothhalber theils gantz, theils Stückweise, einigen Worten nach, repetirt werden: allein es muß mit grosser Behutsamkeit geschehen, damit dem Verstande kein Nachtheil erwachse. Denn wo sie (repetitio) zur Unzeit angestellt wird, so muß solcher (Verstand) gantz gewiß Noth leiden, wie in folgenden zu ersehen.

Haupt-Regel.

Nichts muß repetiret werden, als was entweder einen vollen sensum hat, oder worin eine besondere emphasis lieget, oder was einen Affect anzeiget. Der Beweiß des ersten Stücks dieser Regul ist aus dem vorhergehenden zu nehmen; die andern beyden haben auch ihre Richtigkeit. Denn repetitio emphatica & pathetica ist nicht allein in gemeiner Rede bekant: sondern kommt auch in der Bibel vor. E. g. Ich, ich tilge deine Uebertretung, um meinent willen. Ps. CXXIII. 3. Sey uns gnädig, HErr, sey uns gnädig. Judic. V. 12. Wolauf, wolauf, Debora, wolauf, wolauf, und singe ein Liedlein. Tröstet, tröstet mein Volck. Ps. CXV. Nicht uns HErr, nicht uns, sondern deinem Namen gib Ehre. NB. Ps. CXXXVI. schliesset alle Verse mit: Denn seine Güte währet ewiglich. Ps. XXIX. Bringet her dem Herrn, ihr Gewaltigen; bringet her dem HErrn Ehre und Stärcke: bringet her dem HErrn Ehre seines Namens.

Anmerckungen.

α) Es braucht keines Beweises. Hier ist eine natürliche Vorschrifft, ein vernünfftiges Geheiß, ein umumgängliches Gebot; kein streitiger Satz, keine neue Meynung, keine hypothesis. Der Grund-Satz, daß der Text verständlich seyn muß, darff nicht bewiesen werden: denn es zweifelt kein Mensch an dessen Richtigkeit, eben so wenig, als an des Wassers Nässe.

β) Dieser fünfffache Nutz der musicalischen Wiederholungen ist nicht übel ersonnen; aber die darauf folgende Haupt-Regel zeiget nicht die beste Urtheils-Krafft an, sondern schräncket solche Wiederholung, auch bey gescheiten Componisten, gar zu enge ein: denn es leiden darunter einige der fünff angegegebenen Ursachen selber, so wohl, als gewisse ansehnliche Privilegia der Melodie, die wie ein Völcker-Recht sind, und nie abgeschafft werden können. Dem Gesange, als Gesange, muß ein Vorrecht, und, so zu sagen, eine sonderbare Immunität, zugestanden werden, damit man ihn, und seine Umstände, nicht allenthalben nach der Schärffe, wie eine gemeine Rede, beurtheile. Es ist der Gesang einem Pair gleich, der seine Mit-Brüder, und keine Bauren, zu Richtern haben will. Wieder den vermeynten Beweiß des ersten Stücks der gegebenen Haupt-Regel, oder vielmehr des ergangenen Verbots, nehmlich: daß nichts repetirt werden müsse, als was einen vollen Verstand hat, wäre eine ganze Welt voll Exempel beyzubringen, die kein Verständiger tadeln wird; wenn nicht einem jeden nachdenckenden die Unbilligkeit gleich in die Augen leuchtete. Erst muß ich wohl unterscheiden repetitionem moduli, vel cum, vel sine textu; & repetitionem verborum per se. Denn es werden in der Music nicht nur der Text allein; sondern auch die Noten, theils mit, theils ohne demselben, wiederholet. Diese Distinction ist unentbehrlich in der Music: denn die Worte, an und von sich selbst, machen keine Melodie gut, und tragen ad bene esse der Melodica gar nichts bey: wenn die Worte wohl in acht genommen werden, verhindert solches nur das Böse. Der Text ist einmal, wie vorhin gesagt worden, kein Stück der Music: und doch will er hier immer das grosse Wort bey der Melodie haben. So siehet man, wie aus einem falschen principio lauter falsche Folgen entstehen. Eine Wiederholung beziehet sich auf etwas, das vorhergegangen. Z.E. GOttes Güte währet ewiglich; da verstehets sich von selbsten, daß ich nicht eher abbrechen oder einhalten darff, als biß die vier Worte zu Ende sind. Habe ich sie aber einmal absolvirt, und will Wiederholungen anbringen, so stehet mir frey, entweder die Güte GOttes allein, propter admirationem; oder das Währen, amplificationis gratia; oder das Ewiglich, ob emphasin, auch zu Erregung des danckbaren Affects (ob gleich keines dieser Worte, ohne den andern, einen vollen sensum, das erste und zweyte auch weder Affect noch emphasin hat) auf verschiedene Art und Weise zu wiederholen, ja allerhand analyses & inversiones damit anzustellen; dafern ich nur zuletzt den ganzen Satz in ordentlicher Construction wieder unzertrennet vornehme, und damit schliesse. Z.E. GOttes Güte währet ewiglich; GOttes Güte, die Güte GOttes währet; die Güte GOttes währet ewiglich, ewiglich; sie währet ewiglich; ewiglich währet die Güte GOttes; GOttes Güte währet ewiglich. Das wird sich übel lesen; aber gut singen, und wohl verstehen lassen. Daraus siehet man, daß das erste Glied des gegebenen Verbots, so wie es da stehet, wieder die melodische Freyheit, und wieder die von aller Welt gut geheissene Gewohnheit laufft. Daher wäre besagte Regel, in diesem Umstande, unmaßgeblich etwa so zu ändern: Es kan alles mit guter Manier wiederholet werden, wenns auch gleich keinen vollen sensum rhetoricum hat; dafern man diesen nur, vor und nach der Wiederholung, deutlich vernimmt. Was die beyden andern membra anlanget, so haben sie zwar in gemeiner Rede ihre Richtigkeit, und sind die deswegen angeführte 6 Biblischen Exempel gantz gut: zumahl da 5 derselben ausdrücklich darlegen, daß auch Wiederholungen in ungesungenen Worten vorgenommen werden können, wo noch gar kein sensus vorhanden ist, wenn sich nur sonst ein hefftiger Affect, oder eine emphasis zeiget; aber in Melodica kan man wohl mehr Freyheit nehmen, und lassen sich wahrlich die repetitiones, tam modulorum quam verborum, nicht so unbarmhertzig fässeln, daß kein Wort wiederholet werden dürffte, als was just eine emphasin oder einen Affect hätte. O! wie viele schöne moduli müsten zu Hause bleiben, und keiner Wiederholung würdig erkannt werden, wenn eben das emphatische Wort nicht dabey vorkäme. Wir wissen, daß tausend liebliche modulationes, auf gantz verschiedenen Worten, mit höchster Anmuth des Gehörs, ohne dem geringsten Schaden des Verstandes, tagtäglich wiederholet werden. Wo bliebe da unsre Regel? Der Affect steckt auch niemals in einem oder andern Worte besonders; er regieret durchgehends in dem gantzen Vortrage, wie die Seele im Leibe. Es ist unrecht, sich, wegen der Gemüths-Bewegung, an die Worte, und nicht an die Gedancken, zu binden: das macht, wir halten uns an die Grammatic mehr, als an die Physic oder Rhetoric. Ist nun aber der Affect eines Antrages general und allenthalben, so braucht es, wegen der Wiederholung, obiger Regel gar nicht, indem sonst alles müste repetirt werden. Mit der emphasi hergegen hat es eine solche Bewandniß, daß nicht leicht ein Comma seyn kan, darin keine anzutreffen wäre. Und alsdenn braucht es des obigen Verbots eben so wenig, sintemal alles und jedes repetirt werden mögte: weil alles und jedes mit einem Affect oder Nachdruck versehen ist; welches aber nicht angehet. Wir dürffen uns auch sehr wenig an die emphatischen Wiederholungen in gemeiner Rede kehren, weil daraus in der Music keine Folge zu ziehen, und hergegen der Componist, absoluto semel sensu, seine Repetition anstellen kan, wo sie ein Redner, ohne dem grössesten Uebelstand, nicht einführen darff. Den Streich hat Melodica voraus. Wenn insonderheit der angeführte CXXXVI. Pf. betrachtet wird, so ist deutlich abzunehmen, daß sich derselbe, wegen der häuffigen Wiederholungen, zwar recht schön singen und figuriren; aber dennoch übel, ja schier nicht ohne degout, lesen läßt. Eben der Art sind auch die bekannten Kirchen-Lieder: Dis ist der Tag der Fröhlichkeit ꝛc. JEsu meines Lebens-Leben ꝛc. Meinen JEsum laß ich nicht ꝛc. Was GOtt thut, das ist wohl gethan ꝛc. Die Litaney. Ach! sagt mir nicht von Gold ꝛc. Ach! was soll ich Sünder machen ꝛc. Ich bin vergnügt, wie GOtt es fügt ꝛc. JEsu meiner Seelen Leben ꝛc. JEsus ist mein Auffenthalt ꝛc. Was frag' ich nach der Welt ꝛc. Sollt' ich meinem GOtt nicht singen ꝛc. Der HErr hat alles wohl gemacht ꝛc. Ich singe dir mit Hertz und Mund ꝛc. (Dieser und die beyde folgende Chorále haben repetitiones modulorum & verborum, die solten einen sensum aufweisen.) Wir gläuben all an einen GOtt ꝛc. Lobt GOtt ihr Christen alle zugleich ꝛc. HErr GOtt dich loben wir ꝛc. Wer weiß, wie nahe mir mein Ende ꝛc. Flügel her! Flügel her! ꝛc. Alle diese Wiederholungen (wovon ich doch einige nicht gut heisse) und tausend dergleichen, sind in die Worte, nur der Melodie halber, eingeflossen, und lauffen sonst wieder alle Gewohnheit und Natur einer blossen Rede: denn in derselben würden sie gantz gewiß Eckel verursachen; da hingegen die nur mittelmäßige Anmuth der modulation den Ueberdruß schon vermindert, wie will sie nicht, durch eine geschickte, schöne und vernünfftige Wiederholung, das Vergnügen vergrössern? Und also siehet man, daß in diesem Stück gantz andre Regeln gemacht werden müssen, die ihren Ursprung nicht allemal aus gemeiner Rede; sondern am meisten aus des Gesanges Natur, und aus der Vernunfft zu holen haben. Wer aber den schwachen Grund betrachtet, der wird wenig Lust empfinden, etwas rechtes darauf zu bauen.

II.

Aus gesetzter Regul erhellet erstlich, was repetirt werden könne, nehmlich (1) was einen vollen sensum hat, als (a) alle propositiones, die mit einander nicht verbunden sind, oder sonst keine Absicht auf einander haben. E. g. Der HErr ist mein Hirt: mir wird nichts mangeln. (b) Alle propositiones, die für sich sensum absolutum haben, wenn gleich noch eine constructio præpositionis cum casu suo daran hienge. E. g. Du bereitest für mir einen Tisch :||: gegen meine Feinde. Item: Er weidet mich :||: γ) auf einer grünen Auen. (c) Ein kurzer Wunsch E. g. Glück zu! (d) Eine kurze Frage. E. g. Tod, wo ist dein Stachel? Hölle, wo ist dein Sieg? (e) Verba reciproca, wenn sie an sich sensum absolutum haben, ob gleich noch ein casus, oder constructio præpositionis cum casu suo, daran hienge. E. g. Ps. CXXII. Ich freue mich :||: deß, das mir geredet ist ꝛc. Mein Leib und Seele freuen sich ·|· in dem lebendigen GOtt ꝛc. Freuet euch ·|· mit mir, denn ich habe mein Schaaf funden, das verlohren war. (f) Verba neutra, so auch sensum absolutum haben. E.g. Ich liege und δ) schlaffe ·|· gantz mit frieden. (g) Imperativi ab initio propositionum, so mit einem commate bezeichnet sind. E.g. Ps.XCV.6. Kommt ·|· ε) lasset uns anbeten ꝛc. Item imperativi, die sensum absolutum haben, wenn sie schon einen casum regieren. E. g. Ps.XIV. Jauchtzet ·|· ζ) dem HErrn alle Welt. Item, alle kurtze locutiones imperativæ. E. g. Rufe getrost schone nicht. (h) Einzelne Wörter, so keine Absicht auf andre haben, als erstlich, ein Vocativus im Anfange, weil er mit der andern Rede nicht verbunden ist, sondern für sich allein gesetzet wird. E. g. Adam, ·|· wo bist du? Tod ·|· wo ist dein Stachel? Hölle! θ) wo ist dein Sieg? Fürs andre, einige adverbia, a's: warum? weswegen? Ja, nein. Mit nichten. Durchaus nicht. Siehe. Wolan! Wolauf! ꝛc. Drittens, die interjectio: Ach! ι) it. wehe! (i) Eine Exclamatio. E. g. O Heilige Zeit! O seelige Ruh!

Anmerkungen.

γ) Der Meynung bin ich nicht (einem jeden die seine unbenommen) daß man die Worte: du bereitest vor mir einen Tisch, eher wiederholen könne, ehe noch die folgende gehöret worden: gegen meine Feinde. Eben so wenig würde ich eine solche Repetition gut heissen; Er weidet mich, er weidet mich auf einer grünen Auen. Denn, bey dem ersten Satz kömt es nicht auf den Tisch, noch auf das Bereiten eigentlich an; sondern auf die Feinde. Daher ist weder Affect (der hier Rache heist) noch emphasis, (die auf dem adversativo lieget) vielweniger sensus absolutus rhetoricus vernommen worden. Und also ist die Wiederholung gegen die selbst gegebene principia angestellet. Der andre Satz ist eben der Gattung. Sein Zweck gehet weder auf die weidende Person, noch auf die geweidete, noch auf das Weiden selbst; sondern auf die grüne Aue, (des Worts GOttes;) Und daher ist weder Affect (welcher hier Liebe heißt) noch emphasis (die auf das adjectivum lieget) einfolglich noch gar kein sensus absolutus rhetoricus vernommen worden. Man siehet aber bald, daß uns wiederum die Zuversicht zur nackten Grammatie auf Abwege geführet hat. Denn, sensus grammaticus, i. e. constructio grammatica ist würcklich da; aber kein sensus rhetoricus. Wer diesen Unterschied nicht kennt,

kennt, nicht macht, nicht zum voraus setzet, ehe er die geringste Regel gibt, wird nicht weit kommen. Die so genannte constructio præpositionis cum casu suo hat also hier im Grunde das wahre Marck der ganzen Proposition in sich, und darff bey Leibe nicht, gleich Anfangs, von dem vorhergehenden getrennet werden, wie denn auch an beyden Orten weder ein Comma, noch einige andre Distinction, Platz findet. Gar das Wiederspiel ist es mit den Worten: Der HErr ist mein Hirt, die können vor sich bestehen, und haben ein Colon hinter sich: denn, was darauf folget ist nur eine Consequenz, eine conclusio, der man zwar die Verbindung mit dem antecedenti und Beziehung auf dasselbe, nicht gänzlich absprechen; doch so viel sagen kan, daß dieses antecedens gar wohl ohne Consequenz seyn könte, und daß eben diese Folge, ohne dem Vorsatz, schon einen sensum rhetoricum hätte. Daher die propositiones alhier trennbar sind. Dahingegen bey den zween andern Sätzen keiner von beregten Umständen zu finden ist. Denn die antecedentia haben vor sich, excepto grammatico, denjenigen sensum nicht, welchen sie aus dem Zusatze bekommen: und dieser ihnen unentbehrliche Zusatz hat vor sich NB. gar überall keinen Verstand. Daher kan man solche propositiones nicht trennen. Sind sie aber einmal in unzertrennter Ordnung vorgebracht, so hat der Componist hernach, mit den Wiederholungen, freyere Hände. Das sind meine eigne Gedancken und Ursachen: die ich doch deswegen niemand aufgedrungen haben will.

§) Weder die verba reciproca, noch die neutra, können durchgehends eher wiederholet werden, als biß vorher ein sensus rhetoricus vollendet worden. Hernach ist es erlaubet. Per me licet. Es thut auch nichts zur Sache, ob es reciproca, oder neutra, oder activa oder passiva &c. sind: denn, wenn der rhetorische Verstand, so wie ich ihn nehme, nicht gehöret worden, ist mir, ordentlicher Weise, keine Wiederholung zugelassen: in so fern es eine musicalische Wiederholung, und keine rhetorische Figur, seyn soll. Wer täglich mit der Grammatic umgehet, der macht sich offt einen sensum, wo keiner ist; aber der Verstand steckt nicht in grammaticalischen rationibus & constructionibus, ob diese gleich dazu behülfflich sind. Die verba activa sind der Wiederholung eben so wohl fähig, als die neutra und reciproca, wenn nur eine Trennung statt hat. Z. E. Ich glaube: darum rede ich. Da kan ich ja das activum repetiren, so viel ich will, ehe der Nach-Satz, oder die Folge, erscheinet. Wenn ich aber so setzte: Ich glaube, ich glaube, ich glaube an GOtt ꝛc. wäre die Wiederholung unrecht. Wir wollen ein verbum reciprocum nehmen: Ich fürchte mich. Das hat zwar einen sensum; aber nur grammatischen: daher darff ich's nicht repetiren, ohne just den wiedrigsten

Verstand von der Welt herauszubringen, wenn die folgenden Worte so lauten: nicht gar zu sehr. Hergegen darff ichs wohl wiederholen, wenn darauf folget: daß mir die Haut schaudert: denn dieses letzte ist die Wirckung, und das erste die Ursache. Das passivum: ich leide, kan eben so verschiedentlich stehen, wenn die Folge darnach eingerichtet wird. Z. E. Ich leide Pein in dieser Flammen. Das ist untrennbar. Hingegen: Ich leide; aber der HErr hilfft mir, ist trennbar, ob propositionem adversativam. Das neutrum: ich wache, ist mit einem rhetorischen Verstande versehen, wenn darauf folget: und bin wie ein einsamer Vogel auf dem Dache. Aber wenn es heißt: Ich wache frühe zu dir, leidet es keine Trennung. Und so ist es mit allen beschaffen, es mögen für verba seyn, was sie wollen. Wenn man auch gleich meynen sollte, die commata könten hier den Ausschlag geben, so muß doch auch das pendulum a perfecto richtig, nach rhetorischen, nicht nach grammatischen GrundRegeln, unterschieden werden. Bey dem commate perfecto hat es seine geweisete Wege; bey dem pendulo aber nicht. Wir wollen es mit einem verbo reciproco, das ein Comma hinter sich hat, und doch nicht repetiret werden muß, vorstellig machen: Kräusle dich, ob deinem Glücke, Themsens stolze Fluth! Was das angeführte verbum neutrum betrifft: ich liege und schlaffe, so ist zwar der Zusatz: gantz mit Frieden, nur eine Figur und exaggeratio, daraus der sensus eigentlich nicht entspringet, sondern bloß dadurch verstärcket wird; allein, weil die Worte: gantz mit Frieden, gar nicht (NB) ohne den vorhergehenden, bestehen können, leiden sie auch keine Trennung von denselben im allerersten Antrage: ungeachtet der Vorsatz gar wohl ohne dergleichen exaggeration seyn könte. Aber, wo eine Scheidung seyn soll, da müßen beyde Theile ja dazu sagen: sonst ist sie gewaltsam. Daraus siehet man, daß die Wiederholungen solcher Sätze in der Melodica keines Weges an und vor sich selbst verboten sind, als nur in so ferne sie eine Trennung verursachen, wo keine seyn solte. Und also gehöret das vorgebrachte eigentlich nicht zur Sache, nehmlich zur zierlichern Einrichtung der Wiederholungen, sondern es ist auf gantz was anders gerichtet, nehmlich: wieder die Zureißung des Textes, die nur zufälliger Weise, durch eine abgeschmackte Repetition geschiehet.

ε) Alle imperativi haben ein comma hinter sich; aber es ist nicht allemahl perfectum, und thut gar nichts dazu, ob die imperativi im Anfang, oder in der Mitten, oder am Ende des Vortrages stehen: denn sie haben allenthalben Platz; aber darum dürffen sie bey weitem nicht alle repetirt werden. Hoc sensu Imperativus nihil imperat. Wo der Affect hefftig ist, leidet und erfordert derselbe eine geschwinde Wiederholung, als:

Packe

des Melodischen Vorhofes III. Eingang.

Packe dich ·|· wo aber nur eine mittelmäßige Hitze vorhanden, brauchts der Repetition gar nicht, als: Glaube mir, daß meine Seele ꝛc. Ein ausdrücklicher Fehler ist es, solche imperativos zu wiederholen, ehe noch der sensus rhetoricus vernomen worden, wenn der vocativus darauf folget; ungeachtet ein ziemlich-hefftiger Affect dabey vermacht seyn sollte. Z. E. Trennet euch nimmer, ihr lieblichen Ketten: diese Worte leiden gar keine Trennung im ersten Antrage. Item: Weicht, ihr schwartzen Trauer-Nächte ꝛc. Item: Lobet, ihr Berge, mit Jauchtzen; und tausend dergleichen. In der Mitten kan der imperativus auch sehr offt, durch die Wiederholung, einen grossen Uebelstand verursachen. Z. E. Ihr aber, schönstes Paar, thut meinem Wunsch das Recht ꝛc. da ist ein comma, ein sensus; aber jenes ist nicht vollkommen, und dieser nicht rhetorisch. Jenes ist nur pendulum, und dieser nur grammaticus. Da auch überdem nichts Hauptsächliches in diesem imperativo stecket, sondern der vornehmste Antrag noch erst folgen soll, so wäre es unrecht, selbigen imperativum zu repetiren, ehe was weiters vernommen worden. Am Ende eines Antrags ist es bisweilen eben so abgeschmackt, als unnöthig. Z. E. Stehet auf, laßt uns von hinnen gehen! da ist ein comma perfectum, und hernach ein punctum, welchem kein Mensch den sensum absolutissimum absprechen wird; und dennoch schickt sich, meines wenigen Erachtens, überall keine Wiederholung dabey: weil der Affect in einer Eilfertigkeit oder Ungedult bestehet. Also siehet man, daß die Gemüths-Neigung der Repetition offt zuwieder sey, und daß es der imperativus eben so wenig ausmache, als die verba neutra, reciproca, und der übrige Grammaticalische Vorrath, der hieher gar nicht gehöret, noch in die musicalische Composition den geringsten Einfluß hat.

§) Es ist dieses ein Irrthum, der bey vielen, durch die lange böse Gewohnheit, Wurzel geschlagen hat, und nun gar zur imperativischen Regel werden will, daß ich sagen darff: Jauchzet ·|· ·/· dem HErrn. Man weiß zwar wohl, daß niemand anders, als GOtt zu Ehren, ein Jauchzen in der Kirchen angestellet wird; aber die Frage ist hier nicht, was man schon wisse, sondern was man aus dem Antrage abnehmen könne. Denn nach dieser Einwendung dürffte ein Vorleser nur das Evangelium mit halben Worten aussprechen: die Gemeine weiß doch mehrentheils, was er sagen will. Jauchzet dem HErrn, muß zusammen bleiben, und in der ersten enunciation gar nicht getrennet werden: weil die Worte kein weltlich-allgemeines, sondern bloß ein göttliches, heiliges und geistliches Jauchzen, ratione objecti, befehlen; welches man bey der Scheidung nicht verstehen würde, sondern erst nachdencken und errathen müste. Denn es können auch Fälle in der Kirche kommen, wo man gewisse Personen, über dieses oder jenes, zum Jauchzen ermuntert. Hat mans aber einmal gesagt, so können Wiederholungen die Hülle und die Fülle angebracht werden; wenn sich nur am Ende des Marckts die Kaufleute wieder sprechen. Ein anders ist, wenn eine Figur, und ein so hefftiger Affect darin steckt,daß auch die Worte, in der blossen Ausrede, ohne Gesang, verdoppelt werden. Wovon unten.

η) Distinctio inter locutionem imperativam & imperativum ipsum ist hier so überflüßig,als was seyn kan. Denn ob sie gleich in der Grammatic ihren Nutzen finden mögte, schaffet sie doch nicht den geringsten in der Melodie. Und also mag sie guten Tag haben.

θ) Wenn die Vocativi in Anruffungen, Herausforderungen, und dergleichen, bestehen, so geht die Wiederholung an; wo aber jene fehlen, da fehlets auch der gegebnen Regel, und wird die Ausnahm, meiner Rechnung nach, ein merckliches grösser seyn, als der Grund-Satz. Z. E. Lösche, Cupido, dein schmeichelndes Licht! Phlegeton, schencke mir funckelnden Schwefel! Gebt mir, ihr Sternen, Medusen Gesicht ꝛc. von denen allen kein einziger repetirt werden kan, wegen der hitzigen Rach-Begierde. Bey den adverbiis dencke ich unmaßgeblich so: warum, weswegen, wenn sie gut zu repetiren sind, an einer Stelle; so werden sich zehn Stellen dagegen finden, wo die Wiederholung ganz abgeschmackt heraus kömmt. Ich, für meine Wenigkeit, habe die Tage meines Lebens das interrogativum: weswegen, in keiner Music noch nicht repetirt gefunden: will es auch so leicht niemand rathen, der mich fragen wird. Mich deucht, es läufft wider die Eigenschafft der Sprache. In meiner Jugend machte ich eine Frantzösische Opera, die auch mit Fleiß aufgeführet wurde: und weil ich offt wahrgenommen hatte, daß die Frantzosen das non, non, wiederholten, so dachte ich, es wäre mit dem oui auch vergönnet; man lachte mich aber rechtschaffen damit aus. Es gibt gewisse Worte, die, ob sie gleich mit andern eine Gemeinschafft haben, doch nicht auf selbigem Fuß behandelt werden wollen. Davon ist wohl keine andre Ursache zu geben, als der genius linguæ, & consuetudo, quæ est altera natura. Im Recitativ wird tausendmal gefraget: warum? aber ohne Wiederholung. Es läufft gegen den Gebrauch der Rede, wenn die Frage in sensu proprio geschiehet; ist sie aber mit einem hefftigen Zorn vergesellschafftet, oder figurate gestellet, wie bey Arien fast allemal, so hat die Wiederholung statt. Wer nun diesen Unterschied nicht weiß, der gibt lauter unrichtige Vorschrifften, und leitet auf finstere Wege. Ja, ja, und nein, nein, werden so unverschämt misbraucht, daß neulich ein vornehmer fremder Herr sagte, wenn wir diese Wörter, nebst Hertzen und Schmertzen, aus unsern Opern thäten, würden sie die verlangte Kürze bekommen. Mit nichten, ist in der Wiederholung

lung nie erhöret worden, und schmeckt nach dem niedrigsten Donat. Durchaus nicht, müste noch wunderlicher herauskommen, wenn es repetirt würde. Siehe, wohlan, wohlauf, sind ebenfalls in musicalischer Wiederholung nicht gebräuchlich. Die Ursach steckt, meines Ermessens, wohl darin, weil sie (1) eben keine grosse Heftigkeit andeuten, und (2) zwosylbicht sind. Auf! aber, als ein monosyllabum, das sonderlich eifrig ermuntert, läßt sich gern ein paarmal repetiren; nicht sein compositum. Denn sonst könte auch ein gleiches Recht in diesen Worten behauptet werden: er befindet sich wohl auf; ob ich gleich wohl weiß, wie sehr eines vom andern unterschieden. Wohlan ist in eben dem prædicato und läßt sich nicht gerne, mit guter Art, zweymal hören. Mein Begriff von der Sache soll indessen niemand im Wege stehen, sich einen bessern davon zu machen.

1) Melodica betrachtet Ach und Weh, als andre exclamationes. Wer aber, zur Music dienliche, Regeln davon geben will, der muß nothwendig von dreyerley exclamationibus wissen und reden. So viel will ich hier sagen, die erste Classe der exclamationum hat drey species, und eine derselben läßt nur die Repetition zu. Die andre Classe hat zum wenigsten fünff species, und auch nur eine, die sich wiederholen läßt. Die dritte Classe begreifft hauptsächlich drey species, deren keine die Repetition braucht. Worin sie nun bestehen, das darff ich eben hier nicht auskramen: der Ort und Raum leiden es nicht. Auch ein jeder elender Notenschmierer achtet sich viel zu vornehm, von mir was zu lernen. Einige vergelten mir das blosse Papier nicht; die übrigen haben ganze Säcke voll Undanck und Stichel-Reden für mich im Vorrath, darüber ich zwar lache, doch aber nicht nöthig habe, ihnen dafür Dinge zu zeigen, damit sie sich hernach, als mit eigner Erfindung, brüsten. Ich werde ins künfftige behutsamer verfahren, und nichts, als à bonnes enseignes, gemein machen.

III.

Fürs andre kan repetirt werden, worin eine emphasis x) lieget, als (a) das subjectum propositionis, es sey nun ein nomen, oder pronomen. (Vieleicht auch participium.) E. g. Der HErr, Der HErr ist mein Hirt. Dein Stecken und Stab .|. trösten mich. Das .|. ist meine Freude. Das, das, ist das ewige Leben ꝛc. Ps. LV. 13. Wirff dein Anliegen .|. auf den HErrn, .|. der .|. wird dich versorgen. λ) (b) Einige nomina substantiva in andern casibus. E. g. Wünschet Jerusalem Glück, Glück, Ps. CXXII. 6. & v. 8. Um meiner Brüder und Freunde willen, will ich dir Friede μ) Friede wünschen. (c) Einige adjectiva. E. g. Ach GOtt! wie manches Hertzeleyd begegnet mir zu dieser Zeit. Wie manches ν) manches Hertzeleid ꝛc. Siehe ·l· ich verkündige euch grosse Freude. N. B. Dergleichen ist auch aus gemeiner Rede zu beweisen. E. g. Er hat ihm einem langen *) langen Brief geschrieben. Insonderheit das adjectivum alle, wenn ein pronomen relativum darauf folget. E. g. Kommt her zu mir alle ·l· die ihr mühselig und beladen seyd. ξ) Also hat GOtt die Welt geliebet, auf daß alle ·l· die an ihn glauben nicht verlohren werden. (d) Einige pronomina in den casibus obliquis. E. g. Mir ·l· hast du Arbeit gemacht in deinen Sünden. ο) Uns ·l· ist ein Kind gebohren. (e) Einige verba. E. g. Ps. CVI, 6. Wir haben gesündiget ·l· samt unsern Vätern, |: wir haben mishandelt :| und sind gottloß gewesen. π) Insonderheit wenn sie im imperativo stehen. E. g. Jauchzet ·l· dem HErrn alle Welt. ς) Weg mit dem ·l· creuzige ihn ·l· (f) Einige adverbia E. g. Ps. XCV. 7. Heute, heute, ϛ) so ihr seine Stimme höret ꝛc. Wenn, wenn werde ich dahin kommen ꝛc. Weg, weg mit dem, creuzige ihn. Fort, fort mit dir aus GOttes Augen: du bist keines Trostes werth. Welt und alle Wollust=Blicke, bleibt zurücke, zurücke. Insonderheit das adverbium also, wenn die conjunctio: daß, darauf folget. Also, also, 7) hat GOtt die Welt geliebet.

Anmerkungen.

κ) Nun kommen wir zu den Erläuterungen des zweyten Gliedes der vermeynten Haupt=Regel, nehmlich zu den Wiederholungen, dazu die emphasis Anlaß gibt. Und da heißt es wohl: Ein Gefäß machen wollen, ehe das Silber dazu angeschafft ist. Denn man hat uns in diesem Vorhoff noch nirgend gewiesen, was und wo eine emphasis sey. Ich versichere, daß fast nichts schwerers in vorhabender Sache zu zeigen, als eben dieser emphatische Punct. Dazu gehört ein gesundes reiffes Urtheil, ohne grammaticalische Grillen. Es gehört dazu eine lebhaffte Empfindung, und rechtes Gefühl der Affecten: keine sonderliche Erfindung; keine partes orationis im Schul=Verstande.

λ) Diese Betrachtung von der Wiederholung des subjecti propositionis ist ganz und gar unrichtig. Man darf solches nun und nimmermehr repetiren, ehe und bevor der sensus rhetoricus da gewesen ist.

μ) Der Herr Bokemeyer hat lauter nomina und casus in Bereitschafft: es wird aber eine Melodica grammatica daraus werden, so, wie von jenem Professore gesagt wurde: Vult mathematicam condere Grammaticam. Was soll ich aus den einigen nominibus in andern casibus machen? welche Richtschnur gibt es mir? lauter Verwirrung! daß Exempel heisset: Wünschet Jerusalem Glück, Glück. Nun wird ja ein jeder wissen, daß Glückwünschen, gratulari, kein nomen substantivum, sondern ein verbum compositum sey, welches sich zwar, wie andre, in einigen temporibus theilen, aber nimmer in der letzten Helffte repetiren läßt. Wenn es nur in tempore perfecto versucht wird, muß man lachen. Z. E. Er hat mir Glück gewünschet, Glück. Man spricht ja nicht, saget dem Herrn Danck, Danck: denn Dancksagen ist gleichfalls ein compositum, und wer die eine Helffte desselben Wortes wiederholen will, muß die andre immer mitnehmen. Das ist die Natur der compositorum verborum durchgehends, sie mögen von einer præpositione, oder von einem substantivo, zusammen gesetzet seyn. Mit der phrasi: Friede wünschen, hat es zwar eine andre Beschaffenheit: weil es ein verbum cum nomine, non modo separabili, sed separato, und kein compositum ist; aber ich kan das substantivum, wenn es von infinitivo regiert wird, noch weniger repetiren, als den Danck und das Glück, bey ihren compositis: weil das verbum, wünschen, hier den Schluß macht. Bey den Worten: wünschet Jerusalem Glück, stehet das substantivum zuletzt, und man hat schon das verbum, ja den ganzen Satz, vernommen, ehe die Wiederholung geschiehet: welche auch sonst gut wäre, wenn sie keine Zerreissung eines compositi begriffe; bey dem Satz aber, ich will dir Friede wünschen, ist das Gegenspiel vorhanden: daher es unverständlich, stotterhafft und abgeschmackt lautet, ein substantivum zu repetiren, ehe noch das verbum gehöret worden. Und was bedarff es der Repetitions-Regeln? kann die emphasis nicht ohne Wiederholung ausgedruckt werden? Ist sie hier nicht mehr auf dem Wort Jerusalem, als auf dem Glückwünschen? Ich sollte fast ja sagen.

ν) Einige adjectiva! das muß ganz gewiß unterweilen eintreffen. Eben als wenn die Calendermacher Regen, Sonnenschein, Donner und klar Wetter, Frost und Thau-Lufft zusammen setzen: denn eins oder das ander kann über kurz oder lang nicht fehlen. Man mag freylich das adjectivum manches, in dem gegebenen Exempel, als eine exaggeration, wohl wiederholen, aber es läßt sich nicht eher thun, als biß vorher der völlige sensus einmal vernommen werden: wie es hier von ungefehr eintrifft. Durch welchen Zufall aber das ecce, Siehe, an diesem Orte unter die adjectiva geräth, kan ich nicht absehen; es müste denn ein Fehler des Abschreibers seyn, und eiwa die Wiederholung auf dem Worte, grosse Freude, statt haben sollen. Mit derselben hätte es zwar seine Richtigkeit; aber post absolutum sensum rhetoricum.

*) Ich sage noch einmal: die gemeine Rede ist keine unbetregliche Richtschnur in Melodica; absonderlich, wenn sie sich nach dem niedrigsten Pöbel beurtheilen läßt, wie alhier bey dem langen, langen Brieff. Es ist Kindisch und Wiegenmäßig geredet, und kan, aufs höchste, in der Music zu nichts, als zum Stile burlesque, dienen. In den Contes de Fées kommen dergleichen offt vor.

ξ) Und wenn auch alle Cantores, grosse und kleine, ja sprächen, daß dieses eine vernünfftige Wiederholung sey: Kommt her zu mir alle, alle, die ihr mühseelig und beladen seyd; so sage ich doch, mit ihrer Vergünstigung, nein dazu. Begehre jedoch keines weges meinen Ausspruch pro Sanctione pragmatica auszugeben; die Ursache aber ist eben das relativum, so eine Verbindung mit dem vorigen anzeiget, einfolglich von Natur keine Trennung, vielweniger eine Repetition, leiden kan, ehe und bevor der Verstand völlig da ist. Denn die Meynung ist nicht, daß alle, ohne Unterscheid kommen sollen, die Gesunden bedürffen ja des Artztes nicht; sondern nur diejenigen, die mühseelig und beladen sind. Das kan aber niemand begreiffen, dem das Wort alle, alle, so offt vorgetönet wird, ehe der sensus folget. Eben die Bewandniß hat es auch mit dem andern dicto: auf daß alle, alle, die an ihr gläuben ꝛc. Da beziehet sich das Wörtlein alle nicht auf die ganze Welt, sondern auf den kleinen Hauffen der Gläubigen. Es wird auch durch dergleichen Wiederholungen demjenigen schnurstracks wiedersprochen, was doch im vorigen Capitel § XXII. zum Grunde gesetzet worden, nehmlich: daß durch die Repetition nichts zerrissen werden soll, was sich auf einander beziehet (relativa) und NB. eins ohne das andre nicht verstanden werden kan.

o) Bey dem ersten Exempel: Mir hast du Arbeit gemacht, ist auf dem pronomine Mir der Nachdruck, und also eine Wiederholung des Wörtleins gar gut, wenn erst der Verstand absolvir worden. Bey dem andern Exempel aber ist die vornehmste emphasis nicht auf dem pronomine Uns, sondern auf dem substantivo Kind, welches aus der Folge zu schliessen: ein Sohn ist uns gegeben ꝛc. der locus stehet beym Esaia IX. 6. 7. Ich streite zwar nicht, daß man auch auf das Wörtlein uns gewisser maßen einen kleinen Nachdruck legen könne: denn das ganze Capitel handelt vom Beruf der Heiden; aber auf das Kind, und auf den Sohn, nehmlich den Meßiam, kömt doch in besagten Versiculn das meiste und vornehmste an. Ein solches Kind ist uns gegeben, ein solcher Sohn ist uns gebo-

geboren, welches Herrschafft ist auf seiner Schulter, und er heisset wunderbar, Rath, Krafft, Held ꝛc. Da ist die Rede ja nicht von uns, sondern von dem Kinde. Mich deucht, es geräth sehr übel, andern zu weisen, welche emphatische Worte man wiederholen könne, wenn der Lehrer selber nicht recht in doctrina de emphasi beschlagen ist. Diese Sache ist so delicat, daß ich, ihrentwegen, manchen Anstand genommen habe, mit meinem, sonst schon ziemlich angewachsenen, vollkommenen Capellmeister herauszurücken. Inzwischen bin ich dem Herrn Bokemeyer nicht wenig verbunden, daß er mir Gelegenheit gibt, dem Dinge immer schärffer nachzusinnen, und hoffe ich, er werde auch seines Theils dergleichen thun.

π) Das ist nicht unrecht in den Exempeln, weil sensus vorhanden; aber die Regel so sich wiederum nur auf einige verba erstrecket, davon ganzer zwey verzeichnet werden, ist so viel als nichts. Die verba wollens nicht thun; die Erkäntniß der emphaseos kan in diesem Fall schon bessre Nachricht geben. Wer sie besitzt, bedarff keiner andern Regul.

ρ) Jauchzet dem HErrn, alle Welt! sind Worte, die bey der ersten Ausrede nicht getrennet werden mögen, wie bereits oben dargethan worden. Weg, weg, mit dem, hat sensum rhetoricum, und in so weit, der Repetition halber, alle Richtigkeit. Solchen falls aber müste man so viel Regeln, als die Chineser Buchstaben, i. e. Worte oder phrases haben.

ς) Bey dem adverbio temporis, heute, stehet ein comma pendulum, weil eine species parentheseos folget, und die emphasis fällt allerdings darauf: deswegen kan wohl eine kleine Pause; aber keine Wiederholung, statt finden, ehe und bevor der sensus einmal geendiget worden. Es ist in den angezogenen Worten: Heute, so ihr seine Stimme höret, nur eine Vermahnung, eine Warnung und vox docentis. Ein anders ist, wenn eine epizeuxis vorhanden ist, so muß der rhetorischen Vorschrifft gefolget werden. Daß aber hier keine solche Figur und vehemens iteratio seyn soll, erweiset so wohl der 95. Psalm, als die beyden loca parallela in dem 3ten und 4ten Capitel der Epistel an die Hebräer, allwo das adverbium quæstionis nirgend repetirt wird. Das andre Exempel: Wenn werde ich dahin kommen ꝛc. quando? ist mit einer stärckern Begierde und Sehnsucht vergesellschafftet, als das vorige adverbium temporis; aber es hat nicht das geringste Merckmal eines Aufenthalts, ob gleich die emphasis da ist. Vielmehr treibet das inbrünstige Verlangen und Wünschen gerne zum Schluß des Vortrages, und spahret die reflexiones weiter hin. Das dritte Exempel: Weg, weg, mit dem! item: fort fort! hat wieder eine andre Natur und Gemüths-Bewegung aufzuweisen, nemlich den

Zorn

Zorn und Unmuth, deren ungedultige Eigenschafft es, diesen falls, gerne zuläffet, solche einsylbichte interjectiones abigentium geschwind auf einander zu wiederholen, als ob ihnen nicht bald genug gehorsamet würde. Hiernechst ist allemahl eine exclamatio dabey vermacht, die, nach Beschaffenheit des Affects und dessen Hefftigkeit, gerne eine schleunige Wiederholung vergönnet. Ferner ist ein sensus rhetoricus darin: denn es bedeutet, per reticentiam, so viel als: geh mir aus dem Wege! geh fort! die emphasis ist nun zwar auch auf dem Wörtlein weg! aber sie thut, wie wir sehen, in puncto repetitionis, das allerwenigste zur Sache: welches sich fast durchgehends so verhält.

7) Das adverbium: also, hat, bey vorhabender Materia, vor andern nicht voraus. Es muß eher nicht wiederholet werden, als biß der sensus vollkommen worden.

IV.

Drittens können die pathetischen Wörter wiederholet werden. E. g. Denn der HErr ist freundlich, freundlich, der HErr ist freundlich. Denn ich bin barmhertzig, barmhertzig, ich bin barmhertzig. Siehe, dein König kömt zu dir, sanfftmühtig, sanfftmühtig. Schmecket und sehet, wie freundlich, wie freundlich der HErr ist. v) Wahrlich, wahrlich ich sage euch, ihr werdet weinen und heulen; aber die Welt wird sich freuen, sich freuen, die Welt wird sich freuen.

Anmerckungen.

v) Pathetische Wörter sind hier nichts anders, als emphatische. Dasjenige Wort, so eine emphasin hat, wird in der Melodie hervor gezogen; aber nie durch die Wiederholung, so lange es am sensu fehlet. Also sind hier zwey Stücke gemacht, da es mit einem hätte bestellt werden können. Denn πάθη oder affectus steckt nicht eben in diesem oder jenem besondern Worte; sondern in dem gantzen sentiment und Zusammenhang der Rede. Und also gehört zuvor die Lehre de affectibus hieher, welche man in Rhetorica, Ethica, Physica &c. nicht aber in Grammatica zu suchen, und hernach klüglich ad Melodicam zu ziehen hat. Ueberhaupt thut ja aber weder die emphasis, noch der Affect, den endlichen Ausspruch in der Repetitions-Sache; sondern der blosse sensus rhetoricus. Die Wiederholung wird zwar, unter andern, des bey den Zuhörern zu erregenden Affects halber, mit angestellet, das ist wahr; aber es sind wenig Stellen, da der Affect eigentlich eine Wiederholung erfordert, oder deren Einrichtung sorgfältig anordnet. Das thut der sensus rhetoricus fast gantz

gantz allein, der schreibt uns hierin schon Ziel und Maſſe genug vor. Der Affect aber und die emphasis ſind in Melodica von viel gröſſerer Wichtigkeit, und wollen weit andere Betrachtungen haben, als die in repetitione textus beſtehen, welcher der Wort-Verſtand faſt allein abhelffen kan. Solchemnach iſt es abgeſchmackt zu ſetzen: wie freundlich, wie freundlich der HErr iſt. Erſt muß der ſenſus gantz ſeyn; hernach kans mit der Repetition angehen.

φ) Wo das ſemicolon einen Gegenſatz andeutet, und ſtarcken Abſatz im Verſtande machet, als wie bey dem Weinen und Heulen; aber ꝛc. da iſt nicht der geringſte Zweifel übrig, und bedarffs alſo gar keiner Regel. Vorſatz und Nachſatz müßen genau vom Satze und Gegenſatze unterſchieden werden: ſo gehet man gewiß.

V.

Da wir nun aus obiger Regel geſehen haben, was repetirt werden kan, ſo wird auch ferner daraus offenbar, was nicht repetirt werden dürffe, χ) nehmlich: was keinen vollen und abſolutum ſenſum hat, ψ) als: eine jegliche oratio reflexiva ω) & per conjunctiones connexa, in ihren membris. Denn keine propoſitio davon hat einen ſenſum abſolutum. Ergo gehören ſie zuſammen, und machen mit einander ein corpus aus. Ferner, alle Worte in einer jeglichen propoſition, ſo auf andere, womit ſie zuſammen geſetzet ſind, ihre Abſicht haben, dürffen nicht repetirt werden. Hieraus flieſſet: daß durch die Repetition kein Text, der zuſammen gehöret, zerriſſen werden müſſe: denn durch die Zerreiſſung des Textes wird auch die Meynung deſſelben zerriſſen und unvernehmlich gemacht, α) die Andacht, nebſt dem affectu, gehindert, und folglich des Zwecks der Erbauung gefehlet. Nun wird der Text nicht allein durch eine ungeſchickte Repetition zerriſſen, ſondern noch unvernehmlicher gemacht, wenn zwiſchen die Repetition eine lange Pauſe kömmt. Ergo muß auch dieſe Abſchied haben. Wenn alſo eine Repetition nöthig iſt, muß ein zuſammengehörender Text gantz repetirt werden. β) E. g. Wir haben einen GOTT der da hilfft, und den HErrn HErrn, der vom Tode errettet. Sela. Solchen hat einer alſo repetirt: Wir haben einen GOtt .|..|..|. |. haben einen GOtt, wir haben einen GOtt, der da hilfft, einen GOtt, der da hilfft, der da hilfft, und den HErrn HErrn, den HErrn, HErrn, der vom Tode errettet (pauſ. 2. Tact) und den HErrn

HErrn HErrn .|. .|. .|. der vom Tode errettet, und den HErrn HErrn, |: der vom Tode errettet :| Sela.

Anmerkungen.

x) Wir kommen itzo zu der zweyten Folge, so aus obgedachter Haupt-Regel gezogen wird, und da kan man wahrlich, bey heutigem degenerirten Gebrauch, wohl kaum genug Verbote in puncto repetitionis ineptæ hersetzen. Es sind der albernen Componisten so viel, und ihrer abgeschmackten Fehler eine solche Menge, daß man ihnen die Repetitiones nimmermehr leide genug machen kan. Sie sind fast alle der unnöthigen amplificationi dergestalt ergeben, daß sie in der blossen läppischen Ausdehnung ihr ganzes Verdienst suchen. Und was soll ich sagen? Wie die Alten sungen, zwitschern die Jungen. Die Affen-Liebe zu den Harmonischen Künsteleyen, da oratio serva ist, hat ihr Theil redlich zu diesem Unfall mit beygetragen. Schuppius sagt gar artig, im ungeschickten Redner, per ironiam: was du thust, so thue nichts so sehr, denn daß sich die Zuhörer mehr über dich verwundern, als dich verstehen mögen. Niemand ist zu dieser Zeit, der wohl Acht habe, wie gut, sondern wie weitläufftig, du redest. (singest, spielest ꝛc.)

ψ) Wenn es nur hiesse, daß nichts repetirt werden müsse, als was vorher einen sensum rhetoricum hat, so wäre dieses einzige Verbot schon genug, wenn es beobachtet würde, den albernen Wiederholungen gründlich abzuhelffen. Alles, was weiter vorkommt, ist entweder hierin begriffen, oder es sind lauter ungewisse, zweydeutige grammaticalische Dinge, und wieder die wahre Richtschnur des Verbots lauffende Exempel, die unzählbar sind. Doch schadets eben nicht, solche Histörgen zu sammlen, und sie den unvernünfftigen Repetir-Helden unter Augen zu stellen: damit sie sich ihrer thörichten Arbeit einmal rechtschaffen schämen.

ω) Die oratio reflexiva erstrecket sich gar zu weit, und leidet dannenhero die darüber gemachte Regel unendliche Ausnehmungen. Z.E. Ich will dem HErrn singen, daß er so wohl an mir thut, ist oratio reflexiva, und kan doch mit allem Fug und Recht per repetitionem getrennet werden, ehe sie noch ganz gehöret worden. Denn: ich will dem HErrn singen, hat schon sensum rhetoricum, den es haben soll. Der Zusatz zeiget die Ursache nur an, ohne welcher doch der Satz schon vor sich bestehen kan. Tausend dergleichen Exempel sind zu geben.

α) Um fein viele Haupt-Regeln, sammt ihrem Anhange, Unter- und Ober-Gewehr, aufzustellen, wird hier wiederholet, was schon im vorigen Capitel §. XXII. mit eben den Worten gesagt ist. Ich wüste sonst nicht,

nicht, wozu dergleichen Repetition diente: zumal bey einer Arbeit, die eben auf Abschaffung aller unnöthigen Wiederholungen eigentlich gerichtet ist.

ß) Das ist gar nicht nöthig, daß ein zusammengehörender Text ganz repetirt werde. Wenn er einmal deutlich vernommen worden, kan man mit seinen Gliedern gar wohl verständliche und geschickte Repetirungen anstellen, falls es NB. die Modulation verdienet: denn, wie gesagt, man muß dem Klange zu Gefallen auch was gut heissen, in so fern er dem Verstande nicht hinderlich fällt. Hat es also der obangeführte unartige Repetirer, bey den Worten: Wir haben einen GOtt ꝛc. nicht eigentlich darin versehen, daß er die Glieder Stückweise, an statt des ganzen Vortrages; sondern, daß er jene (1) zur Unzeit, (2) ohne Verstand, und (3) gar zu häuffig, wiederholet hat. Erst hätte er wenigstens so weit kommen sollen; Wir haben einen GOtt, der da hilfft. Denn, da ist subjectum & prædicatum, einfolglich sensus rhetoricus, welcher sich, ohne alles Bedencken repetiren läßt, ungeachtet die conjunctio und darauf folget. Man muß nicht auf die einzeln grammatischen Worte; sondern auf den rhetorischen Verstand überhaupt, sehen. Tausend Exempel werden aufstossen, allwo die conjunctio quæstionis keine copulam macht, und nichts zu bedeuten hat. Als: Und es begab sich ꝛc. Und es erhub sich ein Streit ꝛc. Doch ist hiemit nicht gesagt, daß man dergleichen conjunctiones, ausser der connexion, wiederholen müsse: das muß eben deswegen nicht geschehen, weil sie nichts zu bedeuten haben. Hernach hätte unser quidam die solchergestalt wiederholten Worte wohl mit den folgenden zusammenhängen, und so singen mögen: Wir haben einen GOtt, der da hilfft:|: einen GOtt haben wir, der da hilfft: (ohne Pause) und den HErrn HErrn, der vom Tode errettet. (Pausen, so viel man will.) Wir haben einen GOtt; (kleine Pause,) wir haben den HErrn HErrn, (keine Pause,) der da hilfft; (kleine Pause,) der vom Tode errettet. Den HErrn HErrn haben wir, der vom Tode errettet; (Pause) vom Tode errettet er. Zuletzt noch einmal ganz, ohne Unterbrechung, in ordentlicher Construction. Bey solcher Wiederholung, die zu rechter Zeit, mit Verstand, nicht gar zu häuffig, und, NB. in schöner Melodie vorgenommen wird, ist keine Zerreissung der Meynung zu besorgen; es werden die Worte dadurch gar nicht unvernehmlich, sondern vielmehr im höchsten Grad vernehmlich gemacht, die Andacht, nebst dem Affect (welcher hier das Vertrauen ist) befördert, und folglich der Zweck der Erbauung, mit GOttes Hülffe, erreichet.

VI.

Nun wollen wir aus der Haupt-Regel noch etliche andre ziehen. (1.) Keine oratio reflexiva muß durch die Repetition getrennet werden. γ.) Ergo darff weder die protasis ohne die apodosin, noch vice versa die apodosis ohne die protasin repetirt werden. E. g. Ob ich schon wandert im finstern Thal :|: fürchte ich kein Unglück :|: Wie Moses in der Wüsten eine Schlange erhöhet hat :|: also muß des Menschen Sohn erhöhet werden. Wer Ohren hat zu hören :|: der höre :|: Wenn GOtt mir hilfft und mich erhält :|: werd ich wohl bleiben. Die den HErrn suchen :|: haben keinen Mangel :|: Diese Regel muß weiter untersucht, und mit bequemen Exempel, dergleichen hin und wieder noch mangeln, illustrirt werden. Denn sie scheinet nicht universal zu seyn: weil die hier angeführte Exempel nicht durchgehends quadriren, massen die emphasis bald in der protasi, bald in der apodosi lieget, und folglich diese dabey in consideration gezogen werden muß. Solchemnach mögte irgend die Repetition folgendermassen recht seyn: Ob ich schon wandert im finstern Thal, im finstern Thal 2c. Also, also muß des Menschen Sohn erhöhet werden. Wer Ohren hat, wer Ohren hat zu hören, wer Ohren hat zu hören |: der höre :| Wenn GOtt mir hilfft :|: und mich erhält, wenn GOtt mir hilfft, und mich erhält, werd ich wohl bleiben. Die den HErrn suchen ·|· &c.

Anmerckungen.

γ) Das ist im vorhergehenden §. schon einmahl gesagt worden; aber es geht nicht fest. Zum Beweiß können die hier angeführten, und gar nicht wohl applicirten termini rhetorici, *Protasis & Apodosis*, dienen. Es hat sich auch nachgehends der Herr Auctor selber hierin corrigirt, und diejenige Anmerckung, so oben in die parenthesin eingeschlossen stehet, ohnlängst eingesandt. Ob es aber mit derselben ausgerichtet sey, daran zweiffle sehr. Deñ daß er meynet, die emphasis könne hierunter eine Ausnahm machen, das ist wohl ein Irrthum. Die emphasis muß allerdings zurück stehen, in puncto repetitionis, wenns am sensu fehlet. Das lehret die Natur, in welcher das schwächere dem stärckern allemahl weicht. Und was ferner, die zur Verbesserung angeführten Repetitions betrifft, so kan ich, meines wenigen Orts, keine einzige derselben gut heissen, so lange der Verstand nicht vorher

ganz

gantz vernommen worden. Und auch alsdenn würde bloß eine schöne Modulation zur Entschuldigung dienen müssen. Also liesse ich die Regel von der protasi & apodosi lieber in ihrem esse; wenn nur diese termini eine neue und engere Auslegung, als die den Rednern bekannt, litten. Daran wirds aber wiederum wohl fehlen. Denn eine rechte protasis hat, an und vor sich selbst, sensum absolutum, und ist der Haupt-Inhalt dessen, so wir sagen wollen. Sie wird auch bey den besten Rednern durch ein förmliches punctum bezeichnet. Warum sollte man sie denn nicht repetiren, und von der apodosi solcher Gestalt unterscheiden, mögen? ja, in der rechten rhetorischen Form gehöret noch zwischen beyden Theilen die κατασκευη oder Ursache, ehe die apodosis folget. Diese aber ist ein solches enthymema, ein solcher Denk-Spruch, der gar wohl, an und vor sich selbst, repetirt werden mag. Und also finde ich wahrlich nicht, was mit obiger Regel; noch weniger, was mit derselben limitation und beygefügter cautela, gesagt sey. Wenn wir den Spruch ansehen: Wie Moses in der Wüsten eine Schlange erhöhet hat: also muß des Menschen Sohn erhöhet werden, so ist weder protasis noch apodosis, sondern ein blosses Gleichniß darin, dessen Vorder-Theil ohne dem Hinter-Theil unmüglich verstanden werden kan. Die emphasis liegt auch keinesweges auf dem Wörtlein also, wie der Herr Verfasser meynet; sondern auf die Schlange und des Menschen Sohn: denn das ist der Zweck. Kan wohl jemand, der nur die Rhetoricam von ferne erblicket hat, mit Wahrheit sagen, daß in folgenden Worten eine protasis und apodosis sey: Wer Ohren hat zu hören, der höre? So ist es auch mit den übrigen Exempeln bestellt, die gar nicht sind, was sie doch hier seyn sollen. Es fehlet auch an bessern Exempeln nirgend, absonderlich treffen wir sie so häuffig in der Bibel an, daß man nur dieselbe öffnen darff, so findet sich gleich eines. Protasis: Machet die Thore weit, und die Thür in der Welt hoch, daß der König der Ehren einziehe. Catasceia: Wer ist derselbe König der Ehren?. Apodosis: Es ist der HErr starck und mächtig ꝛc. Ja, es gehet uns die Heil. Schrifft selbst in solchen Wiederholungen gewisser massen vor, indem sie offt die protasin, ob gleich nicht mit eben den Worten, doch mit eben den Gedancken, verdoppelt, ehe noch die apodosis folget. Z. E. Der HErr ist mein Licht und mein Heil. Ist Protasis. Vor wem sollt ich mich fürchten? Ist Catasceia. Der HErr ist meines Lebens-Krafft. Ist Protasis repetita. Vor wem sollte mir grauen? Ist wiederum Catasceia. Darauf trit erst die Apodosis ein: Darum so die Bösen ꝛc. vid. Ps. 27. Man muß also nicht einen jeden gemeinen Vortrag mit 2. Gliedern gleich für einen rhetorischen Vor- und Nachsatz, für eine förmliche protasin & apodosin annehmen, und Regeln dar-

darauf bauen: denn diese Figuren haben, wo mir recht, etwas mehr zu bedeuten. Wenn ein Vorsatz ohne seinem Nachsatz, er sey nun wie er wolle, nicht verstanden werden mag, & vice versa, so hat keine Repetition statt; wo der eine aber ohne dem andern begriffen wird, da mag man, wenn sichs sonst schickt, wohl repetiren. Und das ist wahrlich alles, und genug, gesagt.

δ) Ich will nur kürzlich alhier noch einmal erinnern, daß die emphasis gar in keine Betrachtung gezogen werden kan, in so weit sie durch eine Wiederholung ausgedruckt werden soll; dafern der ganze Wort-Verstand noch nicht vernommen worden.

VII.

Keine propositio relativa muß, ohne die vorhergehende proposition, auf deren Theil sie ihre Absicht hat, repetirt werden. (Und das ist die zweyte Neben-Regel, so aus obigen Haupt-Satze gezogen wird.) E. g. Nun aber gehe ich hin zu dem, der mich gesandt hat, der mich gesandt hat. Wirff dein Anliegen auf den HErrn, der wird dich versorgen. |. ε) Keine propositio, die sich mit einer conjunction anfängt, wodurch sie an die vorhergehende verknüpfet ist, muß repetirt werden, das ist die dritte Neben-Regel. E. g. Und führet mich zum frischen Wasser :|: (plura exempla in posterum.) Noch schlimmer ist die repetitio, wenn noch eine particula reflexiva folget. E. g. Und ob ich schon wandert im finstern Thal ic, ζ) oder wenn gar das subjectum fehlet. E. g. Daß ein Christ Höll |: und Teufel trotzen kann :| Am allerärgsten wird sie (die repetitio) wenn noch dazu Pausen zwischen eingeflicket werden. η) E. g. Der sonst berühmte Zachau repetirt also: Das das das ist das ewige Leben, |: daß sie dich :| daß du allein wahrer GOtt bist (drey Tact Pausen) jam sequitur Fuga: Und den du gesandt hast, JEsum Christum erkennen. (Auf das erkennen eine Passagie.) θ) „Diese Regul mögte auch wohl nicht durchge-„hends statt finden: sintemal folgende in gewissen Fällen davon aus-„genommen werden können: 1. Die conjunctiones concessivæ, „ob gleich, ob schon, wenn gleich. 2. die conditionales: wo „nicht, wenn nur, so fern. 3. Die causalis: weil. Kurtz: die „emphasis und locutio pathetica entschuldigen vieles, das sonst nicht „paßiren könte. Also weiß ich folgende repetition nicht zu tadeln:

Sey zu frieden, meine Seele,
   |: Weil dein GOtt so gnädig ist :|:
Laß nur seine Gnade walten:
   Die wird dich nunmehr erhalten,
   |: Wenn du nur gehorsam bist. :| ι)

Anmerkungen.

ε) Das hat seine gewiese Wege: nicht wegen des relativi; sondern wegen des mangelhafften Verstandes. Es will mit der propositione relativa, und ihrer Vorgängerin, nicht ausgerichtet seyn. Denn wenn nun auch gleich ein einfältiger Componist den Donat hervorlangte, und lernete was ein relativum sey, einfolglich, nach obiger Regel, die angeführten Worte mit aller Behutsamkeit so repetirte: *Nun aber gehe ich hin zu dem, der mich gesandt hat: zu dem, der mich gesandt hat,* so wäre doch noch kein Verstand darin, ob gleich beyde relativa zum Vorschein kämen; falls jener nicht vorher vernommen. Eben die Beschaffenheit hat es auch mit dem andern Exempel: *wirff dein Anliegen* ꝛc.

ζ) Es kömmt hier, und allenthalben, auf den sensum, nicht auf die grammatischen conjunctiones, noch particulas, an. Mit solchem Zeuge macht man die Leute nur verwirrt, und setzet doch nichts fest. Wer z. E. die Offenbahrung Johannis in die Music bringen will, wird an conjunctionibus, und zwar copulativis, die nichts copuliren, und doch eine Verknüpffung der anhebenden proposition mit der vorhergehenden anzeigen sollen, keinen Mangel finden. Dem ungeachtet kan er die Sätze gar wohl deswegen repetiren; wenn er nur bey der Wiederholung die copulas wegläßt. Z. E. *Und es ward ausgeworffen der grosse Drach* ꝛc. *der grosse Drach ward ausgeworffen. Und ich sahe ein Lamm stehen auf dem Berge Zion, ich sahe ein Lamm stehen* ꝛc. Mein Geschmack zwar wäre es überall nicht, solche Vorträge, als diese sind, zu wiederholen, da sie es, als eine blosse Erzehlung, mit einem nachdrücklichen, gerade durchgehenden Recitativ wohl bestellen können; allein, unrecht wäre es doch darum auch nicht. Wenn wir inzwischen einige unsrer Kirchen-Lieder ansehen, so ist nicht nur in solchen die liebe conjunctio copulativa: und, offt ohne Verstand, wiederholet; sondern auch so gar das subjectum ausgelassen. Z. E. in dem bekannten Gesange: *Lobt GOtt ihr Christen* ꝛc. *und schenckt uns seinen Sohn* :|: (*O JEsu Christe GOttes Sohn*) *und haben guten Sieg* :|: (*Ich singe dir mit Hertz und Mund*) *und läßt uns sicher ruhn* :|: *und wirffst sie in das Meer* :|: *und dir zu Ehren reicht* :|: *und ewig frölich seyn* :|: ꝛc. Dergleichen Dinge, in der Kirche gesungen, geben einfältigen Leuten einen falschen Eindruck und ein præjudicium auctoritatis, als ob es auch wohl, auf solche Art, in einer rechten Music zu verantworten stehe: und da ist nöthig zu distinguiren. Was von der copulativa gesagt worden, hat noch mehr bey den übrigen conjunctionibus statt.

γ) In Pausen ist ein mächtiger Unterschied. Kleine Pausen sind viel leidlicher, als Wiederholungen: wenn eine oder die andere zur Unzeit erscheinen. Die kleinen Pausen schicken sich schon bey commatibus pendulis; die Repetitiones aber nimmer, als nach absolvirtem Wort-Verstande.

θ) Damit der ehrliche Zachau (Händels Lehrmeister) Gesellschafft habe, und nicht so gar allein da stehe, soll ihm ein sonst braver Practicus hodiernus zur Seiten gesetzt werden, der repetirt nicht für die lange Weile also: Ich, ich, ich, ich hatte viel Bekümmerniß, ich hatte viel Bekümmerniß, in meinem Hertzen, in meinem Hertzen. Ich hatte viel Bekümmerniß :|: in meinem Hertzen :|: :|: Ich hatte viel Bekümmerniß :|: in meinem Hertzen :|: Ich hatte viel Bekümmerniß :|: in meinem Hertzen :|: :|: :|: :|: :|: Ich hatte viel Bekümmerniß :|: in meinem Hertzen :|: ꝛc. Hernachmahl so: Seufzer, Thränen, Kummer, Noth (Pause) Seufzer, Thränen, ängstlichs Sehnen, Furcht und Tod (Pause) nagen mein beklemmtes Hertz ꝛc. it. Kom, mein JEsu, und erquicke (Pause) und erfreu mit deinem Blicke (Pause) komm, mein JEsu, (Pause) komm, mein JEsu, und erquicke, und erfreu . . . . . mit deinem Blicke diese Seele ꝛc.

ι) Es ist freylich an diesem Satze, und dessen Wiederholungen, nichts zu tadeln; aber die Ursache der Richtigkeit steckt nicht in den conjunctionibus, sondern im sensu, der hier allemal schon vollkommen zu Ende gebracht ist, ehe die Repetition angehet. Und also beweiset dieses Exempel: Sey zu frieden, meine Seele ꝛc. die Wahrheit meines im ersten Capitel angebrachten Scholii: Daß auch Worte, die an sich keinen völligen Verstand haben, zur Wiederholung geschickt sind, dafern jener nur erst einmal vernommen worden. Man kehre aber das Exempel um, so wird weder die causalis, weil, noch die conditionalis, wenn nur, das geringste gelten:

|: Weil dein GOtt so gnädig ist :|: (da taugt die Wiederholung nicht.)
　Sey zu frieden meine Seele
　Laß du seine Gnade walten:
|: Wenn du nur gehorsam bist, :|: (da taugt die Wiederholung nicht.)
　So wird sie dich wohl erhalten.

Und also siehet man klärlich, daß der blosse Verstand in den Worten einen Ausschlag giebt; keines Weges aber der terminus grammaticus, aus dem nicht die geringste Gewisheit abgenommen werden kan. Die emphasis und locutio pathetica entschuldigen auch nichts, das sonst dem Verstande, und der Natur, zuwieder ist: solches mag sich einer wohl dreymahl sagen laßen, zum Beschluß dieses drey und zwantzigsten Stücks.

CRITICA MUSICA
Pars VIII.
Des Melodischen Vorhofes Ausgang.

Si quibus in locis lapsi sunt illi, qui artes elaborant, vel hoc ipsis debeatur, quod nos excitarint ad veritatem aliquam, cujus splendorem quovis nomine cariorem habere debemus. JUL. CÆS. SCALIG. L. VII. *Poet.*

Fortsetzung des Capitels von Wiederholung des Textes.

VIII.

SErnter, und viertens, muß keine propositio, so eines subjecti emphatici ermangelt, durch die Repetition getrennet werden, weder das subjectum vom prædicato, noch vice versa das prædicatum vom subjecto. E. g. Wenn der HErr |: Zion bekehret :| *x.*) Wo aber gleich das subjectum emphaticum wäre, so muß doch das prædicatum, so für sich allein nichts saget, niemals ohne jenes repetirt werden, es sey denn ein adjectivum emphaticum. E. g. Niemand |: fähret gen Himmel :| die Reichen müssen darben und hungern :|. Nichts :|: kan meine Ruhe stöhren :|. Die repetitio des prædicati emphatici mit der copula: ist, kömmt nicht wohl heraus. E. g. Der HErr |: ist freundlich :| (besser: freundlich, freundlich.) *λ*) Fünftens, das Stück von einer proposition, so mit einem commate bezeichnet ist, kan nicht allezeit repetirt werden: denn offt hält eine proposition die andre in sich. E. g. Auf daß alle :|: die an ihn glauben :|: nicht verlohren werden

Vier und zwanzigstes Stück.

werden: μ). Man muß, sechstens, aus den propositionibus keine Wörter herausreissen, noch solche wunderlich unter einander werfen. E. g. Wüte nur, du alte Schlange, ist dir doch |: der Kopf entzwey :| der Kopf, der Kopf, der Kopf entzwey, ist dir doch der Kopf entzwey. ν)

Anmerkungen.

κ) Kürzer und richtiger zu geben: Zion bekehret, hat keinen Verstand: ergo kan es vor sich nicht repetirt werden. Und also halte man auch von den folgenden Exempeln. Es decidirt hier kein subjectum emphaticum, kein prædicatum, kein adjectivum &c. sondern die gesunde Vernunfft.

λ) Ein grosser Unterschied muß auch, mit den Wiederholungen, gemacht werden, in polyphoniis & monodiis. In jenen werden viel repetitiones, post absolutum sensum, zugestanden, die in diesen albern herauskommen würden: weil dorten die Vielheit der Stimmen den Uebelstand bedecket; hier aber derselbe bloß stehet. Von solcher Gattung nun ist die obige Wiederholung: Der HErr ist freundlich, freundlich, welche ich keinem, in einer saubern und einfachen Melodie, zu machen rathen will. Es lautet weibisch, läppisch, kindisch. Wer aber noch dazu das verbum substantivum ist (wie es zu einer copula geworden, weiß ich nicht) mit repetiren wollte, handelte noch weit einfältiger.

μ) Die termini: nicht allezeit, und offt, schicken sich zu keiner Regel. Es kömmt, bey den repetitionibus alles auf den Verstand an; nicht auf commata oder cola. Denn ein comma kan verständlich seyn; ein semicolon hergegen nicht: da doch dieses sonst mehr gilt, als jenes. Wie will einer das, nach grammatischen principiis, unterscheiden? Ich setze das Exempel: Auf daß alle, die an ihn gläuben, und frage: Hast du Verstand daraus? Antw. Nein. Wolan! so repetire noch nichts, biß sich der Verstand einstellet. Ich setze wiederum: Der HErr ist mein Hirt, und frage: Hast du Verstand daraus? Antw. Ja. So repetire in GOttes Namen. Ich setze noch mehr: Nicht uns, HErr, nicht uns; und frage: Hast du Verstand aus diesen zweyen commatibus, samt dem semicolo? Antw. Nein. Wolan? so repetire sie nicht ehe, biß der Verstand erfolget. Und so kan allenthalben verfahren werden.

ν) Wahr ists: wenn gleich der sensus schon vernommen worden, und man überhaupt zu repetiren Macht hat; muß dennoch ins besondere gefraget werden, was füglich zu repetiren stehet? und darff in einer monodia kein solch abgeschmacktes Zeug vorkommen, das wieder die Natur und Vernunfft laufft. In vielstimmigen Fugen ꝛc. nimmt mans so genau eben
nicht,

nicht, abſonderlich wenn ſie die liebe Moteten-Art, und den vermeynten ſtylum antiquum zum Zweck ſetzen. Z. E. Et in terra terra pax &c. Es kan auch bisweilen ſchwerlich vermieden werden: welches denn eine Urſache iſt, daß ſolche Figuren wenig oder gar nichts erbauen, ja vielmal ein Geläch-ter zu Wege bringen. Ich bin doch in willens, von ſolchen ſchnakiſchen Dingen eine Sammlung zu machen, um ſie dereinſt, als einen Compoſitions-Spaß, herauszugeben. Wer dergleichen beſitzet, ſey ſo gut und theile ſie mit. Es wird eben kein Mangel daran ſeyn.

IX.

Siebendes, müſſen die zuſammengehörende *emphatiſche* und *pathetiſche* Wörter auch in der Repetition beyſammen bleiben. E. g. Unrecht: daß er ſeinen eingebornen, eingebornen Sohn gab. Recht: daß er ſeinen eingebornen Sohn, ſeinen eingebornen Sohn gab. ξ) Item: Machet die Thore, die Thore, die Thore in der Welt hoch, hoch; daß der König der Ehren, der König der Ehren, der König der Ehren, einziehe. o) Zum Achten müſſen Wörter, ſo vermöge der Conſtruction zuſammen gehören, durch die Repetition nicht von einander geſondert werden, als: (1) Der articulus nicht vom nomine, e. g. Der, der HErr iſt mein Hirt. (2) Das nomen ſubſtantivum nicht von ſeinem adjectivo, & vice verſa. E. g. Er weidet mich, mich, auf einer grünen, grünen Auen. Iſt nicht Ephraim mein theurer Sohn und mein trautes mein trautes Kind. (vid. No. 7.) Der nominativus nicht vom genitivo: e. g. Das Blut, das Blut JEſu Chriſti ꝛc. (4) Der genitivus nicht von ſeinem nomine regente. E. g. Und werde bleiben im Hauſe des HErrn, des HErrn, immerdar. (5) Durchgehends kein caſus von den Wörtern, womit er conſtruiret wird: e. g. Der genitivus, dativus, oder accuſativus π) nicht vom verbo; es ſey denn, daß das verbum an ſich ſenſum abſolutum habe, als: Ich freue mich, ϱ) ich freue mich des, das mir geredt iſt. Folge, folge mir. ꝛc. Der caſus muß nicht ohne ſeine præpoſition repetirt werden: e. g. Du bereiteſt für mich einen Tiſch, gegen meine Feinde, meine Feinde. (6) Ein comparativus, darauf als, oder denn, folget, muß nicht von der Particul, noch die Particul vom comparativo geriſſen werden: e. g. Chriſtum lieb haben, Chriſtum lieb haben, Chriſtum lieb haben, iſt viel beſſer, :|: :|: denn alles :|: :|: wiſſen, denn alles, alles, alles, alles, alles wissen. (7) Ein verbum, so an sich keinen sensum absolutum hat, nicht von der præposition, mit ihrem casu: e. g. Und ob ich schon wandert, wandert im finstern Thal. Und werde bleiben, bleiben im Hause des HErrn. (8) Kein verbum von seinem casu, den es regiert: e. g. Du salbest, du salbest mein Haupt mit Oele. (9.) Die Person, oder das pronomen, nicht vom verbo, vermittelst der conjunction, oder ohne dieselbe. E. g. Daß er, daß er seinen eingebornen Sohn gab, auf daß alle, auf daß alle, die an ihn gläuben ꝛc. Also auch wird Freude seyn im Himmel, über einen Sünder, der Buße, der Buße thut. (10.) Das verbum nicht von seinem infinitivo, wenn zwey verba zusammen kommen: E. g. Ich muß, ich muß gestehen. (11.) Die verba auxiliaria: ich bin, ich habe, ich werde, oder will, müssen nicht in den temporibus von ihren infinitivis und participiis getrennet werden: e. g. Ich will mich mit dir, ich will mit dir verloben in Ewigkeit. Ich will dich, ich will dich nicht lassen. Mir wird, mir wird nichts mangeln. Also auch wird Freude im Himmel seyn, im Himmel seyn ꝛc. Mir, mir hast du Arbeit gemacht, Arbeit gemacht ꝛc. (12.) Kein verbum, so mit einer præpositione separabili ein compositum ausmacht, muß ohne dieselbe repetirt werden, ob gleich die præpositio in etlichen temporibus davon getrennet wird. E.g. Du leitest mich nach deinem Rath, und nimmest mich endlich, und nimmest mich endlich ꜱ) mit Ehren an. (13.) Das verbum, so den sensum schließet, muß nicht von seinem nominativo, noch von der præpositione mit ihrem casu, abgerissen werden. E. g. Wol dem, der auf ihn, der auf ihn trauet. (NB. Hier fehlet noch eine observatio vom imperativo) (14.) Kein infinitivus, der nicht emphatisch oder pathetisch ist, von der übrigen Rede: denn es ist ganz kein Verstand darin.]) E. g. Auf daß alle, die an ihn gläuben, |: nicht verlohren werden: | ꜹ) Also uch wird Freude im Himmel seyn, im Himmel seyn ꝛc. Doch muß man die emphatischen und pathetischen infinitivos φ) hievon ausnehmen, falls sie anständig repetirt werden. E. g. Die Reichen müssen darben und hungern, darben und hungern, die Reichen müssen darben und hungern. Ihr werdet weinen und heulen, ihr werdet weinen, weinen und heulen, ihr werdet wei-

weinen χ) und heulen ꝛc. (15.) Die præpositio nicht von ihrem casu, worauf sie jeder Zeit ihrer Absicht hat: e. g. Bey, bey dir ist Freude die Fülle. Ohne, ohne Mangel seyn. Nur mögten diejenigen auszunehmen seyn, die einen locum oder Gegend anzeigen, als: disseit, jenseit, innerhalb, ausserhalb: weil sie auch absolut ψ) gesetzet werden können.

Anmerkungen.

ξ) Ich habe dieses lange Kyrielle des grammatischen Schatzes lieber auf einmahl hersetzen wollen, weil es sich, der subdivisionum halber, schwerlich trennen läßt; mercke aber bey dem ersten Punct an: daß beyde Repetitiones unrecht sind, die eine aber nur etwas weniger, als die andre. Denn, so lange der sensus nicht zu Ende, kan einmal, natürlicher und vernünfftiger Weise, gar keine Wiederholung statt finden. Und wenn gleich derselbe sensus absolvirt worden, ist doch noch eine gewisse verständige Maasse darin zu halten. Die absurditas liegt hier nicht in Auslassung des emphatisch-vermeynten Worts: seinem, als ob solches nothwendig mit dem so genannten pathetischen Worte: eingebohrnen, verbunden bleiben, und nicht davon getrennet werden müste. Durchaus nicht! der Fehler ist wieder die Natur unsrer Sprache, welche ordentlich kein nomen appellativum sine articulo, vel saltem pronomine, hervorbringt. Wenn nun Cajus so repetirt: Daß er seinen eingebohrnen, eingebohrnen Sohn gab, so begehet er einen Verstands- und auch einen Sprach-Fehler zugleich. Den ersten darin, daß er in der Mitte des Vortrags ein Wort wiederholet, ehe der sensus vernommen worden: das ist unverständig. Den andern Fehler begehet er damit, daß er nomina sine articulo vel sine pronomine, als wenns Latein wäre, hervorbringt. Titius dagegen will es besser machen; begehet aber den ersten Schnitzer mit, zur Gesellschafft, und will dem andern abhelffen, durch ein Regelgen, das gar nicht eintrifft. Der ☌ könte ja auch so repetiren: daß er seinen eingebohrnen Sohn ga, den eingebohrnen Sohn, massen die schwache emphasis des pronominis, seinen, alhier durch eine stärkere in dem Worte: eingebohrnen, ganz verschlungen, und, zumal bey der Wiederholung, unnöthig, ja schier gleichgültig wird.

ο) Hiebey kan der hefftige Affect eines ausserordentlichen Freuden-Geschreys, und öffentlichen, allgemeinen Zuruffs, bey einem feyerlichen Einzuge, nicht nur vieles entschuldigen; sondern auch sothane repetitiones, als würklich was gutes und schönes, darstellen: zumal wenn solche Sätze mit vielen, durch einander arbeitenden, Stimmen, in fuga vel canone ausgeführet werden. Denn die Natur selbst lehret uns, daß bey einem jauchzenden Jubiliren und Einzug offt das eine Wort, vor dem andern, keinen Raum hat, und fast wieder unsern Willen verdoppelt wird. Als wenn David herausbricht: Lobsinget, lobsinget GOtt, lobsinget, lobsinget unserm Könige! so trennet er die phrases, nehmlich verbum a casu, durch eine ausdrückliche Wiederholung, die er, aus gewaltiger Gemüths-Bewegung, nicht hintertreiben, noch auf grammatische Regeln, für Freuden, Acht geben, kan. Es sind aber dieses nur Meister-Hiebe, die sich nicht von jeden allenthalben anbringen, noch beurtheilen lassen. conf. not. ζ. & §. 2. huj. cap. Den Ausschlag bey diesem scheinbaren Wiederspruch gibt der Umstand, der Styl, und absonderlich der Affecten-Grad. Was kan feyerlicher seyn, als ein Königlicher Einzug, wo das Hosanna allenthalben erklinget? was hat mehr Nachsehen, als der stylus antiquus? und wer weiß nicht, daß die Freude ihre Stuffen hat? Die Wiederholungen in purer Rede, als: Machet die Thore weit ꝛc. sind unfehlbare Zeichen eines ungemeinen Affects, der weit höher steigt, als wo dergleichen Wiederholung nicht anzutreffen ist. Man dencke der Sache nach, so wird sich der Unterscheid schon finden.

π) Alles was hier gesagt wird, hat zum Grunde den Verstand und Unverstand: braucht also der grammatischen Richtschnur um so viel weniger, da diese, mit allen ihren Specialien, lange nicht zureichen kan. Bey so gestalten Sachen muß man sich an einen General-Satz halten, und selbigen auf besondere Fälle appliciren.

ϱ) Ich freue mich, hat an diesem Orte nichts weniger, als sensum rhetoricum. Es hat constructionem grammaticam, und die verführt. Wenn es hiesse: Ich freue mich; du aber grämest dich, so wäre die Sache richtig. Weil es aber heißt, ich freue mich des, das mir geredet ist, so ist die propositio würcklich, bey der ersten Ausrede untrennbar. Eben so schlecht, und noch schlechter, ist es mit unserm imperativo: Folge, bestellet. Denn er wird niemals im Teutschen, simpliciter, allein gesetzet, sondern allemal entweder composite, folge nach; ich geh voran, oder aber mit einem casu: folge mir ꝛc. und kann also keinen sensum rhetoricum machen, noch repetirt werden.

ς) Man mercke sich dieses, und halte es mit demjenigen zusammen, das oben (§ III. p. 357. not. μ) bey Gelegenheit des Glückwünschens erinnert worden. Denn ein nomen separabile hat, wo nicht mehr, doch eben so viel Recht zu seinem verbo, als die præpositio separabilis.

τ) Das ist der Inhalt unserer Haupt-Regel: wenn kein Beystand da ist, taugt keine Wiederholung, es mögen infinitivi oder imperativi dabey vermacht seyn: die thun zur Sache weiter nichts, als nur Exempel an die Hand zu geben.

υ) Wir lesen von Adam Buchholzer, dem wackern Theologo & Chronologo, daß er in seiner letzten Hinfahrt immer die Worte wiederholet hat: Nicht verlohren! nicht verlohren! Also, und weil es ein besonders Macht-Wort ist, könte ich dessen Wiederholung gar nicht tadeln, wenn sie mit Weglassung des werden geschähe; sondern würde dergleichen vielsagende Repetition, als eine elegantiam, auf alle Weise, nach vorgehörtem völligen sensu, loben müssen. Und da kehrte ich mich weder an dem Herrn Infinitivo, noch an der übrigen grammatischen Hoffstatt: denn die könten fortissimo illo fiduciæ affectu, in gewissen Fällen, keine solche Schul-Schrancken setzen. Die Worte aber: Im Himmel seyn, stehen hier an einem Orte, wo sie sich zur Repetition schicken, wie eine Faust aufs Auge.

φ) Die angeführten infinitivi werden nicht ausgenommen, als infinitivi; sondern als Worte, die viel sagen wollen, weil sie emphatisch (nicht weil sie pathetisch) sind. Es ist eigentlich keine πάϑη, kein Affect dabey vermacht; sondern eine blosse Verkündigung personæ docentis. Derohalben ich auch, meines wenigen Ortes, kein sonderliches Wesen und Repetiren dabey machen würde, angesehen die præpositio überdem reflexiva ist, und ein Gegen-Satz darauf folget, in welchem eine ganz andre œconomie gehalten werden, und also aus einem Munde zugleich kalt und warm gehen, müste. Doch will ich hiemit niemand, der Lust und Ursache findet, verbieten, sich dabey aufzuhalten: denn, die propositiones, welche eine adversativam begreiffen, leiden gar gern einen mäßigen Absatz, oder eine Wiederholung, in thesi so wohl, als in antithesi. So aber, wie der Antrag am vorhabenden Orte stehet, wäre es der Natur, der Vernunfft und mir, ihrem Diener, ein wenig zu viel.

χ) Wenn wir diese Worte ferner betrachten, und wohl erwegen, daß sie nichts anders, als eine pure Prophezeyung in sich halten, die kein gegenwärtiges, sondern nur ein zukünfftiges Weh, das noch nicht empfunden wird, andeuten, so sehe ich wahrlich nicht, mit welchem Fug man ein so gar hefftiges, drey-biß vierfaches, Geweine und Geheule daraus machen kan. Die Wiederholung, wie gesagt, findet wohl einmal statt, propter emphasin; aber ich weiß gewiß, es gehet ohne barmherzige, klägliche melismos doch nicht ab: insonderheit da diese ausgesuchte infinitivi solche gewünschte Weinens-reiche und Heul-mäßige Diphthongos aufweisen. Die wird einer so leicht nicht vorbey lassen. Der Gegensatz: die Welt wird sich freuen, muß denn auch sein Theil rechtschaffen bekommen, und da haben wir was kluges zu Marckte gebracht!

ψ) Wenn die præpositiones, so hier angeführet werden, auch gleich absolute stünden, (wovon jedoch die Exempel so rar, daß mir eben keines auf dem Stutz beyfallen will) so ists dennoch eine grosse Frage, ob man sie wiederholen könne? Ich würde dieselbe Frage, unmaßgeblich, starck verneinen. Denn wer singt wohl: disseits, disseits; jenseits, jenseits; innerhalb, innerhalb; ausserhalb, ausserhalb? Es sind durchgehends unsingbare Wörtergen.

X.

Bißher ist aus einer vermeinten Haupt-Regel von der Wiederholung des Textes, völlig dargethan worden, was repetirt werden könne; halb aber, was nicht repetirt werden dürffe. Also wird die zweyte Helffte dieses letzten membri noch übrig seyn, womit auch das Capitel de repetitione textus und dieser Band unsrer Critic, seine Endschafft erreichet. Hierüber nun läßt sich unser Auctor zu guter letzt folgender gestalt heraus.

XI.

Wörter, darin weder emphasis noch Affect lieget, dürffen nicht repetirt werden, als: der articulus, die præpositiones und conjunctiones, nebst der copula, ist, und den verbis auxiliaribus, wie auch andern particulis. E.g. Kommet her zu zu mir, alle, die die ihr mühseelig ꝛc. Dancket dem HErrn, denn, denn, denn, denn, denn, er ist, er ist, er ist freundlich. Denn, denn, so man von Hertzen gläubet ꝛc. denn, denn, du du bist bist bey mir. Ich fahre auf zu meinem Vater, und und zu eurem Vater. (Auf dieses und hat Hammerschmid gar eine Schleiffe gemacht.)

3	1.	½	1		1.	¾	1		1	1	1		2	1
1	c	d	e		e	f	g		c	e	f		g	c

und — und — zu eurem Vater. α)

Aber, aber, aber, aber das ist meine Freude ꝛc. Also hat hat hat, also hat hat hat GOtt die Welt geliebet, daß daß daß er, daß er ꝛc.

Anmerckungen.

α) Man muß lachen, so lieb einem auch der gute Hammerschmid und sein Andencken ist. Aber, er hatte berühmte Vorgänger, die es zehnmal toller machten. Die Wiederholung eines nichts-bedeutenden Wortes ist albern; aber das melisma auf einem solchen Worte ist noch weit alber-

alberner. Laſſo, der berühmte Laſſo, hat ſich hierin, zu ſeiner Zeit ſehr hervorgethan, wenn er inſonderheit auf das lateiniſche adverbium, *ad*, ein neuma von 10.biß 12. Noten ſetzet, und dabey ſo repetiret: illos tuos, illos tuos (eine Pauſe) illos tuos miſericordes (auf die Sylbe *des einen* melismum und hernach wieder eine Pauſe) illos tuos miſericordes - - - - - - oculos, ad - - - - nos converte &c.

XII.

Die particula exclamandi, O! muß ohne raiſon β) nicht repetiret werden. Es würde heraus kommen, ob wiſſ= man nicht, was man ſagen wolle. E. g. O! O! Heilige Zeit. Der Text muß durch die Repetition nicht alſo verſtellet werden, daß (1) unwahre (2) contraire, oder (3) liederliche Sätze daraus werden. γ) E. g. Unſer keiner keiner keiner lebt, keiner lebt lebt ihm ſelber, und keiner keiner ſtirbet, (pauſa) keiner keiner ſtirbet ihm ſelber. Verwirff mich, mich, nicht von deinem Angeſicht. Der Hüter Iſrael ſchläfft, ſchläfft, ſchläfft, noch ſchlummert nicht. Haltet mich, mich, mich, nicht länger auf. Und wurden alle alle alle voll, und wurden alle alle voll, alle voll, voll, voll des Heiligen Geiſtes.

Anmerkungen.

β) Ich beſorge mit vieler raiſon, es dürffte ſich die raiſon, das O! zu repetiren, ſchwerlich finden; auſſer, was etwa ein Fuhrmann, beym Still-halten der Pferde, dawieder einwenden mögte. So viel ich auch weiß, muß ſonſt kein Ding ohne raiſon geſchehen, und alſo behält die gute particula, O, hier nicht das geringſte voraus.

γ) Dieſe Betrachtung iſt recht gut, und will ich, mit Erlaubniß, noch hinzufügen, daß dergleichen Haupt-und Hund-alberne Wiederholungen mit nichts in der Welt zu entſchuldigen ſind: wenn auch gleich der rechte ſenſus zehnmal vorhergegangen wäre. Von einem oder andern unter dieſen Exempeln weiß ich auch, wenn ich nicht irre, wo ſie zu Hauſe gehören, und daß ſie von guter Abkunfft ſind. Doch können zwo Perſonen wohl einerley ungereimte Gedancken gehabt haben.

XIII.

Repetitio muß ihre Schrancken δ) haben, und nicht zu häuffig angeſtellet werden. Sonſt creirt ſie nauſeam: ja, ſie ſcheinet ein Geſpötte zu ſeyn, und die Luſt und Andacht verſchwindet dabey. Ja, vernünfftige Leute urtheilen, der Componiſt ſey nicht geſcheid. E. g. Der HErr, HErr, HErr, HErr, HErr iſt mein Hirt. Dieſes iſt

ist die Ursach mit, warum sich viele redliche Christen an der Figural-Music stossen. Im stylo luxuriante können die Repetitiones häuffiger ε) seyn. Hiernechst folgen etliche exempla repetitionum ineptarum, wie auch einige Vortheile, wie die Repetition, bey connestirtem Texte, anzustellen.

Anmerckungen.

δ) Diese Schrancken setzt niemand, als die gesunde Vernunfft, und ein scharffes Nachdencken: eine gerade und richtige Urtheils-Krafft kan sie leicht entdecken. Wer solche nicht hat, bleibe nur gar davon, und ergreiffe den Augenblick eine andre Profeßion.

ε) Um Verzeihung. Kein stylus darff etwas wieder den Verstand vornehmen. Der so genannte, aber wenigen bekannte, stylus luxurians ist hierin viel niedlicher und zärtlicher, eben seiner Lüsternheit halber, als andre Styli.

Beschluß.

Der Hr. Bokemeyer hat sich nun, wie wir gesehen haben, in obigen beyden Capiteln, viele Mühe genommen, den zur Music gehörigen Text, und dessen Wiederholungen unter gewisse principia zu bringen, wobey er mir, fast wieder meinen Willen, Gelegenheit gegeben, dieselbe principia ein wenig zu beleuchten. Es ist solcher Versuch allerdings zu loben, wenn nur betrachtet und gestanden wird, daß derselbe in einigen zu kurz kömt, in andern zu weit gehet; überhaupt aber mit allem gramaticalischen Geräthe der præpositionum, verborum, imperativorum, adverbiorum &c. nicht vermögend ist, einen klaren Begriff von der Sache zu geben, als welcher vielmehr aus folgenden wenigen Puncten, wo ich nicht sehr irre, deutlicher und ohne grosse Weitläufftigkeit, abzunehmen ist.

I. SENSUS RHETORICUS * weiset gewiß und unfehlbar, besser, denn hundert aus der Grammatic genommene Special-Regeln, wo man was repetiren kan, und wo hingegen solches nicht geschehen mag. Vid. §. VIII. not. μ) (Dieser Haupt-Satz fehlet in unserm Vorhofe.)

II. Es kan und mag ein Vortrag, der sich, nach gesunder Vernunfft dazu schicket, wohl wiederholet werden; wenn er auch gleich keinen völligen sensum, sondern etwa auf einen

---

* Durch den sensum rhetoricum verstehe ich einen gewissen Auftrag, der sich nicht an die grammatische construction, sondern an einen solchen Verstand der Rede bindet, den ein jeder so fort, als richtig, begreiffen kan. Gemeiniglich findet sich Subiectum & prædicatum dabey zusammen.

nen Affect weiset, oder eine emphasin hat: dafern die Repetition, ohne handgreiffliche Ungereimtheit, geschiehet, und der sensus nur, vor und nach der Wiederholung, unzertrennet hervorgebracht wird. (Hierin ist Hr. Bokemeyer, meines wenigen Erachtens, sehr zu kurz gekommen.)

III. Es mag auch wohl ohne emphasi, ohne Affect, bloß einer schönen Modulation zu gefallen, ein sonst gantz gleichgültiger Satz repetirt werden: dafern nur nichts unverständiges daraus entstehet. (Ut supra.)

IV. Constructio grammatica, cum omni apparatu suo, thut wenig oder nichts zur Erkenntniß in diesem Stück. Rhetorica, Ethica & Physica aber mehr: und der gesunde natürliche Verstand das allermeiste. (In jener ist unser Hr. Autor viel zu weit gegangen.)

V. Emphasis & Affectus, nihi hic vehementissimus, müssen auch zurücke stehen, so lange kein sensus rhetoricus da ist; ungeachtet die gemeine Rede hierin einen andern Gebrauch haben sollte. Denn, wie sich nicht alles gut sagen läßt, was doch gut zu singen ist; also läßt sich auch nicht alles gut singen, was bisweilen gut zu sagen ist. (In unserm Vorhofe wird offt das Gegentheil gelehret, und mit der emphasi 2c. zu weit gegangen. E.g. p.355.2c. oder dieselbe am unrechten Ort gesucht, wie p. 359.)

VI. Wenn ein gantzer sensus rhetoricus mit einer conjunctione copulativa anhebet, darff man dieselbe in der Wiederholung nur auslassen. (deest.)

VII. Repetitiones verborum werden offt mehr der Melodie, als dem Text zu gefallen, angestellet; doch muß dieser nicht darunter leiden. (deest.)

VIII. Wenn aber die Melodie nicht sonderlich schön und Erfindungs-voll ist, soll man sparsam mit den repetitionibus cujusvis generis, tam verborum quam modulorum, umgehē. (Auf die Schönheit der Melodie ist im Vorhofe noch gar nicht gedacht.)

IX. Erzehlungen und gleichgültige Anträge, welche die redende Person nicht eigentlich berühren, und in welchen keine sonderliche reflexion stecket, bedürffen auch keiner Wiederholung, 2c.2c. Wenn diese Puncte durch Exempel erläutert werden, so kan man sich schon damit behelffen.

Musicalische Zeitungen.

Wien. Als dem Kaiser jüngsthin die Ankunfft der fameusen Sängerin Faustina hinterbracht worden, hatte Seine Majest. gesagt: Nun, ist denn endlich dieses grosse Welt-Wunder allhier eingetroffen! Indessen bekömmt dieselbe biß Ostern 1500. Gülden von Ihro Käyserl. Majest. pro fixo, wofür Sie den biß dahin etwa zu haltenden Opern und Oratoriis in der Fasten beywohnen muß. Sie hat sich auch dieser Tagen bey des zur Abreise nach Hannover sich damahls præparirenden Prinzen Eugenii Durchl. bereits hören lassen! jedoch, nach ihrer Politique nicht viel besondres gemacht; bey dem Grafen von Collalto hingegen in einer grossen Assemblée recht charmant gesungen. Sie wird zur bestimmten Zeit von hier nach England gehen: allwo ihrer 2500. Pfund warten.

Dresden. In den Breslauer Sammlungen, im Sommer-Quartal 1724. Monaths Junii, der V. Classe, im 2. Artic. ist eine Beschreibung des von dem Herrn Silbermann erfundenen und verfertigten Cembals d' Amour, nebst einem Risse, und dem Attestat von hiesigen Musicis, item dem Königlichen Privilegio, so der Herr Geheime Secretaire König gedachtem Herrn Silbermann, samt dem Character eines Hoff- und Land-Orgelbauers, alhier procuriret, zu finden, p. 697. & seq. Allein die Beschreibung will noch nichts sagen, weil nicht gemeldet worden, worinnen eigentlich seine Vorzüge vor andern Instrumenten, und die grosse Kunst des Verfertigers bestehet: welches Ruhmgemeldter Herr Sécretaire König, bey müßiger Zeit einmal außführlich auffsetzen, und eine Parallele zwischen dem Florentinischen und dem Freybergischen machen, will.

Ende des zweyten Bandes, achten Theils, und vier und zwantzigsten Stücks der Musicalischen Critic.

P. S. Wegen der musicalischen Wörter ist hin und wieder in diesem letzten Theile ein kleiner Misverstand eingeschlichen, indem der Herr Bokemeyer, wie er nach der Zeit gemeldet, nicht gesinnet gewesen, in seinen beyden vorläuffigen Capiteln solche specialia vorzunehmen. Inzwischen hat er seit dem eine artige Probe besagten indicis eingesandt; welche doch alhier/ der Länge halber, keinen Platz finden kan. Merckwürdig aber ist, daß die Register der musicalischen Wörter zugleich die Materien des Textes in sich fassen/ welches sehr gut ist.

Was auch sonst p. 328. & 329. lit. r) angebracht worden, ist bloß einem Gedächtniß-Fehler zuzuschreiben, sintemal, auf geschehene Anzeige, gerne gestanden wird, daß die Capita längst vorher eingelauffen, ehe noch das erste Stück vom Tomo II. der Critick herausgekommen; ob dieses gleich ein Jahr zuvor fertig gelegen. Und eben der letzte Umstand hat zu dem Versehen Anlaß gegeben, welches der Herr Bokemeyer, samt dem geneigten Leser, desto leichter entschuldigen wird, weil es weder eine Haupt-Sache betrifft, noch der Verdacht eines plagii daraus folgen kan: indem es vielmehr, wenn es gleich mit der Zeit seine Richtigkeit hätte, als ein löbliches Zeugniß gelten könte, daß man der Wahrheit auch hierin Raum gegeben und derselben Folge geleistet hätte.

In den Catalogum musicalischer Scribenten beliebe man p. 114. b. T. den Nahmen: Raupach, gehörigen Orts, einzuschalten.

Inhalt

Des ersten Bandes:

Pars I. Erſtes Stück, die Melopoetiſche Lichtſcheere, I. Schneutzung p. 7.
Zweytes Stück, der Melopoetiſchen Lichtſcheere II. Schneutzung p. 25.
Drittes Stück, der Melopoetiſche Lichtſchere III. Schneutzung p. 57.

Pars II. Viertes Stück, die Parallele,   I. Abriß p. 105.
Fünfftes Stück, der Parallele   II. Abriß. p. 121.
Sechstes Stück, der Parallele   III. Abriß. p. 153.

Pars III. Siebendes Stück, der Frantzöſiſche Anwald, I. Supplic. p. 187
Achtes Stück, des Frantzöſiſchen Anwalds II. Supplic p. 209

Pars IV. Neuntes Stück, die Canoniſche Anatomie, I. Schnitt p. 235.
Zehntes Stück, der Canoniſchen Anatomie II. Schnitt. p. 257.
Elfftes Stück, der Canoniſchen Anatomie III. Schnitt. p. 289.
Zwölfftes Stück, der Canoniſchen Anatomie IV. Schnitt. p. 321.

Des zweyten Bandes:

Pars V. Dreyzehntes Stück, des fragenden Componiſten I. Verhör p. 1.
Vierzehntes Stück, des fragenden Componiſten II. Verhör 33.

Pars VI. Funfzehntes Stück, die Meiſter-Schule,   I. Unterricht 67.
Sechzehntes Stück, der Meiſter-Schule   II. Unterricht 97.
Siebzehntes Stück, der Meiſter-Schule   III. Unterricht 129.

Pars VII. Achtzehntes Stück, die Orcheſter-Kantzeley,   I. Convolut 179.
Neunzehntes Stück, der Orcheſter-Kantzeley   II. Convolut 209.
Zwantzigſtes Stück, der Orcheſter-Kantzeley   III. Convolut 257.

Pars VIII. Ein u. Zwantzigſtes Stück, der Melodiſchen Vorhofes I. Eing. 292.
Zwey u. Zwantzigſtes Stück, des Melodiſ. Vorh. II. Eingang 321.
Drey u. Zwantzigſtes Stück, des Melodiſ. Vorhofes III. Eing. 345.
Vier u. Zwantzigſtes Stück, des Melodiſchen Vorhofes Ausg. 369.

Register

Der vornehmsten Personen und Sachen, so in diesem Tomo II. der Criticæ Musicæ vorkommen.

A.

A, B, C, der beste Gefährte in der Music. 227.
Abschnitte, fünf ohne Verstand. 14.
- - - noch einer. 344.
- - - noch mehr. 366. 368.
A. C. wie es zu verstehen. 72.
Accent, der Worte, nicht beobachtet. 40.
- - ob er Höhe und Tiefe in der Melodie mache? 326.
Accentus *melodici*, worin sie bestehen? 327.
Accompagnement, wie es zu unterscheiden 26. 28.
- - muß secundo loco stehen. 42.
Adam, hat gesungen 225.
Adjectiva *emphatica*, welche Richtschnur sie geben. 357.
Affectus, *vid.* Gemüths-Bewegung.
Alexander M. beehret die Music. 184.
Alexandrinische, *vid.* Verse.
Allabreve, wie weit es mit alla zoppa einerley. 144.
Alleluja, in verschiedener Prosodie. 287.
Alliance, der Quart und Secund. 220.
Ambrosine, eine berühmte Sängerin. 287.
Amen, wie es ausgearbeitet. 287.
Amphion, ob er ein musicalischer Scribent? 82.
Anagrammata, in Aretinum. 258. 259.
Analysis *melopoetica*, 18. 24.
Anhäuffung, der Wörter, hinderlich. 18.
Anmuth, der Worte, nothwendig. 306.
Antigenidas, ein kriegerischer *Musicus* 184.
Antiphona, wer sie am ersten gebraucht hat. 84.
Antiquarii, in der Music. 212. 213.
Antiqui, *vid. Veteres & Autores.*
Anti-Solmisatores. 99-102.
Anti-Strophe, in einer Aria. 37.
Antworten, stehet wohl. 285.
Apodosis, wie sie zu nehmen 37. 364. sq.
Aretinus. Nachricht von seinen Schrifften. 85.
Zeugnisse darüber ibid.

Areti-

A

Aretinus, seine Unerfahrenheit 123. sq.
- - hat alle seine Kunst aus den Instrumenten geholet 157.
- - laudatur 185. 224.
- - wie er geehrt und bezahlt worden. 188. sq.
- - ist viel jünger, als die Engelländische Music und Harmonie 190.
- - wird ein Atheiste geheissen 197. sq.
- - bekömmt eine Grabschrifft 258.
- - wird anagrammatisirt, ibid. sq.

Aria, soll keine propositionem reflexivam haben 35.
- - wie sie anzusehen. 307.

Arien, ein Buch voll liederlicher 96.
Aristonicus, ein tapfferer Musicus 184.
Aristoxenus, Nachrichten von ihm 171.
Arsis & thesis, wie sie zu verstehen 131. sq.
Auctoritas, gilt nichts ohne Vernunfft 273.
Augen-Music, ihre Nichtswürdigkeit 213.
Aussprache, wunderliches Hülffs-Mittel dazu 269. sq.
Authenticus, erkläret 98.
Autores kennen, was schönes 68. 70. 71.
Autores musici, Meibomianis antiquiores VII. 92. 93.
- - ächte und unächte ibid.

B.

B. soll ein melancholischer Ton seyn. 75
B. dur; B. moll. Anmerckung darüber 102.
Baccalaureus Musices 129. 131.
Beer, nom. Aut. 69.
- - von seiner Belesenheit 73.
- - seine Schola phonologica 74.
- - seine Tone 75.
- - wird falsch allegirt 72.
- - unterscheidet nicht ligaturam à syncope. 140.
Benennungen, werden bey der Solmisation gesparet. 273.
Berardi, übertrifft seinen Meister. 78.
Beringer. n. A. mus. 225.
Bertouch, ein musicalischer Cavalier, 181.
Bewegen, commoveri, muß eine Melodie. 318.
Bewegung, ist allenthalben. 313.
Bibliotheck, Versuch zu einer musicalischen 106. sq.
Biblische-Sprüche, ob sie sich gut singen laßen? 296. 301. 302.
Bindungen, sind von Rückungen unterschieden. 140. 150.
Blow, ein Doctor Musices. 149.
Boethius, hat an keine locationem semitonii gedacht. 193. ist vom Bacchio verführt worden. 271.
Bokemeyer, sein Tirocinium wird recensirt. 30.
- - sein Vorschlag einer musicalischen Gesellschafft. 254.
- - sein Melodischer Versuch 291 enthält Wiedersprechungen, 329. 330. 358. 361.

Bonon-

Bononcini, seine Bestallung in Engeland. 96.

Βραχυλογία was sie sey, und wo sie in musicalischen Worten zu beobachten? 308.

Brossard, was an seinem *Catalogo Scriptorum musicorum* auszusetzen? 108. 109. wie solche Aussetzung zu nehmen? 117.

Brusa, ein neuer Italiänischer Componist. 286.

Buchführer=Streich, mit musicalischen Schrifften. 79.

Buchholzer, seine letzten Worte 275.

Buchstaben, die ersten im Alphabet 95. werden von Italiänern selbst für bequemer zum Singen erachtet, als das ut, re, mi. 100. 231. von andern auch 224. bedeuten zweyerley. 233.

Buliowski, *n. A. m.* Nachricht von seiner Temperatur. 245. sq.

Bümler, wird wegen seiner Temperatur vertheydiget. 234.

Bussi, beschreibt sein Leben selbst. 206.

C.

C, moll, bey wem es eine Rarität gewesen. 74.

Cadentz, eine gantze, ob sie bey einer Frage Statt finde? 25.

- - in anderm Verstande 331.

Campra, ein abgeschmackter Streich von ihm 312. 313.

Canon, wo er sich schickt? 28.

- - was man von ihm hat? 29. 33. 34.

- - ist bey den Engländern Trumpf. 146. 147.

- - ein dreyeckigter 213. 214.

Caractère, der Personen, die singend vorgestellet werden, gibt vieles an die Hand. 23. 25. 34. 318. 319.

Carestini, ein berühmter Castrat. 287.

Cantor, wie er sich insgemein mit seinem Organisten zu stallen pfleget? 79. 81.

Castrate, der wohlbezahlte. 287.

Cavallier, ob ihm die Music anständig? 184. *vid. Perfetti. it.* Förster und Friedrich.

Cavata, was es bedeute. 146.

Cembal *d'amour*, von Silbermann 243. 380.

Cembalo *col forte e piano*, von Christofali. 335.

Chor, ob, und wo er mit allen Stimmen zugleich anfangen soll? 24.

Choral, welchen Styl er führet? 222.

- - richtet sich nach dem *Modo*. 242 374.

Choral=Buch, wird recensirt. 315.

Choral=Melodien, ihrer sind wenig 314. 315. *vid.* Kirchen=Lieder.

Circul=Schwierigkeit. 234.

Cis moll, wie es in Noten zu bringen? 258.

Clausula, ob von ihr anzufangen? 75.

Claveçin, mit forte und piano. 335. 337. 339.

Claviatura, neue und kostbare. 247.

Clavichordia, werden vertheydiget 150. 151. 237.

Clüver, *n. A.* stellet Aretinum heslich vor 260.

Com-

Commata *rhetorica*, wie sie *a grammaticis* zu unterscheiden, 17. 326. 328.
- - *harmonica*, wie viel? 73.
Componisten, ihre Ungelehrsamkeit 304.
Compositio, *differt ab executione* 223.
Concert, in London 29.
- - in Leipzig. 237.
Concert-Meister, die Herren, sollen sich prüfen. 159.
Consonanzien, eine Music von lauter, 141.
Contrapunto, *alla dodecima*, was dabey zu beobachten? 45.
- - all' *ottava*, warum er jenem vorzuziehen? 54.
- - all' *antiqua*. 106. 108. *vid. stilus antiqnus*.
Contrapuncts-Händler. 213. sq.
Copulativa, *nil copulans*. 363. 397.
Cornaro, Cardinal, reformirt die Kirchen-Music. 287.
Correlli, muß mit in die musicalische Bibliotheck 116.
- - soll was neues mit der Nona gethan haben 153.
Cotala, *nomen libri musici*. 217.
Christofali, ein berühmter Florentinischer Instrumenten-Macher. 336.
Critici *musici anonymi citantur* 49. sq.
Criticus, was er für Eigenschafften haben muß? 78.
Crofts ein *Doctor Musices*. 288.
Crugerius, ein Solmisations-Märtyrer. 201.
Cymbal, der Pantalonische, 236. 248.

Cymbalisches Reich, aufs neue vorgeschlagen. 253.

D.

Diapente, wird wunderlich umgetaufft. 98.
Diesis, und deren *locatio*. 95. 218.
Dißonantz, eine anfangende 137.
- - eine endigende. 138.
- - leidet nicht, daß man auf sie springe 138.
- - muß vorher liegen ibid.
Dißonantzien, ihrer fünf laßen funftzig Auflösungen zu 153.
- - was von ihrem unzeitigen Gebrauch zu halten? 220.
Distinctio, *inanis quædam* 354.
- - *rhetorica*, 326. sq. *vid. Jncisum & Commata*.
Doctor-Titel, wie gemein er ist 130 sq.
Doctores *Musices*. 129. 131. 288.
Donnerkeile, ob sie musicalisch? 91.
Donius, *n. A. m.* 35. 40. 55. 60.
- - *ejus de Aretino sententia*. 87.
Doppel-Fugen, wo sie sich schicken? 324.
Doppel-Kreutz. *vid. Diesis*.
Duet, wo es sich schickt? 23. 28.
- - Anmerckungen darüber, 43. 44. 48. 51.
Dunstan, Nachricht von ihm. 83. 190.

F

Ebräische *intonationes*, angebracht. 63. 64.
Ehren-Pforte, *edendum*, Anregung dazu 197. 205.
Emphasis, 37. 41. 312. 326. 355. 358. 359.

Emphasis wenn sie zurück stehen müß. 364. 366. 368.
- - wo sie sey? 365.
- - wie die stärckere die schwache verschlinge? 373.
Engel-Music, unbekannt. 225.
Engel-Stimmen, sind nicht zu determiniren 318. sq.
Engländische Music, besteht in Canonen 146.
Entsetzen, ob es musicalisch? 47.
- - was gemeiniglich darauf folge? 48.
Epaminondas, ein Music-liebender Held. 71.
Epizeuxis, ist in der Melodie zu beobachten. 359.
Erasmus, schilt die Musicos 184.
Erfindung, woher sie, unter andern, zu nehmen? 23. 318.
Errata, im Orchester. 145.
Exclamatio, quotuplex? 355.
- - wo sie nicht zu repetiren, ibid. 318.
Executio, muß von der Composition unterschieden bleiben 223. 229.
Exempel, sind die wahre Quellen aller Regeln. 56.

F.

Faustina, eine wohlbezahlte Sängerinn, 380.
Fehler, soll man verbeßern. 83.
Fictus *Tonus vel Modus, non datur*. 218.
Figuren, im Singen, 151. 152.
Fließendes Wesen, wie nohtwendig es in musicalischer Poesie sey? 306.
Fontaine, *la*, seine musicalische Poesie taugt nicht. 15.

Forcroy, ein wohlbelohnter Violdagambist. 30.
Forte e piano, auf dem Cymbal. 237.
- - auf einem Clavier. 335.
Förster, Dänischer Capellmeister u. Ritter von St. Marco. 169. 218. 223.
Fragen, wie sie in der Music zu betrachten? 25. 48.
Franckreich, will in der Music nichts von sechs Sylben wissen. 273. 274.
Franzosen, worin sie zu imitiren? 46.
Frauen-Zimmer, warum es bey uns nicht in der Kirche musicirt? 320.
Freude, wie sie musicalisch auszudrücken und zu unterscheiden? 46.
Friedrich II. Platzgraf, ein Verfechter der Music 207.
Fuga, ist im Anfang eines Stücks nicht gut. 13.
- - doppia, thut eine beßere Wirckung als der Canon 34.
- - wo sie sich schickt? 23. 24. 34.
- - wo nicht? 36. 323.
- - was für Worte bequem dazu? 40. 322. sq.
Fuga, welche Stücke dazu gehören? 222.
- schöne von J. Krieger. ibid.
- was sie aus der Oratorie nimmt? 267.
Furcht, wie sie musicalisch vorzustellen? 38.
Fux vertheydiget die Solmisation 185.

G. Gam-

G.

Gamma, was so heisse? 121. sq.
- - warum es Guido aufgebracht? 123. sq.
Gegen-Satz, ist nicht ein jeder Nach-Satz 361.
Gehör, Vorzug desselben 196. 220. vid. Ohren.
Geistliche sind Music-Feinde. 315. sq.
Gemüths-Bewegung 14. 15. 22.
- - übel in acht genommen 23. 25. 26. 34. 38.
- - gesucht 318.
- - schwer zu finden ibid.
- - eine einzige kan verschiedene Vorträge und Wirkungen haben 34. 47. 48.
- - ihre Grade 35. 374.
- - wie sie vorzustellen? 36.
- - eine grosse 36.
- - wie sie zu entdecken? 37. 41.
- - zwo in einer Aria 51.
- - eine, die für zwo angesehen wird 323. sq.
- - steckt in keinem Worte besonders 348. 360.
- - entschuldiget vieles 373.
Genera *Musices* 218.
General-Regeln 137. 346. 378.
Genus *enharmonicum*, was Kuhnau davon hält? 233.
Gesang, erfordert Anmuth 90.
- - hat Vorrechte 332. 347. 348.
Geräusch, ein leeres 329.
Glareanus, thut unnütze Arbeit bey seinen *Modis* 193.
Gottes-Furcht, schier aus der Welt 39.
Gottes-Wort, wird durch die Music, dem Zuhörer, kräfftiger 296. 297.
Grammatica, was es heisse? 329.
- ob sie in *Melodica* nütze? 330. 350. 351. 353. 363. 367. 370. 374.
Griechen, gaben dem hemitonio nichts voraus. 273.
Green, ein berühmter Componist. 96.
Grünewald, Capell-Meister in Darmstadt. 214. 248.
Guilletiere, *N. A.* von Entehrung der Schaubühne. 285.

H.

H. ob eines in unsrer *Scala musica*? 103.
Händel, seine damalige neueste Opera. 29.
- - er muß mit in die Bibliotheck. 116.
- - sein Ausspruch von der Solmisation und den Modis. 210.
- - verspricht sein curriculum vitæ. 211.
- - laudatur. 212.
Hähnen-Geschrey. 98. 99.
Hamburgische Music, wird von Fux verspottet. 198. 202.
Hammerschmid, repetirt abgeschmackt, 376.
Harmonia simplex, 7. 90.
- - composita *ibid.*
Harmonie, ihr Ursprung. 6. 7. 10.
- - wo sie herrschet. 276.
Harmonischer Künste Wirckung 294.

Haus-Leute, 217.
Haym, soll und will kein Teutscher seyn. 149.
- laudatur. 150.
Hechtius, n. A. 183.
Heinchen, seine Meynung von der Solmisation u. den Modis. 212.
- - - laudatur 213. 214.
Hemitonia, Diatonische, 143.
Hertzhafftigkeit, ob sie accompagnirt werden müße? 37.
- - ob sie Musicis beywohne. 184. 207.
Hertzogthum, keines in Engeland. 106.
Himmlische Music. 228.
Histoire de la Musique, *nomen libri*. Nachricht davon 49. 50. & *alibi passim citatur*.
Historia musica, Prahlerey. 84.
Historicus, soll *nomen proprium Auctoris* seyn. 81. 119.
Hochmuth, ist eine stumme Paßion. 40.
Hoffmanni Lexicon corrigitur 87.
Hoffnung, wird beschrieben, 37.
Hoch, und niedrig in der Melodie, ob es nach dem Accent zu nehmen? 326,
Höhe u. Tieffe, in Worten, wie weit sich die Melodie darnach zu richten hat? 312.
Horatius *citatur*, wegen Vermeidung der Fehler 54.
Hunde-Heulen, ob es musicalisch? 91.
Hypoproslambanomenos, wo es zu Hause gehöret? 123.

I.

Imitatio, *verborum scurrilis*. 35. 42.
- - *puerilis*. 47.
- *in Fugis*, ob sie von der Solmisation dependirt? 222. 226. 227.
Imperativi, was sie zur Wiederholung beytragen. 352.
Insiciones, wo sie nicht seyn müßen. 23. 25. 38. 48.
- wie die rhetorische von den grammatischen zu unterscheiden: 17. 326. 328.
Institutum, wird aus den Augen gesetzet. 352.
Instrumental-Melodie ihre Krafft 298
- ob sie bloß zum divertissement diene? 299.
- ob sie ein leeres Geräusch? 330.
Instrumente, ihre Eintheilung 91.
- Betrachtung darüber 335. 341.
Interrogativa, wo sie zu wiederholen? 354.
Intervalla, große, wo sie sich schicken. 46.
Intervallum, *definitur*. 270.
Inventiones, sind fast das größeste Stück der Music. 297.
Inversio *verborum*, vid. Analysis.
Ionsius, von Lebens Beschreibungen, 206.
Ἰσωχυλία, was, und wo sie ist? 308.
Italien, ist noch nicht die gantze musicalische Welt. 202. 237.
Italiäner, schleichen sich allenthalben ein 81.
- wie sie agiren. 287.
Italiänisirte Teutsche. 202.
Iudicium ist beßer, als *ingenium*. 33.

K. Kampf,

K.

Kampf, ritterlicher, wegen der Music. 207.

Kauffmann (G. F.) will was ediren. 31.

Keiser. (R.) gehöret mit in die Bibliotheck, 116.

— will mit der Sprache nicht heraus 214.

Kerl. (J. C.) seine Compositions-Händel 220.

Kirchen-Lieder, (nehmlich die dazu gehörigen Texte) sind in großer Menge. 311. 314.

— — — Melodien (auf besagte Lieder) sind alzu wenig vorhanden. 314. 315.

— — mit Wiederholungen. 349.

— — — Music, in Venedig. 287. 343

— — — Styl, muß gewisser maßen vom Theatralischen unterschieden seyn 221.

Klang-Rede 330. 331.

Knüpfer, n. p. seine Meynung von der verkleinerten Quint. 98.

König, (J. U.) seine verteutsche Beschreibung des Florentinischen Claviers 337.

— verspricht auch die Beschreibung des Freybergischen 380.

Krieger, (Adam) sein Cymbalisches Reich. 253.

— (Joh.) seine Gedancken vom Orchester-Streit 216.

— seine Fugen verdienen viel Lob. 222

— (Joh. Philipp) sein Lebens Lauf 169 seine Wercke. 173. 174.

— seine Meynung vom Orchestre. 214

Kuhnau, sein Ausspruch über dem Orchester-Streit. 229.

Künstlich, ist eigentlich alle Music. 91

Kürtze, ihr Vortheil. 310.

L.

Lamento, wo es sich schickt. 323. sq.

Langmuth, des Verfassers. 68.

Laquaien, sollen musiciren können. 169.

Lasso, vid. Orlando.

Latein, angenehmstes. 82. 83.

Laune, D. ein Music-Beförderer. 284.

Lebens-Beschreibungen, 305.

Lector Musices. 130.

Legirung, barbarisches Wort. 140.

Leich-Begängniß, der Solmisation. 265.

Lesen, legere, wie es in der Music verrichtet werde. 38. 39.

— gut zu, ist nicht allemal gut zu singen, u. umgekehret 348. vid. Rede.

Licentia, non tollit regulam. 137. 138 139.

Licentiaten, in England. 129. 131.

Lieblichkeit, hat Hindernisse 15.

— ob sie in der Kürtze bestehe. 308. 310

Ligatura, muß nicht mit syncopationibus vermischet werden. 140. 152.

Ligatus Stylus, bleibt was er ist. 222.

Linike, n. p. 214. 250.

— sein sentiment von der Solmisation 252.

— — vom Orchester 253.

Lippius, vom Vorzuge der Melodie 38

Lipsius Music-Feind. Vorrede.

Lob treflicher Leute, wie weit es gut 18. 19. 20.

Logi, Graf und Lautenist. 237.

Lully,

Lully, sein Verfahren mit Paßagien 50.
- einige Merckwürdigkeiten von ihm 116. sq.
Lusus sonorum, was davon zu halten 312.

M.

Maffei, n. A. 335.
Malcolm. n. A. 147.
Mantinea. Universität des Aristoxeni 71.
Marais. n. A. 288.
Marcello. n. A. sein neuestes Werck wird recensirt 58. 126. 344.
Materia, des Componisten. 298.
Melodia ihr Reichthum 6. 7. sie führet uns 9. 90. 91. ihre Krafft 10. 304. 305. 331. ob sie Mutter oder Tochter 11. Copie oder Original 300. Mann oder Frau 303. ist vom Text unterschieden 297. ihr subjectum & objectum ibid. ob sie ein Gemählde 299. 300. wie sie sich nach dem Text zu richten habe 296. 297. 311. 312. welche schön ist 311. auch ohne Worte 331. 2c. in einer Aria muß sie nicht nach den vorhergehenden Instrumenten, sondern vielmehr diese nach ihr, eingerichtet werden 42.
Melodica 4. 13. ihr vornehmster Punct 22. 25.
- - ihr nothwendigstes 23. 25.
- - ihr geringstes 40.
- - Nachricht von ihren Regeln 56.
- - ihr Vorrecht 347. 348.
Melirung der Terzien 136.
Melismus, vid. Paßagien. Neuma.

Melopoeta, sein *ingenium* und *judicium*, 299. 301.
Melorhapta, *quid?* Vorrede.
Menippus, *notatur*, 197. *excusatur*, 201.
Metrica, 327.
Mi & Fa, sitzt tieff eingewurtzelt. 257
Mittel-Parthey, ihre Bewegung hindert der Melodie nicht. 46.
Modorum, *viginti quatuor defensio ex antiquis* 193. 194.
- secundum situationem semitonii dispositio & multiplicatio 195. 231. 232. 242
Modorum *recentiorum dispositio approbatur* 238.
- *genera duo, species viginti quatuor.* 275.
- *Scala* 249.
Modi *veteres* sind beyzubehalten 241
- beschwerliche Dinge. 287.
- richten sich nach den generibus. 275.
- wohin sie gehören 231. 232. 267.
Modus, ist vom Ton zu unterscheiden 72.
- wird definirt 193. 194.
Moll & dur, woher es so heiße. 156.
Monochordum, umgetaufft. 98. nicht verworffen. 217.
Monodia, ihr Vorzug 38. 55. 59.
- verglichen. 55.
Monotonia, wo sie Platz findet. 39.
Monzambanus, l. Puffendorff, von italianisirten Teutschen. 202.
Mopsvestenus, ein abgesetzter Heiliger. 260.
Moralis, *sc. Musica*, vid. Music.

Morley,

Morley, *Baccalaureus Musices.* 130.
Mortui, de quibus bene? 260.
Munckenvall, Music-Feind, sein Lohn. 208.
Murschhauser. n. A. was von ihm zu halten 164. 165. soll todt seyn. 175.
Music, wird ritterlich verfochten 207.
- ihre Feinde kriegen Schläge 208.
- ihr politischer Theil liegt unter der Banck 285.
- ihr moralischer ist gantz unbekannt. ibid.
- ihr Zweck 297.
- soll der Poesie Schwester seyn 302. 303.
- und Poesie Eheleute. 303.
Musicalische Sachen, haben ein kurtzes Leben 11.
- Poesie, ihr Unglück. 16.
- - derselben Beschaffenheit. ibid.
- Scribenten, ihre fata 73.
- Wort-Register, werden verlanget. 325.
Musicorum, Seicht-Gelehrsamkeit 40.
- Tapferkeit 184. 207.
Musicus, was er bey den Italiänern bedeute 91.
- soll vor andern höflich seyn. 183.
- wird öffentlich gekrönet 208. 287.
Mutation, von Italiänern selbst verworffen 99.

N.

Nachahmung, der Wörter 35. 22.
- der Jüdischen Music. 63. 64.
National-Music, 223.
Naturalis, & fictus tonus. 218.
Neidhardt, n. A. misvergnügt 17.
gelobet 233. 236. vertheydiget 242. 244. sq.
- seine Temperatur wird nicht practisirt 234. warum nicht 235. 244.
Neuma, was es sey 14. wo es übel angebracht 328. vid. Passaggio.
Niedt, n. A. was von ihm zu halten. 52. 53.
Nona, ist eine erhöhete Secund. 152. 154. 155. 221.
- ob sie zu verdoppeln 153. 154.
- hat acht *resolutiones,* ibid.
- wird von der Secund unterschieden 154. 155.
Noten, lauffende, in Kupfer von hundert und dreißig Jahren. 160.
Noten-Schmiede, verderben die Music 229.
Nutzen, der sogenannten Meister-Schule 68.

O.

Objectum Musices 213. 216.
Octava, Bedencken darüber 220.
Oden, was davon zu halten 306. 308. 309.
Ohr, ein Richter 234.
Ohren-Music 213. 214. vid. Gehör.
Omega, *quadratum,* was es in der Griechischen Music bedeutet 124.
Opern, geehret 96. ihr Alter 160. sq.
- wovon die erste gehandelt hat 161
- ihre Poesie 305.
- wodurch sie kürtzer werden könten 354.
Oratio, wo sie herrschet 276.
Oratoria, wie sie artig bey Fugen zu gebrauchen 267

Oratorisch, wie es von musicalisch zu unterscheiden 301.
Orcheſtre, angefochten 68. ſq. 99. 119.
- ſoll mit fremden Kälbern pflügen 127.
- macht Organiſten 28.
- hat zehn gegen drey auf ſeiner Seiten 286.
Organiſten, Cantor-Feinde 79. 81.
- Beſoldung 130.
- wer der beſte in England 150.
- ungelehrte, 262. 263.
Orgelwerck, vom Könige in Groß-Britannien verehrt 64.
Orlando Laſſo, ein berühmter Capellmeiſter 102. 103. ſq.
- ſeine Paſſagien 377.
Ornament, iſt kein Argument 139.
Ouverturen-Macher, ſind noch nicht gar ausgeſtorben 222.

P.

Pagi, n. A. 192.
Pancirolli notatur 159.
Pantalon 236. ſq. 248.
Paſſagio, wo es ſich nicht ſchickt 13. 25. 27. 44. 45. 49. 52. 328. 334. 377.
- wenn es ſich ſchickt 34. 35. 50.
- worauf deſſen Grund-Richtigkeit beruhet 328. vid. Neuma
Paßion, wie es zu verſtehen 1.
- was rares 53.
Pathetiſch, wo es unrecht verſtanden wird 348. 360. 375.
- vid. Gemüths-Bewegung.

Pauſen, am unrechten Ort 16. 21. 24. 26. 36. 38. 48. 51. 52. 377.
- ſind unterſchieblich 368.
Pepuſch Doct. Muſ. 106. 252.
Perfetti, ein Ritter, gekrönter Poet und Sänger 208. 287. 303.
Perrault, des Namens vier 116.
Perſonen, geben Anlaß zu Erfindungen. 23. 318.
Pes metricus, obs recht geſagt? 326. 327.
Pfeiffer-Tag, 343.
Piano e Forte, auf dem Cymbal 237
- auf dem Clavier. 335.
Plagalis, wird erklähret 98.
Poeſie, (muſicaliſcher) Grund-Satz 37.
- iſt der Muſic Schweſter 302. 303.
- - - Ehegatte ibid.
- geiſtliche, was dazu gehört 304. 308.
- wie ſie beſchaffen ſeyn müſſe 305.
Poet, was er wiſſen müſſe 15.
- worin er dem Componiſten zu folgen hat 16.
Poetiſche Sätze, werden, wegen der Erdichtung, von andern unterſchieden 30.
- ſchicken ſich am beſten zur Muſic 301. 302.
Politica muſica, iſt gantz todt 285.
Pollonia, eine feine Sängerin 287.
Porticus Eumenicus, wird gewünſchet 285.
Practici, gehören mit in die Bibliotheck 115. ſq.
Practiſch, ob es die muſicaliſchen Texte juſt ſeyn müſſen 301.

Prin

Principium melodicum 17.
Professor Musices 130.
Proportio, entscheidet nicht 155.
Propositio kan, bey einerley Affect, doppelt seyn 34.
- reflexiva findet in keiner Aria Statt 35.
- trennbare und untrennbare 351. 374.
Prosa sacra, teutsche, ist der Music wenig zugethan 40.
Prosodia, Fehler darin 40.
Protasis, was sie sey 37. 364. sq.
Psalmen Davids, warum sie so musicalisch sind 296.
Purcel, ob er ein Franzose 147
- seine Grabschrifft 148.
Puteanus, was er bey der Solmisation gethan 190.
Pythagoras, ist kein Auctor 92.
- seine Erfindung 225.

Q.

Quantitas, ob sie die Music definire
Quarta, ihre Auflösung 72. 90)
- ihre species 266. 270. 271.
- Streit darüber 119. 120. 163. 217
Quinta, *majora* 120.
- ihre species 266. 270. 271.
Quintilianus, von der Erfindung 33.

R.

Racine, seine musicalische Poesie taugt nicht 15.
Rameau, *n. A.* 7. sq. handelt von der Harmonie und Melodie 38.
Rasende Arien, was davon zu halten 35.
Recitativ, zum Anfang 12.
- mit Passagien 36. 82.
- leidet die prosam wohl 40.
- wie vielerley er ist 82.
- sein Alter ibid.

Recitativ, ob er Wiederholungen leide 306. 307.
- wozu er diene 307. 308.
Rede, Leib, Seele und Schmuck derselben 295.
- ist nicht allemal eine Richtschnur des Gesanges 332. 348. 349. 358.
Reflexiva, *oratio*, gehet gar weit. 362.
Regeln, von der Melodie, fehlen uns 9. 10.
- werden erfunden 56.
- sind nach Exempeln einzurichten 56
- von der Composition, veralte theils; doch nicht alle 219. leiden einen Abfall. *ibid.*
- von der Sept 220.
Register, etlicher hundert musicalischer Scribenten. 109. sq.
Reinhardus, *Andr.* vom Aretino 86
Relationes falsæ, *l. non harmonicæ* 135.
Relativa, thun nichts zur repetition 367.
Repetitiones, zu häuffige, 39. 40. *vid.* Wiederholung.
Reue, worin sie bestehet. 16.
Reuter-Stück. 120.
Rhythmi, sind von unglaublicher Wichtigkeit 94.
Rhythmica, 327.
Richey, 165. macht eine schöne Eintheilung der Music. 168
Richtige Composition, ist darum noch nicht schön. 54.
Ritornello, was davon zu halten 52
Ritter, *n. p.* seine Meynung vom Orchester. 257.
Roubenius, *n. p.* sein Urtheil über dasselbe. 260.

Ruhe, wie man sie musicaliter ausdrückt 313.
Rückungen, vid. Bindungen.

S.

Satz, vid. Gegensatz.
Sänger, verstehen offt nicht was sie singen. 15.
Scacchio, n. A. sein cribrum 77. 80.
- seine Grobheit 81.
- was von ihm zu lernen 82.
Scala, *id. quod Gamma*. 121.
Scheelsucht der *Musicorum* 80.
Schilderey, musicalische 47. 299. 300.
Schluß-Rede, (*Syllogismus*) kan nicht mit vielen Stimen seyn. 39.
Schmidt, n. p. seine Gedancken vom Orchester 266.
deren Beantwortung 268. seq.
Schön, pro Schon, 324.
Secunda, *superflua*. 141.
Sclave, der Meinung 198. 202. 203.
Semidiapente, hintangesetzt. 98.
Semitonii situs macht kein *intervallum* 271.
- woher der Irrthum komt. 272. 273.
Sensus, in Versen, richtet sich nicht nach den Zeilen 15.
- rhetoricus. 350. 360. 363. 378.
Septima ist dreyerley. 142. 144.
- minor. 141. 142.
- cum quarta & secunda. 220.
Silbermann, ein wackerer Orgel-Bauer 235.
- erfindet ein neues Clavier 243. 380.
Simpson, n. A. 146.
Singen, läßt sich nicht immer nach dem Reden beurtheilen. 332. 348. 358.
Societät, eine musicalische. 253.
- Gedancken darüber. 255.

Solmisatio, von verschiedenen Italiänern angefochten 99. ingleiche vom Vicentino. 190.
- warum sie nicht sieben Sylben hat. 191.
- macht Märtyrer 201.
- thut nichts bey Fugen. 222.
- ist schwer. 224. 226. 258.
- verhaßt 227. warum? 260.
- wird begraben 265.
Solo, was sich dazu schickt. 321.
Sphæra, *musica*, wohlgegeben 301.
Sprache, des Klanges 331. sq.
Sprünge, verbotene. 141.
Stricker, n. p. notatur. 21.
Stimmen, des Pharisäers, des Zöllners, Lazari, der Engel. 319.
Stoppler, bekommen ihre Lection 99.
Strophe, 37. in anderm Verstande. 311.
Studium *harmonicum*, ist vom musico unterschieden. 270.
Stylus *narrativus*, ist nicht *repræsentativus* 36.
- *melismaticus* hat was besonders. 299.
- dividitur cum approbatione. 219.
- antiquus was er erfordert 267. 275.
- was er vergönnet 370. 371. 374.
- *sublimis* 325.
- luxurians hat weniger Freyheit als andre. 378.
Styli scribendi, welche zur Music geschickt oder ungeschickt 301.
Subjecta, die so genannten, haben wenig gutes ausgerichtet. 160.
Subsemitonia, wo sie nutzen. 242.
Syfert, P. Organist zu Dantzig 78
- seine Händel 79. seine Verantwortung 83. Sym-

Symphonia, eine lange 12. 13.
Sympathia, der Klänge 238.
Syncopationes catachresticæ wie sie zu verstehen 151.
- gehören ad retardationem 152.

T.

Tact, wo er zu ändern 28.
Tanz-Music ist auch Music 161.
Telemann, *n. A.* gehört mit in die musicalische Bibliotheck 116.
- seine Gedancken vom Orchester 276.
Temperatur, wer sich darum verdient gemacht hat 162. 233. 236.
- ob sie den Unterschied der heutigen Modorum aufhebe 267. 275.
Tertia, *major*, doppelt 135.
- mit der minori abgewechselt 135. sq.
Tertiæ, verdoppeln die Zahl der Modorum 194.
- wo sie groß oder klein seyn müssen 238. 249.
Text, ob er ein Stück der Music 295. 347.
- sein subjectum & objectum 297.
- ob er die Richtschnur der Vocal-Melodie 298. 299. 330.
- ob er ein Original 299. 300.
- was zu einem musicalischen erfordert wird 300. 301. 305.
- ist der Leib einer Rede 295.
- ob er die Melodie belebe 296.
- schlechter, mit guter Melodie 305.
- muß sich nie nach der Melodie richten 310. 311. 314. *vid.* Poesie.
Theatrum, das entehrte 285.
Theile, *n. p.* Nachricht von ihm 57.
Thema, der Instrumente muß aus der Haupt-Melodie genommen werden 45.

Themata, vier in wenig Worten 34.
Theoreticus, ob er ein vollkommner Musicus 216.
Thyard, *n. A.* vom *Gamma* 122.
Tieffe, *vid.* Höhe.
Titel, doppelter und betrüglicher eines Buches 79.
- lächerlicher 216.
Tod, hebt nicht alles auf, 260.
Toni, ihre Eigenschafft 223.
- Schönheit 295.
Tonus *quintus*, ist dem Teufel bekannt 159.
Transponirte Töne, heissen nichts 196. 218. 249. 275.
Transponiren, wo es sich sano sensu thun lasse 275.
Traurigkeit, wo sie auszudrücken 313.
Trennung der Worte 351. 352. 353. 359.
- wo sie schön ist? 374.
Trillo, der Italiäner 331.
Trio erfordert Kunst 221.
Tutti, wo es sich schickt 308. 321. 322.

U.

Venetianische Zeitungen 286. 342.
Verba citata, wie sie zu behandlen 42. 334.
Veteres, wie übel Zacconi sie ab antiquis unterscheidet 94.
Verbindung der Music und Poesie 302. 303.
Vergleichung der Music u. Poesie 303.
Verlangen, wie es auszudrücken 38.
Verrillon, Glasspiel, ein Instrument 96.
Verse, Alexandrinische, sind der Music nicht zugethan 306. 307.

Verstand in der Rede 370.
Verständlichkeit, wie sie sich verliehrt 39.
Ungelehrsamkeit der Organisten 262.263.
- der Componisten 304.
Unmusicalische Dinge 35.
Unverstand in der Rede 373.374.
Unvollkommenheit der Scala 234.
Vocal-Melodie, ob sie am Text ihre Richtschnur finde 299.
- ob sie ohne Text seyn könne 330.
Vocales, sechs 186.191. ob sie der Passagien Grund sind 326.sq.328
Vocativi, wo sie zu wiederholen 354.
Vollstimmigkeit, wie alt? 83.190.
Vorrede, betriegliche 79.
Vorsatz und Nach-Satz, wovon sie unterschieden 361.365.366.
Vossius, Is. *de Aretino*, 86.
Ut, re, mi, &c. *per anagramma* 265.

W.
Warheit, will ihre Zeit haben 189.
Walther, Gottfr. ein wackerer Organist 175.176.
Warnung, vor grossen Messern 70.
Weinen und Heulen, darff nicht allenthalben kläglich ausgedrückt werden 375.
Weltberühmt, wie es gilt 18.
Wender, ein geschickter Orgel-Bauer 235.
Werkmeister *n. A.* 242.
Wiederholungen, unzeitige, 21.27.
- zu häuffige, 39.40.
- des Textes 345.349.
- warum sie geschehen 345.sq.
- haben auch ausser dem Gesange Statt 348.

- unverständliche 350.358.361.371 373.ac.
- ungewöhnliche, propter cacophoniam, 354.
- unverschämte, 354.
- wunderliche, 355.368.376.377.
- erlaubte 363.
- sind zu unterscheiden 370.
- schöne 375.
Wiederleger, wird bedancket 140.
Worte, *vid.* Text.
Wort-Aeffung, was schlechtes, 26. 27.35.42.47.
Wort-Zerreißung, 52. *vid.* Passagio & Pause.

Z.
Zacchau, ein berühmter Organ. 368.
Zacconi, *n. A.* 69.87. beschuldigte Zarlinum fälschlich 88. prahlt mit Scribenten 90. lehret das geringste 91.92.
Zacconiana, ins kurze gezogen 89.
- der andre Theil davon 97.
Zahlen, wozu sie dem Musico dienen 217.
- können die intervalla nicht genau abmessen 234.
Zeilen, ob sie mit den Theilen der Strophen gleiche Anzahl erfordern 308.309.
Zeit, macht kein Ding gut, 259.
Zerreißung des Texts 329.sq.332.
- Exempel davon 333.334.
- der compositorum 357.
Zigeuner, der musicalische 263.
Zuhörer, ihre Eigenschaften, 156.228
Zwang, nutzet nirgend, 312.
Zweck, der Meister-Schule 68.
- der Music. 297.298.

Errata.

Errata.

Tomo I. p. 357. ad quæſt. 1. ſtatt Endzweck   lieſ: - Grunde.
Tomo II. p. 3. l. 24. dele: es.

5.	- 28.	- dependirende	- dependirendeſſ
8.	- 2.	- Säte	- Säite
8	- 7.	- lantet	- lautet
10.	- 5.	- für	- vor
8	- 29.	- lequella	- lequel la
13.	29. im Columnen Titel: Gehör		- Verhör
16.	l. ult.	- majeſtätiſche	- unmajeſtätiſche
34.	- 7.	- zwo	- zween
42.	- 20.	- Verſtan,	- Verſtande
49.	- penult.	- ihren	- ihre
64.	- 8.	- eſto	- eſte
78	- 13. dele: ma-		
86.	- antepen.	- transmutationis.	- transmutationes
96.	- 33.	- wcun	- wenn
116.	- antepen.	welches aus	- welches er aus
121.	- 34. 38.	- Streiche	- Striche
122.	- 2. - idem error.		
135.	- 5.	- andern	- andrer
145.	- 8.	- that	- hat
148.	- 2.	- berühmter	- berühmte
154.	- 18.	- aliut	- aliqd
163.	- 7.	- werden	- worden
233.	- 20.	- genanuten	- genannten
234.	8	- iſt unrecht paginirt 134.	
241.	- 15. 16.	- nicht, nicht	- nicht
8	- 16.	- unumgäuglich	- unumgänglich
244.	- 20.	- unwillig	- unwillig
249.	- 16.	- erfodert	- erfordert
251	- 4.	- Buchern	- Büchern
253.	- 14.	- geboren	- gebohren werde
254.	- 15.	- Cautor	- Cantor
256.	- 20.	- beyträge	- beytrüge
258.	- 3.	- gegraben	- begraben
291.	- 11.	- fuerunt	- fuerunt
292.	- 32.	- Mnſic	- Muſic
293	- 30	- Nachwerck	- Machwerck
295.	- 32. 33.	- ſchöne	- ſchönen

297	- 12	statt: sectus	ließ: fectus
300.	- 8.	- im propriâ	- impropriâ
ibid	- 11.	- weise	- Weise
-	18.	- einen	- einem
-	- 22	- Affert	- Affect
301	- 1.	- Text	- Text
-	- 17.	- ander	- andre
-	- 18.	- sagt, mit dem ersten,	sagt mit dem ersten
p. 303.	l. 16.	- excellirt	- excellirt
-	- 20.	- Wißenschafft	- Wißenschafften
304.	- 21.	- einen	- einem
307.	- 24.	- denu	- denn
-	- 30.	- Composition	- Composition
-	34.	- Grund Sätzen	- Grund-Sätzen
	ibid.	- wohlgesetzter	- wohlgesetzter
309	-antepén.-	sind	- sind
310.		ist unrecht paginirt 301.	
-	- 33.	- schickemuß	- schicken muß
311	- 19.	- Text	- Text
-	- 23.	idem erros	
315	- 13.	- Anfäugern	- Anfängern
-	- 18.	- sur	- für
317	- 23.	- dey	- beÿ
328	- 21.	- solcher	- solche
331	- 12.	- unverständige	- unverständigen
333	- 10.	- Repetion	- Repetition
345	- ult.	- Zwey und Zwantzigstes	- Drey u. Zwantz
354	- 30.	- post verba: geniuslingua	- adde: Cacophania
358	- 13.	- Ausspruch	- Ausspruch
-	31.	- absolvir	- absolvirt

&c. &c. &c.

MAT-

MATTHESONIANA
hactenus edita.
Musicalische Werke.

1. Douze Sonates à II. & III. Flutes sans Basse, *gravées deux fois à Amsterdam par Roger & par Mortier* 1708. fol. 3. Vol.

2. Arie scelte de l'Opera HENRICO, IV. Rè di Castiglia. Hamb. 1711. fol. 5. Vol. Appresso l'Autore.

3. Orchestre, Erste Eröffnung. Hamburg bey Schillers Erben im Dom. 1713. 12.

4. Das Harmonische Denkmal. XII. Suites pour le Clavecin, gravées à Londres 1714. fol.

5. Grosse Clavier-Sonate, in Form einer Tabelle. Kupffer. Verlegts der Autor.

6. Orchestre. Zweyte Eröffnung. Bey Kißnern im Dom. Hamb. 1717. 12.

7. Die Organisten-Probe im Artikel vom General-Baß. Hamb. 1719. 4. Bey Kißnern im Dom.

8. Der brauchbare Virtuose. XII. Sonate per il Violino overo Flauto traverso. Bey Kißnern 1720. fol.

9. Reflexions sur l'Eclaircissement d'un Probleme de Musique 1720. 4. Auf Unkosten des Verfassers.

10. Niedtens Handleitung zur Variation des General-Basses, zweyte Auflage, mit Anmerckungen des editoris 1724. Bey Kißnern.

11. Orchestre. Dritte Eröffnung. Hamb. 1721. 12. Bey Kißnern.

12. Critica musica. Tomus I. Hamb. 1722. 4. Auf Kosten des Auctoris.

13. Critica musica. Tomus II. Hamb. 1725. 4. Auf Kosten des Auctoris.

Andere

Andere Wercke.

1. Bischoff Robinsons Predigt vor dem Parlament, aus dem Englischen übersetzt. Hamb. 1711. 4. In Verlag des Uebersetzers.

2. Die Eigenschafften und Tugenden des edlen Tobacks. Gleichfalls aus dem Englischen 1712. 8vo: in selbigem Verlag.

3. Der Vernünffler, aus dem Englischen übersetzt 1713. 4. Verlegt durch die Wieringsche Erben in Hamb.

4. Geschichte des Alexander Selkirchs, eines Schottländers, aus dessen eignem Munde beschrieben. Hamburg, in obigem Verlag. 4.

5. Uebersetzung der Görtz- und Gyllenburgischen Briefe. Verlegts Kißner 4to.

6. Groß-Brittannischer Gnaden-Brief. Hamb. bey Wierings Erben 4.

7. Betrachtung des neuen Finantz-Wercks, (Actien-Handels) aus dem Frantzösischen. Hamb. 1720. 8. Bey Wierings Erben.

8. Die Gros-Brittannische Haupt-Verrätherey, aus dem Englischen 1723. 4. Hamb. in Wierings Erben Verlag.

9. Drey Opern: Zenobia, Arsaces und Nero, aus dem Italiänischen. Gedruckt auf Unkosten der Opern-Directeurs. Hamb. 4.

10. Moll Flanders, einer Engländerinn, wundernswürdige Begebenheiten. Hamburg 1723. 8. In Wierings Verlag. Aus dem Engl.

11. Bischof Burnets Geschichte seiner Zeit. Erster Band. Hamb. 1723. 4. Bey Wierings Erben.